KB252240

맥클라렌 강해설교
베드로전서~계시록

〈 벧전·벧후·요일·요이·요삼·유·계
역자 〈 정충하

알렉산더 맥클라렌 강해설교전집 16

맥클라렌 강해설교 베드로전서~계시록

〈 벧전·벧후·요일·요이·요삼·유·계

역자 〈 정충하

EXPOSITIONS OF
HOLY SCRIPTURE
ALEXANDER MACLAREN

크리스챤
다이제스트

국립중앙도서관 출판시도서목록(CIP)

맥클라렌 강해설교 : 베드로전서~요한계시록 / [저
자]: 알렉산더 맥클라렌 ; 역자: 정충하. -- 고양 :
크리스챤다이제스트, 2014
  p. ; cm. -- (알렉산더 맥클라렌 강해설교전집 ; 16)

원표제: Expositions of holy scripture
원저자명: Alexander Maclaren
영어 원작을 한국어로 번역
ISBN 978-89-447-2116-8 94230 : ₩30000
ISBN 978-89-447-2100-7 (세트) 94230

베드로 전서[--前書]
요한 계시록[--啓示錄]
강해 설교[講解說敎]

233.792-KDC5
227.92-DDC21   CIP2014023411

베드로전서

베드로후서

요한 서신

유다서

요한계시록

베드로전서

1
흩어진 나그네

"예수 그리스도의 사도 베드로는 흩어진 나그네에게 편지하노니"
벧전 1:1

"흩어진 나그네"라고 번역된 단어는 문자적으로 "디아스포라 거류자"를 의미하여, 실제로 개정역(Revised Version)에 그렇게 번역되어 있습니다. 디아스포라는 이방 나라들 가운데 살고 있는 유대인들을 가리키는 이름이었습니다. 예컨대 그 단어는 요한복음에서 예루살렘 사람들이 다음과 같이 말할 때 사용되었습니다. "이 사람이 어디로 가기에 우리가 그를 만나지 못하리요 헬라인 중에 **흩어져 사는 자들**에게로 가서 헬라인을 가르칠 터인가"(요 7:35). 그러므로 그 단어는 여기에서 이방 나라들 가운데 이산(離散)되어 살고 있는 유대인들을 가리키는 것일 수 있습니다. 그러나 본 서신의 수신자(受信者)를 볼 때, 우리는 그 단어가 유대인들을 가리키는 것이 아니라 전체 그리스도인 백성을 가리키는 것임을 알 수 있습니다. 그러므로 그들이 그리스도의 백성이라면, 그들이 어디에 살고 있든 삶의 기본은 아주 깊은 의미에서 "흩어진 이방인들"입니다.

우리는 본 서신 속에서 "너희가 알지 못할 때에"(1:14), "너희 조상이 물려 준 헛된 행실"(1:18), "너희가 전에는 백성이 아니더니"(2:10), "이방인의 뜻을 따라 행한 것은 지나간 때로 족하도다"(4:3) 등의 표현들을 발견합니다. 이러한 표현들은 유대인 신자들에게 적용되기에는 매우 무리가 있는 표현들입니다. 그러나 우리가 그러한 표현들을 이방인들에게 적용시키다면, 그것들은 모두 적합한 의미를 갖게 됩니다. 그리고 그러한 표현들을 그와 같이 이해할 때, 우리는 이 서신 전체를 관통하는 매우 중요한 개념을 얻게 됩니다. 그것은 유대적인 개념을 취하여, 그것을 보다 더 높은 차원의 기독교 진리를 표현하는 개념으로 바꾸는 것입니다. 예를 들어 우리는 본 서신에서 "너희는 택하신 족속이요 왕 같은 제사장들이요 거룩한 나라요"(2:9)라는 말씀이라든지 혹은 "너희도 신령한 집으로 세워지고 … 신령한 제사를 드릴 거룩한 제사장이 될지니라"(2:5) 등과 같은 말씀들을 읽게 됩니다. 이러한 말씀들도 유대적인 개념을 취하여 기독교적인 개념으로 바꾼 좋은 실례(實例)들입니다.

1. 첫째로, 기독교적 삶에 대한 베드로의 개념을 주목하십시오.

예수 그리스도를 믿는 모든 사람들은 "흩어진 나그네" 즉, 세상 전체에 흩어져, 그들이 속하지 않은 질서 가운데 흩어져 살면서, "터가 있는 성을 바라보는" 사람들입니다. "나그네"(strangers)라는 단어는 원래 낯선 도시에서 잠시 동안 살고 있는 사람들을 의미합니다. 여기에서 베드로가 우리에게 말하고자 하는 것은 우리가 우리의 실제적인 믿음의 분량만큼 세상에서 나그네라는 것입니다. 물론 "모든 사람이 이 땅에서 순례자와 나그네"라고 말할 수 있습니다. 특별히 인생의 기간이 매우 짧다는 사실과 불멸의 것과 물질적인 것들 사이의 불균형에서 말입니다. 그럼에도 불구하고 우리는 여기에서 베드로가 그리스도인 형제들을 나그네라고 부를 때 이 땅의 인생의 짧음과 불멸의 영의 무한한 필요성과는 전혀 다른 어떤 것을 생각하고 있었던 사실을 기억할 필요가 있습니다. 우리가 이 땅에서 나그네인 것과 우리가 이 땅을 우리의 안식처로 생각해서는 안 되는 것은 우리가 인간이고, 우리가 곧 죽을 것이고, 우리가 죽은 후에도 세상이 계속해서 남아 있을 것이고, 언젠가 다른 사람들이 우리 집에 살면서 우리의 책을 읽고 우리의 의자 위에 앉을 것이기 때문이 아닙니다. 그것은 오직 우리가 그리스도인이기 때문입니다. 또 그것은 우리 영혼이 이 땅의 사소한 것들로 만족할 수 없고, 우리의 입이 돼지가 먹는 찌끼로 만족할 수 없기 때문도 아닙니다. 그것은 오직 새로운 소욕과 취향과 열망과 기호(嗜好)가 우리 안으로 흘러들어온 새 생명으로 우리가 불붙었기 때문입니다. 그럼으로 말미암아 다른 사람들이 세상에 대하여 갖는 관계, 다시 말해서 그로 말미암아 그들과 세상에 속한 사람과의 관계는 깨어졌습니다. 그렇게 하여 우리는 "세상에 흩어진 나그네"가 되었는데, 그것은 모든 사람이 온갖 종류의 사랑과 교제에도 불구하고 가지고 살 수밖에 없는 필연적인 고독이나 모든 종류의 상실이나 죽음 때문이 아니라 우리의 삶의 근원과 우리를 둘러싸고 있는 사람들의 삶의 근원 사이의 불일치 때문입니다. 그러므로 우리는 군중 가운데 외롭게 서 있으며, 세상의 질서에 속한 공동체들 가운데 나그네와 외인(外人)입니다.

군중 가운데 그 마음에 믿음을 가진 유일한 사람이 되는 것만큼 외로운 것은 아무것도 없습니다. 예수 그리스도와의 연합은 세상에 속한 모든 결속의 띠를 끊는 강력한 힘을 가집니다. "내가 세상에 화평을 주러 온 줄로 생각하지 말라 화평이 아니요 검을 주러 왔노라"(마 10:34). 그가 세상에 온 것은 사람들을 그들의 가정으로부터 단절시키기 위함입니다. 그것이 믿음의 가정이 아니라면 말입니다. 이러한 것들은 경건의 필연적인 결과입니다. 경건은 우리를 이 세상 가운데 고립된 나그네로 만듭니다.

2. 둘째로, 기독교적 삶의 이러한 특징으로부터 솟아오르는 명백한 의무들을 주목하십시오.

나는 이러한 의무들을 몇 가지 실천적인 조언의 형태로 제시하고자 합니다. 무엇보다도 항상 생생한 분리 의식(意識)을 유지하십시오. 나는 우리가 동정(同情)을 베푸는 일이나 봉사하는 일이나 우리가 우리의 이웃들과 더불어 — 그들이 그리스도인이든 아니든 — 공유하는 공통의 터전의 넓은 영역에서 물러나야함을 의미하지 않습니다. 믿음의 조상 아브라함을 생각해 보십시오. 그는 포로로 잡힌 롯을 구출하기 위해 기꺼이 평지로 내려갔습니다. 비록 소돔에서 살기 위해 그곳으로 내려가지는 않았다 하더라도 말입니다. 또 그는 그 땅의 사람들과 더불어 기꺼이 우호적인 관계를 유지하고자 했습니다. 비록 그들의 성읍에 들어가 그들과 함께 살기 위해 자신의 낙타털로 만든 거무스름한 장막을 버리지는 않았다 하더라도 말입니다. 이와 같이 기독교적 지혜의 한 가지 큰 부분은 단호한 마음으로 구분선(區分線)을 그으면서 동시에 연합의 유대관계를 참되게 지키는 것입니다. 그리스도인들이 스스로를 세상으로부터 분리시키고자 하는 분명한 노력을 하지 않는다면, 그들은 세상과 뒤섞여 구별되지 않을 것입니다. 그러면 종말이 올 때, 그들은 세상과 함께 멸망을 당할 것입니다.

때로 선원(船員)들은 어떤 고립된 섬에서 영국인 난파자(難破者)를 발견합니다. 그는 열대의 하늘 아래 안락한 삶을 살기 위해 고국과 의무와 모든 것을 잊었을 뿐만 아니라 주변의 미개한 원주민들의 수준까지 내려갔습니다. 아마도 이 자리에 앉아 있으면서 스스로를 그리스도인이라고 부르는 사람들 가운데에도 이와 비슷한 사람들이 있을 것입니다. 마치 여기의 가련한 난파자처럼 자신이 속한 "하늘의 본향"을 잊고 땅의 것으로 만족하며 즐거워하는 사람들의 저급한 삶을 살기 위해 계속해서 아래로 내려가는 그런 사람들 말입니다. 사랑하는 형제들이여, 여러분은 자신이 다른 공동체에 속한다는 의식(意識)을 생생하게 지키기 위해 계속해서 노력합니까? 이와 관련하여 바울은 빌립보의 그리스도인들에게 "우리의 시민권은 하늘에 있는지라"라고 말합니다(빌 3:20). 이러한 은유는 유대적인 개념이 아니라 이방 개념에서 끌어온 것입니다. 빌립보는 로마의 식민지였습니다. 로마 식민지의 특징은 그곳의 주민들이 로마 시민의 명부(名簿)에 등록되는 것이었습니다. 그들의 이름은 로마의 명부에 기록되었으며, 그들은 로마법에 의해 통치를 받았습니다. 이와 같이 이 땅에 살고 있는 우리의 이름은 새 예루살렘의 생명책에 기록되었습니다. 여러분이 어디에 살든 이 사실을 잊지 마십시오. 여러분이 속한 나라를 잊지 마십시오.

또 우리가 흩어진 나그네라면, 우리는 마땅히 우리가 잠시 동안 거류하는 낯선 나라의 법이 아니라 우리가 진정으로 속한 나라의 법에 따라 살아야만 합니다. 하만이 아하수에로 왕에게 이스라엘 백성을 참소하며 말했던 것을 생각해 보십시오. "한 민족이 왕의 나라 각 지방 백성 중에 흩어져 거하는데 그 법률이 만민의 것과 달라서 왕의 법률을 지키지 아니하오니 용납하는 것이 왕에게 무익하니이다"(에 3:8). 그것은 전제군주 치하에서 결코 용납될 수 없는 범죄였습니다. 사람들이 우리를 바라보며 "아, 저 사람은 다른 사람들과는 다른 행동 법칙을 가지고 있군! 그의 삶의 기저(基底)에 있는 원리는 도대체 무엇일까? 그의 원리는 분명 나의 원리와 달라!"라고 말하는 것은 우리에게 매우 좋은 일입니다.

이와 같이 만왕의 왕의 법에 따라 사십시오. 상점(商店)을 열든 사업을 하든, 식민지의 백성들은 본국에 있는 식민지관리청의 허가를 받고 그렇게 합니다. 식민지 원주민들이 무엇이라고 말하든, 그것은 중요하지 않습니다. 중요한 것은 본국의 식민지관리청이 무엇이라고 말하느냐 하는 것입니다. 이와 같이 우리 그리스도인들은 본국에 보고해야 합니다. 그리고 우리는 "살든지 죽든지 — 혹은 식민지에 있든지 본국에 있든지 — 그를 기쁘시게 하기 위해" 살아야만 합니다.

또 여러분이 속한 나라의 명예를 지키며 그 나라의 유익을 증진시키고자 노력하십시오. 여러분이 이 땅에 있는 것은 여러분의 왕을 대표하기 위함입니다. 사람들은 여러분을 통해 그분에 대한 개념을 취할 것입니다. 그러므로 여러분이 섬기는 주님처럼 살기를 힘쓰십시오.

러시아 정부가 미개척지에 러시아인들을 보내는 것은 제국을 확장하기 위한 한 가지 목적 때문입니다. 우리 역시도 동일한 목적과 함께 미개척지에 보냄을 받습니다. 나그네들은 흩어져야 합니다. 함께 모여 있으면 그들은 쓸모가 덜해집니다. 흩어져 있음으로 해서 그들은 미개척지를 향해 나아갈 수 있게 됩니다. 바구니에 들어 있는 씨앗들은 별 쓸모가 없습니다. 그러나 밭에 흩어져 뿌려질 때, 씨앗들은 몇 달 후 풍성한 곡식이 될 것입니다. "너희는 세상의 소금이라." 소금은 **뿌려져야** 합니다. 그럴 때 비로소 그것은 썩지 않게 하는 자신의 능력을 나타내게 될 것입니다. 여러분은 흩어진 나그네입니다. 그것은 여러분이 복음의 사신(使臣)이 되기 위함입니다.

3. 마지막으로, 수시로 영광 가운데 있는 본향을 생각하며 즐거워합시다.

"영광 가운데 있는 본향"이라는 표현은 얼마나 아름다운 표현입니까! 본향의 궁극적인 목적을 다른 사도는 "우리가 그리스도 안에 함께 모이는" 것으로서 말합니다. 모든 흩어진 나그네들은 마치 회오리바람에 날는 나무 파편들처럼 공중에 비산(飛散)하는 가운데 점점 더 가까워지다가 마침내 한 가운데서 한 덩어리로 뭉쳐집니다. 이와 같이 마지막에 나그네들은 그들의 본향에 함께 모일 것입니다. 그리고 그들의 외로운 삶은 행복한 교제로 채워질 것이며, 그들은 지금보다 훨씬 더 복된 공동체에 있게 될 것입니다. "너희는 성도들과 동일한 시민이요 하나님의 권속이라"(엡 2:19). 우리가 이 땅에 사는 가운데 습관적으로 본향에 가는 것에 대해 말한다면 — 마치 오스트레일리아로 이주한 사람들이 영국으로 돌아오는 것에 대해 습관적으로 말하는 것처럼 — 우리에게 있어 우리가 본향을 향해 떠나는 날은 매우 즐거운 날이 될 것입니다. 그리스도인들이 보는 것으로 말미암아 살지 않고 믿음으로 말미암아 산다면, 그들은 본향에 가는 것과 그곳에서 완전하게 연합할 것에 대해 훨씬 더 자주 이야기하게 될 것입니다. 그리고 그들은 자신들이 이 땅에 단지 잠시 동안만 있는 것일 뿐임을 생각하며 즐거워할 것입니다. 이러한 소망을 바울 사도는 "그리하여 우리가 항상 주와 함께 있으리라"라는 장엄한 말로 표현합니다. (살전 4:17).

2
by, through, unto

"너희는 말세에 나타내기로 예비하신 구원을 얻기 위하여 믿음으로 말미암아 하나님의 능력으로 보호하심을 받았느니라"

벧전 1:5

흠정역(KJV) 본문은 다음과 같습니다. "… Kept **by** the power of God **through** faith **unto** salvation ready to be revealed in the last time." 개정역(Revised Version)은 흠정역(KJV)의 "지키심을 받았느니라"(kept)를 "보호하심을 받았느니라"(guarded)로 대체합니다(한글 개역개정판은 개정역처럼 되어 있음). 이러한 변이(變異)는 비록 작은 것이기는 하지만 그러나 매우 중요한 것입니다. 왜냐하면 그것이 그 단어의 의미를 정확하게 전달할 뿐만 아니라 그것에 담겨 있는 군사적인 의미도 잘 나타내기 때문입니다. 그 단어가 신약에서 사용된 다른 용례(用例)들을 참조한다면, 그러한 표현의 힘은 더 분명하게 드러날 것입니다. 예컨대 우리는 고린도후서에서 다메섹의 총독이 "성(城)을 **지켰다**"는 말씀을 보게 되는데(11:32), 여기에 사용된 단어가 바로 본문에 사용된 단어와 동일합니다. 또 바울은 전적으로 은유적인 의미로 "모든 지각에 뛰어난 하나님의 평강이 그리스도 예수 안에서 너희 마음과 생각을 **지키시리라**"라고 말할 때 그 단어를 사용합니다(빌 4:7). 성벽으로 둘러싸여 있지 않아 스스로를 방어할 수 없는 어떤 마을을 생각해 보십시오. 그렇지만 어떤 적도 뚫을 수 없는 강력한 군대가 그 마을을 둘러싸고 있다면 어떻겠습니까? 그렇다면 거기에 있는 가장 약한 자도 아무 두려움 없이 평안하게 있을 수 있지 않겠습니까? 베드로는 모든 그리스도인들에게 적이 있음을 상정(想定)합니다. 그런데 어떤 그리스도인도 스스로의 힘으로 그 적을 물리칠 수 없습니다. 그러나 그들은 자신을 둘러싸고 있는 난공불락의 수비대(守備隊)를 가질 수 있습니다. 그 수비대는 가장 거센 파도조차도 능히 공중에 흩날리는 물거품으로 만들어 버릴 것입니다. 마치 방파제가 그렇게 하는 것처럼 말입니다.

본문의 언어와 바로 앞 절에 나오는 언어 사이에 또 하나의 매우 아름다운 요점이 있습니다. 베드로는 "썩지 않고 더럽지 않고 쇠하지 않는 유업"에 대해 이야기하면서, 그것이 그들을 위해 하늘에 간직되어 있다고 말합니다(4절). 그러므로 동일한 힘이 휘장 양쪽에서 역사(役事)하고 있는 것입니다. 한쪽에서는 상속자들을 위해 유업을 보호하며, 다른 쪽에서는 유업을 위해 상속자들을 보호합니다. 그들은 유업을 잃지 않을 것이며, 유업은 그들을 잃지 않을 것입니다. 유업을 예비하고 있는 동일한 손이 그들의 주위를 두르고 있으며, 본향에 이를 때까지 그들을 보호할 것입니다.

여기에서 베드로는 그러한 보호하심을 세 가지 측면으로 바라봅니다. 그러한 세 가지 측면은 "by" "through" "unto"의 세 전치사로 암시되는데, 그것들로 각각 그러한 능력이 역사(役事)하는 실제적인 원인과 그것의 조건과 그것의 목적을 표현합니다.

1. 첫째로, 우리는 무엇을 위해(unto) 보호하심을 받습니까?

"구원을 얻기 위하여 … 보호하심을 받았느니라." "구원"이라는 위대한 단어는 베드로의 독자들에게 새롭고 낯선 단어였습니다. 그들에게 그 단어는 그것의 충분한 범위와 숭고함을 이해할 수 없을 만큼 새롭고 낯선 것이었습니다. 그 단어에 대한 우리의 이해(理解)나 인상(印象)은 정확하게 정반대의 원인으로 약화됩니다. 그 단어는 우리에게 별다른 감동을 일으키지 못할 정도로 너무나 변색되고 도색되었습니다. 바다 속에서 자라는 해초를 생각해 보십시오. 그것은 얼마나 부드러우며 생명력으로 충만합니까! 그런데 그것이 바다로부터 뽑혀 해변에 던져졌다고 생각해 보십시오. 그것은 뜨거운 햇볕에 금방 말라 생명력을 잃어버리고 말 것입니다. 그와 같이 우리 가운데 많은 사람들에게 구원은 시들고, 메마르고, **뻣뻣하며**, 흐릿한 것이 되었습니다. 잠깐 구원과 관련한 우리의 개념을 좀 더 새롭게 바꾸어 봅시다. 구원에는 두 가지 의미가 담겨 있습니다. 그것은 안전하게 되는 것과 온전하게 되는 것입니다. '살해(殺害)의 위험'과 '죽음에 이르는 병'은 구원이라는 위대한 단어가 전제하는 조건을 함축합니다. 구원받을 필요가 있는 사람은 위험으로부터 건짐받을 필요와 병으로부터 고침받을 필요가 있습니다. 여러분이 그것이 바로 **당신**이라는 사실을 알고 느끼지 못한다면, 여러분은 "구원"(salvation)이라는 단어의 첫 글자도 배우지 못한 것입니다. 여러분과 나와 우리 모두는 죽음에 이르는 병을 가지고 있습니다. 자기의지(self-will)와 죄의 독이 우리의 모든 혈관 속에서 뜨겁게 흐르고 있기 때문입니다. 우리 모두는 그러한 독으로 인해 치명적인 위험 — 죽음의 위험, 우리를 짓누르는 죄의 무거움으로부터 솟아오르는 위험, 신적 율법과의 필연적인 충돌로부터 솟아오르는 위험 — 아래 있습니다.

그러므로 소극적인 의미에서 구원은 슬픔의 악이든 죄의 악이든 모든 악으로부터 건짐받는 것을 의미합니다. 그러나 구원은 그 이상의 의미를 의미합니다. 왜냐하면 하나님의 구원은 어정쩡한 반쪽짜리가 아니기 때문입니다. 마치 어떤 사람을 큰 홍수로부터 건져내어 물이 닿지 않는 고지대에 올려놓고는 그대로 내버려두어 춥고 배고픈 상태로 그냥 방치하는 것처럼 말입니다. 하나님의 구원은 결코 그러한 것이 아닙니다. 하나님이 우리를 악(惡)으로부터 건져내기 시작할 때, 그것은 우리를 선(善)으로 충만하게 채우기 위함입니다. 그러므로 구원은 여러분 가운데 어떤 사람들이 생각하는 것처럼 단지 지옥으로부터 구출되는 것이나 조금 더 고상한 의미로 자신의 마음에 있는 죄의 권능으로부터 건짐받는 것이 아닙니다. 그것은 우리 각자가 모든 선과 영광으로 옷 입는 것입니다. 그것이 사람은 그것을 받고 하나님은 그것을 주심으로 가능합니다. 그것은 신약의 위대한 단어입니다. '사람이 빠져 있는 위험과 병'에 대한 성경의 두려운 개념을 흐릿하게 만들어 구원에 대한 성경의 장엄한 개념을 약화시키는 설교자들의 사역은 정말로 사람들에게 도움이 되는 사역인지 매우 의심스럽습니다.

그러나 본문 속에는 우리가 주목해야 할 또 다른 요점이 있습니다. 베드로는 명백히 여기에서 육체와 영혼이 미래에 나타날 모든 악으로부터 절대적으로 면제될 것과 인성이 모든 선으로 옷 입을 것에 대해 말하고 있습니다. 이러한 이중적인 측면에서의 완전한 구원이야말로 명백히 우리에게 베풀어지는 보호하심의 궁극적인 목적입니다. 그리고 그것은 동시에 우리에게 주어지는 모든 연단의 궁극적인 목적이기도 하며, 또한 그리스도께서 십자가 위에서 쓰라린 고뇌와 고통을 받으신 목적이기도 합니다. 그러나 그러한 궁극적인 완전함은 단지 이 땅에서 그 시작과 뿌리를 가질 뿐입니다. 그러므로 성경에서 여러분은 때로 구원이 모든 그리스도인들의 과거의 경험으로 간주되는 것을 발견합니다. 예컨대 본문 바로 뒤에 나오는 말씀을 보십시오. 거기에서 우리는 그리스도인들이 이 땅에서 예수 그리스도를 사랑하며 믿는 조건 위에서 "믿음의 결국 곧 영혼의 구원을 받음으로 말미암아 기뻐한다"는 말씀을 읽습니다(8, 9절). 그러나 그들이 받은 것은 단지 구원의 과정의 시작일 뿐입니다. 또 여러분은 구원이 점진적인 것, 다시 말해서 인생 전체를 통해 계속 이루어져 나가는 것으로 다루어지는 것을 종종 발견합니다. 그런가 하면 때로 여러분은 구원이 오늘의 본문에서처럼 미래에 놓인 것, 다시 말해서 오직 인생의 길을 다 달려간 후에야 비로소 도달할 수 있는 것으로 다루어지는 것을 발견합니다. 이와 같이 여기에 두 가지 즉 '지금 싹트기 시작되는 씨앗'과 '충분하게 자라 풍성한 열매를 맺는 여호와의 집에 심긴 나무'가 있습니다.

이러한 두 가지는 불가분리적으로 뒤엉켜 있습니다. 이 땅에서의 불완전한 기독교적 생명은 풍성하게 자라 꽃이 피고 마침내 영원한 생명으로 열매를 맺을 것입니다. 오늘의 부분적인 구원은, 우주가 혼돈이 아니며 그 중심에 인격적인 하나님이 계시다면, 필연적으로 미래의 완전한 생명을 요구합니다. 초승달이 장차 나타날 완전한 보름달을 예언하는 것처럼, 이 땅의 기독교적 생명의 모든 불완전한 특징들은 장차 완전함으로 완성될 날을 예언합니다. 대리석 석판으로 꾸며진 옛 왕궁의 벽을 생각해 보십시오. 그러나 그 벽은 깨진 기왓장 같은 것들로 수북하게 덮여 있습니다. 그러나 여러분은 그것이 본래의 모습이 아니었다는 사실을 압니다. 깨진 기왓장 같은 것들이 제거되면, 본래의 대리석 석판의 아름다움이 온전하게 드러나게 될 것입니다. 이와 같이 기독교적 생명의 완전한 특징들과 불일치하는 것들 예컨대 왜곡된 소욕이나 헛된 열망 같은 것들은 그것들이 단지 전체 건물의 첫 단계일 뿐임을 선언합니다. 그리고 그것들은 불완전한 것들이 제거될 때, 곧 하나님이 "금을 가지고 놋을 대신하며 은을 가지고 철을 대신하며"(사 60:17), "홍보석으로 성벽을 지으며 석류석으로 성문을 만들고 지경을 모두 보석으로 꾸밀" 때를 가리킵니다(사 54:12). 미래의 완전한 구원은 현재의 불완전한 구원이 도달할 종착지입니다.

여러분은 바로 이것을 위해 보호하심을 받습니다. "구원을 얻기 위하여 … 보호하심을 받았느니라." 또 그리스도께서 죽으신 것도 여러분에게 바로 이것을 가져다주시기 위함이었습니다. 또 하나님이 여러분을 만들려고 하는 모습도 바로 이것입니다. 마치 베 짜는 사람이 원하는 문양(紋樣)의 베를 짜기 위해 주의 깊게 베틀을 돌리는 것처럼 말입니다. 또 그리스도께서 십자가 위에서 죽으신 것도 바로 이것을 위해서입니다. 형제들이여, 이 땅에서의 부분적인 시작뿐만 아니라 장차 우리에게 주어질 완전한 구원도 바라봅시다. 우리는 바로 그것을 위해 이 땅에서 계속 보호하심을 받습니다. 우리가 필요한 조건들을 지킨다면, 그것은 필연적으로 우리에게 임할 것입니다. 마치 ABC를 따라 하면 XYZ이 오는 것처럼 말입니다.

2. 둘째로, 우리는 무엇에 의해(by) 보호하심을 받습니까?

베드로는 가장 일반적인 표현으로 우리가 "하나님의 **능력**에 의해" 보호하심을 받는다고 말합니다. 그는 우리가 보호하심을 받은 구체적인 수단과 방법을 규정하는데 관심을 기울이지 않고, 다만 그렇게 하는 하나의 거대한 힘을 가리킵니다.

우리가 여기의 구절을 완전히 문자적으로 번역한다면, 우리는 하나님의 능력에 **의해**(by)라고 읽지 말고 하나님의 능력 **안에서**(in)라고 읽어야 합니다. 어쩌면 바울이 의미한 것이 "우리가 하나님의 능력에 의해 보호하심을 받는다"는 것일 수도 있습니다. 그럼에도 불구하고 나는 "우리가 하나님의 능력 **안에서** 보호하심을 받는다"고 읽는 것이 여기의 구절에 강력한 힘을 더해 줄 뿐만 아니라 또한 앞에서 이야기한 군사적인 은유와도 전적으로 일치한다고 생각합니다. 그리고 나는 그렇게 읽는 것이 구약과 신약 전체를 포괄하는 성경의 개념과 잘 조화된다고 생각합니다. 몇 개의 구절을 생각해 보도록 합시다. "여호와의 이름은 견고한 망대라 의인은 그 안으로 달려가서 안전함을 얻느니라"(잠 18:10). "지존자의 은밀한 곳에 거주하는 자는 전능자의 그늘 아래에 살 것이요"(시 91:1). 또 옛 선지자 가운데 한 사람은 "예루살렘이 성곽 없는 성읍에서 안전하게 거할 것은 하나님이 불로 둘러싼 성곽이 될" 것이기 때문이라고 말합니다(슥 2:4, 5). 또 시편 기자는 "여호와의 천사가 주를 경외하는 자를 둘러 진 치고 그들을 건진다고" 말합니다(시 34:7). 이 모든 말씀들은 우리가 하나님에 둘러싸여 있어 안전하다는 이 한 가지 개념으로 귀착됩니다. 그러므로 어떤 적도 우리를 둘러싸고 있는 성벽을 허물어뜨리거나 기어오를 수 없습니다. 그러므로 가장 약한 자도 적을 두려워할 필요가 없습니다. 우리는 "구원을 얻기 위하여 하나님의 능력 안에서 보호하심을 받습니다."

한 걸음 더 나아가 신약은 시편이나 선지서보다 훨씬 더 장엄한 방식으로 생명의 조건으로서, 풍성한 열매를 맺는 조건으로서, 평강을 위한 조건으로서, 안전을 위한 조건으로서 그와 비슷한 표현을 취합니다 ―"그리스도 안에서." 요한복음 17장의 위대한 중보기도 바로 앞에 나타나는 말씀을 생각해 보십시오. "이것을 너희에게 이르는 것은 너희로 내 안에서 평안을 누리게 하려 함이라 세상에서는 너희가 환난을 당하나 담대하라 내가 세상을 이기었노라"(요 16:33). 어떤 거대한 요새의 성곽 안에서 보호를 받는 사람들을 생각해 보십시오. 그 한 가운데에는 고요함이 있습니다. 거기에서는 전장의 요란한 고함소리나 적들의 함성도 들리지 않습니다. 비록 세상은 온갖 종류의 싸움의 함성으로 요란하다 하더라도, 여러분은 그리스도 안에서 평안을 누릴 것입니다. "너희는 구원을 얻기 위하여 하나님의 능력에서 보호하심을 받았느니라."

3. 마지막으로, 우리는 무엇으로 말미암아(through) 보호하심을 받습니까?

"믿음으로 말미암아 … 보호하심을 받았느니라." 여기에 우리가 잘 아는 것 같지만 실제로는 제대로 이해하지 못하는 또 하나의 단어가 있습니다. 그것은 "믿음"이라는 단어입니다. 아마도 여러분 가운데 많은 사람들은 그 단어가 의미하는 바를 이해하고자 별다른 노력을 기울이지 않았을 것입니다. 여러분이 그것을 이해하고자 노력했다면, 아마도 여러분은 그것이 여러분이 생각했던 것보다 훨씬 더 큰 것이라는 사실을 발견했을 것입니다. 믿음은 무엇입니까? 여기에서 나는 믿음과 정확하게 동일한 의미를 가진 다른 단어를 제시하고자 합니다. 그것은 "신뢰"(trust)라는 단어입니다. 우리는 머리로 신뢰하지 않고, 마음과 의지(意志)로 신뢰합니다. 여러분은 의심 없이 믿으면서, 동시에 전혀 믿음을 갖지 않을 수 있습니다. 왜냐하면 앞으로 나아가 자신이 신뢰하는 것을 꽉 붙잡는 것은 마음과 의지이기 때문입니다. 아니, 신뢰하는 "것"이라기보다 신뢰하는 "인격"(person)이라고 표현하는 것이 더 좋겠습니다. 근본적으로 우리가 신뢰하는 것은 항상 인격이기 때문입니다. 심지어 "자연에 대한 신뢰"에 대해 이야기할 때조차 우리는 그 배후에서 역사(役事)하고 있는 의지(意志)와 지능(知能)을 느낍니다. 그러나 이것은 여기에서 다룰 필요가 없는 주제입니다. 어쨌든 믿음은 신뢰, 인격에 대한 신뢰, 절대적인 자기불신(self-distrust)의 깊음으로부터 솟아오르는 신뢰입니다. 사람의 마음의 깊음 속으로 내려가는 것으로 시작하지 않음으로 말미암아 그 안에 아무런 선(善)도 가지고 있지 않은 허울뿐인 믿음이 있습니다. 나의 친구들이여, 스스로에 대한 완전한 절망에 도달해 보지 못한 사람은 결코 강렬한 기독교적 믿음을 갖지 못합니다. "여호와여 내가 깊은 곳에서 주께 부르짖었나이다"(시 130:1). 하늘의 가장 높은 지점인 천정(天頂)은 하늘의 가장 낮은 지점인 천저(天底)와 맞닿아 있습니다. 여러분의 믿음의 분량은 여러분의 자포자기(self-despair)의 분량에 비례합니다.

우리가 우리 안에서 역사(役事)하는 하나님의 능력을 얻기 위해 믿음을 가져야만 하는 이유는 무엇입니까? 많은 사람들이 믿음을 하나님이 임의로 정한 구원의 조건으로 생각하는 것 같습니다. 결코 그렇지 않습니다. 하나님이 여러분의 믿음 없이 여러분을 구원할 수 있었다면, 하나님은 그렇게 하셨을 것입니다. 그러나 하나님은 그렇게 하시지 않습니다. 왜냐하면 그렇게 하실 수 없기 때문입니다. 하나님의 능력이 나를 보호할 수 있기 위해 내가 믿음을 가져야만 하는 이유는 무엇입니까? 맑은 공기가 들어올 수 있도록 하기 위해 여러분이 창문을 열어야만 하는 이유는 무엇입니까? 빛이 들어올 수 있도록 하기 위해 여러분이 커튼을 열어젖혀야만 하는 이유는 무엇입니까? 여러분이 치료를 위해 약을 먹거나 혹은 영양을 보충하기 위해 음식을 먹어야만 하는 이유는 무엇입니까? 여러분의 권총이 발사되기 위해 여러분이 방아쇠를 당겨야만 하는 이유는 무엇입니까? 내가 나 자신을 불신하면서 하나님을 신뢰하지 않는다면 그리고 캄캄한 절망의 한 가운데서 날카로운 쇠에 의해 나의 마음의 바위로부터 믿음의 불꽃이 튀지 않는다면, 하나님은 내 위에 당신의 능력을 부으실 수 없습니다. 거기에 임의적인 것은 아무것도 없습니다. 하나님의 능력이 부어짐에 있어 믿음은 필수적입니다. 여러분이 하나님을 원하지 않는다면, 여러분은 하나님을 소유할 수 없습니다. 여러분이 그를 필요로 하지 않는다면, 여러분은 그를 소유할 수 없습니다. 여러분이 그가 여러분에게 와서 여러분을 도우실 것이라는 사실을 신뢰하지 않는다면, 여러분은 그를 소유할 수 없습니다.

그러므로 형제여, 당신의 믿음과 나의 믿음과 어떤 사람의 믿음은 그 자체로는 아무것도 아닙니다. 그것은 단지 증기(蒸氣)가 들어오는 문을 열어 주는 밸브에 불과합니다. 그것은 단지 물이 나오는 문을 열어 주는 수도꼭지에 불과합니다. 당신을 구원하는 것은 당신 자신이 아닙니다. 당신을 지키는 것은 당신의 믿음이 아닙니다. 어떤 사람이 길을 걸어갈 때 넘어지지 않도록 지켜 주는 것은 그 옆에서 그의 약한 손을 붙잡아 주는 강하고 튼튼한 손입니다. 당신의 손을 붙잡는 것은 다른 사람의 손이지만, 그를 붙잡는 것은 당신의 손입니다. 구원하는 것은 하나님입니다. 보호하는 것은 하나님입니다. 우리를 넘어짐에서 지키는 것은 하나님입니다. 거룩함을 입은 모든 자들과 함께 우리에게 기업을 주는 것은 하나님입니다. 우리가 그에게 돌이켜 그가 그렇게 행하실 것을 간구하며 기대한다면, 그는 그렇게 행하실 것입니다. 여러분이 필요한 조건들을 기꺼이 따른다면, 그는 그의 약속을 지키며 그의 목적을 이루실 것입니다. 그러나 나의 불신앙은 그의 전능하심을 방해하며, 그리스도의 사랑의 목적을 훼방할 수 있습니다. 우리는 그리스도께서 세상에 계실 때 "그들이 믿지 않음으로 말미암아 거기서 많은 능력을 행할 수 없었더라"라는 말씀을 읽습니다(마 13:58). 나는 지금 여기에 앉아 있는 사람들 가운데 평생 이와 같이 하나님의 전능하심을 방해하며, 그리스도의 사랑을 무위화(無爲化)시키며, 그의 희생제사를 무력화시키며, 그의 구원의 열망을 헛되게 만든 사람들이 적지 않을 것이라고 생각합니다. 여러분의 손을 뻗으십시오. 마치 제자들이 "주여 구원하소서 우리가 죽겠나이다"라고 부르짖으며 손을 뻗었던 것처럼 말입니다(마 8:25). 그러면 그는 말뿐만 아니라 행동으로도 응답하실 것입니다 — "네 믿음대로 될지어다!" 이 땅에서든 하늘에서든 구원은 전적으로 하나님의 일입니다. 그러나 그것은 믿음을 소유하지 않은 자에게는 결코 이루어질 수 없으며, 오직 믿음을 소유한 자에게만 이루어질 것입니다.

주여, 간절히 구하노니 우리로 하여금 육체 가운데 살아가는 모든 삶을 오직 하나님의 아들을 믿는 믿음으로 말미암아 살 수 있도록 도우소서! 그리고 우리가 그 안에 거하면서 그의 영의 능력으로 강건해지는 것이 무엇인지 알게 하소서!

3
근심 가운데 기뻐함

"그러므로 너희가 이제 여러 가지 시험으로 말미암아 잠깐 근심하게 되지 않을 수 없으나 오히려 크게 기뻐하는도다"

베드전 1:6

여러분은 산상수훈 가운데 팔복의 마지막 복에 대한 말씀을 기억할 것입니다. 거기에서 우리 주님은 자신의 제자들에게 사람들이 그들을 욕하고 박해하고 거짓으로 거슬러 모든 악한 말을 할 때 하늘의 상을 바라보며 기뻐하고 즐거워하라고 말씀하셨습니다(마 5:11, 12).

내가 볼 때 오늘의 본문은 그와 같은 그리스도의 말씀의 명백한 메아리인 것처럼 보입니다. 왜냐하면 전체적인 문맥이 거기와 비슷할 뿐만 아니라, 거기에서 우리 주님이 사용하신 매우 강한 어조(語調)의 단어를 여기에서도 베드로가 똑같이 사용하기 때문입니다. 거기에서 우리 주님은 "기뻐하며 **즐거워하라**"(rejoice and be **exceeding glad**)고 말씀하셨습니다. 한편 여기에서 베드로는 "너희가 **크게 기뻐하는도다**"(ye **rejoice greatly**)라고 말합니다. 이렇게 볼 때, 베드로의 말은 분명 주님의 말씀의 명백한 메아리입니다. 또 팔복의 문맥 속에서 예수 그리스도는 자신의 제자들에게 사람들의 반대라는 정반대의 상황 속에서 그와 같은 큰 즐거움을 가질 것을 말씀하셨습니다. 비슷하게 베드로도 본문 가운데 그리고 본 서신 전체를 통해 제자들에게 임박한 박해에 고요함과 즐거움으로 당당하게 직면할 것을 격려합니다. 또 팔복에서 그리스도의 훈계의 기초는 하늘에서 그들의 상이 클 것이라는 사실이었습니다. 한편 여기에서 베드로는 자신이 명령하는 기쁨의 기초로서 "말세에 나타내기로 예비된 구원"을 가리킵니다(5절). 이와 같이 사용된 단어들과 전체적인 맥락과 훈계의 구조에서, 베드로는 주님을 모방하고 있었습니다.

물론 여기의 말씀이 직접적으로 적용되는 것이 예수 그리스도로 인한 실제적인 박해와 고통의 가능성에 직면한 교회들이라 하더라도, 여기에 함축된 원리는 우리 모두에게 완전하게 적용될 수 있습니다. 순교자들의 박해와 고통이 본문의 훈계를 필요로 하는 것처럼, 우리의 일상적인 삶의 슬픔과 근심 역시도 본문의 훈계를 필요로 합니다. 사자(獅子)가 동물의 고기를 뜯어먹는 것처럼, 흰개미들도 그렇게 합니다. 큰 박해 가운데 근심하면서 동시에 기뻐할 수 있는 것처럼, 우리 역시도 일상의 삶의 작은 마찰들 가운데 근심하면서 동시에 기뻐할 수 있습니다.

이와 같이 본문은 우리 모두에게 완전하게 적용될 수 있습니다. 우리는 본문 속에서 다음과 같은 세 가지를 주목할 수 있습니다 — 역설, 가능성, 의무. "너희가 이제 여러 가지 시험으로 말미암아 잠깐 근심하게 되지 않을 수 없으나 오히려 크게 기뻐하는도다." 이러한 세 가지를 하나씩 살펴보도록 합시다.

1. 첫째로, 여기에 나타나는 역설(paradox)을 주목하십시오.

한 사람의 마음의 작은 방에 정반대의 두 감정이 같이 있습니다. "근심하게 되지 않을 수 없으나 … 크게 기뻐하는도다." 이런 일이 가능할 수 있습니까? 그렇습니다. 잠시 생각해 봅시다. 두 개의 서로 상충되는 감정의 샘이 우리 앞에 놓여 있습니다. 그러한 샘들은 우리의 삶 가운데 계속 솟아오를 수 있습니다. 한편으로 우리는 "크게 기뻐합니다(in which ye greatly rejoice)." 여기의 "in which"는 바로 앞에 나오는 말씀뿐만 아니라 선행하는 문맥 전체를 가리킵니다. 그러면 여기의 "which"는 무엇입니까? 그것은 다음과 같은 것들입니다. 새 생명을 소유하는 것 — "우리를 거듭나게 하신 우리 주 예수 그리스도의 아버지 하나님을 찬송하리로다"(3절). 마치 밤하늘에 빛을 뿌리는 별처럼 사람의 마음에 이상한 새 소망이 솟아오르는 것 — "예수 그리스도를 죽은 자 가운데서 부활하게 하심으로 말미암아 산 소망이 있게 하시며." 새로운 부요함 — "썩지 않고 더럽지 않고 쇠하지 아니하는 유업"(4절). 새로운 안전 — "구원을 얻기 위하여 믿음으로 말미암아 하나님의 능력으로 보호하심을 받았느니라"(5절). 이러한 것들 즉 새로운 생명과 새로운 소망과 새로운 부요함과 새로운 안전은 그 자체로 그리고 각자의 믿음의 분량대로 모든 그리스도인에게 속합니다. 이러한 네 가지는 하나로 결합되어 그들이 근심 가운데서도 크게 기뻐하도록 만듭니다.

다른 한편으로 우리에게는 그 물줄기가 같은 저수지 안으로 흘러 들어가는 다른 샘들이 있습니다. 믿음으로 열린 깊은 샘들이 우리의 영을 달콤한 물로 가득 채우는 것처럼, 여기의 다른 샘들은 모든 마음을 자신의 쓴 물로 채울 것입니다. "너희가 이제 여러 가지 시험으로 말미암아 잠깐 근심하게 되지 않을 수 없으나." 두 개의 지류(支流)가 하나의 강으로 합쳐지는 것을 생각해 보십시오. 한 지류에는 맑은 물이 흐르며, 다른 한 지류에는 더러운 물이 흐릅니다. 두 지류는 각각 나란히 흐르다가 마침내 하나의 물로 합쳐집니다. 이와 같이 기독교적 생명의 역설은 동일한 강둑에 있는 하나의 강이 맑은 물과 더러운 물로 — 다시 말해서 땅의 샘으로부터 솟아난 슬픔의 물과 하늘의 샘으로부터 솟아난 기쁨의 물로 — 흐를 수 있다는 사실입니다.

이것은 기독교적 생명의 전체적인 역설의 한 가지 사례(事例)에 불과합니다. 왜냐하면 기독교적 생명의 독특성은 그것이 두 가지를 모두 인정한다는 사실이기 때문입니다. 다시 말해서 기독교적 생명은 자신이 일시적인 것들의 모든 영향력에 속하면서 동시에 그 깊음과 관련하여 "보이지 않는 영원한" 것들의 영향력에 속함을 인정합니다. 그러므로 여러분은 그리스도인과 다른 모든 사람들에게 공통적으로 속하는 외적인 생명을 소유하면서, 동시에 "그리스도와 함께 하나님 안에 감추어진" 생명을 소유합니다. 이러한 생명의 뿌리는 표면의 모든 흙을 뚫고 내려가 만유의 한 가운데 있는 반석을 붙잡습니다. 이와 같은 일련의 역설들과 영원한 모순들은 모든 신자들이 살고 있는 이중적인 삶을 묘사합니다. "무명한 자 같으나 유명한 자요 죽은 자 같으나 보라 우리가 살아 있고 징계를 받는 자 같으나 죽임을 당하지 아니하고 근심하는 자 같으나 항상 기뻐하고 가난한 자 같으나 많은 사람을 부요하게 하고 아무 것도 없는 자 같으나 모든 것을 가진 자로다"(고후 6:9, 10).

이러한 두 개의 물줄기 가운데 어느 것도 다른 것을 없애버리거나 혹은 가로막지 않는다는 사실을 기억하십시오. 둘은 서로 공존합니다. 기쁨은 근심으로부터 그 무거운 것이나 슬픔으로부터 그 쏘는 것을 빼앗지 않습니다. 기독교에 인위적인 금욕주의 같은 것은 없습니다. 기독교는 우리를 공격하는 악의 실재(實在)를 부인하지 않습니다. 그리고 우리가 그것으로부터 고통과 무거움을 느끼는 것을 금하지 않습니다. 많은 사람들이 그리스도가 보낸 슬픔으로 눈물을 흘린다든지 혹은 여러 가지 시련으로 쓰라림을 느끼는 것을 잘못된 일로 생각해 인생의 연단으로 유익을 얻는 일에 실패합니다. "너희 자신을 위해 울라." 여러분 자신을 위해 우십시오. 왜냐하면 슬픔의 감정을 느끼는 것은 슬픔으로부터 오는 유익을 얻음에 있어서의 선행조건이기 때문입니다. 그것은 "그로 말미암아 연단 받은 자들에게 의와 평강의 열매를 맺게" 합니다(히 12:11).

마찬가지로 더러운 물 또한 맑은 물이 마음 안으로 흐르는 것을 가로막지 않습니다. 이와 같이 위로부터 임하는 기쁨과 주위로부터나 혹은 아래로부터 솟아나는 슬픔의 공존은 그리스도인의 삶의 큰 비밀입니다.

2. 둘째로, 이러한 역설의 복된 가능성을 주목하십시오.

두 가지 상충되는 감정이 한 사람의 마음에서 동시에 존재할 수 있습니까? 그렇게 묻기보다 차라리 "한 사람의 마음에 상충되는 감정에 둘러싸여 있지 않은 감정이 있을 수 있습니까?"라고 묻는 편이 더 나을 것입니다. 세상의 경험 속에 아무런 두려움의 흔적이 없는 순전한 기쁨이나 순전한 믿음 같은 것이 있습니까? 그림자 없는 그림이 있습니까? 그런 것이 있다면, 그것은 서투른 그림일 것입니다. 이러한 기쁨과 슬픔의 공존에 대해 의아하게 생각하는 대신, 우리는 그것이 우리의 모든 경험과 완전하게 일치한다는 사실을 깨달을 필요가 있습니다. 하늘이 아무리 어둡고 컴컴하다 하더라도 어디엔가는 반드시 파란 하늘이 있게 마련입니다. 이와 같이 역설의 가능성은 인간의 모든 경험과 완전하게 일치합니다.

어쩌면 여러분은 이렇게 말할는지 모릅니다. "기쁨과 슬픔을 느끼는 나의 감정은 기본적으로 나의 기질의 문제이며 또한 내 주위의 사실들과 관련한 문제입니다. 나는 억지로 감정을 만들어낼 수 없습니다. 그렇게 할 수 있다면, 그것은 인위적이며 진지하지 않은 억지로 꾸민 감정일 것입니다. 그러한 감정은 나에게 유익을 주기보다 도리어 해를 끼칠 것입니다." 이것은 완전히 사실입니다. 억지로 꾸민 감정을 일컫는 많은 단어들이 있습니다. 베드로는 여러분이 억지로 감정을 만들어내기를 바라지 않습니다. 그렇게 하는 것은 일부 기독교가 종종 끼치는 해악일 뿐입니다. 그러나 나는 여러분이 할 수 있는 일을 말하고자 합니다. 여러분은 기본적으로 어떻게 생각할 것인지, 그리고 기본적으로 어떻게 바라볼 것인지를 결정할 수 있습니다. 그리고 여러분이 그것을 결정했다면, 이제는 그것이 여러분의 감정을 결정할 것입니다. 이런 방식으로 우리는 우리의 감정을 조절할 수 있습니다. 기차 여행을 하는 사람을 생각해 보십시오. 그는 열차에서 어느 쪽에 앉을 것인지 선택할 수 있습니다. 그는 햇빛이 들어오는 쪽을 선택할 수도 있고, 햇빛이 들어오지 않는 맞은편을 선택할 수도 있습니다. 그가 햇빛이 들어오는 쪽을 선택한다면, 그는 모든 것이 밝고 아름답게 빛나는 것을 보게 될 것입니다. 반면 그가 다른 쪽을 선택한다면, 그는 비교적 차분하고 활기 없는 풍경을 보게 될 것입니다. 여러분은 어느 쪽 창문을 통해 밖을 바라볼 것인지 결정할 수 있습니다. 한쪽 창문을 통해 바라볼 때, 여러분은 "여러 가지 시험으로 말미암아 잠깐 근심하게 되지 않을 수 없게" 될 것입니다. 그러나 다른 쪽 창문을 통해 바라본다면, 여러분은 "오히려 크게 기뻐하게 될" 것입니다. 여러분이 흰색과 검은색으로 어우러진 그림을 보고 있다고 상상해 보십시오. 여러분의 눈은 검은색 바탕 위에 그려진 흰색 그림에 초점이 맞추어질 수도 있고, 반대로 흰색 바탕 위에 그려진 검은색 그림에 초점이 맞추어질 수도 있습니다. 여러분은 자신의 삶에 대하여서도 그렇게 할 수 있습니다. 여러분의 눈은 시험과 근심을 주된 그림으로 바라보며 그 위에 초점을 맞출 수도 있고, 반대로 새로운 생명과 새로운 부요함과 새로운 소망과 새로운 안전을 주된 그림으로 바라보며 그 위에 초점을 맞출 수도 있습니다. 여러분의 눈이 전자와 같이 초점을 맞춘다면, 여러분은 침침한 어둠 속으로 계속해서 내려갈 것입니다. 반면 여러분의 눈이 후자와 같이 초점을 맞춘다면, 여러분은 그리스도인의 기쁨과 천상의 즐거움 속으로 계속해서 솟아오를 것입니다.

그러므로 형제들이여, 이러한 가능성은 우리가 우리의 생각의 초점을 주로 어디에 맞추는가 하는데 달려 있습니다. 그리고 그것은 둘로 나누어집니다. 많은 그리스도인의 삶이 그토록 우울하며 침침한 이유는 대부분의 경우 그들이 "크게 기뻐할" 수 있는 네 가지에 대해 — 즉 새로운 생명과 새로운 소망과 새로운 부요함과 새로운 안전에 대해 — 충분히 생각하지 않기 때문입니다. 우리가 가장 중요한 것들을 굳게 지키고자 정직하게 노력하고 우리의 마음과 생각을 그러한 진리들을 깊이 묵상하는 것으로 더 많이 채운다면, 나는 우리 대부분의 모습이 매우 달라질 것이라고 굳게 믿습니다. 여러분과 내가 믿노라고 고백하는 위대한 진리들은, 오직 그것들이 우리의 마음과 생각에 현존(現存)할 때에만, 우리에게 효력을 나타낼 것입니다. 여러분이 기독교 진리들을 깊이 묵상하지 않는다면, 여러분은 그러한 진리들이 여러분을 지켜 주며 강화시켜 줄 것을 기대할 수 없습니다. 깊은 묵상으로 그리스도와 그의 은혜가 우리의 마음과 생각 속에 현존할 때, 비로소 우리에게 주의 기쁨이 풍성하게 임할 것입니다. 전기 스위치를 내려 보십시오. 그러면 모든 빛은 즉시로 꺼질 것입니다. 마찬가지로 여러분이 그리스도로부터 스위치를 내릴 때, 모든 기쁨은 즉시로 사라질 것입니다.

계속해서 이와 같은 기쁨과 근심의 공존의 가능성은 우리가 근심의 근원을 올바른 관점으로 바라보는 것에 달려 있다는 사실을 기억하십시오. 여기에서 베드로가 얼마나 아름답게 "여러 가지 시험"을 최소화시키고 있는지 주목하십시오. 그러면서도 그는 그러한 것들이 사람을 근심하게 만드는 사실을 내다봅니다. 그는 그러한 것들을 "유혹"(temptations)이라고 부릅니다(한글개역개정판에는 "시험"이라고 되어 있음). 나는 이것이 여기에 적합하지 않은 단어라고 생각합니다. 왜냐하면 그 단어는 사람을 죄로 잡아당기는 개념을 암시하기 때문입니다. 우리가 여기의 "유혹"이라는 단어를 그와 비슷한 의미를 가졌지만 그와 같은 부적합한 의미를 담고 있지 않은 "시련"(trials)이라는 단어로 대체한다고 생각해 보십시오. 그러면 우리는 올바른 관점을 얻게 됩니다. 우리가 우리의 슬픔을 주로 그것이 우리를 슬프게 만드는 힘의 관점으로 바라본다면, 우리는 그것을 올바른 관점으로 바라보는 것이 아닙니다. 그것은 우리를 슬프게 만들기 위해 의도된 것입니까? 그것은 우리를 고통스럽게 만들기 위해 의도된 것입니까? 그것은 우리에게 눈물을 가져다주기 위해 의도된 것입니까? 그것은 우리의 마음을 짓누르며 우리의 영혼을 나락에 떨어뜨리기 위해 의도된 것입니까? 그렇지 않다면 그것은 도대체 무엇을 위한 것입니까? 요컨대 그것은 우리의 어떠함을 시험(test)하고, 그와 같은 시험으로 우리 안에서 선(善)을 이루고 강화하며 악을 쫓아내고 허물어뜨리기 위함입니다. 고통의 주된 목적이 올바른 성품을 만드는 것이라는 사실을 깨달을 때까지, 우리는 그것의 신비를 이해하지 못할 것입니다. 여러분이 자신의 슬픔과 낙망과 상실과 고통과 질병과 모든 불행을 근본적으로 여러분을 시험(test)하고 도움으로써 여러분을 더 선하게 만들기 위한 수단으로 바라볼 때, 비로소 우리는 그러한 것들이 만들어 내는 슬픔을 그러한 것들이 이끌어낼 수 있는 기쁨과 혼합시킬 수 있게 될 것입니다. 베드로는 슬픔의 일시성이라는 또 하나의 개념을 제시하지만 — "**잠깐** 근심하게 되지 않을 수 없으나" — 어쨌든 우리는 그것이 인성(人性)을 성장시키는데 꼭 필요한 것이라는 사실을 인식할 필요가 있습니다. 그러므로 위에 열거한 것들은 단순히 고통을 느끼며, 눈물을 흘리며, 우리를 슬프게 만들기 위한 것이 아닙니다. 도리어 그러한 것들은 우리가 온전해지는 수단으로 받아들이고 또 그렇게 사용해야 합니다. 여러분이 어떤 슬픔으로부터 그 안에 담겨 있는 선(善)을 끌어내고자 애쓴다면, 여러분은 그 안에 담겨 있는 쓴 뿌리가 갑자기 작아지는 것을 발견하고 놀라게 될 것입니다.

옛 전설에 등장하는 해녀(海女)를 생각해 봅시다. 그녀는 바다 깊은 곳으로 내려가지만, 그녀를 감싸고 있는 수정구슬로 인해 바닷물이 그녀를 덮치지 못합니다. 뿐만 아니라 그녀는 물속에서조차 수면 위의 바깥 공기를 마음껏 마실 수 있습니다. 그와 같이 여러분과 나는 바다 밑 해저(海底)에서조차 즐거움과 평강 가운데 자유롭게 걸어 다닐 수 있습니다. 그러므로 설령 "무화과나무가 무성하지 못하며 포도나무에 열매가 없으며 감람나무에 소출이 없으며 밭에 먹을 것이 없으며 우리에 양이 없으며 외양간에 소가 없다" 하더라도, 우리는 "여호와로 말미암아 즐거워하며 우리의 구원의 하나님으로 말미암아 기뻐할" 수 있습니다(합 3:17, 18).

3. 마지막으로, 여기에서 우리는 우리의 의무를 발견하게 됩니다.

베드로는 여기의 선한 그리스도인들이 임박한 박해에도 불구하고 도리어 주님 안에서 크게 기뻐하는 것을 지극히 당연한 것으로 받아들입니다. "너희가 이제 여러 가지 시험으로 말미암아 잠깐 근심하게 되지 않을 수 없으나 오히려 크게 기뻐하는도다." 그는 그들에게 근심 가운데 오히려 기뻐하라고 명령할 필요를 느끼지 않습니다. 그것은 그들의 그리스도인의 삶의 자연스러운 귀결입니다. 여러분은 신약 전체를 통해 이와 동일한 개념, 즉 한편으로 기쁨을 기독교적 경험의 필연적인 특징으로 인식하면서 동시에 다른 한편으로 그것을 한 사람의 그리스도인이 계속 계발할 의무가 있는 것으로 인식하는 개념이 나타나는 것을 발견할 것입니다. 나는 대부분의 그리스도인들이 인생을 항상 이와 같은 관점으로 바라본다고 믿지 않습니다. 기쁨이 올 때, 그들은 그로 인해 감사합니다. 그러나 기쁨이 없음에도 불구하고 그렇게 느끼는 경우는 매우 드뭅니다. 이것은 무엇인가 잘못된 것입니다. 나는 우리 가운데 너무나 많은 사람들이 "주 안에서 항상 기뻐하는" 것이 우리의 의무라는 사실을 인식하지 못한다고 생각합니다. 여러분은 그것을 인식합니까? 나는 여러분이 가공적(架空的)인 감정을 불러일으켜야 한다는 것을 의미하는 것이 아닙니다. 다만 내가 의미하는 것은 여러분이 그리스도인으로서 자신의 명백한 의무를 행할 때 필연적으로 여러분의 마음 안으로 이러한 주의 기쁨이 임할 것이라는 것입니다. 여러분이 보다 더 행복한 그리스도인이 되지 못하는 이유가 무엇입니까? 우리 가운데 너무나 많은 사람들이 고작해야 스스로를 우울하며 무거운 짐에 짓눌리게 만드는 신앙밖에는 갖지 못하는 이유가 무엇입니까? 그것은 여러분이 예수 그리스도에 대해, 그가 여러분에게 준 것에 대해, 그가 여러분을 위해 그리고 여러분 안에서 행하고 계시는 것에 대해 충분히 생각하지 않기 때문입니다, 그것은 여러분이 새로운 생명을 강력한 경험으로 소유하지 않기 때문입니다. 그것은 여러분이 자신의 마음에서 솟아오르는 새로운 소망을 소유하지 않기 때문입니다. 그것은 여러분이 새로운 부요함을 현재적인 소유로 실현시키지 않기 때문입니다. 그것은 여러분이 그가 여러분에게 주실 준비가 되어 있는 새로운 안전을 소유하지 않기 때문입니다. 사랑하는 그리스도인들이여, 항상 기뻐하는 그리스도인이 되는 것이 바로 여러분의 의무입니다. 기뻐하는 일에 무관심한 것은 그 자체가 죄입니다.

그것은 어려운 의무입니다. 육체와 감각과 감정을 고통스럽게 하는 것으로부터 돌이켜 보이지 않는 것을 바라보는 것은 결코 쉬운 일이 아닙니다. 그것은 쉽지 않은 일이지만, 가능한 일입니다. 그리고 다른 모든 어려운 일들처럼, 그것은 행할 만한 충분한 가치가 있는 일입니다. 우리 기독교가 다른 사람들에게 좋은 인상과 자극을 남김에 있어 우리가 주 안에서 항상 기뻐하며 사는 것보다 더 강력한 것은 아무것도 없습니다.

마지막으로 한 가지만 더 이야기하고자 합니다. 지금까지 나는 기쁨과 슬픔의 공존에 대해 이야기했습니다. 이러한 공존은 그리스도인과 그리스도인이 아닌 사람에게 있어 공통적입니다. 그러나 차이점은 이것입니다. 그리스도인의 경우에는 중심에 기쁨이 있고 표면에 슬픔이 있는 반면, 그리스도인이 아닌 사람의 경우에는 중심에 슬픔이 있고 표면에 기쁨이 있습니다. "웃을 때에도 마음에 슬픔이 있고"(잠 14:13 상반절). 여러분은 이것이 무엇을 의미하는지 알 것입니다. 그것은 사람의 한 가운데 춤추며 즐거워하는 일에 참여하지 못하는 아픔과 근심이 있다는 것입니다. 마치 화려한 꽃들로 만발한 들판 한 가운데 있는 시커먼 바위처럼 말입니다. "즐거움의 끝에도 근심이 있느니라"(잠 14:13 하반절). 중심에 기쁨이 있고 표면에 슬픔이 있는 것이 그 반대의 경우보다 훨씬 더 낫지 않습니까? 영원한 기쁨과 함께 일시적인 슬픔이 있는 것이 그 반대의 경우보다 훨씬 더 낮지 않습니까? "우매한 자들의 웃음소리는 솥 밑에서 가시나무가 타는 소리 같으니 이것도 헛되니라"(전 7:6). 이런 웃음소리는 광야에 버려져 있는 벼락에 맞아 불탄 나무의 황량한 흔적과 같지 않습니까? 슬픔과 함께 있으면서 결국 슬픔을 정복하는 기쁨을 선택할 것인지, 아니면 일시적인 기쁨을 마침내 산산이 부숴버리고 마는 슬픔과 근심을 선택할 것인지 여러분 스스로 선택하십시오.

4
진짜 금인지 시험함

"너희 믿음의 확실함은 불로 연단하여도 없어질 금보다 더 귀하여 예수 그리스도
께서 나타나실 때에 칭찬과 영광과 존귀를 얻게 할 것이니라"
벧전 1:7

베드로는 "귀한"(precious)이라는 단어를 매우 좋아합니다. 자신의
두 서신에서 그는 그 단어를 여러 가지 것들을 꾸미는 형용사로 사용합니
다. 한 곳에서 그는 그리스도에 대해 "믿는 너희에게는 보배이나"
(**precious** to you which believe)라고 말합니다(벧전 2:7). 또 그는 "그
리스도의 보배로운 피"(the **precious** blood of Christ, 벧전 1:19)라든지
혹은 "보배롭고 지극히 큰 약속"(exceeding great and **precious**
promises, 벧후 1:4) 등과 같은 표현을 사용합니다. 또 그는 여기의 본문
과 자신의 두 번째 서신 1장 1절에서 "귀한 믿음" 혹은 "보배로운 믿음"에
대해 이야기합니다. 그것은 여러 가지 것들을 꾸미는 매우 폭넓은 용어입
니다. 그렇지만 흠정역(KJV) 본문에서 베드로가 귀한 것으로 여기는 것은
믿음이 아니라 믿음의 "시련"인 것으로 보입니다(흠정역 본문에는 "너희
믿음의 **시련**은 불로 연단하여도 없어질 금보다 더 귀하여"라고 되어 있음,
that the **trial** of your faith, being much more precious than of
gold that perisheth). 여기에는 번역상의 난제(難題)가 있는데, 이에 대
해서는 길게 다루지 않고자 합니다. 다만 여기의 "너희 믿음의 시련"이 그

러한 시련의 **결과**를 의미하는 것처럼 보인다는 사실만을 지적하는 것으로 충분합니다. 그러므로 우리는 그것을 다음과 같이 살짝 바뀐 표현으로 나타낼 수 있을 것입니다. "너희 믿음은 시련을 받음으로 말미암아 불로 연단하여도 없어질 금보다 더 귀한 것이 되어."

이러한 번역이 베드로의 의도를 보다 더 충분하게 나타내는 것으로 보이는 이유에 대해서는 여기에서 논의하지 않을 것입니다. 다만 오늘 우리가 주목할 필요가 있는 것은 다음과 같은 세 가지입니다 ― 참된 보화, 그러한 보화를 시험함, 그리고 마침내 그러한 보화의 귀함을 발견함.

1. 첫째로, 베드로는 "시련을 받은 믿음"과 "없어질 금"을 서로 대조시킵니다.

그는 오직 한 가지만을 비교합니다. 그것은 전자는 영속적인 것인 반면 후자는 그렇지 않다는 것입니다. 우리는 비교의 범위를 또 다른 부분으로 확장시키기 위해 본문의 경계를 넘어가서는 안 됩니다. 다만 한 가지 지적하고 싶은 것은 내적인 유익이 외적인 유익보다 훨씬 더 귀하다고 거의 대부분의 사람이 인정합니다. 그러나 실제로 그런 개념 위에서 행동하는 사람은 아주 적다는 사실입니다. 대부분의 사람들은 지혜가 루비보다 귀하다고 말합니다. 그렇지만 그들은 실제로는 루비를 선택하면서, 지혜를 얻기 위한 수고는 감당하지 않을 것입니다. 그러나 베드로가 여기에서 우리에게 전달하고자 하는 개념은 오직 한 가지 종류의 영원히 잃어버리지 않을 보화가 있다는 개념입니다. 우리 밖의 것은 결코 우리의 것이 아닙니다. 그것은 나의 것이었다가, 다른 사람의 것이 되고, 또 다른 사람의 것이 됩니다.

내가 여기에 있고 그것이 거기에 있다면, 그것은 실제로 나의 것이 아닙니다. 내가 그것을 잃어버릴 가능성이 있다면, 그것은 나의 것이 아닙니다. 이와 같은 깊은 의미에서 우리 주님은 "남의 것"과 "너희의 것"을 비교하여 말씀하신 적이 있습니다. "너희가 **남의 것**에 충성하지 아니하면 누가 **너희의 것**을 너희에게 주겠느냐"(눅 16:12). 그것이 남의 것인 것은 그것이 이 손에서 저 손으로 차례차례 옮겨가기 때문입니다. 결국 아무도 그것을 실제적으로 붙잡지 못하며, 아무도 그것을 실제적으로 소유하지 못합니다. 설령 어떤 사람이 그것을 평생 동안 소유한다 하더라도, "수의(壽衣)에는 주머니가 없다"는 옛 속담처럼 그는 결국 죽음과 함께 그것을 놓을 수밖에 없습니다. 아무리 손을 꽉 쥔다 하더라도, 손에는 아무것도 없습니다. 사랑하는 형제들이여, 설령 우리가 무엇인가를 붙잡고 있다 하더라도, 그것은 한편으로 좀과 동록에 해함을 당할 뿐만 아니라 도둑이 뚫고 들어와 훔쳐갑니다. 설령 우리가 그것을 우리의 것이라고 **부를** 수 있지만 그것은 우리의 것이 아닙니다. 우리가 그것을 우리의 최고의 선(善)으로 여기며 그것을 붙잡기 위해 싸우며 수고하며 때로 거짓말하며 속이며 모든 에너지를 쏟는다면, 우리가 그것을 소유하는 것이 아니라 그것이 우리를 소유하는 것입니다. 그러나 우리가 순전한 마음과 열린 손으로 어떤 것을 온전히 붙잡는다면, 그것은 우리의 것이 될 수 있습니다. 이런 차원에서 무덤으로 끝나는 것이 아니라 영원까지 뻗어가는 우리의 믿음은 참으로 우리의 것이 될 것입니다. 그것은 하나님처럼 그리고 우리 자신처럼 없어지지 않고 영원할 것입니다. 그러므로 여러분의 삶의 모든 에너지를 부차적인 보화들을 쌓는 일에 쏟지 마십시오. 가장 높은 것을 추구하십시오. "너희는 더욱 큰 은사를 사모하라"(고전 12:31). 그러한 사모가 하여금 여러분의 행동을 통제하게 하십시오. 조만간 여러분을 실망시킬 보화에 마음을 빼앗기지 마십시오.

2. 둘째로, 이러한 보화를 시험하는(test) 것을 주목하십시오.

나는 금이나 은을 연단하는 풀무불과 관련한 매우 익숙한 은유에 대해서는 길게 설명할 필요가 없습니다. 다만 대장장이가 금속을 불에 녹이는 두 가지 목적을 기억하십시오. 한 가지 목적은 그것을 시험하는 것이고, 다른 한 가지 목적은 그것을 순수하게 만드는 것입니다. 혹은 좀 더 전문적인 용어로 표현하면, 한 가지 목적은 금속을 시금(試金)하는 것이고, 다른 한 가지 목적은 그것을 정련(精鍊)하는 것입니다. 이와 같이 본문과 앞절의 말씀을 서로 연결하여 살필 때, 우리는 베드로가 우리에게 임하는 모든 다양한 시련과 유혹들의 목적을 "우리 믿음이 시련을 통해 칭찬과 영광과 존귀를 얻게 되는" 것으로 제시하는 것을 발견하게 됩니다. 불은 불순물들을 소멸시키며, 순수한 금속을 찬란한 광채 가운데 빛나게 만듭니다. 그것은 "나무와 풀과 지푸라기"를 태웁니다. 그리고 그것은 금을 빛나게 만들고, 보석을 반짝이게 만듭니다.

우리는 여기에서 인생의 다양한 시험들의 목적이 일차적으로 믿음을 시험하기 위한 것이라는 사실을 기억할 필요가 있습니다. 물론 그것은 다른 많은 것들도 시험합니다. 사람의 전체적인 성격은 그의 일상의 삶의 경험에 의해 시험됩니다. 그리고 그로 인해 그의 선한 모든 것과 악한 모든 것이 드러납니다. 우리는 연단이 우리 본성의 다양한 측면에 끼치는 효과에 대해 이야기할 수 있습니다. 그럼에도 불구하고 여기에서 전체적인 강조점은 삶의 연단이 그리스도인에게 그의 특정한 한 부분 즉 그의 믿음을 시험하며, 정련하며, 강화하는 효과를 준다는 것입니다. 베드로가 특별히 믿음을 부각시키는 이유는 무엇입니까? 그가 "너희 소망의 시련"이나 혹은 "너희 사랑의 시련"이나 혹은 "너희 용기의 시련"이라고 말하지 않는 이유는 무엇입니까? 그가 굳이 "너희 **믿음**의 시련"이라고 말하는 이유는 무엇입니까? 그 이유는 그 사람의 믿음의 분량대로 그가 그대로 되기 때문입니다. 그 이유는 신약의 관점에서 믿음이 선하며 강하며 고결한 모든 인성의 주된 뿌리이기 때문입니다. 그 이유는 여러분이 어떤 사람의 믿음을 강화시키면 여러분은 그로부터 나오는 모든 것을 강화시키는 것이기 때문입니다. 중심을 강화시켜 보십시오. 그러면 모든 것이 강화될 것입니다. 그리스도인으로서 여러분의 모든 삶이 전개되는 중심점은 바로 여러분의 믿음입니다. 그러므로 설령 여러분에게 일어나는 모든 일이 훈련을 요구하며 여러분의 성품에 있는 많은 덕들과 능력들과 아름다운 것들을 시험하며 강화한다 하더라도, 그 모든 것의 주된 유익은 그것이 하나님에 대한 여러분의 믿음을 심화시킨다는 것입니다. 이와 같이 인생에서 일어나는 모든 일들은 사랑으로 역사(役事)하는 믿음을 강화시키며, 마침내 선하며 유익하게 됩니다.

이와 같이 인생의 주된 목적이 믿음을 강화시키는 것이라면, 우리는 "시련"이라는 단어의 의미에다가 단순한 "괴로움"을 훨씬 뛰어넘는 넓은 의미를 부여할 필요가 있습니다. 우리 믿음의 시련은 역경의 때와 마찬가지로 형통의 때에도 예리하게 임합니다. 사람들은 "모든 일이 잘 될 때 하나님을 의지(依支)하는 것은 쉽다"고 말합니다. 이것은 분명한 사실입니다. 그러나 모든 일이 잘 될 때 하나님을 의지하거나 그에 대해 생각하기를 그치는 것도 훨씬 더 쉽습니다. 대부분의 경우 우리가 하나님을 가장 많이 필요로 하는 때는 우리가 캄캄한 어둠 가운데 있을 때입니다. 여러분은 어떤 여행자의 외투를 벗기려고 해와 바람이 서로 경쟁했던 옛 이야기를 기억할 것입니다. 결국 그의 외투를 벗긴 것은 해였습니다. 아마도 여러분은 하나님 외에 별달리 붙잡을 것이 없기 때문에 하나님을 붙잡는 믿음이 일시적인 즐거움이나 세상적인 보화가 임할 때 쉽게 하나님을 놓치는 경향이 있다는 사실을 발견했을 것입니다. 북쪽의 추운 지역 특유의 병들이 있습니다. 그렇습니다. 그러나 남쪽의 열대지방의 병들이 훨씬 더 많습니다. 예컨대 열대지방의 일사병을 생각해 보십시오. 그것은 추운 지역의 동상(凍傷) 못지않게 위험합니다. 여러분은 "그들이 변하지 아니하므로 그들은 하나님을 경외하지 아니하나이다"라는 말씀이 의미하는 것을 이해할 수 있을 것입니다(시 55:19, because they have no changes, therefore they fear not God, 한글개역개정판에는 "그들은 변하지 아니하며 하나님을 경외하지 아니함이니이다"라고 되어 있음). 믿음을 시험하는 것은 오늘날 많은 사람들이 살고 있는 형통하며 평안한 삶 속에도 있습니다.

하늘이 평온할 때 바다로 출항한 배에게 폭풍이 몰아치는 캄캄한 밤도 찾아올 것입니다. 우리를 슬프게 하는 것들, 우리를 실망시키는 것들, 우리의 사소한 골칫거리들, 우리의 마음을 어둡게 만드는 큰 근심거리들 — 이것들은 모두 동일한 목적을 가진 것으로 간주해야만 합니다. "너희 믿음의 시련이 … 칭찬과 영광과 존귀를 얻게 할 것이니라." 그러므로 간절히 당부하노니 눈을 뜨고 인생의 참된 의미를 바라보십시오. "나는 너무나 고통스러워!"라든지 혹은 "나는 참으로 편안해!"라고 말하면서, 그것이 최종적인 말이라고 생각하지 마십시오. 고통과 편안은 마치 반대쪽 방향으로 움직이는 어떤 거대한 기계의 두 바퀴처럼 모두 같은 목적을 위해 움직입니다. 다시 말해서 고통과 편안은 서로 협동하는 가운데 우리가 그의 거룩하심에 참여하게 하는 한 가지 목적을 향해 움직입니다.

나는 우리를 가장 많이 가르치는 것은 경험이라고 믿습니다. 우리가 그 교훈을 마음에 새긴다면 말입니다. 그리스도인들이 거룩한 삶에서 가장 잘 자라는 때는 그들이 슬픔 가운데 있을 때입니다. 옛 신학자 가운데 한 사람은 "은혜는 겨울에 가장 잘 자란다"고 말했습니다. 농작물 가운데 서리를 맞아야만 비로소 먹을 수 있게 되는 것들이 있습니다. 이것은 믿음에 있어서도 마찬가지입니다. "나무나 풀이나 지푸라기"와는 달리, 믿음은 불에 타지 않습니다. 도리어 불에 의해 믿음은 영광스러워지며 아름답게 빛납니다. 마치 금이나 은이나 보석들이 그런 것처럼 말입니다.

3. 마지막으로, 궁극적인 발견에 대해 생각해 보도록 합시다.

여기에서 **"칭찬과 영광과 존귀로** 발견될 것이니라"라는 표현을 주목해 보십시오(might be found unto praise and honour and glory, 한글 개역개정판에는 "칭찬과 영광과 존귀를 얻게 할 것이니라"라고 되어 있음). 여기의 칭찬(praise, 혹은 찬미)은 누구에게 돌려지는 칭찬입니까? 사람들은 때로 하나님에게 돌리는 칭찬(찬미, praise)이라고 말합니다. 왜냐하면 그의 백성들의 궁극적인 구원은 그에 대한 찬미(praise)를 불러일으키기 때문입니다. 그러나 여기의 칭찬은 그 믿음이 시험의 불을 견딘 그리스도인들에게 주어지는 칭찬으로 이해되는 것이 훨씬 더 낫습니다. "잘 하였도다 착하고 충성된 종아!" — 바로 이것이 그들에게 주어지는 칭찬이 아닙니까? 바울이 "그때에 각 사람에게 하나님으로부터 칭찬이 있으리라"라고 말하는 것처럼 말입니다(고전 4:5). 우리는 하늘에 계신 예수 그리스도가 당신에 대한 사랑에서 자기 백성들의 행동을 칭찬할 것이라는 사실을 인정하기를 지나치게 두려워하는 경향이 있습니다. 설령 그러한 행동이 매우 불완전한 것이라 하더라도, 우리 주님은 기꺼이 그것을 칭찬하실 것입니다. 여러분은 우리 주님이 전적으로 쓸모없는 행동을 한 여자에게 "그가 내게 좋은 일을 하였느니라"라고 말씀하신 것을 기억합니까(마 26:10)? 그 일은 얼마나 많은 사람들의 격렬한 반대를 불러일으켰습니까? 그러나 예수 그리스도는 그것을 받으셨습니다. 그 이유가 무엇입니까? 그것은 그 행동이 사랑의 마음으로부터 나온 순전한 행동이었기 때문입니다. 두려워하지 마십시오! 설령 우리가 "부정하다, 부정하다! 우리는 무익한 종이로소이다!"라고 말할 수밖에 없다 하더라도, 주님은 "오라 내 아버지께 복 받을 자들이여!"라고 말씀하실 것입니다(마 25:34). 그리스도의 칭찬이 진짜 칭찬입니다.

다음으로 "존귀"(honour)를 생각해 봅시다. 이것은 "네가 지극히 작은 것에 충성하였으니 열 고을 권세를 차지하라"는 말씀을 암시합니다(눅 19:17). 그런 사람들이 세상에서 행한 일들은 장차 다음 세상에서 그들을 두르는 후광(後光)이 될 것입니다. "칭찬"이 구속받은 사람과 주님과의 관계를 암시한다면, "존귀"는 구속받은 사람과 새 예루살렘의 동료 시민들 사이의 관계를 암시합니다.

계속해서 "영광"(glory)은 그 사람 자신이 주의 형상으로 변화되고 높여지는 것에 대해 이야기합니다. "우리 생명이신 그리스도께서 나타나실 그 때에 너희도 그와 함께 영광 중에 나타나리라"(골 3:4). "그 때에 의인들은 자기 아버지 나라에서 해와 같이 빛나리라"(마 13:43).

마지막으로, 그들의 믿음은 시련을 통해 마침내 "칭찬과 영광과 존귀로 **발견될**" 것입니다. 하늘에서는 큰 놀람이 있을 것입니다. 여러분은 우리 주님이 자신을 바라보며 "주여 우리가 어느 때에 주께서 주리신 것을 보고 음식을 대접하였으며 목마르신 것을 보고 마시게 하였나이까 어느 때에 나그네 되신 것을 보고 영접하였으며 헐벗으신 것을 보고 옷 입혔나이까 어느 때에 병드신 것이나 옥에 갇히신 것을 보고 가서 뵈었나이까"라고 말하는 자들에게 어떻게 대답하셨는지 기억할 것입니다(마 25:37-39). 그들은 그리스도의 이름으로 행한 자신들의 행동들이 실제로 무엇을 의미하는 것인지 깨닫지 못하고 있었습니다. 그러나 그들은 마침내 자신들의 삶이 스스로 생각했던 것보다 훨씬 더 거룩한 것이었음을 발견했습니다. 그 때 하늘에서 큰 놀람이 있을 것입니다. 이사야 선지자가 속량된 큰 무리를 보고 놀라 "나만 홀로 남았거늘 이들은 어디서 생겼는고?"라고 물었습니다. 그처럼 이 세상에서 외롭게 싸우면서도 별다른 인정을 받지 못했던 가련한 영혼들이 마지막 날 "칭찬과 영광과 존귀로 발견될" 때 놀랄 것입니다(사 49:21).

5
믿음으로 기뻐함

"이제도 보지 못하나 믿고 말할 수 없는 영광스러운 즐거움으로 기뻐하니"

벧전 1:8

베드로는 바로 앞 절에서 예수 그리스도께서 나타나실 때 그리스도인들에게 임할 영광스러운 것들에 대해 이야기했습니다. "너희 믿음의 확실함은 불로 연단하여도 없어질 금보다 더 귀하여 예수 그리스도께서 나타나실 때에 칭찬과 영광과 존귀를 얻게 할 것이니라"(7절). 이러한 것들을 생각하는 가운데 이제 그의 마음은 그리스도께서 떠나계시는 동안 이 땅의 신자들의 영혼의 상태와 관련한 생각으로 옮겨갑니다. 그리스도께서 나타나실 때 "칭찬과 영광과 존귀"를 얻게 될 위대한 미래에 대한 소망을 불러일으킵니다. 그뒤 곧바로 베드로는 이 땅에서의 현재적인 삶으로 돌아와 그리스도인들의 특권과 축복뿐만 아니라 그들이 현재적으로 경험하는 불이익에 대해서도 생각합니다. "예수를 너희가 보지 못하였으나 사랑하는도다." 이것은 예수 그리스도를 실제로 보면서 교제한 경험을 가진 자가 그런 경험을 갖지 못한 자들에게 가지는 지극히 자연스러운 생각입니다. 그것은 한 가지 아주 독특한 사실을 가리킵니다. 헤아릴 수 없이 많은 사람들이 열아홉 세기 전에 죽은 한 남자에 대해 갖는 이상한 사랑과 비견할 수 있는 것은 아무것도 없습니다. 이것은 사람들이 과거의 어떤 위대한 인물에 대해 갖는 감정과 완전히 다른 것입니다. 보이지 않는 자를 사랑하는 것은 역설(paradox)입니다. 그것은 오직 그리스도와 그의 백성들 사이의 관계에서만 가능합니다.

계속해서 베드로는 언뜻 볼 때는 앞의 개념을 단순히 반복하는 것처럼 보이지만 실제로는 그렇지 않은 또 하나의 이상한 역설로 나아갑니다. "이제도 보지 못하나 믿고 말할 수 없는 영광스러운 즐거움으로 기뻐하니." 어떤 사람을 사랑할 때, 우리는 그가 우리 곁에 있기를 간절히 열망합니다. 그리고 그가 없는 동안 우리의 기쁨은 마릅니다. 그러나 보이지 않는 자가 불붙인 여기의 이상한 사랑은 말할 수 없는 영광스러운 즐거움을 위해 그의 가시적(可視的)인 임재를 필요로 하지 않습니다. 베드로는 모든 신자가 이러한 기쁨을 아는 것을 당연한 것으로 전제합니다. 나는 이것이 오늘날 스스로를 그리스도인이라고 부르는 사람들의 평균적인 경험과 상충되지 않는지 심히 우려하지 않을 수 없습니다.

1. 첫째로, 이러한 기쁨의 완전한 기초 혹은 근원을 주목하십시오.

"이제도 보지 못하나 믿고(in whom, though now ye see him not, yet believing)." 여러분은 오늘날과 열여덟 세기 전 사이에 놓여 있는 심연뿐만 아니라 땅과 하늘 사이에 놓여 있는 더 깊은 심연을 넘어 믿음의 긴 팔을 뻗어 살아 계신 그리스도와 그의 사랑의 마음을 붙잡을 수 있습니다. 바로 이것이 믿음입니다. 베드로는 여기에서 매우 강한 형식의 표현을 사용하는데, 아쉽게도 그것은 우리의 영역본(英譯本)에서 단지 부분적으로만 표현됩니다. 그가 의미하는 것은 "**in** whom"일 뿐만 아니라 또한 "**toward** whom"이기도 합니다. 그는 단순한 마음의 평온을 넘어, 믿음의 노력과 그것이 향하는 방향을 강조합니다. 이와 같이 참된 그리스도인의 태도는 믿음과 그것이 낳은 사랑을, 열망과 그것이 낳은 소유를, 기대(期待)와 그것이 낳은 보이지 않는 그리스도를 향한 결실을 계속 진전시켜 나가는 것입니다. 그를 믿는 것(to believe Him)은 위대한 일입니다. 그 안에서 믿는 것(to believe in Him)은 더 위대한 일입니다. 그러나 나는 그를 향하여 믿는 것(to believe towards Him)이 가장 위대한 일이라고 감히 말합니다. 왜냐하면 "찾는 것이 도달하는 것보다 더 낫다"는 말이 바로 여기에 적용될 수 있기 때문입니다. 우리의 상태는 항상 "뒤에 있는 것은 잊어버리고 앞에 있는 것을 잡으려는" 것이어야만 합니다(빌 3:13). 우리가 보이지 않는 그리스도와의 연합을 그리스도를 의지하는 행동에서 아무리 풍성하게 실현시킬 수 있다 하더라도, 그것이 나 자신을 더 많이 소유하는 것과 그 결과로 그를 더 충분하게 닮는 것에 대한 열망을 가로막아서는 안 됩니다. 우리는 본문의 "believing toward Him"이라는 위대한 표현에 그와 같은 개념이 나타나는 것을 발견할 수 있습니다(한글개역개정판에는 단순히 "믿고"라고만 표현되어 있음). 그리스도를 의지하는 안식과 축복은 물론 계속적인 노력도 모든 참된 기쁨을 위해 필수불가결한 요소입니다. 왜냐하면 우리의 전 존재의 가장 강렬한 행동이 참된 기쁨에 있어 본질적이기 때문입니다. 그리스도를 우리 자신의 것으로서 더 풍성하게 소유하고자 하는 노력 가운데 우리의 전체 자아와 마음과 의지(意志)와 능력을 모으면서 그와 우리 사이의 거리를 최소화시킬 때까지, 우리는 결코 참된 환희를 알지 못할 것입니다. "그를 향하여 믿고 … 기뻐하니"(believing towards whom ye rejoice).

이러한 믿음의 행동은, 그것이 의지(依支)하는 대상이 아무리 부적당하며 그것에 대한 우리의 개념이 아무리 오류투성이라 하더라도, 항상 실제적인 기쁨을 가져다 줍니다. 실망이 우리를 깨우며 우리를 슬프게 만들 때까지 말입니다. 의지할만한 가치가 있는 어떤 대상에 절대적이며 고요하게 의지하는 것만큼 마음에 평강을 가져다주는 것은 아무것도 없습니다. 서로 신뢰하며 의지하는 것은 복된 일입니다. 우리가 쇠기둥이라고 생각하며 기댔던 것이 고작 부러진 갈대 외에 아무것도 아니었음이 드러나기 전까지는 말입니다. 모든 의지가 복되지만, 가장 복된 것은 예수 그리스도를 의지하는 것입니다. 항상 그를 더 많이 소유하고자 열망하십시오. 그러한 열망은 여러분에게 여러분의 삶을 참된 기쁨으로 채우는 유익을 가져다 줄 것입니다. 예수 그리스도는 우리의 모든 본성을 충족시키며, 우리의 모든 바람(desire)을 만족시킵니다. 그 안에서 나의 마음은 진리를 발견하며, 나의 의지(意志)는 규범을 발견하며, 나의 사랑은 응답하는 사랑을 발견하며, 나의 소망은 대상을 발견하며, 나의 두려움은 그것을 사라지게 만드는 것을 발견하며, 나의 죄는 사함을 발견하며, 나의 약함은 강함을 발견합니다. 그는 나의 존재의 모든 것에 대한 응답입니다. 그는 나의 빈 곳을 채우며, 나의 필요를 충족시킵니다. 그러므로 우리는 "그를 향하여 믿으면서 기뻐합니다"(believing towards Him, we rejoice).

그러나 기쁨은 믿음과 정확하게 동시적(同時的)이라는 사실을 주목하십시오. 스위치를 내려 보십시오. 그러면 전기는 곧바로 나갈 것입니다. 같은 의미로 바울은 "믿음 안에서" 우리가 "모든 기쁨과 평강을" 소유한다고 말합니다(롬 15:13). 바로 이것이 우리 가운데 너무나 많은 사람들이 "모든 기쁨과 평강"에 대해 아주 조금밖에 알지 못하는 이유입니다. 어제의 믿음은 오늘의 기쁨에 기여하지 못할 것입니다. 그것은 어제의 음식이 오늘의 배고픔을 해결해 주지 못하는 것과 마찬가지입니다. 현재적인 기쁨은 현재적인 믿음 위에 의존합니다. 그리고 전자의 분량은 후자의 분량에 비례합니다.

2. 둘째로, 그리스도인의 기쁨의 특징들을 주목하십시오.

"말할 수 없는 영광스러운 즐거움으로 기뻐하니." 여기에서 "말할 수 없는"이라는 표현을 주목해 보십시오. 수심이 깊은 강은 고요하게 흐릅니다. 계산할 수 있는 재물은 보잘것없는 재물입니다. 인간의 언어로 표현할 수 있는 감정은 얕은 감정입니다. 아버지와 어머니, 부모와 자녀, 남편과 아내가 그것을 압니다. 이와 같이 신자의 영혼이 예수 그리스도 안에서 가지는 깊은 기쁨은 "말할 수 없는" 기쁨입니다. 차라리 말로 표현하고자 시도하지 않는 것이 훨씬 더 낫습니다. 바닥에 있는 조약돌들이 햇빛에 반짝이는 강은 얕은 강입니다. 대양의 심연은 어둡습니다. 왜냐하면 햇빛이 그곳까지 도달하지 못하기 때문입니다. 말로 쉽게 표현될 수 있는 감정은 얕은 감정이며, 그 크기가 그대로 나타나는 기쁨은 매우 작은 기쁨입니다. 반면 그리스도인의 기쁨은 "말할 수 없는" 기쁨입니다. 여러분은 맹인에게 어떤 물체의 색채에 대해 가르쳐 줄 수 없습니다. 또 여러분은 어떤 사람에게 부부간의 사랑의 축복을 나누어 줄 수 없습니다. 그와 같이 여러분은 어떤 사람에게 예수 그리스도를 믿는 믿음으로 말미암는 실제적인 기쁨을 전달해 줄 수 없습니다. 그것을 전달해 주는 유일한 방법은 그 사람 자신이 그를 믿는 것입니다. 그럴 때 그 사람은, 마치 스바 여왕이 솔로몬을 만난 후 "내게 말한 것은 절반도 못되니"라고 말한 것처럼, 그리스도인의 기쁨의 크기와 깊이를 온전히 깨닫게 될 것입니다(왕상 10:7). 그것은 말할 수 없는 선물을 소유할 때 솟아오르는 말할 수 없는 기쁨입니다.

계속해서 "영광스러운"이라는 표현을 주목해 보십시오. 사람들의 통상적인 기쁨보다 더 저급(低級)한 것은 아무것도 없습니다. 너무나 자주 그것은 마치 오염된 연못 위에 떠 있는 오염의 열매이며 증거인 무지개 색깔의 찌끼와 같습니다. 그것은 천박하며, 일시적이며, 유동적입니다. 그것은 그 위에 있는 무지개 색깔의 다양한 색깔들이 결국은 오염된 더러운 물로부터 만들어진 것에 불과하기 때문입니다. 이와 같은 종류의 저급한 기쁨들은 우리 주위에 너무나 많습니다. 그러나 그리스도의 복음은 그와 같은 저급한 종류의 감정을 취하여, 그것을 영광스럽게 변화시키고, 그리하여 그것을 우리의 삶 가운데 "무엇에든지 사랑 받을 만하며 무엇에든지 칭찬 받을 만한" 선과 의를 이루는 능력으로 만들 수 있습니다(빌 4:8). 바로 이것이 그리스도를 향한 믿음이 우리의 기쁨을 위해 행하는 일입니다.

3. 마지막으로, 기쁨의 의무를 주목하십시오.

베드로는 자신의 편지를 받는 모든 형제들이 이러한 깊고 고결한 기쁨의 경험을 소유하고 있음을 당연한 것으로 전제합니다. 그는 "너희가 기뻐해야만 한다"라고 말하지 않고 "너희가 기뻐한다"라고 말합니다. 그러나 그가 바로 앞에서 "너희가 여러 가지 시험으로 말미암아 근심 가운데 있다"고 말한 것을 주목해 보십시오(6절). 이와 같이 그는 사람의 고통스러운 삶의 사실에 대해 눈을 감지 않습니다. 그는 높은 산꼭대기에 고고하게 서서 어두운 골짜기 안으로 기어들어오는 냉혹한 가능성들을 외면하지 않습니다. 그는 우리를 무겁게 짓누를 수 있는 모든 무거운 짐과 고통과 근심과 괴로움과 상실과 염려와 피 흘리는 마음을 기꺼이 받아들입니다. 그러면서 그는 그 모든 것에도 불구하고 "너희가 기뻐하는도다"라고 말합니다.

여러분은 어떻습니까? 나는 오늘날 우리 가운데 너무나 많은 사람들이 이런 종류의 기쁨이 없는 삶을 살고 있는 반박할 수 없는 증거로 인해 두려워하지 않을 수 없습니다. 우리의 기독교는 우리를 비참하게 만들기에 충분한 기독교입니다. 우리의 기독교는 고작해야 자기가 하고 싶은 일을 하는 것에 대해 다소간 불편하게 만드는 정도의 기독교에 불과합니다. 우리는 항상 우리가 우리의 신앙고백에 너무나 미달(未達)한다는 감정에 쫓김을 당합니다. 스스로에 대해 생각할 때, 우리는 비참해지든지 아니면 될 대로 되라는 식이 됩니다. 이러한 경험의 이유는 무엇일까요? 그것은 우리가 예수 그리스도에 대해 지속적으로 굳겐 믿음을 가지지 않기 때문입니다. 우리가 그러한 믿음을 가진다면, 그는 우리의 삶 가운데 의를 세우고 우리의 성품 가운데 고결함을 이룰 것입니다. 그리고 그는 우리를 안개와 말라리아로 덮여 있는 저지대로부터 높은 곳으로 끌어올릴 것이며, 그러한 고지대에서 우리는 파란 색의 청명한 하늘을 보게 될 것입니다.

여러분은 스스로를 그리스도인이라고 부릅니다. 그러면 여러분의 기독교는 여러분에게 기쁨을 가져다 줍니까? 그것은 어둠 가운데 가장 밝은 빛으로 불탑니까? 마치 이스라엘 백성들 앞에 있었던 구름기둥처럼 말입니다. "그리스 화약"(Greek fire)은 물속에서도 타는 것으로 유명합니다. 우리의 기쁨이 기분이나 환경에 좌우된다면, 그것은 보잘것없는 기쁨입니다. 예수 그리스도께서 오신 것은 우리가 모든 기분과 환경을 초월하도록 만들기 위해서입니다. 우리의 외적인 조건이 어떤 것이든 또 우리의 기질과 성향이 어떤 것이든, 우리에게는 이러한 기쁨의 영(靈)을 계속해서 계발하고자 노력해야만 하는 의무가 있습니다. 그리고 그것은 오직 예수 그리스도에 대한 우리의 믿음의 계속적인 증진을 통해서만 이루어질 수 있습니다. "주에서 항상 기뻐하라"고 말한 사람은 감옥에 갇힌 채 죽음을 바라보고 있었던 사람이었습니다. 그렇게 말할 때, 그는 빌립보의 형제들이 자신의 훈계를 너무나 무리한 요구라고 생각할 수 있다고 느꼈습니다. 물론 그 자신도 그것이 피상적으로는 불가능한 일이라는 사실을 잘 알고 있었습니다. 그럼에도 불구하고 그는 진지한 어조로 반복하여 명령합니다. "내가 다시 말하노니 기뻐하라"(빌 4:4).

6
우주의 중심인 그리스도와 그의 십자가

"이 구원에 대하여는 너희에게 임할 은혜를 예언하던 선지자들이 연구하고 부지런히 살펴서 … 이제 너희에게 알린 것이요 … 천사들도 살펴 보기를 원하는 것이니라"

벧전 1:10-12

내가 본문을 이와 같이 셋으로 분리시킨 것은 그것을 제각각 단편적으로 고찰하기 위함이 아닙니다. 그렇게 함으로써 구약계시와 신약계시의 동질성을 제시하고자 하는 저자의 목적을 좀 더 강력하게 부각시키기 위한 것일 뿐입니다. 특별히 여기에서 우리는 그리스도와 그의 고난이 세상 역사(歷史)의 중심이라는 개념을 발견하게 됩니다. 그 이전에 있었던 모든 것들은 그와 그의 고난을 가리키며, 그 이후에 따르는 모든 것들은 그와 그의 고난으로 말미암은 것입니다. 이와 같이 그리스도는 인류 한 가운데서 계실 뿐만 아니라 그로부터 천사와 같은 다른 존재 질서들에게까지도 영향력이 흘러갑니다. 다시 말해서 심지어 천사들까지도 그와 그의 십자가로부터 이제까지 알지 못했던 신비한 비밀들을 배웁니다. 선지자들은 그리스도의 고난 가운데 임하는 은혜와 그로 말미암는 영광을 예언합니다. 그리고 그들을 가르쳤던 동일한 영(靈)이 또한 예수 그리스도의 복음을 전파하는 자들을 가르칩니다. "앞에서 가는" 자들의 메시지의 핵심은

"그가 오실 것이라"였습니다. 반면 "뒤에서 따르는" 자들의 메시지의 핵심은 "그가 오셨도다"입니다. 그리고 천사들은 "앞에서 가고 뒤에서 따르는 무리"가 소리 높여 외치는 소리들 듣고 그들과 함께 합창합니다. "호산나 찬송하리로다 주의 이름으로 오시는 이여"(마 21:9).

오늘 설교의 목적은 여러분 앞에 본문이 모든 세대와 모든 세상을 하나로 묶는 하나의 장엄한 중심축을 제시하는 것입니다. 다시 말해서 본문은 예수 그리스도와 그의 십자가를 그 모든 것의 중심으로 세웁니다. 여기에서 저자는 우리가 이러한 중심축을 주목하도록 가르칩니다. 거기에는 다음과 같은 네 가지 측면이 있습니다. 그것은 예수 그리스도와 그의 십자가가 첫째로 예언의 실체이며, 둘째로 복음 선포의 주제이며, 셋째로 천사들이 살펴보기를 원하는 것이며, 넷째로 우리가 개별적으로 받아들이도록 우리 각자에게 제시되는 것이라는 것입니다. 이제 이러한 네 가지를 간략하게 살펴보도록 합시다.

1. 첫째로, 그리스도와 그의 십자가가 예언의 실체임을 주목하십시오.

어떤 일반적인 진술에 대해, 우리는 단어 하나하나에 과도하게 집착할 것이 아니라 전체적으로 해석할 필요가 있다는 사실을 기억해야 합니다. 또 우리는 선한 사람들이 의도는 좋았지만 잘못된 방식으로 행한 일 즉 옛 계시의 모든 구석구석에 이르기까지 예수 그리스도와 그의 희생제사의 충분히 발전된 교리를 집어넣어 읽으려고 했던 시도로 말미암아 많은 해악이 끼쳐진 사실을 기억해야 합니다. 그렇지만 이러한 사실들을 기꺼이 받아들임에도 불구하고, 나는 오늘날 우리가 구약 체계 전체의 가장 깊은 핵심과 목적이 모든 세대의 열망이 이루어지고 하나님의 약속이 성취될 신비한 인물을 기대(期待)하도록 격려하는 것이라는 사실을 더더욱 강조할 필요가 있다고 생각합니다. 선지자는 단지 미래를 예고(豫告)하는 그 이상(以上)이었습니다. 왜냐하면 미래에 대해 아무런 예고도 하지 않은 선지자들도 많이 있었기 때문입니다. 이스라엘에서의 그들의 위치는 의(義)의 옹호자와 하나님의 기사(騎士)가 되는 것이었습니다. 그러나 그것 이상으로 거기에 전체적인 예언 체계가 있습니다. 그리고 거기에 미래의 왕국뿐만 아니라 한 인물로서의 왕에 대한, 그리고 왕일 뿐만 아니라 고난의 종에 대한 찬란한 기대(期待)가 있습니다. 모든 희생제사들과 거의 모든 규례들과 제사장직과 왕직 등은 이러한 미래적인 측면을 가지고 있었습니다. 그리고 전체로서의 이스라엘은 자신의 부르심의 영에 합당한 분량대로 조상들에게 약속된 언약의 소망이 이루어질 때를 간절한 마음으로 바라보았습니다. 선지자들은 마치 왕이 자신의 도성에 들어오기 전에 보냄 받은 전위대(前衛隊)와 같았습니다. 그들은 잠들어 있는 마을들을 지나면서 "그가 오시노라! 그가 오시노라! 왕이 구원을 가지고 오시노라!"라고 외쳤습니다.

나는 이러한 사실들이 굳게 견지(堅持)되기만 한다면 비평학자들의 연구방법에 대해 어느 정도의 자유를 부여할 용의가 있습니다. 그리고 그 결과를 성실하게 받아들일 용의도 있습니다. 그러나 내가 특별히 강조하고자 하는 것은 베드로가 여기에서 이야기하는 두 가지 즉 선지자들의 실제적인 영감(靈感)과 예수를 가리키는 그들의 역할이 반드시 견지되어야만 한다는 것입니다. 여러분이 이러한 진리들을 굳게 견지하는 한, 여러분이 하나님이 선지자들을 통해 말씀하셨음을 믿는 한, 여러분이 그들의 메시지의 핵심이 예수 그리스도를 선포하는 것이었으며 그를 증언하는 것이 선지자뿐 아니라 제사장과 왕과 이스라엘 전체의 역할이었음도 믿는 한 — 나는 여러분이 연대나 기원 등의 단순한 문제들에 대해서는 자신이 원하는 대로 자유롭게 다룰 수 있는 자유를 가질 수 있다고 생각합니다. 그러나 구약의 기원과 관련한 문학적인 사실들을 열심히 추적하는 가운데 우리가 그것이 하나의 신적 통일체이며 점진적인 계시이며 예수를 증언하는 것이 곧 예언의 영이라는 사실을 잊을 수 있습니다. 그렇다면, 나는 구약을 가장 구닥다리 식으로 읽는 사람 즉 아가(雅歌)라든지 혹은 성막과 희생제사의 세세한 규례들 속에서 예수 그리스도를 발견하는 사람이 각각의 책들이 언제 어떻게 기록되었는지 등과 관련한 문제에 지나치게 빠진 가장 박식한 학자보다 실체의 핵심에 훨씬 더 가깝다고 감히 단언합니다.

왜냐하면 그렇게 하는 가운데 그 박식한 학자는 거기에서 빛나고 있는 장엄한 인물을 보는데 실패하기 때문입니다. "자기 속에 계신 그리스도의 영이 그 받으실 고난과 후에 받으실 영광을 미리 증언하여"(11절). 베드로가 옛 이스라엘이 선지자들을 통해 그리스도의 고난을 미리 증언하였음을 선언할 때, 그는 단지 자신의 주님으로부터 배운 것을 되풀이하고 있었을 뿐입니다. 우리 주님은 부활 후 엠마오로 가던 두 제자를 책망하셨던 것처럼 오늘날 많은 사람들에게도 그렇게 하실 것입니다. "미련하고 선지자들의 말한 모든 것을 마음에 더디 믿는 자들이여"(눅 24:25). 구약과 신약은 하나이며, 그리스도와 그의 십자가는 둘 모두의 실체이며 중심입니다.

2. 둘째로, 그리스도와 그의 십자가가 복음 선포의 주제임을 주목하십시오.

본문을 주의 깊게 살펴보십시오. 그러면 여러분은 베드로가 선지자들이 예고한 것을 "하늘로부터 보내신 성령을 힘입어 복음을 전하는 자들로 이제 너희에게 알린 것"과 동일한 것으로 말하는 것을 발견하게 될 것입니다. 우리는 여기에서 동일한 것이 여러 가지 표현으로 묘사되는 것을 주목할 수 있습니다. 먼저 베드로는 그것을 "구원"으로 말합니다. "이 구원에 대하여는 선지자들이 연구하고 부지런히 살펴서"(10절). 그리고 계속해서 그것을 "너희에게 임할 은혜"로서 말합니다. "너희에게 임할 은혜를 예언하던 선지자들이." 그리고 다음 절에서 그는 그것을 보다 더 구체적으로 "그 받으실 고난과 후에 받으실 영광"으로 표현합니다(11절). 우리가 이러한 표현들 즉 "구원"과 "은혜"와 "그 받으실 고난과 후에 받으실 영광"을 함께 연결한다면, 우리는 다음과 같은 결론에 도달하게 됩니다. 즉 그리스도의 생애와 죽음과 부활과 승천의 사실은 사람들을 하나님의 은혜로 데려가는 거대한 수레이며, 그러한 은혜의 목적과 결과는 사람의 구원이며, 이러한 사실들은 기독교 전도자들이 선포해야만 하는 복음이라는 결론 말입니다.

그러한 개념으로부터 필연적으로 따르는 것을 주목해 보십시오. 그것은 무엇보다도 복음이 단순한 사변(思辨)이나 신학이 아니라는 사실입니다.

한 걸음 더 나아가 그것은 단순한 도덕도 아니며, 특정한 원리를 선포하는 것도 아닙니다. 도리어 그것은 이 땅에서 실제로 일어난 사실의 역사(歷史)입니다. 영국 국교회(Anglican Church)의 예배에서 사용되는 사도신경은 이후 세대에 만들어진 정교하게 다듬어진 교리들보다 복음의 본래적인 개념에 훨씬 더 가깝습니다. 이와 같이 우리는 사시고, 죽으시고, 장사지낸 바 되시고, 죽은 자 가운데 다시 살아나시고, 하늘에 올라가시고, 하나님 우편에 앉으신 그리스도의 사실들과 함께 시작해야만 합니다. 바로 이것이 복음의 핵심이며 기초입니다. 이러한 사실들로부터 모든 형태의 교리와, 종교 철학과, 신학과, 하나님과 사람에 대한 계시가 나올 것입니다. 또 그러한 사실들로부터 모든 윤리와, 의무에 대한 교훈과, 행위의 규범이 나올 것입니다. 또 그러한 사실들로부터 사회적 경제적 정치적 문제들과 난제들을 위한 지침과 그것을 비추는 빛이 나올 것입니다. 그러나 우리가 붙잡아야만 하는 것은 그리고 우리 설교자들이 전파해야만 하는 것은 그의 생애의 이야기와 그리고 특별히 그의 죽음의 이야기입니다.

베드로가 특별히 중심에 "그리스도의 고난"을 놓는 이유가 무엇입니까? 그것이 암시하는 개념은 복음을 구성하는 사실들 가운데 가장 중심적이며 필수불가결한 부분이 다름 아닌 십자가의 이야기라는 사실입니다. 복음의 생명을 구성함에 있어 우리는 그리스도께서 말씀하신 것이나 그가 행하신 것이나 그가 어떤 존재냐 하는 것으로부터가 아니라, 그가 짊어지신 것으로부터 시작해야만 합니다. 그가 인류의 중심인 것처럼, 그의 십자가가 그의 사역의 중심입니다. 그 이유는 무엇입니까? 그것은 우리 모두의 최고의 필요가 다름 아닌 우리의 죄책과 죄의 권능을 다루는 것이기 때문입니다. 그리스도께서 나타나신 전체 이야기 가운데 그 어떤 것도 십자가 위에서의 그의 죽음의 사실만큼 인간의 죄 문제를 다루지 않습니다. 그렇기 때문에 복음의 핵심은 다름 아닌 십자가 위에서의 그의 고난과 희생제사입니다.

그러므로 형제들이여, 우리는 예수 그리스도의 속죄와 희생제사의 사실을 간과하는 기독교 표현들은 결국 복음의 능력을 상실할 수밖에 없다는 사실을 인식해야만 합니다. 어떤 사람에게 예수 그리스도께서 죽으셨다고 말하는 것은 복음이 아닙니다. 여러분이 계속해서 그가 "성경대로 우리 죄를 위해 죽으셨다"라고 말하지 않는다면 말입니다. 마찬가지로 그의 아름다운 생애와 그의 완전한 모범과 그의 달콤한 본성과 그의 심오한 말씀에 대해 말하는 것 역시 복음이 아닙니다. 여러분이 그가 바로 "하나님의 어린 양"이며 "말씀이 육신이 되신 자"이며 "우리의 죄와 질병과 슬픔을 짊어지신 자"라고 말할 수 없다면 말입니다. 복음으로부터 "그리스도의 고난"을 제거해 보십시오. 그러면 여러분은 사람의 마음을 끌어당기는 유일한 것, 사람의 필요를 충족시키는 유일한 것, 사람을 사랑의 줄로 그리스도에게 매는 유일한 것을 제거한 것입니다. "내가 땅에서 들리면 모든 사람을 내게로 이끌겠노라"(요 12:32). 여러분이 사람을 도덕적으로 만드는 능력을 갖지 못한 무능한 도덕을 다루는 윤리적인 복음을 가지고 있다면, 여러분이 그리스도의 고난에 대해 분명하게 말하지 않는 복음을 가지고 있다면, 여러분이 안식일의 예배를 세속화시키는 복음을 가지고 있다면, 여러분이 신문이나 신간 서적이 다루는 주제를 다루는 복음을 가지고 있다면 — 그렇다면 여러분은 복음으로부터 핵심적인 알맹이를 빠뜨린 것입니다. "우리는 십자가에 못 박힌 그리스도를 전하니"(고전 1:23). 단순히 그리스도를 전하는 것만으로는 충분하지 않습니다. 많은 사람들은 단순히 그리스도만을 전하면서 거기에서 멈춥니다. 그러나 우리는 "십자가에 못 박힌 그리스도"를 전해야만 합니다. 선지자들의 눈앞에 희미하게 보였던 동일한 형상이 인간 역사(歷史)의 중심축으로서 오늘날 우리 앞에 서 계시며 또 세상 끝 날까지 서 계실 것입니다. 그는 우리를 위해 죽으신 그리스도입니다. 인류의 발전의 중심에 서 계시는 그리스도는 십자가 위에서 죽으신 그리스도입니다. 여러분의 복음이 이와 같은 복음이 아니라면, 여러분은 아직까지 그의 능력의 가장 깊은 비밀을 배우지 못한 것입니다.

3. 셋째로, 그리스도와 그의 십자가는 천사들이 살펴보기를 원하는 것임을 주목하십시오.

"천사들도 **살펴보기를** 원하는 것이니라"(12절). 여기에서 베드로가 사용한 단어는 성경에서 매우 특이한 단어입니다. 아마도 그 단어가 사용된 용례를 한두 가지 살피는 것이 그 의미를 올바로 이해하는 가장 좋은 방법일 것입니다. 그 단어는 부활의 날 새벽 베드로와 요한이 무덤을 바라보기 위해 취한 태도를 묘사할 때 사용되었습니다. "구부려 세마포 놓인 것을 **보았으나** 들어가지는 아니하였더니"(요 20:5). "흰 옷 입은 두 천사가 예수의 시체 뉘었던 곳에 앉아 있는"것을 보았을 때, 어쩌면 베드로의 머릿속에 한 가지 특별한 생각이 떠올랐을는지 모릅니다. 날개를 펴고 머리를 숙인 채 은혜의 보좌 위에 앉아 있는 두 천사가 그들 앞에 펼쳐진 사랑의 기적을 내려다보고 있는 생각 말입니다. 그렇지만 어쨌든, 여기에서 전달되는 개념은 주의를 집중하여 간절한 마음으로 바라보는 것입니다.

여기에서 전달되는 개념과 관련하여 한 가지만 더 생각해 보도록 합시다. 사람들은 종종 이렇게 묻습니다. "우리의 작은 행성에서 인류라는 보잘것없는 한 종(種)이 신적 섭리 가운데 그토록 존귀하게 여김을 받는 이유가 도대체 무엇입니까? 오직 그들을 위해 성육신과 죽음의 엄청난 신비가 있어야만 했을 정도로 말입니다." 그러나 오직 그들만을 위한 것은 아닙니다. 왜냐하면 설령 죄인들이 예수 그리스도의 구속의 은혜의 유일한 대상이라 하더라도 신약은 천사와 같은 다른 피조물까지도 그로 말미암아 혜택을 입으며 그것으로부터 신적 사랑의 신비와 기적과 장엄함을 배운다고 말하기 때문입니다. "이는 이제 교회로 말미암아 하늘에 있는 통치자들과 권세들에게 하나님의 각종 지혜를 알게 하려 하심이니"(엡 3:10). 우리는 천사들이 어떻게 하나님 자신의 나타나심으로 말미암아 우리가 하나님을 알기를 배우는 것처럼 그렇게 하나님을 알기를 배우는지 이해할 수 있습니다. 그리고 그의 모든 나타나심의 최고의 면류관은 그가 죄인 된 사람의 아들들을 찾아오시고 그의 사랑하는 아들로 말미암아 그들을 다시금 자신에게로 되돌리는 것입니다. 아버지 집의 형들은 탕자들에게 반지와 옷이 주어지는 것을 싫어하지 않습니다. 도리어 그들은 그것을 통해 하나님의 사랑에 대해 더 풍성하게 배웁니다.

오늘날 이러한 진리는 종종 무시되는 경향이 있습니다. 오늘날 천사들이 구속(救贖)과 어떻게 관련되는가 하는 주제는 인기 있는 주제가 아닙니다. 뿐만 아니라 오늘날의 소위 "진보된" 그리스도인들 가운데 많은 사람들은 검증할 수 없다는 이유로 천사들에 대해 믿지 않습니다. 그러나 나는 그러한 교훈을 기꺼이 받아들입니다. 내가 그렇게 하는 이유는 나에게 있어 그것이 나머지 우주 가운데 하나님을 알고 사랑하며 찬미하는 피조물이 전혀 없다고 추측하는 것보다 훨씬 더 합리적인 것처럼 보이기 때문입니다. 또 내가 그러한 교훈을 기꺼이 받아들이는 것은 베드로가 "천사들도 살펴보기를 원하는 것이니라"라고 말할 때 나는 그가 터무니없는 소리를 했다고 생각하지 않기 때문입니다. 천사들은 구속의 축복을 공유하지 않지만, 그러나 그들은 자신들이 경험하지 않는 것을 볼 수 있습니다. 계시록을 기록한 사도 요한을 생각해 보십시오. 열방으로부터 구속된 사람들이 구속자를 향해 찬미의 노래를 부르는 순간 "주께서 우리를 구속하셨나이다"라고 말할 수는 없습니다. 그러나 그가 사람들을 구속한 것으로 인해 그에게 찬미와 영광을 돌릴 수 있었던 수많은 천사들이 그들과 함께 연합하여 합창하는 것을 들었을 때, 그는 결코 터무니없는 환청을 들은 것이 아니었습니다.

4. 마지막으로, 그리스도와 그의 십자가는 복음으로 말미암아 우리 각자에게 개별적으로 제시되는 것이라는 사실을 주목하십시오.

본문 가운데 베드로가 다양한 개념들을 모아 그것을 하나의 초점으로 모으는 것을 주목하십시오. "**너희에게** 임할 은혜를 예언하던 선지자들이 연구하고 부지런히 살펴서 … 이 섬긴 바가 자기를 위한 것이 아니요 **너희를** 위한 것임이 계시로 알게 되었으니 … 이것은 하늘로부터 보내신 성령을 힘입어 복음을 전하는 자들로 이제 **너희에게** 알린 것이요." 이와 같이 베드로는 다양한 개념들을 모아 그것을 각 사람의 마음 위에 던집니다.

사랑하는 형제들이여, 우리가 그리스도와 우리 사이의 개별적인 관계를 깨닫지 못한다면, 이러한 다양한 개념들은 우리에게 아무것도 아닙니다.

그는 인류 전체와 연결되며, 모든 세대가 그에게 속합니다. "그는 만물보다 먼저 계시고 만물이 그에 함께 섰느니라"(골 1:17). 그의 십자가로부터 빛줄기들이 모든 하늘과 모든 세기(世紀)들로 방사(放射)됩니다. 그렇습니다. 그러나 동시에 그의 십자가로부터 하나의 빛줄기가 여러분 개인의 마음 안으로 비춰어 들어옵니다. 천사들이 살펴보기를 원하고, 선지자들이 예언하며, 사도들이 그의 오심을 선포하며, 만유의 주시며, 모든 인류를 사랑하시는 그리스도께서 여러분에게 오셔서 "내가 바로 너의 구주니라!"라고 말씀하십니다. 이와 같이 여기의 모든 메시지들은 여러분 각자에게 개별적으로 제시됩니다. 각각의 눈이 햇빛 전체를 가질 수 있으며, 각각의 영혼이 그리스도 전체를 소유할 수 있습니다. 그가 여러분 자신과 더불어 개별적인 관계를 갖지 않는다면, 시간과 공간 속에서의 그의 우주적인 관계들은 여러분에게 아무것도 아닙니다.

여러분이 개별적으로 여러분의 손을 "세상 죄를 지고 가는 하나님의 어린 양"의 머리 위에 얹지 않는다면, 그의 구속의 능력은 여러분에게 아무것도 아닙니다. 여러분은 "나의 그리스도"와 함께 시작해야만 합니다. 그리고 그것은 오직 개인적인 믿음을 통해서만 이루어질 수 있습니다. 그리고 난 연후에 비로소 여러분은 "우리의 그리스도" 즉 온 세상의 그리스도와 모든 세대의 그리스도에게 나아올 수 있습니다. 여러분 스스로 그리고 개별적으로 그에게 나아가십시오. 여러분은 마치 우주 전체에 여러분과 그리스도 외에 아무도 없는 것처럼 그렇게 그에게 나아가야만 합니다. 그렇게 할 때, 여러분은 자신이 "하늘의 예루살렘과 천만 천사와 하늘에 기록된 장자들의 모임과 교회"에 이르렀음을 발견하게 될 것입니다(히 12:22, 23). 앞에서 이야기한 것처럼 그리스도와 그의 십자가는 예언의 실체이며, 복음의 주제이며, 천사들이 살펴 보기를 원하는 것입니다. 그러면 그것은 여러분 각자에게 무엇입니까? 다시 말해서 그리스도와 그의 십자가는 당신 자신에게 무엇입니까?

7
온전히 바랄지어다

"그러므로 너희 마음의 허리를 동이고 근신하여 예수 그리스도께서 나타나실 때에 너희에게 가져다주실 은혜를 온전히 바랄지어다"

벧전 1:13

기독교는 소망을 변화시키고 새로운 세상을 열고 새로운 보증을 제공함으로써 거기에 새로운 중요성을 부여했습니다. 신약은 소망에다가 특별한 중요성을 부여하며, 신약에서 소망에 부여하는 중요성과 고결한 삶을 허용하는 소망의 능력에는 아주 놀라운 어떤 것이 있습니다. 바울은 심지어 우리가 소망으로 말미암아 구원받는다고 말하는 자리에까지 나아갑니다. 그리스도인들에게 소망은 더 이상 즐거운 상상(想像)이 아닙니다. 그것은 단순한 환영(幻影)도 아니며, 사람의 에너지를 빨아먹는 막연한 몽상(夢想)도 아닙니다. 도리어 그것은 확실한 것을 확실하게 기대(期待)하는 것입니다. 그리고 그것은 우리의 에너지를 증대시키며, 우리의 정결을 심화시킵니다.

베드로는 앞 문맥에서 복음을 전체적으로 요약하고 난 연후에 그러한 요약 위에서 일련의 훈계들을 제시합니다. 그리고 본문 초두의 "그러므로"가 바로 이러한 전환(轉換)을 이끕니다. 이러한 "그러므로"는 이어지는 일련의 모든 실천적인 훈계들에 포괄적으로 적용됩니다. 그 가운데 첫 번째 훈계가 바로 그 모든 훈계들의 기초로서 "온전히 바랄지어다"(hope perfectly) 혹은 "온전히 소망할지어다"라는 본문의 훈계입니다.

본문의 언어를 정확하게 번역할 때, 우리는 본문 전반부의 두 훈계가 "온전히 소망할지어다"라는 훈계에 종속적인 것이라는 사실을 알 수 있습니다. 왜냐하면 우리는 본문을 다음과 같이 읽어야만 하기 때문입니다. "그러므로 너희 마음의 허리를 동임과 근신함으로 … 소망할지어다." 다시 말해서 앞의 두 훈계는 기독교적 소망을 온전하게 소망하기 위해 필요한 준비 혹은 조건 혹은 수단인 것입니다.

우리가 여기에서 주목할 필요가 있는 또 한 가지 사실은 여기에서 명령하는 것이 기독교 소망의 지속 기간이 아니라 질(質, quality)이라는 사실입니다. 왜냐하면 본문은 "끝까지 소망할지어다"라고 명령하지 않고 "온전히 소망할지어다"라고 명령하기 때문입니다.

우리는 여기에서 기독교 소망의 대상과, 기독교 소망의 의무와, 기독교 소망의 계발이라는 세 가지 주제를 주목할 수 있습니다. 이제 그러한 것들을 차례대로 살펴보도록 합시다.

1. 기독교 소망의 대상.

"예수 그리스도께서 나타나실 때에 너희에게 가져다주실 은혜"라는 표현을 주목해 보십시오. 우리는 일반적으로 "은혜"라는 단어가 이 땅에서 사람들에게 주는 하나님의 선물이라는 제한적인 의미로 사용합니다. 그것은 유업(遺業)의 충만이라기보다, 유업의 보증(earnest)입니다. 그러나 여기에서 베드로는 그것을 앞 문맥에서 세 가지로 이야기한 것과 정확하게 동일한 것을 의미하는 것으로서 사용합니다 — "썩지 않고 더럽지 않고 쇠하지 아니하는 유업"(4절), "예수 그리스도께서 나타나실 때에 칭찬과 영광과 존귀"(7절), 그리고 "믿음의 결국 곧 영혼의 구원"(9절). "은혜"는 "영광"과 대조되지 않습니다. 도리어 영광의 또 다른 이름입니다. 또 그것은 유업의 보증이 아니라, 유업 그 자체입니다. 또 그것은 점진적이며 최종적이며 완전한 "영혼의 구원"을 위한 수단이 아니라, 모든 충만 가운데 이루어지는 완전한 구원입니다.

이와 같이 여기에서 "은혜"가 미래의 기독교 소망의 위대한 대상을 묘사하는 것으로서 특이하게 사용되는 사실은 다음과 같은 몇 가지 개념을 암시합니다. 하나는 영혼에 있는 새롭고 더 나은 생명의 가장 초기적인 빛과 그것의 궁극적인 축복이 결국 같은 것이라는 사실입니다. 처음에 우리를 구원한 은혜, 이 땅에서 살아가는 동안 한 방울씩 여과되어 우리에게 임하는 은혜가 마지막에 홍수처럼 우리에게 부어집니다. 이와 같이 하늘의 가장 찬란한 영광과 이 땅에서의 새롭고 더 나은 생명의 첫 싹은 거룩한 은혜의 나타남에 있어 결국 같은 것입니다. 기초, 집을 짓는 과정, 지붕 꼭대기의 반짝이는 첨탑 — 이 모두가 공로 없는 자들에게 베풀어지며, 스스로를 낮추며, 죄를 용서하는 동일한 사랑의 역사(役事)입니다. 영광은 은혜이며, 하늘나라는 하나님의 죄 사함의 긍휼의 결과입니다.

"은혜"라는 단어를 이와 같이 사용하는 것으로부터 솟아오르는 또 한 가지 개념은 이 땅에서의 기독교적 경험과 미래의 기독교적 경험 사이의 동질성이 단순히 그 근원의 동질성이 아니라 그와 같은 기독교적 경험 자체의 동질성이라는 개념입니다. 그것은 모두 동질적이며, 동원적(同源的)이며, 하나의 그물망으로부터 말미암은 것입니다. 그 옷은 이음매 없이 한 줄의 실로 짠 통옷입니다. 이 땅에서 가장 비천하며 가장 불완전하며 가장 유아적이며 가장 무지한 그리스도인의 생명은 그 본질적인 특성에 있어 하늘의 보좌 주위에서 빛 가운데 거하며 주의 영광의 충만을 받는 복된 영들의 생명과 동일합니다. 이 땅의 은혜는 싹의 영광이며, 하늘의 영광은 열매의 은혜입니다.

본문의 언어로부터 우리가 발견할 수 있는 또 하나의 매우 중요한 개념이 있습니다. 흠정역(KJV)의 "너희에게 가져다주실 은혜"(the grace that is to be brought unto you)라는 표현은 문자적으로 번역될 때 "너희에게 가져다주고 계시는 은혜"(the grace that is being brought unto you)가 됩니다. 나는 이러한 표현이 흠정역의 표현과 결코 같은 것이 아니라고 생각합니다. 어쨌든 이러한 표현에 대해서는 여러 가지 설명이 제시되어 왔습니다. 흠정역의 표현은 모든 은혜를 미래로 돌립니다. 그러나 베드로의 생각 속에서 은혜는 현재와 관련됩니다. 그것은 계속해서 주어지고 있습니다. 그러면 이것은 무엇을 의미합니까? 하늘을 보십시오. 거기에 멀리 떨어져 있는 수많은 별들이 있습니다. 수천 광년 떨어진 곳으로부터 출발하여 사람들이 있기 오래 전부터 광활한 우주를 가로질러 달려왔습니다 그럼에도 불구하고 그 빛들은 아직까지 우리의 눈에 도달하지 않았습니다. 그러나 빛들은 지금도 계속해서 달려오고 있습니다. 이와 같이 베드로의 생각 속에서 은혜의 최고의 나타남인 영광의 계시는 수많은 세대들을 통해 우리에게 달려오고 있습니다. 그리고 그것은 어느 날 여기에 도달할 것입니다. 그 광채들이 우리의 얼굴을 때릴 것이며, 우리의 얼굴은 그 빛으로 빛날 것입니다. 이와 같이 은혜가 도달하는 것은 너무나 확실한 일입니다. 그리하여 베드로는 그것을 이미 그 도중에 있는 것으로 이야기합니다. 기독교 소망이 붙잡는 것은 불확실한 것이 아닙니다. 그것은 이미 우리를 향해 달려오기 시작한 것입니다.

여기에서 암시되는 또 하나의 개념은 예수 그리스도의 자녀들에게 임하는 것이 바로 '그의 나타나심이 영광인 이러한 은혜' 그리고 '은혜인 이러한 영광'이라는 개념입니다. 베드로의 말을 다시 한번 주목해 보십시오. "예수 그리스도께서 나타나실 때에 너희에게 가져다주고 계시는 은혜." 여기에서 베드로가 이야기하는 나타나심은 그가 이 땅에 성육신하셨을 때의 과거의 나타나심이 아니라, 신실한 교회의 소망이 항상 향해야만 하는 미래의 나타나심입니다. 과거와 미래 양쪽에 세워진 두 개의 큰 기둥 즉 "그가 오셨도다!"와 "그가 오실 것이라!" 위에 우리가 안전하게 지나갈 수 있는 다리가 놓입니다. 과거의 나타나심은 필연적으로 미래의 나타나심을 요구합니다. 십자가는 필연적으로 보좌를 요구합니다. 여러분이 "그가 구원에 이르게 하기 위하여 죄와 상관없이 자기를 바라는 자들에게 두 번째 나타나시리라"라고 덧붙일 수 없다면, 그가 한때 죄를 위한 속죄제물로 오신 것은 마치 완공되지 못하고 중단된 어떤 건물처럼 불완전한 것이 될 것입니다(히 9:28). 그러한 나타나심에서 그의 자녀들은 그들의 소망의 대상인 은혜(혹은 영광)를 발견할 것입니다.

신약의 모든 저자(著者)들이 일제히 그렇게 말합니다. 바울이 "우리 생명이신 그리스도께서 나타나실 그 때에 너희도 그와 함께 영광 중에 나타나리라"라고 말합니다(골 3:4). 그러자 베드로가 "예수 그리스도께서 나타나실 때에 너희에게 가져다주실 은혜"라고 화답합니다(벧전 1:13). 계속해서 요한이 "그가 나타나시면 우리가 그와 같을 줄을 아는 것은"이라고 삼중창을 완성합니다(요일 3:2). 이러한 세 가지 곧 "그리스도와 함께 있는 것"과 "그리스도와 함께 하는 영광"과 "그리스도와 같아지는 것"이 희미한 미래에 대하여 우리가 아는 그리고 우리가 알 필요가 있는 전부입니다. 우리가 이러한 세 가지 확실한 것들에 더 많이 집중할수록, 우리 소망의 확실함은 더 커질 것입니다. 기독교 소망의 대상은 그리스도입니다. 그의 나타나심에서, 그의 임재에서, 그가 우리에게 전달해주는 영광에서, 그리고 우리가 그와 같아지는 것에서 말입니다.

"그리스도께서 모든 것을 아는 것으로 충분하도다.
그리고 우리는 그와 함께 있을 것이라."

"예수 그리스도께서 나타나실 때에 너희에게 가져다주실 은혜를 온전히 바랄지어다."

2. 기독교 소망의 의무.

소망의 의무라고요? 이것은 어딘가 매우 어색하게 들립니다. 나는 일반 그리스도인들이 소망을 계발하는 것을 다른 기독교 덕(德)을 계발하는 것처럼 자신들의 의무로서 생각하고 있는지 의문입니다. 왜냐하면 일상의 삶 가운데 의식적(意識的)으로 다른 종류의 기독교 덕을 계발하는 사람이 백 명이라면, 미래의 복된 소망을 계발하는 사람은 한 명밖에 되지 않기 때문입니다. 그럼에도 불구하고 이러한 소망이 어떤 그리스도인이 자기 마음대로 취할 수도 있고 빼버릴 수도 있는 단순한 사치품에 불과한 것이 아니라 참된 기독교적 경험에 있어 필수불가결한 요소라는 것은 재론의 여지가 없는 명백한 사실입니다.

나는 이에 대해 길게 설명할 필요가 없습니다. 다만 죽음 너머에 있는 확실한 실재에 대한 생생하면서도 고요한 기대(期待)가 기독교적 삶을 강화시키는 가장 강력한 동기(動機)들 가운데 하나라는 사실만을 간단히 언급하고 지나가고자 합니다. 몇 해 전에 천국에 대한 기대가 이 땅에서의 삶의 에너지를 약화시키는 경향이 있다는 말이 유행한 적이 있었습니다. 많은 사람들이 그러한 삶의 방식을 나약한 삶이라고 말하며 빈정거렸습니다. 반기독교적인 빈정거림에도 나름대로 유행이 있는 것 같습니다. 왜냐하면 요즘에는 다른 종류의 빈정거리는 말이 그 자리를 대체하고 있기 때문입니다. 분명한 사실은, 어떤 사람이 현재를 미래로 들어가는 입구로 간주하지 않는다면, 그는 결코 현재의 위대함을 알지 못한다는 사실입니다. 현재의 삶 너머에 영원한 삶이 놓여 있지 않다면, 현재의 삶은 이해할 수도 없고 중요하지도 않은 것이 될 것입니다. 저지대의 평원(平原)은, 그 위에 있는 하늘이 구름으로 가득할 때, 황량하며 답답하며 무미건조하며 우울할 것입니다. 그러나 구름을 모두 몰아내 보십시오. 그러면 파란 하늘이 펼쳐지면서 모든 것은 광채로 반짝일 것입니다. 그와 같이 여러분이 하늘나라를 무관심의 구름과 세속주의의 안개로 뒤덮어 버린다면, 세상은 하잘것없는 것이 될 것입니다. 그러나 여러분이 구름과 안개를 몰아내면서 하늘나라가 온전히 드러나게 한다면, 땅이 위대해질 것입니다. 예수 그리스도께서 나타나실 때 가져다주실 은혜가 땅의 모든 평원 위에 빛난다면, 삶은 장엄하며 고결하며 최고의 노력을 경주할 가치가 있는 것이 될 것입니다.

본문은 이러한 소망을 의무로 명령할 뿐만 아니라 또한 모든 그리스도인들이 "온전히" 그렇게 할 목표로 삼아야 할 것으로 제시합니다. "예수 그리스도께서 나타나실 때에 너희에게 가져다주실 은혜를 **온전히** 소망할지어다." 그러면 온전히 소망하는 것은 무엇입니까? 거기에는 두 가지 요소가 있는데, 그것은 확실성과 계속성입니다. 확실성을 생각해 봅시다. 세상의 소망의 정의(定義)는 어떤 선(善)에 대해 확실함보다 못한 방식으로 기대(期待)하는 것입니다. 이런 식의 소망은 사실상 두려움과 쉽게 구별되지 않습니다. 그러나 그리스도인들은 확실한 선(善)에 대한 확실한 기대를 갖습니다. 그들에게 소망은 과거의 기억만큼이나 확실합니다. 우리의 소망의 표어는 "아마도"가 아니라, "진실로! 진실로!"입니다. 사랑하는 그리스도인들이여, 여러분의 소망은 "그래, 나는 알지 못해. 그렇지만 어쨌든 나는 소망해!"라고 말하면서 불확실함 가운데 우물쭈물하는 것이 되어서는 결코 안 됩니다. 그렇게 말하는 대신 여러분은 이렇게 말해야 합니다. "나는 내 앞에 남아 있는 안식을 알고 또 확신해. 그것은 나의 어떠함 때문이 아니라 그의 어떠하심 때문이야."

온전히 소망하는 것의 또 하나의 요소는 계속성입니다. 이것은 우리 모두의 가슴을 뜨끔하게 만듭니다. 그렇지 않습니까? 맑고 쾌청한 날에는 우리의 눈에 바다 너머에 있는 "터가 있는 성(城)"의 반짝이는 성벽의 모습이 들어옵니다. 그렇지만 그렇지 않은 날에는 어떻습니까? 중앙아프리카에 큰 산이 있습니다. 어떤 사람이 그 산을 보고자 한다면, 그는 맑은 날 이른 아침을 골라야만 합니다. 나머지 모든 시간 동안 그 산은 구름에 가려 보이지 않기 때문입니다. 여러분의 소망은 이와 같은 것입니까? 사랑하는 그리스도인들이여, 여러분의 소망은 어쩌다가 한 번 반짝였다가 곧바로 어둠 가운데 삼켜지는 그런 것입니까? 형제들이여, 온전한 소망의 두 요소인 확실성과 계속성은 우리에게 결코 불가능한 것이 아닙니다. 그것은 충분히 가능한 것입니다. 아, 그러나 그러한 두 가지 요소로 채워진 소망이 너무나 드문 것은 얼마나 안타까운 일입니까!

3. 기독교적 소망의 계발.

본문은 기독교의 온전한 소망을 계발하기 위해 필요한 두 가지를 이야기합니다. 그것은 마음의 허리를 동이는 것과 근신하는 것입니다. "그러므로 너희 마음의 허리를 동이고 근신하여." 여기에서 우리는 우리 주님 자신의 말씀이 메아리치는 것을 발견할 수 있습니다. 분명 베드로는 여기에서 "허리에 띠를 띠고 등불을 켜고 서 있으라 너희는 마치 그 주인을 기다리는 사람과 같이 되라"는 우리 주님의 말씀을 인용하고 있습니다(눅 12:35, 36). 비록 문자적으로는 아니라 하더라도 말입니다. 어쨌든 이러한 은유의 의미를 이해하기 위해 우리는 동방 사람들의 복식(服飾)을 이해할 필요가 있습니다. 그들의 겉옷은 너무나 길고 치렁치렁해서 급하게 걷거나 뛸 때는 옷깃이 발에 걸리게 됩니다. 그러므로 급하게 움직일 때, 그들은 줄로 자신들의 허리를 단단하게 동일 필요가 있었습니다. 그들은 여행을 떠난다든지 일을 할 때 반드시 그렇게 해야만 했습니다. 오늘날 특별한 일을 하려고 할 때 먼저 자신의 허리띠를 단단하게 조이는 것과 비슷하게 말입니다. 그와 같이 베드로는 우리에게 우리의 모든 힘을 집중해서 결연한 마음으로 분명하게 노력하라고 말합니다. 그렇게 하지 않으면, 여러분은 결코 여러분에게 급하게 달려오는 은혜를 보지 못할 것입니다. 모든 분야에서 허리띠를 느슨하게 풀고 할 일 없이 세상을 오르락내리락하는 사람들이 너무나 많습니다. 그런 사람들은 결국 어떤 유익에도 이르지 못할 것입니다. 아무 생각 없이 느슨하게 풀린 마음으로 세월을 보내는 것은 얼마나 부끄러운 일입니까! 그러나 분명한 소망의 대상을 가지고 있는 그리스도인들이 세상의 사소한 일들에 마음이 흐트러진 나머지 하늘의 영원한 실재들을 바라보지 못하는 것은 열 배나 더 부끄러운 일입니다. 여러분의 눈앞에 동전을 갖다 대 보십시오. 그러면 그것이 여러분의 눈으로부터 태양을 가릴 것입니다. 이와 같이 우리가 땅의 사소한 것들을 가까이 할 때, 그것들은 우리로 하여금 보이지 않는 영원한 실재들을 바라보지 못하도록 가로막을 것입니다. 그러므로 우리는 하늘의 영원한 실재들을 이를 꽉 물고 굳게 붙잡도록 최선을 다해 노력해야 합니다.

온전한 기독교적 소망을 계발하기 위해 필요한 또 한 가지는 "근신하는"(being sober) 것입니다. 여러분은 이러한 표현이 의미하는 바를 최대한 넓게 확장할 필요가 있습니다. 그것은 단순히 술을 끊거나 절제하는 것만을 의미하는 것이 아니라, 현재적이며 물질적인 것의 사용을 스스로 삼가며 멀리하는 것도 함축합니다. 사람에게는 자신이 사용할 수 있는 일정한 분량의 감정과 관심이 있습니다. 그러므로 어떤 사람이 그 모든 것을 세상에 대하여 사용한다면, 그에게 있어 하늘을 위해 사용할 것은 아무것도 남지 않게 됩니다. 그는 마치 자신의 곡식을 빻기 위해 그 물길을 자신의 물레방아로 둘려 아름다운 강을 망쳐놓는 물레방앗간 주인과 같습니다. 여러분의 망원경 렌즈에 얇은 막의 먼지가 쌓여 있다면, 여러분은 하늘에 있는 아름다운 별자리들을 볼 수 없을 것입니다. 우리의 영(靈)에 세상을 좇는 얇은 막이 덮인다면, 우리와 관련한 한 하늘의 모든 찬란한 영광들은 더 이상 존재하지 않을 것입니다.

그러므로 형제들이여, 과거와 미래를 바라보는 큰 능력의 은사로 말미암아 우리에게 엄숙한 책임이 주어집니다. 하나님이 여러분과 나를 미래를 예기(豫期)할 수 있도록 만드신 것은 무엇을 위함입니까? 그것은 우리가 땅의 낮은 것들을 바라며 소망하도록 하기 위함입니까, 아니면 하늘의 영원한 것들을 바라며 소망하도록 하기 위함입니까? 어느 쪽입니까? 여러분이 땅의 사소하며, 저급하며, 일시적인 것들을 소망한다면, 나는 여러분을 책망해야만 합니다. 예전에 바닷새 한 마리가 어떤 정원에 계속해서 머물러 있는 것을 본 적이 있습니다. 그 새는 날개가 찢어졌기 때문에 정원의 높은 담을 넘어갈 수 없었습니다. 그런 상태로 그 새는 정원에 있는 벌레들과 유충들을 쪼아 먹고 있었습니다. 그 새는 마땅히 정원의 담을 넘어 자유로운 대양(大洋) 위로 날아올라야 했습니다. 땅의 것들이 점처럼 작아지고 땅의 모든 시끄러운 소리들이 전혀 들리지 않는 푸른 창공으로 말입니다. 바로 이것이 우리 가운데 많은 사람들이 소망을 가지고 행하는 일입니다. 그들은 소망으로 하여금 하나님을 향해 날아오르도록 만드는 대신 땅에서 기어 다니는 것으로 격하(格下)시킵니다. 휘장 안으로 들어가십시오. 그리고 "썩지 않고 더럽지 않고 쇠하지 아니하는 유업"의 영광을 바라보십시오(4절).

8
아버지를 닮은 자녀들

"오직 너희를 부르신 거룩한 이처럼 너희도 모든 행실에 거룩한 자가 되라"

벧전 1:15

바로 이것이 경건의 총체입니다. 그리고 이것은 세상의 모든 도덕을 다 합한 것보다 훨씬 더 많은 것을 내포하는 포괄하는 교훈입니다. 그리고 이것은 우리의 모든 정결을 우리를 부르신 하나님과 연결시킴으로써 차가운 정결을 복된 정결로 바꿉니다. 여러분은 갈릴리 출신의 어부가 도대체 어디로부터 이 같이 높은 개념을 얻었는지 의아하게 생각할 수 있습니다. 여러분은 그가 이교(異敎)의 구렁텅이와 타락에서 빠져나온 소수의 사람들에게 이토록 광범위하며 절대적인 명령을 내리는 것에 대해 의아하게 생각할 수 있습니다. 그러나 그는 그리스도와 함께 거하는 사람이었으며, 그들의 마음에는 그리스도가 계셨습니다. 그러므로 그가 명령하고 그들이 기꺼이 순종하는 것은 지극히 자연스러운 일이었습니다. "오직 너희를 부르신 거룩한 이처럼 너희도 모든 행실에 거룩한 자가 되라." 여기에 우리가 도달할 수 있는 최대치와 강제적인 의무의 최소치가 있습니다.

우리는 여기에서 다음과 같은 세 가지를 발견할 수 있습니다 — 거룩함의 모범과 거룩함의 분야와 거룩함의 동기(動機). 이제 이러한 것들을 차례대로 살펴보도록 합시다.

1. 거룩함의 모범.

"오직 너희를 부르신 거룩한 이처럼." 하나님의 거룩하심은 그를 다른
모든 피조물로부터 분리시키는 가장 근본적인 속성입니다. 왜냐하면 그것
의 가장 깊은 의미는 그가 피조(被造)된 모든 것 위에 홀로 높이 계시다는
것이기 때문입니다. 그러나 여기에서 그 단어가 전달하는 개념은 그러한
형이상학적인 개념이 아니라 순전히 도덕적인 개념입니다. 우리가 본받을
수 있는 하나님의 거룩하심은 그가 모든 부정(不淨)한 것으로부터 떨어져
계시는 것입니다. 그의 거룩하심 속에는 오직 그에게만 속하는 부분이 있
습니다. 그것은 그를 다른 모든 피조물로부터 분리시키며, 우리는 단지 그
것을 바라보며 재 가운데 우리의 얼굴을 묻을 수밖에 없습니다. 반면 그의
거룩하심 속에는 우리가 도달할 수 있는 범주에 있는 — 설령 우리가 현재
적으로 도달할 수 있는 분량이 그것의 지극히 작은 일부에 불과하더라도
— 부분도 있습니다. "오직 너희를 부르신 거룩한 이처럼." 그의 거룩하심
은 절대적이며 완전한 정결이며, 그것은 우리를 위한 모범입니다.

경건의 삶은 곧 본받는 삶입니다. 그리고 가장 참된 형태의 예배는 본받
는 것입니다. 여러분은 심지어 이방종교들 가운데서조차 이러한 원리가
작동하는 것을 발견할 수 있습니다. "우상들을 만드는 자들과 그것을 의지
하는 자들이 다 그와 같으리로다"(시 115:8). 이교도 나라들이 추악한 우
상숭배에 그토록 완고하게 집착하는 이유가 무엇입니까? 그것은 그들의
신들이 그들의 모범이기 때문입니다. 그리고 그들이 자신들의 악한 상상
력의 모범을 따라 신들을 만들기 때문입니다. 그리하여 그러한 악한 상상
력이 또 다시 그들에게 작동하여 그들을 열 배나 더 지옥의 자식이 되게
만듭니다. 예배는 곧 본받는 것입니다. 세상에 예배의 대상을 본받는 것을
필연적으로 포함하지 않는 종교는 존재하지 않습니다. 왜냐하면 종교는
결국 최고 수준으로 사랑하며 공경하는 것이기 때문입니다. 사랑이 작동
할 때 그 자연적인 결과는 본받는 것이며, 공경이 작동할 때 그 자연적인
결과는 같아지는 것입니다. "내가 거룩하니 너희도 거룩할지어다"라는 옛
모세 율법을 생각해 보십시오. 바로 이것이 경건의 핵심입니다. 이러한 계

명을 바울은 신약적인 형식으로 이렇게 표현합니다. "사랑을 받는 자녀 같이 너희는 하나님을 **본받는 자가 되라**"(엡 5:1). 경건의 분량만큼, 우리는 의식적(意識的)으로 하나님을 열망하며 본받고자 애쓸 것입니다.

아마도 어떤 사람들은 "하나님을 본받는 것은 불가능해!"라고 말할 것입니다. 설령 그것이 불가능하다 하더라도, 그렇게 하고자 노력하십시오. 왜냐하면 세상에서 삶을 고결하게 만드는 것은 목표이지 실제로 성취한 것이 아니기 때문입니다. 여러분의 화살을 일상의 삶의 저급한 표적에다가 쏘는 것보다 별을 향해 쏘는 것이 훨씬 더 낫습니다. 설령 그것이 결코 별에까지 도달하지 못한다 하더라도 말입니다. 설령 하나님을 본받는 것이 도달할 수 없는 목표라 하더라도, 그것이 우리의 의무가 되어서는 안 됨을 의미하는 것은 결코 아닙니다. 왜냐하면 이 땅에서 절대적으로 같아지는 것이 가능하지 않다 하더라도 우리는 우리의 미달(未達)하는 모든 것이 결국 우리 자신의 잘못 때문임을 알기 때문입니다. "도달할 수 있느냐" 혹은 "도달할 수 없느냐" 하는 문제로 갈팡질팡하는 대신, 잘못된 일을 행한 각각의 경우에 "어째서 **그때** 내가 하나님을 본받지 않았을까? 그것은 내가 그렇게 할 수 없었기 때문이었을까, 아니면 그렇게 하고자 하지 않았기 때문이었을까?"라고 묻는다고 상상해 보십시오. 이에 대한 대답은 우리의 머리로부터 나오는 모든 궤변적인 생각들을 일거에 날려버리기에 충분합니다. 그럴 때 우리는 그리스도인들 앞에 의무로 제시된 "도달할 수 없는 이상(理想)"이 실상은 매우 실천적인 것이라는 사실을 느끼게 될 것입니다. "하늘에 계신 아버지께서 온전하신 것처럼 온전하게 되고자" 아버지를 본받는 것은 모든 기독교적 도덕의 근본적이며 궁극적인 명령입니다. "오직 너희를 부르신 거룩한 이처럼 너희도 거룩한 자가 되라."

나는 여러분에게 하나님을 본받는 것이 도달될 수 없는 목표라는 개념이 어떤 사람들이 생각하는 것만큼 그렇게 자명한 것은 아니라는 사실을 일깨워 주고 싶습니다. 작은 원(圓)은 우주 끝까지 도달하는 거대한 원과 동일한 중심을 가지고 있습니다. 또 가장 작은 원에 적용되는 기하학 법칙과 가장 큰 원에 적용되는 기하학 법칙은 정확하게 동일합니다. 우리가 하나님이 자기 형상대로 사람을 창조하셨음을 믿는다면, 유한과 무한의 차이는 우리가 하나님처럼 되는 가능성과 아무런 상관도 없습니다. 신적 형상을 따라 창조되었을 뿐만 아니라 또한 "말씀의 썩지 않는 씨"로 거듭난 사람들은 실제로 그들의 아버지의 모습으로 자랄 수 있습니다.

설령 많은 허물과 결함이 있다 하더라도, 하나님을 본받는 것에 결코 도달할 수 없다고 말하기보다 실제로 거기에 무한히 다가가는 것이 훨씬 더 낫습니다. 나는 그것으로 만족할 것입니다. 사랑하는 형제들이여, 우리는 소망으로 말미암아 구원받습니다. 우리가 고결함으로 자라는 한 가지 중요한 조건은 그것이 가능하다고 믿는 것입니다. 그의 축복으로 말미암아 우리는 그의 아름다움을 인식하며 그의 은혜를 받는 분량만큼 이 땅에서 그를 본받으며 그와 같아질 수 있습니다.

2. 거룩함의 분야.

"모든 **행실**에 거룩한 자가 되라"(in all manner of conversation). 두 말할 것도 없이 여기의 "conversation"은 단순히 "대화"나 "행위"만이 아니라 외적인 삶 전체를 의미합니다. 베드로는 그리스도인이 행동하는 모든 부분이 그의 거룩함이 나타나는 분야가 되어야만 한다고 말합니다. 그것은 일상의 삶의 모든 분야에서 나타나야만 합니다. 여기에 "우리는 정결을 잃어버리지 않기 위해 거기에 가면 안 돼!"라고 말하면서 일상의 삶의 큰 부분을 기피하는 은둔과 수도원의 거룩함은 없습니다. 도리어 그리스도께서 가셨던 모든 곳에 우리도 갈 수 있습니다. "그 날에는 말방울에까지 **여호와께 성결**이라 기록될 것이라"(슥 14:20). 딸랑딸랑 소리를 내는 말방울은 그다지 거룩한 물건이 아닙니다. 그러나 그 위에도 대제사장의 관(冠) 위에 새겨진 것과 동일한 글귀가 새겨집니다. 계속해서 스가랴 선지자는 "예루살렘과 유다의 모든 솥"이 성전에서 희생제사를 위해 사용되는 그릇들처럼 "만군의 여호와의 성물이 될" 것이라고 말합니다(21절).

이와 같이 우리는 일상의 삶의 모든 분야에서 하나님과 같은 거룩함을 나타낼 수 있는 가능성을 가지고 있는데, 오늘 나는 이와 관련하여 다른 쪽 측면을 생각해 보고자 합니다.

오늘날 수도원적인 기독교를 반대하는 설교는 거의 할 필요가 없습니다. 근자에 그리스도인들이 모든 분야로 나아갈 수 있으며 거기에서 각자의 기독교적 삶을 살아야 한다는 유(類)의 설교가 많이 행해졌습니다. 그것은 사실입니다. 그러나 나는 이제 다른 쪽 측면에서 경고가 내려져야 할 때가 오고 있다고 생각합니다. "자기가 옳다 하는 바로 자기를 정죄하지 아니하는 자는 복이 있도다"(롬 14:22). 이러한 말씀을 장사하는 일이나, 오락하는 일이나 ─ 특별히 오락하는 일에 ─ 사회적인 계약관계 속에서나, 반려자를 선택하는 일이나, 취미생활 등에 적용해 보십시오. 스스로에게 "너는 여기에다가 **여호와께 성결**이라고 기록할 수 있나?"라고 물어보십시오. 그렇지 않다면, 그것과의 관계를 단절하십시오. 나는 연극장이나 음악당의 관리자들이, 어떤 사람이 관객들이 읽을 수 있도록 큰 글씨로 커튼 위에 여호와께 성결이라는 표어를 달자고 제안한다면, 어떻게 대답할는지 궁금합니다. 여러분은 그것이 어울린다고 생각합니까? 사랑하는 그리스도인들이여, 여러분은 여호와께 성결이라는 표어가 어울리지 않는 장소에 가지 않습니까? "모든 행실"에는 두 가지 측면이 있다는 사실을 기억하십시오. 하나는 하나님의 모든 피조물들이 거룩하여질 수 있다는 **가능성**을 선포하며, 다른 하나는 그리스도인이 치명적인 위험 없이 여호와께 성결이라는 표어와 어울리지 않는 장소에 갈 수 없다는 **불가능성**을 선포합니다.

또 "모든 행실"에는 일상의 모든 사소한 것들이 다 포함됩니다. 여기의 범주에 포함될 수 없을 정도로 너무나 사소하며 하찮은 것은 아무것도 없습니다. 아무리 작고 사소한 것이라도 "여호와께 성결"을 반사하기에 충분할 만큼 큽니다. 길가에 굴러다니는 가장 작은 운모 조각이라도 빛을 반사하기에 충분할 만큼 큽니다. 마찬가지로 우리가 행하는 아주 작은 일이라도 거룩함의 밝은 빛을 붙잡기에 충분할 만큼 큽니다. "모든" 것이 그렇습니다. 일상의 사소한 일들 속에서 우리가 하나님과 같아진 것이 나타나지 않는다면, 그것은 결국 어디에서도 나타나지 않을 것입니다. 왜냐하면 우리의 삶은 거의 대부분 사소한 일들로 구성되기 때문입니다. 큰 일은 70년 인생 가운데 고작 서너 번 정도 생길 뿐입니다. 반면 작은 일은 매일 매 순간 생깁니다. 티끌 모아 태산이라는 속담도 있지 않습니까? 결국 티끌이 모여 태산이 되는 것입니다. 우리가 일상의 작은 일들을 엄격하게 이러한 원리 아래 놓는다면, 하물며 큰 일이 생길 때에야 얼마나 더 그렇게 하겠습니까? 그러나 우리가 작은 일들에 대해 그렇게 하지 않는다면, 우리는 결국 큰 일이 생길 때에도 그렇게 하지 않을 것입니다. "사소한 것들을 거룩하게 하는 기독교"를 가지고 있지 않은 사람은 결국 "인생의 큰 위기들을 거룩하게 하지 않을 기독교"를 가지고 있는 것입니다. 그러므로 사랑하는 형제들이여, 우리는 "여호와께 성결"이라는 표어를 우리가 매일 드나드는 문 위에 기록해 놓아야만 합니다. 그럴 때 우리는 우리의 손이 닿는 모든 일에서 하나님의 거룩하심을 나타낼 수 있게 될 것입니다.

3. 거룩함의 동기(動機).

우리는 본문을 "너희를 부르신 거룩한 이처럼"으로 읽을 수 있습니다(as the Holy One who hath called you, 한글개역개정판에는 이와 같이 되어 있음. 반면 흠정역에는 "as he which hath called you is holy" 즉 "너희를 부르신 이가 거룩하신 것처럼"이라고 되어 있음). 베드로는 자신의 독자들에게 하나님과 그들을 묶는 띠를 생각함으로써 그의 거룩하심을 본받을 것을 격려하고 있습니다. 여기에서 "너희를 **부르신**"이라는 말씀을 주목해 보십시오. 여기의 "부르심"은 신학자들이 "소명"이라고 부르는 하나의 특정한 행동만을 지칭하는 것이 아닙니다. 도리어 거기에는 그들을 그리스도의 은혜 아래 있는 공동체의 울타리 안으로 이끈 신적 행하심의 총체가 포함됩니다. 여기에서 우리는 스스로를 거룩함으로 이끄는 또 하나의 동기를 발견하게 되는데, 그것은 우리가 하나님의 선물들을 깊이 묵상하는 것입니다. 그가 우리를 위해 행하시고 말씀하신 것을 생각해 보십시오. 그는 우리를 우리의 어둠과 단절로부터 불러내셨습니다. 그는 우리를 우리가 그의 사랑의 증표와, 그의 간절한 음성과, 그의 영의 훈계와, 성육신하신 말씀인 그의 아들의 메시지와, 그의 초청을 외면한 것으로부터 불러내셨습니다. 이 모든 것이 그의 부르심에 포함됩니다. 그리고 이 모든 것이 우리가 "부르심을 받은 일에 합당하게" 행해야만 하는 이유들입니다 (엡 4:1).

나아가 그의 부르심의 목적을 기억할 때, 우리는 거룩함으로 고취되게 됩니다. 이와 관련하여 바울은 "하나님이 우리를 부르심은 부정하게 하심이 아니요 거룩하게 하심이니"라고 말합니다(살전 4:7). 하나님이 우리를 부르시는 혹은 우리를 초청하시는 것은 우리로 하여금 그의 거룩하심처럼 거룩하도록 하기 위함입니다. 바로 이것이 모든 사람에 대한 하나님의 목적의 면류관입니다. 그리고 바로 이것이 그가 우리 모두를 이끄는 최고의 목표입니다.

여기에 더하여 우리가 우리와 그분 사이의 관계 즉 17절에 나타나는 것처럼 그가 우리의 아버지가 되신 사실을 깊이 생각한다면, 우리의 거룩함을 위한 동기는 한층 더 깊어지고 더 복된 것이 될 것입니다. 왜냐하면 그럴 때 우리는 우리 영의 아버지를 닮아 아들의 형상을 지니고자 더욱 애쓰게 될 것이기 때문입니다.

본문은 우리에게 명령으로 말합니다. 그러므로 그것은 우리의 노력과 분투를 촉구하며 고취합니다. 그러나 그와 함께 우리가 그의 거룩하심에 참여하는 가장 참된 방법이 다름 아닌 그의 아들의 영이 들어올 수 있도록 우리 마음을 여는 것이라는 사실을 잊어서는 안 됩니다. 그럴 때 우리는 하나님을 사랑하며 경외하는 가운데 온전한 거룩함을 소유하게 될 것입니다.

9
아버지와 심판자

"외모로 보시지 않고 각 사람의 행위대로 심판하시는 이를 너희가 아버지라 부른
즉 너희가 나그네로 있을 때를 두려움으로 지내라"

벧전 1:17

여기에서 "너희가 아버지라 부른즉"이란 표현을 주목해 보십시오.
그러한 표현 속에서 나는 "하늘에 계신 우리 아버지여"라는 우리 주님 자
신의 입술로부터 나온 말씀이 어렴풋이나마 나타나는 것을 느낄 수 있다
고 생각합니다. 이것이 주기도문을 직접적으로 언급하는 것이든 그렇지
않든, 어쨌든 우리는 여기에서 아버지이신 하나님에게 드려지는 것이 기
독교적 기도의 보편적인 특징이라는 사실을 발견할 수 있습니다. 그러므
로 우리는 아버지와 아들의 관계에 대한 인식과 그것을 즐거워함이 없는
기독교는 결코 존재할 수 없다고 감히 말할 수 있습니다.

그러나 나는 오늘날의 시대와 마찬가지로 베드로의 시대에도 신적 본성
의 한 가지 측면에만 지나치게 매몰된 나머지 다른 쪽 측면을 바라볼 수
있는 눈을 갖지 못한 사람들이 많이 있었을 것이라고 생각합니다. 다시 말
해서 오늘날과 마찬가지로 그 당시에도 아버지로서의 하나님 개념에 과도
하게 매몰된 나머지 심판자로서의 하나님 개념을 잊어버린 사람들이 많이
있었을 것입니다. 이런 오류는 모든 세대를 통해 계속해서 반복되었습니
다. 그와 관련하여 우리는 교회가 한쪽 극단으로부터 다른 쪽 극단으로 왔

다 갔다 함으로써 이러한 두 개념을 극단적으로 벌여놓았다고 말할 수 있습니다. 뿐만 아니라 우리는 때로 교회가 너무나 어리석게도 두 개념을 여기에서 베드로가 하는 것처럼 그리스도인의 마음속에 온전한 경외심을 산출하기 위해 서로 협력하는 것으로서 다루는 대신 도리어 서로 경쟁하며 맞붙어 싸우게 하기도 했다고 말할 수 있습니다. "외모로 보시지 않고 각 사람의 행위대로 심판하시는 이를 너희가 아버지라 부른즉 너희가 나그네로 있을 때를 두려움으로 지내라."

오늘 나는 여러분과 함께 하나님의 이중적인 측면의 속성을 살펴보고자 합니다.

모든 그리스도인들의 마음속에 이와 같은 두 가지 개념이 항상 강렬하게 불타고 있어야 합니다 — 아버지로서의 하나님 개념과 심판자로서의 하나님 개념. "그를 너희가 아버지라 부른즉." 그렇습니다. 그는 아버지입니다. 그러나 그 아버지는 심판자입니다. 진실로 아버지는 심판자이며, 심판자는 아버지입니다. 설령 아버지라는 이름 속에 복된 진리들이 아무리 많이 담겨 있다 하더라도, 그럼에도 불구하고 베드로는 우리에게 그에 자기 자녀를 응석받이처럼 다루는 다시 말해서 심지어 죄에 대해서조차 눈을 감아버린 채 아무런 형벌도 가하지 않는 무른 마음의 개념은 포함되지 않음을 일깨워줍니다. "아버지"의 개념은 "심판자"의 개념을 배제하지 않습니다. 그는 "외모로 보시지 않고 심판하시는" 자입니다.

"외모로 보시지 않고"(without respect of persons)란 표현은 신약에서 매우 특이한 표현입니다. 그렇지만 그러한 표현이 베드로의 입술로부터 나올 때, 그것은 그때마다 매우 특별한 중요성을 갖습니다. 여러분은 "내가 참으로 하나님은 사람의 **외모를 보지 아니하시고** 각 나라 중 하나님을 경외하며 의를 행하는 사람은 다 받으시는 줄 깨달았도다"라는 말이 누구의 입술로부터 나왔는지 기억합니까?(행 10:34, 35). 그것은 베드로가 고넬료의 말을 듣고 새로운 사실을 깨달았을 때 한 말이었습니다. 그 순간 그가 새롭게 발견한 놀라운 개념이 다시 한번 그 앞에 임할 때, 그는 그러한 특이한 표현을 또 다시 사용합니다. "외모로 보시지 않고 심판하시는 이를." 산은 높고, 골짜기는 낮습니다. 그러나 여러분이 태양 위에 서 있다면, 에베레스트 정상과 요단 골짜기 사이의 차이는 거의 감지할 수 없을 정도의 차이밖에는 되지 않을 것입니다. 이와 같이 하나님은 외모로 보시지 않습니다. 큰 자와 작은 자, 부자와 가난한 자, 유식한 자와 무식한 자 — 이들은 심판자의 눈앞에 모두 동일한 사망의 수준 위에 서 있습니다. 문제는 사람의 어떠함과 관련한 것이 아니라, 그가 행하는 행동의 어떠함과 관련한 것입니다. "외모로 보시지 않고"는 공평성뿐만 아니라 보편성을 함축합니다. 어떤 그리스도인이 항상 하나님을 가까이하다가 마침내 하나님을 버리고 떠나면, 그는 예전에 하나님을 가까이했던 것에도 불구하고 심판을 받습니다. 오랜 세월 수많은 죄에 둘러싸여 있던 어떤 가련한 영혼이 하나님께 나아와 용서를 구한다면, 그는 예전의 어떠함과 상관없이 그의 회개에 따라 심판을 받습니다. 하나님의 손에는 저울이 있습니다. 그리고 하나님의 심판에는 엄격함과 두려움의 측면과 함께 위로와 축복의 측면이 있습니다.

베드로가 여기에서 미래의 큰 백보좌 심판에 대해 말하고 있을 뿐이라고 말하면서 도망치지 마십시오. 그것은 매우 장엄한 개념이기는 하지만, 그러나 그것은 여기에서의 베드로의 개념이 아닙니다. 여러분이 원문을 참조할 수 있다면, 여러분은 우리의 영역본(英譯本)에서보다 원문에서 사람의 생애 동안 그의 행위에 따라 계속 행해지는 신적 심판의 개념이 한층 더 강렬하게 나타나는 것을 보게 될 것입니다. 본문이 의미하는 심판은 단순히 사후(死後)에 있을 최종적인 심판이 아니라, 모든 세대에 걸쳐 각 사람에게 행해지는 계속적인 심판입니다. 나는 여러분이 이러한 계속적인 심판의 개념 즉 매 순간 우리가 행한 일들이 하나님의 평가 아래 있다는 개념을 깊이 묵상하기를 바랍니다.

여러분은 "물론 우리는 그것을 믿습니다. 그것은 두말할 필요조차 없는 상식입니다"라고 말합니다. 아! 그러나 그것을 당연한 것으로 믿는 바로 그 사실 때문에 우리는 그것을 깊이 생각하지 않고, 그럼으로써 그것은 우리의 삶에 아무런 영향도 끼치지 않습니다. 사랑하는 친구들이여, 내가 여러분과 나 자신에게 간절히 바라는 것은 심판의 현재적인 의미를 깊이 새기자는 것입니다. 여러분은 매 순간 여러분에서 일어나는 악한 기질의 작은 충동들과 세속주의의 작은 돌풍들과 교만의 작은 쓴 뿌리들이 모두 하나님 앞에 있다는 사실을 느낍니까? 여러분은 하나님이 그것들을 이미 심판하셨음을 느낍니까? 그것들이 여러분의 성품 위에 끼치는 영향력을 이미 판단하셨을 뿐만 아니라 또한 그로 말미암아 우리가 거두게 될 결과들의 일부를 이미 일어나게 만드셨다는 이중적인 의미에서 말입니다.

사람들은 종종 미래의 최종적인 심판의 개념에 지나치게 착념하는 가운데 현재적이며 계속적인 심판의 개념을 간과하는 경향이 있습니다. 그러나 하나님은 이 땅에서 "심판하시는"(judgeth) 하나님입니다. 여기의 현재형을 주목하십시오. 그것은 계속성과 반복성을 함축하는 현재형입니다. 두말할 것도 없이 이 땅에서의 임시적인 결정들은 모두 하늘의 문서기록 보관소에 저장되고 보존될 것입니다. 그리스도인들은 종종 "믿음으로 말미암아 의롭다하심을 받는" 교리를 마치 그것이 그리스도인들이 마지막 날 심판을 받지 않을 것을 의미하는 것인 양 오용(誤用)하는 경향이 있습니다. 그러나 마지막 날 심판이 있을 것입니다. "불 가운데 받는 구원"도 있을 것이며, 충만한 구원도 있을 것입니다. 아들이 되었다는 믿음은 결코 정당한 두려움을 배제하지 않습니다.

나아가 하나님은 "각 사람의 **행위대로**" 심판하십니다. 여기에서 베드로가 "행위들"(works)이라고 말하지 않고 "행위"(work)라고 말하는 것을 주목하십시오. 그는 각각의 개별적인 행위들을 하나의 거대한 전체로 모읍니다. 그가 그렇게 하는 것은 각각의 개별적인 행위들이 모두 하나의 마음과 성품의 산물이기 때문입니다. 요컨대 하나님의 심판의 재료는 우리의 삶의 개별적인 행동들과 그 아래에 있는 개별적인 동기(動機)들이 아니라 전체적인 추세와 경향입니다.

이제 이러한 사실들의 관점에서 베드로가 우리에게 무엇을 명령하는지 살펴보도록 합시다.

심판자는 아버지이며, 아버지는 심판자입니다. 앞 문장은 불쌍히 여기시며 긍휼히 여기시는 아버지의 심판을 선포하며, 뒷 문장은 법정적인 아버지를 선포합니다. 서로를 보완하며 조명(照明)하는 이러한 두 가지 개념의 결합으로부터 무엇이 나옵니까? 그것은 "너희가 나그네로 있을 때를 두려움으로 지내라"는 훈계입니다. 이러한 훈계의 말씀은 이제까지의 말씀과 얼마나 다르게 들립니까! "예수를 너희가 보지 못하였으나 사랑하는도다 이제도 보지 못하나 믿고 말할 수 없는 영광스러운 즐거움으로 기뻐하니 믿음의 결국 곧 영혼의 구원을 받음이라"(1:8, 9). 베드로는 "말할 수 없는 영광스러운 즐거움으로 기뻐하는" 높은 곳으로부터 여기의 지하감옥으로 — 즉 "너희가 나그네로 있을 때를 두려움으로 지내라"로 — 갑자기 떨어집니다. 두말할 필요도 없이 여기의 "두려움"은 공포와 고통을 포함하는 두려움이 아닙니다. 실제로 나는 그것이 하나님에 대한 두려움을 지칭하는 것으로 생각하지 않습니다. 그것은 하나님을 두려워하는 것이 아닙니다. 그것은 성경이 모든 종류의 경건한 감정을 뭉뚱그려 표현하는 "하나님을 경외하는" 의미에서의 경건한 두려움이 아닙니다. 다만 그것은 우리 자신의 연약함과 우리를 둘러싸고 있는 유혹의 강력함을 인식하면서 죄에 떨어질 것을 두려워하는 것입니다. 바로 이것이 우리가 이 세상에서 두려워해야 하는 유일한 것입니다. 어떤 사람이 자신이 무엇을 위해 세상에 있는지를 올바로 깨달았다면, 그의 유일한 두려움은 그가 자신의 존재 목적을 이탈함으로써 하나님을 잃어버리는 것일 것입니다. 바로 이것이 우리가 두려워할 만한 가치가 있는 유일한 것입니다. 정말로 두려워할 만한 가치가 있는 것은 이것 외에 아무것도 없습니다. 그것은 노예적인 두려움도 아니고, 겁약한 것도 아닙니다. 도리어 그것은 자기 자신과 세상을 잘 아는 사람이 필연적으로 갖게 되는 지극히 정상적인 감정입니다.

여러분은 베드로가 그의 생애 가운데 경험한 서툰 경험들이 그에게 그와 같은 훈계의 지혜를 가르쳤다고 생각하지 않습니까? 그의 입술로부터 모든 사람들에게 전파되는 그러한 훈계는 너무나 아름답게 들리지 않습니까? "모두 주를 버릴지라도 나는 결코 버리지 않겠나이다"(마 26:33), "주여 내가 지금은 어찌하여 따라갈 수 없나이까"(요 13:37), "주여 주님이시거든 나를 명하사 물 위로 오라 하소서"(마 14:28), "주여 그리 마옵소서 이 일이 결코 주께 미치지 아니하리이다"(마 16:22)라고 말한 사람 그리고 겟세마네 동산에서 성급한 사랑의 충동으로 말미암아 자신의 검을 빼어 휘두른 사람은 수많은 실수와 잘못과 죄를 통해 교훈을 배운 후 이렇게 말합니다. "나를 생각하면서 스스로 근신하며 조심하라. 너희가 나그네로 있을 때를 두려움으로 지내라. 내가 스스로에 대해 좀 더 잘 알고 좀 더 두려워했더라면, 나는 그와 같은 어리석은 행동들을 하지 않았을 것이라."

사랑하는 친구들이여, 베드로의 예(例)를 생각할 필요가 없을 정도로 성숙한 그리스도인은 아무도 없습니다. 또 본문의 훈계를 순종하는 마음으로 지킴에도 불구하고 자신의 악을 이길 수 없을 정도로 연약한 그리스도인은 아무도 없습니다. 가장 강한 사람도 두려워할 필요가 있습니다. 또 가장 약한 사람도 두려워함으로 말미암아 안전해집니다. 왜냐하면 그러한 두려움이야말로 안전에 필수불가결하기 때문입니다. 돛을 펼친 채 바다를 항해하는 배를 생각해 보십시오. 그러한 배에는 반드시 높은 위치에서 망을 보며 경계하는 사람이 필요합니다. 그럴 때 비로소 그 배는 안전할 것입니다. 이와 같이 우리 각자를 위한 유일한 안전은 우리 자신의 연약함을 두려워하며 항상 경계할 때 임할 것입니다. "항상 두려워하는 자는 복이 있나니."

이와 같이 무슨 행동을 하든지 항상 두려워하며 조심하는 것은 언뜻 볼 때 그것과 상탄되는 것처럼 보이는 복된 감정들과 완전하게 양립될 수 있습니다. 8절에 묘사된 "말할 수 없는 영광스러운 즐거움으로 기뻐하는" 것과 여기의 항상 두려워하며 조심하는 것 사이에는 어떤 불일치도 없습니다. 도리어 둘은 서로를 보완하며 조명(照明)합니다. 이러한 신뢰와 두려움의 결합은 용기를 낳습니다. 혹시 잘못된 일을 행함으로써 스스로를 해롭게 하고 구주를 근심하게 하지 않을까 항상 두려워하는 사람은 그 외에 다른 어떤 것도 두려워하지 않을 것입니다. 순교자들을 생각해 보십시오. 그들은 "몸은 죽여도 그 이상은 아무것도 할 수 없는" 자들을 두려워하지 않고 담대하게 화형대를 향해 나아갔습니다(마 10:28). 그것은 그들이 하나님께 범죄하는 것을 두려워했기 때문이었습니다. 그들은 하나님께 범죄하는 것은 두려워한 반면 죽는 것은 두려워하지 않았습니다. 바로 이것이 여러분과 내가 항상 가져야만 하는 마음입니다. 그러한 한 가지 두려움으로 하여금 다른 모든 두려움들을 삼키게 하십시오. 마치 모세의 지팡이가 다른 모든 뱀들을 삼킨 것처럼 말입니다.

계속해서 "나그네로 있을 때"라는 표현을 주목해 보십시오. 여러분은 지금 여러분의 나라에서 살고 있지 않습니다. 여러분은 지금 이방 땅에서 살고 있습니다. 여러분은 지금 이방 땅을 지나가고 있습니다. 적국에서 행군하고 있는 군대를 생각해 보십시오. 바보가 아닌 한, 그들은 자신들 앞에 많은 정찰병들을 보낼 것입니다. 그리고 혹시 어떤 공격이 있을까 하여 끊임없기 앞뒤좌우를 경계할 것입니다. 우리가 아무런 적(敵)도 없는 것처럼 별 생각 없이 희희낙락하며 이 세상을 지나간다면, 우리 앞에는 최종적인 패배 외에 아무것도 없을 것입니다. 그러므로 우리는 나그네로 있을 때를 잠자지 말고 깨어 있어야만 합니다. 그리고 마침내 우리의 나라에 도착할 때, 거기에는 더 이상 두려워하며 앞뒤좌우를 경계할 필요가 없을 것입니다. 영국에서 외래식물을 재배하는 사람들은 그것을 온실에서 재배합니다. 그러나 그러한 식물이 본래의 땅에 심길 때, 온실은 더 이상 필요치 않을 것입니다. 이 땅에 있는 동안 우리는 우리의 전신갑주를 입어야만 합니다. 그러나 마침내 본향에 도착할 때, 우리는 전신갑주를 안전하게 벗고 흰 옷을 입을 수 있습니다. 그리고 거기에서 우리는 흰 옷을 마음껏 늘어뜨린 채 걸어 다닐 수 있습니다. 왜냐하면 거기에서는 황금 길로부터 아무런 더러운 것도 묻지 않을 것이기 때문입니다. 그 성의 성문들은 밤이든 낮이든 더 이상 닫혀 있을 필요가 없습니다. 왜냐하면 죄가 그치고 유혹에 넘어지기 쉬운 우리의 연약함이 주님을 확실하게 따르는 것으로 바뀔 때, 우리는 경건한 두려움의 전신갑주를 안전하게 벗을 수 있기 때문입니다. 그리고 우리는 영원한 평강의 땅에서 아무런 두려움 없이 그리고 아무런 무장도 하지 않은 상태로 마음껏 걸어 다닐 수 있습니다.

10
영혼을 깨끗하게 함

"너희가 진리를 순종함으로 너희 영혼을 깨끗하게 하여 거짓이 없이 형제를 사랑하기에 이르렀으니"

벧전 1:22

"Ye have purified your souls **in** obeying the truth **through** the Spirit **unto** unfeigned love of the brethren." 여기에서 "in"과 "through"와 "unto"의 세 전치사에 의해 이끌려지는 세 개의 종속절을 주목해 보십시오. 그것들은 각각 영혼을 깨끗하게 하는 수단과, 그것을 가져다주는 자와, 그것의 결과를 제시합니다. 개정역(Revised Version)은 몇몇 권위 있는 사본들에 근거하여 "성령을 통해"(through the Spirit)란 구절을 빠뜨립니다(한글개역개정판도 개정역처럼 되어 있음). 어쩌면 그것은 본래 일부 서기관들이 난외(欄外)에 적어 놓은 것이었을 수 있습니다. 그러나 나는 그것을 흠정역대로 그대로 두는 것이 더 낫다고 생각합니다. 특별히 본 서신 전체를 통해 저자가 주절(主節)을 먼저 이야기하고 계속해서 몇 개의 전치사에 의해 이끌려지는 종속절들을 제시하는 형식의 문장을 즐겨 사용하는 것을 감안할 때 그렇습니다. 예를 들어 우리는 본장에서도 그러한 형식의 문장을 발견할 수 있습니다. "너희는 말세에 나타내기로 예비하신 구원을 얻기 위하여 믿음으로 말미암아 하나님의 능력으로 보호하심을 받았느니라"(1:5, kept **by** [or **in**] the power of God **through** faith **unto** salvation). 그러므로 나는 여기의 다소 논란의 여지가 있는 구절을 기꺼이 원문의 일부로 받아들이고자 합니다. 그것이 실제로 원문의 일부이든 아니든, 어쨌든 그것이 참된 개념을 전달하는 것은 의심의 여지 없는 사실입니다.

여기에서 우리가 주목할 필요가 있는 또 한 가지는 "너희가 너희 영혼을 깨끗하게 하여"라는 표현입니다. 이것은 소아시아 전역에 "흩어진" 수많은 사람들에게 던지는 매우 담대한 표현입니다. 원문에서 이러한 말씀의 시제(時制)는 여기의 "깨끗하게 하는" 것이 과거의 어떤 특정한 시점에 시작되고 생애 전체를 통해 계속되는 과정임을 보여 줍니다. 모든 그리스도인의 참된 표지는 행동이 아니라 영혼의 정결함입니다. 그들 가운데 정결함의 정도는 서로 다를 것입니다. 그렇지만 어떤 사람이 그리스도인이라면, 그에게는 분명 그가 자신의 영혼을 잠재적이며 이상적(理想的)으로 깨끗하게 한 순간이 있었습니다. 그리고 그 순간은 그가 진리에 순종한 순간이었습니다. 영혼을 깨끗하게 하는 것과 관련해서는 우리가 다룰 것이 많이 있습니다. 그렇지만 오늘 나는 그것을 본문이 이끄는 대로 가능한 가장 단순한 방식으로 다루고자 합니다.

1. 첫째로, 영혼을 깨끗하게 하는 것은 진리를 순종함으로 말미암습니다.

"너희가 진리를 순종함으로 너희 영혼을 깨끗하게 하여." 두말할 것도 없이 정관사 "the"가 붙은 여기의 "진리"(**the** truth)는 예수 그리스도와 그의 생애와 그의 죽음과 그의 영광에서의 하나님의 계시의 총체입니다. 왜냐하면 베드로에게 있어 예수 그리스도 자신이 성육신하신 진리였기 때문입니다. "그에는 지혜와 지식의 모든 보화가 감추어져 있느니라"(골 2:3). 본문의 "진리를 순종함으로"란 표현이 전달하는 첫 번째 개념은 예수 그리스도에서의 하나님의 계시의 궁극적인 목적이 결국은 순종을 위해 의도된 것이라는 것입니다. 사람의 삶과 행동에 아무런 영향도 끼치지 못하는 진리들이 많이 있습니다. 그러나 "**그** 진리"(**the** truth)는 이를테면 아르곤(argon, 화학원소 가운데 하나)처럼 아무 일도 하지 않는 비활성물질이 아닙니다. "그 진리"는 생물학자들이 말하는 대로 발효를 일으키는 효소입니다. 그것은 사람의 삶 속으로, 성품 속으로, 내적인 영(靈) 속으로 들어갑니다. 그리하여 거기에 생명을 불어넣음으로써, 그것을 변화시키며 새롭게 만듭니다. 이와 같이 진리는 순종되어야만 합니다.

이러한 사실은 불완전한 그리스도인들이 종종 쌓곤 하는 두 가지 모래성을 허물어뜨립니다. 우리보다 좀 더 앞 세대의 그리스도인들의 생각을 따라다녔던 한 가지 개념은 우리가 진리를 지적(知的)으로 인정했을 때 그것이 우리에게 요구하는 모든 것을 행했다고 하는 개념입니다. 그들은 교회의 지체가 되는 것을 교리를 받아들이는 것 위에 놓습니다. 아무것도 행하지 않음으로 말미암아 전혀 깨끗하여지지 않은 사람임에도 불구하고 말입니다. 그리고 자신들의 교리를 받아들이지 않는 사람들을 파문합니다. 그러나 하나님은 단지 우리로 하여금 알도록 하기 위해 무엇인가를 말씀하시지 않습니다. 하나님이 우리에게 무엇인가를 말씀하시는 것은 우리로 하여금 그것을 앎으로써 행하도록 하기 위함입니다. 올바른 행동, 아니 그보다도 그러한 행동을 산출하는 성품이 모든 지식의 최종적인 목적입니다. 특별히 종교적이며 도덕적인 진리의 경우에는 더욱 그렇습니다. 그러므로 진리는 아르곤이 아니라 효소입니다. 우리 가운데 정통주의에 푹 젖은 사람들이 많이 있습니다. 그들은 신앙고백서 위에 손을 얹고 "이 모든 것을 믿나이다"라고 말할 수 있는 사실 위에서 스스로 그리스도인이라고 생각합니다. 그러나 그런 사람들은 성품과 행동을 만들며 변화시키지 못하는 종교적인 진리는 마치 폐위된 왕과 같다는 사실을 기억할 필요가 있습니다. 폐위된 왕에게 있어 그가 내려온 보좌와 그가 매달려 죽은 교수대 사이의 거리는 매우 짧습니다.

교리에 대해 무관심한 오늘날의 세대에 훨씬 더 많은 사람들이 쌓는 또 하나의 모래성이 있습니다. 그것은 우리가 소위 "구원"을 위해 — 여기에서 "구원"은 죄 사함과 그로 말미암은 형벌의 면제를 의미합니다 — 믿을 때, 우리는 진리가 우리에게 기대하는 모든 것을 충족시켰다고 믿는 것입니다. 물론 이러한 것들은 구원의 분명한 요소들이지만, 그러나 단지 그것의 일부일 뿐입니다. 죄 사함과 자녀로 받아들여지는 것을 의미하는 이러한 "최초의 구원"(initial salvation)을 위해 그리스도인들은 진리들을 의지합니다. 그 진리들은 동시에 우리의 삶을 이끄는 인도자와 우리가 본받을 모범을 위한 것이기도 합니다. 본 서신에서 구원을 위해 믿음이 통상적으로 의지(依支)하는 그리스도의 사역과 관련하여 — 다시 말해서 우리가 통상적으로 믿노라고 고백하는 그리고 우리가 너무도 당연하게 유일한 것으로 재생될 수도 없고 반복될 필요도 없는 것으로 여기는 십자가의 죽음과 관련하여 — 베드로는 그가 우리의 "모범"이라고 말하기를 조금도 주저하지 않습니다. 베드로는 심지어 그리스도께서 십자가로 갈 때조차 그가 "너희에게 본을 끼쳐 그 자취를 따라오게 하려고" 죽으셨다고 말합니다. "이를 위하여 너희가 부르심을 받았으니 그리스도도 너희를 위하여 고난을 받으사 너희에게 본을 끼쳐 그 자취를 따라오게 하려 하셨느니라"(벧전 2:21). 그러므로 형제들이여, 우리는 진리를 알고 믿어야 합니다. 나아가 우리는 단순히 진리를 믿어야 할 뿐만 아니라 또한 그것을 의지해야 합니다. 그리고 한 걸음 더 나아가 우리는 단순히 진리를 믿고 의지해야 할 뿐만 아니라 또한 그것을 순종해야 합니다.

여기에서 우리는 또 한 가지 오류를 기억할 필요가 있습니다. 그것은 지금까지 내가 이야기한 믿음과 관련하여 진리가 우리에게 요구하는 모든 것이 곧 순종 자체라고 오해하는 오류입니다. 앞에서 이야기한 것처럼 원문(原文)의 언어는 여기의 흩어진 나그네들이 진리를 순종함으로 영혼을 깨끗하게 했던 과거의 어떤 특정한 순간이 있었음을 암시합니다. 그 순간은 언제였습니까? 어떤 사람들은 그것이 세례 의식(儀式)이 행해진 순간이라고 말할 것입니다. 그러나 나는 그것이 그들이 기쁘게 말씀을 받아들이면서 믿음의 손을 뻗어 예수 그리스도를 붙잡은 순간이라고 말합니다. 바로 이것이 순종입니다. 왜냐하면 이러한 믿음의 행동에 스스로를 순복시키는 것이 포함되기 때문입니다. 그렇지 않습니까? 어떤 사람이 그리스도를 신뢰하며 의지(依支)할 때, 그것은 그가 자신의 자아를 버리면서 그의 구주 앞에 스스로를 겸비하게 순복시키는 것이 아닙니까? 순종의 본질이 무엇입니까? 그것은 단순한 외적 행동이 아니라, 의지(意志)를 녹여 그분이 원하는 방향으로 흐르도록 만드는 것이 아닙니까? 이와 같이 믿음은 가장 깊은 의미에서 순종입니다. 어떤 사람이 가장 깊은 의미에서 그리고 그의 영의 가장 깊은 실재에서 믿는 순간, 그는 진리이신 그의 구주의 의지(意志)와 사랑에 순복하게 됩니다. 우리는 본 서신에서 뿐만 아니라 모든 서신 전체를 통해서도 "불순종"과 "불신앙"이 동의어로 사용되는 것을 발견합니다. 예컨대 우리는 "그들이 말씀을 순종하지 아니하므로 넘어지나니"와 같은 말씀을 읽습니다(벧전 2:8). 이와 같이 믿음은 가장 깊은 의미에서 순종입니다. 우리의 믿음이 살아 있는 믿음이라면, 그에는 필연적으로 모든 순복의 본질이 담겨 있어야만 합니다.

나아가 가장 깊은 의미에서 순종인 믿음은 그 실제적인 결과로서 본문이 명령하는 실천적인 순종을 필연적으로 산출할 것입니다. 이것은 단순히 믿음을 의(義)로 여기는 신학적인 궤변이 아닙니다. 모든 죄가 자기중심주의로부터 흘러나오는 것처럼, 모든 의는 자기를 버리는 것으로부터 흘러나올 것입니다. 다시 말해서 우리의 영혼은 옛 중심인 자기로부터 벗어나, 그리스도 안에서 하나님을 새로운 중심으로 취합니다. 이와 같이 모든 실천적인 순종의 씨앗은 살아 있는 믿음에 놓여 있습니다. 영혼이 하나님 앞에 제물로서 부어지는 것 ─ 바로 이것이 이를테면 모든 보석들과 보배로운 덕들과 보배로운 은혜들의 원색(mother tincture)입니다. 그것으로부터 모든 다양한 색깔들이 나오는 그런 dnjs색 말입니다. 그것은 모든 실천적인 선(善)을 산출하는 에너지입니다. 또 그것은 온실(溫室)에서 모든 식물들을 자라게 하는 열기(熱氣)입니다. 믿음은 순종이며 또 순종을 산출합니다. 나의 믿음은 순종을 산출합니까? 그렇지 않다면, 그것은 믿음이 아닙니다.

이러한 오늘의 첫 번째 주제로부터 또 하나의 주제가 나오는데, 그것은 이러한 실천적인 순종이 외적으로 뿐만 아니라 내적으로 작동하여 영혼을 깨끗하게 한다는 주제입니다. "너희가 진리를 순종함으로 너희 영혼을 깨끗하게 하여." 사람들은 통상적으로 dl 순서를 바꿉니다. 옳은 일을 행하는 것이 사람을 내적으로 옳게 만드는데 도움이 된다고 말하는 대신, "나무를 좋게 만들면 그 열매도 좋으리라"라고 말합니다. 깨끗한 영혼이 먼저이고, 그 다음에 실천적인 순종이라는 것입니다. 그러나 우리는 둘 모두가 사실임을 기억해야 합니다. 왜냐하면 사람이 행하는 모든 행동이 다시 그에게 영향을 끼치기 때문입니다. 어떤 사람이 표적을 향해 총을 발사했다고 생각해 보십시오. 총알이 표적에 명중하든 명중하지 않든, 총은 그것을 쏜 사람의 어깨에 강한 반동을 일으킵니다. 행동은 성품으로부터 나오지만, 그러나 다시 성품에 강한 반동으로 영향을 끼칩니다. 이런 의미에서 성품은 과거의 무수한 행동들의 바다로부터 쌓인 퇴적물입니다. 물론 가장 깊은 의미에서 "먼저 선한 사람이 되라. 그러면 선한 행동을 하게 될 것이라"는 말은 분명한 사실입니다. 그러나 우리는 그것의 반대쪽 측면 즉 "선한 행동을 하라. 그러면 그것이 너희를 선하게 만들 것이라"는 말 역시 똑같이 사실임을 잊어서는 안 됩니다. 이와 같이 순종이 영혼을 깨끗하게 만듭니다. "너희가 진리를 순종함으로 너희 영혼을 깨끗하게 하여." 마찬가지로 악을 행하며 살아가는 사람은 열 배나 더 악의 자식이 됩니다. 염색공의 손을 생각해 보십시오. 그 손은 필연적으로 그가 작업하는 색깔의 염료로 물들기 마련입니다. 우리가 우리 영혼을 깨끗하게 하는 것은 근본적으로 믿음의 행동으로 말미암습니다. 그러나 동시에 우리 영혼은 우리가 실제적으로 진리에 순종하는 분량만큼 계속 깨끗하여집니다.

2. 둘째로, 영혼을 깨끗하게 하는 것은 성령을 통해 이루어집니다.

앞에서 나는 "성령을 통해"(through the Spirit)라는 구절이 원문의 일부가 아닐 수 있음을 이야기했습니다. 그러나 그것이 원문의 일부이든 아니든, 그것은 참된 기독교의 개념을 전달합니다. 나는 여기의 "성령을 통해"라는 구절이 전달하는 개념을 장황하게 설명할 필요가 없습니다. 나는 다만 여러분에게 이것이 앞의 구절과 관점만 다를 뿐 동일한 개념을 전달한다는 사실만을 일깨워 주고자 합니다. 여기에 먼저 인간적인 요소가 제시됩니다 — "너희가 진리를 순종함으로." 그리고 다음으로 신적 요소가 제시됩니다 —"성령을 통해." 인간적인 부분이 전면에 제시되고, 신적 부분이 그것의 조건으로서 종속적으로 제시됩니다. 다른 곳에서는 이것이 반대로 제시되기도 합니다. "너희는 말세에 나타내기로 예비하신 구원을 얻기 위하여 믿음을 **통해** 하나님의 능력으로 **말미암아** 보호하심을 받았느니라"(1:5, 한글개역개정판에는 "믿음으로 말미암아 하나님의 능력으로"라고 되어 있음). 여기에서는 신적 요소가 참된 원인으로 전면에 제시되고, 인간적인 요소는 단순한 조건으로 축소됩니다 —"믿음을 통해 하나님의 능력으로 말미암아"(kept by the power of God through faith). 두 관점은 모두 사실입니다. 여러분은 꽃병의 오른쪽 손잡이를 잡을 수도 있고 왼쪽 손잡이를 잡을 수도 있습니다. 그 목적이 행동을 격려하기 위한 것일 때, 인간적인 부분이 전면에 제시되고 신적인 부분은 종속적으로 제시됩니다. 반면 그 목적이 믿음을 고취하기 위한 것일 때, 신적 부분이 전면에 제시되고 인간적인 부분은 종속적으로 제시됩니다. 둘은 서로 맞물리며 보완됩니다. 그러므로 어느 것도 다른 것 없이는 충분하지 않습니다.

사람을 깨끗하게 하는 참된 행위자는 성령입니다. 앞에서 나는 참된 믿음의 순간이 최초의 순종의 순간이며 또한 깨끗하게 되기 시작하는 순간이라고 말했습니다. 그것은 최초의 믿음의 순간에 사람의 마음 안으로 성령의 신성한 생명이 들어오기 때문입니다. 그리고 그 순간부터 그 생명은 계속 거기에 거합니다. 사람의 죄나 혹은 무관심으로 인해 성령이 소멸될 때까지 말입니다. 믿음의 순간 심겨진 씨앗 곧 새 생명의 씨앗으로부터 의(義)를 만들며 성품을 변화시키는 성령의 능력이 흘러나옵니다. 이와 같이 성품과 행동의 모든 기독교적 고결함과 정결함의 참된 근원은 주의 임하심을 위해 마음이 열리는 순간 마음 안으로 들어오는 성령입니다. 한편 모든 정결함의 근원인 성령은 사람의 노력 없이는 결코 영혼을 깨끗하게 하지 않을 것입니다. "**너희가** 진리를 순종함으로 너희 영혼을 깨끗하게 하여." 여러분은 진실로 성령을 필요로 합니다. 그러나 여러분은 단순히 수동적으로 받기만 하는 위치에 있지 않습니다. 여러분은 능동적인 협력자가 되어야만 합니다. 이러한 측면에서도 우리는 "하나님의 동역자"입니다.

우리 스스로는 아무것도 할 수 없습니다. 왜냐하면 우리가 행하거나 행하고자 애쓰는 능력 자체가 깨끗하게 될 필요 아래 있기 때문입니다. 사람이 오로지 자기 자신의 노력으로 스스로를 깨끗하게 하려고 애쓰는 것은 마치 게으른 주부가 더러운 옷으로 접시를 깨끗하게 닦으려고 애쓰는 것과 마찬가지입니다. 여러분에게는 여러분 안에서 일하시는 성령이 필요합니다. 그리고 여러분은 여러분 자신의 노력에 의해 여러분 안에서 일하시는 성령을 활용할 필요가 있습니다. 그는 "급하고 강한 바람"입니다. 그러나 여러분이 돛을 펼치지 않는다면, 바람은 그냥 배를 지나갈 것이며 결국 배는 앞으로 나아가지 못할 것입니다. 그는 더러운 찌끼를 태우는 거룩한 불입니다. 그러나 우리가 거룩한 불을 보살피며 계속 땔감을 공급하지 않는다면, 불은 곧 꺼지고 싸늘한 재만 남을 것입니다. 그는 생명의 물입니다. 그러나 우리가 수로(水路)를 정비하는 일을 게을리 한다면, 그 물은 결국 시들어가는 식물의 뿌리까지 도달하지 못할 것입니다. 그리고 거기에는 오직 메마름과 목마름만 있을 것이며, 결국 아무런 열매도 맺지 못할 것입니다.

그러므로 형제들이여, 하나님도 홀로 영혼을 깨끗하게 할 수 없으며, 사람도 홀로 영혼을 깨끗하게 할 수 없습니다. 우리는 하나님을 필요로 합니다. 그렇지 않을 때, 우리는 헛되이 수고할 것입니다. 하나님 역시도 우리를 필요로 합니다. 그렇지 않을 때, 하나님의 선물은 결국 우리에게 헛된 선물이 될 것입니다.

3. 마지막으로, 영혼을 깨끗하게 하는 것의 결과는 거짓이 없이 형제를 사랑하는 것입니다.

"너희가 진리를 순종함으로 성령을 통해 너희 영혼을 깨끗하게 하여 거짓이 없이 형제를 사랑하기에 이르렀으니." 베드로는 매우 다양한 국적의 사람들에게 말하고 있었습니다. 그들은 상호 불신과 이해의 충돌과 서로 다른 종교의 깊은 심연에 의해 서로 나뉘어져 있었습니다. 그러나 그런 그들이 너무나 신비롭게도 너무도 불가해한 연합의 띠로 가까워졌습니다.

그리하여 헬라인과 야만인이, 종과 자유자가, 남자와 여자가 사랑으로 서로 연합되었습니다. "형제 사랑"은 기독교가 만든 것이었으며, 그것은 다른 어떤 것보다도 당시 시대의 사람들을 놀라게 했던 두드러진 사실이었습니다. 오늘날 과거 세대보다 그리스도인들을 서로 가까이 끌어당기는 많은 표적들이 있는 것은 얼마나 감사한 일입니까!

본문은 기독교의 사랑과 연합과 관련한 장엄하면서도 위대한 개념을 암시합니다. 연합으로 가는 길은 정결을 통해 뻗어 있습니다. 그리고 정결로 가는 길은 순종을 통해 뻗어 있습니다. 그렇습니다. 그리스도인들이 서로 나누어지도록 만드는 것은 그들의 불결함입니다. 그들을 나누는 것은 그들의 신조(信條)가 아닙니다. 그들을 나누는 것은 그들 사이의 어떤 차이가 아닙니다. 그것은 그들이 더 선하지 못하기 때문입니다. 수은방울들을 생각해 보십시오. 그것들은 서로 구르다가 마침내 한 덩어리가 될 것입니다. 그러나 그것들이 흙이나 티끌 등으로 더러워져 있을 때, 그것들은 한 덩어리가 되지 못합니다. 이와 같이 우리가 한 덩어리가 되지 못하도록 가로막는 것은 우리의 불결함입니다.

그러므로 우리는 우리 주님의 모습을 더 많이 닮도록 스스로를 가르칠 필요가 있습니다. 우리는 자기중심주의를 정복하고, 우리 영혼을 깨끗하게 해야만 합니다. 그렇지 못할 때, 기독교적 연합과 관련한 이 모든 논의는 소리 나는 구리와 울리는 꽹과리보다 나을 것이 없을 것입니다. 교훈을 배웁시다. "거짓 없는 형제 사랑"은 어떤 사람들이 상상하는 것처럼 그렇게 쉬운 것이 아닙니다. 그것은 사람들이 길거리에서 쉽게 얻을 수 있는 그런 것이 아닙니다. 스스로를 깨끗하게 하십시오. 그러면 여러분은 서로 하나로 연합될 것입니다.

또 여기에서 우리는 정결한 영혼과 정결한 삶에 대한 베드로의 개념을 보게 됩니다. 그것은 진리의 넓은 기초 위에 세워진 멋진 건물입니다. 그 벽은 높이 솟아 있습니다. 그러나 그것은 우리의 노력 없이 세워지지 않습니다. 그것은 성령으로 말미암아 하나님의 거하실 처소가 되기 위해 함께 지어져 갑니다. 그리고 하늘을 찌를 듯이 솟아 있는 뾰족탑 위에는 "거짓

없는 형제 사랑"이라는 글귀가 새겨져 있습니다. 우리의 정결함의 분량은 우리의 순종의 분량에 비례합니다. 마찬가지로 우리의 형제 사랑의 분량은 우리의 정결함의 분량에 비례합니다. 그러나 그러한 사랑은 우리 편에서의 노력이 없이는 결코 실현되지 않을 것입니다. 설령 그것이 정결함의 목표이며 그것의 자연적인 결과라 하더라도 말입니다. 그러므로 본문은 믿음과 함께 시작된 깨끗하게 되는 과정과 그 결과를 제시한 연후에 곧바로 이렇게 훈계합니다. "거짓이 없이 형제를 사랑하기에 이르렀으니 — 순종으로 말미암아 깨끗해진 — 마음으로 뜨겁게 서로 사랑하라."

11
산 돌 위에 세워진 산 돌들

"산 돌이신 예수께 나아가 … 너희도 산 돌들 같이 신령한 집으로 세워지고"
벧전 2:4, 5

어쩌면 베드로는 이 글을 기록할 때 예수 그리스도께서 오래 전에 가이사랴 빌립보에서 자신에게 말씀하신 것을 생각하고 있었는지도 모릅니다. 그때 그는 그리스도 자신의 입술로부터 "너는 베드로라 내가 이 반석 위에 내 교회를 세우리니"라는 말씀을 들었습니다(마 16:18), 그때 그는 그러한 말씀이 의미하는 것에 대해 거의 이해하지 못했습니다. 이제 그는 노인이 되었습니다. 오랜 세월 동안의 힘들고 고통스러웠던 사역의 경험은 그에게 그 말씀의 의미를 가르쳐 주었습니다. 이제 그는 그러한 말씀을 이른바 그의 후계자들이 이해한 것보다 훨씬 더 잘 이해하게 되었습니다. 왜냐하면 우리는 본문을 베드로 자신이 로마 가톨릭 교회의 기초를 부인하는 것으로 취할 수 있기 때문입니다. 우리는 여기의 말씀 속에서 이를테면 그가 다음과 같이 말하는 것을 들을 수 있습니다. "오해하지 말라. 교회의 기초는 예수 그리스도 자신이니라. 교회의 기초는 가련한 죄인인 내가 아니라 그니라. 예수 그리스도가 유일한 기초이며, 우리 모두는 단지 그 위에 세워진 돌들일 뿐이니라." 예수 그리스도와 베드로의 관계는 그와 그에게 나아오는 모든 가련한 영혼들의 관계와 본질적으로 동일합니다.

우리는 본문으로부터 몇 가지 매우 중요한 개념을 도출할 수 있습니다.

이제 그러한 것들을 세 가지로 간략하게 살펴보도록 합시다.

1. 첫째로, 그리스도 안에 있는 자들은 그리스도께 더 가까이 나아가고자 계속 노력해야만 합니다.

"산 돌이신 예수께 **나아가**"(4절). 지금 베드로가 말하고 있는 사람들은 우리 구주에게 외인(外人)들이 아니었습니다. 그들은 이미 오래 전부터 공적으로 신앙을 고백하는 그리스도인들이었습니다. 그들은 거룩한 생활 가운데 주목할 만한 진보(進步)를 나타냈으며, 예수 그리스도와 가까이 있는 자들이었습니다. 그럼에도 불구하고 베드로는 그들에게 " 너희가 노력하기만 한다면, 너희는 그분께 더 가까이 나아갈 수 있다"고 말합니다. 바로 이것이 여러분의 유일한 과업(課業)이며, 유일한 소망입니다. 또 그것은 여러분의 신앙생활 가운데 모든 축복과 평안과 기쁨의 조건입니다. 여러분은 주님께 더 가까이 나아가고자 그리고 그를 더 가까이 하고자 계속 노력해야만 합니다.

그러면 그에게 나아가는 것은 무엇을 의미하는 것입니까? 이와 같은 상징적인 표현이 무엇을 의미하는지 문맥이 설명해 줍니다. 6절의 "그를 믿는"이라는 구절을 보십시오. "그를 믿는 자는 부끄러움을 당하지 아니하리라." 우리는 여기에서 상징이 벗겨지고 그것의 명백한 의미가 드러나는 것을 보게 됩니다. 스스로를 예수 그리스도 위에 던지며, 마음으로 그를 붙잡으며, 스스로를 그의 능력과 의로 묶는 영혼의 행동 — 바로 이것이 여기에서 베드로가 의미하는 것입니다. 다른 말로 이야기하면 본문의 "나아가는" 것은 사람의 영적 본성 전체가 즉 생각과 사랑과 바람(wish)과 목적과 열망과 소망과 의지(意志) 전체가 그리스도를 향해 움직이는 것입니다. 우리가 매일 같이 그가 우리에게 가까이 계심을 인식하고, 우리의 생각이 자주 그로 채워져 있고, 그 자신과 그가 주시는 평안을 우리의 행동의 주된 동기(動機)로 삼고, 우리의 사랑의 덩굴이 그를 향해 뻗어나가 그를 붙잡으며 휘감고, 우리의 의지(意志)가 그의 명령에 순복하며 범사에 그에게 순종할 때 — 우리는 그에게 나아가는 것입니다. 하늘과 땅 사이의 거리는 그와 우리 사이를 나눕니다. 그러나 새로워지지 않은 마음과 반역적인 의지(意志)는 그와 우리 사이에 더 큰 심연을 만듭니다. 그러므로 우리는 그에게 참된 마음으로 나아가기 위해, 그의 길로부터 벗어나지 않도록 우리의 감정을 통제하기 위해, 우리의 완악한 의지(意志)를 그의 명령 아래 굴복시키기 위해, 그리고 모든 것을 우리의 참된 본향이신 그에게 더 가까이 나아가는 수단으로 만들기 위해 계속 노력해야 합니다. 그럴 때 우리는 그와 우리 사이의 심연에 다리를 놓게 될 것입니다.

그리스도인들이여, 우리는 계속 그에게 가까이 나아갈 수 있습니다. 그리고 우리의 기독교인의 삶의 비밀은 모두 그에게 "나아가는" 것에 싸여 있습니다. 우리는 매일 같이 그렇게 나아가도록 노력해야 하며, 그러한 나아감은 무한히 증진될 수 있습니다. 또 우리는 그의 마음에 무한히 가까워질 수 있으며, 거기에 우리의 아픈 머리를 누일 수 있습니다. 또 우리는 그의 충만에 무한히 가까워질 수 있으며, 그것으로 우리의 빈 자리를 채울 수 있습니다. 우리는 더 가까이 연합하는 것이 가능할 수 없는 궁극적인 지점에 아직 도달하지 못했습니다. 그와 그의 종인 우리 사이에는 항상 어느 정도의 간격이 있습니다. 그러한 간격이 매일 같이 작아지고 있는지 스스로를 돌아보십시오. 그리고 우리가 매일 같이 계속 그에게 가까이 나아가며 그와 더 밀접하게 연결되고 있음을 느끼는지 스스로를 돌아보십시오.

2. 둘째로, 그리스도에게 가까이 나아가는 자들은 그리스도와 같이 될 것입니다.

"산 돌이신 예수께 나아가 … 너희도 산 돌 같이 세워지고." 여기에서 베드로가 주님과 그의 종들을 묘사하기 위해 동일한 표현을 사용하는 것을 주목하십시오. 그리스도는 돌입니다. 바로 이것이 "이 **반석** 위에 나의 교회를 세우리니"에 대한 베드로의 해석입니다. 여기에서 그리스도를 돌로 표현하는 것은 또한 의심의 여지 없이 구약의 많은 예언들과 연결됩니다. 아마도 그리스도와 베드로 모두의 생각 속에 "걸려 넘어지게 하는 돌이면서 동시에 견고한 기촛돌이며 시험하는 돌"과 관련한 이사야 선지자의 예언이 있었을 것입니다. "보라 내가 한 돌을 시온에 두어 기초를 삼았노니 곧 시험한 돌이요 귀하고 견고한 기촛돌이라"(사 28:16). 또 4절 가운데 내가 본문으로 취하지 않은 "사람에게는 버린 바가 되었으나 하나님께는 택하심을 입은"이라는 말씀은 명백히 "건축자가 버린 돌이 집 모퉁이의 머릿돌이 되었다"고 말하는 시편 118편과 연결됩니다(22절).

그러나 베드로는 단순히 그가 기촛돌이며 모퉁이돌이라고 말하지 않고 **산** 돌(living Stone)이라고 말합니다. 이러한 은유로 베드로는 그리스도가 특별하면서도 강조적인 의미에서 살아 계신 자요 생명의 근원임을 강조합니다.

그러나 베드로는 한 걸음 더 나아가 그리스도의 제자들을 그리스도를 지칭하는 언어와 동일한 언어로 지칭합니다. 그들 역시 "산 돌들"(living stones)입니다. 그들이 "산" 돌들인 것은 그들이 "산" 돌에게 나아왔기 때문입니다. 여기로부터 은유를 벗겨 봅시다. 그러면 이러한 동일한 표현에서 무엇이 나옵니까? 그것은 이것입니다. 즉 우리가 예수 그리스도에게 나아간다면, 생명이 그로부터 우리의 마음과 생각 안으로 흘러들어 올 것이며 그 생명이 그리스도에 있는 생명과 동종(同種)의 생명임을 스스로 나타낼 것이며 그것이 마침내 우리를 그의 형상으로 빚을 것이라는 것입니다. 신약이 예수 그리스도를 지칭하는 이름들 가운데 우리와 공유(共有)되지 않는 이름은 거의 없다는 사실을 기억하십시오. 그가 아들이심으로 말미암아 우리가 "아들의 명분"을 받습니다(갈 4:5). 그가 세상의 빛입니까? 우리도 세상의 빛입니다. 여러분이 본문을 주의 깊게 살핀다면, 여러분은 신약이 그리스도에게 돌리는 직분들을 여기에서 베드로가 그의 종들에게 돌리는 것을 발견하게 될 것입니다. 예수 그리스도는 그의 인성에서 하나님의 성전이었습니다. 예수 그리스도는 그의 인성에서 인류를 위한 제사장이었습니다. 예수 그리스도는 그의 인성에서 세상의 죄를 위한 희생제물이었습니다. 그러면 베드로는 여기에서 어떻게 말합니까? "너희도 신령한 집으로 세워지고 신령한 제사를 드릴 거룩한 제사장이 될지니라"(5절).

여러분이 그리스도에게 가까이 나아간다면, 여러분은 그로부터 생명을 끌어낼 것입니다. 그러면 그 생명은 비록 종속적인 형태이기는 하지만 매우 실제적이며 깊은 의미에서 여러분을 예수 그리스도와 같이 만들 것입니다. 우리 주님이 오셔서 사람들에게 주시는 선물의 전체적인 축복은 "그리스도에게 가까이 나아오는 자들은 그리스도와 같이 된다"는 한 가지 개념으로 요약될 수 있습니다. "산 돌들"로서 그들 역시도 그로부터 흘러나오는 생명을 공유합니다. 그를 붙잡으십시오. 그러면 그의 생명의 영이 여러분의 마음 안으로 흘러들어 올 것입니다. 그 기촛돌 위에서 쉬십시오. 그러면 그 자신의 생명의 모든 은혜와 능력이 마치 모세관 현상처럼 여러분의 마음 안으로 빨려 들어 올 것입니다. 그 기초 위에 세워진 건물은 그 생명의 전달에 의해 기초와 단단하게 결합됩니다. 산 돌에게 나아갈 때, 우리 역시도 삽니다.

예수 그리스도와 더불어 계속 가까운 관계를 유지합시다. 왜냐하면 끊어진 전선(電線)은 전기를 전달하지 못하기 때문입니다. 전선 자체에는 아무런 능력도 없습니다. 그것을 다시 한번 배터리에다 연결하십시오. 그러면 신비한 에너지가 즉시로 전선을 통해 흐를 것입니다. "그에게 나아오는 자는 살 것이라." 왜냐하면 그가 살아 계시기 때문입니다.

3. 마지막으로, 그에게 가까이 나아감으로 말미암아 그와 같이 된 자들은 그로 말미암아 함께 자랄 것입니다.

"산 돌이신 예수께 나아가 … 너희도 산 돌들 같이 신령한 집으로 세워지고." 여기에서 "세워진다"는 것은 단순히 개인들이 기독교인의 성품에서 자라는 것을 다시 말해서 각각의 영혼들이 그리스도의 온전한 형상을 점점 더 많이 닮아 가는 것을 의미하는 것이라기보다, 이와 같은 공통의 생명에 참여하는 모든 자들이 참되며 복된 연합으로 함께 결합되는 것을 의미합니다. 본 서신의 수신자(受信者)들이 누구인지 기억할 때, 이러한 말씀은 훨씬 더 아름다운 것이 됩니다. 그들은 소아시아 전역에 "흩어진 나그네들"이었습니다(1:1). 수백 리 떨어진 소아시아 전역에 흩어진 돌들이 하나의 거대한 건물로 세워집니다. 베드로는 그들에게 그들이 서로 떨어져 있음에도 불구하고 참된 연합을 이루는 방식을 보여 줍니다. 그는 사실상 그들에게 이렇게 말하는 셈입니다. "너희 가운데 어떤 사람들은 북쪽 비두니아 지역에 살고 또 어떤 사람들은 남쪽 해안지역에 살도다. 너희가 한 번도 서로 만나 보지 못했음에도 불구하고 또 너희가 산과 강에 의해 서로 나뉘어져 있음에도 불구하고 또 너희가 서로의 언어를 알아들을 수 없음에도 불구하고 너희가 산 돌에게 나아온다면, 너희는 산 돌들 같이 하나의 신령한 집으로 세워지느니라." 여기에 그들 모두를 하나로 묶는 위대한 연합이 있습니다. 그들은 위쪽 표면에서는 서로 나뉘어져 있지만, 더 나은 생명의 아래쪽 깊은 곳에서는 예수 그리스도 안에서 하나로 연합되어 있습니다.

나아가 여기에서 우리는 우리를 위한 또 하나의 교훈을 발견할 수 있습니다. 그것은 기독교 공동체의 형통과 축복과 성장의 참되면서도 유일한 비밀이 그 지체들의 개인적인 신실함 다시 말해서 그들 각자가 개별적으로 예수 그리스도께 가까이 나아가는 것이라는 것입니다. 믿음으로 말미암아 주님 안에서 서로 연결된 우리가 우리의 신앙고백과 우리의 부르심에 충실하면서 우리 주님을 가까이 한다면, 우리는 하나의 신령한 집으로 세워질 것입니다. 그러나 그렇지 않다면, 우리는 결코 하나의 신령한 집으로 세워지지 못할 것입니다.

그러므로 사랑하는 친구들이여, 결론은 이것입니다. 여기에 돌이 놓여 있습니다. 우리가 그 돌과 얼마나 **가까이** 있는지는 그다지 중요한 문제가 아닙니다. 우리가 그 돌 **위에** 있지 않다면, 그와 우리 사이의 거리는 우리에게 아무것도 아닙니다. 여러분 각자에게 묻습니다. 당신은 그 기초 위에 세워져 있습니까? 그리고 그 기초로부터 당신을 매일 같이 그에게로 가까이 데려가는 그리고 당신이 그를 더 많이 닮도록 이끄는 생명을 끌어냅니까? 일시적인 것이든 영원한 것이든, 모든 축복은 이러한 질문에 대한 당신의 대답에 달려 있습니다. 그 돌은 당신에게 무엇입니까? 그 돌은 당신이 그 위에 세워지는 반석이 될 수도 있고, 당신이 걸려 넘어져 깨어지는 걸림돌이 될 수도 있습니다. 영국과 같이 복음이 전파된 나라에서는 어느 누구도 예수 그리스도가 자신과 아무런 관계가 없노라고 말할 수 없습니다. 기독교 설교를 듣고 기독교 복음에 대해 어느 정도 아는 사람이라면 더더욱 그렇게 말할 수 없습니다. 그는 그 위에 우리가 고결하며 견고한 삶을 세울 수 있는 기초입니다. 그가 내가 구 위에 설 기초가 아니라면, 그는 내가 그 위에서 깨어질 돌입니다.

12
신령한 제사

"예수 그리스도로 말미암아 하나님이 기쁘게 받으실 신령한 제사"

벧전 2:5

본 구절에서 베드로는 여러 가지 은유를 한꺼번에 쏟아냅니다. 그는 옛 제사의식으로부터 세 가지 상징을 끌어낸 후 그것들을 전부 그리스도인들에게 적용시킵니다. 한 문장에서 그들은 첫째로 "성전"으로, 둘째로 "제사장"으로, 그리고 셋째로 "제물"로 제시됩니다. 세 가지 모두가 옛 시대의 단편적이며 예표적인 종교에 대한 완전한 종교(즉 기독교)의 관계를 나타내기 위해 필요합니다.

그리스도인들은 개인과 그리고 집단이 성전(聖殿)입니다. 그들은 "성령에서 하나님이 거하실 처소"입니다(엡 2:22). 또 그들은 거룩하게 구별된 제사장입니다. 그들은 하나님께 직접 나아갈 수 있으며, 그들의 역할은 사람들에게 하나님을 나타내고 사람들을 하나님에게 데려가는 것입니다. 또 그들은 제물입니다. 그들의 제사장직의 주된 부분은 스스로를 하나님께 제물로 드리는 것입니다.

우리가 철저히 의식주의(儀式主義)적인 당시 종교들의 틈바구니에서 기독교가 제시한 엄청난 변칙을 이해하는 것은 매우 어려운 일입니다. 그러한 종교들의 틈바구니에서 하나의 매우 단순한 종교가 일어났습니다. 그것은 감각적으로 보이는 성전이나 제단이나 제물에 호소하지 않았습니다.

그러나 사도들은 자신들이 그 모든 것을 단지 외적인 모양으로만 가지고 있는 종교들보다 훨씬 더 높은 형태로 가지고 있노라고 한 목소리로 선언합니다.

기독교인 삶의 이와 같은 제의적(祭儀的)인 요소에 대한 개념은 신약 전체에 걸쳐 나타납니다. 그리고 그러한 개념은 신약에서 매우 다양한 형태로 적용됩니다. 내가 여기의 말씀을 오늘의 본문으로 선택한 것은 그것을 특별하게 강해(講解)하기 위해서가 아닙니다. 다만 오늘의 목적은 기독교인 삶이 본질적으로 제의적인 것임을 이야기하는 여러 구절들을 함께 모아 그것들이 신약에서 어떻게 다양하게 적용되는지 추적하는 것입니다. 그와 관련하여 신약에 네 가지 종류의 제물이 나타나는데, 이제 그러한 것들을 하나씩 살펴보도록 합시다.

1. 첫째로, 몸의 산 제물이 있습니다.

"내가 하나님의 모든 자비하심으로 너희를 권하노니 너희 몸을 하나님이 기뻐하시는 거룩한 산 제물로 드리라"(롬 12:1). 여기에서 "드리라"(present)는 제사장의 행위를 묘사하는 전문적인 용어입니다. 그리고 "산 제물"은 죽은 동물을 희생제물로 드리는 것과 대조되는 것입니다. 또 "몸"은 자아(自我)를 의미하는 것이 아닌데, 그러한 사실은 다음 절의 "**마음**을 새롭게 함으로 변화를 받아"라는 말씀 가운데 분명하게 나타납니다. 그러므로 "너희 **몸**을 산 제물로 드리라"고 말할 때, 바울은 자아에 대해서가 아니라 자아의 도구인 육체적 기관에 대해 말하고 있는 것입니다.

두말할 필요 없이 제물의 중심적인 개념은 하나님께 대한 순복입니다. 그리고 그러한 순복이 이루어지는 장소는 가장 깊은 내적 자아입니다. 의지(意志)가 바로 사람입니다. 의지가 순복하는 것은 자아가 보좌로부터 내려오고 하나님을 보좌에 앉히는 것입니다. 또 그것은 하나님의 결정에 기꺼이 복종하는 것이며, 그의 명령을 이행하기를 즐거워하는 것입니다. 이렇게 의지가 순복할 때, 희생제사가 시작됩니다. 그렇지만 몸이 행동의 기관이라는 사실로 인해, 의지(意志)와 자아(自我)를 제물로 드리는 것은 필연적으로 행동으로 가시화되고 구체화되어야만 합니다. 왜냐하면 몸이 행동의 기관이며 도구이기 때문입니다. 그러나 가장 먼저 나의 가장 깊은 내적 자아의 순복이 있어야만 합니다. 오직 그럴 때에만 비로소 어떤 외적인 행동은 제물의 범주에 들어갈 수 있게 됩니다. "살리는 것은 영이니 육은 무익하니라"(요 6:63). 그렇습니다. 육은 무익합니다. 그렇지만 또 다른 측면에서 육은 유익합니다. 바울 사도 역시도 다음과 같이 같은 순서를 제시합니다. 먼저 **너희 자신**(yourselves)을 하나님께 드리라." 그러고 나서 "너희 지체를 의의 무기로 하나님께 드리라"(롬 6:13).

이와 같이 몸의 제물을 산 제물로 표현하는 것은 그것이 어떤 육체적인 욕구나 행동을 죽이는 것이 아니라 거룩하게 하는 것임을 암시합니다. 오른 손과 오른 눈이 우리를 범죄케 한다면, 차라리 그것을 찍어버리며 뽑아버리는 것이 더 낫습니다. 그러나 그것은 차선(次善)입니다. 물론 불구로 영생에 들어가는 것이 온전한 몸으로 지옥불에 던져지는 것보다 더 낫습니다. 그러나 가장 나은 것은 손이나 발을 찍어내지 않고 온전한 몸으로 영생에 들어가는 것입니다. 그러므로 몸을 산 제물로 드리는 것은 곧 몸의 필요와 욕구와 행동을 끊어내는 것이 아닙니다. 도리어 그것을 통제하며 거룩하게 이끄는 것 — 바로 이것이 몸을 산 제물을 드리는 것입니다.

이러한 제물이 의미하는 것은 우리의 전체적인 삶이 우리의 자아가 하나님께 내적으로 순복하는 것 위에 기초해야만 하며 또한 그것의 열매가 되어야만 한다는 것입니다. "그 날에는 말방울에까지 여호와께 성결이라 기록될 것이라 여호와의 전에 있는 모든 솥이 제단 앞 주발과 다름이 없을 것이니"(슥 14:20). 스가랴 선지자는 매우 회화적(繪畵的)인 방식으로 여기에서 베드로가 선포하는 것과 똑같은 진리 즉 우리의 행동의 도구인 몸이 하나님께 드리는 산 제물이 되어야만 한다는 진리를 제시합니다. 몸의 모든 행동들을 하나님과 연결시키십시오. 우리가 행하는 모든 행동들을 의식적(意識的)으로 하나님과 관련시키십시오. 발과 손과 눈과 머리가 그를 위해 일하며, 그로 말미암아 일하며, 그의 임재를 계속 의식하는 것을 하십시오. 몸의 욕구와 열망을 통제하십시오. 그리고 여러분의 몸을 영

(靈)의 도구로 만드십시오. 그럴 때 그렇게 하는 분량만큼, 삶 가운데 있는 틈과 불일치는 메워지며 해소될 것입니다. 그리고 몸과 혼과 영은 온전한 조화를 이루어 하나님을 찬미하는 아름다운 음악을 만들 것입니다.

형제들이여, 우리의 일상의 삶을 물어뜯는 악한 원리들을 생각해 보십시오. 젊은이와 노인을 불문하고 얼마나 많은 사람들이 "영혼을 거슬러 싸우는 육체의 정욕"을 가지고 있습니까(벧전 2:11)! 젊은이들 가운데 자기에 있는 강한 동물적 욕정으로 인해 더 높고 더 정결하며 더 고결한 삶의 열망을 잃어버린 사람들이 얼마나 많습니까! 일상의 삶 속에서 하나님에 대하여 무디어진 사람들이 얼마나 많습니까! 영을 대적하는 육체의 정욕으로 말미암아 자신이 하고자 하는 일을 할 수 없어 모든 힘을 잃어버린 사람들이 얼마나 많습니까! 육욕과 동물적인 욕망에 탐닉하는 것과 우리 안에 있는 짐승의 울부짖는 소리에 굴복하는 것들로 인해 얼마나 많은 사람들의 영혼이 파선(破船)되고 말았습니까! 여기 앉아 나의 설교를 듣고 있는 사람들 가운데에도 분명 그런 사람들이 있을 것입니다. 사람이 짐승을 억제하며 통제하게 하십시오. 그리고 하나님께서 사람을 통제하게 하십시오. "내가 하나님의 모든 자비하심으로 너희를 권하노니 너희 몸을 하나님이 기뻐하시는 거룩한 산 제물로 드리라"(롬 12:1).

2. 둘째로, 찬송의 제물이 있습니다.

우리는 히브리서에서 "항상 찬송의 제사를 하나님께 드리자 이는 그 이름을 증언하는 입술의 열매니라"라는 말씀을 읽습니다(13:15). 우리는 여기에서 또 다른 측면의 제물의 개념을 보게 됩니다.

많은 사람들이 **말**에 대해 그다지 큰 중요성을 부여하지 않는 반면 성경은 그것에 대해 매우 큰 중요성을 부여합니다. 어떤 사람의 성품을 나타냄에 있어 때로 그의 행동보다도 그의 말이 더 큰 중요성을 취하기도 합니다. 많은 경우 이것은 사실입니다. 어쨌든 우리는 성경 전체를 통해 사람이 하나님께 드릴 수 있는 최고의 제물 가운데 하나가 바로 말로 드리는 찬송의 제물이라는 개념을 발견할 수 있습니다. 시편 50편은 참된 기독교 예배의 원리와 관련하여 "찬송으로 제물을 드리는 자가 나를 영화롭게 하나니"라고 말합니다(23절, 한글개역개정판에는 "감사로 제사를 드리는 자가"라고 되어 있음). 참된 제물은 죽임을 당한 동물이나 혹은 어떤 물질적인 것을 드리는 것이 아닙니다. 그것은 감사로 가득한 마음을 말로써 표현하여 드리는 것입니다. 옛 의식(儀式) 가운데 성소에 하나님과 구속받은 영혼 사이의 관계를 나타내는 세 가지 상징이 서 있었습니다. 거기에 "너희는 세상의 빛이라"고 선포하는 촛대가 있었습니다. 또 거기에 진설병이 놓인 떡상이 있었습니다. 그리고 그 중간에 향단이 있었습니다. 향단 위에서는 매일 같이 아침저녁으로 달콤한 향을 피웠고, 향의 연기는 푸른빛으로 소용돌이치면서 하늘로 올라갔습니다. 향단 위에서는 온 종일 연기가 났으며, 아침저녁으로 향이 보충되었습니다. 이것은 기독교 삶이 어떠해야 하는지를 나타내는 중요한 상징입니다. 그것은 기도와 찬송의 감사제물을 계속 드리는 것입니다.

형제들이여, 우리의 말을 제물로 드리는 것이 전부가 아닙니다. 또 한 가지 중요한 것이 있는데, 그것은 다른 사람들에게 우리의 믿는 도리를 말하는 것입니다. 공적으로 신앙을 고백하는 그리스도인들 가운데 너무나 많은 사람들이 다른 사람들에게 자신의 믿는 도리에 대해 말하고자 하는 충동을 거의 느끼지 못하는 것은 얼마나 부끄러운 일입니까! 그럴 때 그들의 신앙고백은 너무나 불완전한 신앙고백이 될 것이며, 그들의 구속과 중생은 너무나 불충분한 구속과 중생이 될 것입니다. 그들은 다른 것들에 대해서는 침을 튀기며 말합니다. 그런데 자신의 믿는 도리에 대해서는 입술을 굳게 닫습니다. 그 이유가 무엇입니까? 그들은 정치적인 문제에 대해서는 일장 연설을 할 수 있습니다. 그들은 자신들이 관심을 갖고 있는 문제에 대해서는 대중 강연도 할 수 있습니다. 그런데 그들은 자신들이 섬긴다고 고백하는 주님에 대해서는 한 마디도 말할 수 없습니다. 그 이유가 무엇입니까? 뼈로 들어간 영양분은 살로 나옵니다. 마음 깊은 곳에 있는 것은 입술을 통해 밖으로 나옵니다. 여러분의 기독교가 여러분의 마음 깊은 곳에 있다면, 여러분은 결코 벙어리처럼 가만히 있지 못할 것입니다.

여러분은 자신의 믿는 도리를 다른 사람들에게 말함으로써 여러분 자신의 믿음을 강하게 만듭니다. 사람의 믿음은 그것을 다른 사람들에게 전파할 때 자라는 법입니다. 자신의 도덕적이며 영적인 확신을 잃어버리는 가장 확실한 방법은 그것을 자기 마음의 은밀한 방 속에 깊이 숨기는 것입니다. 그것은 손바닥 위에 얼음조각을 들고 있는 사람과 같습니다. 손을 꽉 쥐어 그것을 완전히 감추어 보십시오. 그리고 손을 펴 보십시오. 그러면 얼음조각은 어느새 사라져 없어졌을 것입니다. 여러분이 여러분의 기독교를 심화(深化)시키기를 원한다면, 그것을 전파하십시오. 여러분이 여러분의 마음을 더 충만한 감사로 채우고자 한다면, 감사를 말로 표현하십시오. 우리는 계속 말로써 제물을 드려야만 합니다. 단지 형식이 아니라 영으로 말입니다. 또 우리는 계속 입술의 열매를 드려야만 합니다. 물론 사람이 실제로 끊임없이 감사의 말만을 할 수는 없습니다. 사람이 해야만 하는 다른 말들도 많이 있습니다. 그러나 모든 말들을 통해 향기가 퍼져나가야만 합니다. 마치 어떤 보이지 않는 근원에서 공기 전체로 향기가 퍼져나가는 것처럼 말입니다. 이와 같이 우리에게 있어 우리의 인생은 하나의 긴 감사여야만 합니다.

3. 셋째로, 다른 사람들을 돕는 제물이 있습니다.

히브리서 13장 15절과 16절을 보십시오. 거기에서 우리는 찬송의 제물과 행함의 제물이 하나로 묶여 있는 것을 발견하게 될 것입니다. "항상 찬송의 제사를 하나님께 드리자 이는 그 이름을 증언하는 입술의 열매니라 오직 선을 행함과 서로 나누어 주기를 잊지 말라 하나님은 이같은 제사를 기뻐하시느니라"(히 13:15, 16). 여기에서 우리는 우리가 세상에 나가 우리가 찬미하는 사랑을 구체화시키지 않는다면 우리의 기도와 찬송은 아무 짝에도 쓸모없는 것이 될 것이라는 개념을 도출할 수 있습니다. 참된 박애주의는 참된 종교에 그 뿌리를 가집니다. 왜냐하면 하나님을 섬기는 것으로부터 사람을 섬기는 것이 흘러나오기 때문입니다.

이러한 원리는 우리에게 두 가지 방향을 가리킵니다. 먼저 그것은 항상 그 입술로부터 기도와 찬송이 끊이지 않는 감정적인 그리스도인들에게 그들의 기도와 찬송의 날카로운 시금석이 됩니다. 그것은 그들에게 다음과 같은 질문을 던집니다 — "당신은 당신의 형제에게 무엇을 행하는가?" 이것은 우리 모두에게 던지는 질문입니다. 여러분이 사람들에게 하나님을 나타내는 제사장 직무를 행하고 있지 않고 그들에게 그들이 필요로 하는 축복을 가져다주지 않는다면, 부디 지극히 높은 자의 제사장이 되는 것에 대해 말하지 마십시오. 여러분이 하나님을 섬기는 것은 아무짝에도 쓸모없는 일이 될 것입니다. 그와 함께 사람들을 위한 자기희생과 형제 섬김이 따르지 않는다면 말입니다.

그러한 원리는 우리에게 또 한 가지 방향을 가리킵니다. 그것이 한편으로 말의 종교를 위선(僞善)으로 규정한다면, 그것은 다른 한편으로 하나님과 무관한 박애주의를 기초가 결여된 것으로서 선언합니다. 하나님과 무관하게 단지 자기 마음이 이끄는 대로 다른 사람들에게 긍휼과 동정(同情)과 도움을 베푸는 사람들이 많이 있음을 나는 압니다. 그럼에도 불구하고 나는 참된 박애주의의 영속적인 기초로서 십자가에 달린 예수 그리스도를 의식(意識)하는 것 외에는 아무것도 없음을 굳게 믿습니다. 박애주의자들은 선행을 베풀기에 앞서 먼저 자아를 순복시키는 것과 그리스도의 이름으로 감사를 드리는 입술의 열매가 선행되어야만 한다는 사실을 배울 필요가 있습니다. 그리스도인들은 경건(religion)이 알맹이이고 선행은 그것을 싸고 있는 외피(外皮)라는 사실을 배워야만 합니다. "하나님 아버지 앞에서 정결하고 더러움이 없는 경건은 곧 고아와 과부를 그 환난중에 돌보고 또 자기를 지켜 세속에 물들지 아니하는 그것이니라"(약 1:27). 도덕은 종교(religion)의 옷이며, 종교는 도덕의 몸입니다.

4. 마지막으로, 죽음의 제물이 있습니다.

바울은 "전제와 같이 내가 벌써 부어지고"라고 말합니다(딤후 4:6). 또 그는 "너희 믿음의 제물과 섬김 위에 내가 나를 전제로 드릴지라도 나는 기뻐하고 너희 무리와 함께 기뻐하리니"라고 말합니다(빌 2:17).

"죽음은 무한한 긍휼을 인치며
   제물을 완전하게 만들도다."

그것은 마지못해 받아들이는 것이 되지 않을 수 있습니다. 도리어 우리는 그것을 기꺼이 우리의 두 팔로 끌어안을 수 있습니다. 그것은 어쩔 수 없이 굴복하는 것이 되지 않을 수 있습니다. 도리어 우리는 믿음과 감사로 기꺼이 스스로를 하나님께 드리면서 "아버지여 나의 영혼을 주의 손에 맡기나이다!"라고 말할 수 있습니다.

형제들이여, 이것이 죽지 않으려고 발버둥 치다가 어쩔 수 없이 죽음의 소용돌이 속으로 빨려 들어가는 것보다 훨씬 더 낫지 않습니까? 우리는 이와 같이 우리의 마지막 행동을 경건의 행동으로 만들 수 있습니다. 그리고 우리는 제사장으로서 우리의 손에 우리의 마지막 희생제물을 가지고 휘장 안으로 들어갈 수 있습니다. 죽음의 제물은 오직 그 앞에 희생제물적인 삶이 선행되었을 때 비로소 온전히 드려질 수 있습니다. 여러분과 내가 하나님의 긍휼에 감동되어 스스로를 산 제물로 드리며 우리의 입술을 그의 이름을 높이는 일에 사용하며 우리의 소유를 사람들을 돕는 일에 사용한다면, 우리는 심지어 죽음조차 그리스도 예수로 말미암아 "하나님을 기쁘시게 하는 받으실 만한 향기로운 제물"이 되는 것을 느끼면서 바울처럼 그것을 담담하게 맞이할 수 있을 것입니다(빌 4:18).

13
하나님을 비추는 거울들

"이는 너희를 어두운 데서 불러내어 그의 기이한 빛에 들어가게 하신 자의 아름다운 덕을 선포하게 하려 하심이라"

벧전 2:9

개 정 역(Revised Version)은 흠정역(KJV)의 **praises** 대신 **excellencies**로 읽습니다(한글개역개정판에는 "덕"으로 되어 있음). 그러나 나는 이러한 번역조차도 여기의 단어가 가지고 있는 강력한 힘을 나타내기에 충분하지 못하다고 생각합니다. 왜냐하면 그 단어는 통상적으로 "덕"(virtues)으로 번역되는 단어이기 때문입니다. 그 단어가 하나님에게 적용될 때, 그것은 그의 성품의 탁월함과 영광스러움을 의미합니다.

베드로가 여기의 말씀을 기록할 때, 어쩌면 그의 생각 속에 헬라어로 번역된 구약 이사야 43장 21절이 있었을는지 모릅니다. "이 백성은 내가 나를 위하여 지었나니 나를 찬송하게(praise) 하려 함이니라."

그러나 설령 그렇게 받아들인다 하더라도, 우리는 여기의 표현이 단순히 입술의 찬송을 의미하는 것이라기보다 그들의 전체적인 삶이 그것보다 훨씬 더 깊은 의미에서 본문 가운데 베드로가 "하나님의 덕"이라고 부르는 것을 표현하는 것이어야만 함을 의미하는 것임을 기억해야 합니다.

1. 첫째로, 우리는 여기에서 하나님의 마음이 언뜻 나타나는 것을 발견할 수 있

습니다.

본문 바로 앞에 나타나는 말씀을 주목해 보십시오. 거기에서 베드로는 자기 백성들을 "택하신 족속과 왕 같은 제사장과 거룩한 나라와 그의 소유가 된 백성"으로 삼으신 하나님의 모든 긍휼을 묘사합니다. 이 모든 것은 한 가지 특별한 목적을 위한 것인데, 그것은 "그들을 어두운 데서 불러내어 그의 기이한 빛에 들어가게 하신 이의 아름다운 덕을 선포하게 하려 하심"입니다. 다시 말해서 하나님이 자신을 나타내시는 모든 계시의 목적은 그것을 깨달은 자들이 세상으로 나아가 그와 그의 영광을 나타내는 것이라는 것입니다.

이러한 개념은 자칫 " 하나님의 영광이 그의 유일한 동기(動機)라면 그것은 결국 전능자의 이기주의가 아니냐?"는 매우 난처한 질문과 연결될 수 있으며, 실제로 종종 그렇게 연결되곤 했습니다. 옛 시대의 사람들은 우리가 하나님의 행동의 동기라고 부르는 표현에 담겨 있는 위험을 전혀 인식하지 못했습니다. 그러나 여러분이 이러한 개념을 좀 더 깊이 생각해 본다면, 매우 난처하며 혐오감을 주는 것처럼 보이는 모든 것은 깨끗하게 사라져 버릴 것입니다. 도리어 그것은 "하나님은 사랑이시라"는 또 다른 방식의 말로 바뀌게 될 것입니다. 왜냐하면 사랑의 가장 큰 특징은 스스로를 나타내며 전달하고자 하는 간절한 열망이기 때문입니다. 하나님이 자신의 영광을 위해 세상에 나타내시는 것이 무엇입니까? 그것은 인간의 모든 일탈과 반역에 대한 가장 놀라운 긍휼과 사랑과 용서가 아닙니까? 하나님이 사람들에게 나타내기를 원하시는 것이 바로 이것입니다. 이것이 난처하며 혐오감을 주는 것입니까? 이것이 하나님을 큰 폭군으로 만듭니까? 결코 그렇지 않습니다. 그것은 하나님을 가장 정결한 사랑을 완성하며 실현시키는 자로 만듭니다. 하나님이 사람들에게 자신을 알리기를 바라시는 이유가 무엇입니까? 그렇게 하는 것이 그에게 무슨 특별한 유익을 가져다줍니까? 그렇지 않습니다. 사람들이 하나님의 무한한 사랑을 인식함으로써 그를 기쁘시게 할 때, 그로 인해 유익을 얻는 것은 하나님이 아니라 바로 그들 자신입니다.

하나님이 자신의 빛이 모든 사람의 마음에 부어지기를 바라는 가장 큰 이유는 그렇게 함으로써 그들의 마음을 영원히 기쁘게 하고 복되게 하기 위함입니다. 그러므로 하나님 자신의 영광이 그의 최고의 목적이라는 언뜻 볼 때 매우 난처한 것처럼 보이는 개념은 "하나님은 사랑이시라"는 개념으로 완전히 용해(溶解)됩니다. 하나님이 자신을 전달하고자 간절히 열망하는 것은 그러한 전달로 사람들이 복을 받도록 하기 위함입니다.

2. 둘째로, 우리는 여기에서 그리스도인들이 세상에 있는 목적을 발견할 수 있습니다.

앞에서 인용한 것처럼, 이사야 43장 21절로부터 우리는 "이 백성은 내가 나를 위하여 지었나니 나를 찬송하게 하려 함이니라"라는 말씀을 읽습니다. 하나님이 그들을 지으신 것은 바로 그와 같은 목적 때문이었습니다. 그렇다면 하물며 하나님이 그들을 구속하신 것은 얼마나 더 그렇겠습니까!

어쩌면 여러분은 "나는 구원의 모든 축복과 형벌로부터의 면제를 향유하기 위해 구원받았어"라고 말할는지 모릅니다. 그렇습니다. 그것은 확실한 사실입니다. 그렇지만 그것이 전부입니까? 혹은 그것이 주된 것입니까? 나는 그렇게 생각하지 않습니다. 현미경으로 밖에는 볼 수 없는 미생물조차도 하나님이 자기를 창조하신 것은 자기의 복리(福利)를 위한 것이라고 주장할 수 있습니다. 그것은 확실한 사실입니다. 그와 같이 나의 구원 속에는 나를 위한 모든 축복이 담겨 있습니다.

그러나 우주에는 아무리 크고 위대한 피조물이라 하더라도 ― 심지어 하나님의 보좌 옆에 있는 천사장보다 더 큰 피조물이라 하더라도 ― 자신의 행복과 복리가 유일한 목적인 피조물은 단 하나도 없습니다. 그와 관련하여 바울은 우리 모두에게 이렇게 말합니다. "우리 중에 누구든지 자기를 위하여 사는 자가 없고 자기를 위하여 죽는 자도 없도다"(롬 14:7). 하나님으로부터 무엇인가를 받은 모든 사람은 그로 말미암아 그것을 다른 사람들에게 나누어 줄 청지기가 됩니다. 그러므로 우리는 "여러분이 구원받은 것은 여러분 자신을 위한 것이 아니라고” 말할 수 있습니다. 그것은 단지 부차적인 목적일 뿐입니다. 여러분이 구원받은 것은 궁극적으로 하나님을 위한 것입니다. 또 여러분이 구원받은 것은 다른 사람들을 위한 것입니다. 밀가루 반죽에 누룩을 넣었다고 생각해 보십시오. 누룩 옆에 있는 밀가루 알갱이들이 먼저 변화되기 시작할 것입니다. 그리고 먼저 변화된 알갱이들은 옆에 있는 다른 알갱이들을 변화시키는 매개체가 될 것입니다. 이와 같이 “어두운 데로부터 불러내어 그의 기이한 빛에 들어간” 모든 사람들이 그렇게 불러냄을 받은 것은 자신들만 그러한 빛에 들어가기 위한 것이 아니라 형제들에게로 돌이켜 그들도 함께 그 빛에 참여할 것을 초청하도록 하기 위함입니다. 예수 그리스도는 전쟁터에서 포획(捕獲)한 모든 사람들에게 “내 뒤를 따르라. 나의 군대의 행렬 속으로 들어오라. 나의 병사가 되라”고 말씀하십니다. 철로를 까는 작업을 생각해 보십시오. 새롭게 깔린 철로는 또 다시 다음 철로를 깔기 위한 모든 자재를 운반하는 통로로 사용됩니다. 마지막 종착지에 이를 때까지 말입니다. 이와 같이 그리스도의 백성들이 지음을 받은 것은 그의 덕을 선포하기 위함입니다.

이러한 사실은 그리스도인의 삶에 얼마나 큰 존귀를 부여합니까! 여러분은 하늘의 모든 별들이 나타내는 영광보다 더 큰 영광을 나타내는 증인들입니다. 여러분이 나타내는 하나님의 영광은 자연과 섭리가 나타내는 하나님의 영광보다 훨씬 더 큽니다. 사람들이 하나님에 대해 참된 그리스도인에게서 배우는 것이 다른 모든 것들로부터 배우는 것보다 훨씬 더 큽니다. 참된 그리스도인들이 나타내는 계시는 해와 달과 별들과 하늘의 천사들이 나타내는 계시보다 훨씬 더 크고 영광스러운 계시입니다. 주님은 “너희는 나의 증인이라”고 말씀하십니다. 해와 달과 별들은 하나님의 능력과 지혜와 그의 다양한 속성들을 말해 줍니다. 그러나 우리는 그것보다 훨씬 더 큰 사실 즉 그가 “피곤한 자에게 능력을 주시며 무능한 자에게 힘을 더하시는” 자라는 사실을 증언하는 증인들입니다(사 40:29).

“무(無)로부터 세상을 창조하신 것은 위대한 일이로다.

그러나 죄인들을 구속하신 것은 더 위대한 일이로다.”

“너희가 구원받은 것은 너희를 어두운 데서 불러 내어 그의 기이한 빛에 들어가게 하신 이의 아름다운 덕을 선포하게 하려 하심이라.”

3. 마지막으로, 우리는 여기에서 매우 실제적인 교훈을 배울 수 있습니다.

본문으로부터 우리는 두 가지 개념을 끌어낼 수 있습니다. 하나는 세상에 그리스도인들이 존재하는 사실 자체가 하나님의 최고의 영광을 나타내는 증인이라는 개념입니다. 그리고 다른 하나는 우리는 또 다른 방식으로 우리를 구속하신 하나님의 덕을 나타내야 한다는 개념입니다.

대부분의 경우 세상은 하나님에 대한 개념을 자신들이 하나님에게 속한다고 말하는 사람들로부터 취합니다. 그들은 성경을 읽는 것보다 우리를 훨씬 더 많이 읽습니다. 예수 그리스도에 대해 그들은 **우리를 통해** 보고 듣습니다. 하나님은 “너는 너를 위하여 새긴 우상을 만들지 말고 어떤 형상도 만들지 말라”고 말씀하셨습니다(출 20:4). 계속해서 하나님은 이를테면 이렇게 말씀하십시다. “도리어 너희 자신을 나의 형상으로 만들라. 그럼으로써 사람들이 너희 안에 있는 나의 형상을 보고 나에 대해 배울 수 있도록 하라.” 우리가 스스로에 대해 “왕 같은 제사장이요 택하신 나라요 하나님의 소유된 백성”이라고 말할 수 있는 권리를 갖고자 한다면, 우리에게 그의 형상이 찍혀 있어야만 합니다. 사람들은 해를 바라볼 수 없지만, 그러나 그것을 가리고 있는 구름의 오색찬란한 아름다움을 보면서 그것의 능력에 대한 약간의 개념을 얻을 수 있습니다. 그와 같이 우리 삶의 축축한 안개 속에 따뜻한 햇살이 비췬다면, 거기에 오색찬란한 아름다움이 있을 것입니다. 향유를 싼 종이를 생각해 보십시오. 그것으로부터 달콤한 향기가 풍겨날 것입니다. 그와 같이 우리의 보잘것없는 본성은 하나님에 의해 싸일 수 있으며, 그럴 때 그것은 사람들에게 아름다운 향기를 풍길 수 있게 될 것입니다. 그럴 때 많은 사람들이 그 향기에 끌리게 될 것입니다. 삶을 통해 하나님을 증언하는 것은 세상에 있는 모든 그리스도인들의 의무입니다. 바로 그것이 우리가 여기에 있는 주된 이유입니다.

이것은 우리가 말로써 우리 주님을 나타내야 하는 또 다른 종류의 의무를 배제하지 않습니다. 우리 모두가 대중적으로 그렇게 할 수는 없지만, 우리 모두는 각자의 방식으로 그렇게 할 수 있습니다. 우리 주변에는 우리가 말할 수 있는 누군가가 있게 마련입니다. 주님을 위해 각자의 기회와 각자의 달란트를 열심히 사용합시다.

그러나 우리는 이 모든 일들이, 거기에 우리의 자아(自我)가 뒤엉켜 있을 때, 아무런 결과도 나타내지 못할 것이라는 사실을 기억해야 합니다. 하나님의 빛과 아름다운 덕을 무의식적으로 나타낼 때든지 혹은 그의 이름을 의식적으로 선포할 때든지 말입니다. "이같이 너희 빛이 사람 앞에 비치게 하여 그들로 너희 착한 행실을 보고 — **너희에게가** 아니라 — **하늘에 계신 너희 아버지께** 영광을 돌리게 하라"(마 5:16).

비파의 현(絃)을 튕겨 보십시오. 그러면 거기에서 소리가 날 것입니다. 소리가 날 때 현은 어떤 모습입니까? 그때 비파의 현은 진동하지만 보이지 않게 됩니다. 그와 같이 여러분 자신은 보이지 않게 하십시오. 그러면 주의 영광이 여러분을 통해 빛날 것입니다.

14
우리의 본이신 그리스도

"이를 위하여 너희가 부르심을 받았으니 그리스도도 너희를 위하여 고난을 받으
사 너희에게 본을 끼쳐 그 자취를 따라오게 하려 하셨느니라"

벧전 2:21

본문은 복음이 그리스도의 원리를 우리의 도덕과 의무에 적용하는 매우 두드러진 실례(實例)입니다. 당시 소아시아 전역에 흩어진 그리스도인들은 복음으로 인해 여러 가지 고난과 환난을 감당해야만 했습니다. 베드로는 그들에게 그들의 분깃을 기꺼이 인내로써 받아들일 것을 가르칩니다. 그리고 그러한 교훈을 가르치기 위해 그는 세상 역사(歷史) 가운데 가장 아름다우며, 가장 복되며, 가장 신비로운 사실 즉 예수 그리스도의 십자가의 사실을 가리킵니다. 이와 같이 가장 큰 진리가 일상의 가장 소소한 의무들을 규제하는 것이 바로 기독교의 정신입니다. 사람의 삶은 거의 대부분 소소한 일들로 구성됩니다. 큰 일은 고작해야 몇 번 정도 있을 뿐입니다. 그러므로 우리의 신앙이 일상의 소소한 일들을 규제할 수 없다면, 그것은 결국 아무것도 아닙니다. 우리가 가장 심오한 진리를 취하여 그것이 우리 삶의 가장 소소한 일들을 규제하는 원리가 되게 할 수 없다면, 우리는 결국 우리의 삶을 규제하는 아무런 원리도 가지고 있지 못한 셈입니다. 여러분과 나의 삶 가운데 너무나 소소하여 도무지 구원의 은혜와 연결시킬 수 없는 어떤 것이 있습니까? 그리스도께서 우리를 위해 죽으신 것

은 우리의 구원을 위한 것일 뿐만 아니라 또한 우리에게 본을 남기기 위함입니다. 바로 이것이 오늘 우리가 주목해야만 하는 첫 번째 요지이며, 나는 이것을 오늘 설교의 서론으로 삼고자 합니다. 여기에서 베드로가 두 가지 개념 즉 "그리스도께서 우리를 위해 고난을 받으사"와 "우리에게 본을 끼쳐"가 마치 동전의 양면처럼 서로 분리될 수 없는 것으로서 함께 제시하는 것을 주목해 보십시오. 그렇습니다. 우리는 이러한 두 가지 개념 모두에 능력이 있음을 압니다. 그리고 후자는 오직 우리가 전자와 함께 시작할 때 비로소 참이 됩니다. 예수 그리스도께서 우리를 위해 고난을 받으셨습니다. 나의 친구들이여, 바로 여기에 십자가의 가장 깊은 의미가 있지 않습니까? 여러분이 그리스도를 여러분의 본으로 취하기를 원한다면, 먼저 그를 여러분을 위해 자신의 생명을 주신 희생제물로 취하십시오. 둘을 나누지 마십시오. 여러분이 그를 그리스도로 믿는다면, 여러분은 그를 십자가로부터 취하는 것입니다. 여러분이 본으로서의 그리스도의 의미를 알기를 원한다면, 먼저 여러분의 구주로서의 그와 함께 시작하십시오. "그리스도도 너희를 위하여 고난을 받으사 너희에게 본을 끼쳐 그 자취를 따라오게 하려 하셨느니라." 이러한 두 가지 개념을 하나님이 하나로 묶으셨습니다. 그러므로 우리는 그것을 나누어서는 안 됩니다. "하나님이 짝지어 주신 것을 사람이 나누지 못할지니라"(막 10:9). 이러한 사실들을 고려하면서 본문을 좀 더 세밀하게 살펴보도록 합시다. 그럴 때 우리는 거기에서 다음과 같은 세 가지 개념을 발견하게 됩니다 — 그리스도의 고난이 우리에게 유익이 됨, 그리스도의 고난이 우리에게 본이 됨, 그리스도의 고난이 우리에게 그것을 본받는 능력이 됨.

1. 첫째로, 그리스도의 고난은 우리에게 유익이 됩니다.

그리스도께서 **우리를 위해** 고난을 받으셨습니다. 그러므로 그것은 우리에게 유익이 됩니다. 나는 이러한 말씀이 우리에게 제시하는 다양한 개념들을 모두 다루지는 않을 것입니다. 다만 한두 가지만을 간략하게 다루는 것으로 만족하고자 합니다. 먼저 여기의 베드로가 처음에는 그에게 걸림돌이며 비밀이었던 것을 어떻게 그의 신앙의 핵심으로 나중에 깨닫게 되었는지를 주목하는 것은 매우 흥미로운 일입니다. 그리스도께서 제자들에게 둘러싸여 계셨을 때, 구원자로서의 메시야 개념에 앞장서서 이의를 제기했던 사람은 바로 여기의 베드로였습니다. "주여 그리 마옵소서 이 일이 결코 주께 미치지 아니하리이다"라는 말씀을 생각해 보십시오(마 16:22). 여기에 그의 무지(無知)가 얼마나 적나라하게 드러납니까! 또 "주여 내가 지금은 어찌하여 따라갈 수 없나이까 주를 위하여 내 목숨을 버리겠나이다"라는 말씀을 생각해 보십시오(요 13:37). 여기에서 우리는 그가 그리스도의 고난과 십자가의 목적을 거의 이해하지 못했음을 보게 됩니다. 심지어 부활 이후에조차 우리는 그의 초창기 설교에서 그가 그리스도의 십자가의 의미와 관련하여 여기의 본문에서와 같은 충분한 의미까지는 도달하지 못했음을 보게 됩니다. 본 서신에서 베드로는 그리스도의 고난에 대해 많은 이야기를 하면서 그것을 하나님이 자기 아들을 영화롭게 하신 것과 나란히 놓습니다. 그리스도의 십자가는 그에게 처음에는 이해할 수 없는 것이었습니다. 그러나 이제 그것은 그에게 가장 중요하며 핵심적인 실재였습니다. "그리스도가 우리를 위하여 고난을 받으사." 처음에 그리스도의 고난은 그에게 절대로 불가능하며 말도 안 되는 것이었습니다. 그러나 이제 그는 그것을 온전히 이해하기에 이릅니다. 여기의 "우리를 위하여"(for us)라는 두 개의 단어를 주목해 보십시오(한글개역개정판에는 "너희를 위하여"라고 되어 있음). 전에는 절대로 불가능하며 말도 안 되는 것이었던 것이 이제는 가장 중요하며 핵심적인 것이 되었습니다. 어떤 의미에서 그것은 이해할 수 없는 것이지만, 다른 의미에서 그것은 실재에 대한 유일한 설명입니다. 나의 친구들이여, 나는 여러분이 이러한 사실 위에서 다음과 같은 한 가지 개념을 세우기를 바랍니다. 여러분과 내가 예수 그리스도께서 우리를 위해 죽으셨다는 위대한 진리를 붙잡지 않는다면, 우리에게 복음의 이야기와 십자가의 이야기는 인류 역사(歷史) 가운데 기록된 가장 슬픈 그리고 가장 절망스러운 이야기일 수밖에 없다는 개념 말입니다. 그토록 아름다운 영혼과 무한한 긍휼을 소유한 자를 생각해 보십시오. 그토록 온전한 정결함과 선함과 온유함과 동정심을 소유한 자로 생각해 보십시오. 이 모든 것이 단지 사람들에게 불타는 적대감을 일으키는 것 외에 아무것도 아니었다면 그리고 십자가가 인류 역사 상 최고의 선생에게 세상이 지불한 삯이었지 그 이상은 아무것도 아니었다면, 나는 인간에게 더 이상 아무런 소망도 남지 않을 것이라고 생각합니다. 그렇습니다. 예수 그리스도의 죽음과 세상이 그에게 가한 모든 악행은, 우리가 그 모든 것을 여기의 하나의 마스터 키인 "우리를 위하여"와 연결시키지 않는다면, 완전히 불가해하며 가장 절망스러운 것이 될 것입니다. 그러나 우리가 그 모든 것을 "우리를 위하여"와 연결시킨다면, 그것은 마침내 우리에게 무한한 사랑과 긍휼이 될 것입니다. 전에는 도무지 이해할 수 없었던 것을 이제 우리는 이해하기 시작합니다. 그것은 결국 모든 이해를 뛰어넘는 하나님의 사랑이었습니다. 나의 친구들이여, 간절히 부탁하노니 여기의 두 단어 즉 "우리를 위하여"를 떼어 놓고 십자가를 생각하지 마십시오. 그것은 전체 그림을 완성시키는 필수불가결한 요소입니다. "우리를 위하여" "우리를 위하여," 그리고 "나를 위하여" "나를 위하여."

 "그리스도께서 **우리를 위하여** 고난을 받으셨다"는 말씀을 다시 한번 주목해 보십시오. 이것보다 더 분명한 말씀이 도대체 어디에 있겠습니까! 그러나 베드로가 우리에게 가르치고자 하는 것은 그것이 전부가 아닙니다. 여러분이 구주께서 우리를 위해 당하신 고난의 유익과 은택을 알기를 원한다면, 24절에 그 답이 있습니다. "친히 나무에 달려 그 몸으로 우리 죄를 담당하셨으니 이는 우리로 죄에 대하여 죽고 의에 대하여 살게 하려 하심이라." "우리를 위하여"는 단지 우리를 위하여 본이 되는 것만을 의미하는 것이 아닙니다. "우리를 위하여"는 단지 그의 정결함과 아름다운 삶과 고요한 죽음만을 위한 것이 아닙니다. 그렇습니다. 훨씬 그 이상(以上)입니다. 그는 우리의 죄를 제거하셨으며, 우리는 그의 피로 뿌림을 받습니다. "우리를 위하여"는 본 서신 1장의 "너희가 대속함을 받은 것은 은이나 금 같이 없어질 것으로 된 것이 아니요 오직 흠 없고 점 없는 어린 양 같은 그리스도의 보배로운 피로 된 것이니라"와 같은 의미에서의 "우리를 위하여"입니다(18, 19절). 그렇다면, 우리는 우리 구주께서 세상 전체를 위해 행하신 본을 따라 살고 있는 것입니다.

본문 전반부로부터 우리는 또 하나의 요점을 발견할 수 있습니다. 여러분이 본 서신을 좀 더 여유를 가지고 천천히 읽어본다면, 여러분은 바울과 마찬가지로 베드로 역시도 그리스도의 십자가를 그의 가르침의 중심으로 삼는 것을 발견하게 될 것입니다. 바울은 그리스도의 죽음에 대해 더 많이 말하며, 베드로는 그리스도의 고난에 대해 더 많이 말합니다. 베드로전후서 전체를 통해 그리스도의 고난의 개념이 흐르며, 그리스도의 고난과 관련한 오늘날의 기독교적 용법은 거의 대부분 여기의 베드로에게서 온 것입니다. 바울이 죽음에 대해 말하는 반면, 베드로는 고난에 대해 말합니다. 베드로는 주님을 눈으로 목격한 증인이었습니다. 그는 주님이 고난을 당하는 대부분의 시간 주님 곁에 있었습니다. 비록 마지막 순간 두려움에 사로잡혀 도망쳤다 하더라도 말입니다. 그는 주님의 모든 고난과 시련을 생생하게 기억하고 있었습니다. 이 모든 사실은 베드로가 단지 죽음의 한 가지 사실만을 붙잡는 것이 아니라 그와 관련하여 일어난 많은 일들 예컨대 그리스도의 정신적인 고뇌나 그의 육체적인 고통 같은 것들을 함께 붙잡도록 이끌었습니다. 나는 이에 대해 길게 설명하고자 하지 않습니다. 다만 한 가지만 짧막하게 말하고 지나가고자 합니다. 로마 가톨릭 교회에 널리 퍼져 있는 한 가지 형태의 설교방식이 있는데, 그것은 그리스도의 죽음과 고난의 육체적 사실을 과도할 만큼 상세하게 제시하는 것입니다. 나는 우리가 반대쪽 극단으로 가고 있다고 생각합니다. 그리고 나는 우리가 예수 그리스도의 육체적이며 정신적인 고뇌와 슬픔을 충분히 다루지 않아 우리 자신에 대해서나 우리의 설교를 듣는 회중들에 대해 너무나 많은 축복들을 잃어버리고 있다고 생각합니다. 그리고 이 모든 것의 한 가지 나쁜 결과는 그리스도의 속죄가 이를테면 일종의 신학의 싸움터가 된 것입니다. 나는 그리스도의 십자가를 이와 같은 신학의 미궁(迷宮)으로부터 건져내는 가장 좋은 방법은 그의 슬픔과 고통을 좀 더 솔직하고 정직하게 다루는 것이라고 생각합니다.

2. 둘째로, 그리스도의 고난은 우리에게 본이 됩니다.

본문 후반부를 읽어 보십시오. "너희에게 본을 끼쳐 그 자취를 따라오게 하려 하셨느니라." 이와 같이 그리스도의 고난은 우리의 유익을 위한 것일 뿐만 아니라 또한 우리의 본을 위한 것입니다. 우리는 여기에서 기독교 윤리의 일반적인 원리들을 다루고자 하지 않습니다. 나는 그것을 다루는 것이 우리에게 그다지 큰 유익을 줄 것이라고 생각하지 않습니다. 다만 나는 여기에서 우리 앞에 있는 한 가지 특별한 개념만을 다루고자 합니다 — 처음부터 마지막 순간까지 예수 그리스도의 삶 전체를 특징짓는 아름다운 생애, 은혜로운 말씀들, 온유한 행동, 지혜, 정의로움, 부드러움, 철저한 자기부인과 아버지에 대한 순복. 우리는 그를 우리의 유익과 우리 구원의 시작으로 바라보았습니다. 이제 우리는 그러한 장엄한 개념으로부터 돌이켜 그를 우리가 마땅히 본받아야 할 이상적(理想的)인 모범으로 바라보아야 합니다. "너희에게 본을 끼쳐 그 자취를 따라오게 하려 하셨느니라." 엘리야가 승천할 때 그의 몸으로부터 그의 겉옷이 떨어졌던 것처럼, 예수 그리스도께서는 아버지께로 올라가실 때 세상에 그의 고난의 본을 떨어뜨리셨습니다. 그는 가셨지만, 그의 본은 우리와 함께 있습니다. "너희에게 본을 끼쳐 그 자취를 따라오게 하려 하셨느니라." 여기에 사용된 "본"이라는 단어는 매우 특이하며 주목할 만한 단어입니다. 그것은 문자적으로 "보유(保有)되어야 하는 것"을 의미합니다. 여러분은 아이 앞에 본을 제시합니다. 그리고 그것을 본받으라고 말합니다. 그리고 아이가 그것을 보유할 때까지 계속 지켜봅니다. 좀 더 현대적인 언어로 표현해 볼까요? 여러분은 종이 위에 본을 올려놓습니다. 그리고 그 본을 따라 똑같이 그립니다. 여러분의 인생 가운데 본이 있는지 생각해 보십시오. 어떤 사람이 종이 위에 무엇인가를 그립니다. 그리고 여러분은 여러분의 인생을 그것과 똑같이 그리라고 요청 받습니다. 여러분의 인생을 모든 측면에서 그것과 일치되도록 만들라고 말입니다. 나의 친구들이여, 우리 모두는 언젠가 주님의 책상 위에 우리가 그린 그림을 올려놓아야만 할 것입니다. 거기에 그리스도께서 그리신 원래의 그림이 있을 것입니다. 우리가 따라 그려야만 했던 본 말입니다. 두 그림을 나란히 놓을 때, 여러분은 그것들이 서로 어떨 것이라고 생각합니까? 나의 친구들이여, 우리가 따라야 할 본이 있습니다. 그 본은 흐릿하여 잘 알아볼 수 없는 본이 아니라 분명하며 명백한 본입니다. 나는 이에 대해 더 이상 길게 설명할 필요를 느끼지 않습니다. 주님은 우리에게 그의 발자취를 따르도록 거룩한 본을 남기셨습니다. 우리가 그의 발자취를 따르는 것은 얼마나 복된 일입니까! 언젠가 베드로는 "주여 내가 지금은 어찌하여 따라갈 수 없나이까?"라고 말한 적이 있었습니다(요 13:37). 여러분은 그가 언제 회복되었는지 기억할 것입니다. 주님이 오셔서 "내 양을 먹이라, 내 양을 먹이라, 내 양을 먹이라, 그리고 나를 따르라"고 말씀하신 때 말입니다. 이것은 또한 우리의 특권이기도 합니다. 여행자들을 데리고 습지(濕地)를 지나가는 가이드를 생각해 보십시오. 그는 여행자들에게 "내 발자국을 똑같이 밟고 따라오세요. 그렇지 않으면 습지에 빠질 거예요"라고 말합니다. 그와 같이 우리는 구주의 발자국을 똑같이 밟아야만 합니다. 그럴 때 우리는 습지를 안전하게 통과할 것입니다. 그의 발자국을 똑같이 밟으십시오. 그의 피 흘린 발자국을 똑같이 밟으십시오. 왜냐하면 "그가 고난을 받으사 여러분에게 본을 남기셨기" 때문입니다. 그리스도의 십자가가 우리의 삶의 본이 되어야만 한다는 개념을 좀 더 심화(深化)시키기 위해 한 가지만 더 이야기하고자 합니다. 그리스도의 십자가는 세상을 구원하는 강력한 능력에 있어 유일할 뿐만 아니라, 또한 그 무시무시한 두려움에 있어서도 유일합니다. 여러분과 나는 최악의 경우에도 단지 폭풍의 끝자락에 있을 뿐입니다. 폭풍은 먼저 무시무시한 힘으로 그의 머리를 때렸습니다. 우리는 단지 조금 내려갈 뿐이지만, 그는 밑바닥까지 내려가셨습니다. 우리는 단지 조금 마실 뿐이지만, 그는 마지막 한 방울까지 완전히 마시셨습니다. 그리고 그는 이렇게 외치셨습니다 — "아버지께서 주신 잔을 내가 마셨나이다." 그러나 그의 십자가는 그것의 강력한 능력과 무시무시한 두려움에도 불구하고 다음과 같은 두 가지 측면에서 우리의 본이 될 수 있습니다 — "아버지에 대한 완전한 순복"과 "사람과 관련한 온유함과 무저항." 하나님이 우리에게 주신 십자가를 지는 유일한 방법이 있습니다. 그것은 우리의 등을 구부리는 것입니다. 우리가 저항한다면, 그것이 우리를 짓누를 것입니다. 반면 그것에 기꺼이 순복할 때, 우리는 그것을 감당할 수 있는 힘을 갖게 됩니다. 사람이 모든 슬픔과 근심을 능히 감당할 수 있도록 해 주는 한 가지가 있습니다. 그것은 "아버지여 내 뜻대로 마옵시고 아버지의 뜻대로 하옵소서"라고 말하는 것입니다. 그리스도께서 우리를 위하여 고난을 받으사 본을 남기신 것은 우리로 하여금 그의 발자취를 따라오도록 하기 위함입니다. 우리가 기꺼이 그의 발자취를 따를 때, 우리에게 막대기는 우리를 인도하는 지팡이가 되고 가시 면류관은 영광의 면류관이 됩니다.

3. 마지막으로, 그리스도의 고난은 우리에게 그것을 본받는 능력이 됩니다.

그리스도의 고난은 우리에게 유익한 것과 본이 될 뿐만 아니라 또한 우리가 그를 위해 싸우는 능력이 됩니다. 본이 전부가 아닙니다. 세상은 그 이상(以上)을 원합니다. 사람들이 악하게 되는 이유는 그들에게 선한 본이 없기 때문이 아닙니다. 본이 세상을 구원할 수 있었다면, 세상은 벌써 오래 전에 구원받았을 것입니다. 선한 본은 넘치도록 많습니다. 문제는 우리가 그것을 본받지 않는다는 것입니다. 선한 발자국들은 많이 있습니다. 문제는 우리의 발이 불구라서 그런 발자국들을 밟을 수 없다는 것입니다. 우리의 펜이 부러지고 우리의 잉크가 흐려지고 우리의 종이가 더러워졌다면, 아무리 많은 본이 있은들 그것이 무슨 소용이 있겠습니까? 그러므로 우리에게는 본 이상(以上)의 무엇이 필요합니다. 그렇습니다. 나의 친구들이여, 세상은 본으로 말미암아 구원받지 않습니다. 그러므로 우리는 그 이상의 무엇인가를 필요로 합니다. 본은 능력을 주지 않습니다. 여러분의 경우도 그렇지 않습니까? 여러분의 기독교가 여러분에게 주는 것이 본이 전부라면, 무엇인가 결핍된 것이 있다고 느끼지 않습니까? 복음이 여러분을 위해 죽으신 예수 그리스도를 사랑하는 도리에 대해 말한다면, 거기에는 필경 본 이상(以上)의 무엇이 있을 것입니다. 이와 같이 그리스도의 고난은 우리에게 단지 본을 제시하는 것으로 멈추지 않고 더 나아가 그것을 본받는 능력까지도 줍니다. 여러분의 마음에 본이 제시됩니다. 여러분은 아무렇게나 대충 본받으려고 애쓰지 않을 것입니다. 여러분은 주님의 형상을 세세한 부분에 이르기까지 분명하게 본받고자 애쓸 것입니다. 단순한 사랑과 믿음으로 여러분은 여러분의 삶 가운데 하나님을 영화롭게 하고자 애쓸 것입니다. 그리스도의 십자가로부터 시작하고 그의 희생제사를 굳게 붙잡는 자들은 즐거운 마음으로 하늘을 향해 달려갈 것입니다. 십자가와 희생제사는 이 땅에서의 여러분의 순례여행의 본입니다. 그리고 그것은 또한 아들의 형상을 향한 여러분의 완전한 성품의 본입니다. 십자가는 죄 사함의 방편이면서 동시에 거룩하게 하는 능력입니다. 그것은 우리를 세상으로부터 구원하는 은혜이며, 모든 것에서 구원을 위해 우리를 돕는 은혜이며, 우리가 자기의지를 정복하도록 돕는 은혜이며, 우리를 그에게 묶는 은혜입니다. 우리가 그를 사랑한다면, 우리는 그의 계명을 지킬 것입니다. 우리가 그의 계명을 사랑한다면, 우리는 은혜에서 자랄 것입니다. 사랑하는 형제들이여, 영원한 본이 우리의 피난처로서 우리 앞에 서 있습니다. 여러분이 구원의 모든 은혜로 채워지기를 원한다면, 그의 마음 깊은 곳으로 내려가십시오. 여러분이 정결하며 선한 마음을 소유하기를 원한다면, 여러분은 여러분을 위해 죽으신 구주와 함께 시작해야만 합니다. 그리고 여러분의 죄 사함을 위해 십자가를 의지(依支)해야만 합니다. 귀를 기울여 그의 말씀을 들어 보십시오. "누구든지 나를 따라오려거든 자기를 부인하고 자기 십자가를 지고 나를 따를 것이니라"(마 16:24).

15
그리스도를 거룩하게 함

"그들이 두려워하는 것을 두려워하지 말며 근심하지 말고 너희 마음에 그리스도를 주로 삼아 거룩하게 하고"

벧전 3:14, 15

본문은 상당한 정도의 변이(變異)와 함께 이사야 선지자의 예언을 인용한 것입니다. 원문은 이사야가 음모자들에 의해 둘러싸여 있었을 때 하나님이 말씀하신 것입니다. 그때 이사야는 앗수르 왕이 침략해 올 것이라는 매우 두려운 사실을 예언하고 있었습니다. 그때 하나님의 음성이 그와 그의 제자들에게 임하여 그들을 격려했습니다. "그들이 두려워하는 것을 너희는 두려워하지 말며 놀라지 말고 만군의 여호와 그를 너희가 거룩하다 하고 그를 너희가 두려워하며 무서워할 자로 삼으라"(사 8:12, 13). 베드로는 그와 비슷한 상황 가운데 있었습니다. 지금 그의 눈앞에 박해의 폭풍이 몰려오고 있었습니다. 그리하여 그는 형제들을 돌아보며 오래 전에 이사야 선지자가 말했던 옛 말씀으로 그들을 격려합니다. 그러나 여기에 상당한 정도의 변이(變異)가 있습니다. 개정역(Revised Version)은 본문을 다음과 같이 정확하게 읽습니다. "그들이 두려워하는 것을 두려워하지 말며 요동하지도 말고 너희 마음에 그리스도를 주로써 거룩하게 하고" (fear not their fear, neither be troubled, but sanctify in your hearts Christ as Lord, 한글개역개정판에도 개정역과 거의 비슷하게 번역되어 있음). 한편 흠정역(KJV)에는 "그들이 두려워하는 것을 두려워하지 말며 요동하지도 말고 너희 마음에 주 하나님을 거룩하게 하고"라고 번역되어 있음(be not afraid of their terror, neither be troubled, But sanctify the Lord God in your hearts).

1. 첫째로, 우리는 구약의 여호와가 여기에서 예수 그리스도로 대체되는 것을 주목할 수 있습니다.

개정역의 독법(讀法)이 원문을 정확하게 읽은 것이라는 것은 의문의 여지가 없습니다. 그것은 사본학적인 증거에 의해 분명하게 증명될 수 있습니다. 뿐만 아니라 개정역의 독법에 상당한 정도의 난제(難題)들이 있다는 사실 역시 똑같은 사실을 증명합니다. 흠정역에 의해 채택된 독법은 아마도 난외(欄外)에 적혀 있던 것이 본문 안으로 슬그머니 들어온 것으로 보입니다. 그리고 그러한 작업은 베드로가 원문을 자유롭게 인용하는 것에 충격을 받고 가능한 원문을 그대로 인용하기를 바랐던 일부 사본 필사자들에 의해 행해졌을 것입니다.

유대인들이 성경의 글자들을 아주 크게 경외했던 사실을 생각해 보십시오. 또 그들의 철저한 유일신 사상과 어떤 피조물도 하나님의 자리에 놓기를 극도로 두려워했던 사실을 생각해 보십시오. 그러한 사실들을 생각할 때, 우리는 베드로가 예수 그리스도의 신성(神性)을 얼마나 확실하게 믿었는지 이해하게 됩니다. 뿐만 아니라 그는 그의 신성이 모든 기독교 교훈의 핵심임을 확신했습니다. 왜냐하면 그는 단 한 마디의 설명도 없이 이사야의 예언에 있는 "주 하나님"(Lord God)을 "주 그리스도"(Christ as Lord)로 대체시켰기 때문입니다.

이것은 무엇을 의미합니까? 아마도 우리 가운데 어떤 사람들은 이것이 옛 계시에서 "여호와"로 일컬어졌던 자가 여기에서 "예수 그리스도"로 일컬어지는 것을 의미한다고 말하기를 주저할 것입니다. 나는 "하나님의 말씀"이신 자가 태초부터 모든 신의 계시의 주체였음을 믿습니다. 어쨌든 "여호와"로 계시되었던 자가 여기에서 "말씀이 육신이 되신 예수 그리스도"로 계시되고 있다고 말할 수 있는 권리를 가지고 있든 그렇지 않든, 우리가 "하나님에게 속하는 모든 것이 당신에게 속하나이다"라고 말할 수 없다면, 우리는 여기의 베드로에게 예수 그리스도가 어떤 존재였는지 결코 이해할 수 없을 것입니다. 바로 이것이 여기의 본문으로부터 나오는 첫 번째 위대한 진리입니다. 우리 가운데에도 예수 그리스도의 신성의 위대한 진리에 대해 머뭇거리는 사람들이 틀림없이 있을 것입니다. 나는 그런 사람들에게 우리 주님의 신성의 위대한 진리를 다시 한번 분명하게 역설하고자 합니다. 여러분은 이러한 진리를 신약으로부터 제거할 수 없습니다. 그렇게 하고자 한다면, 여러분은 불가불 신약을 갈기갈기 찢어 마침내 누더기로 만들어야만 할 것입니다.

2. 둘째로, 여기에서 그리스도를 거룩하게 하는 것이 무엇을 의미하는 것인지 주목하십시오.

이것은 매우 특이한 표현입니다. 우리가 어떻게 예수 그리스도를 거룩하게 합니까? 우리는 이것이 주기도문에서 사용된 단어와 동일한 단어라는 사실을 주목할 필요가 있습니다. 아마도 그것의 의미가 본문의 의미에 대해 빛을 던져 줄 수 있을 것입니다. "이름이 **거룩히** 여김을 받으시오며" — 바로 이것이 우리 마음에 계신 그리스도를 주로서 **거룩하게** 하는 의미를 설명해 줍니다. 우리는 이미 충분히 거룩한 자를, 그의 거룩함을 인정함으로써, 거룩하게 합니다. 그러므로 여기의 말씀이 명백하게 의미하는 것은 이것입니다 — "너희 마음에 그리스도를 최고의 자리에 놓으라. 그리고 모든 순복과 경외하는 마음으로 그 앞에 엎드리라." 여러분이 그에게 드리는 것은 그가 받기에 합당한 것이라는 사실을 확신하십시오. 머리의 생각만이 아니라 마음의 사랑으로 그의 주되심을 인정하십시오. 예수 그리스도에 대한 우리의 생각이 경건한 두려움과 경외심으로 가득 차게 하십시오. 나는 이런 측면에서 오늘날의 감정적인 기독교의 큰 결함을 발견합니다. 여러분은 아주 작은 경외심을 가지고 예수 그리스도를 사랑할 수 있습니다. 사람들이 너무나 좋아하는 오늘날의 감미로운 찬송가들을 생각해 보십시오. 그러나 나는 그것들에서 매우 불건전한 요소를 발견합니다. 왜냐하면 그 찬송가들에 충분한 경외심이 담겨 있지 않기 때문입니다. 사람들은 즐겁게 노래를 부르지만, 거기에 담겨 있는 경건한 두려움의 분량은 너무나 적습니다. 오늘날의 세대는 반쪽짜리 그리스도를 바라봅니다. 소화불량으로 고통을 당할 때, 사람들은 자신들이 바라보는 것을 단지 절반만 볼 수 있을 뿐입니다. 이와 같이 우리 가운데 너무나 많은 사람들이 온전한 그리스도를 바라보지 못하고 단지 부분적인 그리스도만을 바라봅니다. 그들은 그가 심판자이며, 유다 지파의 사자(獅子)라는 사실을 잊습니다. 그들은 그가 육체로 나타나신 **하나님**이란 사실을 잊습니다. 그들은 그가 우리의 구속자일 뿐만 아니라 우리의 창조자라는 사실을 잊습니다. 그들은 그가 우리의 구주일 뿐만 아니라 우리의 심판자라는 사실을 잊습니다. 이렇게 할 때, 우리는 우리 마음에 계신 그를 주로써 충분히 거룩하게 할 수 없습니다.

베드로는 예수께서 "아들을 공경하는 것이 곧 아버지를 공경하는 것"이라고 말씀하시는 것을 들었습니다(요 5:23). 여러분에게 간절히 당부하노니 전체적인 그리스도를 붙잡으십시오. 혹시 여러분이 그를 최고의 보좌로부터 끌어내리지 않는지 스스로를 살펴보십시오. 혹시 여러분이 그에게서 그의 이름에 합당한 영광을 탈취하지 않는지 스스로를 살펴보십시오. 여러분이 여기에서 베드로가 던지는 훈계를 마음에 새기지 않는다면, 주님에 대한 여러분의 사랑은 단순한 감상주의에 불과한 것이 될 것입니다.

여기의 훈계에 내포되어 있는 것은 단지 "그리스도를 경건한 두려움으로 두려워하라"는 것만이 아닙니다. 여기에는 또한 경건한 사랑과 신뢰가 내포되어 있습니다. 왜냐하면 우리가 그리스도의 모든 말씀을 절대적으로 신뢰하지 않는다면, 그것은 결국 그를 거룩하게 하는 것이 아니기 때문입니다. 여러분은 예수 그리스도를 신뢰하지 않는 것이 곧 그의 거룩한 이름을 모독하며 더럽히는 것이라는 사실을 생각해 본 적이 있습니까? 여러분은 그를 거룩하게 하는 것이 곧 그에게 "나는 주께서 하시는 모든 말씀을 믿나이다. 나는 주의 진실하심에 나의 모든 것을 걸 준비가 되어 있나이다"라고 말하는 것이라는 사실을 생각해 본 적이 있습니까? 그를 신뢰하지 않는 것은 곧 그를 모독하는 것이며, 그로부터 그의 이름에 합당한 영광을 탈취하는 것입니다.

"너희 마음에 계신 그리스도를 주로써 거룩하게 하고"라는 말씀에는 우리가 주목해야만 하는 또 하나의 요점이 있습니다. 여기에서 "너희 마음에 계신"은 베드로가 이사야의 예언에다가 덧붙인 것으로, 단순한 동어반복이 아니라 훈계를 강조하기 위한 것입니다, 신약과 구약의 언어에서 사람의 마음은 무엇입니까? 그것은 인격의 중심입니다. 베드로가 "너희 마음에 계신 그를 거룩하게 하고"라고 말할 때, 그것은 "너희 인격의 중심 깊은 곳에 예수 그리스도께 대한 이러한 경건한 두려움과 절대적인 신뢰가 있어야만 한다"는 것을 의미합니다. "모든 지킬 만한 것 중에 더욱 네 마음을 지키라 생명의 근원이 이에서 남이니라"(잠 4:23). 사람의 마음은 마치 샘의 근원과 같습니다. 마음을 정결하게 하십시오. 그러면 그로부터 모든 정결한 것들이 흘러나올 것입니다. 마음 깊은 곳에 그리스도께서 계시게 하십시오. 그러면 모든 삶이 정결해질 것입니다.

다른 곳에서 베드로는 자신의 수신자(受信者)들을 "신령한 집"이라고 말합니다. "너희도 산 돌 같이 신령한 집으로 세워지고"(벧전 2:5). 나는 본문 가운데에도 이와 비슷한 개념이 흐르고 있다고 생각합니다. 그는 각 사람의 마음을 하나님이 거하시며 예배를 드리는 성소(聖所)로서 생각합니다. 우리 마음에 그리스도께서 계실 때, 우리 마음은 곧 성전이 됩니다. 우리가 우리 안에 거하시는 그리스도를 "거룩하게" 하면, 우리의 성소에 더러운 것은 아무것도 없게 될 것입니다. 우리가 우리 마음 안으로 육체의 더러운 것과 부정한 것과 추한 것과 세속적인 것과 혈기와 죄와 온갖 종류의 파충류들과 짐승들을 받아들인다면, 우리는 우리 안에 내주하시는 주님을 모독하고 있는 것입니다. 반면 우리가 참된 방식으로 우리 안에 거하시는 그리스도를 거룩하게 하면, 그는 우리 안에 있는 돈 바꾸는 자들을 쫓아내시고 그들의 탁자를 뒤엎으실 것입니다. 또 우리가 우리 마음에 거하시는 자를 거룩하게 하기를 간절히 열망한다면, 우리는 또한 그의 영의 도우심으로 성전도 청결하게 해야만 합니다.

3. 마지막으로, 우리 마음에 있는 그리스도를 거룩하게 하는 것으로 말미암는 용기와 고요함을 주목하십시오.

베드로는 본문 전반부에서 "그들이 두려워하는 것을 두려워하지 말며 요동하지 말고"(be not afraid of their terror, neither be troubled)라고 명령합니다. 그리고 나서 계속해서 "너희 마음에 있는 그리스도를 주로써 거룩하게 하고"라고 반대쪽 방향으로 명령합니다. 이것에 순종할 때 우리는 자동적으로 첫 번째 명령을 이루게 될 것입니다. 다시 말해서 여러분이 여러분의 마음에 있는 그리스도를 거룩하게 하지 않는다면, 여러분은 "그들이 두려워하는 것을 두려워하며 요동하게" 될 것입니다. 그러나 여러분이 여러분의 마음에 있는 그리스도를 거룩하게 하면, 여러분에게는 어떤 두려움도 없을 것입니다. 요컨대 우리 모두를 겁쟁이로 만드는 두려움으로부터 우리를 건져내는 유일한 것은 예수 그리스도가 우리 마음에 거하시도록 만드는 것입니다. 자신을 예수 그리스도에게 연결하는 경건한 사랑과 두려움을 가진 자들은 그 외에 다른 아무것도 두려워할 필요가 없습니다. 오직 "주님은 내 인생의 힘이시라"라고 말할 수 있는 사람만이 계속해서 "내가 누구를 두려워하리요"라고 말할 수 있습니다. 위험 가운데 빠져 어쩔 줄 몰라 하는 사람에게 "힘내세요! 두려워하지 말고 놀라지 마세요!"라고 말하는 것보다 더 무익한 말은 아무것도 없습니다. 그와 함께 그에게 두려워하며 놀라지 말아야 할 이유를 말해 줄 수 없다면 말입니다. 어떤 상황 속에서도 우리가 두려워하지 않고 놀라지 않을 수 있는 유일한 이유는 예수 그리스도께서 우리 안에 계시는 사실입니다.

> "나의 배에 그리스도가 계시면
> 나는 폭풍 속에서도 웃을 수 있노라."

베드로가 우리에게 와서 "너희 마음에 그리스도를 주로써 거룩하게 하라, 오직 그러고 난 연후에야 비로소 너희가 담대하게 될 것이라"라고 말합니다. 그러자 세상도 우리에게 와서 "두려워하지 말며 놀라지 말라, 용기를 내라"라고 말합니다. 그러나 그리스도 없이 어떤 위험과 재난에 맞서는 담대함은 담대함이 아니라 무모함입니다. 잠언은 "슬기로운 자는 재앙을 보면 숨어 피하여도 어리석은 자는 나가다가 해를 받느니라"라고 말합니다(22:3). 휘파람을 불며 공동묘지를 지나가면서 "나는 조금도 두려워하지 않아"라고 말하는 것은 쉽습니다. 그러나 갑자기 유령이 나타났다고 생각해 보십시오. 오직 그 마음에 그리스도께서 계심을 확신하는 사람만이 이런 상황에서도 두려워하지 않고 담대할 수 있을 것입니다.

자기 마음에 계시는 예수 그리스도를 거룩하게 하는 것은 또한 모든 고요함의 참된 비밀입니다. "그들이 두려워하는 것을 두려워하지 말며 요동하지 말고." 이러한 말씀을 기록할 때, 어쩌면 베드로는 "너희는 마음에 근심하지도 말고 두려워하지도 말라"는 주님의 말씀을 생각하고 있었는지도 모릅니다(요 14:27). 나는 충분히 그랬을 수 있다고 생각합니다. 어쨌든 여기의 베드로의 말은 "너희는 마음에 근심하지 말라 하나님을 믿으니 또 나를 믿으라"는 주님의 말씀과 병행을 이룹니다(요 14:1). 여기에서 양자택일이 가능합니다. 우리는 요동하는 마음을 갖든지, 아니면 그리스도를 믿는 믿음으로 말미암아 고요한 마음을 가질 것입니다. 방파제 아래 있는 배는 요동하거나 흔들리지 않습니다. 높은 절벽 위에 위치한 마을은 외적의 침입을 두려워할 필요가 없습니다. 이와 같이 그리스도께서 계시는 마음은 은밀한 평강을 소유합니다.

"요동하지 말고 너희 마음에 계신 그리스도를 주로써 거룩하게 하라." 베드로가 인용한 이사야의 예언의 원문에는 하나의 약속이 덧붙여져 있습니다. "그들이 두려워하는 것을 너희는 두려워하지 말며 놀라지 말고 만군의 여호와 그를 너희가 거룩하다 하고 그를 너희가 두려워하며 무서워할 자로 삼으라 **그러면 그가 성소가 되시리라**"(8:12-14). 이사야는 하나님을 거룩하게 하는 자들에게 하나님이 그들의 성소(聖所)가 될 것이라고 선언합니다. 성소는 사람들이 안전하게 거하는 피난처였습니다. 우리가 우리 마음을 그리스도께서 예배를 받으시는 성전으로 만든다면, 우리는 지극히 높은 자의 은밀한 장소인 그 안에 거할 것입니다. 설령 밖은 온갖 요란한 소리들로 시끄럽다 하더라도, 성전의 깊은 곳에 있는 방은 고요할 것입니다. 그리고 거기에는 쉐키나(shekinah:하나님의 현현)에서 흘러나오는 빛이 있을 것입니다. 우리가 예수 그리스도를 우리 마음 안으로 모셔 들인다면, 마찬가지로 그 역시도 우리를 그의 마음 안으로 데려갈 것입니다. 그리고 거기에서 우리는 평안히 거할 것입니다. 왜냐하면 그가 우리 안에 거하는 것처럼 우리 역시도 그 안에 거하기 때문입니다.

16
기독교적 금욕주의

"그리스도께서 이미 육체의 고난을 받으셨으니 너희도 같은 마음으로 갑옷을 삼으라 이는 육체의 고난을 받은 자는 죄를 그쳤음이니 ²그 후로는 다시 사람의 정욕을 따르지 않고 하나님의 뜻을 따라 육체의 남은 때를 살게 하려 함이라 ³너희가 음란과 정욕과 술취함과 방탕과 향락과 무법한 우상 숭배를 하여 이방인의 뜻을 따라 행한 것은 지나간 때로 족하도다 ⁴이러므로 너희가 그들과 함께 그런 극한 방탕에 달음질하지 아니하는 것을 그들이 이상히 여겨 비방하나 ⁵그들이 산 자와 죽은 자를 심판하기로 예비하신 이에게 사실대로 고하리라 ⁶이를 위하여 죽은 자들에게도 복음이 전파되었으니 이는 육체로는 사람으로 심판을 받으나 영으로는 하나님을 따라 살게 하려 함이라 ⁷만물의 마지막이 가까이 왔으니 그러므로 너희는 정신을 차리고 근신하여 기도하라 ⁸무엇보다도 뜨겁게 서로 사랑할지니 사랑은 허다한 죄를 덮느니라"

벧전 4:1-8

기독교 도덕은 세상에 두 가지 새로운 것을 가져다주었습니다. 그것은 온갖 종류의 육신적인 삶과 날카롭게 대조되는 새로운 형태의 삶과 그러한 삶을 실현시키는 새로운 동기(動機)들입니다. 본문 가운데 이러한 두 가지가 모두 나타납니다. 육신적인 삶과 대조되는 새로운 형태의 삶은 육체는 영의 지배를 당하며 영은 하나님의 뜻에 지배를 당할 것을 요구합니다. 바로 이것이 기독교의 이상(理想)입니다. 그리스도의 생애의 사실들과 그가 세상을 심판하기 위해 다시 오실 것이라는 전망(前望)은 우리로가 "육체"를 억제하고 하나님의 뜻에 따라 살도록 요구합니다.

1. 1절과 2절에서 우리는 그리스도의 지상 생애의 기초 위에서 일반적인 교훈이 주어지는 것을 발견합니다.

"그리스도께서 이미 육체의 고난을 받으셨으니 너희도 같은 마음으로 갑옷을 삼으라"(1절). 그리스도께서 육체의 고난을 받으신 것이 바로 그의 모든 제자들의 삶의 방향을 결정짓는 위대한 사실입니다. 그러면 여기의 "육체에서 고난"(suffering in the flesh, 한글개역개정판에는 단순히 "육체의 고난"이라고 되어 있음)은 무엇을 의미합니까? 그것은 단순히 예수 그리스도의 죽음만을 가리키는 것이 아니라, 그의 생애 전체를 가리킵니다. 문맥 가운데 여러 차례 반복되는 "육체에서"(in the flesh)라는 표현은 명백히 "지상 생애 동안"과 같은 의미입니다. 우리 주님의 지상 생애는 어떤 측면에서 하나의 계속적인 고난이었습니다. 그것은 그가 영(靈)의 더 높은 삶(higher life)을 살았기 때문입니다. 그러한 더 높은 삶은 그에게 풍성한 보상을 가져다주었습니다. 그러나 그것은 그러한 삶을 사는 사람들에게 그것과 다른 삶 즉 더 낮은 형태의 삶을 사는 사람들과의 필연적인 마찰을 불가피하게 만듭니다. 결국 그것은 그들에게 많은 고통을 가져다주며, 예수 그리스도 역시도 그 모든 것을 친히 겪으셨습니다. 그는 자신에게 주어진 잔의 마지막 한 방울까지 모두 마셨습니다. 물론 마지막 한 방울이 가장 썼지만, 그의 생애 전체가 쓴 잔의 연속이었습니다.

이러한 그리스도의 생애가 여기에서 그의 모든 종들을 위한 모범으로서 제시됩니다. 본 서신에서 베드로는 우리 주님의 고통을 죄를 위한 속죄로 많이 이야기합니다. 그러나 여기에서는 그것을 죄를 위한 속죄보다 참으로 합당한 삶의 이상(理想)으로 바라봅니다. 우리는 "그리스도의 고난에 참여하는 자"가 되어야만 하는데(13절), 그것은 그의 영이 우리의 영에 채워지는 분량만큼 그렇게 될 것입니다. 예수 그리스도가 단지 우리의 모범일 뿐이라면, 기독교는 참으로 보잘것없는 것이 되고 복음은 참으로 절망스러운 것이 될 것입니다. 왜냐하면 우리는 결코 그의 높이에까지 도달할 수 없기 때문입니다. 그러나 그는 우리의 영에 우리의 영을 거룩하게 하며 소생시키는 영을 부어줄 수 있으며, 그렇기 때문에 우리는 그가 올라간 영웅적인 인내와 거룩한 삶의 높이에까지 도달할 수 있습니다. 베드로는 "그리스도께서 육체의 고난을 받으신 것으로 너희의 갑옷을 삼으라"고 말하는데, 이러한 생생한 은유에서 우리는 우리의 치열한 싸움과 우리의 무방비 상태와 우리의 참된 무장(武裝)이 암시되는 것을 보게 됩니다. 우리가 받고자 한다면, 우리는 "그리스도의 마음"을 받을 수 있습니다 ― "너희도 **같은 마음**으로 갑옷을 삼으라." 우리는 그것을 입을 수 있으며, 그것은 우리에게 가장 뾰족한 화살과 가장 날카로운 칼날에도 끄떡없는 완전한 비늘갑옷이 될 것입니다.

계속해서 1절의 마지막 부분을 주목해 보십시오. "이는 육체의 고난을 받은 자는 죄를 그쳤음이니." 이것은 일종의 삽입구입니다. 그것을 잠깐 빠뜨려 놓고 읽을 때, 문장은 전체적으로 매우 자연스러워집니다. 특별히 개정역(Revised Version)이 그와 같이 읽습니다. "같은 마음"으로 우리를 무장시키는 목적은 우리로 하여금 비록 이 땅에서 살아감에도 불구하고 우리 안에 있는 "사람의 정욕"을 따르지 아니하고 하나님의 뜻을 따라 살도록 하기 위함입니다(2절).

그러면 1절의 삽입구는 무슨 의미입니까? 분명 2절은 그것이 죽은 자들이 죄를 짓지 않음을 의미하는 것으로 취하는 것을 허락하지 않습니다. 도리어 베드로의 생각은 그리스도의 모범을 따라 고난을 당하는 삶이 일단 죄의 지배를 떨쳐버렸음을 나타내는 표적이라는 것으로 보입니다.

우리는 본 단락으로부터 다음과 같은 두 가지 개념을 끌어낼 수 있습니다. 첫째로 기독교인의 삶은 사람의 뜻이 아니라 하나님의 뜻에 의해 지배되는 것이라는 것과, 둘째로 그러한 삶의 모범과 그러한 모범을 본받는 능력은 모두 의를 위해 고난을 당하신 그리스도에게서 발견된다는 것.

2. 그와 같은 일반적인 교훈에 이어 보다 더 구체적이며 세부적인 명령들이 따릅니다.

3절에 나타난 죄의 목록을 주목해 보십시오. "너희가 음란과 정욕과 술취함과 방탕과 향락과 무법한 우상숭배를 하여." 여기에 열거된 죄들은 문자적인 의미에서 "육체"와 가장 밀접하게 관련된 것들입니다. 특별히 여기에 "무법한 우상숭배"가 포함되어 있는 것은 육체적이며 부도덕한 행동들이 이교 예배와 불가분리적으로 뒤엉켜 있기 때문입니다. 이러한 육체의 죄들은 특별히 본 서신의 수신자들이 흩어져 살고 있었던 방종한 소아시아 지역에 만연해 있었습니다. 그러나 그러한 죄들은 사실상 거기만이 아니라 로마제국 전체에 가득했습니다. 우리는 그러한 사실을 마르티알(Martial) 같은 시인이나 에픽테투스(Epictetus) 같은 철학자의 글을 통해 알 수 있습니다. 그러나 오늘날의 뉴욕이나 런던은 당시의 로마나 에베소에 결코 뒤지지 않습니다. 뿐만 아니라 나는 소돔과 고모라의 동물적인 행태와도 그다지 큰 차이가 나지 않는다고 생각합니다. 정욕과 술취함은 대서양 양쪽에 사는 사람들 모두의 인성(人性)을 좀먹고 있습니다. 우리가 고난당하신 그리스도와 "같은 마음"을 가지고 있다면, 우리는 이러한 사회 풍조와 맞서 싸울 수 있는 튼튼한 갑옷을 입고 있는 것입니다.

계속해서 여기에서 베드로가 제시하는 강력한 동기들을 주목해 보십시오. 특별히 "지나간 때로 족하도다"라는 그의 말 속에서 우리는 일종의 역설적인 말투를 보게 됩니다. 육체는 자신에게 주어진 때를 충분히 가졌습니다. 그렇다면 나머지 때는 하나님이 가져야 마땅하지 않겠습니까? 실제로 육체는 아무런 때도 갖지 말아야 했습니다. 그럼에도 불구하고 그것은 자신의 분깃보다 훨씬 더 많은 때를 가졌습니다. 본 서신의 수신자들은 저급한 삶을 지나치리만큼 충분하게 가졌습니다. 그들은 이제 그러한 삶에 질리지 않았습니까? 그들은 이제 그러한 삶에 구역질날 정도가 되지 않았습니까? 우리의 지나간 때를 돌아봅시다. 우리의 소중한 시간을 더 이상 썩을 육체를 섬기는 일에 사용하지 맙시다. 동물적인 본성을 따르는 것은 "이방인"의 특징입니다. 그러므로 그것은 그리스도를 따르는 사람들에게 너무도 합당치 못한 삶의 태도입니다. 이것은 오늘날에도 똑같이 사실입니다. 미국도 그렇고 영국도 마찬가지입니다. 일반적으로 부(富)가 증대되고 소위 문화가 발달할수록, 물질적인 안락과 무분별한 사치와 탐식과 술 취함 등의 육체적인 죄들이 사회에 더 만연하게 됩니다. 이런 차원에서 나는 오늘날의 그리스도인들에게 가장 필요한 것이 다름 아닌 육체에 속한 모든 것들에 대해 절제의 깃발을 높이 드는 것이라고 생각합니다.

우리가 그리스도의 마음을 가지고 있다면, 우리는 세상으로부터 초창기 그리스도인들이 주변의 우상숭배자들로부터 받았던 것과 똑같은 대접을 받게 될 것입니다. 당시 이교도들이 자신들의 흥청거리는 축제에 동참하지 않는 기독교라는 이름의 새로운 종파를 이상한 눈으로 바라보았던 것처럼, 오늘날에도 세상은 우리를 이상한 눈으로 바라볼 것입니다. 오늘날에도 그리스도인들이 육체를 따르는 저급한 삶을 거부하는 것은 그것을 좇아 살아가는 사람들의 눈에 이상하게 보일 것입니다. 술을 마시지 않는 사람들은 술과 관련한 사업을 하는 사람들에게 좋은 소리를 듣지 못할 것입니다. 그들은 유별나며, 까다로우며, 편협한 사람으로 일컬어질 것입니다. 스위프트(Swift)는 "여러분은 모든 저능아들이 어떤 사람에 대항하여 공동전선을 펴는 것을 보고 그가 천재임을 알아볼 수 있다"고 말했습니다. 마찬가지로 여러분은 모든 육체의 자녀들이 어떤 사람에 대항하여 공동으로 비방하며 조롱하는 것을 보고 그가 참된 그리스도인임을 알아볼 수 있습니다.

계속해서 심판자로서의 그리스도 개념은 비방하는 자들을 잠잠케 하면서 동시에 비방을 당하는 자들을 강력하게 지지(支持)해 줍니다. 그는 영을 따라 심은 자들의 지혜와 육체를 따라 심은 자들의 어리석음을 온전히 드러낼 것입니다. 전자는 영원한 생명을 거둘 것이며, 후자는 썩을 것을 거둘 것입니다.

계속해서 6절을 보십시오. "이를 위하여 죽은 자들에게도 복음이 전파되었으니 이는 육체로는 사람으로 심판을 받으나 영으로는 하나님을 따라 살게 하려 함이라." 이것은 여기에서 다루기에 적절하지 않은 매우 난해한 구절입니다. 그렇지만 앞머리의 "왜냐하면"(for)을 볼 때, 우리는 여기에도 우리가 하나님의 뜻을 따라 살도록 요구하는 동기가 포함되어 있음을 주목할 수 있습니다(한글개역개정판에는 "왜냐하면"이 생략되어 있음). 그러나 어떤 사람들이 해석하는 것처럼 이것이 복음이 이미 죽은 사람들에게 — 다시 말해서 그들이 죽은 다음에 — 전파된 것을 의미하는 것으로 취한다면, 여기에 그와 같은 동기는 나타나지 않을 것입니다. 그렇지만 "죽은 자들에게도 복음이 전파되었으니"라는 표현은 분명 복음이 이미 죽은 상태에 있는 자들에게 전파되었다고 말하는 것이 아닙니다.

지금 베드로는 "이제는 세상을 떠났지만 살아있는 동안 복음을 들었던" 세대를 회상하고 있습니다. "육체로는"의 의미가 어떻게 "이는 육체로는 사람으로 심판을 받으나"라는 구절에 보존될 수 있었는지 우리는 결코 알 수 없을 것입니다. 그것이 그들이 이 땅에 살아 있는 동안 발생한 심판을 의미하는 것이 아니라면 말입니다.

"육체로는 사람으로 심판을 받는" 것과 "영으로는 하나님을 따라 사는" 것 사이의 대조는 우리가 2절의 "사람의 정욕을 따라 육체의 남은 때를 사는" 것과 "하나님의 뜻을 따라 육체의 남은 때를 사는" 것 사이의 대조를 되돌아보도록 만듭니다. 이렇게 볼 때 우리는 세상을 떠난 자들에게 복음이 전파된 목적과 관련하여 베드로가 의미한 것이 다름 아닌 그들이 이 땅에 육체로 있는 동안 "사람들을 따라"(혹은 2절대로 하면 "사람들의 정욕을 따라") 살았던 저급한 삶과 관련하여 심판을 받고 그럼으로써 영으로는 하나님을 따라 살 수 있도록 하기 위한 것이었다는 사실을 알게 됩니다. 요컨대 복음의 목적은 마음을 샅샅이 뒤져, 육체의 정욕을 빛 가운데 드러내어 정죄하며, 하나님의 뜻을 따라 빚어진 새 생명을 나누어 주는 것입니다.

3. 육체의 저급한 본성을 억제하기 위한 최종적인 동기는 심판자로서의 그리스도입니다.

"만물의 마지막이 가까이 왔으니." 사도행전 1장 7절을 생각해 보십시오. "때와 시기는 아버지께서 자기의 권한에 두셨으니 너희가 알 바 아니오." 이러한 말씀은 우리가 사도들에게 허락된 계시로부터 마지막 때와 시기에 관해 알 수 있는 가능성을 원천적으로 배제합니다. 나아가 이러한 말씀에서 우리는 사도들의 권위를 굳게 지키면서도 이 문제와 관련하여 그들이 잘못 생각할 수 있는 가능성을 받아들이기를 주저할 필요가 없습니다. 어쨌든 심판의 날이 반드시 올 것이라는 확실성과 그 때가 언제인지 알지 못하는 불확실성은 우리 각자가 베드로의 이어지는 훈계를 마음에 새기도록 하는데 충분합니다. "그러므로 너희는 정신을 차리고 근신하여 기도하라."

여러분이 마지막 때를 바라본다면, 육체의 즐거움을 좇는 어리석은 흐릿한 꿈들과 변덕스러운 욕망들은 곧바로 굴레에 채워질 것입니다. 그리고 우리 본성의 모든 영역에서 절제가 이루어질 것입니다. 우리의 다양한 기질들은 우리의 최상의 의지로 다스려야만 하며, 우리의 최상의 의지는 신의 뜻으로 다스려져야만 합니다. 우리가 우리 앞에 주의 날이 동터오는 것을 분명하게 본다면, 그것은 우리 자아의 부차적인 부분들을 길들이는데 큰 도움이 될 것입니다. 그럴 때, 영은 육체를 다스리는 통치권을 굳게 세울 것입니다. 이와 같이 자기를 다스리는 ― 혹은 "절제하는" ― 것의 한 가지 특별한 형태는 우리의 동물적인 식욕을 억제하는 것으로서 특별히 술을 삼가는 것입니다. 우리는 "근신하여"(be sober)라는 여기의 두 번째 훈계에도 그와 같은 절제의 의미가 담겨 있음을 발견할 수 있습니다(한글 개역개정판에서 "근신"이라고 번역된 "sober"는 "술 취하지 않은 맑은 정신"을 의미하는 단어임). 도대체 어떻게 사람이 자신의 내적인 눈앞에 심판의 불이 타고 있는 것을 보면서 술잔을 높이 들고 흥청거릴 수 있단 말입니까? 이와 같이 정신을 차리고 근신할 때, 우리는 기도하기에 적합한 상태가 됩니다. "그러므로 너희는 정신을 차리고 근신하여 기도하라." 탐식과 술 취함은 우리로부터 기도하고자 하는 진지한 열망을 빼앗을 것입니다. 기도하는 술주정꾼을 생각해 보십시오. 그것은 불가능한 괴물입니다.

그러나 이것이 전부가 아닙니다. 우리는 우리 자신의 성장뿐만 아니라 다른 사람들에 대해서도 생각해야만 합니다. 그리하여 베드로는 곧바로 형제들을 바라보며 포괄적인 훈계를 제시합니다. "무엇보다도 뜨겁게 서로 사랑할지니"(8절 상반절). 동료 그리스도인들을 "뜨겁게 사랑하는" 것은 자기 자신을 다스리는 것의 반대편에 있는, 그래서 전체적인 균형을 맞추어 주는 균형추입니다. 심지어 자신의 경건을 계발하는 것에도 이기적인 자기중심주의가 있을 수 있습니다. 우리는 수도사들과 은둔자들 가운데 종종 그런 경우를 발견합니다. 여기에서 베드로가 명령하는 사랑은 우리를 그와 같은 이기적인 자기중심주의로부터 구원해 줄 것이며, 결국 "많은 죄를 덮을" 것입니다. "사랑은 허다한 죄를 덮느니라"(8절 하반절). 이것은 우리가 형제를 사랑함으로써 우리의 죄가 면제될 것을 의미하는 것이 아닙니다. 다만 그것이 의미하는 것은 이것입니다. 즉 형제를 사랑할 때 우리가 형제의 허물을 드러내기보다 덮어주기를 더 바라게 될 것이며, 심지어 그가 우리에게 계속 해를 끼칠 때조차 기꺼이 그를 용서할 준비가 될 것이라는 것입니다. 어쩌면 여기에서 베드로는 "하루에 일흔 번씩 일곱 번이라도 용서하라"는 교훈을 생각하고 있었는지도 모릅니다. "일흔 번씩 일곱 번"은 형제 사랑으로 용서해 주기에 지나치게 많은 숫자가 아닙니다.

17
노예의 앞치마

"겸손으로 허리를 동이라 하나님은 교만한 자를 대적하시되 겸손한 자들에게는 은혜를 주시느니라"

벧전 5:5

베드로는 여기에서 성경의 다른 곳에서는 전혀 나타나지 않는 매우 특이한 표현을 사용합니다. 흠정역(KJV)에서 "옷 입으라"로 번역되고 개정역(RV)에서 "허리를 동이라"로 번역된 단어는 실제로 그러한 번역들이 암시하는 것 이상의 의미를 함축합니다. 그것은 옷을 입는 행동만이 아니라 옷의 일부를 묘사합니다. 그것이 묘사하는 옷의 일부는 매우 주목할 만한 것입니다. 그것은 노예가 입는 옷의 일부였습니다. 어떤 학자들은 그것이 일종의 흰색 앞치마였거나, 가슴까지 올라오는 작업복이었거나, 혹은 그와 같은 종류의 어떤 것이었을 것이라고 추측합니다. 또 어떤 학자들은 그것이 머리에 쓰는 수건이나 허리띠였을 것이라고 추측합니다. 어쨌든 그것은 그 사람이 노예임을 나타내는 분명한 표식이었습니다. 어떤 사람이 그것을 착용하고 있다면, 그것은 지금 그가 노예로서 일하고 있음을 나타내는 것이었습니다. 요컨대 베드로는 이렇게 말하고 있는 셈입니다. "노예의 앞치마를 두르라. 그리스도께서 섬기기 위해 그렇게 하신 것과 동일한 이유로 그렇게 하라."

우리는 본문으로부터 세 가지 요점을 끌어낼 수 있습니다. 그것은 첫째로 우리가 무엇을 입어야만 하느냐 하는 것과, 둘째로 우리가 무엇을 위해 그것을 입어야만 하느냐 하는 것과, 셋째로 어째서 우리가 그것을 입어야만 하느냐 하는 것입니다.

1. 첫째로, 우리가 무엇을 입어야만 하는지 주목하십시오.

"노예의 앞치마 즉 겸손의 앞치마를 입으라." 겸손은 자신의 강점을 감추는, 혹은 감추는 척하는 것에 있지 않습니다. 겸손은 사람이 자신이 무엇인가를 할 수 있음을 부인하는 것에 있지 않습니다. 심지어 자신이 무엇인가를 할 수 있다고 믿기를 거부하는 것에 있지도 않습니다. 그것은 전혀 겸손이 아닙니다. 나의 모든 힘이 어디로부터 오는지를 아는 것, 나의 힘이 얼마나 작은 것인지를 아는 것, 나 자신을 높이 평가하지 않는 것, 다른 사람들에게 나를 높이 평가해 달라고 강요하지 않는 것, 다른 사람들이 존경과 관심을 강요하는 것보다 그들이 나에게 요구하는 것에 대해 훨씬 더 많이 생각하는 것 — 이것이 여기에서 베드로가 의미하는 겸손입니다.

이러한 성품은 하나님이 우리에게 주신 선물로서 충분히 인정될 수 있지만, 그럼에도 불구하고 그것은 동시에 우리 자신에게 속하는 것으로서 우리가 계발할 수 있는 것이기도 합니다. 우리는 겸손의 성품을 증진시킬 수 있으며, 실제로 그렇게 하고자 노력할 의무가 있습니다. 나는 오늘날 우리 가운데 너무나 많은 그리스도인들이 "겸손"의 측면에서 진보(進步)하지 못하는 것은 그들이 이런 사실에 대해 충분히 생각하지 않고 자신의 약한 부분을 찾아내는 일에 관심을 집중하지 않기 때문이라고 생각합니다. "아, 나는 참으로 연약하며 보잘것없는 죄인이에요!"라고 말하는 것은 매우 쉬운 일입니다. 그러나 그렇게 말하는 것보다 "나는 정말로 혈기가 많은 사람이에요. 나의 일은 이런 나의 혈기를 통제하는 것이랍니다"라든지 혹은 "나는 세속적인 이익을 추구하는 일에 지나치게 빠져 있어요. 나의 일은 나의 이런 삶의 태도를 극복하는 것이랍니다"라든지 혹은 "나는 너무나 인색한 사람이에요. 나의 일은 나의 이런 자아를 십자가에 못 박는 것이랍니다"라고 말하는 것이 여러분에게 훨씬 더 큰 유익을 가져다 줄 것입니다. 여러분은 자신의 신앙고백을 각각의 개별적인 상황들에 구체적으로 적용할 필요가 있습니다. 그러는 가운데 다양하면서도 개별적인 선(善)들을 계발하기를 힘쓰십시오. 사랑하는 형제들이여, 우리는 자신을 더 낮게 증진시키는 방법이 스스로 자신을 치는 것이 아니라 하나님에게 맡기는 것이라고 설교해야만 합니다. 이것은 분명한 진리입니다. 그러나 그와 함께 우리는 진리의 또 다른 측면 즉 스스로를 더 낮게 증진시키며 다양한 덕(德)들을 계발하고자 노력하는 것이 모든 그리스도인들의 필연적인 의무라는 사실을 분명하게 역설해야만 합니다.

그러면 겸손의 앞치마를 입는 것은 어떻게 이루어집니까? 현대 영어로 바꿀 때, 어떻게 내가 겸손의 허리띠로 스스로를 단단히 조일 수 있습니까?

여기에는 세 가지가 있습니다. 여러분이 스스로를 높이 평가하는 것을 고치기를 원한다면, 여러분의 자아 안으로 깊이 내려가십시오. 위층은 근사하게 치장될 수 있지만, 그러나 지하실 깊숙한 곳에는 지저분한 것들이 가득 쌓여 있습니다. 우리가 정직하게 우리의 자아 깊은 곳으로 내려간다면, 우리는 거기에서 우글거리는 기괴한 괴물들을 보게 될 것입니다. 대부분의 시간 동안 어둠 가운데 가려져 있어 쉽게 드러나지 않았던 괴물들 말입니다. 그럴 때 우리는 겸손하지 않을 수 없게 될 것입니다. 자신의 존재의 뿌리까지 내려가 본 사람의 합당한 태도는 감히 하늘을 향해 고개를 들지 못한 채 멀찌감치 떨어져서 "하나님이여, 죄인에게 긍휼을 베푸소서!"라고 기도했던 세리와 같습니다. 사랑하는 친구들이여, 우리가 우리 자신을 있는 그대로 바라본다면, 우리는 결코 고개를 빳빳하게 세울 수 없을 것입니다.

나아가 우리는 하나님을 바라보며 그와의 교제를 통해 겸손을 계발하도록 노력해야만 합니다. 우리에게 선한 것을 주시는 하나님을 생각하십시오. 그것이 우리의 교만을 허물어뜨릴 것입니다. 우리의 모범이신 예수를 생각하십시오. 그것이 우리의 의기양양함을 무너뜨릴 것입니다. 높은 산 꼭대기에 올라가 보십시오. 여러분의 발아래 광활한 세상이 펼쳐질 것입니다. 다른 지역에 비해 조금 높은 곳에 위치한 지역이 있습니다. 거기에 사는 사람들이 스스로를 주변의 낮은 지역에 사는 사람들과 비교하며 의기양양해 합니다. 그것이 산꼭대기에 있는 여러분의 눈에 어떻게 보이겠습니까? 다른 곳보다 조금 높은 지역에 산답시고 의기양양해 하는 사람들의 모습이 여러분의 눈에 어떻게 보이겠습니까?

태양이 1억 5,000만 킬로미터 떨어져 있다는 말을 들은 어떤 아이가 있었습니다. 그러자 그 아이는 "그것은 지붕 꼭대기에서부터 잰 것인가요, 아니면 지하실에서부터 잰 것인가요?"라고 물었다고 합니다. 하나님에 대한 큰 자와 작은 자 사이의 차이 혹은 영웅과 보통사람 사이의 차이는 태양에 대한 지붕꼭대기와 지하실 사이의 차이와 같습니다. 하나님에게 가까이 다가갈수록, 우리는 아직 도달하지 못한 것을 더 많이 의식(意識)하게 될 것입니다. 하나님과 자신 사이에 여전히 무한한 거리가 있음을 아는 사람은 스스로 의기양양함에 빠지는 유혹으로부터 건짐 받을 것입니다. 그리고 그는 이렇게 말할 것입니다. "내가 이미 얻었다 함도 아니요 온전히 이루었다 함도 아니라 오직 내가 그리스도 예수께 잡힌 바 된 그것을 잡으려고 달려가노라"(빌 3:12).

또 우리는 다른 사람들의 훌륭함을 많이 접하며 생각할 필요가 있습니다. 그럴 때 우리는 겸손을 배우게 될 것입니다. 어떤 사람이 책을 쓰고, 설교를 하고, 연설을 합니다. 모든 신문이 그를 총명한 사람이라고 칭송합니다. 그러나 그가 위인들이 남긴 위대한 작품들과 접하도록 해 보십시오. 그러면 그는 그들과 비교할 때 자신이 얼마나 보잘것없는 난쟁이에 불과한지 발견하게 될 것입니다. 이것은 모든 영역에서 사실입니다. 작은 사람들이 아니라 큰 사람들과 함께 교제하십시오. 사람들의 칭송이나 비난을 대수롭지 않게 여기는 법을 배우십시오. 그리고 이렇게 말하십시오. "너희에게나 다른 사람에게나 판단 받는 것이 내게는 매우 작은 일이라 … 다만 나를 심판하실 이는 주시니라"(고전 4:3, 4).

여러분으로부터 겸손의 앞치마를 낚아챌 준비가 되어 있는 사람들이 많이 있습니다. 여러분의 앞치마를 단단히 동이십시오. 항상 스스로를 낮게 평가하는 가운데 살아가십시오.

2. 둘째로, 우리가 무엇을 위해 그러한 앞치마를 입어야만 하는지 주목하십시오.

개정역(Revised Version)은 본문의 번역뿐만 아니라 독법(讀法)에도 약간의 변이(變異)를 가합니다. 흠정역(KJV)은 본문 바로 앞부분을 이렇게 읽습니다. "젊은 자들아 이와 같이 장로들에게 순종하고 너희 모두 피차 복종하라"(likewise, ye younger, submit yourselves unto the elder. Yea, all of you be subject one to another). 여기에는 또 다른 독법이 있는데, 그것은 "너희 모두는 서로 섬기기 위해 겸손으로 허리를 동이라"(Yea, all of you gird yourselves with humility to serve one another)라고 읽는 것입니다. 바로 이것이 기독교적 겸손의 목적입니다. 노예는 할 일이 있을 때 앞치마로 허리를 동입니다.

그러나 나는 여기에 훨씬 더 심오한 의미가 담겨 있다고 생각합니다. 왜냐하면 여기에 우리 주님이 제자들의 발을 씻어 주신 사건이 암시되어 있다고 보기 때문입니다. 여러분은 예수께서 겉옷을 벗고 수건을 가져다가 허리에 두르신 후 제자들의 발을 씻어 주시면서 이렇게 말씀하신 것을 기억할 것입니다. "종이 주인보다 크지 못하나 … 내가 너희에게 행한 것 같이 너희도 행하게 하려 하여 본을 보였노라"(요 4:15, 16), 그때 "내 발을 절대로 씻지 못하시리이다"라고 말했다가 곧바로 "내 발뿐 아니라 손과 머리도 씻어 주옵소서"라고 정반대로 말한 사람이 바로 여기의 본문을 기록한 사람이었습니다(8, 9절). 나는 베드로가 본문을 기록할 때 그의 머릿속에 그때의 기억이 떠올랐을 것이라고 생각합니다. 그 순간 베드로는 다락방의 장면을 떠올리면서, 주님이 제자들을 섬기기 위해 노예의 앞치마(혹은 수건)를 두르셨던 것과 이것이 세상 끝 날까지 모든 그리스도인들을 위한 본이라고 말씀하셨던 것을 기억했을 것입니다.

겸손으로부터 오는 섬김과 섬김으로 나타나는 겸손 — 바로 이것이 본문이 우리에게 요구하는 것입니다. 겸손은 섬김을 위한 준비이며, 섬김은 겸손의 시금석입니다. 어떤 사람이 스스로에 대해 궁핍하며 비천하다고 느끼지 않는다면, 그는 다른 사람들을 섬길 수도 없고 섬기고자 하지도 않을 것입니다. 높아지고자 하면 낮아져야 합니다. 이 세상에서 자신의 높음을 과시하며 스스로를 뽐내는 것은 기독교적 섬김을 가로막는 가장 큰 장애물입니다. 거친 일을 하기 위해서는 거친 옷을 입어야만 합니다. 형제들을 위한 섬김과 희생의 일을 위해 우리가 입을 수 있는 유일한 옷은 겸손입니다.

나아가 섬김은 겸손의 시금석입니다. 많은 사람들이 "나는 나에게 자랑할 것이 아무것도 없음을 잘 압니다"라고 말하면서 아무런 일도 하려고 하지 않습니다. 이것보다 더 이상한 겸손도 있습니다. 공적으로 신앙을 고백하는 많은 그리스도인들이 어떤 종류의 기독교 사역을 요청받았을 때 이렇게 말합니다. "나는 스스로에 대해 그 일에 적합하다고 느끼지 않습니다. 나는 주일학교 교사의 직분을 맡을 수 없습니다. 나는 그 일을 충분히 감당할 수 있다고 느끼지 않습니다. 나는 말할 줄을 모릅니다. 나는 다른 사람들에게 영향을 끼치는 재능이 없습니다." 우리 가운데 너무나 많은 사람들이 기독교인의 섬김의 일에 있어 지나치게 겸손합니다. 다른 일에 있어서는 그렇지 않으면서 말입니다. 베드로는 이런 종류의 겸손을 칭찬하지 않습니다. 그러나 이런 종류의 겸손은 오늘날 공적으로 신앙을 고백하는 그리스도인들 사이에 너무나 흔합니다. 여러분이 화려한 옷을 입고 견장(肩章)을 찬 고급 장교든 혹은 비천한 일을 맡은 하급 병사든, 그런 것은 신경 쓰지 마십시오. 우리 대장을 위해 일하는 한, 그것으로 충분합니다. 그를 위해 일하는 자는 누구든지 상을 잃지 않을 것입니다. 우리 가운데 하급 병사가 되는 것은 싫고 오로지 고급 장교가 되기만을 좋아하는 사람들이 너무나 많습니다. 겸손은 섬김을 위한 준비이며, 섬김은 겸손의 시금석입니다.

3. 마지막으로, 어째서 우리가 이러한 앞치마를 입어야만 하는지 주목하십시오.

우리가 겸손의 앞치마를 입어야만 하는 유일한 이유를 베드로는 구약을 인용하여 이렇게 말합니다. "하나님은 교만한 자를 대적하시되 겸손한 자들에게는 은혜를 주시느니라." 이것은 심지어 외적인 삶에 있어서조차 종종 사실입니다. 섭리와 사람은 종종 함께 연합하여 겸손한 자를 높이고 교만한 자를 낮추는 것처럼 보입니다. 어떤 사람이 천장이 낮은 세상에서 고개를 빳빳이 세우고 걸어간다면, 그의 머리는 조만간 천장의 서까래와 부딪힐 것입니다. 그러나 베드로가 지금 생각하고 있는 것은 특별히 영적인 영역에서입니다. 하나님의 은혜를 받는 유일한 조건은 자신의 죄와 연약함을 의식(意識)하는 가운데 자신의 성품과 본성에 대해 낮은 관점을 갖는 것입니다. 마찬가지로 하나님의 은혜를 받지 못하는 유일한 조건은 스스로를 높이는 마음으로 고개를 빳빳이 세우는 것입니다. 내가 스스로 부요하여 부족한 것이 아무것도 없다고 생각한다면, 나는 하나님으로부터 아무것도 받지 못할 것입니다. 반면 내가 스스로 궁핍함을 느끼며 하나님께 구한다면, 나는 하나님으로부터 그것을 받을 것입니다. "하나님은 교만한 자를 대적하시되 겸손한 자들에게는 은혜를 주시느니라." 황량한 바위산을 생각해 보십시오. 그곳에 내린 이슬과 비는 아래쪽 골짜기로 흘러내려 갈 것입니다. 그리고 거기에서 초목을 촉촉이 적시는 생명의 자양분이 될 것입니다. 마찬가지로 하나님은 낮은 마음과 겸손한 심령을 가진 사람 가운데 거하실 것입니다. 우리가 노예의 앞치마로 우리의 허리를 동인다면, 우리는 어느 날 이렇게 말하게 될 것입니다. "내가 여호와로 말미암아 크게 기뻐하며 내 영혼이 나의 하나님으로 말미암아 즐거워하리니 이는 그가 구원의 옷을 내게 입히시며 공의의 겉옷을 내게 더하심이 신랑이 사모를 쓰며 신부가 자기 보석으로 단장함 같게 하셨음이라"(사 61:10, 11).

18
실루아노

"내가 신실한 형제로 아는 실루아노로 말미암아 너희에게 간단히 써서"

벧전 5:12

"By Sylvanus, our faithful brother, as I account him, I have written unto you briefly"(Revised Version). 내가 본문으로서 개정역을 채택한 것은 그것이 한두 가지 측면에서 베드로의 의도를 좀 더 명확하게 전달하기 때문입니다. 여기의 **실루아노**는 사도행전에서 우리에게 **실라**라는 이름으로 알려진 인물과 동일한 인물입니다. 두 개의 이름을 사용하는 것은 특별히 이방인들과 더불어 긴밀한 접촉을 갖고 살던 유대인들 가운데 매우 일반적인 일이었습니다. 여러분은 사도들 가운데에도 이런 사례를 많이 발견할 수 있을 것입니다. 예컨대 **바울**과 **사울**, **시몬**과 **베드로** 등이 그렇습니다. 그리고 아마도 **바돌로매**와 **나다나엘** 역시 같은 사람을 부르는 두 이름이었을 것입니다. 실라와 실루아노가 언급되는 구절들을 면밀히 살필 때, 그것이 같은 사람을 부르는 두 이름인 것은 거의 의심의 여지가 없습니다.

우리가 이 사람에 대해 아는 것을 모아 보도록 합시다. 그럴 때 우리는 그로부터 몇 가지 귀한 교훈을 배울 수 있게 될 것입니다. 이방인 그리스도인들을 위해 할례가 필요한지 여부를 놓고 논쟁을 벌일 때, 그는 예루살렘 교회의 중요한 인물들 가운데 한 사람이었습니다. 또 그는 화평의 메시지와 함께 안디옥으로 파송되었습니다. 예루살렘 교회가 분란을 치유하기 위해 그를 보냈던 것입니다. 임무를 마친 후 다른 사람들은 예루살렘으로 돌아왔지만, 그는 계속해서 안디옥에 남았습니다. 그것은 바울이라는 거대한 별이 그를 끌어당겨 이를테면 그를 자신의 위성(衛星)이 되게 했기 때문이었습니다. 그렇게 하여 그는 바울의 위성이 되어 예전보다 훨씬 더 큰 궤도를 돌게 되었습니다. 나중에 바울과 바나바 사이에 불행한 다툼이 생기고 그로 말미암아 바나바가 형제들의 축복을 받지 않고 마가 요한과 함께 떠나버렸을 때, 바울은 그를 선택하여 함께 첫 번째 전도여행을 출발했습니다. 또 실라는 빌립보 감옥에서도 바울과 함께 있었으며, 데살로니가에서의 소요 사태 때에도 그와 함께 있었습니다. 그러다가 잠깐 동안 바울과 떨어져 있다가 고린도에서 다시 합류했습니다. 그곳에서 바울은 데살로니가전후서를 기록했는데, 두 편지 모두 그와 여기의 실라의 이름으로 전달되었습니다. 우리는 고린도후서에서 한 번 더 실루아노라는 이름이 언급되는 것을 보게 되는데, 거기에서 그는 바울 및 디모데와 함께 고린도에 복음을 전파한 사람으로 언급됩니다. "우리 곧 나와 **실루아노**와 디모데로 말미암아 너희 가운데 전파된 하나님의 아들 예수 그리스도는 예하고 아니라 함이 되지 아니하셨으니"(고후 1:19).

이후 실루아노의 이름은 성경에서 사라지며, 여기에서 잠깐 나타나는 것 외에 우리는 더 이상 그에 대해 듣지 못합니다. 그런데 우리는 여기에서 그가 완전히 새로운 관계 가운데 나타나는 것을 보게 됩니다. 그는 더 이상 바울과 함께있지 않고 베드로와 함께 있습니다. 아마도 바울은 지금 감옥에 있거나 아니면 이미 순교를 당했을 것입니다. 어쨌든 실루아노는 예전에 바울과 함께했던 것과 똑같은 관계로 지금 베드로와 함께하고 있습니다. 그는 이 편지가 전달된 교회들에게 잘 알려져 있었으며, 그럼으로 말미암아 베드로의 메시지를 그들에게 전달하는 사자(使者)로서 선택되었습니다.

오늘 나는 바울과 베드로 두 사도에 대한 실루아노의 관계가 그들 사이의 완전한 연합에 어떻게 빛을 비추는지에 대해, 그리고 어떻게 그것이 최근에 대두된 이론 즉 초대교회가 좀 더 보수적인 베드로파와 좀 더 자유주의적인 바울파로 양분되었다고 하는 이론을 터무니없는 것으로 산산조각내는지 다루고자 합니다. 양분되기는 고사하고, 우리는 두 사람이 서로 협력하여 일하는 것을 발견하게 됩니다. 실제로 그들 사이의 유일한 분열은 그들이 전파한 복음과 관련된 것이 아니라, 그들이 전파한 복음을 받은 사람들과 관련된 것이었습니다. 어쨌든 본문의 짤막한 사건은 우리로 하여금 바울의 가르침에 완전하게 젖어 있던 사람이 나중에 베드로와 연합하게 된 것이 얼마나 자연스러운 일인지를 깨닫도록 도와줄 것입니다.

그러나 나는 오늘 이러한 주제에 대해서는 길게 다루지 않을 것입니다. 다만 오늘 내가 주목하고자 하는 것은 이 사람이 계속 종속적인 위치를 기꺼이 받아들인 사실입니다. 그는 평생 종속적인 위치에 서 있는 것으로 만족했으며, 사람들로부터 별다른 주목을 받음이 없이 수고했습니다. 이러한 사실은 우리에게 너무나 값진 교훈을 가르치지 않습니까?

1. 첫째로, 우리는 여기에서 종속적인 일의 가치와 중요성을 발견할 수 있습니다.

성경에 실라 자신의 말은 단 한 마디도 기록되지 않았습니다. 예루살렘에 있었을 때, 그는 형제들 가운데 중요한 사람이었습니다. 그럼에도 불구하고 그는 기꺼이 바울 곁에 있기를 기뻐했으며, 그와 함께하는 것에서 자신의 사역을 발견했습니다. 그는 이렇게 말하지 않았습니다. "나는 항상 주된 자리에 있었어. 나는 둘째 자리에 서지 않을 거야. 나는 이 사람의 찬란한 빛 가운데 매몰되지 않을 거야. 이 사람과 함께 있으면서 나의 빛이 가려지느니 차라리 다른 곳에 가서 나만의 독자적인 영역을 구축하는 것이 좋겠어." 결코 그렇지 않습니다. 그는 바울의 일을 할 수 없었습니다. 그러나 그는 빌립보 감옥에서 바울과 함께 채찍을 맞는 일을 감당할 수 있었습니다. 그는 베드로처럼 글을 쓸 수 없었습니다. 그렇게 하는 것은 그의 몫이 아니었습니다. 그러나 그는 베드로가 쓴 편지를 다른 사람들에게 전달해줄 수 있었습니다. "내가 신실한 형제로 아는 실루아노로 말미암아 너희에게 간단히 써서." 어쩌면 실루아노는 베드로의 편지를 전달한 사람이었을 뿐만 아니라 그것을 대필한 사람이었는지도 모릅니다. 왜냐하면 어쩌면 베드로는 글을 잘 쓰는 사람이 아니었었을는지도 모르기 때문입니다. 베드로는 글을 쓰는 일보다 그물을 던지는 일에 더 익숙한 사람이었습니다. 어쨌든 하나님이 실루아노에게 맡긴 일은 종속적인 일이었으며, 그는 그러한 일을 기꺼이 감당했습니다.

어떻습니까? 이것은 우리를 위한 훌륭한 모범이 되지 않습니까? 세상에서든 교회에서든, 사람들의 눈에 띄는 두드러진 일을 할 수 있는 사람은 소수에 불과합니다. 대부분의 사람들은 종속적이지만 가치 있는 일을 합니다. 바울은 "더 약하게 보이는 몸의 지체가 도리어 요긴하고"라고 말합니다(고전 12:22). 이것은 정말로 위대한 진리입니다. 그러한 진리를 마음에 새기십시오. 그러면 그것은 여러분에게 큰 유익을 가져다 줄 것입니다.

어느 것이 우월한 일이고 어느 것이 열등한 일인지를 말하는 것은 매우 어려운 일입니다. 증기 엔진을 생각해 보십시오. 거기에서 작은 나사못 하나는 큰 피스톤만큼이나 필수불가결합니다. 나사못 하나가 빠진다면, 피스톤의 상하운동은 곧 멈추고 말 것입니다. 그러므로 "A의 일은 큰 일이고 B의 일은 작은 일이야"라고 말하는 것은 매우 어리석은 말입니다. 우리는 주된 일과 종속적인 일을 결정할 수 있는 눈을 가지고 있지 못합니다.

전도서의 한 구절처럼 우리는 "이것이 잘 될는지 혹은 저것이 잘 될는지" 말할 수 없습니다(전 11:6). 우리가 어느 것이 중요한 일인지 결정하려고 한다면, 우리는 필경 오류를 범하게 될 것입니다. 우리는 많은 부분들이 서로 협동하여 하나의 전체가 되는 것을 기억할 필요가 있습니다. 이 부분은 저 부분만큼 중요하며, 모든 부분들이 필요합니다. 설령 전선에 나가 실제로 전투하는 병사들에게 더 큰 영광이 주어진다 하더라도, 후방에서 조용히 병참과 통신을 담당하는 병사들 역시 승리에 있어 똑같이 필수불가결합니다. 그들의 이름은 신문에 실리지 않을 것입니다. 전쟁이 끝났을 때, 어쩌면 그들에게 열광적인 환호와 갈채가 쏟아지지 않을는지 모릅니다. 그러나 그들이 자신들의 종속적인 일을 수행하지 않았다면, 전선에 나간 병사들은 결코 승리를 거둘 수 없었을 것입니다. 이런 차원에서 옛 이스라엘에는 다음과 같은 지혜로운 규칙이 있었습니다. "전장에 내려갔던 자의 분깃이나 소유물 곁에 머물렀던 자의 분깃이 동일할지니 같이 분배할 것이니라"(삼상 30:24).

　단지 한 달란트만 가진 사람들이 있습니다. 그들은 많은 일을 할 수 없습니다. 그들이 더 많은 일을 할 수 있는 다른 사람을 돕는 것으로 만족한다면, 그것은 그들에게 큰 유익이 될 것입니다. 그리고 그런 사람들은 여기의 실루아노의 아름다운 그림을 기억할 필요가 있습니다. "신실한 형제"인 그는 평생 다른 사람의 위성(衛星)이 되는 것으로 만족했습니다. 처음에는 바울을 도왔으며, 나중에는 바울의 형제인 베드로를 도왔습니다. 작은 일을 한다고 그것을 하찮은 일로 여기지도 말고, 겸손을 가장한 교만으로 의기양양해하지도 마십시오.

2. 둘째로, 우리는 여기에서 아무도 알아주지 않음에도 불구하고 계속해서 자신의 임무를 수행하는 것의 중요성과 그렇게 해야만 하는 의무를 발견할 수 있습니다.

앞에서 이야기한 것처럼 성경에 실루아노 자신이 말한 것은 단 한 마디도 기록되지 않았습니다. 또 그가 바울이나 베드로와 연결되지 않은 상태에서 행한 일 역시 하나도 기록되지 않았습니다. 그가 베드로와 함께 있는 여기의 본문과 그가 바울과 함께 고린도에서 있었을 때 사이에 얼마나 오랜 기간이 있는지 우리는 알지 못합니다. 그렇지만 둘 사이에 상당한 시간이 지난 것은 분명해 보입니다. 어쨌든 사도행전은 그 기간 동안 그의 이름을 언급하는 것은 아무 의미 없는 일로 여깁니다. 그 기간 동안 그가 아무 일도 하지 않고 빈둥거리기만 했을까요? 분명 그렇지 않았을 것입니다. 그가 이렇게 말했을까요? "나는 얼마 동안 주일학교에서 가르쳤어. 나는 어느 정도 기간 동안 이런저런 일에 관여했어. 그런데 아무도 나를 주목하지 않았어. 그리고 아무도 나를 필요로 하지 않는 것 같았어. 그래서 나는 그 모든 일을 그만두었어."

우리 가운데 너무나 많은 사람들이 그렇게 합니다. 그러나 실루아노는 그렇게 하지 않았습니다. 설령 우리가 노골적으로 그렇게 말하지는 않는다 하더라도, 우리는 다른 사람들이 알아주는 여부에 상당한 영향을 받는 경향이 있습니다. 그러므로 우리는 여기의 실루아노를 통해 스스로를 돌아보며 값진 교훈을 배워야만 합니다.

사랑하는 형제들이여, 우리가 행하는 모든 일은 결국 시간이 지나면 모든 사람들에 의해 잊힐 것입니다. 우리가 죽고 나서 30년이 지나면 아무도 우리를 알지 못할 것입니다. 그렇지만 사람들이 우리에 대해 알든 모르든 또는 우리에 대해 어떻게 말하든 또는 우리가 살아있는 동한 행한 일을 인정해 주든 인정해 주지 않든, 그것이 도대체 무슨 상관이란 말입니까? 우리가 그리스도인이라면, 우리는 하나님을 위해 일하는 것과 관련하여 그것보다 훨씬 더 나은 이유를 가지고 있습니다. "**내가** 그들의 모든 행위를 절대로 잊지 아니하리라"(암 8:7). 이것 하나로 충분하지 않습니까? 사람들은 잊을지라도, 하나님은 기억하십니다. 하나님이 기억하신다면, 그는 우리가 행한 모든 것을 갚아 주실 것입니다.

그러므로 사람들이 주목하든 주목하지 않든 계속해서 일합시다. 왜냐하면 우리에게 그것은 큰 문제가 아니기 때문입니다. 사람들이 알아주는 여부는 우리에게 하찮은 일입니다. 물론 우리가 그것을 전혀 의식(意識)하지 않을 수는 없을 것입니다. 우리가 그것을 전혀 의식하지 않는다면, 우리는 사람이 아닐 것입니다. 때로 우리는 그것을 느낄 수 있습니다. 그러나 그것이 없다는 것이 곧 우리가 일하지 않는 이유가 될 수는 없습니다. 여기의 실루아노를 보십시오. 그는 오랜 기간 사람들의 눈에 띄지 않음에도 불구하고 계속해서 일했습니다. 그의 모습은 우리 모두에게 큰 교훈이 되지 않습니까?

나아가 실루아노는 또한 우리에게 당시에는 주목되지 않은 일이라도 결국에는 주목받게 된다는 사실을 보여 줍니다. 그가 죽은 지 열아홉 세기가 지난 지금 여러분과 내가 여기에 있습니다. 우리는 지금 그에 대해 이야기하고 있습니다. 그리고 그의 이름은 세상이 계속되는 한 계속해서 살아 있을 것입니다. 왜냐하면 그의 이름이 여기의 생명책에 기록되었기 때문입니다. 우리의 이름이 하늘의 생명책에 예수 그리스도의 동역자로 기록되는 것으로 충분하지 않습니까? 실루아노가 행한 일 가운데 그리스도께서 알지 못하는 것은 아무것도 없습니다. 실루아노가 행한 일 가운데 그리스도께서 기억하지 못하는 것은 아무것도 없습니다. 실루아노가 행한 일 가운데 그가 그 열매를 향유하지 못하는 것은 아무것도 없습니다. 우리가 이 땅에서 그에 대해 생각하는 동안, 그는 하늘에서 자신이 행한 일의 열매를 향유하고 있습니다.

3. 마지막으로, 우리는 여기에서 사람이 받을 수 있는 최고의 찬사를 발견할 수 있습니다.

그는 위대한 천재도 아니었고, 뛰어난 철학자도 아니었고, 능력 있는 설교가도 아니었고, 훌륭한 정치가도 아니었고, 용맹한 전사(戰士)도 아니었고, 훌륭한 화가도 아니었습니다. 그렇습니다. 그러나 그는 "신실한 형제"였습니다. 그는 평범한 사람이었습니다. 우리는 그의 지적인 능력에 대해 아무것도 알지 못합니다. 그는 상당한 정도의 지적 능력을 가지고 있었을 수도 있고, 그렇지 않았을 수도 있습니다. 그는 상당한 정도의 재능과 능력을 가지고 있었을 수도 있고, 그렇지 않았을 수도 있습니다. 그러나 이런 것들은 모두 시야로부터 사라집니다. 오직 그가 "신실한 형제"였다는 한 가지만 남습니다. 그는 "**신실한**" 사람이었습니다. 신실한 사람은 어떤 사람입니까? 신실한 사람은 믿을 수 있는 사람이며, 신뢰할 수 있는 사람이며, 자신의 책임을 반드시 지키는 사람이며, 자신에게 주어진 모든 의무를 반드시 행하는 사람입니다.

지혜로운 사람이든 그렇지 않든, 학식이 많은 사람이든 그렇지 않든, 재능이 많은 사람이든 그렇지 않든, 재산이 많은 사람이든 그렇지 않든 — 우리 모두는 똑같이 그와 같은 찬사를 받을 수 있습니다. 예수 그리스도의 불꽃같은 눈이 우리에게서 그와 같은 신실함을 발견할 수 있다면, 우리가 무엇을 더 바랄 수 있겠습니까? "신실한 형제" — 이것으로 여러분의 모든 행동을 이끌며 움직이는 원리가 되게 하십시오. 또 그것으로 여러분의 삶을 지배하는 능력이 되게 하십시오. 또 그것으로 여러분의 행동을 억제하며, 제한하며, 격려하며, 추동하는 힘이 되게 하십시오. 그러면 마침내 사람들도 우리가 우리의 책무를 회피하지 않고 우리의 의무를 소홀히 하지 않았음을 알게 될 것입니다. 그러므로 예수 그리스도에 의해 "신실한" 자로 간주되는 것에 초점을 맞추십시오. 사람들의 평가에 대해서는 신경 쓰지 마십시오. 그리고 평생 "신실한 형제"로 남기를 힘쓰십시오. 우리의 묘비명에 새겨질 이름으로 그것보다 더 나은 이름이 어디 있겠습니까!

19
사도의 증언과 훈계

"내가 너희에게 간단히 써서 권하고 이것이 하나님의 참된 은혜임을 증언하노니
너희는 이 은혜에 굳게 서라"

벧전 5:12

베드로는 "내가 너희에게 **간단히** 썼다"고 말합니다. 그러나 본 서신
은 신약의 다른 서신들과 비교할 때 그렇게 짧지 않습니다. 도리어 본 서
신은 신약의 다른 많은 서신들보다 더 깁니다. 그가 "간단히"라고 말하는
것은 자신이 다루는 주제들의 위대함과 비교할 때 그렇다는 것입니다. 왜
냐하면 예수 그리스도에서 나타난 하나님의 영광을 증언하기 위해 사용된
단어들은 하나님의 영광 자체와 비교할 때 지극히 작고 불충분한 것일 수
밖에 없기 때문입니다. 그러므로 모든 말을 다 마쳤을 때, 그는 자신의 말
의 보잘것없음과 불충분함을 느끼지 않을 수 없었습니다.

그러므로 "간단히"라는 단어 속에서 자신이 전파한 복음의 측량할 수
없는 위대함에 대한 베드로 자신의 생각이 얼핏 나타나는 것을 보게 됩니
다. 우리는 본문을 본 서신의 내용 전체를 요약한 것으로 취할 수 있습니
다. 우리가 본문 후반부를 개정역(Revised Version)의 새로운 번역대로
본다면, 우리는 본문 자체가 "증언"과 "훈계"의 한 실례임을 보게 될 것입
니다. 왜냐하면 본문 후반부는 흠정역이 번역하는 것처럼 "너희가 선"이라
는 형용사절이 아니라 "너희가 굳게 서라"라는 명령이기 때문입니다(한글

개역개정판은 개정역처럼 되어 있음, 한편 흠정역에는 "I have written briefly, exhorting, and testifying that this is the true grace of God wherein ye stand" 즉 "너희에게 간단히 써서 훈계하고 증언하노니 이것은 **너희가 선** 하나님의 참된 은혜노라"로 되어 있음). 이렇게 볼 때 우리는 여기에서 베드로의 가장 포괄적이며 총체적인 훈계를 보게 되는 셈입니다. 그는 "이것이 하나님의 참된 은혜"임을 증언하면서, 그렇기 때문에 "그 위에 굳게 서라"고 훈계합니다. 이제 이러한 두 가지 요점을 좀 더 상세하게 살펴보도록 합시다.

1. 베드로의 증언.

"이것이 하나님의 참된 은혜"라는 베드로의 증언에는 매우 아름다우면서도 분명한 의미가 담겨 있습니다. "**이것**이 하나님의 참된 은혜임을 증언하노라" — 여기에서 "**이것**"은 무엇을 의미하는 것입니까? 그것은 단순히 그 자신이 앞에서 가르친 것을 의미하는 것이 아니라, 다른 누군가가 가르친 것을 의미하는 것입니다. 본 서신이 전달된 소아시아의 교회들을 생각해 보십시오. 그러한 교회들은 바울과 그의 동역자들이 세웠을 가능성이 매우 높습니다. 그들에게 전파된 교훈은 오늘날 많은 사람들이 일컫는 대로 다분히 바울적인(Pauline) 것이었습니다.

여기에서 베드로는 자신의 형제 바울이 가르친 교훈들에 대해 확인 도장을 찍으면서, 이렇게 말하고 있는 것입니다. "내가 가르치기 전에 이미 너희가 배운 것, **이것**이 하나님의 참된 은혜임을 증언하노니." 이러한 해석이 정말로 본문에 대한 일차적인 적용이라면(나는 그렇다고 확신합니다), 우리는 여기에서 초대교회의 두 위대한 지도자 사이의 완전한 일치에 대한 매우 흥미로우면서도 강력한 증거를 보게 되는 셈입니다. 그렇다면 그들을 소위 분열로 이끈 차이들과 관련하여 제시된 수많은 가공적(架空的)인 이론들은 단숨에 허물어지게 됩니다. 그들의 분열은 단지 그들의 사역 대상의 분열이었을 뿐입니다. "베드로에게 역사하사 그를 할례자의 사도로 삼으신 이가 또한 내게 역사하사 나를 이방인의 사도로 삼으셨느니라"(갈 2:8). 계속해서 바울은 "나나 그들이나 이같이 전파하매 너희도 이같이 믿었느니라"라고 말합니다(고전 15:11). 이와 같이 여기에서 우리가 매우 희미하게나마 베드로가 바울의 회심자들에게 손을 펼치며 "이것 즉 나의 사랑하는 형제 바울이 너희에게 가르친 것이 하나님의 참된 은혜임을 증언하노라"라고 말하는 것을 보는 것은 결코 무의미한 관찰이 아닙니다.

그렇지만 이러한 개념은 그냥 내버려 두고 여기에서 우리가 주목해야만 하는 것은 다음과 같은 두 가지입니다. 하나는 그러한 증언의 내용이며, 다른 하나는 베드로가 그것을 증언할 수 있는 권리입니다.

먼저 증언의 내용에 대해 생각해 보도록 합시다. "이것이 하나님의 참된 은혜임을 증언하노니" "은혜"는 많은 사람들의 마음에 진부한 단어가 되어 버렸습니다. 많은 사람들에게 그것은 그에에 담긴 참된 깊음과 아름다움이 없이 사용됩니다. 그러면 "은혜"는 무엇입니까? 그것은 그것을 받을 자격이 없는 보잘것없는 죄인들에게 베풀어지는 사랑입니다. 그리고 그것에는 스스로를 굽혀 죄를 용서하는 적극적인 사랑의 의미가 담겨 있습니다. 여기에서 베드로는 하나님의 마음에 있는 그러한 사랑이 나타난 것이 바로 복음의 가장 깊은 내적 의미라고 이야기하고 있는 것입니다.

이것으로부터 또 하나의 의미가 솟아오릅니다. 그가 전하는 메시지는 그러한 사랑이 나타났다는 것만이 아니라, 그러한 사랑이 선물로 주어진다는 것입니다. "하나님의 참된 은혜"라는 표현은 예수 그리스도를 믿는 믿음으로부터 흘러나오는 마음과 영을 위한 완전한 선물의 모든 부요함과 풍부함과 다양함과 충족함을 한 마디로 나타내는 표현입니다. 본 서신을 통해 베드로가 역설하는 것은 그러한 하나님의 부요한 선물들이 사람들에게 나타나고 주어졌다는 것입니다. 그러한 선물들은 모두 하나님의 말씀이 들어올 수 있도록 활짝 열린 영혼 안으로 흘러들어 올 것입니다. 그러면 그가 "하나님의 참된 은혜"라고 증언하는 것은 구체적으로 무엇을 말하는 것입니까? 본 서신의 주된 주제는 죽임 당한 어린 양이신 예수 그리스도입니다. "너희가 전에는 양과 같이 길을 잃었더니 이제는 너희 영혼의 목자와 감독 되신 이에게 돌아왔느니라"(2:25), 물론 그가 그리스도의 무죄함과 온유함에 대해 다루지 않는 것은 아닙니다. 그러나 그가 다루는 대부분의 내용은 "그들이 보지 못했으나 사랑하는, 그리고 이제도 보지 못하나 믿고 말할 수 없는 영광스러운 즐거움으로 기뻐하는, 그리고 그를 믿는 믿음의 결국이 영혼의 구원인" 죽으신 그리스도입니다(1:8, 9).

이와 같이 이러한 복음 즉 우리의 죄를 위해 죽으시고 우리에게 자신의 영을 주시기 위해 살아나신 거룩한 그리스도의 복음 — 바로 이것이 하나님의 참된 은혜입니다. 우리는 복음에 대해 항상 이러한 높은 시각을 가져야만 합니다. 그럴 때 비로소 우리는 그것을 단순한 종교 이론의 수준으로 격하시키지 않을 수 있게 될 것이며, 그것을 메마른 교리들을 선포하는 저급한 수준으로 생각하지 않을 수 있게 될 것이며, 그 모든 것의 핵심을 온전히 붙잡을 수 있게 될 것입니다.

그럴 때 비로소 우리는 그리스도의 희생제사와 그의 영원한 중보의 사실을 간과하는 복음은 결국 하나님의 참된 은혜가 아니라는 사실을 깨달을 수 있게 될 것입니다. 뿐만 아니라 그럴 때 우리는 그러한 복음은 보잘것없는 죄인들에게 그의 사랑이 나타나는 것도 아니며, 연약한 자들에게 그의 선물들이 전달되는 것도 아니라는 사실을 깨달을 수 있게 될 것입니다. 베드로의 증언을 기억합시다. "**이것**" 즉 성육신과 희생제사와 부활과 승천과 영광 가운데 왕으로 통치하심과 심판자로서 다시 오심을 모두 포괄하는 전체적인 복음이 바로 "하나님의 참된 은혜"입니다. 우리가 이러한 사실을 분명하게 인식할 때 비로소 복음은 그 최고의 높이에까지 올라가게 됩니다.

계속해서 베드로가 무슨 권리로 "내가 이것이 하나님의 참된 은혜임을 증언하노니"라고 말하는 위치를 취하는지 생각해 보도록 합시다. 그는 위대한 천재가 아니었습니다. 그는 오늘날 어떤 종교를 이해하기 위해 가장 필요한 것으로 여겨지는 비교종교학에 대해 아무것도 알지 못했습니다. 그는 학자도 아니었고 철학자도 아니었습니다. 그런데 그는 도대체 무슨 권리로 "**내가** 이것이 하나님의 참된 은혜임을 증언하노니"라고 말합니까?

마치 특별한 권위를 가진 것처럼 말입니다.

여기에는 몇 가지 대답이 있습니다. 하나는 그에게 특유한 것이고, 다른 것들은 모든 그리스도인들에게 공통적인 것입니다. 그에게 특유한 하나는 그가 예수 그리스도께서 자신에게 증언하는 능력과 자신의 증언을 사람들에게 하나님의 말씀으로 받아들일 것을 요구할 수 있는 권세를 주셨음을 올바로 의식(意識)하고 있었다는 것입니다. 우리는 여기에서 매우 자연스럽게 사도적 권위에 대한 사도 자신의 생각을 엿볼 수 있습니다. 그는 사람들에게 "나는 너희에게 나 베드로를 바라보라고 말하지 않노라. 나 역시도 사람일 뿐이니라. 다만 나는 너희에게 나를 통해 선포되는 그리스도의 말씀을 받아들일 것을 요구하노라. 그는 나에게 그의 메시지를 전달하는 사자(使者)의 사명을 맡기셨노라. 내가 증언하노니 — 그리고 나를 통해 그리스도께서 증언하노니 — 바로 이것이 하나님의 참된 은혜노라"라고 말할 수 있는 권리를 가지고 있었습니다. 왜냐하면 그리스도께서 그에게 그와 같은 권위를 주셨기 때문입니다.

사도 외에는 어느 누구도 그렇게 말할 수 있는 권리를 갖지 못하지만, 우리 그리스도인들은 그와 비슷하게 말할 수 있는 권리를 갖습니다. 물론 우리는 사도적 권위를 가지고 있지 않습니다. 그럼에도 불구하고 우리는 때로 그 효과에 있어 그것과 비슷한 강력한 권위를 가질 수 있는데, 그것은 개인적인 경험에 기초한 권위입니다. 우리가 하나님의 비밀 속으로 깊이 들어가 그와의 교제 속에서 신실하며 친밀하게 살아가는 가운데 그의 은혜를 발견했다면 그리고 그의 사랑과 사랑의 선물들이 우리 삶 속으로 들어와 우리를 고요하게 하며 고결하게 했다면, 우리 역시도 사람들에게 가서 이렇게 말할 수 있는 권리를 갖습니다. "나에 대해서는 신경 쓰지 말라. 내가 지혜로운 자이거나 혹은 어리석은 자인 것은 신경 쓰지 말라. 나는 너희와 더불어 변론하지 않노라. 나는 다만 내가 경험한 것을 그대로 말하노라. 나는 만나를 맛보았노라. 그것은 너무나 달콤하노라. 나는 생명의 물을 마셨노라. 그것은 반석으로부터 솟아오르는 물이노라. 내가 분명하게 아는 한 가지는 내가 전에는 소경이었다가 이제는 보는 그것이니라.

나는 나 자신의 경험으로 믿고 또 말하노라. 내가 증언하노니 이것이 하나님의 참된 은혜노라." 우리가 이와 같이 증언하고 이러한 증언을 그에 상응하는 삶으로써 뒷받침한다면, 우리의 증언을 받은 다른 사람들도 우리가 경험한 것과 똑같은 것을 경험하게 될 것입니다. 하나님은 "너희는 나의 증인이라"고 말씀하십니다. 그는 결코 "너희는 나를 위해 변론해 줄 변론자라"고 말씀하시지 않습니다. 하나님은 우리에게 자신을 위해 변론할 것을 명령하시지 않고, 자신을 위해 증언할 것을 명령하십니다.

2. 베드로의 훈계.

앞에서 이야기한 것처럼, 본문 마지막 부분에 대한 올바른 번역은 "너희가 이 은혜에 굳게 서라"(in which stand fast)입니다. 흠정역의 "너희가 선"(in which ye stand)이라는 번역은 올바른 개념을 전달하기는 하지만 그러나 여기에서 베드로가 의미하는 것은 아닙니다. 왜냐하면 사람들의 발이 하나님의 참된 은혜의 반석 위에 세워지지 않는다면, 그들은 결코 굳게 설 수 없기 때문입니다. 우리의 발이 참된 은혜의 반석 위에 잘 고정된다면, 우리의 나아가는 발걸음은 견고할 것입니다. 여러분이 사람들에게 굳게 설 수 있는 발판을 제공해 주지 않는다면, 그들에게 흔들리지 않는 목적, 견고한 인생, 독립적인 삶의 태도, 모든 반대에 맞서 꿋꿋하게 나아가는 정신 등에 대해 이야기하는 것은 결국 무익한 말이 될 것입니다. 여러분이 움직이는 모래나 혹은 미끄러운 진흙 위에 서 있는 어떤 사람에게 그렇게 말한다고 상상해 보십시오. 그렇게 하는 것에 도대체 무슨 유익이 있겠습니까? 더 견고하게 서려고 하면 할수록, 그는 더 깊이 빠지거나 혹은 더 많이 미끄러지게 될 것입니다. 사람들이 굳게 서도록 돕는 가장 좋은 방법은 그들에게 흔들리지 않는 발판을 제공해 주는 것입니다. 빠지지도 않고, 허물어지지도 않고, 녹아 버리지도 않을 유일한 발판은 "하나님의 은혜"입니다. 이와 관련하여 와츠 박사(Dr. Watts)는 이렇게 노래합니다.

"보라, 내가 견고한 반석 위에 서도다.
　나머지 모든 것은 움직이는 모래와 같도다."

그러나 이것이 여기에서 베드로가 의미한 것의 전부는 아닙니다. 그는 "너희가 이러한 하나님의 참된 은혜와의 연결 속에서 너희의 자리를 굳게 지키는지 보라"고 말합니다. 오늘 나는 복음 계시를 이와 같이 전심으로 받아들이는 것의 지적인 어려움에 대해서는 다루지 않을 것입니다. 그것은 오늘날 매우 실제적이며 널리 퍼진 어려움입니다. 그러나 그것은 나에게 별다른 영향을 끼치지 않습니다. 최소한 나는 그렇기를 희망합니다.

그러나 그러한 어려움은 수많은 사람들을 실족시키며 넘어뜨립니다. 우리가 하나님의 참된 은혜인 복음을 굳게 붙잡지 못하도록 가로막는 어려움은 두 가지 원인이 서로 결합하여 일어납니다. 하나는 우리 자신의 연약한 심령, 흔들리는 의지(意志), 지나친 혈기, 통제되지 않는 욕망, 쉽게 잊어버리는 기질입니다. 그리고 다른 하나는 일상의 삶 가운데 필연적으로 따르는 수많은 유혹들입니다. 그러한 유혹들은 우리가 참된 은혜를 잊고, 헛되고 어리석은 것들을 찾아 방황하도록 유혹합니다.

사랑하는 형제들이여, 우리가 우리 자신에 대해서나 서로에 대해 계속 "이 은혜에 굳게 서라"고 말해 줄 필요가 있는 것은 지적인 세계에 많은 적들이 있기 때문이라기보다, 우리가 너무나 연약한 피조물인 반면 우리를 둘러싸고 있는 세상은 너무나 강력하기 때문입니다. 여러분은 힘을 다해 붙잡지 않고는 계속해서 로프에 매달려 있을 수 없습니다. 거기에는 의식적(意識的)이며 반복적인 근육의 긴장이 있어야만 합니다. 그렇지 않으면 여러분이 매달려 있는 로프는 여러분의 손바닥 사이로 미끄러질 것입니다. 하나님을 굳게 붙잡는 것도 마찬가지입니다. 우리가 하나님을 계속해서 굳게 붙잡고자 한다면, 우리는 매일 같이 새로운 노력으로 힘을 다해 그렇게 할 필요가 있습니다. 그렇지 않으면 우리의 힘은 필연적으로 느슨해질 것이며, 우리는 결국 우리가 굳게 붙잡아야만 하는 것을 놓치고 말 것입니다. 이와 같이 본문은 항상 우리 곁에 있는 세상의 유혹들을 가리키면서 우리에게 이렇게 훈계합니다. "너희는 이 은혜에 굳게 서라."

그러면 우리는 어떻게 이러한 훈계에 순종할 것입니까? 정말로 "이것"이 예수 그리스도 안에서의 하나님의 계시이며, 우리의 발에 견고함을 가져다 줄 "하나님의 참된 은혜"라고 가정해 봅시다. 그렇다면 우리가 그것을 우리의 마음으로뿐만 아니라 우리의 생각으로도 이해하며 굳게 붙잡고자 의식적으로 노력하지 않는다면, 우리는 결코 그 안에서 "굳게 서지" 못할 것입니다. 내가 뜨끔한 말을 한 마디 할까요? 오늘날 사람들은 성경을 별로 읽지 않습니다. 설령 읽는다고 하더라도 그것을 진지하게 연구하지 않습니다. 이 말씀 가운데 "여러 부분과 여러 모양으로" 펼쳐진 신적 진리의 위대한 체계를 깊이 연구함으로써 그것에 익숙해지는 것은 심지어 선한 사람들 가운데에서조차 매우 드문 일입니다. 그들은 나름대로 주의를 기울여 설교를 듣습니다. 그들은 신문을 읽으며, 성경과 관련한 책과 잡지를 읽습니다. 이 모든 것은 각자의 자리에서 참으로 좋은 일입니다. 그러나 나는 그러한 것으로 "하나님의 은혜"인 복음을 굳게 붙잡는 것은 가능하지 않다고 확신합니다. 거기에 머무르지 마십시오. 하나님의 말씀 속으로 깊이 들어가십시오. 그리고 하나님의 말씀이 의미하는 것의 깊이와 넓이와 높이를 굳게 붙잡으십시오.

또 일상의 모든 삶 가운데 여러분의 마음과 생각을 "하나님의 참된 은혜"와 계속 접촉시키고자 노력하십시오. 신약의 원리들을 의식적(意識的)으로 일상의 삶의 모든 영역으로 가져가십시오. 여러분은 여러분의 일상의 모든 일을 신약의 원리들을 통해 바라봅니까? 여러분은 가사(家事) 일을 할 때나 직장 일을 할 때나 사업을 할 때 그러한 일들이 복음의 진리들과 어떻게 연결되는지 생각합니까? 나의 일상적인 삶이 하나님의 말씀과 무관하게 이루어진다면, 나의 삶 가운데 그의 말씀이 작동하는 영역은 도대체 어디란 말입니까? 우리의 일상의 삶은 결코 우리의 신앙과 분리되어서는 안 됩니다. "하나님의 참된 은혜"가 상점과 사무실과 부엌과 학교에서의 모든 경험과 연결되어서는 안 되는 이유는 어디에도 없습니다. 기독교적 생명의 은혜인 사랑의 은사를 받고자 간절히 구하십시오. 그리고 그것을 받았을 때, 그것을 일상의 실제적인 삶 속에 적용하십시오. 그러면 여러분은 "악한 날에 능히 대적하고 모든 일을 행한 후에 서게" 될 것입니다(엡 6:13).

20
바벨론에 있는 교회

"택하심을 함께 받은 바벨론에 있는 교회가 너희에게 문안하고"
벧전 5:13

우리는 12절을 본문으로 하는 앞의 설교들 속에서 몇 가지 값진 교훈을 살펴보았습니다. 이제 나는 13절로 와서, 그것이 우리에게 전달하는 교훈을 살펴보고자 합니다. 개정역(Revised Version)은 "교회"(church)를 빠뜨리고 그것을 "그녀"(she)로 대체합니다. 이것은 본 서신을 보내는 주체가 공동체인지 혹은 개인인지와 관련하여 의견 차이가 있음을 보여 줍니다. 오직 한 경우만을 제외하고 모든 맛소라 사본은 "바벨론에 있는 그녀"(she that is in Babylon)라는 독법(讀法)을 따릅니다. 그러나 아무런 역할도 맡지 않은 어떤 여자가 본 서신이 전달된 공동체들과 "택하심을 함께 받은"이라는 표현으로 함께 뭉뚱그려지는 것은 매우 개연성이 낮은 일로 보입니다. 도리어 본 서신을 보내는 공동체가 상징적으로 "그녀"로 호칭되고 있다고 결론짓는 것이 자연스러워 보입니다.

여기에 또 하나의 의문이 떠오르는데, 그것은 바벨론이 도대체 무엇이냐 하는 것입니다. 이러한 의문에 대해 매우 다양한 해석이 제시되었습니다. 그러나 나는 그러한 다양한 해석들을 제시함으로써 여러분의 머리를 어지럽게 만들고 싶지 않습니다. 다만 나 자신의 해석을 분명하게 제시하는 것으로 끝내고자 합니다. "바벨론"은 로마를 의미합니다.

우리는 여기와 동일한 상징적인 이름을 요한계시록에서도 발견할 수 있습니다. 요한계시록에서도 로마를 상징하는 이름으로 바벨론이 사용되는데, 그것은 로마가 하나님의 나라를 대적하는 중심지로서 옛 바벨론의 위치를 차지했기 때문이었습니다.

우리가 바벨론의 의미와 관련하여 이와 같은 해석을 채택한다면, 우리는 여기에서 세상 권력의 오만한 중심지인 로마에 있는 교회가 오늘날 소아시아라고 일컬어지는 지역에 흩어진 기독교 공동체들에게 문안인사를 하는 것을 보게 되는 것입니다. 인종과 거리뿐만 아니라 수많은 차이들에 의해 서로 나누어진 공동체들 사이에서의 이러한 뜨거운 교제의 사실은 우리에게 몇 가지 매우 중요한 교훈을 가르쳐 줍니다. 이제 그러한 것들을 함께 살펴보도록 합시다.

1. 첫째로, 여기에 나타난 복음의 하나 되게 하는 능력을 주목하십시오.

로마와 로마의 식민지 사이의 관계를 생각해 보십시오. 식민지 사람들은 로마와 로마에 속하는 모든 것에 대해 극도의 증오심을 품고 있었습니다. 로마는 그들의 자유를 무자비하게 짓밟았으며, 그들의 열망은 허무하게 꺾였습니다. 반면 로마는 제국의 심장으로서 멀리 떨어져 있는 식민지들을 경멸적인 눈초리로 바라보았습니다. 예컨대 오늘날 영국과 인도 사이의 관계와 비슷한 종류의 관계가 당시 로마와 멀리 떨어진 식민지들 사이에 존재하고 있었습니다.

그러나 그와 같이 서로 분열된 관계를 하나로 묶는 연합의 띠가 들어왔습니다. 모든 불화와 증오와 반란의 한 가운데 로마의 그리스도인들과 갑바도기아의 그리스도인들을 하나로 묶는 강력한 연합의 띠가 들어왔습니다. 그들은 모두 "그리스도 예수 안에서 하나"였습니다. 그들은 나누는 장벽은 여전히 높았습니다. 그러나 옛 속담처럼 새가 넘어오지 못할 높은 장벽은 없습니다. 공통의 믿음을 가진 영들이 사람이 만든 모든 구별 위로 날아올랐습니다. 그리고 그들은 기독교적 교제의 더 높은 영역에서 만났습니다. 밀물이 들어올 때를 생각해 보십시오. 그러면 그것은 바닷가에 흩어져 있는 수많은 웅덩이들을 채워 하나가 되게 만듭니다. 이와 같이 기독교 신앙의 하나 되게 하는 능력이 당시 초대교회 시대에 나타났습니다. 그것은 모든 불협화음의 요소들을 하나로 일치시켰으며, "바벨론에 있는 교회"로 하여금 로마인으로서의 특권 의식을 내려놓고 멀리 떨어진 식민지 지역의 교회들에게 진심어린 손을 내밀도록 만들었습니다.

형제들이여, 우리의 문제는 인종과 언어와 거리의 장벽으로 인해 우리의 기독교의 공동체 의식이 약화되는 것이라기보다 그러한 것들보다 훨씬 더 작은 것들로 인해 그렇게 되는 것입니다. 그리스도인으로서 우리는 우리의 교파와 교회의 장벽을 뛰어넘을 필요가 있습니다. 그리고 이 모든 것들이 하나로 합쳐지는 더 넓은 공동체를 인식할 필요가 있습니다. 오늘날 분열과 분리의 시대가 거의 끝나가고 있음을 보여 주는 여러 증표들이 나타나는 것은 얼마나 감사한 일입니까! 오늘날 그리스도인들의 마음 가운데 일치와 연합을 위한 열망이 끓어오르기 시작하고 있습니다. 사랑하는 친구들이여, 우리 역시도 공통의 믿음의 하나 되게 하는 능력을 증진시키는 일에 우리의 몫을 감당해야만 합니다.

2. 둘째로, 모든 그리스도인들을 하나로 연합시키는 강력한 띠가 무엇인지 주목하십시오.

베드로가 여기에서 자신이 사용한 단어 "택하심"(election)과 관련하여 후대에 벌어진 신학적 논쟁에 대해 듣는다면, 그는 틀림없이 크게 놀랄 것입니다. 그러나 여기에서 강조되고 있는 것은 "택하심"이 아니라 "함께"입니다. 다시 말해서 여기에서 베드로가 역설하고 있는 것은 그들이 무엇인가를 공동적으로 소유하고 있다는 것입니다. 사실상 그는 이렇게 말하고 있는 셈입니다. "너희 비두니아인들을 한 번도 보지 못한 여기의 로마 그리스도인들이 너희에 대해 뜨거운 마음으로 문안인사를 보내는 이유는 그들 역시 너희가 받은 신의 은혜의 행동과 정확하게 동일한 것을 받았기 때문이니라." 우리는 여기에서 하나님과 사람 사이의 각각의 역할에 대해 토론을 벌인다든지, 혹은 "택하심"이라는 단어와 관련하여 벌어진 지루한 신학 논쟁에 또 다시 불을 지필 필요가 없습니다. 하나님은 로마인들과 소아시아인들을 함께 영원한 생명의 상속자로 선택하셨습니다. 그들이 그토록 놀라운 축복을 공통으로 소유했다면, 그들에게 지금까지 그들을 서로 나누었던 모든 것들은 얼마나 작고 하찮은 것으로 보였겠습니까!

우리는 여기에서 기독교 세계 전체의 현재 상태와 관련한 중요한 사실을 배울 수 있습니다. 그들은 한편으로 나누어져 있지만, 다른 한편으로 연합되어 있습니다. 그들은 외적으로는 나누어져 있지만, 그 뿌리에서는 연합되어 있습니다. 높은 암벽 산에 올라가 보십시오. 거기에서 여러분은 여러 개의 암벽 산봉우리들을 보게 될 것입니다. 그것들은 건널 수 없는 골짜기에 의해 서로 나누어진 별개의 산봉우리들처럼 보입니다. 그러나 그것들은 모두 하나의 거대한 암반(巖盤)에 속합니다. 그것들은 그 기저(基底)에서 하나의 전체로서 불가분리적으로 연합되어 있습니다. 그것들은 표면에서는 서로 멀리 떨어져 있지만, 깊은 뿌리에서는 하나입니다. 이와 같이 모든 그리스도인들은, 외적으로는 서로 나누어져 있는 것처럼 보임에도 불구하고, 그 깊은 뿌리에서는 하나로 연합되어 있습니다. 그들을 나누는 것은 작고 피상적인 것이며, 그들을 연합시키는 것은 크고 깊은 것입니다. 이러한 사실을 깊이 깨닫는 것이 지혜입니다. 그러므로 우리는 "십볼렛"의 발음 차이에도 불구하고 모든 형제가 하나로 연합되어 있음을 알아야만 합니다. 앞에서 이야기한 바닷가의 수많은 물웅덩이의 예화를 다시 한번 생각해 보십시오. 그것들은 서로 나누어져 있는 것처럼 보입니다. 그러나 밀물이 들어오면 어떻게 됩니까? 모든 웅덩이들은 물로 채워지고, 마침내 하나가 됩니다. 그러나 썰물이 되어 물이 빠져나가면 웅덩이들은 다시금 서로 나누어집니다. 이와 같이 영적 생명이 밀물처럼 들어오면 웅덩이들은 하나가 되지만, 썰물처럼 빠져나가면 그것들은 다시금 서로 나누어집니다. 영적 생명력이 미약했던 시대는 곧 부차적인 문제들을 가지고 신학적인 논쟁을 벌이는 시대였습니다. 반면 교회가 복음 진리의 위대한 원리들을 구현한 시대는 곧 그 지체들이 함께 연합한 시대였습니다. 그때 그들은 서로에 대해 "우리는 함께 택하심을 받은 자들이라"라고 말할 수 있었습니다.

형제들이여, 우리가 우리의 영적 생명을 강화시키고자 한다면, 우리의 관심은 각각의 교파의 특수성이 아니라 모두가 공통적으로 믿는 보편적인 진리에 초점이 맞추어질 필요가 있습니다. 그럴 때 비로소 우리는 우리와 동일한 보배로운 믿음을 소유한 사람들이 얼마나 많은지 느끼게 될 것입니다.

3. 마지막으로, 이러한 연합을 실현시키기 위해 꼭 필요한 것이 무엇인지 주목 하십시오.

여기에서 "바벨론에 있는 교회"라는 표현을 다시 한번 주목해 보십시오. 바벨론은 교회가 있을 장소로 너무나 어울리지 않는 장소였습니다. 그러나 하나님의 교회가 서지 못하는 바벨론은 어디에도 없습니다. 이와 같이 영적 생명이 창조되고 자라기에 적합하지 않은 환경은 결코 없습니다. 영적 생명은 어떤 장소에서도 창조되고 자랄 수 있습니다. 난초는 막대기 위에서도 자신의 터전을 발견할 것입니다. 왜냐하면 그것은 공기로부터 영양분을 빨아들이기 때문입니다. 성령으로부터 영양분을 공급받는 자들은 어떤 장소에서도 뿌리를 내릴 수 있습니다. 그리고 그들은 마침내 우리 하나님의 궁정에서 번성할 것입니다. 이와 같이 "바벨론에 있는 교회"는 기독교 신앙이 최악의 환경에서조차 승리할 수 있는 가능성과 관련하여 우리에게 큰 격려를 줍니다.

나아가 그것은 또한 우리에게 우리가 놓인 어떤 환경에도 불구하고 우리가 하나의 거대한 형제단(brotherhood)에 속해 있다는 의식(意識)을 계발시켜야 할 필요성을 일깨워 줍니다. 매우 적대적인 환경에 외롭게 놓인 어떤 그리스도인을 생각해 보십시오. 그러나 그는 자신이 혼자가 아니라는 사실을 느낄 수 있습니다. 그것은 그의 주님이 그와 함께 계시기 때문만이 아니라, 그가 받은 사랑과 동일한 사랑을 받고 그가 처한 상황과 비슷한 상황에 처한 다른 많은 사람들이 있기 때문입니다. 다른 곳에서 베드로는 고난 가운데 있는 형제들에게 "세상에 있는 다른 형제들도 동일한 고난을 당하는" 사실을 이야기하면서 힘을 낼 것을 격려하는데(벧전 5:9), 그것은 결코 이기주의적인 위로가 아닙니다. 그가 의미하는 것은 "위로를 취하라. 왜냐하면 다른 사람들도 너희 못지않게 나쁜 상황 가운데 있기 때문이라"가 아닙니다. 다만 그는 그들에게 수많은 형제도 적대적인 세상 속에서 "동일한 시련을 견디고 있는" 사실을 일깨워 주고 있는 것입니다.

이와 같이 모든 측면에서 적대적인 세상에서 억눌림을 당할 때, 우리는 다른 많은 형제들도 동일한 역경 가운데 인내하고 있음을 기억할 필요가 있습니다. 로마의 신자들이 살고 있는 곳은 다름 아닌 바벨론이었습니다. 바벨론에서 살고 있다는 바로 그 사실 때문에, 그들은 소아시아에 있는 형제들에 대해 생각하기를 기뻐했을 것입니다. 그들은 로마의 화려함과 방탕함으로부터 고립되어 있었습니다. 그런 그들에게 정결한 삶을 공유하는 형제들이 있음을 기억하는 것은 마치 포도주 냄새가 진동하는 연회장이나 혹은 피 냄새가 진동하는 도살장 안으로 흘러들어온 한 줄기 신선한 바람과 같았을 것입니다.

여기에서 한 가지 지적하고 싶은 것이 있습니다. 그것은 오늘날 그리스도인들이 자신들의 모든 계급을 내려놓고 어깨와 어깨를 서로 맞댈 필요가 있다는 사실입니다. 초자연적인 계시와 그리스도의 신성과 속죄의 희생제사와 내주하시는 성령을 믿는 사람들이 상대적으로 사소한 것들로 인해 서로 분리되며 나누어진다면, 그것은 자살과 마찬가지로 어리석은 일입니다. 왜냐하면 그것은 그러한 위대한 진리들을 공격하는 적군 앞에서 하나님의 군대가 스스로 분열하며 지리멸렬하는 것이기 때문입니다.

베드로가 이 편지를 쓰고 있던 당시를 생각해 보십시오. 그때 박해가 시작되려 하고 있었습니다. 마치 지평선 위로 뇌운(雷雲)이 나타나기 시작하는 것처럼 말입니다. 그런 시대에 바다와 인종과 언어와 관습에 의해 나누어져 있었던 그리스도인들은 더 더욱 하나로 연합될 필요가 있었습니다. 이것은 이 시대를 살아가는 우리에게도 마찬가지입니다. 우리가 우리 주님과 우리가 전파하는 복음에 진실하고자 한다면, 우리는 우리 모두가 공통적으로 소유하는 위대한 진리들에 대해 더 많이 생각하며, 더 많이 말하며, 더 많이 강조할 필요가 있습니다.

바벨론에서 살고 있는 형제들이여, 우리는 예루살렘 쪽으로 우리의 창문을 열어야만 합니다. 설령 바벨론에서 외인(外人)처럼 살아가고 있다 하더라도, 우리는 이렇게 말할 수 있습니다. "우리는 살아 계신 하나님의 도성인 하늘의 예루살렘과 천만 천사와 하늘에 기록된 장자들의 모임과 교회와 만민의 심판자이신 하나님과 및 온전하게 된 의인의 영들에게로 이르렀노라"(히 12:22, 23).

21
내 아들 마가

"내 아들 마가도 그리하느니라"

벧전 5:13

우리는 성경에서 마가의 인생의 개략적인 윤곽을 그려볼 수 있습니다. 그는 마리아의 아들이었습니다. 마리아는 어느 정도의 신분과 부(富)를 가진 사람이었던 것으로 보입니다. 그녀의 집이 베드로가 무사히 풀려나오도록 기도하기 위해 모인 "많은" 사람들이 거처하기에 충분할 만큼 컸던 사실로부터 우리는 그러한 사실을 추측할 수 있습니다. 또 마가는 바나바의 친척이었습니다. 아마도 사촌이었던 것으로 보입니다(골 4:10 개정역, 한글개역개정판에는 "바나바의 생질" 즉 "조카"로 되어 있음). 이런 점으로 미루어 볼 때, 마가는 바나바처럼 구브로 출신이었던 것으로 보입니다. 그가 베드로에 의해 "내 아들"이라고 불리는 사실은 자연스럽게 그가 베드로로 말미암아 회심했음을 암시합니다. 나아가 옛 전승은 우리에게 그의 복음서에 언급된 "청년" 즉 예수께서 잡히실 때 "베 홑이불을 버리고 벗은 몸으로 도망쳤던" 청년이 바로 그였다고 말해 줍니다. "한 청년이 벗은 몸에 베 홑이불을 두르고 예수를 따라가다가 무리에게 잡히매 베 홑이불을 버리고 벗은 몸으로 도망하니라"(막 14:51, 52). 어쨌든 그와 그의 친척들은 초창기부터 예수를 따랐던 제자들이었으며, 특별히 베드로와 관련이 깊었습니다. 특별히 이러한 사실은 베드로가 옥으로부터 나온 후 곧바로 찾아간 집이 바로 마리아의 집이었다는 사실로부터 분명해집니다. 또 바나바의 친척이었던 마가는 자연스럽게 바울과 바나바의 첫 번째 전도여행의 일원으로 선택되었습니다. 또 그가 구브로 출신이었던 사실은 그가 기꺼이 그곳으로 가기를 원했던 사실과 이후 계속해서 다른 지역으로 나아가기를 원하지 않았던 사실을 설명하는데 도움을 줍니다. 어쨌든 마가는 자신의 임무를 내팽개친 채 예루살렘에 있는 자기 어머니의 집으로 돌아와 버리고 맙니다. 이후 두 번째 전도여행을 제안 받을 때까지 그가 아무 일도 하지 않고 지냈던 시절에 대해 우리는 아무것도 듣지 못합니다. 두 번째 전도여행을 준비하는 동안 그에 대한 바나바의 지나친 애정과 바울의 엄격함은 결국 두 사람을 서로 나누어지도록 만들었습니다. 이렇게 하여 바나바는 안디옥교회로부터 아무런 축복도 받지 못한 채 마가와 함께 전도여행을 출발했습니다. 이후 그들의 전도여행 이야기에 대해 사도행전은 더 이상 기록할 필요를 느끼지 않고 침묵합니다.

이후 12년 남짓 기간 마가는 별다른 일을 하지 않은 채 조용히 지냈던 것으로 보입니다. 최소한 그가 바울과 함께 연합하여 어떤 일을 한 것으로는 전혀 나타나지 않습니다. 그러고 난 후에 우리는 그가 바울이 로마 감옥에 첫 번째 투옥되었을 때 바울의 무리 가운데 다시 나타나는 것을 발견합니다. 그리고 골로새서에서 그는 바울에게 위로가 되는 사람으로서 언급됩니다. "나와 함께 갇힌 아리스다고와 바나바의 생질 마가와 … 이런 사람들이 나의 위로가 되었느니라"(골 4:10, 11). 또 그는 골로새인들에게 문안인사를 보내며, 골로새서와 거의 비슷한 시기에 기록된 빌레몬서에서 또 다시 언급됩니다. 골로새서 4장 10절의 괄호에 있는 부연설명에 따를 때, 그는 아시아의 교회들을 돌아볼 생각을 하고 있었습니다. 그래서 바울은 그가 골로새에 이르거든 그를 영접하라고 명령합니다. "나와 함께 갇힌 아리스다고와 바나바의 생질 마가와 **(이 마가에 대하여 너희가 명을 받았으매 그가 이르거든 영접하라)**"(골 4:10).

그러고 나서 우리의 본문 가운데 그의 이름이 다시 나타납니다. 베드로가 본 서신을 기록할 당시 그의 곁에 마가가 있었던 사실은 바벨론이 바로 로마를 일컫는 은밀한 단어라는 견해와 본 서신이 골로새서와 빌레몬서와 거의 비슷한 시기에 기록되었다는 견해를 확증해 주는 것처럼 보입니다. 여기에서 마가는 다시금 아시아의 교회들에게 문안인사를 보냅니다. 그리고 우리는 바울이 그의 마지막 편지 가운데 당시 에베소에 있었던 디모데에게 "네가 올 때에 마가를 데리고 오라"고 부탁하는 이야기를 듣습니다 (딤후 4:11). 그러면서 바울은 "그가 나의 일에 유익하니라"라고 덧붙입니다. 마가는 한 때 바울에게 전혀 유익하지 않은 사람이었지만, 말년의 바울에게는 매우 유익한 사람이 되었습니다.

이런 점으로 미루어 볼 때, 마가는 바울의 말년에 바울과 함께 있었던 것으로 보입니다. 그리고 그 이후에 전승은 그가 베드로 곁에 있었다고 말해 줍니다. 그리고 마지막에 그는 베드로의 지도 아래 "마가복음"을 기록한 복음서 저자가 되었습니다.

이것이 그의 이야기의 개요입니다. 우리는 이러한 마가의 이야기로부터 몇 가지 매우 중요한 교훈을 배울 수 있습니다.

1. 첫째로, 우리는 여기에서 사람이 다른 사람들을 돕고자 하면 그들과 같은 수준으로 내려가야만 한다는 교훈을 끌어낼 수 있습니다.

마가는 본시 매우 다혈질의 유대인이었습니다. 그의 본명은 요한이었습니다. 그는 당시 많은 유대인들이 그랬던 것처럼 두 개의 이름을 가지고 있었습니다. 하나는 유대식 이름인 "요한"이고, 다른 하나는 이방식 이름인 "마가"였습니다. 그러나 시간이 흐름에 따라 우리는 "요한"이라는 호칭에 대해서나 혹은 심지어 "마가 요한"이라는 호칭에 대해서조차 더 이상 듣지 못합니다. "요한"과 "마가 요한"은 사도행전이 처음 그를 소개할 때 사용한 두 이름입니다. 그러나 나중에 그는 자신의 유대식 이름을 내던져 버리고, 오로지 "마가"라는 로마식 이름으로만 알려지게 됩니다. 이러한 사실은 그가 이방인 형제들에게 문안인사를 보내는 장면에서 항상 "마가"라는 이름으로 언급되는 사실과 잘 부합될 뿐만 아니라, 한 걸음 더 나아가 그가 이방인 그리스도인들을 위해 복음서를 기록한 사실과도 잘 부합됩니다. 신뢰할 만한 옛 전승에 따를 때, 그의 복음서는 로마의 그리스도인들을 위해 로마에서 기록되었습니다. 이 모든 사실이 가리키는 것은 이것입니다. 즉 어떤 사람이 그 마음 가운데 예수 그리스도에 대해 더 실제적인 사랑을 가질수록, 그는 자신의 관심사와 동정심과 노력의 모든 한계를 더 높이 뛰어오를 것이라는 것입니다. 틀림없이 그는 모든 사람을 위한 수고와 모든 사람을 향한 사랑을 가능한 더 넓게 확장시킬 것입니다.

물론 이와 같은 호칭의 변화는 단순히 편의를 위한 매우 사소한 것일 수도 있습니다. 그렇지만 그것은 또한 우리에게 다음과 같은 매우 중요한 사실을 깨우쳐 주기 위한 것일 수도 있습니다. 즉 우리가 다른 사람들을 돕고자 한다면 그렇게 하기 위해 필요한 첫 번째 조건은 우리가 그들의 수준으로 내려가 가능한 그들과 하나가 되는 것이라는 사실 말입니다. 아마도 마가는 속으로 이렇게 말했을 것입니다. "나는 나를 여기의 이방인들과 구별 짓는 이름을 버렸도다. 그들은 나의 사랑하는 자들이요, 나의 사역의 대상이로다. 나는 나를 그들과 하나로 연합시키는 이름을 취하노라." 어떻습니까? 이것은 예수 그리스도께서 우리를 위해 죽으시기 위해 세상에 오신 위대한 원리와 동일한 원리가 아닙니까? 설령 그것이 지극히 작은 한 예(例)에 불과하다고 하더라도 말입니다. 장미꽃 위에 이슬방울이 맺히는 원리는 거대한 태양계가 만들어지는 원리와 동일한 원리입니다. 여러분은 여러분이 돕고자 하는 사람들과 같이 되어야만 합니다. "자녀들은 혈과 육에 속하였으매 그도 또한 같은 모양으로 혈과 육을 함께 지니심은 … 종노릇 하는 모든 자들을 놓아 주려 하심이니"(히 2:14, 15). 우리는 여기에서 언뜻 볼 때는 사소한 것처럼 보입니다. 그러나 실상 매우 중요한 원리를 놓쳐서는 안 됩니다. 이 사람은 철저한 유대인이었습니다. 그러나 그는 이방인들에게 십자가의 복음을 전하는 일꾼이 되었습니다. 그리하여 그는 자신의 사역을 좀 더 효과적으로 행하고 자신이 영향을 끼치기 원하는 사람들에게 좀 더 가깝게 다가가기 위해 자신을 그들과 나누는 모든 것을 기꺼이 내던져 버렸습니다. 이것은 하나의 작은 사건에 불과합니다. 그러나 우리는 작은 창문을 통해 넓은 풍경을 볼 수 있습니다.

2. 둘째로, 마가의 역사(歷史)는 과거의 잘못을 극복할 수 있는 가능성을 암시합니다.

우리는 무슨 이유로 마가가 마땅히 즐겁게 감당했어야 할 일을 거부했는지 알지 못합니다. 아마도 앞에서 내가 이야기한 것과 어느 정도 관계가 있는 것으로 보입니다. 그는 구브로에 가는 것은 좋아했지만, 그 이상 나아가는 것은 원하지 않았습니다. 왜냐하면 그 이상의 지역은 그가 알지 못하는 미지의 땅이었을 뿐만 아니라 거기에서 많은 수고를 만날 것이었기 때문이었습니다. 그는 자신이 잘 아는 익숙한 지역은 기꺼이 가고자 했습니다. 거기에는 그의 지인(知人)들이 있었으며, 그는 그곳에서 어려움 없이 있을 수 있었습니다. 그러나 바울이 더 먼 지역을 향해 나아가고자 했을 때, 그의 모든 용기는 그의 손가락 끝으로 빠져나갔습니다. 그리하여 그는 예루살렘에 있는 자기 어머니의 집으로 되돌아가 버렸습니다. 그 이유가 무엇이었든 간에, 그가 어머니의 집으로 되돌아간 것은 그의 잘못이었습니다. 그렇지 않았다면 바울이 그를 그토록 엄하게 대하지는 않았을 것이었습니다. 사도행전 기자는 우리에게 바울이 "밤빌리아에서 자기들을 떠나 함께 일하러 가지 아니한 자를 데리고 가는 것이 옳지 않다고" 생각했음을 말해 줍니다(행 15:38). 어떤 사람이 어려움이 예상되는 곳에 갈 때마다 쟁기를 내팽개쳐 버리면서 "어렵지 않은 일이라면 기꺼이 따르겠지만, 많은 희생이 따르는 일이라면 따르지 않을 거예요"라고 말한다면, 그는 결코 바울의 마음에 합한 사역자가 아닐 것이었습니다. 그리하여 다시금 마가를 데려가자는 바나바의 제안에 바울은 단호하게 대답했습니다. "그럴 수 없도다. 그는 전에 자신의 맡은 일을 행하지 아니하였도다. 그러므로 앞으로도 마찬가지일 것이라." 하나님도 종종 우리를 이와 같이 대하십니다.

마가의 이런 잘못이 치료되는데 얼마나 오랜 시간이 걸렸는지 우리는 알지 못합니다. 그러나 어쨌든 그는 완전히 치료되었습니다. 소아시아에서의 가상적(假想的)인 위험과 역경을 두려워했던 사람은 바울이 감옥에 갇혀 있을 때 그 곁에 함께 있을 정도로 담대한 사람이 되었습니다. 그는 바울을 결박한 사슬을 조금도 부끄러워하지 않았습니다. 마침내 그는 바울의 신뢰를 얻었으며, 바울의 사역에 유익한 사람이 되었습니다. 그리하여 죽음을 예상하며 외롭게 감옥에 갇혀 있던 바울은 다시금 마가와 함께 있기를 바라며 디모데에게 "네가 올 때 마가를 데리고 오라"고 명령하면서 "그가 나의 일에 유익하니라"고 덧붙입니다(딤후 4:11). 이와 같이 바울은 간절한 마음으로 마가가 자기 곁에 있어 주기를 바랍니다. 이와 같이 상황을 바꾼 것은 단순히 바울의 관대함이 아니라 마가 자신의 끈질긴 노력이었습니다. 그의 잘못이 적혀 있던 옛 페이지에 깨끗한 새 페이지가 덧붙여졌습니다. 이제 그는 과거에 겁쟁이처럼 회피했던 일에 "유익한" 사람이 되었습니다.

이러한 특수한 사건을 좀 더 일반화시키면 이렇게 될 것입니다. 그것은 어느 누구도 자신의 회복의 가능성 즉 자기 안에 가장 깊이 뿌리 박혀 있는 자신의 잘못을 치료할 가능성을 제한해서는 안 된다는 사실입니다. 희망도 제한이 없어야 하며, 노력도 제한이 없어야 합니다. 자신의 비뚤어진 자아를 고치는 것이든 혹은 자신의 가장 깊이 뿌리박힌 잘못을 뽑아내 버리는 것이든, 그리스도인이 도달할 수 없는 것은 아무것도 없습니다. 그가 예수 그리스도에게 진실하기만 한다면 그리고 자신에게 주어진 은사를 올바로 사용하기만 한다면 말입니다. 우리 가운데 매일의 삶이 슬픔과 우울함 가운데 이루어지는 사람들이 많이 있습니다. 우리 가운데 전체적인 풍경이 회색의 단조로우며 무미건조한 모습인 사람들이 많이 있습니다. 우리 가운데 계속적인 좌절과 실패로 인해 다시금 시도하는 것이 쓸모없는 일처럼 느껴지는 사람들이 많이 있습니다. 그러나 이스라엘이 얻은 큰 승리를 기념하기 위해 "도움의 돌"이 세워진 장소는 얼마 전까지 이스라엘이 패배를 당했던 바로 그 장소였다는 사실을 기억하십시오.

그러므로 형제들이여, 예전에 수치스러운 패배를 당했던 바로 그 장소에서 우리는 승리를 얻을 수 있습니다. 우리와 함께하시는 예수 그리스도는 우리를 위해 무엇이든 가능하게 만들 것입니다. 예전의 잘못을 고치는 일이든 혹은 예전의 죄를 또 다시 반복하기를 그치는 일이든 말입니다. 사람이 예수 그리스도께서 주시는 힘을 사용하기로 선택하기만 한다면, 그는 가장 약할 때 가장 강할 수 있습니다.

3. 셋째로, 우리는 여기에서 작은 섬김의 위대함을 발견할 수 있습니다.

우리는 여기의 마가 요한이 복음을 전파하는 일을 했다는 이야기를 듣지 못합니다. 그의 일은 매우 작고 비천한 것이었습니다. 그는 바울의 위로가 되어야만 했습니다. 그는 바울의 심부름꾼이 되어야만 했습니다. 그는 재정적인 문제라든지 식량을 조달하는 등의 일을 수행해야만 했습니다. 그는 바울의 위대한 사역이 이루어질 수 있도록 사소한 일들을 돌봐야만 했습니다. 그는 평생 동안 그러한 일을 행했습니다. 그는 자신에게 맡겨진 "일상적인" 일을 수행해야만 했으며, 그러한 일을 행하는 것으로 충분했습니다. 그러한 일들은 어느 정도 자신을 억제하는 것을 필요로 했습니다. 그는 이렇게 말할 수 있었습니다. "바울은 디모데를 보내 그레데의 감독이 되게 했어. 그리고 디도를 보내 다른 교회들을 돌보도록 했어. 에바브로디도는 교회에서 중요한 일을 맡았으며, 아볼로는 위대한 설교자가 되었어. 그런데 도대체 난 뭐야? 아직까지도 하찮은 일이나 하고 있으니 말이야. 나는 이제 바울에게 항의해야만 해. 나도 이제는 좀 더 중요한 일을 맡아야만 해." 혹은 그는 스스로를 속이며 이렇게 말할 수도 있었습니다. "나는 이제 좀 더 영적이며 종교적인 일을 맡아야만 해." 우리 가운데 너무나 많은 사람들이 종종 사람들 앞에 두드러지고자 하는 자신의 육신적인 욕망을 영적인 일을 열망한다는 그럴듯한 가면으로 위장하는 것처럼 말입니다. 그러나 그는 그렇게 하지 않았습니다. 오늘날 우리가 통상적으로 사용하는 의미로는 "목사"(minister)가 아니었지만 그러나 참된 의미에서 목사였던 그는 평생 동안 자신에게 맡겨진 "하찮은" 일을 즐겁게 수행했습니다.

그것은 스스로를 억제하는 것이었습니다. 그러나 그것은 그 이상(以上)이었습니다. 여기에 우리 모두가 분명하게 인식해야만 하는 매우 중요한 사실이 있습니다. 그것은 하나의 궁극적인 목적에 기여하는 모든 종류의 일들이 결국 하나의 일이라는 사실입니다. 바울이 복음을 전파하는 것이나 그가 복음을 전파할 때 그 옆에서 그의 양피지 두루마리를 들고 있다든지 그의 옷이나 비품 따위를 챙기는 등의 일도 똑같이 그리스도의 일을 돕는 것입니다.

여러분은 오르간 연주자와 오르간에 공기를 불어넣는 사람과 관련한 옛이야기를 들어본 적이 있습니까? 오르간에 공기를 불어넣는 사람은 베토벤의 위대한 소나타를 연주하는 자가 누구냐는 질문을 받았습니다. 그러자 그는 "연주하는 사람이 누군지는 모르지만 그러나 공기를 불어넣는 사람은 납니다"라고 대답했습니다. 여기에는 위대한 진리가 담겨 있습니다. 공기를 불어넣는 무명(無名)의 사람이 없었다면, 오르간 연주자는 아무것도 연주하지 못했을 것입니다. 이와 같이 마가는 바울을 도왔습니다. 예수 그리스도께서 말씀하신 것처럼 "선지자의 이름으로 선지자를 영접하는 자는 선지자의 상을 받을" 것입니다(마 10:41).

4. 마지막으로, 우리는 여기에서 작은 일에 충성된 자에게 상급으로 큰 일이 주어지는 것을 주목할 수 있습니다.

마가에게 일어난 놀라운 변화를 주목해 보십시오. 바울과 바나바의 종으로 시작한 이 사람은 마침내 베드로의 지도 아래 복음서 저자가 되었습니다. 여러분은 베드로가 마가에게 "마가, 이리 와 앉게. 그리고 내가 이야기하는 것을 쓰게"라고 말하는 것을 상상할 수 있습니까? 마가에게 오랜 세월의 충성된 섬김이 없었다면, 그에게 결코 이런 기회는 없었을 것입니다. "지극히 작은 것에 충성된 자는 큰 것에도 충성되고"(눅 16:10). 이 말씀은 작은 일에 충성하는 것이든 큰 일에 충성하는 것이든 결국은 같은 것이라는 사실을 선언하는 것입니다. 뿐만 아니라 이 말씀은 또한 작은 일을 행하고 있는 사람들에게 주는 약속으로서 취하여질 수도 있습니다.

작은 일을 행한 것에 대해 우리가 받을 수 있는 최고의 상급은 큰 일이 맡겨지는 것입니다. 작은 초는 좀 더 높은 촛대 위에 세워지기를 바라는 유혹을 받을 수 있습니다. 여러분의 자리에서 가장 밝게 빛나십시오. 그러면 때가 되면 높은 자리로 옮겨질 것입니다. 그것은 하나님의 교회에서와 마찬가지로 이 세상에서도 일반적으로 그렇습니다. "아무 일도 하지 않는 것과 죽도록 일하는 것 사이에 중간 지대는 없다"는 속담이 있습니다. 일에 대한 상급은 더 많이 일하는 것입니다. 이와 관련하여 예수 그리스도께서도 "잘하였도다 착하고 충성된 종아 네가 적은 일에 충성하였으매 내가 많은 것을 네게 맡기리니"라고 말씀하셨습니다(마 25:21).

여기의 한편으로 사역자이면서 다른 한편으로 복음서 저자인 자를 생각해 보십시오. 그는 우리에게도 문안인사를 보내면서, 우리에게 모든 허물과 잘못에도 불구하고 힘을 내라고 격려합니다. 왜냐하면 그와 마찬가지로 우리 역시도 그 모든 것들로부터 회복될 수 있기 때문입니다. 잘못을 용서함에 있어 하나님은 바울보다 훨씬 더 관대하실 것입니다. 그리고 여러분과 나 역시도 그리스도의 입술로부터 "너희가 나의 일에 유익하니라"라는 말씀을 들을 수 있습니다.

베드로후서

1

동일하게 보배로운 믿음

"우리 하나님과 구주 예수 그리스도의 의를 힘입어 동일하게 보배로운 믿음을 우리와 함께 받은 자들에게 편지하노니"

벧후 1:1

베드로는 "보배로운"(precious)이라는 단어를 매우 좋아하는 것처럼 보입니다. 그것은 전문적인 단어가 아닙니다. 그것은 그 단어가 적용되는 대상의 성격과 관련하여 그다지 많은 빛을 비추어 주지 않습니다. 그러나 그것은 한 가지 중요한 개념을 암시합니다. 그의 두 서신 속에서 그 단어가 적용되는 대상들을 살펴보는 것은 매우 흥미로운 일입니다. 그는 "믿음의 확실함"을 "보배로운" 것으로 말합니다. "너희 믿음의 확실함은 불로 연단하여도 없어질 금보다 더 귀하여(precious)"(벧전 1:7). 그는 예수 그리스도를 "믿는 자들에게 보배"로서 말합니다. "그러므로 믿는 너희에게는 보배이나"(벧전 2:7). 그는 그리스도의 "보배로운" 피에 대해 말합니다. "오직 흠 없고 점 없는 어린 양 같은 그리스도의 보배로운 피로 된 것이니라"(벧전 1:19). 이 모든 용례(用例)들은 그의 첫 번째 서신에 있는 표현들입니다. 나아가 그의 두 번째 서신에서 우리는 본문 가운데 "동일하게 보배로운 믿음"이라는 표현을 보게 되며, 계속해서 몇 절 뒤에서 "보배롭고 지극히 큰 약속"이라는 표현을 보게 됩니다(4절). 자, 여기에서 베드로가 "보배롭다"고 말하는 것들의 목록을 살펴보도록 합시다 ― 그리스도, 그리스도의 피, 하나님의 약속, 우리의 믿음, 그리고 우리의 믿음의 확실함. 이런 것들이 노인 베드로가 여기에서 보배롭다고 말하는 것들입니다.

그러나 본문 가운데 우리가 주목해야만 하는 또 하나의 단어가 있습니다. "**동일하게** 보배로운." "동일하게"라는 단어는 우리의 시선을 두 부류의 사람들로 향하도록 만듭니다. 그것은 베드로 자신이 속한 "우리"와 "그들"입니다. 이러한 두 부류의 사람들은 누구입니까? 베드로는 지금 자신과 다른 사도들을 포함하는 성숙한 믿음을 가진 자들과 최근에 믿은 초보적이며 유아적인 믿음을 가진 자들 사이의 대조를 생각하고 있었을 수 있습니다. 그렇게 보는 것도 어느 정도 가능하기는 하지만, 나는 그가 이방인 회심자 전체와 예수 그리스도를 믿은 유대인 공동체 지체들 사이의 대조를 생각하고 있었던 것으로 받아들이고 싶습니다. 그렇다면 그는 지금 예전에 욥바의 한 옥상에서 배웠고 가이사랴에서의 경험을 통해 재확인된 교훈을 반복하고 있는 셈이 됩니다. 그렇다면 그는 지금 과거 예루살렘 공회 앞에서 스스로를 변호하기 위해 했던 말을 다시금 똑같이 되풀이하고 있는 셈이 됩니다. "하나님이 우리가 주 예수 그리스도를 믿을 때에 주신 것과 같은 선물을 그들에게도 주셨으니 내가 누구이기에 하나님을 능히 막겠느냐"(행 11:17). 요컨대 그는 지금 기독교 공동체 전체를 바라봅니다. 그리고 그는 양쪽을 나누는 중간 벽을 무시하면서 "동일하게 보배로운 믿음을 우리와 함께 받은 자들"이라고 말하고 있는 것입니다. 우리는 이러한 말씀으로부터 몇 가지 중요한 개념을 도출할 수 있습니다.

1. 첫째로, 우리는 여기에서 믿음의 대상에 대해 배울 수 있습니다.

여러분 가운데 개정역(Revised Version) 성경을 사용하는 사람들은 거기에 매우 사소한 것처럼 보이지만 아주 중요한 변이(變異)가 있는 것을 발견할 것입니다. 흠정역은 "우리 하나님과 구주 예수 그리스도의 의를 **통해**(through) 동일하게 보배로운 믿음을 우리와 함께 받은 자들"이라고 읽습니다. 반면 개정역은 좀 더 정확하게 "우리 하나님과 구주 예수 그리스도의 의에**서**(in) 동일하게 보배로운 믿음을 우리와 함께 받은 자들"이라고 읽습니다. 흠정역의 번역은 믿음과 관련한 신약의 통상적인 용례로부터 다소 벗어난 것처럼 보입니다. 왜냐하면 신약에서 믿음이 붙잡는 유일한 것은 사물(thing)이 아니라 인격(Person)으로 나타나기 때문입니다. 기독교의 믿음은 곧 어떤 인격적인 존재에 대한 신뢰입니다. 우리가 통상적으로 신뢰하는 대상이 인격적인 존재인 것처럼, 우리의 믿음의 대상은 가장 깊은 의미에서 교리도 아니고 명제도 아니고 심지어 신의 행동도 아니고 심지어 신의 약속도 아닙니다. 오직 우리의 믿음의 대상은 그러한 행동을 하는 자, 그렇게 약속하는 자, 인격적 존재, 곧 예수 그리스도입니다. 여러분이 "나는 이러저러한 말을 신뢰합니다"라고 말할 때, 그것이 의미하는 것은 "나는 **그를** 신뢰하기 때문에 그의 말을 신용합니다"라는 것입니다. 기독교는 잘못된 많은 개념들로부터 건짐 받을 필요가 있습니다. 설교자들은 우리의 믿음의 대상이 살아 있는 인격이신 예수 그리스도라는 사실을 분명하게 선포할 필요가 있습니다. 그리고 회중들은 그것을 분명하게 이해할 필요가 있습니다. 그럴 때 사람들은 자신의 영혼에 밝은 빛이 들어오는 것을 느끼게 될 것입니다. 다시 한번 말하거니와 우리의 믿음의 대상은 예수 그리스도입니다. 그러므로 우리를 예수 그리스도와 연결시키는 믿음은 본질적으로 인격적인 관계입니다. 그것은 우리의 머리와 관계되기보다, 훨씬 더 우리의 마음과 의지(意志)와 관련됩니다.

오늘날 기독교회는 과거에 비해 이러한 사실을 훨씬 더 많이 깨닫고 있습니다. 그러나 우리는 여전히 많은 결함을 가지고 있습니다. 그리고 오늘날의 세대는 너무나 가벼운 말투로 "나는 교리에 대해서는 별 관심이 없어요. 나는 살아 계신 그리스도를 붙잡는답니다!"라고 말합니다. 그런 말에 나는 "아멘!"으로 화답합니다. 그러나 나는 그렇게 말하는 사람들에게 "그러면 당신이 붙잡고 있는 그리스도는 누구입니까?"라는 질문을 다시금 던지지 않을 수 없습니다. 왜냐하면 아무런 외적인 면식(面識)도 없는 어떤 사람을 아는 유일한 방법은 그에 대해 듣고 그에 대해 믿는 것이기 때문입니다. 교리가 아닌 살아 계신 그리스도를 믿는 믿음이 실제적인 기독교인의 삶의 기초라는 것은 아무리 강조해도 결코 지나치지 않는 분명한 사실입니다. 그러나 우리는 우리가 믿는 그리스도가 어떤 그리스도인지에 대해 명확하게 해야 할 필요가 있습니다. 이와 관련하여 본문은 우리에게 믿음은 그리스도를 우리의 의(義)로써 붙잡는 것이라고 말합니다. 나아가 바울 역시도 이것의 연장선상에서 믿음을 그리스도뿐만 아니라 "그의 피"를 믿는 것으로 이야기합니다.

> "예수여! 당신의 피와 의는
> 나의 아름다움이요, 나의 영광스러운 옷이나이다."

형제들이여, 여러분은 이것을 떠나서는 아무것도 얻지 못할 것입니다. 믿는 자들에게 생명과 구원을 가져다주는 그리스도는 다름 아닌 그 피가 우리 가련한 죄인들을 깨끗하게 씻으며 그 의가 우리 가련한 죄인들을 옷 입히는 그리스도입니다. 나는 나의 모든 형제들에게 가장 큰 목소리로 구원은 오직 예수 그리스도라는 한 인물을 인격적인 신뢰를 통해 온다는 사실을 선포합니다. 동시에 나는 우리가 믿음으로 구원받는 그 인물이 다름 아닌 그 피가 우리를 깨끗하게 씻고 그 의가 우리의 의가 되는 예수라고 말함으로써 그러한 선포를 보충합니다.

이러한 의는 본문 가운데 하나님의 의로써 나타납니다. 그리고 그것은 그리스도에게서 구체화되는 의입니다. "우리 하나님과 구주 예수 그리스도의 의를 힘입어." 우리가 그 의가 우리의 의가 될 수 있는 조건 즉 믿음을 충족시킨다면, 그것은 그리스도로부터 우리에게로 전달될 수 있습니다. 그것이 우리의 것이 되는 것은 실체 없는 단순한 전가(轉嫁) 때문이 아니라, 믿음이 우리를 예수 그리스도와의 생명의 연합으로 데려가기 때문입니다. 그럼으로써 그의 의가 우리의 의가 되며, 그로 말미암아 우리는 우리의 죄책으로부터 면제될 뿐만 아니라 그의 사랑하는 아들의 형상으로 화하게 됩니다. 그리고 우리는 의와 거룩함으로 새롭게 창조됩니다. 이와 같이 우리의 믿음의 대상은 그리스도, 즉 그 피가 우리를 깨끗하게 씻으며 그 의가 우리의 의가 되는 그리스도입니다.

2. 둘째로, 우리는 여기에서 기독교적 믿음의 가치에 대해 배울 수 있습니다.

베드로는 기독교의 믿음을 "보배로운"(precious, 혹은 "값비싼") 믿음으로 부릅니다. 먼저 통로로서의 믿음의 가치를 생각해 보십시오. 우리는 사도행전에서 "믿음의 문"이라는 매우 주목할 만한 표현이 사용되는 것을 발견합니다. "하나님이 함께 행하신 모든 일과 이방인들에게 **믿음의 문**을 여신 것을 보고하고"(14:27). 문은 그 자체로는 별 가치가 없습니다. 그러나 그것이 왕궁으로 가는 길을 연다면, 그것은 큰 가치를 갖는 것이 됩니다. 믿음에 있는 모든 보배로움은 믿음 자체의 가치로부터 오는 것이 아니라, 그것이 우리의 손에 가져다주는 참으로 보배로운 것들로부터 옵니다. 어떤 염색공이 자줏빛 염료를 만진다면, 그의 손은 제왕의 자줏빛을 띨 것입니다. 어떤 여자가 향료를 만진다면, 그녀의 손은 아름다운 향기로 가득할 것입니다. 그와 같이 믿음의 손은 그것이 관계하는 것으로부터 색깔과 향기를 취합니다. 믿음이 보배로운 것은 모든 보배로운 것들이 우리 마음과 삶 속으로 흘러들어오는 통로이기 때문입니다. 어떤 대장장이가 어떤 납 파이프를 통해 물 공급을 받는다면, 그 파이프의 가치는 납 가격이 아니라 그것을 통해 흘러들어오는 물에 의해 측량될 것입니다. 이와 같이 나의 믿음은 모든 생수가 나의 갈급한 영혼 안으로 흘러들어오는 파이프입니다. 그것은 "영광의 왕이 들어올 수 있도록" 문을 여는 것입니다. 그것은 어두운 방 안으로 햇빛이 들어올 수 있도록 커튼을 열어젖히는 것입니다. 그것은 회로가 완성되도록 전선(電線)을 연결하는 것입니다. 하나님은 손을 내미시고, 우리는 그 손을 붙잡습니다. 비틀거리는 사람을 똑바로 서게 만드는 것은 땅으로부터 뻗어 올린 손이 아니라 하늘로부터 뻗어 내린 손입니다. 그러므로 사랑하는 친구들이여, 구원은 믿음에 대한 보상으로 오는 것이 아니라는 사실을 깨달으십시오. 다만 구원은 믿음에(in) 있는 것입니다. 그것은 믿음이 하나님의 모든 구원이 우리 안으로 흘러들어오는 통로이기 때문입니다. 그러므로 어떤 천박한 사상가들이 말하는 것과는 달리 구원의 길에 독단적인 것은 아무것도 없습니다. 그러므로 "왜 하나님이 구원을 믿음에 의존하도록 만들었습니까?"라고 묻는 것은 무의미한 질문입니다. 하나님은 구원을 믿음에 의존하도록 만들 수밖에 없었습니다. 왜냐하면 구원의 축복이 사람의 마음 안으로 흘러들어옴에 있어 믿음의 통로를 통하는 것 외에 다른 길이 없기 때문입니다. 여러분은 그러한 통로를 열었습니까? 열지 않았다면, 여러분은 구원이 여러분에게 임하지 않은 것에 대해 조금도 이상하게 생각할 필요가 없습니다.

다음으로 방어물로서의 믿음의 가치를 생각해 보십시오. 바울은 "믿음의 방패"라는 표현을 사용합니다. "모든 것 위에 믿음의 방패를 가지고 이로써 능히 악한 자의 모든 불화살을 소멸하고"(엡 6:16). 그러나 믿음에 나를 안전하게 만들어 주는 것은 아무것도 없습니다. 그렇게 생각하는 것은 종종 치명적인 실수가 됩니다. 모든 안전은 내가 신뢰하며 의지(依支)하는 자에게 달려 있습니다. 여러분 스스로를 참된 방패 아래 감추십시오. "여호와 하나님은 해요 방패이시라"(시 84:11). 그럴 때 비로소 여러분은 안전해질 것입니다. 우리를 모든 죄와 모든 위험으로부터 안전하게 지켜 주는 강한 요새는 그를 신뢰하는 것입니다.

갑판 위에 있는 가벼운 물건들을 생각해 보십시오. 그것들이 요동하지 않고 가만히 있게 만들기 위해서는 그것들을 묶어야만 합니다. 그와 같이 여러분과 나는 우리 스스로를 예수 그리스도에게 묶어야만 합니다. 그러면 밧줄 때문이 아니라 그리스도 때문에 우리는 흔들리지 않고 견고하게 될 것입니다.

다음으로 깨끗하게 하는 수단으로서의 믿음의 가치를 생각해 보십시오. 본 서신을 기록한 베드로는 과거 예루살렘 공회에서 이방인들이 교회로 들어오는 것을 옹호하는 연설을 한 적이 있었습니다. 그때 그는 하나님을 "믿음으로 그들의 마음을 깨끗하게 하시는" 분으로 묘사했습니다. "믿음으로 그들의 마음을 깨끗이 하사 그들이나 우리나 차별하지 아니하셨느니라"(행 15:9). 이와 같이 믿음의 행동 자체에 깨끗하게 하는 능력이 있는 것이 아닙니다. 깨끗하게 하는 능력은 믿음의 행동으로 말미암아 우리 마음 안으로 들어오는 것에 있습니다. 믿음은 단순히 받는 것이 아닙니다. 그것은 단순히 주어지는 것을 수동적으로 흡수하는 것이 아닙니다. 믿음은 신뢰와 바람(desire)으로 능동적으로 취하는 것입니다. 우리가 예수 그리스도와 그의 피와 의를 신뢰할 때, 우리의 마음 안으로 신의 생명이 흘러들어옵니다. 그리고 그렇게 흘러들어온 신의 생명은 우리의 마음에 있는 모든 더러운 것들을 깨끗하게 씻을 것입니다. 여러분은 믿음으로 말미암아 깨끗하게 하는 능력을 얻어야만 하며, 또한 애씀과 노력으로 말미암아 그러한 깨끗하게 하는 능력을 사용해야만 합니다. 그리고 여러분은 둘을 분리시켜서는 안 됩니다. "하나님이 하나 되게 하신 것을 사람이 나누지 못할지니라."

3. 마지막으로, 믿음의 유일성을 주목하십시오.

본문 가운데 "**동일하게 보배로운**"이라는 표현을 다시 한번 주목해 보십시오. 앞에서 이야기한 것처럼, 여기에서 베드로는 두 부류의 사람들을 생각하고 있었던 것으로 보입니다. 이와 같이 모든 다양한 것들을 하나로 모으는 것으로부터, 우리는 그리스도인을 만드는 유일한 것이 바로 이러한 믿음이라는 사실을 분명하게 배우게 됩니다. 바로 이것이 믿음의 유일성입니다. 그리스도인을 만드는 것이 얼마나 단순한 것인지 보십시오. 여러분은 "오직 믿음이라고요?"라고 묻습니다. 그렇습니다. 이것도 아니고, 저것도 아닙니다. 오직 믿음입니다. 제사장이 여러분을 위해 행하는 어떤 의식(儀式)도 아닙니다. 정통주의도 아닙니다. 도덕도 아닙니다. 오직 그리스도와 그의 피와 의를 믿는 믿음입니다. 영국은 기독교 국가입니까? 지금 이 자리는 그리스도인들이 모여 있는 자리입니까? 여러분은 그리스도인입니까? 그러면 여러분은 예수 그리스도를 믿습니까? 여러분은 그를 신뢰하며 의지(依支)하고 있습니까? 여러분이 예수 그리스도를 신뢰하며 의지하지 않는다면, 여러분은 그리스도인이 아닙니다. 설령 여러분이 머리끝부터 발끝까지 정통주의자라 하더라도, 또 여러분이 수많은 성례를 시행했다 하더라도, 또 여러분이 도덕적으로 정결한 삶을 살았다 하더라도 — 이 모든 것이 여러분을 그리스도인으로 만들지 않습니다. 여러분을 그리스도인으로 만드는 것은 바로 **이것** 즉 "우리 하나님과 구주 예수 그리스도의 의를 믿는 동일하게 보배로운 믿음"입니다.

믿음의 유일성과 관련한 이러한 위대한 개념은 우리에게 어떻게 기독교의 믿음이 그 모든 다양한 형태들에도 불구하고 하나인지 가르쳐 줍니다. 우리의 모든 가슴 아픈 분열과 분파에도 불구하고, 기독교회에는 단 한번도 갈라진 틈이 없었습니다. 초대교회에 유대인들과 이방인들 사이에 큰 틈이 있었습니다. 그러나 베드로는 그러한 틈 사이에다가 다리를 놓습니다. 그리고 둘을 하나로 연결합니다. 왜냐하면 그는 유대인과 이방인 모두를 통일시키는 하나의 믿음이 있을 뿐임을 알았기 때문입니다.

이와 같이 예수 그리스도를 믿는 믿음은 모든 차이들에다가 다리를 놓으며, 그것들을 하나로 통일시킵니다. 그리고 우리가 믿는 그리스도는 그 피로 말미암아 우리가 깨끗함을 받으며 그 의로 말미암아 우리가 의롭다 함을 받는 그리스도입니다.

나아가 이로부터 우리는 성장 혹은 발전의 모든 단계에서 동질성이 유지되는 또 다른 개념을 끌어낼 수 있습니다. 겨자씨와 "모든 나물보다 큰 나무"는 그 속에 같은 생명을 가지고 있습니다. 어떤 사람의 마음에 떨어진 지극히 작은 불씨는 영혼 전체를 불태우며 깨끗하게 하는 거대한 화염(火焰)과 하나입니다. 이와 같이 앞에서 가는 사람과 뒤에서 따르는 사람이 하나입니다. 앞에서 가는 사람에게는 겸손이 필요하고, 뒤에서 따르는 사람에게는 희망이 필요합니다. 아니 희망 이상의 것이 필요합니다. 왜냐하면 여러분에서 믿음이 시작되었다면, 여러분이 예수 그리스도와 같이 됨에 있어 필요한 것은 단지 계속해서 자라는 것일 뿐이기 때문입니다. 본문에 이어 어떤 말씀이 따르는지 주목해 보십시오. "그러므로 너희가 더욱 힘써 너희 믿음에 덕을, 덕에 지식을, 지식에 절제를, 절제에 인내를, 인내에 경건을, 경건에 형제 우애를, 형제 우애에 사랑을 더하라"(5-7절). 이 모든 것들은 우리를 그 모든 것들의 원천인 그리스도와 연결시키는 믿음으로부터 나옵니다. 그러므로 여러분과 나는 자신의 믿음을 가장 높은 수준까지 발전시켜야 할 책임을 갖습니다.

아, 우리는 믿음이 충만할 때는 담대하게 물로 뛰어내렸다가 물이 무릎에 닿는 순간 곧바로 믿음을 잃고 물속으로 빠져 들어갔던 여기의 베드로와 너무나 비슷하지 않습니까? 믿음이 약해지자 그는 즉시 물속으로 가라앉기 시작했습니다. 그러자 그는 절망적인 손을 뻗으며 "주여 나를 구원하소서!"라고 부르짖었습니다. 그러자 주의 손이 다가와 그를 붙잡아 주었습니다. 그의 발이 물가에 이를 때까지 말입니다. "내가 믿나이다 나의 믿음 없는 것을 도와 주소서"(막 9:24).

2
하나님의 영광과 덕으로써 부르심

"그의 신기한 능력으로 생명과 경건에 속한 모든 것을 우리에게 주셨으니 이는 자기의 영광과 덕으로써 우리를 부르신 이를 앎으로 말미암음이라"

벧후 1:3

달란트 비유에 등장하는 게으른 종은 "당신은 굳은 사람이라 심지 않은 데서 거두고 헤치지 않은 데서 모으는 줄을 내가 알았으므로 두려워하여 나가서 당신의 달란트를 땅에 감추어 두었었나이다"라고 말했습니다(마 25:24). 우리 주님은 그의 의미심장한 말을 통해 우리 모두에게 다음과 같은 위대한 사실을 가르치고자 하셨습니다. 즉 어떤 사람이 자기 머릿속에 하나님은 항상 요구하며 명령하는 분이라는 개념을 가진다면, 그 사람은 결국 아무 일도 하지 않을 것이라는 사실 말입니다. 그런 종류의 생각은 사람으로부터 모든 행함과 섬김을 마비시킬 것입니다. 그리고 그것의 역(逆), 즉 하나님과 관련하여 모든 축복과 기쁨과 자발적이며 즐거운 행함의 열매를 맺는 유일한 생각은 그를 '요구하며 명령하는 자'가 아니라 '주며 베푸는 자'로 생각하는 것이라는 개념 역시 똑같이 사실입니다. 사람들에게 하나님이 본질적으로 '주는 하나님'(giving God)이라는 사실을 가르치십시오. 그리고 그러한 개념이 그들의 마음과 생각에 스며들게 하십시오. 그러면 여러분은 그들로부터 풍성한 행함의 열매를 얻게 될 것입니다. 다시 말해서 이러한 개념이 사람의 영(靈)에 깊이 뿌리를 박을 때, 비로소 그에게 참된 섬김의 열매가 맺힐 것입니다.

오늘 본문은 이러한 개념과 직접적으로 연결됩니다. 왜냐하면 본문은 뒤이어 나오는 다음과 같은 위대한 명령의 기초가 되기 때문입니다. "그러므로 너희가 더욱 힘써 너희 믿음에 덕을, 덕에 지식을, 지식에 절제를, 절제에 인내를, 인내에 경건을, 경건에 형제 우애를, 형제 우애에 사랑을 더하라"(5-7절). 베드로는 이러한 덕목들을 마치 하나님께로 올라가는 사다리의 계단들처럼 묘사합니다. 이러한 위대한 명령의 기초는 "하나님이 너희에게 모든 것을 주셨다"는 것입니다. "그의 신기한 능력으로 생명과 경건에 속한 모든 것을 우리에게 주셨으니"(3절). 여러분은 먼저 모든 것을 받은 것으로부터 시작합니다. 모든 것을 받았으므로, 이제 여러분은 일하는 단계로 나아가야 합니다. 여러분은 그가 여러분에게 준 선물들을 여러분의 존재와 결합시키고, 그것들을 여러분의 영혼 안으로 가져가야 합니다. 그리고 그것들을 여러분의 기독교인의 삶의 모든 복된 행함으로 펼쳐 나가야 합니다. 하나님이 여러분을 사랑하시고 여러분에게 자신의 모든 것을 주셨음을 굳게 붙잡으십시오. 그리고 그의 충만한 선물들 가운데 일하십시오.

바로 이것이 본문의 맥락입니다. 나는 먼저 "하나님이 여러분과 나를 어떻게 부르셨습니까?"라는 질문과 함께 시작하고자 합니다. 본문에 대한 올바른 독법(讀法)은 흠정역(KJV)처럼 "영광과 덕**으로**(to glory and virtue) 우리를 부르신 이"라고 읽는 것이 아니라, "영광과 덕**으로 말미암아**(by glory and virtue) 우리를 부르신 이"라고 읽는 것입니다(한글개역개정판에는 "영광과 덕으로써 우리를 부르신 이"라고 되어 있음). 여러분은 여기의 차이를 압니까? 전자의 언어는 하나님이 여러분과 나를 부르신 목적이 우리가 그의 신적 본성을 본받도록 하시기 위함이라는 개념을 표현합니다. 바로 이것이 우리의 흠정역 성경이 읽는 방식입니다. 그러나 하나님의 부르심을 구성하는 신의 본성과 행동에는 훨씬 더 깊은 것이 있습니다. 어쨌든 여기의 "자기의 영광과 덕으로 말미암아 우리를 부르신 이"

라는 독특한 표현을 다시 한번 주목해 보십시오. 여기에서 우리는 두 가지를 살펴보아야만 합니다.

먼저 하나님의 영광입니다. 이것은 많은 사람들이 어린 시절부터 귀에 못이 박히도록 들어온 매우 진부한 표현입니다. 하나님의 영광은 성경에서 매우 분명한 의미를 갖습니다. 구약에서 그것은 언약궤의 은혜의 보좌 위에 서 있는 그룹들 사이에서 비취는 초자연적인 빛을 일컫는 특별한 표현이었습니다. 그것은 신의 임재에 대한 가견적(可見的)이며 실물적인 그림이었습니다. 이러한 실물적인 그림을 잘 이해하십시오. 왜냐하면 하나님은 종종 우리를 그림으로 가르치시기 때문입니다. 우리가 자녀들에게 그렇게 하는 것처럼 말입니다. 그러한 그림을 취하여 영적인 차원으로 끌어 올리면 이렇게 될 것입니다 — "하나님의 영광은 가장 깊은 의미에서 마치 태양으로부터 빛이 계속 비취며 흘러나오는 것처럼 하나님 자신의 계시의 빛과 완전함과 아름다움이 그 자신으로부터 계속 비취며 흘러나오는 것이다." 나는 본문의 전반부를 다음과 같이 풀어 쓸 수 있다고 생각합니다 — "하나님이 사람들을 자기에게로 부르시는 위대한 방법은 그의 사랑을 그들에게 두시고 그러한 형언할 수 없는 빛의 충만을 사람들의 삶 가운데 비취는 것이니라."

다음으로 하나님의 덕이라는 표현을 살펴보도록 합시다. 사람에게 적용되든 하나님에게 적용되든, 우리는 "덕"(virtue)이라는 단어 가운데 이교(異教)적인 향취가 풍기는 것을 느낄 수 있습니다. 실상 그 단어는 신약에서 매우 드물게 발견됩니다. 나는 여기에서의 그것의 의미가 우리가 힘(energy) 혹은 능력(power)이라는 단어로써 의미하는 것과 본질적으로 동일한 것을 의미한다고 감히 말합니다. 여러분은 시골에 사는 여자들이 식물의 덕(virtues of plants)이라는 표현을 사용하는 것을 잘 알 것입니다. 이러한 표현으로 그들이 의미하는 것은 식물의 선(善)이 아닙니다. 다만 그러한 표현으로서 그들은 싹을 틔우며 자라는 식물의 신비한 힘을 의미합니다. 혈루증을 앓던 여인이 우리 주님의 옷에 손을 댔을 때, 우리 주님은 "덕"(virtue)이 자신으로부터 빠져나간 것을 느끼셨습니다. "예수께서 **덕**이 자기에게서 나간 줄을 곧 스스로 아시고 무리 가운데서 돌이켜 말씀하시되 누가 내 옷에 손을 대었느냐 하시니"(막 5:20, 한글개역개정판에는 "그 능력"이라고 되어 있음). 이것이 의미하는 것은 두말할 것도 없이 선(goodness)이 아니라 힘(energy)입니다. 그러므로 우리는 "덕"과 관련한 본문의 의미를 다음과 같이 읽어야 합니다. "그는 영광으로 말미암아 그리고 그의 사랑을 비추심으로 말미암아 우리를 부르셨도다. 그는 그의 영(靈)이 역사(役事)하는 행동과 기운(energy)과 능력(power)으로 말미암아 우리를 부르셨도다."

그러므로 여기의 두 가지(즉 영광과 덕)은 "흘러나오는 빛에서 탄생한 기운(energy)에서 흘러나오는 빛"입니다. 이러한 두 가지는 그 기저(基底)에서는 실제로 하나입니다. 그것은 하나의 개념의 두 가지 측면입니다. 오늘날의 물리학자들은 태양계에서의 모든 활동은 태양으로부터 온다고 말합니다. 모든 활동은 궁극적으로 태양으로부터 오며, 물리적인 태양계에서 햇빛보다 더 강한 기운은 없다는 것입니다. 천둥은 매우 시끄럽고 요란하기는 하지만, 햇빛에 비할 때 지극히 미약한 기운에 불과합니다. 모든 것을 이기는 가장 강한 기운은 태양으로부터 흘러나오는 빛입니다. 이와 같이 베드로는 매우 생생한 방식으로 하나님의 영광의 나타남이 우주 전체에서 가장 강한 힘이라고 말합니다. 그것은 빙산(氷山) 위를 비추는 달빛과 같지 않습니다. 달빛은 싸늘하며 냉랭합니다. 그것은 빙산에 아무런 효력도 끼치지 못합니다. 그것은 빙산을 녹이지도 못하고, 따뜻하게 만들지도 못합니다. 반면 하나님의 영광의 나타남은 햇빛처럼 비칩니다. 햇빛이 행하는 일은 다른 모든 일들보다 더 강합니다. 그의 영광으로 말미암아 그리고 영원한 빛의 찬란한 나타남에 내재한 초월적인 기운(energies)으로 말미암아, 하나님은 사람들을 자기에게 부르십니다. 이것이 본문의 독특한 표현에 대한 올바른 해석이라면, 나는 여러분에게 한 가지 부탁을 하고 싶습니다. 잠깐 동안 여러분 자신의 신학의 안경을 벗으십시오. 그리고 이러한 개념을 또 다시 신조(信條)의 언어로 구성되는 단순한 교리로 만들지 마십시오. 부르심(calling, 혹은 召命)으로 말하는 대신, 초청 혹은 간청 혹은 애원 혹은 간절한 찾으심 등으로 말하십시오. 왜냐하면 "부르심"의 개념에 이러한 것들이 담겨 있기 때문입니다. 하나님은 이와 같은 의미로 사람들을 자신에게로 부르십니다. 그 자신의 완전한 아름다움을 비추심으로 말미암아 그리고 그 빛이 어둠 속으로 뚫고 들어가는 힘으로 말미암아 말입니다. 사랑하는 형제들이여, 이것은 얼마나 아름다운 개념입니까! 하나님이 우리를 자신에게로 이끄심에 있어, 우리가 그의 어떠하심을 보게 하시는 것 이상(以上)의 것은 아무것도 없습니다. 그것은 완전하게 아름다우며, 완전하게 달콤하며, 완전하게 부드러우며, 완전하게 강합니다. 그리고 그것은 우리 존재의 모든 필요와 우리 마음의 모든 갈급함에 완전하게 부응합니다. 하나님을 볼 때, 우리는 그를 사랑하지 않을 수 없습니다. 방황하는 인생들의 마음을 자신의 마음의 빛과 달콤함으로 돌아오도록 부르심에 있어, 그들에게 자신을 나타내는 것 이상(以上)의 것은 아무것도 없습니다. 우주의 모든 곳으로부터 그리고 그의 손과 마음과 영의 모든 활동에서, 우리는 한 음성이 "아들아, 네 마음을 나에게 달라"고 외치는 것을 들을 수 있습니다. "너희는 여호와의 선하심을 맛보아 알지어다"(시 34:8), "너는 하나님과 화목하고 평안하라 그리하면 복이 네게 임하리라"(욥 22:21).

이것은 얼마나 놀랍고 위대한 개념입니까! 그러나 여러분은 이것이 베드로가 생각하고 있었던 것의 전부라고 생각합니까? 여러분은 지금까지 내가 이야기한 매우 광범위하며 어떤 측면에서 모호한 말이 본문의 독특한 표현이 의미하는 것을 충분하며 정확하게 나타낸다고 생각합니까? 나는 그렇게 생각하지 않습니다. 이 편지를 쓰고 있었을 때, 나는 베드로가 오래 전의 기억을 떠올리고 있었을 것이라고 추측합니다. 즉 그가 고기잡이를 마치고 지친 몸으로 돌아와 그물을 씻고 있었을 때, 누군가 자기 곁에 다가와 "나를 따르라"라고 말했던 기억 말입니다. 나는 그것이 베드로의 생각 속에서 하나님이 그를 "그의 영광과 덕으로 말미암아 부르신" 것이었을 것이라고 생각합니다. 나는 그때 찬란한 빛의 모든 광채와 적극적인 사랑의 모든 초월적인 힘이 우주 전체에 넓게 퍼졌다고 생각하지 않습니다. 그것이 모든 곳에 있었음에도 불구하고, 나는 그것이 초점과 중심과 불을 가지고 있었을 것이라고 생각합니다. 그 불은 아들이신 예수 그리스도, 그의 인성과 신성에서의 예수 그리스도, 그의 생애와 수난과 죽음과 부활과 승천과 왕권에서의 예수 그리스도 안으로 모아집니다. 창조세계 전체가 하나님의 영광이며, 그의 덕입니다. 그리고 하나님을 그것을 통해 사람들을 자기에게로 이끄십니다. 나는 이러한 개념을 설명하는데 계속 머물러 있을 수 없습니다. 나는 다만 그것을 특별히 여기에 앉아 있는 젊은이들에게 권면하고 싶습니다. 신의 영광의 최고 형태는 예수 그리스도입니다. 그것은 사람들이 신성을 입는 속성들도 아니고, 여러분이 신학서적에서 발견하는 추상적인 개념들도 아닙니다. 그런 것들은 단지 그 영광의 부수적인 부분들에 불과합니다. 사랑하는 친구들이여, 그 불의 모든 광채의 중심에 살아 있는 흰 빛은 온유하신 그리스도 안으로 전달된 생명의 빛입니다. 이와 관련하여 사도 요한은 "우리가 그의 영광을 보았다"고 말합니다. "**우리가 그의 영광을 보니** 아버지의 독생자의 영광이요 은혜와 진리가 충만하더라"(요 1:14). 그렇습니다. 그는 사람들이 너무나 자주 함께 갈 수 없는 것으로 여기는 두 단어를 하나로 결합시킵니다. "그의 **영광**을 **보니**." 그것은 "나는 세상의 빛이라"라고 말씀하신 자 안에 있는 최고의 빛입니다. 그것은 "빛 중의 빛"(very light of very light)이며, 그의 영광의 밝음이며, 그의 광채의 비췸이며, 그의 인격의 명백한 형상입니다.

빛이 그러한 것처럼, 능력(power) 또한 마찬가지입니다. 예수 그리스도는 능력, 가장 높으며 가장 고결한 형태의 능력, 오래 참음과 온유함과 신적 고난의 능력, "모든 믿는 자"에게 미치는 가장 광범위한 능력, 가장 놀랍게 역사(役事)하는 능력, 구원에 이르는 하나님의 능력입니다. 이 시간 나는 여러분에게 한 가지 메시지를 전달하고자 합니다. 여러분이 빛을 원한다면, 그리스도를 바라보십시오. 여러분이 하나님의 영광인 그의 얼굴을 보기를 원한다면, 그에게로 돌이켜 그의 빛으로 하여금 여러분의 얼굴 위에 비추게 하십시오. 그러면 여러분은 "그를 본 자는 아버지도 보았느니라"라고 말할 수 있게 될 것입니다. 나의 형제들이여, 하나님의 모든 영광과 하나님의 모든 힘이 함께 모이는 가장 높고 고결하며 완전하며 최종적인 형태는 한 갈릴리 청년이 소수의 유대인들 가운데 서서 그들에게 그리고 그들을 통해 여러분과 나에게 "수고하고 무거운 짐 진 자들아 다 내게로 오라 내가 너희를 쉬게 하리라"라고 말했을 때였습니다. 그는 그의 영광과 덕으로 우리를 부르십니다.

자, 한 걸음만 더 나아가 봅시다. 우리는 스스로를 본문에 한정시켜야만 합니다. 여기의 신의 힘과 빛이 우리를 자신에게로 부름에 있어 고려한 위대하며 놀라운 목적에 대해 잠시 생각해 보십시오. 그의 신적 능력은 우리에게 생명에 속한 모든 것과 경건에 속한 모든 것을 주었습니다. 옛 시편 가운데 한 구절은 이렇게 말합니다. "나의 성도들을 내 앞에 모으라 그들은 제사로 나와 언약한 이들이니라 하늘이 그의 공의를 선포하리니 하나님 그는 심판장이심이로다"(시 50:5, 6). 사람들을 자기에게로 이끄는 것이 하나님의 최종적인 계시입니까? 그것이 그가 그의 사자(使者)들을 보내셔서 사람들을 부르시는 이유입니까? 아닙니다. 더 궁극적인 것이 있습니다. 그것은 심판하기 위함도 아니고, 응징하기 위함도 아니고, 징벌하기 위함도 아닙니다. 그것은 주기 위함입니다. 바로 이것이 세상 전체에 울려 퍼진 "이리로 오라!"는 부르심의 의미입니다. 거기에 이를 때, 우리는 그의 긍휼의 부요함으로 충만히 채워질 것입니다. 그리고 그는 그의 영을 그의 큰 선물로 우리 위에 부으실 것입니다. 이것이 하나님입니다. 그가 사람들을 자기에게로 부르시는 것은 그들을 축복하기 위함입니다. 그가 우리 마음을 비우는 것은 그것을 채우기 위함입니다. 그는 우리를, 우리가 그를 필요로 하도록 그리고 그 안에서 즐거워하도록, 지으셨습니다. 그는 "너희의 모든 그릇을 가져오라. 내가 채우리라"라고 말씀하십니다. 여기에서 베드로가 가진 하나님의 우주적이며 대중적인 성품에 대한 장엄한 확신을 주목해 보십시오. "그의 신기한 능력으로 생명과 경건에 속한 모든 것을 우리에게 주셨으니." 그는 "생명에 속한 모든 것과 경건에 속한 모든 것"이라고 말합니다. 어떤 사람들은 이것을 "같은 것을 다른 언어로 두 번 반복해서 말하는 동어반복"이라고 말합니다. 그것은 아무래도 상관없습니다.

어쨌든 그것은 넘치는 풍부함과 부요함을 표현합니다. 베드로는 형제 바울의 책으로부터 한 페이지를 취합니다. 바울은 하나님의 선물에 대해 이야기할 때 종종 동어반복을 사용합니다. 예컨대 그의 말 가운데 우리는 "우리가 구하거나 생각하는 모든 것에 더 넘치도록 능히 하실 이에게"(엡 3:20) 등과 같은 표현을 발견합니다. 그렇습니다. 모든 형태의 언어는 모든 지식을 초월하는 그 위대한 사랑의 기적 앞에서 단지 미약하며, 희미하며, 초라하며, 보잘것없을 뿐입니다. 이와 같이 베드로는 "생명에 속한 모든 것과 경건에 속한 모든 것"이라고 말합니다. 그것은 원주(圓周) 전체, 원의 360도 전체입니다. 하나님의 사랑이 내려와 이를테면 그 꼭대기에 임할 것입니다. 그러므로 거기에 흠이나 결함이 있는 선물은 단 하나도 없을 것입니다. 여러분이 생명으로부터 필요로 하는 모든 것과 여러분이 경건을 위해 필요로 하는 모든 것이 거기에 있을 것입니다. 하나님은 여러분과 나에게 말씀하십니다. "이리 와서 나의 곳간을 보라. 여기에 있는 보화로 가득 찬 금 항아리들을 보라. 저기에 있는 커다란 금괴들을 보라. 나의 무한한 소유를 보라. 그리고 나의 말을 들으라. 내가 나 자신을 너희에게 주노라. 그러므로 너희가 나의 모든 충만으로 채워질 것이라. 내가 너희에게 생명에 속한 모든 것과 경건에 속한 모든 것을 주노라."

다음 주제로 넘어가기 전에 한 가지 더 살펴볼 것이 있습니다. 그것은 여기에서 이러한 백과사전적인 선물이 여러분이 장차 받게 될 것으로서 표현되지 않는다는 사실입니다. "그의 신기한 능력으로 생명과 경건에 속한 모든 것을 우리에게 **주셨으니**." 도리어 그것은 여러분이 이미 받은 것으로서 표현됩니다. 원문(原文)을 읽을 수 있는 사람들은 나의 이런 단언이 결코 틀린 것이 아니라는 사실을 한층 더 확실하게 알 수 있을 것입니다. 왜냐하면 원문은 우리의 영역본(英譯本)보다 그러한 모든 영광의 충만과 생명과 경건의 덕이 우리 사람들에게 주어진 과거의 한 분명한 행동을 보다 더 명확하게 가리키기 때문입니다. 그것이 무엇인지에 대해 의문의 여지가 있습니까? 우리는 때로 하나님에게 좀 더 달라고 간청해야만 하는 것처럼 말하곤 합니다. 하나님은 여러분에게 1,900년 전에 주신 것보다 더 많은 것을 주실 수 없습니다. 그것은 모두 그리스도에서 주어졌습니다. 매우 통속적인 예화(例話)를 들어볼까요? 어떤 사람이 여러분에게 한 런던의 은행이 여러분의 계좌에다가 일천 파운드를 입금시켰으니 마음껏 사용하라고 말했다고 상상해 보십시오. 그러면 그 돈은 여러분의 계좌에 있는 것입니다. 그렇지 않습니까? 선물은 이미 주어졌습니다. 그럼에도 불구하고 여러분은 한 푼도 없는 극빈자처럼 살 수 있습니다. 이번에는 실화(實話)를 한 가지 소개하고자 합니다. 몇 해 전 북극탐험대는 50년 전에 패리(Commander Parry)가 남겨 둔 보급품 상자를 발견했습니다. 그것은 돌무더기 아래 안전하게 보관되어 있었습니다. 나무 상자는 아직 썩지 않았으며, 내부에 있는 음식물은 아직도 신선하며 먹을 수 있는 상태였습니다. 그것은 거기에 그대로 놓여 있었습니다. 그런데 사람들은 그것을 곁에 두고도 굶어 죽었습니다. 그것이 거기에 그대로 놓여 있었음에도 불구하고 말입니다. 이와 같이 하나님은 우리에게 자기 아들을 주셨습니다. 그리고 그 안에서 우리에게 생명에 속한 모든 것과 경건에 속한 모든 것을 주셨습니다. 사랑하는 형제들이여, 하나님이 여러분에게 값없이 주신 것을 그대로 취하십시오.

이제 우리가 살펴볼 마지막 단어가 하나 남아 있습니다. 그것은 "앎"(knowledge)이라는 단어입니다. "이는 자기의 영광과 덕으로써 우리를 부르신 이를 **앎**으로 말미암음이라." 그것은 우리를 영광으로 부르신 자를 **아는** 것으로서, 우리 편에서 이러한 신의 부르심에 순복하고 이러한 신의 선물의 충만을 받는 방법과 관련된 것입니다. "앎으로 말미암아"라고요? 그렇습니다. 두 종류의 앎(knowledge) 즉 지식이 있습니다. 여러분이 책을 통해 아는 지식이 있습니다. 그리고 여러분이 서로 아는 지식이 있습니다. 여기에서 내가 의미하는 것은 "나는 수학을 알아요"라고 말할 때의 앎의 의미와 "나는 요한을 알아요"라고 말할 때의 앎의 의미가 완전히 다르다는 것입니다. 영광의 전체적인 충만과 빛의 전체적인 충만을 받는 조건인 앎은 우리가 서로에 대해 아는 것과 마찬가지로 우리가 책을 통해 어떤 지식을 아는 것 훨씬 이상(以上)입니다. 다시 말해서 우리는 신앙고백의 모든 신조(信條)들을 머리로 분명하게 이해하고 있음에도 불구하고 생명과 빛과 능력과 경건은 전혀 갖지 못할 수 있다는 것입니다. 그러나 우리가 그를 우리의 형제로서 우리의 친구로서 우리의 희생제물로서 우리의 구속자로서 우리의 주님으로서 우리의 모든 것으로서 안다면, 우리가 그를 우리의 하늘로서 우리의 의로서 우리의 힘으로서 안다면, 우리가 그를 내적인 지식으로 안다면, 우리가 그를 생명의 진리로서 안다면 — 그렇다면 우리는 하나님이 보내신 자 예수 그리스도를 아는 것이 곧 영생이라는 사실을 깨닫게 될 것입니다.

사랑하는 친구들이여, 이제 나의 말은 모두 끝났습니다. 하나님은 여러분을 부르시고 계십니다. 아니, 하나님은 **당신**을 부르시고 계십니다. 그의 음성은 모든 말과 모든 언어로 들릴 수 있습니다. 그의 음성이 들릴 수 없는 말과 언어는 없습니다. 그의 말씀은 세상 끝까지 전파되었으며, 당신 자신에게까지 이르렀습니다. 친구여, 그는 당신을 부르십니다. 당신과 나는 그에게로 돌이켜 이렇게 말할 수 있습니다. "너희는 내 얼굴을 찾으라 하실 때에 내가 마음으로 주께 말하되 여호와여 내가 주의 얼굴을 찾으리이다 하였나이다"(시 27:8). 아멘.

3
신성한 성품에 참여하는 자

"이로써 그 보배롭고 지극히 큰 약속을 우리에게 주사 이 약속으로 말미암아 너희가 정욕 때문에 세상에서 썩어질 것을 피하여 신성한 성품에 참여하는 자가 되게 하려 하셨느니라"

벧후 1:4

"**신성한** 성품(divine nature, 혹은 "신적 본성")에 참여하는 자." 이 것은 참으로 대담한 표현이며, 인간의 가장 원초적인 꿈을 격려하는 것으로서 이해될 수 있습니다. 그러나 가장 대담하며 또 우리를 깜짝 놀라게 만드는 표현임에도 불구하고, 그것은 신약 전체가 가르치는 교훈 즉 사람이 믿음으로 말미암아 자신의 영 안에 하나님의 생명의 실제적인 전달을 받을 수 있으며 실제로 받는다는 교훈을 다른 언어로 표현한 것에 불과합니다. 그것이 전능자의 자녀가 되는 것을 의미하는 것이 아니라면 도대체 무엇을 의미하는 것이겠습니까? 거듭나는 것이 그것을 의미하는 것이 아니라면 도대체 무엇을 의미하는 것이겠습니까? 하나님이 우리 안에 거하시며 우리가 그 안에 거한다는 것이 — 마치 가지가 포도나무에 거하는 것처럼 그리고 지체가 몸에 거하는 것처럼 — 그것을 의미하는 것이 아니라면 도대체 무엇을 의미하는 것이겠습니까? "주와 합하는 자는 한 영"이라는 말씀이 그것을 의미하는 것이 아니라면 도대체 무엇을 의미하는 것이겠습니까? 이 모든 것이 가장 실제적인 의미에서 기독교의 궁극적인 목적을 가르치지 않습니까? 하나님이 자기 아들을 보내시고 그 아들이 오신 것은 그로 말미암아 우리와 같은 가련하며 무지하며 연약한 죄인들이 하나님의 불꽃을 받을 수 있도록 하기 위함이 아닙니까? "너희로 신성한 성품에 참여하는 자가 되게 하려 하셨느니라"는 "너희로 그 성품이 주는 축복들에 참여할 수 있게 하려 하셨느니라"보다 훨씬 더 큰 것을 의미합니다. 그것은 하나님 자신이 우리 안으로 들어오시는 것을 의미합니다.

1. 첫째로, 복음에서의 하나님의 선물의 궁극적인 목적이 무엇인지 주목하십시오.

사람의 본성(human nature)과 신의 본성(divine nature)은 동종(同種)이면서 동시에 이종(異種)입니다. 성경 전체가 이러한 양면성을 두드러지게 강조합니다. 성경은 한편으로 모든 피조물 위에 무한히 뛰어난 무비(無比)의 존재를 선포하면서, 다른 한편으로 미약한 피조물이 그러한 하나님 자신과 연합할 수 있는 소망을 제시합니다. 이교(異敎)의 신들 가운데 우리 하나님처럼 자신을 예배하는 예배자들로부터 그토록 멀리 떨어져 있는 신은 결코 없습니다. 이교의 신들 가운데 우리 하나님처럼 자신을 예배하는 예배자들과 그토록 가까이 있는 신은 결코 없습니다. 이교의 신들 가운데 우리 하나님만큼 자기 앞에 예배하는 예배자들과 그토록 같지 않은 신은 결코 없습니다. 이교들 가운데 성경처럼 인간이 하나님의 모양과 형상을 닮아 창조되었음을 철저하게 인식하는 종교체계는 결코 없습니다. 아무리 높은 하늘이라도, 우리는 그 아름다움에 다가갈 수 있습니다. 하늘은 지평선에서 땅과 만나며, 사람은 하나님의 형상으로 창조되었습니다.

물론 이상적(理想的)인 사람이 소유하는 그와 같은 신의 본성이 인성(人性)으로부터 희미해진 것은 분명한 사실입니다. 그럼에도 불구하고 인성에는 그러한 신의 본성과 동종(同種)의 것이 있습니다. 한 방울의 물은 광대무변의 대양(大洋)과 동일 본질입니다. 가장 작은 불씨는 태양으로부터 수천 킬로미터까지 뿜어져 나오는 거대한 불길과 동일 본질입니다.

우리는 "전지" "편재" "영원" 등의 개념에 대해 아주 조금밖에 이해하지 못합니다. 우리는 무지하며, 유한하며, 죽을 수밖에 없으며, 벌레들게 먹혀 썩을 수밖에 없는 보잘것없는 피조물입니다. 그럼에도 불구하고 우리는 "나는 연대가 무궁하며, 지혜가 무한하며, 전능하며, 편재하신 자와 같은 존재야!"라고 말할 수 있습니다. 우리는 "나는 스스로 있는 자니라!"라고 선포하신 자와 동일 본질입니다. 우리는 "그가 뜻하시면 그대로 이루어지는 자"와 동일 본질입니다.

그러나 모든 영혼에 속하는 이러한 동일 본질이 곧 오늘 본문이 말하는 "신성한 성품"(divine nature)은 아닙니다. 설령 그것이 이것의 기초와 가능성이 된다고 하더라도 말입니다. 본문은 "참여하는 자가 **되게**"(becoming)라고 말합니다. 그러므로 신성한 성품에 참여하는 것은 인성(人性)의 필연적인 결과가 아니라, 하나님이 "보배롭고 지극히 큰 약속"을 주시는 결과입니다. 사람이 하나님의 형상과 모양대로 창조된 사실은 인격과 자의식과 의지(意志)뿐만 아니라 정결함과 거룩함에 있어 하나님과의 동종성(同種性)을 함축합니다. 도덕적인 동종성은 어두워졌지만, 다른 것들은 남아 있습니다. 그럼에도 불구하고 그것이 본문이 말하는 선물은 아닙니다. 다만 그것은 그 선물을 가능하게 만드는 기초를 제공합니다. 개는 본문이 이야기하는 의미에서 신성한 성품을 소유하는 존재가 될 수 없습니다. 그러나 사람은 ─ 아무리 악하며, 어리석으며, 부패하며, 절망적이며, 야만적이라 하더라도 ─ 그것에 참여하는 자가 될 수 있습니다. 오직 인성을 가진 사람만이 그것을 소유할 수 있습니다.

그러면 그것은 무엇입니까? 그것은 단순히 광적인 신비주의자들이 꿈꾸었던 "신적 본성에 흡수되는 것"이 아닙니다. 마치 한 방울의 물이 바다로 돌아가 그것에 흡수되어 사라지는 것처럼 말입니다. 거기에 항상 "나"와 "너"가 있을 것입니다. 그렇지 않다면 거기에는 어떤 축복도, 예배도, 즐거움도 없을 것입니다. 우리는 '주시는 하나님'과 '참여하는 사람' 사이의 경계가 결코 허물어지지 않을 방식으로 신성한 본성에 참여할 것입니다. 이와 같이 주는 자와 받는 자의 인격성이 허물어지지 않는 상태에서 가능하고 가장 밀접하게 연합되는 것이 모든 그리스도인들이 의식적(意識

的)으로 품어야만 하는 큰 소망입니다.

여기에서 우리가 도덕적인 형상이라고 부르는 것에서 주로 나타나는 신의 생명의 전달이 이러한 전체적인 과정의 시작이라는 사실을 주목하십시오. 다시 말해서 본문이 말하는 "신성한 본성에 참여하는" 것은 동방의 신비주의자들이 가르치는 소위 "비인격적인 신성에 흡수되는" 것이 아닙니다. 여기에 사람이 하나님의 본성의 가장 신성한 부분들에 참여한다는 식의 개념은 없습니다. 다만 본문이 의미하는 것은 여러분이 하나님이 거룩하신 것처럼 거룩할 수 있다는 것입니다. 여러분은 하나님이 사랑하는 것처럼 사랑할 수 있습니다. 그의 생명의 숨결이 여러분의 마음 안으로 들어오기만 한다면 말입니다. 하나님 안에 있는 중심적인 신성은 이를테면 거룩과 사랑의 합성물입니다. 그것이 하나님입니다. 나머지는 하나님에게 속하는 것들입니다. 하나님은 능력을 **가지고 계십니다**. 반면 하나님은 사랑**이십니다**. 이와 같이 거룩과 사랑의 합성물이 하나님의 주된 속성이며, 모든 것을 움직이게 만드는 용수철입니다. 그러므로 본문이 신성한 성품에 참여하는 자가 되는 것에 대해 말할 때, 그것이 의미하는 것은 이것입니다. 즉 사람의 영 안으로 신의 생명의 씨가 들어갈 수 있으며, 그것이 거기에서 거룩의 모든 정결함과 사랑의 모든 온유함과 부드러움으로 스스로를 펼칠 것이라는 것입니다. "하나님은 사랑이시라 사랑 안에 거하는 자는 하나님 안에 거하고 하나님도 그의 안에 거하시느니라"(요일 4:16). 믿음으로 우리가 그로부터 정결한 사랑을 끌어내는 분량만큼 그리고 우리가 의를 사랑하고 죄를 미워하는 분량만큼 신성한 성품에 참여하는 자가 될 것입니다.

나아가 이러한 목적은 사람 안에서 점진적으로 실현되는 것이라는 사실을 기억하십시오. 베드로는 본문 가운데 "되게"(becoming)라는 단어에다가 큰 강조점을 둡니다. "너희가 정욕 때문에 세상에서 썩어질 것을 피하여 신성한 성품에 참여하는 자가 **되게** 하려 하셨느니라." 그는 "being"에 대해 말하지 않고, "becoming"에 대해 말합니다. 다시 말해서 하나님은 매 순간 계속해서 우리 마음 안으로 들어오신다는 것입니다. 우리 마음에 경건한 어떤 것이 있다면 말입니다. 우리의 영은 매 순간의 전달에 의해 하나님으로부터 생명의 선물을 계속 받습니다. 태양으로부터 햇빛을 차단해 보십시오. 그러면 햇빛은 사라지고, 집은 어두울 것입니다. 뿌리로부터 생명을 끊어내 보십시오. 그러면 식물은 곧 말라 시들어버릴 것입니다. 그리스도인들은 오직 하나님으로부터 계속 생명을 끌어냄으로 말미암아 삽니다. 그들의 존재의 비밀과 축복의 비밀은 그들이 신성한 본성을 소유하는 자가 되었다는 사실이 아니라, 그것에 참여하는 자가 되었다는 사실입니다.

이러한 참여는 점진적이 되어야만 합니다. 우리는 매일 같이 자람으로써 매일 같이 자랄 수 있게 될 것입니다. 생명은 필연적으로 자랍니다. 하나님에 있는 신의 생명은 자라지 않지만, 우리 안에 있는 그것은 자랍니다. 그러므로 우리는 어린아이와 같은 상태로부터 장성한 자의 상태로 변할 것입니다. 우리의 어림은 장성함으로 변할 것이며, 우리의 장성함은 성숙함으로 변할 것입니다. 그리고 우리의 성숙함 역시도 계속 자랄 것입니다. 우리는 영원무궁토록 매일 같이 하나님의 것을 더 많이 받을 수 있습니다. 우리가 우리 마음 가운데 하나님을 소유한다면, 매일 같이 그로부터 우리에게로 흘러들어오는 것이 있을 것입니다. 그리고 그것이 있는 한, 우리는 죽지 않고 살 것입니다. 신의 본성에 참여하는 자가 된 자들은 결코 죽을 수 없습니다. 예수 그리스도는 부활과 관련한 논쟁을 통해 우리에게 하나님과 우리 사이의 현재적인 관계가 어떤 것인지 가르치셨습니다. 그가 아브라함의 하나님인 사실은 우리에게 부활생명의 실재를 가리킵니다.

2. 둘째로, 이러한 위대한 목적을 이루기 위해 사용된 값비싸면서도 충분한 수단을 생각해 보십시오.

"그 보배롭고 지극히 큰 약속들을 우리에게 주사 그것들로 말미암아 너희가 신성한 성품에 참여하는 자가 되게 하려 하셨느니라." 물론 단순한 약속의 말이 사람들의 영혼에 이러한 신적 생명을 가져다주지는 않을 것입니다. 여기의 "약속들"은 필연적으로 성취의 의미와 함께 취해야만 합니다. 그렇게 볼 때 우리는 여기에서 하나님이 과거에 말씀하셨던 구원과 죄 사함의 모든 위대한 약속들을 생각할 수 있습니다. 그러나 나는 여기에서 베드로가 "약속들"을 설명하기 위해 사용한 "보배롭고 지극히 큰"이라는 형용사구에 큰 강조점이 놓이는 사실이 다른 해석을 암시한다고 믿습니다.

나는 여기의 "보배롭고 지극히 큰"이 하나님이 자기 아들을 주신 말할 수 없는 선물을 암시한다고 믿습니다. 왜냐하면 바로 이것 즉 인성이 신성에 참여하는 자가 될 수 있도록 하기 위해 신성이 인성에 참여하는 자가 된 성육신의 사실이 기독교의 중심적인 사실이기 때문입니다. 예수 그리스도의 성육신의 사실은 신적 본성과 인적 본성이 서로 동종(同種)의 것이기 때문에 하나님이 사람 안으로 들어오셔서 육체 가운데 나타날 수 있음을 보여 주는 큰 증거입니다. 창조자와 피조물 사이의 괴리(乖離)는 사라집니다. 창조자와 피조물 사이의 차이는 사라집니다. 우리가 "말씀이 육신이 되어 우리 가운데 거하시매"라고 말할 수 있을 때, 강함과 약함, 무한과 유한, 지혜와 무지, 불멸의 존재와 필멸의 생명 사이의 단순한 구별은 부차적인 것으로서 사라집니다. 사람의 존재가 신성과의 연합으로 승귀(昇貴)됨에 있어 극복할 수 없는 장애물은 아무것도 없습니다. 왜냐하면 신성이 스스로를 낮춰 인성과의 연합 안으로 들어옴에 있어 극복할 수 없는 장애물이 아무것도 없었기 때문입니다.

하나님이 우리에게 자기 아들을 주셨기 때문에, 우리가 신성한 본성에 참여하는 자가 될 수 있는 것은 너무나 분명합니다. 그리스도께서 자녀의 혈육에 참여하는 자가 되신 까닭에 다시 말해서 신성이 인성 안으로 들어오신 까닭에, 생명의 씨를 우리 모두가 받을 수 있게 되었습니다. 형제들이여, 우리가 하나님에 분깃을 갖는 이 놀라운 선물에 참여할 수 있는 유일한 길이 있습니다. 그것은 예수 그리스도를 통하는 길입니다. "하늘에서 내려온 자 곧 인자 외에는 하늘에 올라간 자가 없느니라"(요 3:13). 그러므로 우리는 그 안에서 하늘에 올라갈 수 있으며, 그 안에서 하나님을 받을 수 있습니다.

예수 그리스도는 이를테면 모든 사람의 마음에 영원한 불을 가져다 준 참된 프로메테우스입니다. 믿음으로 여러분의 마음을 그에게 여십시오. 그러면 그가 여러분의 마음 안으로 들어오실 것입니다. 그리고 여러분에게 죄와 자아를 이길 생명을 주실 것이며, 여러분을 신성한 본성에 참여하는 자가 되게 하실 것입니다.

3. 마지막으로, 이러한 신의 선물에 수반되는 것을 주목하십시오.

"정욕 때문에 세상에서 썩어질 것을 피하여." 신성한 본성을 받는 유일한 조건은 믿음으로 신적 인간(divine human)인 그리스도에게 마음을 여는 것입니다. 그는 하나님과 사람을 연결하는 띠이며, 또 그것을 우리에게 주시는 자입니다. 그러나 그러한 조건의 전제 위에서, 이러한 신적 본성을 소유했음을 증명하고 그것에 수반되는 행함이 따라야만 합니다.

"정욕 때문에 세상에서 썩어질 것" ― 여기에 하나님 없는 인간 본성이 묘사되어 있습니다. 그것은 마치 악취를 풍기는 위험한 독버섯과 같습니다. 그것은 자라가면서 계속해서 썩음으로 역사(役事)합니다. 본문은 인간 본성이, 그 안에 하나님이 **없을** 때, 바로 그와 같다고 말합니다. 결국 둘 중 하나입니다. 우리는 한편으로 신의 본성에 참여하는 자가 되든지, 다른 한편으로 "정욕 때문에 세상에서 썩어질 것"에 참여하는 자가 되어야만 합니다.

썩음은 멸망의 시초이며, 멸망은 썩음의 완성입니다. 사람은 정욕과 악으로부터 피해야만 합니다. 그렇지 않으면 그는 썩음에 의해 멸망을 당할 것입니다.

이러한 썩음의 독버섯은 "정욕"에 그 뿌리가 놓여 있습니다. 여기의 "정욕"은 우리가 오늘날 사용하는 육체적인 의미보다 훨씬 더 넓은 의미로 사용됩니다. 그것은 모든 종류의 "욕망들"(desires)을 의미합니다. 세상의 썩음의 뿌리는 우리 자신의 제어되지 않는 불경건한 욕망들입니다.

그러므로 두 종류의 마음이 있습니다. 하나는 썩음에 던져진 마음이며, 다른 하나는 신성한 본성에 닿은 마음입니다. 여러분의 마음은 어느 쪽에 속합니까? 둘 다일 수는 없습니다. 이쪽이든 저쪽이든 둘 중 하나입니다. 어느 쪽입니까?

하나님의 생명을 받은 사람은 마치 롯이 소돔으로부터 피한 것처럼 이러한 썩음으로부터 피할 것입니다. 그러면 그는 어떻게 썩음으로부터 피할 것입니까? 그것은 직업을 바꾼다든지 혹은 의무를 회피한다든지 혹은 사람들로부터 스스로를 불건전하게 고립시키는 등의 일을 통해 이루어지지 않습니다. 다만 그것은 자신의 욕망들을 억제함으로 이루어집니다. 썩음은 "세상"에만 있지 않습니다. 그것이 세상에만 있다면, 여러분은 세상을 떠남으로써 그것으로부터 벗어날 수 있을 것입니다. 그것은 "세상의 정욕"에 있습니다. 그러므로 여러분은 이미 자신 안에 그것의 근원을 지니고 있는 것입니다. 그러므로 그것으로부터 피하는 유일한 방법은 외적으로 도망치는 것이 아니라, 우리 자신의 영혼으로부터 불결한 것을 버리는 것입니다.

어떤 사람이 자기 안에 하나님의 사랑을 소유한 분량은 두말할 필요 없이 그가 이것을 행하는 분량에 의해 정확하게 측량될 수 있습니다. 바로 여기에 여러분을 시험하는 시금석이 있습니다. 자기 영혼에 성령과 하나님의 불꽃을 소유하고 있노라고 공언하기를 조금도 주저하지 않는 사람들이 많이 있습니다. 과거 세대에도 많이 있었고, 오늘날의 세대에도 많이 있습니다. 좋습니다. 그러나 나는 여러분 앞에 스스로를 시험해 볼 수 있는 시금석을 제시하고자 합니다. 그것은 "여러분은 여러분 안에 있는 악한 욕망들을 버립니까?"라는 질문입니다. 여러분이 실제로 그렇게 한다면, 그것은 너무나 좋은 일입니다. 그러나 그렇게 하지 않는다면, 여러분은 그리스도에 대해 적게 말하는 것이 좋을 것입니다. 왜냐하면 그리스도에 대해 적게 말할수록, 여러분은 덜 위선적이며 덜 스스로를 속이는 사람이 될 것이기 때문입니다.

사랑하는 형제들이여, 마지막으로 한 가지만 더 이야기하고자 합니다. 한편으로 자기 마음 가운데 하나님의 생명을 소유한 자는 필경 이러한 썩음으로부터 피할 것입니다. 다른 한편으로 우리는 사람이 여전히 그렇게 하지 않음으로 말미암아 신성한 생명을 약화시키고 마침내 소멸시킬 수 있다는 사실을 기억할 필요가 있습니다. 여러분이 신성한 생명을 가지고 있다면, 여러분은 순종으로 말미암아 그것이 장성하게 자라도록 잘 돌봐야만 합니다. 여러분이 순종하지 않는다면 이를테면 여러분이 식물을 기르면서 싹이 올라올 때마다 습관적으로 그것을 자른다면, 여러분은 조만간 그것을 죽이게 될 것입니다. 사랑하는 그리스도인들이여, 마음을 열고 경고를 받아들이십시오. 하나님은 여러분에게 예수 그리스도를 주셨습니다. 그리스도에게 있어 사는 것은 참으로 가치 있는 일이었습니다. 그리스도에게 있어 죽는 것은 참으로 가치 있는 일이었습니다. 왜냐하면 그로 말미암아 하나님을 잊고 마귀를 따르는 모든 죄인들의 영혼 안으로 참된 생명의 불씨가 들어갈 수 있게 되었기 때문입니다.

여러분은 단순한 믿음으로 말미암아 그러한 생명의 불씨를 받습니다. 그러나 여러분이 순종하지 않는다면, 여러분은 그 불씨를 지키지 못할 것입니다. 성령을 소멸시키지 않도록 항상 주의를 기울이십시오. 여러분의 영혼에 있는 하나님의 생명을 꺼뜨리지 않도록 항상 조심하십시오.

4
부지런함의 능력

"그러므로 너희 믿음에 모든 부지런함을 더하라"

벧후 1:5

본 서신에서 베드로는 부지런함(diligence)이란 친숙한 덕(德)에 대해 많이 이야기합니다. 그는 모든 기독교의 은혜와 모든 기독교인의 삶의 축복을 얻는 필수불가결한 수단으로서 부지런함을 계속 훈계합니다. 우리는 베드로와 같이 거칠고 억센 기질을 가진 선생으로부터 섬세한 교훈을 기대하지 않습니다. 그러나 베드로는 형제들에게 부지런함에 대해 반복적으로 훈계함으로써 그 자신의 기독교인의 삶의 방식을 묘사합니다. 그는 본 장에서 자신이 죽은 이후에도 그들이 항상 이런 것들을 기억할 수 있도록 하기 위해 더욱 "부지런함을 나타낼" 것이라고 말합니다(한글개역개정판에는 단순히 "힘써"라고 되어 있음). "내가 **힘써** 너희로 하여금 내가 떠난 후에라도 어느 때나 이런 것을 생각나게 하려 하노라"(15절). 여기의 베드로를 생각해 보십시오. 그는 글을 쓰는 일에 그다지 익숙하지 않은 사람이었습니다. 그런 그가 지금 책상에 앉아 글을 쓰는 어려운 작업을 수행하면서 자신의 독자들에게 그들이 본받을 모범으로서 자기 자신을 가리킵니다. 그는 이를테면 이렇게 말하고 있는 셈입니다. "나를 보라. 나는 지금 너희를 위해 글을 쓰는 매우 익숙하지 않은 수고를 하고 있도다. 이와 같이 너희도 너희의 기독교인의 은혜들을 완성하는 일에 수고를 아끼지 말 것이라.”

성경으로부터 — 특별히 본 서신으로부터 — 우리가 이러한 부지런함의 덕이 적용되어야만 하는 분야들을 한데 모을 때, 우리는 그와 관련한 몇 가지 중요한 지침들을 얻을 수 있게 될 것입니다. 그리고 우리는 그 분야가 얼마나 광범위한지, 그리고 그것이 어떻게 필수불가결한 조건으로 간주되고 있는지 보게 될 것입니다. 그러므로 먼저 모든 기독교인의 성숙과 은혜의 마스터키인 부지런함의 덕에 대해 살펴보고, 다음으로 우리가 그러한 덕을 적용해야만 하는 다양한 분야들을 살펴보도록 합시다.

1. 첫째로, 부지런함의 덕 자체에 대해 생각해 보도록 합시다.

“부지런함”(diligence)이 무엇을 의미하는지 우리 모두가 압니다. 그러나 우리는 그 단어의 본래적인 의미가 **부지런함**이라기보다 **급함**(haste)이라는 사실을 기억할 필요가 있습니다. 예컨대 그 단어는 마리아가 천사로부터 수태고지를 받고 **급히** 엘리사벳에게 간 것을 묘사할 때 사용되었습니다. 또 그것은 헤로디아가 헤롯왕에게 세례 요한의 머리를 요구하기 위해 **급히** 달려왔을 때 사용된 단어입니다. 또 그것은 감옥에 외롭게 갇혀 있던 바울 사도가 디모데에게 겨울이 되기 전에 **급히** 오라고 말할 때 사용된 단어입니다. “너는 겨울 전에 **어서** 오라”(딤후 4:21). 이와 같이 그 단어에 담겨 있는 첫 번째 개념은 “급함”의 개념입니다. 거기에는 매 순간 계속 노력을 기울이는 개념이 함축되어 있습니다. 그리고 그것은 달리는 자의 발을 엉클어지게 만드는 어떤 장애물도 허락하지 않습니다. 지혜로운 “급함”은 때로 천천히 가는 것으로 만족해야만 할 때도 있습니다. 왜냐하면 급하게 서두르는 것이 도리어 일을 지체시키는 결과가 되는 경우도 종종 있기 때문입니다. 급함이 서두름으로 변질되고 마침내 허둥댐이 될 때, 그것은 지혜로운 것이 아니라 어리석은 것입니다. 그럴 때 일은 온전히 이루어지지 못하게 되며, 결국 처음부터 다시 해야만 하게 되는 경우가 종종 생깁니다. 우리는 우리 앞에 놓인 경주를 **급히** 달려야 합니다. 그러나 서

두르거나 허둥대서는 안 됩니다.

이와 같이 우리는 그릇된 급함을 경계해야 하지만, 지혜롭고 올바른 급함은 아무리 강조해도 결코 지나치지 않습니다. 우리에게 허락된 시간은 너무나 짧으며, 그렇기 때문에 올바르게 사용되지 못한 채 허비하기에는 너무나 소중합니다. 경작해야만 하는 밭은 너무나 넓으며, 일꾼이 거둘 수 있는 추수는 너무나 풍성합니다. 그러나 게으른 자의 밭은 온갖 잡초로 뒤덮입니다. 그러므로 아무 일도 하지 않고 빈둥거리는 것은 결코 작은 잘못이 아닙니다. 우리가 "밤이 깊고 낮이 가까움"을 느끼는 것처럼 혹은 "때가 아직 낮이매 나를 보내신 이의 일을 하여야 할 것이라 밤이 오리니 그 때는 아무도 일할 수 없을 것이라"라고 느끼는 것처럼 일하지 않는다면, 우리는 아주 적은 진보(進步)밖에 이루지 못할 것입니다. 온전한 구원과 안식과 축복의 날이 동터오고 있습니다. 눈물을 흘리며 씨를 뿌리는 수고의 밤은 거의 지나가고 있습니다. 이러한 사실을 생각하면서, 우리는 **급함**의 박차를 가해야만 합니다.

기독교인의 부지런함의 첫 번째 요소는 모든 게으름과 꾸물거림을 피하면서 시간을 아끼며 효율적으로 사용하는 것입니다. "내일! 내일!"을 외치는 것은 게으름뱅이와 겁쟁이의 양심을 마비시키는 아편입니다. 내일은 계속 오늘이 됩니다. 그럴 때마다 그것은 과거의 날들과 마찬가지로 아무 일도 하지 않은 채 흘려보낸 헛된 날이 됩니다. 내일이 오늘이 되었다가 마침내 헛되이 흘려보낸 어제가 될 때, 그것은 결국 올바로 사용하지 못한 채 무익하게 허비한 수많은 기회들에다가 또 하나를 더하는 것이 됩니다. 게으름뱅이들은 "오늘 더 나은 길을 시작할 것이라!"라고 말하는 대신, "내일 더 나은 길을 시작할 것이라!"라고 말합니다. 은혜 받을 만한 때는 지금이요, 구원의 날은 지금입니다. "보라 지금은 은혜 받을 만한 때요 보라 지금은 구원의 날이로다"(고후 6:2). "너희 믿음에 **모든 부지런함을** 더하라."

여기에서 "부지런함"이라고 번역된 단어는 종종 "성실함"(earnestness)으로 번역되기도 합니다. 성실함이 아비라면, 부지런함은 그것이 낳은 아들입니다. 성실함은 마음상태이며, 부지런함은 그것의 표현입니다. 그러므로 여기의 단어가 종종 "성실함"으로 번역되는 것은 조금도 이상한 일이 아닙니다. 어떤 사람이 성실하게 마음을 기울이지 않는다면, 그에게 기독교적 성장은 결코 가능하지 않을 것입니다. 꾸물거리는 사람들은 아무 일도 행하지 않을 것입니다. 성장이 있고자 하면, 반드시 열정이 있어야만 합니다. 뜨겁게 달궈진 쇠막대기는 송판을 뚫을 것이지만, 그러나 차가운 쇠막대기는 결코 그렇게 할 수 없습니다. 우리는 항상 성실함을 굳게 붙잡아야만 합니다. 그것은 매우 깊은 마음 상태입니다. 그것은 분주함 가운데 스스로를 허비하지 않으면서 사람이 계속 일에 매진하도록 만듭니다. 증기(蒸氣)가 사방으로 새며 허비되는 엔진을 생각해 보십시오. 그런 엔진은 결코 충분한 힘을 낼 수 없을 것입니다. 무엇인가에 깊이 열중되어 있을 때, 우리는 가장 조용합니다. 성실함은 조용함입니다. 그럴 때, 그것은 가장 강한 힘을 갖습니다.

본문의 단어에 대한 가장 익숙한 번역인 "부지런함"으로 다시 돌아오도록 합시다. "부지런함"은 기독교인의 삶의 모든 질병을 고치는 만병통치약입니다. 그것은 사람을 모든 성공으로 이끄는 가장 기본적인 덕(德)입니다. 건강한 기독교적 삶의 조건과 관련하여 신비하며 비밀스러운 것은 아무것도 없습니다. 승리의 길은 바로 여기에 있습니다. 한편으로 우리가 성실하게 부스러기 시간을 아끼면서 기독교인의 성장을 위해 힘쓴다면, 우리는 결코 실패하지 않을 것입니다. 그리고 다른 한편으로 어떤 훌륭한 감정이나 기쁨과 교제의 순간도 결코 꾸준히 인내하며 부지런히 일하는 것을 대신하지 못할 것입니다. 바로 이것이 사람을 승리로 이끄는 유일한 길입니다. 여러분이 강한 그리스도인이 되기를 바란다면 혹은 여러분이 진정으로 행복한 사람이 되기를 바란다면, 여러분은 허리를 구부리고 "모든 부지런함으로" 일해야만 합니다. 아무도 잠자는 가운데 천국에 갈 수 없습니다. 아무도 "모든 부지런함으로" 수고하는 것 외에 다른 방법으로 강한 그리스도인이 될 수 없습니다. 그것은 매우 단순하며 수수한 덕입니다. 그것은 마치 옛 사람들이 여러 질병을 고치기 위해 주변에서 아무렇게나 자라는 식물들로부터 취한 수수한 처방과 같습니다. 오늘날 많은 사람들은 그러한 처방을 사용하려고 하지 않을 것입니다. 그러나 여러분이 그들에게 먼 나라에서 온 매우 희귀하며 비싼 약을 가져다 준다면, 그들은 벌떡 일어나 그 약을 먹을 것입니다. 돌팔이들은 항상 신비하며 희귀한 것들을 취급합니다. 그러나 위대한 의사는 어디에서나 자라는 단순한 식물들로 병을 치료합니다. 친숙한 식물의 뿌리가 병을 고칠 것입니다. 이와 같이 부지런함은 매우 수수한 덕입니다. 그러나 우리가 이러한 수수한 덕을 제대로 실천했다면, 오늘날의 교회와 우리의 영혼은 지금의 모습과 매우 다른 모습이 되어 있었을 것입니다.

2. 둘째로, 우리가 이러한 수수한 덕을 실천해야만 하는 다양한 분야들을 생각해 보도록 합시다.

이와 관련하여 본문이 말하는 것 자체를 살펴보는 것 이상의 좋은 것은 없을 것입니다.

첫째로, 본문의 "너희 믿음에 모든 부지런함을 더하라"라는 표현을 주목해 보십시오. 다시 말해서 여러분이 급함과 성실함으로 힘을 다해 노력하지 않는다면 여러분의 믿음은 결코 좋은 성품의 은혜들을 맺지 못할 것이라는 것입니다. 반면 우리가 급함과 성실함으로 힘을 다해 노력한다면, 우리의 믿음으로부터 덕과 지식과 절제와 인내와 경건과 형제 우애와 사랑이 따를 것입니다. 마치 언뜻 볼 때 죽은 것처럼 보이는 딱딱한 나무줄기로부터 신비롭게도 꽃들이 피어나는 것처럼 말입니다. 모든 아름다움으로 빛나는 이러한 은하수(銀河水)는 오직 부지런함이라는 한 가지 조건 위에서 펼쳐질 것입니다. 부지런함이 없다면, 결국 그러한 은하수도 없을 것입니다. 부지런함이 없다면 다시 말해서 기독교인의 성품을 계발하는데 게으른 사람의, 믿음은 고작해야 쭈글쭈글한 열매 외에는 아무런 열매도 맺지 못할 것입니다. 베드로가 여기에서 사용한 표현은 매우 주목할 만한 표현입니다. 그것을 우리 성경은 매우 불완전하게 "모든 부지런함"(giving all diligence)으로 번역했습니다. 바로 앞에서 그는 "하나님이 우리에게 생명과 경건에 속한 모든 것과 지극히 크고 보배로운 약속들을 주셨다"고 말했습니다(3, 4절). 그러므로 하나님이 주신 것은 사람으로 하여금 경건하며 고결한 삶을 살 수 있도록 돕는 모든 것입니다. 베드로는 여러분이 그러한 삶을 살기 위해 필요한 모든 것을 이미 가지고 있기 때문에 마땅히 거기에다가 여러분의 "모든 부지런함"을 더해야만 한다고 말합니다. "모든 부지런함을 더하라"는 표현 속에는 그러한 부지런함이 개념이 함축되어 있습니다. 그리고 그러한 부지런함을 실천하는 이유는 하나님의 선물을 완성하기 위함입니다. 바로 이런 이유 때문에 — 다시 말해서 하나님이 우리에게 그토록 많은 것을 주셨기 때문에 — 우리가 마땅히 그가 주신 것들 옆에다가 "모든 부지런함"을 놓아야만 한다는 것입니다. 하나님이 주신 그 모든 것들은 게으름뱅이에게는 아무 쓸모없는 것입니다.

한쪽에 경건의 삶과 관련한 모든 위대한 선물들과 무한한 가능성들이 있으며, 다른 한쪽에 그 모든 것들이 실제로 우리의 것이 되는 조건인 부지런함이 있습니다. 그리고 이러한 부지런함이 있을 때, 베드로가 5절부터 7절에서 열거하는 모든 은혜들이 산출될 것입니다. 그 조건은 어려운 것이 하나도 없습니다. 그것은 이해하기에도 어렵지 않고, 실천하기에도 어렵지 않습니다. 부지런함은 단순하며, 평범하며, 상식적인 덕입니다. 우리가 부지런함을 실천한다면, 하나님이 주신 선물들은 우리의 존재 안으로 들어와 그것들의 생명을 모든 형태의 아름다움과 달콤함과 능력과 축복으로 필칠 것입니다. "부지런함"은 믿음이 열매를 맺게 합니다. 부지런함은 하나님의 선물들이 우리의 것이 되게 합니다.

계속해서 베드로는 자신의 독자들에게 그들의 부르심과 택하심을 굳게 하기 위해 부지런함을 실천하라고 훈계합니다. "그러므로 형제들아 **더욱 부지런하여** 너희 부르심과 택하심을 굳게 하라"(10절, 한글개역개정판에는 "더욱 힘써"라고 되어 있음). 베드로의 첫 번째 편지는 그가 그리스도인들이 "하나님 아버지의 미리 아심을 따라 선택된" 것을 믿었음을 보여 줍니다. 그러나 그 모든 것에도 불구하고 그는 진리의 다른 쪽 측면을 역설하기를 조금도 머뭇거리지 않습니다. "우리는 하나님의 영원한 계획을 알 수도 없고, 생명의 책에 기록된 이름들을 알 수도 없도다. 이런 것들은 우리 에게 감추어진 비밀이라. 그러나 너희가 하나님의 부르심과 택하심을 받은 자임을 확신하기를 원한다면, 부지런히 일하라. 그러면 너희가 확신을 얻게 될 것이라." 부르심과 택하심을 확신하는 것은 나의 실천적 행동에 달려 있습니다.

베드로는 "부지런함"이야말로 어떤 사람이 천국에 가까이 도달했음을 보여 주는 척도라고 생각합니다. 우리가 우리의 기독교인이 성품을 계발하기 위해 부지런히 수고한다면, 우리는 우리 안에 하나님의 호의와 사랑이 있다는 사실과 우리가 더 이상 정죄 아래 있지 않고 오직 사랑하는 자 안에서 자녀가 되었다는 사실을 분명하게 확신하게 될 것입니다. 그러한 확신에 이르는 지름길은 기독교인의 삶 가운데 부지런히 수고하는 평범한 길입니다.

나아가 히브리서 기자는 우리가 부지런함의 덕을 실천해야만 하는 또 다른 분야를 제시합니다. 그는 자신의 서신을 읽을 히브리인들에게 "소망의 풍성한 확신"을 얻기 위해 부지런함을 나타낼 것을 훈계합니다. "우리가 간절히 원하는 것은 너희 각 사람이 동일한 부지런함을 나타내어 끝까지 소망의 풍성함에 이르러"(히 6:11). 우리가 하나님과의 교제와 안식으로 가득 찬 복된 미래를 분명하게 바라봄으로 말미암아 우리의 길이 밝기를 바란다면, 그와 같은 복된 미래에 대한 확신에 이르는 길은 단순히 오늘이라 일컫는 동안 부지런히 일하는데 놓여 있습니다.

부지런함의 덕을 실천해야 하는 마지막 분야는 본 서신 가운데 표현되어 있습니다. 거기에서 베드로는 이렇게 말합니다. "너희가 이것을 바라보나니 주 앞에서 점도 없고 흠도 없이 평강 가운데 나타나도록 **부지런하라**" (3:14, 한글개역개정판에는 "나타나기를 힘쓰라"라고 되어 있음). 우리가 "평강 가운데 나타나기를" 바란다면, 우리는 "점도 없이" 나타나야만 합니다. 우리가 "점도 없이 나타나기를" 바란다면, 우리는 "부지런해야만" 합니다. "종이 마음에 생각하기를 주인이 더디 오리라 하여 남녀 종들을 때리며 먹고 마시고 취하게 되면 생각하지 않은 날 알지 못하는 시각에 그 종의 주인이 이를 것이라"(눅 12:45, 46절), 반면 주인이 이를 때까지 "그 집

종들을 맡아 때를 따라 양식을 나누어 주는 자는 복이 있을” 것입니다(43 절). 그는 “평강 가운데 나타날” 것입니다.

기독교인의 삶의 이상(理想)은 이 모든 것들을 하나로 묶는 것입니다. 열매 맺는 믿음, 부르심의 확신, 확실한 소망, 마지막에 평강 가운데 나타남! 구약은 이렇게 말합니다. “손이 부지런한 자는 부하게 되느니라”(잠 10:4). 신약 역시도 그러한 손에 풍성한 부요를 약속합니다. 구약은 이렇게 말합니다. “네가 자기의 일에 부지런한 사람을 보았느냐 이러한 사람은 왕 앞에 설 것이요 천한 자 앞에 서지 아니하리라”(잠 22:29, 한글개역개정판에는 “자기의 일에 능숙한”이라고 되어 있음). 신약은 그러한 약속의 가장 고상한 형태가 그리스도인이 그의 주님과 이 땅에서 교제하는 것에서 성취될 것이라고 확증합니다. 그리고 그것은 부지런한 제자가 “평강 가운데 나타날” 때 그리고 그 날 만왕의 왕 앞에 설 때 완성될 것이라고 확증합니다.

5
들어감과 나감

"들어감을 주시리라 … 나의 떠남 후에라도"

벧후 1:11, 15

나는 성경구절의 일부를 떼어 그것을 설교 본문으로 삼는 것을 그다지 좋아하지 않습니다. 그러나 나는 위와 같이 성경의 두 구절로부터 일부를 떼어 그것을 오늘의 본문으로 삼고자 합니다. 그것은 둘이 서로 상응하는 가운데 우리에게 하나의 실재의 두 측면을 잘 보여 주기 때문입니다. 원문에서는 이와 같은 상응관계가 더 분명하게 나타납니다. 왜냐하면 여기에서 사용된 단어들을 문자적으로 번역하면, 그것은 "들어감"(going in)과 "나감"(going out)이 되기 때문입니다. 우리는 같은 사건을 서로 다른 각도에서 바라볼 수 있습니다. 한쪽에서 그것은 출발하는 것이며, 다른 쪽에서 그것은 도착하는 것입니다. 그 사건은 두말할 것도 없이 죽음을 이야기하는 것입니다.

15절에서 "떠남"이라고 번역된 단어는 영어 성경에서 모세오경의 두 번째 책의 이름과 동일한 "엑소더스"(exodus)입니다. 그 단어는 구약의 헬라어 역본에서 이스라엘 자손이 애굽의 멍에로부터 떠나는 것을 표현할 때 항상 사용되던 단어입니다. "나의 떠남"(my exodus) — 우리는 이러한 표현으로서 저자가 무엇을 생각하고 있었을지 어렵지 않게 연상할 수 있습니다.

이와 같이 죽음을 "엑소더스"로 표현하는 것을 우리는 신약의 또 다른 곳에서 발견할 수 있습니다. 그것은 누가복음의 변화산 이야기 가운데 나타납니다. 거기에서 모세와 엘리야는 예수와 함께 그가 장차 예루살렘에서 "별세"(exodus)하실 것에 대해 이야기합니다(눅 9:31). 여러분이 11절에 뒤이어 나오는 구절들을 살펴본다면, 여러분은 베드로가 곧바로 자신이 변화산에서 경험했던 것을 이야기하는 것으로 이행하는 것을 발견하게 될 것입니다. "지극히 큰 영광 중에서 이러한 소리가 그에게 나기를 이는 내 사랑하는 아들이요 내 기뻐하는 자라 하실 때에 그가 하나님 아버지께 존귀와 영광을 받으셨느니라 이 소리는 우리가 그와 함께 거룩한 산에 있을 때에 하늘로부터 난 것을 들은 것이라"(17, 18절). 그러므로 우리는 "나의 떠남"(my exodus)이라고 말할 때 이미 베드로는 변화산에 대해 생각하기 시작하고 있었으며 그와 함께 자신의 "떠남"이 어느 정도 그의 주님의 "떠남"과 비슷할 것으로 느꼈음을 추측할 수 있습니다.

이러한 사실들을 감안하면서 이제 본문의 표현들이 암시하는 몇 가지 교훈을 살펴보도록 합시다.

1. 첫째로, 죽음의 이중적인 측면을 주목하십시오.

신약은 단순한 물리적인 분리의 사실을 묘사할 때 "죽음"이라는 단어를 그다지 즐겨 사용하지 않습니다. 많은 경우 신약은 몸과 영혼의 분리 이상의 훨씬 더 두려운 어떤 것을 표현하기 위해 그 단어를 유보해 놓습니다. 몸과 영혼의 단순한 분리의 사실을 묘사할 때, 대부분의 경우 신약은 죽음이라는 직설적인 표현대신 다른 형태의 좀 더 부드럽고 완곡한 표현을 사용합니다. 예컨대 우리는 베드로가 본 문맥 가운데 "장막을 벗는다"는 완곡한 표현을 사용하는 것을 발견합니다. "나도 나의 장막을 벗어날 것이 임박한 줄을 앎이라"(14절). 또 신약은 여러 곳에서 죽음을 잠자는 것으로 표현합니다. 이와 같이 부드러우며 완곡한 표현을 사용함으로써 신약은 그것의 흉한 모습을 가립니다.

이것은 기독교 이외의 다른 종교들이나 다른 언어들 가운데서도 마찬가지입니다. 로마와 그리스 시인들은 비슷한 방식으로 죽음이라는 섬뜩한 단어를 피합니다. 그러나 그들이 그렇게 하는 것은 기독교가 그렇게 하는 것과 정확히 정반대 이유 때문입니다. 그들이 그렇게 하는 것은 죽음이 너무나 어둡고 황량하기 때문입니다. 그들은 죽음에 대해 거의 알지 못하며, 그것을 너무나 두려워합니다. 반면 기독교가 그렇게 하는 것은 정확히 정반대의 이유 때문입니다. 기독교는 죽음에 대해 충분하게 알며, 그것을 전혀 두려워하지 않습니다. 기독교는 독사의 구멍에서 장난하며 독사의 굴에 손을 넣습니다(사 11:8). 오늘 본문은 이에 대한 한 예(例)입니다.

베드로에게 죽음은 "떠나는" 것이면서 동시에 "들어가는" 것이었습니다. "나의 **떠남** 후에라도 … 영원한 나라에 **들어감**을." 그러므로 그것의 두려움과 황량함은 단순한 장소의 변화 혹은 상태의 변화로 축소됩니다. 그것이 전부입니다.

베드로가 떠남과 들어감이라는 표현을 사용했다고 해서 굳이 우리가 장소의 변화의 개념을 고집할 필요는 없습니다. 왜냐하면 순전한 영적 존재의 개념을 장소적인 개념과 연결시키려고 애쓸 때, 우리는 너무나 쉽게 안개 속으로 빠지게 되기 때문입니다. 다만 본문의 두 구절에 표현된 확신의 뿌리는 죽음과 함께 일어나는 것은 인격의 소멸이 아니라 되돌아감이라는 것입니다. 죽음에도 불구하고 사람은 예전과 마찬가지로 참으로 그리고 충분하게 존재합니다. 설령 그가 서 있는 모든 관계들은 변할 수 있다고 하더라도 말입니다.

어떤 유물론적 이론들도 여기의 분명한 확신을 방해할 수 없습니다. 왜냐하면 유물론(唯物論)이라는 단어 자체가 보여 주는 것처럼, 그것은 유기체와 결합된 것 이상의 생명에 대해서는 아무것도 알지 못하기 때문입니다. 과학이 나에게 뇌 세포나 신경의 떨림이 어떻게 도덕이나 감정으로 변화되는지 완전하게 말해 줄 수 있을 때까지, 나는 유기체의 파괴가 인간 존재의 종말이라는 과학의 단언을 받아들이지 않을 것입니다. 나는 과학의 소리가 아니라 다른 소리 즉 나에게 인격적인 존재는 물질적인 유기체로부터 분리된 상태에서도 충분하게 존재할 수 있다고 말하는 다른 소리를 듣는데 아무런 거리낌도 느끼지 않습니다. 설령 우리가 물리적인 검증이 우리에게 가르쳐줄 수 있는 모든 것을 기꺼이 받아들인다 하더라도, 여전히 우리는 그 빛 즉 물리적인 검증의 빛이 중심의 어둠을 비출 수 없다는 사실을 굳게 견지할 수 있습니다. 수많은 과학적 성취에도 불구하고 인간의 존재 주위에 — 하나님의 존재 주위와 마찬가지로 — 여전히 구름과 어둠이 깔려 있는 것은 분명한 사실입니다.

　　"생명과 생각이 나란히 가버렸도다.
　　　문과 창문을 활짝 열어놓은 채."

　이것이 죽음입니다. 그것은 "떠나는" 것이면서 동시에 "들어가는" 것입니다. 그 이상은 아무것도 아닙니다.

　나아가 이러한 두 단어의 결합은 우리에게 하나의 행동이 동시에 "떠남"과 "들어감" 모두라는 사실을 암시합니다. 다윗은 극도의 곤경에 처한 가운데 "나와 죽음의 사이는 한 걸음 뿐"이라고 말합니다(삼상 20:3). 아, 죽음과 하나님의 나라 사이에는 단지 한 걸음이 있을 뿐입니다. 사람은 떠나는 순간 들어갑니다.

　떠나는 행동과 들어가는 행동 사이에 무의식(無意識)의 긴 기간이 있다는 이론에 대해 나는 장황하게 설명할 필요가 없습니다. 나에게 있어 그것은 성경적 기초를 갖고 있지 않은 것으로 보입니다. 예수 그리스도는 십자가 위에서 한 강도에게 "오늘 네가 나와 함께 낙원에 있으리라"라고 말씀하셨습니다. 왕의 접견실을 생각해 보십시오. 그 바로 앞에 대기실이 있습니다. 접견실과 대기실 사이에는 작은 문이 하나 있을 뿐입니다. 그 문을 열고 들어가면 바로 왕을 만나는 것처럼, 우리는 떠남과 함께 동시에 도착할 것입니다.

　어떤 성도가 침상에 누워 마지막 숨을 몰아쉬고 있습니다. 그리고 그 주위에 친구들이 둘러 있습니다. 그의 숨이 멎었다고 그들이 확실하게 말할 수 있기 전에, 이미 그는 그리스도와 함께 있을 것입니다. 떠남과 함께 그는 그리스도와 함께 있습니다. 모든 신자들의 삶 가운데 땅의 빛과 하늘의 빛이 이상하게 겹쳐지는 순간이 있을 것입니다. 하나는 점점 더 흐려지고, 하나는 점점 더 밝아질 것입니다. 요한계시록에 등장하는 힘센 천사처럼, 죽음의 순간 사람은 한 발은 땅에 딛고 다른 발은 "보좌 앞에 있는 불이 섞인 유리 바다"의 물에 담근 채 서 있습니다. "몸을 떠나는" 순간 우리는 "주와 함께" 있습니다.

나아가 이러한 두 단어는 노예로부터 해방되는 것과 왕권 안으로 들어가는 것이 동일한 행동임을 암시합니다.

"나의 떠남"(my exodus). 이스라엘은 애굽의 멍에로부터 나왔습니다. 노예의 사슬은 그들 앞에서 끊어졌으며, 감독하는 자들의 채찍은 이제 그들에게 아무것도 아닌 것이 되었습니다. 벽돌을 굽는 가마와 고된 노동은 이제 그들과 아무 상관없는 것이 되었습니다. 형제들이여, 설령 이생에 어떤 아름다움과 선함과 권력과 축복이 있다 하더라도, 가장 깊은 의미에서 우리 모두에게 이생은 노예 상태로 감옥에 갇혀 사는 것입니다. 육체의 멍에가 있습니다. 동물적인 본성의 통치가 있습니다. 마치 높은 담벼락처럼 우리를 가두며, 감금하며, 제한하는 한계들이 있습니다. 상황의 한계들이 있으며, 환경의 한계들이 있습니다. 외적이며, 물질적이며, 보잘것없는 세상에 의존하는 멍에가 있습니다. 죄의 폭정이 있으며, 높은 본성이 낮고 천하며 일시적인 필요에 굴복하는 노예의 굴복이 있습니다. 이러한 모든 족쇄들이 끊어지며, 그로 말미암아 생긴 모든 상처들이 사라집니다. 요셉은 감옥으로부터 나와 총리의 보좌에 앉았습니다. 하늘나라는 구속받은 자가 단지 그곳의 백성일 뿐인 나라가 아니라, 그 자신이 그곳의 통치자인 나라입니다. "주인이 이르되 잘하였다 착한 종이여 네가 지극히 작은 것에 충성하였으니 열 고을 권세를 차지하라 하고"(눅 19:17). 바로 이것이 죽음에 대한 기독교적 관점입니다.

2. 둘째로, 죽음에 대한 이러한 관점이 세워지는 위대한 사실을 주목하십시오.

앞에서 나는 베드로가 15절에서 "나의 떠남"이란 표현을 사용할 때 마음

속으로 예수 그리스도의 떠나심에 대해 생각하고 있었던 것으로 보인다고 이야기했습니다. 계속해서 베드로는 그의 생애 가운데 있었던 또 다른 사건 즉 우리 주님이 그가 장막을 벗는 날이 "갑자기" 이를 것을 예고하면서 "너는 나를 따르라"고 덧붙이셨던 사건을 언급합니다. "이는 우리 주 예수 그리스도께서 내게 지시하신 것 같이 나도 나의 장막을 벗어날 것이 임박한 줄을 앎이라"(14절).

이러한 말씀들은 우리 모두를 기다리고 있는 마지막 경험에 대한 우리의 전체적인 관점을 바꾸는 것이 바로 예수 그리스도의 죽음이라는 사실을 암시합니다. "나의 엑소더스"를 노예로부터 해방되는 동시에 왕권을 만드는 것은 "그의 엑소더스"입니다.

나는 여러분에게 우리가 어떻게 영원한 삶을 확신할 수 있는지 일깨워 줄 필요가 없습니다. 두말할 필요도 없이 그것은 예수 그리스도께서 죽으시고 부활하셨기 때문입니다. 나는 사람들의 자연적인 본능, 미래의 보상에 대한 열망, 생명이 육체의 죽음의 사실에 의해 소멸된다고 믿는 불가능성 등과 같은 것들을 다루는 다른 불완전한 변론들을 평가절하 할 필요가 없습니다. 설령 그러한 주제들과 관련하여 많은 변론이 이루어질 수 있음을 받아들인다고 하더라도, 나는 어떤 이론이나 변론도 우리의 삶의 영원성을 세울 수 있는 충분한 기초를 제공해 줄 수 없다고 믿습니다. 그러나 여기를 보십시오. 예수 그리스도께서 오셔서 이렇게 말씀하십니다. "나를 만져 보라 영은 살과 뼈가 없으되 너희 보는 바와 같이 나는 있느니라"(눅 24:39). "내가 전에 죽었었노라 볼지어다 이제 세세토록 살아 있어 사망과 음부의 열쇠를 가졌노니"(계 1:18). 이와 같이 예수 그리스도의 생명은 육체의 죽음에도 불구하고 조금도 손상되지 않은 채 그대로 존속되었습니다. 그는 어두운 심연으로 내려갔다가 다시 올라왔습니다. 이와 같이 불멸에 대한 믿음이 세워지는 영원히 허물어지지 않는 기초는 그의 엑소더스입니다.

그러나 이것이 본문이 제시하는 주된 요점은 아닙니다. 우리가 가장 어두운 길에서조차 우리 앞서 그 모든 길을 걸으셨던 그의 발자국을 따라 걸을 수 있음을 생각할 때, 죽음의 두려움과 슬픔에 대한 우리의 전체적인 관점이 완전히 바뀝니다. 그는 베드로에게 "나를 따르라!"고 말씀하셨습니다. 우리가 그를 사랑하는 가운데 그가 걸으셨던 길을 기꺼이 걷는다면, 우리에게 있어 그를 따르는 것은 결코 어려운 일이 아닐 것입니다. 아무리 외롭고 황량한 길이라 하더라도 예수 그리스도께서 우리 앞서 그 길을 걸어가셨음을 기억할 때, 우리에게 있어 그 길은 결코 외롭고 황량한 길이 아닐 것입니다.

"떠남"과 같이 "들어감"도 마찬가지입니다. 우리의 "들어감"이 가능한 것도 그가 우리 앞서 들어가셨기 때문입니다. "내가 너희를 위하여 거처를 예비하러 가노니"(요 14:2). 그러므로 우리는 어두운 문과 황량한 땅을 지나갈 때 그것이 익숙함과 즐거움과 따뜻함이 있는 나라로부터 낯설음과 슬픔과 싸늘함이 있는 나라로 가는 것이 아니라 그의 임재 안으로 들어가는 것이라는 사실을 확신할 수 있습니다.

이스라엘의 엑소더스를 생각해 보십시오. 제일 앞에서 그들의 행렬을 이끈 것은 오래 전에 죽은 요셉의 시신이었습니다. 그러나 우리의 엑소더스를 이끄는 것은 죽으셨다가 다시 살아나셔서 영원히 살아 계시는 생명의 왕입니다.

그러므로 형제들이여, 이러한 개념들을 깊이 새기십시오. 예수 그리스도와 그의 부활을 항상 마음에 새기십시오. 나는 오늘날의 기독교가 영원한 삶을 깊이 묵상하는 습관을 너무나 많이 잃어버렸다고 생각합니다. 그러한 습관은 과거의 세대들에게 얼마나 큰 힘을 가져다주었습니까! 우리 모두는 기독교가 현재의 삶에 가져다주는 축복을 제시하며 강화시키는 일에 너무 바쁩니다. 그러는 가운데 나는 우리가 하늘의 영원한 삶에 대해 너무나 무관심해지지 않았는지 심히 우려합니다. 우리 모두는 예수 그리스도의 죽음과 부활의 빛에서 우리의 엑소더스와 우리의 들어감에 대해 더 많이 생각할 필요가 있습니다. 그러한 생각은 우리가 이 땅에서 즐겁게 살며 우리에게 주어진 의무를 열심히 감당하는 일을 결코 훼손하지 않을 것입니다. 도리어 그것은 자칫 우리가 현재의 사소한 일들 가운데 매몰되는 것에서 우리를 지켜 줄 것입니다. 그것은 우리에게 "악에 대한 거룩한 경멸"을 가르칠 것입니다. 그리고 우리에게 음침한 어둠 대신 거대한 빛의 광활한 지평을 열어줄 것이며, 우리를 어둠을 두려워하는 것으로부터 건져 줄 것입니다. 예수 그리스도를 따르는 자들에게 떠나는 것은 곧 그와 함께 있는 것입니다.

3. 마지막으로, 죽음에 대한 이러한 관점이 어떻게 우리의 경험이 되는지 생각해 보도록 합시다.

지금 나에게는 여기의 세 번째 주제에 대해 자세하게 설명할 수 있을 만큼의 충분한 시간이 주어져 있지 않습니다. 그러므로 나는 본 문맥이 우리에게 "우리의 죽음의 의미를 바꾸는 것은 바로 그의 죽음"이라고 가르치는 사실만을 간단히 지적하고자 합니다. 계속해서 우리는 문맥이 우리를 앞의 구절들로 데려가는 것을 주목할 필요가 있습니다. 11절을 다시 한번 주목해 보십시오. "이같이 하면 우리 주 곧 구주 예수 그리스도의 영원한 나라에 들어감을 **풍족하게** 너희에게 **이루시리라.**" 이와 관련하여 8절의 "이런 것이 너희에게 있어 **풍족한즉** 너희로 우리 주 예수 그리스도를 알기에 게으르지 않고 열매 없는 자가 되지 않게 하려니와"라는 말씀과 5절의 "너희 믿음에 모든 부지런함을 더하고 덕을 **이루라**"는 말씀을 주목해 보십시오.

이와 같이 베드로는 앞에서 사용한 두 개의 단어를 11절에서 다시금 반복함으로 우리에게 다음과 같은 사실을 말합니다. 즉 죽음이 우리에게 "노예로부터의 떠남"과 "왕권 안으로의 들어감"이라면 우리는 지금 여기에서 믿음의 열매를 맺어야만 한다는 사실을 가르칩니다. 우리가 이 땅에 있는 동안 예수 그리스도의 피로 말미암아 성소 안으로의 습관적인 들어감이 없다면, 미래의 들어감도 없을 것입니다. 평생 동안 믿음의 사실로 말미암아 안식 안으로 들어감이 없다면, 죽음의 사실로 말미암아 들어감도 없을 것입니다.

그러므로 사랑하는 형제들이여, 떠남이 도착이 되고 엑소더스가 들어감이 되는 것은 다름 아닌 여러분 자신에게 달려있다는 사실을 기억하십시오. 죽음의 마지막 순간은 우리 모두에게 둘 중 하나일 것입니다. 즉 그것은 우리 모두에게 떨어지고 싶지 않은 모든 것으로부터 우리를 억지로 끌어내는 것이든지, 그렇지 않으면 낯선 땅으로부터 본향으로 우리가 즐겁게 떠나는 것이든지 둘 중 하나일 것입니다. 죽음은 우리에게 베드로가 옥으로부터 나왔을 때 경험한 것과 같은 것이 될 수 있습니다. 천사가 그를 만지자 그의 손으로부터 차꼬가 떨어졌습니다. 그리고 쇠문이 저절로 열렸으며, 그는 문득 자신이 옥으로부터 나와 도성에 있는 것을 발견했습니다. 둘 가운데 하나를 결정할 자는 바로 여러분 자신입니다. 여러분이 그를 여러분의 왕과 동반자와 구주와 빛으로 받아들인다면, 주님은 여러분의 "이 땅으로부터의 떠남"과 "영원으로의 들어감"을 축복하실 것입니다.

6
주인과 그의 노예들

"자기들을 사신 주를 부인하고"
벧후 2:1

노예제도는 옛 문명의 가장 큰 오점 가운데 하나였습니다. 그것은 양쪽 모두를 떨어뜨리는 악독한 제도였습니다. 그것은 노예를 주인의 재산으로 떨어뜨렸으며, 주인을 많은 경우 야수(野獸)로 떨어뜨렸습니다. 신약에는 노예제도를 정죄하는 말이 단 한 마디도 나오지 않습니다. 그러나 기독교는 마침내 노예제도를 완전히 폐지시켰습니다. 좋은 나무는 결국 좋은 열매를 맺는 법입니다. 제도에 초점을 맞추지 마십시오. 다만 그 아래 살아가는 사람들을 변화시키십시오. 그러면 결국 여러분은 제도를 변화시키게 될 것입니다. 나무의 표피를 고리 모양으로 벗기십시오. 그러면 그 나무는 결국 죽고 말 것이며, 그렇게 하면 여러분은 나무를 베는 수고를 절약할 수 있을 것입니다. 그러나 기독교는 단순히 노예제도를 정죄하지 않을 뿐만 아니라, 나아가 그러한 본질적으로 비도덕적이며 악한 제도 속에서도 선한 요소를 발견합니다. 다시 말해서 그것은 하나님과 사람 그리고 그리스도와 우리 사이의 관계를 설명하는데 훌륭하게 사용됩니다. 전쟁의 경우와 마찬가지로, 노예제도의 선한 요소를 사용하여 보다 더 높은 진리를 설명하는데 활용하는 것입니다.

우리는 바울이 그의 서신들 속에서 스스로를 "예수 그리스도의 **노예**"로

칭하는 것을 보게 됩니다. 뿐만 아니라 우리는 본문 가운데에도 노예제도가 암시되어 있는 것을 발견할 수 있습니다. 본문 가운데 "주"(Lord)로 번역된 단어는 영어로 "despot"(전제군주)으로 바꿀 수 있는 단어입니다. 그 단어 속에는 가혹하며 절대적인 권세의 의미가 함축되어 있습니다. 그것은 단순히 "주인"(master)을 의미하지 않습니다. 그것은 "소유자"(owner)를 의미합니다. 그것은 무조건적인 권세를 암시하며, 그러한 권세와 상응하는 유일한 것은 무조건적이며 절대적인 순복입니다. 여러분과 나에 대한 그리스도의 관계가 바로 이와 같습니다. 그는 우리의 주인이며, 전제군주이며, 소유자입니다.

그러나 여기에 소유자와 노예의 관계만 있는 것은 아닙니다. 여기에 노예제도의 가장 악독한 요소 가운데 하나가 나타납니다. 우리는 여기에서 노예시장을 발견합니다. "자기들을 **사신** 주," 주님은 그들을 사셨기 때문에 그들의 소유자가 되셨습니다. 사람을 매매하는 끔찍한 광경을 상상해 보십시오. 그리고 여기에서 베드로가 그러한 은유를 사용하기를 주저하지 않는 놀라운 담대함을 주목해 보십시오. 그는 여기에서 주님이 값을 치르고 그들을 구입함으로써 그들의 소유자가 되었다고 말합니다. 또 이것이 전부가 아닙니다. 우리는 여기에 도망친 노예가 암시되는 것을 발견할 수 있습니다. 어떤 노예가 자신의 주인으로부터 도망칩니다. 사람들이 그에게 "너는 누구에게 속하느냐?"라고 물을 때, 그는 자신의 주인에 대해 아무것도 알지 못하노라고 대답할 것입니다. 여기에 도망친 노예의 부인(否認)이 있습니다. "자기들을 사신 주를 **부인하고.**" 이제 이러한 세 가지 요지를 차례대로 살펴보도록 합시다.

1. 첫째로, 우리 모두의 소유자를 주목하십시오.

나는 여러분에게 예수 그리스도와 사람들 사이에 존재하는 이러한 관계를 설명하기 위해 많은 시간을 소비할 필요가 없습니다. 단적으로 말해서 소유자와 소유물의 관계는 예수 그리스도와 모든 사람들 사이에 존재합니다. 왜냐하면 베드로가 여기에서 "자기들을 사신 주"라고 말하고 있는 사람들은 분명 참된 그리스도인들이 아니라 교회 안으로 슬그머니 들어온 원수들이기 때문입니다. 그들은 예수 그리스도를 신실하게 따르는 사람들이 아니었습니다. 도리어 어떻게 하든 그의 일을 훼방하며 파선(破船)시키고자 애쓰던 사람들이었습니다. 이와 같이 여기에서 언급되는 사람들은 인류 가운데 선택된 소수의 사람들 즉 예수 그리스도에게 특별하게 속한 사람들이 아닙니다. 도리어 본문이 다루는 범위는 인류 전체를 망라합니다. 예수 그리스도는 모든 사람들을 소유하는 주인입니다.

이러한 개념을 좀 더 생생하게 전달하기 위해 한두 가지 예화(例話)를 들어보도록 합시다. 노예의 주인은 자신의 노예에 대한 절대적인 권세를 갖습니다. 여러분은 주님 앞에 나아왔던 로마의 백부장을 기억할 것입니다. 그는 자신의 말이 병사들에게 갖는 절대적인 권세를 생각하면서 자기 앞에 있는 예수가 물리적인 우주 가운데 그와 비슷한 권세를 가졌다는 결론에 도달했습니다. 그는 그의 병사들에게 "가라"고 말할 수 있는 권세를 가지고 있었으며, 그렇게 말할 때 그들은 갈 것이었습니다. 또 그는 그의 병사들에게 "오라"고 말할 수 있는 권세를 가지고 있었으며, 그렇게 말할 때 그들은 올 것이었습니다. 그와 같이 그리스도는 병(病)에게 "떠나라"고 말할 수 있는 권세를 가지고 계셨으며, 그렇게 말할 때 병은 떠날 것이었습니다. 또 그리스도는 건강(健康)에게 "오라"고 말할 수 있는 권세를 가지고 계셨으며, 그렇게 말할 때 건강은 올 것이었습니다. 그리고 그는 우주의 모든 물리적인 힘들에게 "이것을 행하라"라고 말할 수 있는 권세를 가지고 계셨으며, 그렇게 말할 때 그 모든 힘들은 그렇게 행할 것이었습니다. 바로 이것이 사람들에 대하여 예수 그리스도께서 갖고 계시는 관계를 보여 주는 그림입니다. 그는 우리 모두에게 우리가 어디에 있든 "오라"고 말할 수 있는 권세와, "가라"고 말할 수 있는 권세와, "이것을 행하라"라고 말할 수 있는 권세와, "이렇게 되어라"라고 말할 수 있는 권세를 갖고 계십니다.

이와 같이 그의 권세는 절대적인 권세입니다. 그렇다면 그에 대한 여러분의 태도는 어떤 것이어야 하겠습니까? 그것은 무조건적인 순복입니다.

나의 친구들이여, 무조건적인 순복이 여러분의 태도가 되지 않는다면, 여러분이 스스로를 그리스도인이라고 부르는 것은 아무 짝에도 쓸모없는 일입니다. 오늘 밤 나의 설교는 단지 여러분에게 사실을 제시하는 것에서만 멈추어서는 안 됩니다. 그것은 사실을 제시할 뿐만 아니라, 한 걸음 더 나아가 여러분의 감정과 여러분의 이성(理性)과 특별히 여러분의 의지(意志)에 호소하는 것도 되어야만 합니다. 이 시간 여러분 각자에게 묻고 싶습니다. "사랑하는 친구여, 매일같이 당신은 절대적인 주인에게 절대적으로 순복합니까? 당신 안에 있는 반역적인 의지(意志)는 기꺼이 '주여 말씀하옵소서 종이 듣겠나이다!'라고 말할 수 있을 정도로 완전하게 길들여졌습니까?"

나아가 주인은 앞에서 이야기한 절대적인 권세의 일부로서 각 사람의 일을 결정할 수 있는 권리를 갖습니다. 동방의 절대 군주들을 생각해 보십시오. 그들에게 그들을 둘러싸고 있는 모든 신하들은 노예일 뿐이었습니다. 그들은 자기 마음대로 어떤 사람은 신발 닦는 사람으로, 그 옆에 있는 사람은 술을 따르는 사람으로, 또 그 옆에 있는 사람은 총리로 만들 수 있었습니다. 이에 대해 어느 누구도 이러쿵저러쿵 말할 권리가 없었습니다. 이와 같이 예수 그리스도는 모든 세부적인 부분들에 이르기까지 여러분의 삶을 통제하며 여러분의 일을 결정할 권리를 갖고 계십니다. 어떤 사람은 세상적인 의미에서 "더 중요한 일"을 맡고, 또 어떤 사람은 세상적인 의미에서 "사소한 일"을 맡습니다. 그러나 그것이 도대체 무슨 상관입니까? 우리에게 그 일을 맡기신 분은 우리 주인이셨습니다. 그가 우리에게 신발을 닦으라고 말씀하신다면, 가장 좋은 솔과 광택제를 가지고 최선을 다해 그의 신발을 닦읍시다. 그가 우리에게 사람들이 매우 중요한 일이라고 생각하는 일을 맡기신다면, 우리는 그 일 역시 똑같은 마음으로 행해야 합니다.

나아가 주인은 노예의 모든 재산에 대해 절대적인 소유권을 갖습니다. 노예는 주인의 땅의 한 귀퉁이에다가 약간의 채소와 고구마와 호박과 토마토 따위를 재배합니다. 주인이 와서 "이것은 모두 내 것이다"라고 말한다면, 노예는 아무 대꾸도 하지 못하고 그것을 모두 주인에게 주어야만 합니다. 이와 같이 예수 그리스도는 우리 자신뿐만 아니라 우리의 모든 소유를 요구하십니다. 내적인 의지(意志)를 순복시키지 않고 외적인 소유를 드리는 것은 불완전한 것입니다. 마찬가지로 외적인 소유를 드리지 않고 내적인 의지를 순복시키는 것 역시 똑같이 불완전한 것입니다. 노예의 모든 소유는 주인에게 속합니다.

나아가 주인은 노예의 가족들에 대하여서까지도 절대적인 권리를 갖습니다. 주인은 "저 노예의 아이를 시장에 가서 팔아라"라고 말할 수 있습니다. 주인은 혈연관계를 끊을 수 있으며, 남편과 아내 그리고 부모와 자녀를 떼어놓을 수 있습니다. 그럼에도 불구하고 노예는 아무 말도 할 수 없습니다. 우리 주님은 때로 가혹한 권세가 아니라 사랑으로 가득 찬 권세로 사랑으로 연합한 두 사람을 향해 한 사람에게는 "오라!"고 말씀하시고 다른 사람에게는 "가라!"고 말씀하십니다. 그러면 한 사람은 오고, 다른 사람은 갑니다. "그 일을 행하시는 분은 주님이시라. 그로 하여금 그가 보시기에 선한 대로 행하시게 할지로다!"라고 말할 수 있는 사람은 진정 복된 사람입니다.

사랑하는 친구들이여, 어떤 사람도 다른 사람에 대하여 이런 절대적인 권세를 행할 수 없습니다. 어떤 사람도 다른 사람에 대하여 예수 그리스도께서 우리 모두에게 요구하시는 이런 무조건적인 순복을 요구해서는 안 됩니다. 어떤 사람이 다른 사람의 노예가 되는 것은 인성을 떨어뜨리는 것입니다. 그러나 예수 그리스도께서 나에게 "너는 내 것이라"라고 말씀하실 때 내가 그에게 "주여, 진실로 나는 당신의 것이며 당신의 종이나이다. 당신은 나의 멍에를 풀어 주셨나이다"라고 말하는 것은 참으로 영광스러운 일입니다. 옛 색슨 왕국에서는 왕의 종들이 귀족이 되었으며, 이것이 오늘날 영국 귀족제도의 기원이 되었습니다. 그와 같이 예수 그리스도의 노예는 다른 모든 사람들의 주인이 됩니다. 어떤 사람이 스스로를 주님 앞에 순복시키면서 그의 멍에를 메고 그에게서 배울 때, 그것이 그의 최고의 존귀입니다. 이것이 오늘의 첫 번째 요지입니다. 이제 두 번째 요지를 살펴보도록 합시다.

2. 둘째로, 값을 치르고 사는 것을 생각해 보도록 합시다.

"자기들을 **사신** 주." 여러분은 "너희는 값으로 사신 것이니 사람들의 종이 되지 말라"는 말씀을 기억할 것입니다(고전 7:23). 또 여러분은 여기의 베드로가 그의 첫 번째 서신에서 "너희 조상이 물려 준 헛된 행실에서 대속함을 받은 것은 오직 흠 없고 점 없는 어린 양 같은 그리스도의 보배로운 피로 된 것이니라"라고 말한 것을 기억할 것입니다(1:19). 여기에서 우리는 우리에 대한 그리스도의 소유권이 그의 신성(神性)에 근거하는 것이 아니라 그의 희생제사에 근거하는 것이라는 사실을 주목할 필요가 있습니다. 창조자가 자신의 피조물에 대해 소유권을 갖는 것은 지극히 당연한 일입니다. 우리가 하나님의 영원한 말씀이신 예수 그리스도가 모든 창조의 대행자였다는 사실을 믿는다면, 우리가 우리에 대한 그의 소유권을 받아들이는 것은 지극히 당연한 일이 될 것입니다. 그러나 그리스도는 그런 종류의 권리에 대해서는 전혀 개의치 않으십니다. 그는 그것보다 훨씬 더 깊고, 더 따뜻하며, 더 친밀한 것을 원하십니다. 그는 우주 전체를 덮는 사랑의 언어와 함께 우리에게 오셔서 "내가 너를 위해 죽었으니 너는 나를 사랑해야만 해!"라고 말씀하십니다. 그렇습니다. 주님은 어떤 사람에 대한 절대적인 소유권을 주장하기에 앞서 먼저 스스로를 그에게 절대적으로 내어 주셨습니다. 예수 그리스도는 먼저 자신을 나에게 주셨으며, 그 기초 위에서 나에게 나 자신을 그에게 드릴 것을 요구하십니다. 이러한 사실을 생각할 때, 그와 우리 사이의 관계 속에 있는 언뜻 볼 때 가혹한 것처럼 보이는 모든 것은 한 순간 녹아 사라집니다. 그것은 마치 아내가 사랑하는 남편을 소유하는 것이나 혹은 남편이 사랑하는 아내를 소유하는 것과 비슷합니다. 여기에서 소유권은 완전한 사랑의 표현입니다. 나의 영혼을 그리스도에게 묶는 황금 띠는 "그가 나를 사랑하사 나를 위해 자신을 주셨다"는 사실입니다.

지금 나는 여러분에게 속죄의 냉랭한 신학적 교리를 설명하고 싶지 않습니다. 다만 나는 여러분이 본문의 위대한 은유에 담긴 의미를 마음으로 깊이 느끼기를 바랍니다. 거기에 두 가지가 있습니다. 첫째로 어떤 노예를 사기 위해 치러진 값이 있으며, 둘째로 그가 벗어난 멍에가 있습니다. 그리스도께서 그를 사기 전에, 그는 다른 주인에게 속해 있었습니다. "죄를 범하는 자마다 죄의 종이라"(요 8:34). 여러분은 여러분 자신의 전제군주이며, 여러분 자신의 폭군입니다. 여러분은 마치 배의 통제권을 강탈한 폭도들과 같습니다. 결박을 당한 채 갑판 아래 갇혀 있어야 할 폭도들이 선장과 선원들을 제압하고 배를 장악했습니다. 그들은 지도와 항해일지를 내팽개쳐 버린 채 자기들 마음대로 암초를 향해 배를 몹니다. 그리스도의 노예가 아닌 사람들은 이러한 죄의 폭정에 순복하는 훨씬 더 나쁜 노예상태 아래 있습니다. 이러한 죄의 폭정은 편협한 도덕의 모든 속박을 끊어 버리고 본능을 따라 자기 마음대로 행동하는 것이 얼마나 좋으냐는 달콤한 말로 그들을 유혹합니다. 아, 우리 가운데 얼마나 많은 사람들이 이와 같이 행하고 있습니까! 본장 19절의 "그들에게 자유를 준다 하여도 자신들은 멸망의 종들이니"라는 말씀을 주목해 보십시오. 그들은 자신들의 경험으로부터 그와 같은 위대한 말씀에 대해 어떤 설교자보다 더 훌륭한 주석(註釋)을 쓸 수 있습니다. 젊은이들이여, 여러분은 그와 같이 행하고 있지 않습니까? 여러분은 이곳 맨체스터로 와서, 비교적 조용한 거처에서 살고 있습니다. 그런데 어떤 사람이 와서 "이런 소심한 사람 같으니라고! 도대체 언제까지 이렇게 소심하게 살 작정인가? 나를 따라오게. 인생이 어떤 것인지 배울 수 있을 것일세"라고 말합니다. 여러분은 여러분의 어머니가 입혀준 옛 옷을 거추장스러운 족쇄로 여기며 벗어 버리는 것이 낫겠다고 생각합니다. 그러면 여러분은 결국 어떻게 됩니까? 나는 이곳에 부임한 이후 지난 40년 동안 이런 종류의 젊은이들을 수도 없이 봐 왔습니다. 결국 그들은 온갖 종류의 죄의 수렁에 빠지고 맙니다.

　복된 멍에가 있습니다. 그런가 하면 처음에는 즐겁지만 나중에는 쓰라리며 치명적인 멍에도 있습니다. 죄의 멍에, 나의 자아의 멍에, 나의 정욕의 멍에, 다른 사람들의 멍에, 물질적인 세상의 멍에가 그러합니다. 예수 그리스도는 그의 희생제사로 말미암아 우리에게 "그러므로 아들이 너희를 자유롭게 하면 너희가 참으로 자유로우리라"라고 말씀하십니다(요 8:36). 주님은 우리를 사셨습니다. 여러분은 그로 하여금 그가 여러분을 여러분의 모든 멍에로부터 해방시키도록 허락합니까? 사랑하는 친구들이여, 나는 여러분이 이러한 질문에 분명하게 대답할 수 있을 때까지 항상 그러한 질문이 여러분의 귓가에 울리기를 간절히 하나님께 기도합니다. 예수 그리스도께서 나를 사셨습니다. 그러므로 나는 그에게 속합니다.

3. 마지막으로, 도망친 노예들을 주목하십시오.

여기에서 베드로가 사용한 "부인하고"라는 단어를 주목해 보십시오. "자기들을 사신 주를 **부인하고**." 뭔가 여러분의 마음에 느껴지는 것이 없습니까? 주님을 세 번 부인한 사람이 누구였습니까? 그 때의 쓰라린 경험이 여기의 베드로의 마음속에 깊이 뿌리박혀 있었을 것입니다. 나는 지금 베드로가 주님을 부인했던 그 순간을 회개하는 마음으로 회상하고 있었을 것이라고 생각합니다. 설령 여기에서 직접적으로 언급하고 있지는 않다고 하더라도 말입니다. 그의 과거를 알지 못하는 사람은 여기에서 이러한 사실을 결코 간파하지 못할 것입니다. 그러나 그의 과거를 아는 사람들은 이것이 참으로 애수에 찬 표현임을 느끼지 않을 수 없을 것입니다. "그들은, 그 끔찍한 날 새벽 대제사장의 공관에서 **내가** 그랬던 것처럼, 주를 부인하는 자들이라. 나는 지금 그에 대해 말하고 있노라. 그리고 그 다음에 무엇이 올는지 아노라. 주님을 부인하고 난 후에 나는 슬피 울며 눈물을 흘렸노라."

그러나 사랑하는 친구들이여, 여기에서 내가 여러분에게 강조하고 싶은 것은 그리스도인이 아닌 사람들의 삶을 바라볼 때 필연적으로 우리가 그 안에서 본질적인 죄성(罪性)과, 감사치 않음과, 값을 치르고 사신 자를 인정하기를 거부하는 절대적인 어리석음을 보게 된다는 사실입니다. 여러분은 말로써 주님을 부인할 수 있습니다. 아마도 우리 가운데 적지 않은 사람들이 이런 측면에서 죄책이 없지 않을 것입니다. 또 여러분은 예수 그리스도의 성품과 직분을 깎아내리며 그의 희생제사의 중요성을 평가절하 함으로써 그렇게 할 수 있습니다. 또 여러분은 그를 우리를 사신 소유자로서가 아니라 단순히 우리를 가르치는 선생으로 생각함으로써 그렇게 할 수 있습니다. 또 여러분은 자신의 색깔을 비겁하게 감춤으로써 그렇게 할 수 있습니다. 또 여러분은 옆에 있는 사람들을 지나치게 의식하면서 부끄러워하는 마음을 가짐으로써 그렇게 할 수 있습니다. 그리고 그런 가운데 남자답게 "나는 예수 그리스도의 것입니다. 다른 사람들이 누구를 섬기든 나는 예수 그리스도를 섬길 것입니다"라고 말하지 못함으로써 그렇게 할 수 있습니다. 또 여러분은 단순히 그가 요구하는 것을 대수롭지 않게 여김으로써, 그에게 돌이키기를 거절함으로써, 자신의 의지(意志)를 그에게 순복시키지 않음으로써, 자신의 마음을 그에게로 향하지 않음으로써, 항상 그를 의지(依支)하지 않음으로써 그렇게 할 수 있습니다. 어떤 사람이 다른 사람으로부터 값비싼 선물을 받을 때는 감사의 마음으로 불타면서 그러나 그리스도께서 주신 비교할 수 없는 선물로는 감사할 줄 모른다면, 그것은 얼마나 부끄러운 일입니까! 나는 어떤 사람들이 그리스도와 기독교에 대해 격렬하게 반대하는 것에 대해서는 이해할 수 있습니다. 그러나 내가 도무지 이해할 수 없는 것은 예수 그리스도의 십자가 사랑을 믿는다고 고백하면서도 작은 예물조차 그에게 드리기를 아까워하는 많은 사람들의 태도입니다. 예수 그리스도께서 여러분을 위해 죽은 것이 여러분에게 아무것도 아니란 말입니까? 그는 여러분을 자신의 소유로 사셨습니다. 간절히 당부하노니 스스로를 그리스도의 종과 노예로서 순복시키십시오. 그러면 여러분은 참으로 자유롭게 될 것입니다. 그리고 여러분은 그가 여러분의 마음 깊은 곳에서 "이제부터는 너희를 종이라 하지 아니하고 친구라 하리니"라고 말씀하시는 것을 듣게 될 것입니다(요 15:15).

7
힘쓰라

"그러므로 사랑하는 자들아 너희가 이것을 바라보나니 주 앞에서 점도 없고 흠도
없이 평강 가운데서 나타나기를 힘쓰라"

벧후 3:14

새해를 맞이하면서 대부분의 사람들은 대체로 어두운 시각으로 미래
를 바라보는 것 같습니다. 살아갈 날이 아직 많이 남은 젊은이들에게 미래
는 비교적 즐거운 가능성들로 보일 것입니다. 반면 인생이 얼마 남지 않은
사람들에게는 그렇지 않을 것입니다. 오늘 본문은 연말의 분위기와 비교
적 잘 어울리는 본문입니다. 본문은 미래를 바라보는 우리의 시각을 막연
한 불확실성이 아니라 복된 확실성으로 이끄는 가운데, 그러한 소망으로
부터 매우 중요하면서도 실천적인 결론들을 끌어냅니다. 본문으로부터 우
리는 다음과 같은 세 가지 주제를 끌어낼 수 있습니다. 첫째로 미래를 채
우는 밝은 소망, 둘째로 이러한 소망으로부터 도출되는 인생의 분명한 목
표, 셋째로 그러한 목표를 추구하는 성실한 힘씀.

이러한 세 가지 주제 즉 밝은 소망과 최고의 목표와 성실한 힘씀이 곧
모든 고결한 삶의 세 가지 조건입니다. 그것들 자체가 강한 힘이며, 그것
들은 우리를 신선하며 활력에 찬 삶으로 이끌 것입니다. 그리고 그것들은
젊음을 길게 유지시켜 줄 것이며, 사람이 모든 것을 흥미로운 눈으로 바라
보도록 만들 것입니다.

이제 이러한 세 가지 주제를 차례대로 살펴보도록 합시다.

1. 첫째로, 우리의 미래를 채우는 밝은 소망을 주목하십시오.

"너희가 **이러한 것들을** 바라보나니"(seeing that ye look for **such things**). "이러한 것들"은 무엇입니까? 앞에서 베드로는 종말에 대한 매우 생생하면서도 장엄한 그림을 그리고 있었습니다. 그것은 두 부분으로 되어 있는데, 하나는 파괴적인 부분이고 다른 하나는 건설적인 부분입니다. 놀랍게도 베드로는 현대 과학이 말하는 것과 비슷하게 만물이 뜨거운 불에 풀어질 것이라고 말합니다. "그 날에는 하늘이 큰 소리로 떠나가고 물질이 뜨거운 불에 풀어지고 땅과 그 중에 있는 모든 일이 드러나리로다"(10절). 그러면서 그는 그로부터 다음과 같은 교훈을 끌어냅니다. "이 모든 것이 이렇게 풀어지리니 너희가 어떠한 사람이 되어야 마땅하냐 거룩한 행실과 경건함으로 하나님의 날이 임하기를 바라보고 간절히 사모하라"(11, 12절).

그러나 이러한 불은 모든 것을 살라 소멸시키는 불이 아닙니다. 도리어 그것은 "거듭나게 하는 불세례"와 같은 것입니다. 그러한 불로부터 "지금 있는 하늘과 땅"이 정결하게 되어 새롭게 나올 것입니다. 오늘 본문은 이것을 바라보는 것으로부터 나오는 교훈입니다.

오늘 나는 불에 의해 새로워질 새 하늘과 새 땅의 개념에 대해 길게 설명하지 않을 것입니다. 다만 구약과 신약 가운데 이와 관련한 말씀들이 매우 많이 나온다는 사실만을 짤막하게 말하고자 합니다. 이 땅이 타락의 멍에로부터 해방되고 새롭게 되어 축복받은 자들의 거처가 될 것이라는 믿음은 지극히 타당한 믿음입니다. 그곳에 거하는 자들과 그들이 거하는 그곳은 비슷한 변화를 통과합니다. 개인들과 마찬가지로 "새 창조"는 옛 자아(old self)가 성령의 불에 의해 정결하게 된 것입니다. 마찬가지 방식으로 그들이 사는 세상은 옛 세상이 불에 의해 영광스럽게 변화된 새 세상일 것입니다.

오늘 나는 이런 개념은 그냥 지나치고자 합니다. 왜냐하면 그것은 실천적인 중요성이 아주 작기 때문입니다. 다만 오늘 우리가 주목할 필요가 있는 것은 우리가 바라보는 새 하늘과 새 땅이 오직 씻음을 받아 정결하게 된 사람들만 참여할 수 있는 곳이라는 사실입니다. "우리는 **의가 있는** 곳인 새 하늘과 새 땅을 바라보도다"(13절). 현재의 물질적인 세상에 거하는 조건이 피와 살을 취하는 것이고 몸이 없는 영이 지금 있는 하늘과 땅의 물질적인 것들 사이에서 활동하는 것이 불가능한 것처럼, 부정(不淨)한 것이 그러한 미래의 세상에 들어가는 것은 불가능합니다. 새 예루살렘의 문은 밤이든 낮이든 닫히지 않습니다. 그러나 그 옷을 어린 양의 피로 씻어 희게 만들지 않은 사람은 결코 그 열린 문을 통과할 수 없을 것입니다. 그 문 앞에 화염검을 든 천사가 서 있으며, 의로운 자 외에는 어느 누구도 그 문을 통과할 수 없습니다. 빛이 어둠에 속한 것들을 죽일 것입니다.

> "주 앞에 선 영혼들은
> 얼마나 정결한 영혼들인지요.
> 그들은 고요한 기쁨으로
> 주를 바라볼 수 있나이다."

　형제들이여, 우리는 항상 모든 타락으로부터 자유로워진 그리고 정결한 자 외에는 결코 들어갈 수 없는 새로운 만물의 질서를 바라보아야만 합니다. 베드로는 그러한 미래를 기대하며 바라보는 것이 기독교적 삶의 필수 불가결한 일부임을 당연한 것으로 받아들입니다. 13절의 "새 하늘과 새 땅을 **바라보도다**"라는 표현을 주목해 보십시오. 여기에서 "바라보도다"라는 단어의 시제(時制)는 그러한 기대가 계속적이며 습관적임을 표현합니다. 오늘날 소위 그리스도인이라 불리는 사람들 가운데 이러한 종말에 대해 큰 관심과 간절한 열망을 기울이지 않는 사람들이 얼마나 많습니까! 여러분이 기대하는 미래는 이러한 꿈으로 가득 찬 미래입니까, 아니면 이러한 꿈과는 아무 상관없는 미래입니까? 여러분의 마음은 얼마나 자주 이러한 미래를 상상하며, 여러분의 눈은 얼마나 자주 이러한 미래를 바라봅니까? 여러분의 눈은 이 땅의 불확실한 것들을 넘어 하늘의 확실한 것에 고정되어 있습니까?

안경을 만드는 기술자들은 세 가지 용도로 안경을 만듭니다. 그것은 근거리용과 중거리용과 원거리용입니다. 여러분의 안경은 어떤 안경입니까? 가까운 거리에 있는 것을 볼 때, 여러분은 근거리용 안경을 써야만 합니다. 반면 여러분이 원거리용 안경을 쓴다면, 여러분은 하늘의 별까지도 볼 수 있습니다. 여러분의 안경은 어떤 안경입니까? 근거리용 안경은 여러분에게 불확실한 것들을 보여 줍니다. 반면 원거리용 안경은 여러분에게 확실할 것들을 보여 줄 것입니다. 근거리용 안경은 여러분에게 사소한 것들을 보여 줍니다. 반면 원거리용 안경은 여러분이 열망하는 모든 것을 보여 줄 것입니다. 근거리용 안경은 여러분에게 이 땅의 소망들을 보여 줍니다. 반면 원거리용 안경은 하늘의 영광들을 보여 줄 것입니다. 그리고 그것은 여러분에게 여러분의 인생길을 영원히 인도하는 구름기둥과 불기둥을 보여 줄 것입니다. 우리가 바랐던 소망들 가운데 얼마나 많은 소망들이 지평선 뒤로 사라져 버리고 말았습니까! 그러나 우리는 우리 앞에 영원히 서 있고 항상 우리의 마음을 끌어당기는 하나의 소망을 가질 수 있습니다. 원거리용 안경을 쓰고 바라볼 때, 가까이 있는 것들은 흐려 잘 안 보이게 될 것입니다.

사랑하는 친구들이여, 하나님이 우리에게 주신 "바라보는 능력"을 헛되게 사용하지 맙시다. 그것을 이 세상의 아무것도 아닌 것을 바라보는 일에 허비하지 맙시다. 오직 그것을 더 높은 것을 바라보는 일에 사용합시다. 그것을 하나님 자신의 보좌에 더 견고하게 고정시킵시다. 그리고 우리의 마음을 복된 미래에 대한 장엄한 기대로 더 풍성하게 채웁시다. 보이지 않는 자를 보는 것처럼 바라보고 주의 날이 속히 올 것처럼 생각하며 걸어갑시다.

2. 둘째로, 이러한 소망으로부터 도출되는 인생의 분명한 목표를 주목하십시오.

여러분이 머지않아 다른 세상으로 갈 것이라는 사실을 분명히 안다고 가정해 봅시다. 그럼에도 불구하고 여러분이 그때를 위해 준비하지 않는다면, 여러분은 지극히 어리석은 자일 것입니다. 그러한 미래의 소망을 우리가 더 분명하게 보며 더 깊이 느낄수록, 그것은 우리 삶에 더 분명한 목표를 제시할 것이며 그러한 목표는 우리 삶을 더 큰 기쁨과 능력과 축복으로 채울 것입니다. "너희가 이것을 바라보나니 … 힘쓰라." 그러면 무엇을 위해 힘쓸니까? 그것은 "주 앞에서 점도 없고 흠도 없이 평강 가운데 나타나기를 위해서"입니다.

본문 가운데 나타나는 그러한 미래의 소망이 인생에 가져다주는 위대한 목표들을 주목해 보십시오. "주 앞에서 점도 없고 흠도 없이 평강 가운데서 나타나기를 힘쓰라." 여기의 모든 단어들은 얼마나 강한 힘을 갖고 있습니까! **"발견되기를** 힘쓰라"(that ye may be **found**, 한글개역개정판에는 "나타나기를"이라고 되어 있음). 이러한 표현 속에는 세심하게 검사하며 찾는 개념이 함축되어 있습니다. 그리고 그것은 어떤 사람의 참된 상태와 참된 성품이 결국 드러나는 개념을 암시합니다. 전에는 감추어졌거나 모호했던 것이 마침내 분명하게 드러나는 것입니다. 이러한 표현은 성경의 다른 곳에서도 종종 사용됩니다. 예컨대 바울은 "벗은 자로 발견된다"라든지 혹은 "하나님에서 발견된다"는 등의 표현을 사용합니다. "이렇게 입음은 우리가 벗은 자들로 발견되지 않으려 함이라"(고후 5:3). "그 안에서 발견되려 함이니 내가 가진 의는 율법에서 난 것이 아니요 오직 그리스도를 믿음으로 말미암은 것이니 곧 믿음으로 하나님께로부터 난 의라"(빌 3:9). 그러므로 사람의 실제적인 모습이 어떠한지를 발견하기 위해 검사하며 찾는 과정이 있을 것입니다.

계속해서 **"그 안에서** 발견되기를" 혹은 개정역(Revised Version)이 읽는 것처럼 **"그 앞에서** 발견되기를" 이라는 표현을 주목하십시오(한글개역개정판에는 "주 앞에서"라고 되어 있음). 이와 같이 그리스도는 검사하는 자입니다. 그리고 검사는 "그의 정결한 눈과 완전한 판단"으로 이루어집니다. "의가 있는 곳인 새 하늘과 새 땅"에 들어가도록 허락될 자들은 그러한 검사를 통과해야만 합니다(13절).

계속해서 예수 그리스도의 검사로 그곳에 들어갈 허락받을 사람들의 성품이 어떤지 주목하십시오. "점도 없고 흠도 없이." 그들은 불결함의 어떤 점이나 얼룩이나 결함도 없어야 합니다. 흰 옷에 검은 얼룩이 묻었다고 상상해 보십시오. 옷이 더 흴수록, 검은 얼룩은 눈에 더 잘 띄게 될 것입니다. "의가 있는 곳인 새 하늘과 새 땅"에 들어가는 자들은 악한 것이 아무것도 없어야 합니다. "흠이 없는"(blameless) 것은 "점이 없는"(spotless) 것의 결과입니다. 정결한 것에는 어떤 비난이나 책망도 따르지 않을 것입니다. 법정에 있는 재판관으로부터든 혹은 방청객으로부터든 말입니다.

여기의 두 단어는 베드로가 그의 첫 번째 편지에서 예수 그리스도 자신에 대해 묘사할 때 사용한 단어들입니다. "오직 흠 없고 점 없는 어린 양 같은 그리스도의 보배로운 피로 된 것이니라"(벧전 1:19). 예수 그리스도는 "흠 없고 점 없는" 어린 양이었습니다. 그러므로 새 하늘과 새 땅에 들어가기에 합당한 성품은 예수 그리스도의 성품을 닮은 성품입니다.

계속해서 이와 같이 오직 절대적인 정결함과 예수 그리스도를 닮은 상태에 도달한 자들만이 평온함 가운데 그의 불꽃같은 눈앞에 서고 "**평강 가운데 발견될**" 것입니다.

자신의 장부(帳簿)를 주인에게 가져가 제출하는 청지기를 생각해 보십시오. 그가 숫자를 거짓으로 기록했다든지 주인의 것을 횡령했다면, 주인의 불꽃같은 눈이 장부를 검사할 때 그의 무릎은 두려움 가운데 얼마나 떨리겠습니까! 설령 겉으로는 아무렇지도 않은 척 서 있다고 하더라도 말입니다. 반면 그가 정결하며 정직하다면, 그는 얼마나 평온한 마음으로 주님 앞에 서 있을 수 있겠습니까! 승리를 거두고 돌아오는 병사들을 생각해 보십시오. 그들은 얼마나 큰 기쁨으로 자신들의 대장의 얼굴을 바라보겠습니까! 그러나 그들이 패배를 당하고 돌아온다면, 그들은 스스로 움츠리며 수치스러워할 것입니다. 우리가 평온한 마음으로 예수 그리스도를 만나고자 한다면, 우리는 그를 "점도 없고 흠도 없이" 만나야만 합니다. 사람들의 참된 모습이 드러나는 것은 마치 호수 바닥이 드러나는 것과 같습니다. 아, 호수 밑바닥에는 더럽고 미끌미끌한 것들이 얼마나 많습니까! 더럽고 불결한 것들이 거기에 던져진 채 오랜 세월 물 속에 감추어져 있었습니다. 언젠가 사람의 마음에서 모든 물이 빠질 날이 올 것입니다. 마치 호수로부터 모든 물이 빠지는 것처럼 말입니다. 그때 우리는 더럽고 불결한 것들을 나타낼 것입니까, 아니면 점도 없고 흠도 없이 아름다운 산호들과 금빛 모래를 나타낼 것입니까?

바로 이것이 그리스도인들의 인생의 목표입니다. 우리는 그 모든 것을 하나로 집약시킬 수 있습니다. 우리가 최고로 추구하여야 할 삶의 목표는 우리의 성품을 우리 주 예수 그리스도와 일치시키는 것입니다. 다른 목표들에 대해서는 신경 쓰지 마십시오. 모든 것을 주님의 손에 맡기십시오. 우리가 우리 자신을 위해 행할 수 있는 것보다 그가 우리를 위해 더 잘 행하실 것입니다. 불확실한 미래를 위해 그를 신뢰하며 의지(依支)하십시오. 항상 다음과 같은 한 가지 사실을 굳게 붙잡으십시오. 우리의 남은 인생의 분깃이 기쁨이든 슬픔이든 혹은 부요함이든 가난함이든 혹은 성공이든 실패든 혹은 많은 친구들과의 어울림이든 외로움이든, 우리가 은혜 가운데 우리 주 예수 그리스도의 지식과 형상을 따라 자랄 수 있다는 사실 말입니다. 이것을 여러분의 삶의 목표로 정하십시오. 그러면 여러분의 인생은 신선함과 생동감과 열정으로 가득 차게 될 것입니다. 그 외에 다른 것을 여러분의 삶의 목표로 삼아 보십시오. 그러면 여러분은 여러분의 삶의 최고의 목표를 놓치고 말 것입니다. 그러면 여러분의 인생은 아무리 큰 성공을 거두었다 하더라도 황량하며 실망스러운 인생이 될 것입니다. 그리고 그 마지막은 부끄러움일 것입니다.

3. 마지막으로, 그러한 목표를 추구하는 성실한 힘씀을 주목하십시오.

여기에서 "힘쓰라"(be diligent, 혹은 "부지런 하라")라고 번역된 단어는 베드로가 매우 좋아하는 단어입니다. 열심히 일하는 것, 정직한 노력, 끈기 있게 계속 일하는 것 ─ 이것이 모든 고결함을 위한 베드로의 처방전입니다. 여러분은 그가 본 서신에서 그 단어를 최소한 세 번 사용하는 것을 발견할 수 있을 것입니다. 예컨대 그는 "너희가 더욱 **힘써** 너희 믿음에 … 더하라"라는 말씀이라든지 혹은 "더욱 **힘써** 너희 부르심과 택하심을 굳게 하라"와 같은 말씀 속에서 그 단어를 사용합니다(1:5, 10). 그러므로 인생의 최고의 목표를 이룸에 있어 신비하며 비밀스러운 것은 아무것도 없습니다. 그것을 위해 열심히 힘쓰십시오. 그러면 여러분은 그것을 이룰 것입니다.

물론 그리스도인들이 그리스도처럼 되는 방편과 관련하여 고려해야 할 것들이 많이 있습니다. 우리는 성령의 은사라든지 혹은 그것을 위해 하나님을 의지(依支)하는 것 등에 대해 이야기해야만 합니다. 그러나 오늘 우리는 "힘쓰라"는 베드로 자신의 처방전에만 한정하여 이야기하고자 합니다. 열심히 힘쓰십시오. 그러면 여러분은 그리스도처럼 될 것입니다. 그러나 그 단어 속에는 이러한 의미 외에 또 다른 의미가 함축되어 있습니다. 그 단어는 단순히 부지런함만을 의미하지 않습니다. 왜냐하면 매우 기계적이며 비효율적인 부지런함이 있을 수 있기 때문입니다. 그 단어 속에는 또한 "성실함"의 의미가 포함되어 있습니다. 그리고 한 걸음 더 나아가 거기에는 성실함의 통상적인 결과인 "급함과 시간을 아낌"의 의미도 포함되어 있습니다.

그러므로 나는 이와 관련하여 여러분에게 세 가지 간단한 훈계를 제시하고자 합니다. 첫째로, 그리스도와 같은 성품을 계발하는 일에 **성실**하십시오. 반쪽짜리 그리스도인은 하나님에게나, 사람들에게나, 자기 자신에게나 쓸모가 없습니다. 성실한 목표도 없고 뜨거운 열정도 없이 빈둥거리며 꾸물거리는 사람들을 생각해 보십시오. 그들은 결국 아무 일도 행하지 않으며, 아무런 열매도 맺지 못합니다. "나는 네가 차든지 뜨겁든지 하기를 원하노라"(계 3:15). 오늘날의 일반 기독교인 가운데 가장 필요한 것은 거룩함을 위한 성실한 목표와 뜨거운 열정입니다. 이것이 없이는 아무런 열매도 맺지 못할 것입니다. 여러분이 성실함과 뜨거운 열정으로 추구하지 않는다면, 여러분은 결코 그리스도처럼 자라지 못할 것입니다. 그것은 마치 갈대로 알프스에 터널을 뚫을 수 없는 것과 마찬가지입니다. 알프스에 터널을 뚫기 위해서는 그 끝에 다이아몬드가 부착된 강한 쇠기둥이 필요합니다. 여러분은 결코 여러분과 아름다운 땅 사이를 가로막고 있는 암벽을 뚫지 못할 것입니다. 여러분의 전 존재가 그 일에 몰두하면서 하나의 초점에 집중해 힘을 다해 밀어붙이지 않는다면 말입니다. 성실하게 힘쓰십시오. 그렇지 않으면 차라리 포기하십시오.

둘째로, 예수 그리스도와 같은 성품을 계발하는 것을 여러분의 **일**(business)로 삼으십시오. 여러분이 그리스도와 같이 자라는 것을 여러분이 행하는 일의 백분의 일 만큼만 체계적으로 행한다면, 여러분의 모습은 지금의 모습과 너무나 달라질 것입니다. 체계적이며 의식적(意識的)인 노력 없이 갑자기 높은 고결함과 선함에 이르는 사람은 아무도 없습니다.

셋째로, 그리스도와 같은 성품을 계발하는 일을 **급히** 하십시오. 추수할 것은 많고, 해야 할 일도 많습니다. 그런데 해가 서쪽으로 기울며, 오후의 그림자가 길게 드리워집니다. 결산의 때가 임박했으며, 주님은 여러분의 곡식단을 헤아리기 위해 기다리고 계십니다. 형제여, 꾸물거릴 시간이 없습니다. "이 일을 내가 행하여야 하리라"라고 말하면서 시간을 아껴 급히 일하십시오.

우리의 마음을 우리가 만족하지 못할 헛된 소망들로 채우지 맙시다. 눈을 들어 하늘의 영광스러운 것들을 바라봅시다. 그것은 하나님이 실제적인 것처럼 실제적인 것들이며, 하나님의 말씀이 확실한 것처럼 확실한 것들입니다. 우리가 바라는 모든 것들을 우리의 삶의 최고의 목표에 초점을 맞춥시다. 그리고 성실함과 부지런함과 급함과 뜨거운 열정으로 그러한 목표를 추구합시다. 우리 주님의 말씀을 들어 보십시오. "때가 아직 낮이매 나를 보내신 이의 일을 우리가 하여야 하리라 밤이 오리니 그 때는 아무도 일할 수 없느니라"(요 9:4). 그리고 우리에게 동일한 교훈을 가르치는 그의 종의 말을 들어 보십시오. "밤이 깊고 낮이 가까웠으니 그러므로 우리가 어둠의 일을 벗고 빛의 갑옷을 입자"(롬 13:12).

8
자람

"오직 우리 주 곧 구주 예수 그리스도의 은혜와 그를 아는 지식에서 자라가라"
벧후 3:18

이것은 노인 베드로가 우리에게 남기는 마지막 훈계의 말입니다. 우리는 그 자신이 이러한 훈계의 두드러진 실례(實例)였음을 잘 압니다. 베드로가 기록한 두 서신을 그의 예전의 모습 즉 자신과 성급함과 불안정함으로 가득했던 초창기의 모습과 비교하면서 살피는 것은 매우 흥미로운 일입니다. 요한의 아들 시몬이 베드로로 자라는데 평생이 걸렸습니다. 그렇지만 그 일은 결국 이루어졌으며, 그의 약점들은 그대로 그의 강점이 되었습니다. 그는 자기 자신의 실례(實例)로서 증명한 것을 우리에게 명령하며 권면합니다. 그리고 자신이 도달한 높이에서 자신이 장막을 벗을 때 도달하게 될 무한한 높이를 바라보고 형제들에게 그들도 높은 곳을 열망하며 올라오라고 훈계합니다. 그는 마치 전쟁터에서 마지막 힘을 다해 "전진!"을 알리는 나팔수와 같습니다. 그의 마지막 명령을 고취시키는 것은 다름 아닌 그의 불멸에 대한 소망입니다. "오직 우리 주 곧 구주 예수 그리스도의 은혜와 그를 아는 지식에서 자라 가라."

오늘 우리는 기독교인의 성품으로 계속해서 자라가야만 하는 의무와 관련하여 몇 가지 주목할 만한 개념들을 살펴보고자 합니다.

1. 첫째로, 기독교인의 자람이 취해야만 하는 방향에 대해 생각해 보도록 합시다.

개정역(Revised Version)을 사용하는 사람들은 거기에 매우 사소하지만 매우 중요한 변이(變異)가 있는 것을 보게 될 것입니다. 개정역은 이렇게 읽습니다. "오직 우리 주와 구주 예수 그리스도의 은혜와 지식에서 자라가라"(grow in the grace and knowledge of our Lord and Saviour Jesus Christ, 한편 흠정역에서는 "but grow in grace, and in the knowledge of our Lord and Saviour Jesus Christ"라고 되어 있음). 이러한 변이는 우리에게 무엇을 보여 줍니까? 그것은 우리에게 기독교적 자람의 방향은 이중적이라 하더라도 그 과정은 하나라는 사실과, 은혜와 지식이 예수 그리스도와 직접적으로 연결되는 사실을 보다 더 분명하게 보여 줍니다.

예수 그리스도는 은혜를 주는 자(Giver)이면서 동시에 은혜의 창시자(Author)입니다. 그리고 그는 지식의 대상입니다. 은혜는 좀 더 도덕적이며 영적인 반면, 지식은 좀 더 이성적(理性的)입니다. 그러나 둘 다 하나의 자람의 행동에 의해 실현되며, 둘 모두 예수 그리스도 자신에 내재하며 그와 관련되며 그로 말미암습니다.

이러한 이중적인 방향 즉 기독교적 자람의 두 갈래를 좀 더 상세하게 살펴보도록 합시다. 뿌리로부터 하나의 줄기로 자라다가 어느 정도 자랐을 때 두 개의 주된 가지로 나누어지는 나무를 생각해 보십시오.

먼저 우리는 그리스도의 "은혜"에서 자랍니다. 은혜는 물론 일차적으로 하나님이 예수 그리스도 안에서 아무 자격 없는 죄인인 우리에게 베푸시는 사랑과 호의를 의미합니다. 나아가 그것은 또한 그러한 사랑과 호의가 우리 안에서 맺는 다양한 영적 선물들을 의미합니다. 다시 말해서 그러한 사랑과 호의의 결과 우리 안에서 다양한 "은혜들"(graces), 즉 기독교적 성품의 다양한 아름다움들(beauties)과 탁월함들(excellences)이 맺힙니다. 그러므로 여러분이 그리스도인이라면, 여러분은 그리스도의 사랑과 호의에 대한 더 풍성한 의식(意識)을 계속 실현시켜 나가야만 합니다. 여러분은 매일 같이 그의 마음에 더 가깝게 깃들어 나가야만 하며, 여러분에 대한 그의 사랑과 긍휼을 매일 같이 더 분명하게 확신해 나가야만 합니다.

또 여러분이 그리스도인이라면, 여러분은 이처럼 매일 같이 그의 사랑의 사실들을 더 풍성하게 깨달아 가야만 할 뿐만 아니라 또한 그러한 사랑과 영적인 선물의 결과들을 매일 같이 더 많이 마셔야만 합니다. 그 안에 무궁무진한 부요의 곳간이 있으며, 그 곳간은 우리 각자에게 활짝 열려 있습니다. 우리의 기독교인의 삶이 실제적이며 강력하다면, 그의 은혜를 담는 우리의 용량은 매일 같이 커져야만 하며 그로 말미암아 우리는 그의 선물들을 매일 같이 더 많이 소유해야만 합니다. 다시 말해서 우리는 매일 같이 그의 형상을 따라 계속 변화되어 가야만 합니다. 그것은 그가 은혜의 창시자이며 은혜를 주는 자라는 의미에서 뿐만 아니라 또한 그 자신이 은혜를 소유하며 실증(實證)한다는 의미에서 "우리 주 예수의 은혜"입니다. 그러므로 "은혜에서 자라가라"는 훈계에는 일상의 경험으로부터 멀리 떨어진 신비하며 비밀스러운 것은 아무것도 없습니다. 그것은 어떤 신비적인 측면의 자람도 아니고, 어떤 초월적인 경험의 자람도 아닙니다. 그것은 매우 평범하며 실제적인 변화로서, 계속 예수 그리스도를 닮아가는 것입니다. 그것은 그리스도에 있었다가 우리에게 전달된 은혜입니다. 그리하여 나의 성품은 그의 광채가 반사됨으로 말미암아 계속 밝아지며, 정결해지며, 온화해지며, 고결해집니다.

바로 이것이 "우리 주와 구주 예수 그리스도의 은혜에서 자라가라"는 훈계의 의미입니다. 그것은 나의 마음이 매일 같이 그의 사랑을 더 깊게 의식(意識)하는 것이며, 나의 손 위에 놓인 그의 선물들을 매일 같이 더 풍성하게 소유하는 것이며, 그의 아름다운 형상에 매일 같이 더 가깝게 다가가는 것입니다.

계속해서 "우리 주와 구주 예수 그리스도의 지식에서 자라가라"는 말씀의 의미를 생각해 보도록 합시다. 어떤 사람을 아는 지식은 어떤 교리나 혹은 어떤 개념을 아는 지식과 같지 않습니다. 우리는 그리스도의 지식에서 자라가야 하는데, 이것은 그와 관련한 사실들을 이성적(理性的)으로 이해하는 것 훨씬 이상을 의미합니다. 여기의 훈계는 "구주와의 친밀한 교제를 증진시켜라"로 바꿀 수 있습니다. 처음 그리스도를 만났을 때의 친밀함보다 더 친밀한 상태로 나아가지 못하고 그대로 머물러 있는 그리스도인들이 얼마나 많습니까! 그들은 주님과 더불어 이따금씩 인사나 하는 정도의 교제밖에는 갖고 있지 않습니다. 우리는 종종 친밀한 관계로 나아가지 못하는 교제를 시작하곤 합니다. 여러 가지 상황들이 교제가 자라지 못하도록 가로막기도 하고, 공동의 관심사가 없음으로 인해 그렇게 되기도 합니다. 공적으로 믿음을 고백하는 그리스도인들 가운데에도 이런 경우가 많이 있습니다. 그들은 처음 예수 그리스도를 안 이후 그에게 더 가까이 다가가지 않았습니다. 그들과 주님 사이의 친교는 자라지 못했습니다. 그들은 모든 장애물을 극복하고 완전한 신뢰관계에 이르는 단계까지는 도달하지 못했습니다. "너희 주와 구주 예수 그리스도의 지식에서 자라가라." 그와 더불어 더 친밀한 상태로 나아가십시오. 그에게 더 가까이 다가가십시오. 매일 같이 그와 더불어 마음을 더 하나로 합하십시오.

　여기의 훈계에는 이것 외에 또 다른 측면이 있습니다. 우리는 그 안에 감추어진 진리들을 이성적으로 이해하며 깨닫는 측면에서도 계속 자라가야 합니다. 사람이 그리스도인이 될 때 배우는 최초의 진리들이 가장 중요합니다. 어린아이가 배우는 가르침 속에 모든 진리의 알파와 오메가가 포함되어 있습니다. 모든 복음에 있어 처음에 받은 말씀 외에 추가로 받아야만 하는 또 다른 말씀은 없습니다. 처음에 받은 복음을 믿는 사람은 가장 무지(無知)한 사람이라도 구원을 받습니다. 우리는 이를테면 마지막(end)과 함께 시작합니다. 최고의 진리는 우리가 배우는 최초의 진리입니다. 그러나 그 진리가 어떤 사람에게 처음 임했을 때 그에게 갖는 측면은 그로부터 40년 후에 그것이 그에게 갖는 측면과 많이 다릅니다. 왜냐하면 40년 동안의 무수한 경험이 그에게 많은 것을 가르쳤기 때문입니다. 복음의 진리들에 대한 최고의 주석(註釋)은 바로 삶(life)입니다. 삶의 경험이 그러한 진리들의 깊이와 능력을 가르칩니다. 이와 같이 예수 그리스도의 지식에서 자라는 것은 처음 교훈을 벗어나거나 그것으로부터 떠나면서 자라는 것이 아니라, 그것에 온전히 이르도록 그것 안으로 자라는 것입니다. 그것이 가진 은혜와 진리의 모든 내용들을 더 분명하고 풍성하게 배우는 것입니다. 처음에 우리 손 위에 놓인 보화의 무궁무진한 보배로움을 우리가 계속 발견해 나가는 것입니다. 어린아이의 교훈이나 장성한 자의 교훈이나 같은 교훈입니다. 지식에 있어서의 모든 기독교적 진보(進步)는 예수 그리스도의 성육신과 죽음과 영광의 사실의 깊은 의미와 광범위한 결과를 더 온전하게 배우며 깨닫는 것입니다. "하나님이 세상을 이처럼 사랑하사 독생자를 주셨으니 이는 그를 믿는 자마다 멸망하지 않고 영생을 얻게 하려 하심이라"(요 3:16). 멀리 떨어져 있는 별을 생각해 보십시오. 처음 우리 앞에 나타났을 때, 그 빛은 가냘프고 희미했습니다. 그러나 우리가 그 별에 가까이 다가갈수록, 그 빛은 점점 더 밝아집니다. 그러다가 마침내 그 별은 태양처럼 거대한 에너지와 열기를 뿜으며 불탑니다. 우리의 모든 지식의 대상은 인성(人性)에서의 그리스도, 신성(神性)에서의 그리스도, 십자가와 부활과 영광에서의 그리스도입니다. 우리는 오래 전에 배운 진리들 속으로 더 깊이 뚫고 들어감으로 말미암아 그를 아는 지식에서 자랍니다.

이러한 자람은 불균형적인 것이 아닐 것입니다. 왜냐하면 은혜와 지식은 도덕적이며 영적이며 이성적(理性的)이며 실천적인 모든 면에서 균형적으로 나란히 자랄 것이기 때문입니다. 그리고 이러한 자람에는 어떤 만료 기간도 없을 것입니다. 그것은 무한한 자람일 것입니다. 우리는 영원히 예수 그리스도를 향해 나아갈 것입니다. 이러한 끊임없는 진보(進步)가 바로 인생의 소금입니다. 그것은 우리의 육체가 쇠할 때에도 우리를 젊은 상태로 지켜 줍니다. 그리고 다른 모든 소망들이 꺼질 때 불멸의 소망으로 무덤의 어둠을 비추어 줍니다.

3. 둘째로, 우리가 자라가야만 하는 의무를 생각해 보도록 합시다.

"은혜와 지식에서 자라가라"는 것은 이를테면 의지(意志)가 포함된 명령입니다. 자람은 노력에 의해 이루어집니다.

여러분은 어떤 아이에게 자라라고 말하지 않을 것입니다. 어떤 식물에게 자라라고 말하지 것처럼 말입니다. 그럼에도 불구하고 베드로는 그리스도인들에게 자라라고 말합니다. 그 이유가 무엇일까요? 그것은 그들이 식물이 아니라 의지를 가진 사람이기 때문입니다. 그들은 자신들의 진보를 진척시킬 수도 있고, 지체시킬 수도 있으며, 그것에 대해 저항할 수도 있습니다.

"나무 한 가운데를 보라.
조그만 싹이 올라오도다.
… 그리고 거기에
크고 푸른 잎이 자라도다."

그러나 이것은 우리가 자라는 방식이 아닙니다. 우리는 모든 측면에서 "이마에 땀을 흘리며" 자랍니다. 우리는 고통과 위험과 노력과 수고와 함께 자랍니다. 기독교인의 성품의 자람은 특별히 그러합니다. 자람과 관련하여 이러한 식물의 은유뿐만 아니라 다른 은유들도 고려할 필요가 있습니다.

기독교적 진보(進步)는 자라는 것일 뿐만 아니라 또한 싸움입니다. 기독교적 진보는 성장하는 것일 뿐만 아니라 또한 경주하는 것입니다. 기독교적 진보는 자라는 것일 뿐만 아니라 또한 옛 사람을 억제하는 것입니다. 기독교적 진보는 자라는 것일 뿐만 아니라 또한 옛 사람의 행실을 벗고 새 사람의 행실을 입는 것입니다. "땅이 스스로 열매를 맺되 처음에는 싹이요 다음에는 이삭이요 그 다음에는 이삭에 충실한 곡식이라" — 이러한 말씀은 결코 기독교인의 삶이 완성되는 방법을 완전하게 설명하기 위해 의도된 것이 아니었습니다(막 4:28).

우리는 자라도록 명령받습니다. 이러한 명령의 사실은 우리에게 다양한 방법으로 방해하는 장애물들을 가리키면서 우리 자신의 의지적인 행동과 노력의 필요성을 가르칩니다.

나는 바로 이러한 명령이 오늘날의 일반 기독교인이 가장 필요로 하는 명령이라고 생각합니다. 오늘날의 교회들은 어린아이였을 때 이래로 거의 자라지 못한 난쟁이들로 우글거립니다. 여러분에게 질문합니다. 여러분은 일 년 전에 비해, 십 년 전에 비해, 혹은 처음 그리스도인이 되었을 때에 비해 여러분의 성품 가운데 그리스도의 아름다움을, 여러분의 마음 가운데 그리스도의 은혜를, 여러분의 생각 가운데 그리스도의 진리를 더 많이 소유하고 있습니까? 여러분은 많은 경험들을 헛되이 낭비하지 않았습니까? 지난 세월이 여러분에게 아무것도 가르치지 않았습니까? 아 형제들이여, "때가 오래 되었으므로 너희가 마땅히 선생이 되었을 터인데 너희가 다시 하나님의 말씀의 초보에 대하여 누구에게서 가르침을 받아야 할 처지이니 단단한 음식은 못 먹고 젖이나 먹어야 할 자가 되었도다"라는 말씀을 생각해 보십시오(히 5:12). 여러분의 모습이 이와 같지 않습니까? "우리 주와 구주 예수 그리스도의 은혜와 지식에서 자라가라."

또 우리에게 이러한 명령이 필요한 것은 우리 주위에 많은 장애물들이 있기 때문입니다. 복음적인 회심의 교리를 오용(誤用)하는 장애물이 있습니다. 많은 사람들이 일단 사망으로부터 생명으로 옮겨지고 혼인잔치 안으로 들어가면 그것으로 충분하다고 생각합니다. 특별히 우리 비국교도들 가운데 그렇게 생각하는 사람들이 많이 있습니다. 회심의 교리가 분명하게 선포되는 것은 참으로 좋은 일입니다. 그러나 그것이 한번 예수 그리스도를 믿기만 하면 영원히 굳게 서 있을 수 있음을 확증하는 것은 아닙니다. 그럼에도 불구하고 너무나 많은 사람들이 그렇게 오해해서 계속 자라며 진보하지 못하는 것은 얼마나 안타까운 일입니까! "회심"은 돌이키는 것입니다. 그러면 우리는 무엇을 위해 돌이킵니까? 단지 돌이킨 상태로 그 자리에 그대로 서 있기 위함입니까? 절대로 그렇지 않습니다. 두말할 것도 없이 그것은 새로운 방향으로 전진하기 위함입니다. 나아가 게으름의 장애물도 있으며, 세상의 일에 매몰되어 생기는 장애물도 있습니다.

여러분의 모든 힘이 세상의 일을 위해 소모된다면, 진보를 위한 힘은 남아 있지 않을 것입니다. 많은 그리스도인들이 이 세상 즐거움의 독주(毒

酒)를 깊이 들이키며, 바로 그것이 그들의 자람을 가로막습니다.

그런가 하면 과감하게 버리지 못한 어떤 애호(愛好)하는 악이나 정욕이나 탐욕이 진보의 모든 열망과 가능성을 질식시키며 파괴시키기도 합니다. 그것은 마치 어린 묘목을 두르고 있는 쇠줄과 같습니다. 그러한 쇠줄은 어린 묘목이 자라지 못하도록 억누릅니다. 여러분은 어떻습니까? 그러므로 우리 모두에게는 본문과 같은 명령이 필요합니다.

3. 셋째로, 자람의 방법을 생각해 보도록 합시다.

동물의 생명이 자람에 있어 본질적인 것 두 가지가 있습니다. 하나는 양식이며, 다른 하나는 운동입니다. 여러분의 기독교인의 성품 역시 이런 것들로 자랄 것입니다.

첫 번째 것에 대해 생각해 보도록 합시다. 우리가 기독교의 은혜에서 자라가는 참된 방편은 예수 그리스도와의 계속적인 교제와 친교를 유지하는 것입니다. 모든 것은 그로부터 옵니다. 그는 생명의 샘입니다. 그는 생명을 주며, 보양(保養)하며, 증진시킵니다. 앞에서 나는 우리가 노력 없는 성장을 기대해서는 안 된다는 사실을 이야기했습니다. 이제 나는 여기에서 진리의 다른 쪽 측면을 이야기해야만 합니다. 그것은 우리가 기독교적 진보가 요구하는 것과 관련하여 가장 필요한 것이 노력이라고 생각한다면 그것은 매우 심각한 오해라고 하는 사실입니다. 우리의 노력은 오직 우리와 주님 사이의 연합의 기초 위에서만 최선이 됩니다. 우리의 마음은 그와 연합될 때 비로소 모든 정결함과 아름다움과 사랑스러움으로 자라갈 것입니다. 여러분 자신을 그리스도와 더불어 계속 접촉시키십시오. 그러면 그리스도께서 여러분을 자라게 하실 것입니다. 여러분의 마음과 생각을 그에게로 향하게 하십시오. 여러분은 매일 같이 주님에 대해, 그의 진리에 대해, 그의 복음에 대해, 그의 큰 사랑에 대해 생각합니까? 일상의 모든 분주한 일들 가운데 여러분의 마음을 항상 그와 연합시키십시오. 여러분의 바람(desires)은 그에게로 향하고 있습니까? 그와의 연합을 유지하기 위해서는 노력이 필요합니다. 노력 없이는 접촉도 없을 것이며, 접촉 없이는 사람도 없을 것입니다. 식물을 빨리 자라게 하기 위해 흙으로부터 잡아당긴다고 상상해 보십시오. 자라기는커녕 흙과의 연합이 느슨해져 도리어 말라죽게 될 것입니다. 예수 그리스도로부터 단절되는 사람 역시도 그와 같을 것입니다. 그러나 흙에 단단히 뿌리를 내리고 따뜻한 햇볕을 받으며 하늘로부터 영구적으로 내리는 이슬을 머금을 때, 우리는 백합처럼 자라며 레바논의 백향목처럼 뿌리를 뻗을 것입니다. 참된 기독교적 진보의 비밀은 단순히 우리 주님과의 친밀한 교제를 계속 유지하는 것입니다. 그가 바로 영의 양식입니다. "내가 온 것은 양으로 생명을 얻게 하고 더 풍성히 얻게 하려는 것이라"(요 10:10).

그리스도와의 교제 속에는 기도가 포함됩니다. 자라기를 바라는 간절한 열망이 우리의 자람을 도울 것입니다. 우리는 우리가 바라며 열망하는 대로 되는 경향이 있습니다. 열망은 노력을 고취하며, 노력은 기도를 고취합니다. 그러므로 마침내 기도로 귀결되는 열망은 결코 헛되지 않을 것입니다. 자람을 위한 우리의 기도는 응답될 것입니다. 우리는 그러한 응답을 단지 부분적으로 밖에 의식(意識)하지 못할 수 있습니다. 또 우리가 사람들 가운데 행할 때 우리의 얼굴이 빛나는 것을 알지 못할 수 있습니다. 그러나 우리가 그의 뜻과 일치하게 기도한다면, 우리의 기도는 응답되고 우리의 얼굴은 빛날 것입니다. 그를 더 잘 알며 그의 은혜를 더 풍성하게 소유하고자 하는 열망은 마치 덩굴식물의 덩굴손처럼 자신이 타고 올라갈 버팀목을 항상 발견할 것이며 결국 그것을 타고 하늘로 올라갈 것입니다.

자람을 위한 또 하나의 조건은 운동입니다. 여러분이 가진 은혜를 부지런히 사용하십시오. 그러면 그것은 커질 것입니다. 여러분이 아는 진리를 실천하십시오. 그러면 많은 진리들이 더 분명해질 것입니다. 대장장이의 근육이 강한 것은 항상 망치질을 하기 때문입니다. 그러나 부지런히 사용하지 않을 때, 근육은 약해질 것입니다. 아이들도 마찬가지입니다. 그들도 운동으로 말미암아 자랍니다. 가진 자에게 더 많이 주어질 것입니다.

이와 같이 기독교적 자람의 방편은 기도와 운동을 포함한 그리스도와의 교제입니다.

4. 마지막으로, 자람에 있어서의 엄숙한 양자택일을 주목하십시오.

이것은 단지 자라느냐 자라지 않느냐의 문제가 아닙니다. 여러분이 문맥을 살펴본다면, 여러분은 본문의 훈계가 17절의 "무법한 자들의 미혹에 이끌려 너희가 굳센 데서 떨어질까 삼가라"는 훈계에 이어 제시되는 사실을 발견하게 될 것입니다. 다시 말해서 굳센 데로부터 떨어지는 것을 예방하는 것은 계속 자라는 것이라는 것입니다. 경사면 위에서는 굳게 설 수 없습니다. 여러분이 힘써 올라가지 않는다면, 중력이 작동하여 여러분을 아래로 내려가도록 만들 것입니다. 그러므로 계속 진보하든지, 그렇지 않으면 썩어 부패되든지 둘 중 하나입니다. 성장이 멈추는 순간 생물학적 분해가 시작됩니다. 우리에게 주어진 각종 은혜들을 생각해 보십시오. 그러한 은혜들을 실행하며 실천할 때, 그것들은 강해질 것입니다. 그러나 실행하고 실천하지 않으면, 그것들을 썩어 버립니다. 게으른 종은 자신의 달란트를 수건에 싸서 땅에 묻었습니다. 그는 자신의 주인과 자기 자신을 설득시키고자 애썼을는지 모릅니다 — "저기에 당신의 것이 있나이다." 그러나 주님은 여러분이 땅에 묻은 것을 받지 않을 것입니다. 녹과 동록이 달란트 위에 자신들의 일을 행할 것입니다. 거기에 새겨진 글은 지워질 것이며, 거기에 그려진 그림은 훼손될 것입니다. 여러분은 게으름 가운데 여러분의 기독교적 은혜를 땅에 묻으면서 아무 문제없을 것이라고 기대할 수 없습니다. 그것은 마치 얼음조각을 수건에 싸서 햇볕 아래 두는 것과 같을 것입니다. 수건을 펼쳐 보십시오. 얼음은 어느새 모두 물로 바뀌어 있을 것입니다. 또 여러분이 받은 진리를 생각해 보십시오. 여러분이 그 진리를 따라 살지 않는다면, 그 진리에 담겨 있는 능력은 여러분의 삶 가운데 펼쳐지지 않을 것입니다. 그 진리는 여러분에게 점점 더 흐릿하며, 점점 덜 실제적인 것이 될 것입니다. 그리하여 그것은 마침내 여러분에게 허깨비 같은 것이 될 것입니다. 계속해서 자라지 않는 진리는 결국 화석화(化石化)될 것입니다. 굳게 믿었음에도 불구하고 별다른 능력을 나타내지 못하는 진리가 있습니다. 그것은 그 진리를 믿기만 하고 실천하지 않았기 때문입니다. 예수 그리스도에 대한 여러분의 지식을 화석화시키는 가장 확실한 방법은 그것을 여러분의 매일의 삶 가운데 적용시키기를 게을리 하는 것입니다. 가장 정통적인 교리를 가지고 있으면서도 모든 생명력을 상실한 사람들과 교회들이 있습니다. 그 이유가 무엇일까요? 그것은 그러한 교리를 받고 난 후, 그것을 그냥 선반 위에 처박아 두었기 때문입니다. 여러분의 믿음이 여러분에게 쓸모 있는 믿음이 되고자 한다면, 여러분은 그것을 항상 신선한 상태로 유지해야만 합니다. 그것을 계속 더 풍성하게 깨닫고 또 계속 여러분의 삶 가운데 적용함으로 말미암아 말입니다. 물도 흐르지 않고 고이면 썩는 법입니다. 하나님이 주신 만나도 먹지 않고 그대로 두면 벌레가 생기고 고약한 냄새가 날 것입니다. 이것은 기독교 진리도 마찬가지입니다. 실천하지 않고 그대로 가지고 있기만 하면 결국 썩어 고약한 냄새가 날 것입니다.

이와 같이 베드로가 제시하는 양자택일은 자람과 썩음 가운데 하나를 택하는 것입니다. 이러한 썩음은 눈에 띄지 않게 그러나 가장 실제적으로 이루어질 것입니다. 삼손처럼 하나님의 영이 떠나 자신의 모든 힘이 사라진 것을 전혀 알지 못하는 그리스도인들이 얼마나 많습니까! 나의 형제들이여, 간절히 당부하노니 여러분의 무기력함에서 벗어나 일어나십시오! 단순히 성전에 들어온 것으로 만족하지 마십시오. 아직 얻어야 할 것이 남아 있는 한 아무것도 얻지 못한 것으로 여기십시오. 여러분 앞에 출렁거리는 은혜와 진리의 무한한 바다를 보십시오. 해변에서 조개껍데기 몇 개 주운 것으로 만족하지 마십시오. 깊은 곳으로 나아가십시오. 여러분의 구주와 하나님의 은혜와 진리와 아름다움을 더 풍성하게 아는 법을 배우십시오.

그러나 죽은 것은 결코 자라지 못한다는 사실을 기억하십시오. 여러분이 살아 있지 않다면, 여러분은 결코 자랄 수 없습니다. 그리고 여러분이 예수 그리스도를 소유하고 있지 않다면, 여러분은 살아 있지 않습니다.

여러분은 스스로를 예수 그리스도에게 드렸습니까? 여러분은 그를 여러분의 소유로 취했습니까? 여러분은 스스로를 그에게 그의 종과 신하와 병사로 드렸습니까? 여러분은 그를 여러분의 구주와 희생제물과 모범과 친구로 취했습니까? 여러분이 그렇게 했다면, 여러분은 생명을 소유하고 있는 것입니다. 여러분이 그와의 연합 가운데 그러한 생명을 굳게 지킨다면, 여러분은 자랄 것입니다. 그와 연합한 사람은 마치 "물가에 심긴 나무"와 같습니다. 그 나무는 무성하게 자라며 열매를 맺을 것입니다. 그리고 해가 거듭될수록 더 크게 자라면서 튼튼한 줄기가 하늘까지 닿을 것입니다. 그러나 그와 분리된 사람은 뿌리도 없고 생명도 없는 그래서 결코 자랄 수 없는 쭉정이와 같습니다.

나의 친구여, 당신은 어느 쪽입니까?

요한 서신

1

메시지와 그것의 실제적인 결과

"⁵우리가 그에게서 듣고 너희에게 전하는 소식은 이것이니 곧 하나님은 빛이시라 그에게는 어둠이 조금도 없으시다는 것이니라 ⁶우리가 하나님과 사귐이 있다 하고 어둠에 행하면 거짓말을 하고 진리를 행하지 아니함이거니와 ⁷그가 빛 가운데 계신 것 같이 우리도 빛 가운데 행하면 우리가 서로 사귐이 있고 그 아들 예수의 피가 우리를 모든 죄에서 깨끗하게 하실 것이요 ⁸우리가 죄가 없다고 말하면 스스로 속이고 또 진리가 우리 속에 있지 아니할 것이요 ⁹우리가 우리 죄를 자백하면 그는 미쁘시고 의로우사 우리 죄를 사하시며 우리를 모든 불의에서 깨끗하게 하실 것이요 ¹⁰우리가 범죄하지 아니하였다 하면 하나님을 거짓말하는 이로 만드는 것이니 또한 그의 말씀이 우리 속에 있지 아니하니라

¹나의 자녀들아 내가 이것을 너희에게 씀은 너희로 죄를 범하지 않게 하려 함이라 누가 죄를 범하여도 아버지 앞에서 우리에게 대언자가 있으니 곧 의로우신 예수 그리스도시라 ²그는 우리 죄를 위한 화목 제물이니 우리만 위할 뿐 아니요 온 세상의 죄를 위하심이라 ³우리가 그의 계명을 지키면 이로써 우리가 그를 아는 줄로 알 것이요 ⁴그를 아노라 하고 그의 계명을 지키지 아니하는 자는 거짓말하는 자요 진리가 그 속에 있지 아니하되 ⁵누구든지 그의 말씀을 지키는 자는 하나님의 사랑이 참으로 그 속에서 온전하게 되었나니 이로써 우리가 그의 안에 있는 줄을 아노라 ⁶그의 안에 산다고 하는 자는 그가 행하시는 대로 자기도 행할지니라"

요일 1:5-10; 2:1-6

요한은 신약의 저자들 가운데 비교적 신비주의적인 사람이었습니다. 그는 영혼이 하나님과 직접적으로 연합하는 것에 대해 많이 이야기한 반면, 제도나 의식(儀式) 등에 대해서는 거의 이야기하지 않았습니다. 어떤 명제들을 전달하는 그의 방법은 그에 대해 논증하는 것이 아니라 그대로 선포하는 것이었습니다. 그러한 명제들은 그것들 자신의 빛에 의해 그대로 드러날 것이었습니다. 그는 실천적인 도덕에 대해 매우 큰 열심을 가지고 있었습니다. 이것은 불행하게도 신비주의적인 사람들이 너무나 쉽게 놓치는 부분입니다. 이런 부분에서 신비주의적인 사람들은 여기의 요한의 모범을 배울 필요가 있습니다. 요한에게 있어 하나님과의 모든 연합의 결과와 그것의 시금석은 의로운 삶입니다.

우리는 본문 가운데 이러한 두 가지 요소가 놀랍게 결합되는 것을 발견하게 됩니다. 본문을 보다 상세하게 다루기 위해서는 매우 많은 시간이 필요할 것입니다. 왜냐하면 모든 구절이 황금처럼 매우 중요하기 때문입니다. 그렇게 하는 대신 오늘 우리는 단순히 개략적으로 살피는 가운데, 우리 앞에 두드러지게 나타나는 요점들만을 다루고자 합니다.

1. 첫째로, 우리는 여기에서 복음의 전체적 메시지가 하나님의 본질적인 성격과 관련하여 하나의 선언으로 요약되는 것을 발견합니다.

"하나님은 빛이시라"(1:5). 모든 언어에서 빛은 지식과 기쁨과 정결의 상징입니다. 그것은 생명의 근원이며, 그것의 성격은 스스로를 비춤으로써 어둠을 이기는 것입니다. 그 광채는 모든 눈을 부시게 만들며, 만물이 그 광선을 즐거워합니다. 어둠은 무지(無知)와 슬픔과 죄의 상징입니다. 빛의 이와 같은 풍성한 상징들 가운데, 아마도 여기에서의 주된 개념은 정결과 자기전달(self-communication)의 개념일 것입니다.

요한은 세상 가운데 하나님은 영이시며, 빛이시며, 사랑이시라는 세 가지 위대한 계시를 제시합니다. "하나님은 빛이시라"는 오늘의 심오한 말씀은 어떤 의미에서 다른 두 가지를 포함합니다. 왜냐하면 빛은 물질로부터 가장 멀리 떨어진 것으로서 영을 표현하는 훌륭한 상징이 될 수 있을 뿐만 아니라, 빛의 스스로를 비추는 속성은 스스로를 내어주는 사랑의 속성과도 매우 비슷하기 때문입니다. 우리가 이와 같은 절대적인 정결과 자기전달의 두 가지 개념을 하나님의 본질적인 속성으로 올바로 붙잡는다면, 요한은 우리가 복음의 알맹이를 제대로 붙잡았노라고 말할 것입니다.

나아가 요한은 하나님으로부터의 "메시지" 즉 역사적(歷史的)인 사실에서의 명확한 계시가 그러한 개념들을 증명하지 않는다면 사람들이 결코 그것들을 확실하게 붙잡지 못할 것이라고 생각합니다. 우리는 하나님이 빛이심을 바랄 수도 있고 의심할 수도 있고 갈망할 수도 있지만, 그것을 확신할 수는 없습니다. 그가 확실한 행동으로 우리에게 그렇게 말씀해 주시지 않는다면 말입니다. 요한은 그것이 어떤 행동이었는지 알았습니다. 그것은 자신의 독생자를 보내는 행동이었습니다. 요한은 "하나님은 빛이시라"는 선언에 이어 곧바로 "그에게는 어둠이 조금도 없으시다는 것이니라"라고 덧붙입니다(1:5).

2. 둘째로, 요한은 특유의 도덕적인 열정으로 곧바로 그 메시지의 실천적인 결과로 나아갑니다.

요한은 하나님이 어떤 분이라고 계속해서 이야기하는 대신, 하나님이 빛이심을 알 때 우리가 마땅히 무엇을 행해야 하며 또 어떻게 될 수 있는지에 대해 이야기합니다. 하나님이 빛이시라면, 그와 연합된 자들에게 두 가지가 따를 것입니다. 첫째는 그들이 빛 가운데 행할 것이라는 것이며, 둘째는 그들이 그의 빛 가운데 그들 자신의 악을 보게 될 것이라는 것입니다. 요한은 1장 6절로 10절에서 이러한 두 가지 결과를 다룹니다. 6절과 7절에서 전자를 다루며, 8절로 10절에서 후자를 다룹니다. 우리는 둘 사이에 구조적인 병행관계가 매우 두드러지게 나타나는 사실을 주목할 수 있습니다.

6-7절	8-9절
우리가	우리가

하나님과 사귐이 있다 하고 어둠에 행하면
거짓말을 하고 진리를 행하지
아니함이거니와
그가 빛 가운데 계신 것 같이 우리도 빛
가운데 행하면 우리가 서로 사귐이 있고
그 아들 예수의 피가 우리를 모든 죄에서
깨끗하게 하실 것이요

죄가 없다고 말하면
스스로 속이고 또 진리가 우리 속에 있지 아니할
것이요
우리가 우리 죄를 자백하면
그는 미쁘시고 의로우사 우리 죄를 사하시며
우리를 모든 불의에서 깨끗하게 하실 것이요

전자의 밑바닥에 있는 개념은 하나님과의 교제 속에는 필연적으로 도덕적으로 그를 닮는 것이 포함된다는 개념입니다. 예배는 항상 예배의 대상인 신(神)의 성품을 닮고자 하는 열망으로 연결되어야만 합니다. 예배자가 빛 가운데 행하지 않는다면, 빛이신 하나님과의 참된 교제는 가능할 수 없습니다. 다시 말해서 하나님과 교제하노라고 공언하는 자들은 실천전인 의(義)로써 그것을 증명해야 합니다. 이런 측면에서 종교적인 희열에 대해 많이 이야기하지만 일상의 삶 가운데 정결의 열매는 아주 조금밖에 맺지 못하는 감정적인 기독교는 스스로 아픔을 느껴야만 합니다.

공적으로 신앙을 고백하는 그리스도인들 가운데 복된 체험에 대해서는 많이 이야기하지만 일상의 삶 가운데 덕(德)을 행하지 못하는 사람들이 얼마나 많습니까! 사람이 자신의 머리를 높이 쳐들고 있으면서 진흙 가운데 빠진 자신의 발을 보지 못하는 것은 얼마나 안타까운 일입니까! 그것은 대부분의 경우 진리가 그 사람에서 역사(役事)하고 있지 않음을 보여 주는 증거입니다. 그는 불행하게도 자신의 믿음을 행동으로 바꾸지 않았습니다. 마땅히 그렇게 했어야만 했음에도 불구하고 말입니다. 이와 같이 "하나님은 빛이시라"는 메시지로부터 나오되는 참된 결론은 그가 빛 가운데 계신 것처럼 우리도 빛 가운데 행해야만 한다는 것입니다.

10절은 단순히 앞의 개념을 다시금 반복하는 것처럼 보입니다. "우리가 범죄하지 아니하였다 하면 하나님을 거짓말하는 이로 만드는 것이니 또한 그의 말씀이 우리 속에 있지 아니하니라." 특별히 이러한 말씀은 죄를 부인하는 참된 성격을 묘사합니다. 하나님을 거짓말하는 이로 만드는 것은 거짓말하는 것이나 혹은 스스로를 속이는 것보다 더 나쁜 것입니다. 죄를 모두 부인하는 것은 실제로 하나님을 거짓말하는 이로 만드는 것입니다. 왜냐하면 하나님이 자신의 계시의 말씀을 통해 죄의 보편성을 선언하셨을 뿐만 아니라 사람들에 대한 그의 모든 다루심도 그들이 모두 죄인이라는 사실 위에 기초하기 때문입니다. 그러므로 우리가 죄인임을 부인한다면, 그것은 우리가 그의 모든 말씀으로부터 도망치는 것이 됩니다. 그러므로 요한은 자신의 표현을 바꾸어 "**진리**가 우리 속에 있지 아니하니라"라고 말하는 대신 "**그의 말씀**이 우리 속에 있지 아니하니라"라고 말합니다.

3. 셋째로, 계속해서 2장 1절로 6절을 주목하십시오.

우리는 본 단락이 앞 단락과 구조적으로 매우 비슷한 사실을 발견할 수 있습니다. 앞 단락에서와 마찬가지로, 여기에서도 복음의 전체적인 "메시지"가 하나의 위대한 사실로 요약됩니다 — 신자들을 위한 대언자와 온 세상을 위한 화목제물. "우리에게 대언자가 있으니 곧 의로우신 예수 그리스도시라 그는 우리 죄를 위한 화목제물이니 우리만 위할 뿐 아니요 온 세상의 죄를 위하심이라"(1, 2절). 또 앞 단락에서와 마찬가지로, 여기에서도 두 가지 실제적인 결과가 따릅니다. 또 3절과 5절에서 "이로써 … 알 것이요"라는 말씀이 반복되는 것과, 4절과 6절에서 "… 한다고 하는 자는"이 반복되는 것을 주목하십시오.

또 4절에서 "거짓말하는 자"와 "진리가 그 속에 있지 아니하되"라는 표현이 다시 나타나는 것을 주목하십시오. 요한은 신자들에게 열린 거룩함의 가능성과 그들의 불완전한 삶의 슬픈 사실을 생각하면서 애절한 마음을 갖습니다. 그러는 가운데 그는 그들을 "나의 자녀들아"라는 따뜻한 호칭으로 부릅니다. 그의 서신을 이끄는 주된 동기(動機)는 그들이 죄를 범하지 않을 수 있다는 것입니다. 계시의 목적은 실천적인 의(義)이며, 그것을 완전하게 이루는 것이 모든 신자들의 목표가 되어야만 합니다.

그러나 "성도들"의 슬픈 경험은 그들이 아직 죄의 권능으로부터 완전하게 건짐받지 못했다는 사실입니다. 그러므로 그가 전하는 "메시지"는 "하나님은 빛이시라" 뿐만 아니라 "우리 그리스도인들에게 아버지와 함께 대언자도 계신다"입니다. 예수 그리스도는 오늘날에도 자신의 모든 종들을 위해 중보하는 큰 일을 수행하고 계십니다. 그리고 그러한 중보로 인해 그들의 허물과 죄가 사함을 받습니다. 왜냐하면 그의 중보는 온 세상을 위한 그의 완성된 속죄사역 위에 기초하기 때문입니다. 설령 그것이 실제적으로 오직 신자들에게만 유효하다 하더라도 말입니다.

이와 같이 그리스도의 사역의 능력은 속죄와 중보의 이중적인 측면으로 나타나며, 앞 단락에서 논의한 내용은 이러한 그리스도의 사역과 연결됩니다. 계속해서 3절의 "우리가 그의 계명을 지키면 이로써 우리가 그를 아는 줄로 알 것이요"라는 말씀을 주목해 보십시오. 그의 계명을 지키는 것(이것은 "빛 가운데 행하는 것"과 동일한 것임)은 우리가 그를 실제적으로 아는 것을 시험하는 — 혹은 앞 단락의 표현처럼 우리가 그와 사귐이 있는지 여부를 시험하는 — 시금석입니다.

여기에서 "그의 계명"은 문맥적으로 볼 때 명백히 아버지의 계명이 아니라 그리스도의 계명을 의미합니다. 예수를 아노라고 고백하지만 그러한 고백이 그에 대한 순종으로 증명되지 않는다면, 그것은 헛된 것입니다. 우리가 그의 말씀을 — 단순히 개별적인 계명들이 아니라 하나의 전체로서의 말씀을 — 지킨다면, 하나님에 대한 우리의 사랑은 완전함에 도달합니다. 왜냐하면 그것은 단순한 마음의 감정이 아니라, 우리의 모든 행동을 고취하며 형성하는 힘이기 때문입니다.

계속해서 5절 하반절을 주목해 보십시오. "이로써 우리가 그의 안에 있는 줄을 아노라." 이것은 앞의 말씀으로부터 분리되어야만 합니다. 왜냐하면 그것은 실제로 그리스도의 사역의 두 번째 결과의 시작일 뿐만 아니라 또한 3절의 "이로써 우리가 그를 아는 줄로 알 것이요"라는 말씀과 병행을 이루기 때문입니다. 여기에서 전체적인 개념이 "우리가 **아는** 것을 확신하는"(3절) 것으로부터 "우리가 **그의 안에 있는** 것을 확신하는"(5절) 것으로 나아가는 것을 주목하십시오. 예수에 대한 그리스도인의 관계는 단지 "아는” — 아무리 친밀하며 사랑스러운 앎이라 하더라도 — 관계일 뿐만 아니라 또한 실제적으로 “그의 안에 거하는” 관계입니다. 우리는 신약의 모든 페이지에서 이러한 위대한 진리가 빛나는 것을 발견할 수 있습니다. 그리고 그러한 진리는 단순한 은유나 수사(修辭)로 약화되어서는 안 됩니다. 그것은 기독교적 생명의 핵심이며, 우리가 그것을 얻었는지 여부를 시험하는 시금석입니다. 우리가 그에 거하는 것은 일시적이며 간헐적인 상태가 아니라 항구적이며 영속적인 상태입니다. 그리고 우리의 외적인 삶과 그의 안에서 펼쳐지는 다양한 행동들은 예수의 삶에 있는 모든 거룩함의 모범과 일치되어야 합니다. 그가 행하신 것처럼 행하는 것이 빛 가운데 행하는 것입니다. 입으로 고백하는 것은 아무것도 아닙니다. 중요한 것은 행함입니다. 우리는 빛이신 그를 소유하는 분량만큼 죄로부터 정결하게 될 것입니다.

2
빛 가운데 행함

"그가 빛 가운데 계신 것 같이 우리도 빛 가운데 행하면 우리가 서로 사귐이 있고
그 아들 예수의 피가 우리를 모든 죄에서 깨끗하게 하실 것이요"

요일 1:7

요한은 사랑의 사도였지만, 그는 또한 "우레의 아들"이었습니다. 도덕에 대한 그의 강렬한 열정과 애정은 그가 악을 미워하도록 만들었습니다. 악을 미워하며 정죄하는 일에 그는 주님 다음으로 강경했습니다. 바로 앞 문맥에서 그는 자신의 메시지의 핵심인 "하나님은 빛이시라 그에게는 어둠이 조금도 없으시니라"는 메시지를 제시했습니다(5절). 심지어 태양의 표면 위에조차 검은 반점들이 있습니다. 그러나 하나님 안에는 무엇과도 섞이지 않은 완전한 정결이 있습니다. 이러한 사실로부터 어떤 사람이 — 그의 분량만큼 — 빛이 아니라면 그는 빛이신 하나님과의 사귐을 가질 수 없다는 사실이 분명해집니다.

요한은 분개하는 마음으로 높은 영성과 하나님과의 사귐을 가지고 있다고 주장하면서도 여전히 죄의 어둠 가운데 살아가고 있는 사람들을 바라봅니다. 그는 그들에게 완곡한 방식으로 말하지 않습니다. 그는 그들이 거짓말을 하고 있다고 노골적으로 말합니다. " 우리가 하나님과 사귐이 있다 하고 어둠에 행하면 거짓말을 하고 진리를 행하지 아니함이거니와"(6절). 그것은 거짓 중에서도 가장 나쁜 종류의 거짓 즉 위선의 거짓입니다. 그들

은 거짓말을 할 뿐만 아니라 또한 진리를 행하지도 않습니다. 그렇게 말하고 난 후 요한은 재빨리 하나님과 실제적인 사귐을 갖고 있는 사람들에게로 돌이킵니다. 그러면서 그는 본문 가운데 빛 가운데 행하는 것이 하나님과의 사귐에 있어 본질적이라는 원리를 제시합니다.

그러나 그는 그러한 원리를 다소 다른 형태로 제시합니다. 다시 말해서 그는 진리의 또 다른 측면을 강조하기 위해 "그가 빛 가운데 계신 것 같이 우리도 빛 가운데 행하면 **우리가 하나님과 사귐이 있고**"라고 말하는 대신 "**우리가 서로 사귐이 있고**"라고 말합니다(7 상반절). 전자와 같이 말하는 것이 정확한 형태의 대구법(對句法)이 될 것이지만, 그는 후자와 같이 말합니다. 그리고 나서 그는 빛 가운데 행하는 것의 결과를 곧바로 덧붙입니다. "그 아들 예수의 피가 우리를 모든 죄에서 깨끗하게 하실 것이요"(7 하반절).

여기에서 우리가 살피고자 하는 것은 다음과 같은 세 가지입니다. 첫째로 빛 가운데 행하는 것이 유일한 기독교적 행함이라는 사실과, 둘째로 빛 가운데 행하는 자들의 동반자들과, 셋째로 빛 가운데 행하는 자들에게 계속 깨끗함이 주어지는 사실.

1. 첫째로, 빛 가운데 행하는 것이 유일한 기독교적 행함이라는 사실을 주목하십시오.

모든 언어에서 빛은 지식과 기쁨과 정결을 나타내는 자연적인 상징입니다. 하나의 빛줄기에 그와 같은 세 가지 구성 부분이 들어 있습니다. 그러나 스펙트럼의 보라색 빛에만 유독 민감한 감광판이 있는 것처럼, 요한은 그 특유의 도덕에 대한 강렬한 열정으로 빛의 상징 가운데 특별히 도덕적 정결의 측면을 주로 취합니다.

물론 그는 빛의 상징을 오로지 그와 같은 측면만 배타적으로 사용하지 않습니다. 다만 대체로 그렇다는 것이며, 그것은 여기에서도 마찬가지입니다. 그러므로 "빛 가운데 행하는" 것은 일반적으로 말해서 우리의 삶이 계속 진보(進步)하기 위한 본질적인 요소로서 정결과 의(義)와 선(善)을 취하는 것을 의미하는 것입니다.

우리는, 하나님이 본질적이며 불변적이며 영구적으로 빛 가운데 **계신** 것 같이, 빛 가운데 행합니다. 그가 계신 빛 즉 그의 영원한 처소의 빛은 그 자신으로부터 흘러나온 빛입니다. 마치 한밤중의 보름달 주위의 달무리처럼 말입니다. "하나님이 빛 가운데 계신다" 혹은 시편 기자가 말하는 것처럼 "주께서 옷을 입음 같이 빛을 입으셨다"(시 104:2)는 말이나 "하나님은 빛이시라"는 말이나 본질적으로 같은 말입니다.

여기에서 요한은 '하나님의 완전하면서도 불변적인 빛 가운데 행하심'과 '우리의 불완전하며 가변적이며 점진적인 빛 가운데 행함'을 나란히 놓습니다.

그러므로 정결의 빛과 도덕적인 선(善)이 우리의 삶이 움직이는 궤도가 되는 것이 바로 기독교적 삶의 본질입니다. 이것은 노력과 행동과 진보(進步)를 함축합니다. 우리는 오직 우리의 일상의 삶의 의식적(意識的)인 행동들과 우리의 내적 존재의 가장 깊은 에너지들이 의(義)를 사랑하며 그것을 위해 노력하는 분량만큼 그리스도인입니다. 요한은 하나님과의 사귐에 대해 말하는 것은 쓸모없는 일이라고 말합니다. 그러한 사귐이 하나님의 존재의 핵심인 완전한 거룩하심의 빛에 뿌리박지 않는다면 말입니다. 이것으로 여러분의 기독교를 시험해 보십시오.

나아가 빛 가운데 행하라는 위대한 요구는 행동과 노력과 진보와 정결뿐만 아니라 삶 전체가 하나님의 모범과 연결되고 그것에 따라 형성되어야만 하는 것도 함축합니다. 신앙은 가장 깊은 의미에서 신의 형상을 닮고자 하는 열망입니다. 여러분은 그것을 이방종교들 가운데서도 볼 수 있습니다. 사람들은 자신들의 형상을 따라 신들을 만듭니다. 그러면 신은 자신을 섬기는 자들을 자신의 형상대로 만듭니다. 마르스는 병사들의 신이며, 비너스는 방탕한 자들의 여신이며, 아폴로는 음악과 지혜의 신입니다. 이것은 기독교도 마찬가지입니다. 기독교에 있는 가장 깊은 것은 하나님의 형상을 닮고자 하는 열망과 노력입니다. 사랑은 그 대상을 흠모하며 본받는 것입니다. 하나님 앞에 엎드린 사람을 생각해 보십시오. 그의 영혼의 고요한 표면 위로 그가 바라보는 자의 형상이 반사됩니다. 마치 거울의 표면 위로 햇빛이 반사되는 것처럼 말입니다. "우리가 다 수건을 벗은 얼굴로 거울을 보는 것 같이 주의 영광을 보매 그와 같은 형상으로 변화하여"(고후 3:18). 이와 같이 빛 가운데 행하는 것은 오직 우리가 그 안으로 이끌릴 때 비로소 가능합니다. 그를 본받는 것은 의로워지는 것입니다. 그러므로 우리는 올바른 신조(信條)와 경건한 감정과 그와 연결되지 않은 도덕은 모두 불완전한 것이라는 사실을 잊어서는 안 됩니다. 또 우리는 우리의 모든 경건과 정통적인 신조와 뜨거운 감정과 달콤한 교제와 은총의 내적 느낌의 목적이 궁극적으로 빛과 정결의 위대한 궤도에서 움직이는 생명과 성품을 산출하며 거기에 초점이 맞추어지도록 의도된 것이라는 사실을 기억해야 합니다.

본문의 위대한 은유에 함축된 것이 또 하나 있습니다. 본문은 우리에게 노력과 행동과 빛 가운데 진보할 것과 우리의 모든 정결을 하나님과 연결시킬 것을 명령할 뿐만 아니라 우리에게 우리의 행동과 성품의 어떤 부분도 하나님과 우리 자신으로부터 숨기지 말 것을 명령합니다. 그 모든 것을 빛 안으로 가져오십시오. 회개하는 마음과 부끄러움으로 붉어진 얼굴로 이렇게 말하십시오. "보소서 아버지여, 내가 그와 같이 행하였나이다." 더럽고 축축한 것들을 구석진 곳에 감추어 두기보다 차라리 햇빛 가운데 그대로 노출시키는 것이 훨씬 더 낫지 않습니까? 비에 젖은 옷을 햇빛 가운데 노출시키는 것처럼 말입니다. 그러면 그것은 햇빛을 받아 말라 깨끗하게 될 것입니다. 비에 젖은 옷을 구석진 곳에 그냥 쑤셔 놓아 보십시오. 그러면 어떻게 되겠습니까? 결국 곰팡이가 나고 부패하여 고약한 냄새가 날 것입니다. "진리를 따르는 자는 빛으로 오나니 이는 그 행위가 하나님 안에서 행한 것임을 나타내려 함이라"(요 3:21).

2. 둘째로, 빛 가운데 행하는 자들의 동반자들을 주목하십시오.

앞에서 나는 정확한 형태의 대구법(對句法)은 "그가 빛 가운데 계신 것 같이 우리도 빛 가운데 행하면 **우리가 하나님과 사귐이 있고**"라고 말했습니다. 그러나 요한은 그렇게 말하는 대신 **"우리가 서로 사귐이 있고"**라고 말합니다. 두말할 것도 없이 그 기저(基底)에는 "우리가 하나님과 사귐이 있고"라는 개념이 깔려 있습니다. 그렇지만 요한은 진리의 다른 쪽 측면을 먼저 이야기합니다. 이것은 우리에게 사람들을 서로 완전하게 연결하는 유일한 접착제는 그들이 빛을 공동으로 소유하므로 하나님과 사귐을 갖는 것이라는 사실을 가르쳐 줍니다. 사람들을 서로 연결시키는 다른 많은 띠들이 있습니다.

그러나 그 모든 띠들은 불확실하며 불충분합니다. 죄는 하나님과 사람 사이를 분리시키는 것처럼 또한 사람과 사람 사이를 분리시킵니다. 그것은 마치 통나무를 쪼개기 위해 그 가운데에다가 박는 쐐기와 같습니다. 인간 사회를 연결하는 다양한 띠들은 마치 여러 개의 참나무 널판들을 하나로 엮어 하나의 참나무통을 만드는 쇠줄과 같습니다. 그것은 단지 외적으로만 하나로 연합할 뿐입니다.

사람들을 하나의 집으로 세우는 유일한 방법은 각자를 그 집의 기초가 되는 반석 안으로 함께 융합시키는 것입니다. 그럴 때 그 집은 주 안에서 성전으로 세워질 것입니다. 죄는 나누며 분리시킵니다. 이사야 선지자가 "우리는 다 양 같아서 그릇 행하여 각기 **제 길로** 갔거늘"이라고 고백하는 것처럼 말입니다(사 53:6). 우리는 사람들 사이에서의 진정한 형제관계는 오직 하나님이 그들의 아버지가 되실 때 온전히 이루어질 뿐이라는 사실을 배울 필요가 있습니다. 프랑스 대혁명을 생각해 보십시오. 그들은 같은 이념의 기치 아래 서로를 "형제"로 불렀습니다. 그러나 그들은 "형제들"을 무수히 길로틴으로 보냈고, 혁명은 결국 거대한 무덤이 되었습니다. 우리는 빛 가운데 행할 때 비로소 서로 사귐을 갖게 될 것입니다. 이것 외에 다른 방법은 없습니다.

나아가 요한은 이러한 서로 간의 사귐에 각자의 하나님과의 사귐을 전제합니다. 바로 이것이 그들 모두를 하나의 가족으로 묶는 힘이 됩니다. 그는 이것을 굳이 언급할 필요조차 없는 일로 간주합니다. 왜냐하면 그것은 너무나 자명한 일이기 때문입니다. 우리가 빛 가운데 행하는 일에 하나님과 한 마음이 아니라면, 우리는 그와의 실제적인 사귐을 갖고 있지 않은 것입니다. 앞에서 나는 죄가 사람과 사람 사이를 분리시킨다고 말했습니다. 뿐만 아니라 죄는 사람들 사이의 모든 달콤한 친교의 띠를 끊습니다. 그러므로 사람들이 어둠 가운데 행한다면, 그들은 사귐으로 나아가기보다 도리어 분열과 충돌로 나갑니다. 밤에 여행하는 무리는 뿔뿔이 흩어집니다. 그러다가 해가 뜨고 날이 밝아질 때, 그들은 다시 무리를 이룹니다. 마찬가지로 죄는 우리를 하나님으로부터 분리시킵니다. 우리 마음이 불결의 어둠을 향한다면, 우리는 하나님과 아무런 사귐도 갖지 못합니다. 우리가 어둠을 사랑한다면, 그는 우리에게 올 수 없습니다.

> "그는 문에 귀를 대시고
> 그에서 나는 소리를 들으시는도다."

대서양의 파도는 계속해서 서해안의 어두운 암벽을 때리면서도 그 안으로 들어올 틈을 발견하지 못합니다. 그와 같이 우리가 어둠 가운데 행하는 동안, 하나님은 우리 주위에 서성거리고 계시면서 우리 안으로 들어오지 못합니다. 이와 같이 우리는 우리 각자가 빛 가운데 행함이 없이 그와 연합할 수 없음을 기억해야만 합니다. 수은(水銀) 두 알갱이를 생각해 보십시오. 그것들 표면 위에 혹은 그것들 가운데 어느 하나의 표면 위에 티끌 같은 것이 묻어 있으면, 그것들은 결코 하나로 연합될 수 없습니다. 티끌을 제거하십시오. 그러면 그것들은 서로 연합하여 하나가 될 것입니다. 죄의 막은 사람들을 하나님으로부터 분리시킵니다. 그 막이 제거된다면, 사람들은 하나님 안에 거하고 하나님은 그들 안에 거하실 것입니다.

3. 마지막으로, 빛 가운데 행하는 자들에게 계속 깨끗함이 주어지는 사실을 주목하십시오.

"그 아들 예수의 피가 우리를 모든 죄에서 깨끗하게 하실 것이요." 여러분이 문맥 전체를 — 특별히 본문 다음에 나오는 두 절을 — 주목한다면,

여러분은 여기의 "깨끗함"이 죄 사함의 깨끗함이 아니라 정결의 깨끗함을 의미한다는 사실을 알게 될 것입니다. 왜냐하면 9절에서 두 가지가 분명하게 구별되기 때문입니다. "그는 미쁘시고 의로우사 우리 죄를 사하시며 우리를 모든 불의에서 깨끗하게 하실 것이요." 그러므로 그것이 의미하는 것은 신학적인 용어를 사용할 때 칭의(稱義)가 아니라 성화(聖化)입니다.

여기에서 우리가 주목해야 할 또 한 가지가 있습니다. 그것은 여기에서 요한이 그리스도의 피에 대해 말할 때 생각하고 있었던 것은 십자가 위에서 흘린 피 즉 속죄의 희생제물의 피가 아니라, 우리의 새 생명의 근원인 우리의 혈관으로 주입된 피라는 사실입니다. 구약은 "피는 곧 생명"이라고 말합니다. 이것이 과학적으로 정확한지 여부는 신경 쓰지 마십시오. 중요한 것은 여기에서 요한이 예수의 피가 "모든 죄"로부터 깨끗하게 할 것이라고 말할 때 그는 그의 형제 바울이 "그리스도 예수 안에 있는 생명의 성령의 법이 죄와 사망의 법에서 나를 해방하였음이라"라고 말한 것과 정확하게 동일한 것을 말하고 있었다는 사실입니다(롬 8:2). 다시 말해서 우리의 생명 안으로 예수 그리스도의 생명이 주입된다면, 죄의 권능과 능력으로부터 점진적으로 깨끗하게 된다는 것입니다. 이것은 매우 강력한 은유입니다. 사람들은 빈사상태의 사람에게 다른 사람의 피가 주입될 때 그가 다시 소생되는 경우가 종종 있다고 말합니다. 나는 이것이 사실인지 여부는 알지 못하지만, 어쨌든 이것은 여러분과 내가 지배당하는 것으로부터 자유롭게 될 수 있는 유일한 방법을 보여 주는 훌륭한 상징입니다. 우리는 우리의 생명에 생기를 불어넣는 원리로서 그리스도의 생명을 소유해야만 하며, 우리를 죄와 사망의 권능으로부터 해방시키는 원리로 예수의 영을 소유해야만 합니다.

이와 같이 그리스도의 위대한 사역에는 두 가지 측면이 있습니다. 다시 말해서 그의 피는 우리에게 두 가지 형태로 주어집니다. 그것은 먼저 십자가 위에서 우리 죄인들에게 부어지며, 다음으로 매일 같이 우리의 혈관 안으로 부어집니다. 그의 피는 계속 깨끗하게 하는 일을 하며, 잠재적인 죄의 모든 영역을 망라합니다. 그것은 우리의 죄를 사하며, 우리를 깨끗하게 합니다. 모든 것의 기초는 두말할 것도 없이 십자가의 희생제사입니다. 그러나 그것이 그리스도께서 우리를 위해 행하신 모든 것은 아닙니다. 그는 우리의 죄를 위해 죽으셨으며, 우리의 거룩함을 위해 살아 계십니다. 그는 우리를 위해 죽으셨으며, 우리 안에서 살아 계십니다. 그가 죽으셨기 때문에, 우리는 죄 사함을 받습니다. 그가 살아 계시기 때문에, 우리는 깨끗하게 됩니다. 본문 가운데 나타나는 (if)를 기억하십시오(But **if** we walk in the light, as he is in the light, we have fellowship one with another, and the blood of Jesus Christ his Son cleanseth us from all sin — 한글개역개정판에는 생략되어 있음). "빛 가운데 행하는" 조건 위에서, 예수의 피가 **모든** 죄로부터 깨끗하게 될 때까지 계속 우리를 씻을 것입니다. 우리의 삶의 주된 방향이 빛 가운데 행하는 것이고 우리가 간절한 열망과 노력과 신중한 선택으로 거룩함 가운데 살기를 추구한다면, 예수 그리스도의 생명의 권능이 우리를 죄와 사망의 권능으로부터 건져 줄 것입니다.

　나아가 본문은 본 서신의 수신자들이 이미 어둠으로부터 빛으로 옮겨졌음을 전제합니다. 완전하지는 않더라도 최소한 씨앗의 형태로 말입니다. 그러나 여기에는 그렇게 옮겨지지 않은 사람들을 위한 말씀도 있습니다. 요한은 본문 바로 뒤에서 이렇게 말합니다. " 누가 죄를 범하여도 아버지 앞에서 우리에게 대언자가 있으니 곧 의로우신 예수 그리스도시라 그는 우리 죄를 위한 화목 제물이니 우리만 위할 뿐 아니요 온 세상의 죄를 위하심이라"(2:1, 2), 그러므로 우리는 "우리를 위해 흘린 피" 곧 우리의 죄 사함의 수단과 함께 시작해야만 합니다. 그러고 난 연후에 비로소 우리는 "우리 위에 뿌린 피" 곧 우리를 깨끗하게 하는 수단으로 나아갈 수 있게 될 것입니다. 우리가 겸손한 믿음으로 십자가의 예수를 우리의 구주와 죄 사함의 통로로 받아들인다면, 우리의 모든 죄가 사함 받게 될 것입니다. 우리가 "너희가 전에는 어둠이더니 이제는 주 안에서 빛이라 빛의 자녀들처럼 행하라"(엡 5:8)라고 말하는 음성을 듣는다면, 우리는 살아 계신 주님과 사귐을 갖게 될 것이며 매일 같이 우리를 깨끗하게 하며 "빛 가운데 성도의 기업의 부분을 얻기에 합당하게" 만드는 피의 능력을 더 많이 알게 될 것입니다(골 1:12).

3
옛 계명과 새 계명

"⁷사랑하는 자들아 내가 새 계명을 너희에게 쓰는 것이 아니라 너희가 처음부터 가진 옛 계명이니 이 옛 계명은 너희가 들은 바 말씀이거니와 ⁸다시 내가 너희에게 새 계명을 쓰노니 그에게와 너희에게도 참된 것이라 이는 어둠이 지나가고 참빛이 벌써 비침이니라"

요일 2:7, 8

가장 단순한 말이 가장 심오한 사상을 전달할 수 있습니다. 아마도 천사들과 어린아이들이 그와 같이 말할 것입니다. 본 서신은 요한의 다른 모든 저작물들과 마찬가지로 글은 매우 단순하지만, 그 안에 담긴 사상은 마치 대양(大洋) 한 가운데 있는 심연처럼 매우 깊고 심오합니다. 그의 용어들은 어린아이들까지도 이해할 수 있으며, 그의 문장들은 가공되지 않고 짤막합니다. 그는 논증하지 않습니다. 다만 선포할 뿐입니다. 그는 논쟁을 벌이지도 않고, 화려한 수사(修辭)를 사용하지도 않습니다. 그러면서도 그는 우리에게 가장 깊은 진리를 가르치며, 우리에게 논리가 아니라 통찰에 의해 핵심에 더 가까이 다가가는 사실을 잘 보여 줍니다.

오늘 본문은 요한의 특징을 매우 잘 보여 줍니다. 그는 매우 크고 광범위한 진리를 가지고 있었지만 그것을 아주 단순하며 가공되지 않은 형태로 제시합니다. 그는 아주 단순한 문장 두 개를 나란히 놓습니다. 그리고 우리가 그 안에 담겨 있는 위대한 교훈들을 느끼며 그것을 우리 자신의 것으로 만들게 합니다. 이제 본문으로부터 우리가 주목해야만 할 것들을 몇 가지 살펴보도록 합시다.

1. 첫째로, "말씀"은 곧 "계명"이라는 사실을 주목하십시오.

여기의 "말씀"이라는 단어로 요한이 의미한 것은 명백히 예수 그리스도의 생애와 죽음의 이야기에서 그들에게 제시되었던 최초의 진리입니다. 왜냐하면 그것은 여기의 소아시아의 그리스도인들이 "처음부터 들은" 것이었기 때문입니다. 그런데 요한은 그 말씀을 "계명"이라고 말합니다. "내가 새 계명을 너희에게 쓰는 것이 아니라 너희가 처음부터 가진 옛 계명이니 이 옛 계명은 너희가 들은 바 말씀이거니와"(7절). 그것이 하나님의 계시이며 역사(歷史)였기 때문에, 그는 그것을 계명이며 율법이라고 말합니다. 하나님이 우리에게 어떤 말씀을 하시는 것은 단지 우리가 그 말씀을 통해 지혜를 배우도록 하기 위함이 아닙니다. 하나님이 사람들에게 말씀하시는 모든 말씀의 목적은 궁극적으로 그들이 그것을 알고, 행함으로, 결국 그와 같이 되도록 하기 위함입니다. 그것이 자연에서 행하신 위대한 일들에 나타난 말씀이든, 우리 자신의 양심의 목소리에 나타난 말씀이든, 세상 역사(歷史)의 복잡다단한 소음들에 나타난 말씀이든, 이 책에 나타난 말씀이든, 성육신하신 말씀에 나타난 말씀이든 말입니다. 이런 의미에서 하나님의 모든 말씀은 곧 계명입니다.

이것이 그가 스스로를 나타내신 다른 계시들과 관련하여 사실이라면, 하물며 성육신하신 말씀과 특별히 그의 생애와 죽음의 핵심적인 말씀과 관련해서는 얼마나 더 그렇겠습니까? 실천적인 행함과 아주 적은 관련성밖에 가지고 있지 않은 말씀이라 하더라도, 모든 기독교 진리는 사람의 삶과 직접적인 연결성을 가지고 있으며 또한 그 안에 엄중한 의무도 담겨 있습니다.

예수 그리스도 안에서의 하나님의 계시, "너희가 처음부터 들은 말씀," 여기의 소아시아의 그리스도인들이 처음에 들은 말씀, 그들이 더듬어 찾는 가운데 우연히 알게 된 복된 소식 — 이것은 지적인 동의뿐만 아니라 절대적인 신뢰와 순복도 명령합니다. 뿐만 아니라 그것은 또한 예수 그리스도를 본받을 것도 명령합니다. 왜냐하면 그는 그들에게 "인성(人性)의 이상(理想)의 실현"으로서 계시되기 때문입니다. 그가 어떠한 자인지를 알 때, 그것은 우리도 그와 같이 되어야만 하는 의무를 부여합니다.

한 걸음 더 나아가 예수 그리스도의 십자가 역시 계명입니다. 왜냐하면 우리가 그것을 단지 우리 소망과 구원의 기초로만 이해하고 우리의 삶이 반드시 따라야만 할 모범으로 인식하지 않는다면, 우리가 그것을 불구(不具)로 만들며 또 그것의 능력을 아주 크게 제한하는 것이 되기 때문입니다. 몇 명의 헬라인들이 자신을 만나러 왔을 때 예수 그리스도께서 "한 알의 밀이 땅에 떨어져 죽지 아니하면 한 알 그대로 있고 죽으면 많은 열매를 맺느니라"라고 말씀하시면서 곧바로 "자기의 생명을 사랑하는 자는 잃어버릴 것이요"라고 덧붙이셨던 것을 생각해 보십시오(요 12:24, 25). 그때 그는 자기 자신에게도 의무였을 뿐만 아니라 우리 모두에게도 의무인 것을 선포하고 계셨던 것입니다.

그러므로 형제들이여, "너희가 처음부터 들은 말씀," 그리스도의 이야기, 그의 생애와 죽음의 이야기는 곧 엄중한 계명입니다. 이와 같이 엄중하며 율법적인 명령이 "너희가 나를 사랑하면 나의 계명을 지키리라"는 부드러운 말씀으로 바뀌는 것이 바로 기독교의 축복들 가운데 하나입니다. "사람이 나를 섬기려면 나를 따르라"(요 12:26). 이것은 율법이지만, "자유케 하는 율법"입니다. 여러분이 성경에 나타난 그리스도의 가르침과 그리스도와 관련한 성경의 가르침을 받아들였을 때, 여러분은 필요한 모든 일을 다 한 것이 아닙니다. 또 여러분이 그와 그의 십자가를 붙잡으면서 그 안에서 여러분의 모든 소망의 기초와 닻을 인식했을 때, 여러분은 필요한 모든 일을 다 한 것이 아닙니다. 여러분이 해야 할 그 이상(以上)의 일이 있습니다. 복음은 곧 계명입니다. 그리고 계명은 단순한 동의(同意)와 믿음뿐만 아니라 실천적인 순종도 요구합니다. "너희가 처음부터 들은 말씀"은 "옛 계명"입니다.

2. 둘째로, 옛 그리스도는 영구적으로 새 그리스도라는 사실을 주목하십시오.

본문 마지막 부분에서 요한은 "옛 것"과 "새 것"에 대해 말하면서 "그에게와 너희에게 참된" 것이라고 말합니다.

"그에게 참된 것이니라." 다시 말해서 여기의 소아시아의 그리스도인들이 이교(異敎)의 미몽(迷夢) 가운데 더듬어 찾고 있었을 때 그들에게 전파된 그리스도는 영원히로 새 그리스도가 된다는 것입니다. 마치 새로운 임무와 새로운 소망과 새로운 가능성과 또는 새로운 위험과 함께, 새로운 상황이 벌어지며 새로운 의무가 요구되며 새로운 날들이 오는 것처럼 말입니다. 이것이 가르치는 것은 옛 그리스도의 영원한 새로움입니다.

멀리 유대 땅에서 하나님이 육체 가운데 나타나셔서 놀라운 사랑으로 사람들을 죄로부터 구원하기 위해 죽으셨다는 이야기를 처음 들은 에베소인을 상상해 보십시오. 그는 자신이 어렴풋이 들은 것을 붙잡고 그리스도인이 되었습니다. 그가 안개 속에서 처음 깨달은 그리스도와 이후 20년 동안 그의 삶과 마음 가운데 계셨던 그리스도는 매우 다릅니다. 옛 그리스도는 남아 있었지만, 옛 그리스도는 새로운 상황과 필요에 따라 매일 같이 새 그리스도가 되었습니다. 우리 안에 참된 기독교가 있다면, 이것은 또한 우리의 경험이 될 것입니다. 우리가 처음에 믿은 옛 그리스도는 우리를 위해 우리가 구하는 모든 것을 행하실 수 있었습니다. 그러나 처음에 우리는 그에게 절반도 구하지 않았으며, 그에게 속한 것의 십분의 일도 배우지 못했습니다. 예컨대 난파된 선원들이 올라탄 부목(浮木) 곁으로 다가오는 큰 배를 상상해 보십시오. 칠흑 같은 어둠 속에서 그 배는 그들을 갑판 위로 안전하게 끌어 올립니다. 그들은 자신들이 이제 얼마나 안전하고 무엇이 자신들을 구원했는지 압니다. 그러나 그 배에 비축되어 있는 풍성한 양식 등 앞으로 그들이 알게 될 것과 비교할 때 지금 그들이 알고 있는 것은 아무것도 아닙니다. 그리스도께서 어둠 가운데 오셔서 우리를 구원하십니다. 우리가 그를 참으로 붙잡는다면, 우리는 첫 순간부터 그를 우리의 구원자로 압니다. 그러나 그 안에 담겨 있는 풍성한 보화들을 어느 정도라도 깨닫기 위해서는 여름이 지나고 겨울이 지나야만 합니다.

그러면 무엇이 우리에게 그리스도의 깊은 것들을 가르칠 것입니까? 그는 어떻게 우리에게 새 그리스도가 됩니까? 그를 신뢰하고, 따르고, 그리고 그를 위해 일하면 그렇게 됩니다. 슬픔이 닥칠 때마다 극도의 절망감에 압도되곤 했던 어떤 사람을 상상해 보십시오. 그는 성경을 펼쳐 어떤 구절을 읽습니다. 그것은 그가 천 번도 더 읽은 구절이며, 자신이 이미 잘 알고 있으며 또 충분히 믿고 있다고 생각했던 구절이었습니다. 그런데 그에게 그 구절이 전혀 새로운 의미로 불타며 임하는 것은 결코 드문 일이 아닙니다. 지금 고난 가운데 있는 우리와 함께 계시는 그리스도는 우리가 처음 배웠을 때 조금 알게 된 그리스도를 훨씬 능가합니다. 삶의 새로운 경험들은 마치 삽으로 흙을 퍼내는 것과 같습니다. 그럴 때마다 우리가 산 밑에 감추어졌던 보화가 드러납니다. 우리는 단번에 그 보화를 삽니다. 그러나 그것을 찾꼬, 꺼내고, 헤아리는 데는 많은 시간이 걸립니다. 옛 그리스도는 영원한 새 그리스도입니다.

그러므로 형제들이여, 기독교적 진보(進步)는 원래의 사실들 즉 복음의 근본적인 요소들로부터 벗어난 것이 아니라, 그것들 안으로 더 깊이 파고 들어가면서 그것들의 능력을 더 풍성하게 느끼는 것이라는 사실을 잊지 마십시오. 유클리드 기하학의 모든 것이 처음의 정의(定義)들과 공리(公理)들에 다 들어 있습니다. 우리의 모든 책들은 26개의 알파벳으로 이루어집니다. 진보는 처음의 진리를 떠나 새로운 것으로 나아가는 것이 아니라, 그 안으로 깊이 들어가는 것입니다. "하나님께서 그리스도 안에 계시사 세상을 자기와 화목하게 하시며"(고후 5:19).

옛 그리스도 안의 영원한 새로움의 또 다른 측면에 대해 잠깐 생각해 보도록 합시다. 그것은 그가 각 세대의 모든 복잡한 문제들을 다루기 위해 적용될 수 있다는 사실입니다. 모든 세대는 단순한 복음진리로부터 자기 세대의 문제를 해결하기 위한 해결책을 발견할 수 있습니다. 설령 많은 시간과 많은 노력이 필요하더라도 말입니다. 나는 이 세대의 사회와 도덕과 정치적 문제들에 대한 해결책도 오직 그 안에서 발견할 수 있다고 감히 말합니다. 오직 그만이 각 세대를 해석하며, 각 세대의 필요에 부응할 것입니다. 오늘날의 세상을 위해 필요한 것은 새로운 환경이 요구하고 새로운 측면에 부응하는 옛 그리스도입니다.

여러분은 이러한 말을 충분히 이해할 수 있습니까? 오늘날의 세상에 플라톤이나 소크라테스가 제시하는 것과 우리 주님이 제시하는 것의 차이를 생각해 보십시오. 여러분은 그리스도로부터 무엇인가를 벗길 필요가 없습니다. 그가 한 말 가운데 오늘날의 진보된 사상이나 지식과 상충되는 것은 아무것도 없습니다. 그는 이 세대의 필요에 적합한 자로서 지금도 여전히 세상 앞에 서 있습니다. 그 자신의 세대의 사람들에게 그랬던 것처럼 말입니다. 옛 그리스도는 영원히 새 그리스도입니다.

3. 마지막으로, 그리스도인의 삶 속에서 옛 계명은 영원히 새 계명이라는 사실을 주목하십시오.

"**너희**에게도 참된 것이라." 다시 말해서 예수 그리스도를 구주로 영접했을 때 그들이 처음 받은 계명에는 그것을 모든 새로운 상황들에 적용시키는 놀라운 능력이 담겨 있다는 것입니다. 나아가 그러한 계명이 새로운 상황에 적용될 때마다 그들은 그것이 요구하는 것을 더 강하며 더 엄중하게 느끼게 될 것입니다. 왜냐하면 의무감이 점점 더 분명해지고 엄중해지는 것이 모든 순종의 결과이기 때문입니다. 어떤 사람이 하나님의 뜻을 행한다면, 그 상급은 그가 인간의 의지(意志)를 하나님의 의지에 일치시키는 것의 높이와 길이와 넓이와 깊이를 더 풍성하게 알게 되는 것입니다. 그러므로 순종의 길로 나아갈수록 우리는 우리 앞에 있는 더 높은 순종의 영역을 보게 될 것입니다. 그리고 계속해서 앞으로 나아갈수록 우리는 아직 이루지 못한 것이 여전히 많이 남아 있음을 더 강렬하게 느끼게 될 것입니다. 우리에게 옛 계명은 항상 새 계명이 될 것입니다.

더욱이 계속 앞으로 전진할 때마다, 우리는 그것을 온전히 이루지 못했다는 의식(意識)을 더 강렬하게 느끼게 될 것입니다. 그렇게 하여 우리의 성품이 점진적으로 세워집니다. 세미한 소리에 예민하게 귀를 기울일수록, 우리의 양심은 더 온전하게 소생될 것입니다. 새하얀 신부의 옷이나 혹은 백조의 깃털을 생각해 보십시오. 거기에 묻은 작은 얼룩은 더러운 누더기 위에 묻은 큰 얼룩보다 훨씬 더 눈에 잘 띌 것입니다. 정결해져갈수록 우리는 우리 자신의 불결함을 더 강렬하게 느낄 것입니다.

나의 형제들이여, 우리 앞에 끝이 없는 길이 열려 있습니다. 거기에서 옛 믿음 즉 예전의 친숙한 진리들을 보존하며 지키는데 속하는 모든 축복과 우리의 지평선 위로 새롭게 떠오르는 것을 바라보는 즐거움에 속하는 모든 반대쪽 축복이 우리의 경험에서 하나로 연합될 것입니다. 우리는 보수(保守)하면서 동시에 진보(進步)할 것입니다. 옛 그리스도와 옛 계명을 붙잡으면서 동시에 그 안에서 끝없이 새로운 것을 발견하면서 말입니다. 나무의 줄기는 옛 것이지만, 봄이 되면 새 잎이 나옵니다. 우리는 마침내 새 예루살렘에 이르러 하나님 나라의 새 포도주를 마실 것을 소망할 수 있습니다. 그러면서 우리는 옛 사랑이 그대로 남아 있는 것을 발견합니다. 그의 임재가 새 하늘과 새 땅을 만드는 새 그리스도는 "어제나 오늘이나 영원토록" 동일합니다. 동시에 우리는 그늘진 세상 가운데 옛 그리스도를 사랑하며 본받고자 노력합니다.

4
청년의 강함

"청년들아 내가 너희에게 쓴 것은 너희가 강하고 하나님의 말씀이 너희 안에 거하
시며 너희가 흉악한 자를 이기었음이라"

요일 2:14

"**나는** 어떤 사람이 될 것인가?"라는 질문은 청년기로 접어드는 젊은이들을 무겁게 짓누르는 질문입니다. 그러나 불행하게도 그러한 질문은 대개의 경우 미래의 직업과 관련됩니다. 사실 그러한 질문은 직업적인 영역뿐만 아니라 그것보다 훨씬 더 광범위한 영역을 망라합니다. "나는 나 자신을 어떤 사람으로 만들 것인가?" 혹은 "나는 어떤 이상(理想)을 추구할 것인가?"라는 질문이 이 시간 나의 설교를 듣고 있는 청년들에게 내가 던지고 싶은 질문입니다. 많은 사람들의 실패와 불행의 이유는 그들이 이러한 질문에 직면하지 않은 채 그저 상황이 끌고 가는 대로 계속해서 끌려가기 때문입니다. 이런 사람들이 인간에 대한 하나님의 목적과 관련하여 실패하는 것은 어찌 보면 너무나 당연하다고 할 수 있습니다. 명확한 이상(理想)의 부재(不在) — 바로 이것이 오늘날 수많은 청년들의 불행의 원인입니다.

본문 가운데 우리는 청년들이 어떻게 되어야 하고 될 수 있는지에 대한 한 노인의 생각을 보게 됩니다. "청년들아 내가 너희에게 쓴 것은 너희가 강하고 하나님의 말씀이 너희 안에 거하시며 너희가 흉악한 자를 이기었

음이라."

여기에서 노인 요한은 타락한 소아시아의 도시들에서 살고 있는 소수의 사람들에게 이야기하고 있습니다. 이것은 단순히 허공에 그려진 아름다운 이상(理想)이 아닙니다. 도리어 그것은 당시 소아시아 지역에 실제로 살고 있었던 젊은 그리스도인들의 그림이었습니다. 나는 여러분이 이러한 실현된 이상을 여러분 자신의 것으로 취하기를 간절히 바랍니다. 그리고 여러분의 삶이 그것과 일치되기를 진심으로 기원합니다.

여기에서 우리는 세 가지 주제를 발견할 수 있습니다. 첫째로, 요한은 강함을 가리킵니다. "너희가 강하고." 이것은 청년 특유의 단순한 육체적인 강함보다 더 강한 어떤 것입니다. 계속해서 요한은 우리에게 그러한 강함의 근원을 가리킵니다. "하나님의 말씀이 너희 안에 거하시며." 그러고 나서 그는 그러한 강함이 작동되어야만 하는 현장과 그것이 보증하는 승리를 보여 줍니다. "너희가 흉악한 자를 이기었음이라." 이제 이러한 세 가지 주제를 차례대로 살펴보도록 합시다.

1. 첫째로, 여기에서 청년들이 추구하며 목표로 삼아야만 하는 강함을 주목해 보십시오.

이것은 단순히 청년 특유의 육체적인 강함도 아니고, 쇠하지 않는 활력이나 어떤 싱싱함 같은 것도 아닙니다. 물론 이런 것들은 모두 값지고 소중한 선물들입니다. 우리는 그런 것들이 우리로부터 사라져 없어질 때까지 그것들의 소중함을 잘 알지 못합니다. 우리는 그런 것들을 소중하게 여기면서, 정결하며 절제된 삶을 통해 가능한 잘 보존해야 합니다. 그리고 그런 것들이 더 높은 목적을 위해 사용되도록 해야 합니다. 그러나 여기에서 요한이 이야기하는 것은 그런 종류의 육체적인 강함이 아닙니다. 삼손은 "몸이 약하고 말도 시원치 않은" 그리고 평생 "육체의 가시"를 몸에 지니고 산 바울보다 훨씬 더 약한 사람이었습니다(고후 10:10). 강해야 하는 것은 여러분의 몸이 아니라, 여러분 자신입니다.

진정한 강함의 기초는 굳세며 선한 의지(意志)에 놓여 있습니다. 어떤 사람이 이 세상에서 단호한 마음으로 "아니야!"(No!)라고 말하는 법을 배우지 못했다면, 그는 결코 선(善)에 도달하지 못할 것입니다. 고결한 삶을 위해서는 두 가지가 필요합니다. 하나는 "저항하는"(resist) 것이고, 다른 하나는 "고수하는"(persist) 것입니다. 사람의 진정한 강함은 바로 여기에 놓여 있습니다. 모든 반대와 장애물과 비방하는 말들과 대적들에도 불구하고, 여러분은 자신이 결심한 것을 끝까지 행할 수 있습니다. "나는 할 거야"(I will)라고 말하는 여러분을 어떤 사람이나 심지어 마귀들조차도 "나는 하지 않을 거야"(I will not)라고 말하도록 만들지 못할 것입니다. 이런 부분에서 약할 때, 여러분은 모든 부분에서 약할 것입니다. 이와 같이 우리가 살고 있는 이 악한 세상에서 진정한 강함의 기초는 강한 의지입니다.

그러나 여러분이 추구하며 계발하여야 할 강함은 강한 이성(理性) 위에 기초한 의지의 강함이어야만 합니다. 강한 이성 위에 기초하지 않은 결심은 완악함이며, 완악함은 강함이 아니라 약함입니다. "너희는 무지한 말이나 노새 같이 되지 말지어다"(시 32:9). 무지한 결심은 스스로를 강함이라고 부를 수 있는 어떤 권리도 갖지 못합니다. 그것은 마치 겉모습은 쇠처럼 보이지만 실상은 썩은 나무토막과 같은 것입니다. 무지한 완악함은 곧 어리석음입니다. 그것은 채석장에서 곧 폭발이 있을 테니 대피하라는 경고를 받고도 계속해서 자신의 일을 고집하는 것과 같습니다. 그 결과가 무엇이겠습니까? 그는 결국 산산조각이 나고 말 것입니다.

그러나 그것이 전부가 아닙니다. 이성의 강한 빛의 조명을 받은 강한 의지는 양심의 강한 손에 의해 통제되고 인도되어야만 합니다. "나는 하고 싶어"(I should like)는 약한 자들의 표어입니다. "나는 할 거야"(I will)는 완악하며 어리석은 자들의 표어입니다. 사람의 올바른 표어는 "나는 해야만 해. 그러므로 하나님이 나를 도우실 거야. 설령 마귀가 방해한다 하더라도 나는 할 거야"입니다. 왕의 자리에 앉아 있는 것은 양심입니다. 양심에 순종할 때, 사람은 자유로워집니다. 그러나 그것을 무시할 때, 사람은 노예가 됩니다.

인생을 위해 이것이 외적인 재물을 얻는 것보다 훨씬 더 좋은 이상(理

想)이 아닙니까? 설령 재물을 얻는 일에 큰 성공을 거둔다고 하더라도 말입니다. 수만 가지 일들이 외적인 성공과 형통을 도울 수도 있고 방해할 수도 있습니다. 그러나 자신의 성품을 온전한 모습으로 만드는 일에 있어서는, 아무것도 여러분을 방해할 수 없습니다. 성품은 온전한 모습으로 만드는 것이 바로 삶의 목적입니다. "약해지는 것은 비참한 일이니라" — 이것은 진리입니다. 설령 밀턴(Milton)이 사탄의 입을 통해 한 말이라고 하더라도 말입니다. 소년이라도 피곤하고 곤비하며, 장정이라도 넘어지며 쓰러집니다(사 40:30). 그러나 영원히 지속되는 유일한 강함이 있습니다. 이성(理性)의 빛에 의해 조명되고, 양심의 손에 의해 인도되며, 마침내 하나님에 의해 통제되는 확고한 의지는 결코 약하지 않고 항상 강할 것입니다. 바로 이것이 우리가 추구해야 할 참된 강함입니다. 간절히 당부하노니 이것을 여러분 인생의 분명한 목표로 삼으십시오.

2. 둘째로, 어떻게 이러한 강함을 얻을 수 있는지 주목하십시오.

"너희가 강하고 하나님의 말씀이 너희 안에 거하시며." 여기의 소아시아 그리스도인 청년들은 이러한 강함의 조건과 비밀을 배웠습니다. 그들은 청년 특유의 육체적인 강함과 유연성을 가지고 있었을 뿐만 아니라, 또한 "하나님의 말씀이 그들 안에 거하심"으로 말미암아 정신과 영이 강했습니다. "하나님의 말씀"이라는 위대한 표현에는 두 가지 의미가 있습니다. 그러한 두 가지 의미 모두 요한복음과 본 서신에서 자주 나타납니다. "하나님의 말씀"은 성경에 나타난 하나님의 진리의 계시를 의미하기도 하고 우리 주 예수 그리스도에서 하나님의 본성과 의지(意志)가 인격적으로 나타난 것을 의미하기도 합니다. 본문의 "하나님의 말씀"이 이러한 두 가지 가운데 어느 것을 의미하는 것이든, 우리는 그로부터 한 가지 매우 중요한 교훈을 끌어낼 수 있습니다. 이제 그것을 간단히 살펴보도록 합시다.

여러분이 강해지기를 원한다면, 여러분의 마음 가운데 항상 성경의 진리가 가득 채워져 있어야만 합니다. 하나님의 계시의 진리들에는 모든 행동을 이끌며 통제하고 마침내 강한 성품을 만드는 동기(動機)들과 능력들이 담겨 있습니다. 그러한 진리들의 목적은 우리의 모든 행동에 영향을 끼치는 것입니다. 그리고 그 범위는 우리의 일상의 가장 사소한 일에 이르기까지 모든 것을 망라합니다. 여러분이 지금 일터로 가고 있다고 상상해 보십시오. 도중에 갑자기 어떤 사소한 난관이 생기거나 어떤 짜증나는 일이 여러분의 성질을 건드리거나 잠복해 있던 어떤 유혹이 갑자기 솟아오릅니다. 그러나 여러분의 마음과 생각이 하나님의 존재와 그의 사랑과 그의 의와 여러분을 위한 그리스도의 죽음과 그의 함께하심과 그의 보호하심과 그의 뜻과 미래의 찬란한 소망의 위대한 개념들로 가득 차 있다면, 여러분이 죄 가운데 떨어지고 유혹에 굴복하며 사소한 일로 성질이 폭발하는 일이 가능할 수 있겠습니까? 결코 그럴 수 없습니다! 어떤 사람이 하나님이 말씀 가운데 주신 위대한 진리들을 항상 마음에 품고 살아간다면, 그는 모든 잠재적인 유혹에 대항할 수 있는 방패와 달콤한 유혹에 감추어진 악을 드러낼 시약(試藥)과 자신의 마음을 고요하게 지켜 줄 강력한 힘을 가지고 있는 것입니다. 하나님의 말씀이 여러분의 마음 가운데 거한다면, 독사의 이빨은 이미 뽑힌 것입니다. 여러분은 어떤 독을 마실지라도 해(害)를 받지 않을 것이며, "주 안에서 그리고 그의 강한 능력 안에서 강할" 것입니다.

여러분이 발견할 수 있는 가장 위대한 진리들을 여러분의 가장 사소한 의무들에 적용시키십시오. 그러면 그러한 작은 의무들은 그것이 적용된 진리들과 어울리게 큰 의미를 갖는 것이 될 것입니다. 예수 그리스도의 법칙들을 일상의 사소한 일들에 적용시키십시오. 여러분의 기독교가 일상의 사소한 일들을 규제하도록 의도된 것이 아니라면, 그것은 도대체 무엇을 규제하도록 의도된 것이란 말입니까? 인생은 사소한 일들로 구성됩니다. 여러분의 삶 가운데 결정적인 순간은 대여섯 번밖에 되지 않는 반면 사소한 일은 하루에도 수천 번씩 일어납니다. 복음이 오로지 결정적인 순간만을 규제하도록 의도되고 나머지 모든 사소한 일들은 그냥 우리에게 남겨진다면, 그것은 참으로 보잘것없는 복음일 것입니다.

다시 반복하거니와 복음에 내포된 원리들과 동기(動機)들은 우리의 일상의 삶 전체에 계속 작동되도록 의도된 것입니다. 그러므로 우리는 그러한 원리들과 동기들을 언제라도 우리의 손이 닿을 수 있게 가까이 두어야만 합니다. 그리고 우리는 항상 언제라도 그것을 붙잡을 수 있도록 준비되어 있어야만 합니다. 적국(敵國) 안으로 행군하는 군대를 생각해 보십시오. 그런데 어떤 병사가 자기 총을 옆에 있는 다른 병사에게 맡겼다고 상상해 보십시오. 갑자기 적들이 나타날 때, 그는 자신의 총을 되찾아 사격할 준비를 갖추기 전에 먼저 총에 맞을 것입니다.

예전에 홍해를 지나간 적이 있었습니다. 그곳의 입구는 좁았고 조류(潮流)는 거셌습니다. 배가 위험한 지역에 접근할 때, 사람들은 각자 지정된 장소에 자리를 잡았습니다. 소용돌이치는 조류가 배를 위험한 암초 지대로 몰고 갈 경우를 대비하여 무거운 닻이 풀리고 즉시로 바다에 던져질 준비가 되었습니다. 배가 이미 암초에 걸렸을 때는 닻을 묶은 밧줄을 끊을 때가 아닙니다. 마찬가지로 갑작스런 유혹이 우리 위에 솟아오를 때는 우리의 무기를 바라볼 때가 아닙니다. 왜냐하면 그때는 이미 늦은 때이기 때문입니다. 하나님의 말씀이 여러분에게 언제든지 사용될 수 있고자 한다면, 여러분은 계속적인 묵상과 기도와 연구로 그것과 친숙한 상태에 있어야만 합니다. 여러분은 다른 어떤 것보다도 성경을 항상 여러분 곁에 두고 체계적으로 읽으며 연구해야 합니다. 사람들은 설교집이나 혹은 다른 경건서적들을 읽을 것입니다. 사람들은 신문과 소책자와 소설을 읽을 것입니다. 그러면서도 스스로를 그리스도인이라고 부르는 너무나 많은 사람들에게 성경은 너무나 낯선 책이라서 그들이 약할 것입니다. 여러분이 강해지기를 원한다면, 여러분은 하나님의 말씀이 여러분 안에 거하도록 해야만 합니다.

우리가 여기의 "하나님의 말씀"의 의미에 대해 다른 관점을 — 물론 본질적으로는 동일한 의미이지만 — 취한다면, 다시 말해서 그것을 인격적인 말씀 즉 예수 그리스도 자신을 의미하는 것으로 적용한다면, 우리는 그것으로부터 또 하나의 교훈을 얻게 될 것입니다. 그것은 예수 그리스도가 여러분의 마음 안으로 들어와 거하시도록 하라는 것입니다. 그러면 그가 여러분을 강하게 만드실 것이라는 것입니다. 그가 "누구든지 문을 열면 내가 그에게로 들어가 그와 더불어 먹으리라"라고 말씀하셨을 때, 나는 이것이 사람의 마음과 생각에 끼치는 그의 교훈의 영향력을 과장하시는 것이라고 생각하지 않습니다. 이 시간 여러분에게 한 가지 사실을 역설하고 싶습니다. 그것은 하늘에 계신 구주께서 우리의 영 안으로 들어오셔서 실제적으로 우리와 함께 거하시는 것이 문자적으로 가능하다는 사실입니다. 그는 우리 안에 거하면서 우리의 삶을 사시고, 우리의 마음을 강하게 하시며, 영원히 우리의 분깃이 되실 수 있습니다. 여러분이 문을 연다면, 그는 기꺼이 여러분의 마음 안으로 들어올 것입니다. 그러면 그는 그 자신의 은혜의 생기를 여러분의 약함 안으로 불어넣음으로써 여러분을 안으로부터 강하게 만들 것입니다. 다른 것들은 여러분을 밖으로부터 도울 수 있을 뿐입니다. 마치 벽돌더미가 무너지지 않게 그 둘레를 끈으로 묶는 것처럼 말입니다.

그러나 예수 그리스도는 우리 안으로 들어오시므로 우리는 안으로부터 강하게 될 것입니다. 마치 지팡이에 철심(鐵心)을 박아 그것을 강하게 하는 것처럼 말입니다. 예수 그리스도가 우리 안에 거하시면, 우리는 강하게 될 것입니다. 사랑하는 청년들이여, 문을 여십시오. 그리스도가 여러분의 마음 안으로 들어오게 하십시오. 여러분이 방해하지 않는다면, 그는 기꺼이 여러분의 마음 안으로 들어올 것입니다. 단순한 믿음으로 범사에 그를 신뢰하십시오. 다시 말하노니 여러분의 문을 여십시오. 그 문은 바로 "믿음"입니다. 문 자체는 아무것도 아닙니다. 그러나 그것이 열릴 때, 그것은 손님을 받아들입니다. 주님이 여러분 안으로 들어오셔서 거기에 거하시게 하십시오. 그러면 그가 여러분에게 "내 은혜가 네게 족하도다 이는 내 능력이 약한 데서 온전하여짐이라"라고 말씀하시는 것을 듣게 될 것입니다 (고전 12:9).

3. 마지막으로, 이러한 강함이 작동되어야 하는 현장과 그것이 보증하는 승리를 주목하십시오.

"너희가 흉악한 자를 이기었음이라." 우리 모두를 위한 싸움이 있습니다. 그것은 우리 주위에 있는 악과 우리 안에 있는 악과 어둠의 주관자와의 싸움입니다. 여러분과 같은 청년들은 이러한 싸움에 많은 이점(利點)을 가지고 있습니다. 그런가 하면 약점도 가지고 있습니다. 여러분은 강한 욕정을 가지고 있습니다. 여러분은 많은 경험을 가지고 있지 않습니다. 여러분은 매혹적이며 달콤한 잔 아래 가라앉은 찌끼가 얼마나 쓴지 알지 못합니다. 반면 여러분은 아직 자기아집적인 사고에 빠져 있지 않습니다. 그것에 빠지는 것은 참으로 불행한 일이며, 그것을 깨뜨리는 것은 거의 불가능할 정도입니다. 그러나 여러분에게는 아직 시간이 많이 남아 있습니다.

여러분은 어느 편을 선택할 것인지 속히 결정해야 합니다. 여러분이 어느 편을 선택하는지 여부에 따라 여러분의 승리와 패배가 결정될 것입니다. 여러분에게 확실한 승리를 보증하는 유일한 길은 여러분이 예수 그리스도의 편이 되는 것입니다. 그는 여러분에게 싸우는 법을 가르쳐 줄 것입니다.

"너희가 흉악한 자를 이기었음이라"라는 독특한 구절을 주목해 보십시오. 요한은 지금 싸움을 앞두고 있는 젊은 그리스도인들에게 말하고 있습니다. 그럼에도 불구하고 그는 그들의 승리를 이미 이루어진 과거의 일처럼 말합니다. 그것은 무엇을 의미합니까? 그것이 의미하는 것은 여러분이 그리스도의 군대에 참여할 것이고 그의 은혜로 죽을 때까지 그의 충성된 병사가 되기로 결심한다면 그러한 행동 자체가 실제 싸움에서 승리의 보증이 된다는 것입니다.

전쟁에서 먼저 적군의 목숨을 빼앗는 쪽이 승리한다는 옛 미신이 있습니다. 어떤 사람이 예수 그리스도를 믿는다면, 우리 주님은 그 사람 안에서 마귀와 그의 모든 역사(役事)를 이길 것입니다. 비록 연약하며 불완전한 믿음이라 하더라도 말입니다. 그러한 믿음의 행동이 시작될 때, 사탄은 패배를 당하며 싸움은 실제적으로 종결됩니다.

"세상을 이기는 승리는 이것이니 우리의 믿음이니라"(요일 5:4). 그것은 예수 그리스도를 믿는 우리의 믿음이 전쟁을 위해 소집 나팔을 부는 것일 뿐만 아니라 또한 우리가 스스로를 이미 승리하셔서 자신의 승리를 우리의 승리로 만드시는 그리스도와 연합시키는 수단이기 때문입니다. 그는 첫 번째로 광야에서, 두 번째로 겟세마네에서, 세 번째로 십자가 위에서 우리의 대적과 싸우셨습니다. 그는 강한 자를 결박하고, 그의 소유를 탈취했습니다. 우리가 단순한 믿음으로 그와 연합하기만 한다면, 그와 같은 그의 완전한 승리는 우리의 승리가 될 수 있으며 또 될 것입니다.

이러한 승리가 여러분의 것이 될 수 있는 것은 얼마나 놀라운 일입니까! 이러한 사실을 알 때, 여러분은 얼마나 강하며 남자답게 전진할 수 있습니까! 여러분은 계속 싸워야만 할 것입니다. 그러나 여러분은 단지 패잔병들과 싸우면 됩니다. 여러분이 예수 그리스도를 신뢰하며 의지(依支)한다면, 여러분은 이미 적의 주력군을 이긴 것입니다. 지금부터 여러분이 싸워야만 하는 대상은 단지 패잔병들일 뿐입니다. 예수 그리스도를 사랑하여 자신을 그에게 드린 자는 이미 용(龍)의 머리를 땅에 거꾸러뜨린 것입니다. 설령 용이 요동치며 그의 몸을 휘감을 수 있다 하더라도, 그는 이미 승리한 것이며 승리하고 있으며 승리할 것입니다. 그는 단지 주님의 손을 굳게 붙잡고 있기만 하면 됩니다.

사랑하는 청년들이여, 여러분은 예수 그리스도의 군대에 참여할 것입니까? 여러분은 약하기를 원합니까, 아니면 강하기를 원합니까? 여러분은 참된 승리의 삶을 살기를 원합니까? 그렇다면 여러분 자신을 주님께 드리십시오. 그는 여러분을 자신의 병사로 부르십니다. 그는 전쟁의 날에 여러분의 머리를 가려 주실 것입니다. 그는 "성령으로 말미암아 여러분의 속사람을 능력으로 강건하게" 하실 것입니다(엡 3:16). 그는 자신의 말씀을 여러분의 마음에 감추어 놓으실 것이며, 여러분 안에 거하면서 약한 여러분을 강하게 만들 것입니다. 그리고 여러분이 가장 강한 적들에게도 승리를 거두게 할 것입니다. 그러므로 여러분은 "모든 일에 여러분을 사랑하시는 이로 말미암아 넉넉히 이길" 것입니다(롬 8:37).

스스로에게 "나는 어떤 사람이 될 것인가?"라는 질문을 던져 보십시오. 나는 여러분이 "나는 주 안에서 그리고 그의 능력 안에서 강해질 거야. 그가 이긴 것처럼, 나도 세상과 육체와 마귀를 이길 거야"라고 대답할 수 있기를 간절히 바랍니다.

5
강과 바위

"이 세상도, 그 정욕도 지나가되 오직 하나님의 뜻을 행하는 자는 영원히 거하느니라"

요일 2:17

요한은 앞에서 세상과 그에 있는 것들을 사랑하지 말라고 엄중하게 훈계했습니다. "이 세상이나 세상에 있는 것들을 사랑하지 말라 누구든지 세상을 사랑하면 아버지의 사랑이 그 안에 있지 아니하니"(15절). 이 훈계는 "자녀들"과 "청년들"과 "아비들"에게 말한 것이었습니다. 이러한 호칭들이 자연적인 나이를 가리키는 것이든 혹은 기독교인의 성숙도를 가리키는 것이든, 그것들은 공히 우리에게 어떤 수준에 있는 사람이든 세상을 사랑할 위험으로부터 자유로운 사람은 아무도 없다는 교훈을 가르칩니다.

오늘 본문은 그러한 훈계와 관련하여 요한이 제시하는 두 가지 이유 가운데 두 번째 이유입니다. 우리 모두에게 그러한 훈계가 필요한 것은 "이 세상도 그 정욕도 지나가기" 때문입니다. 그러므로 우리는 하얀 눈(雪)을 한줌 취하여 그것을 우리의 이마에 대고 우리의 뜨거워진 정욕들을 식힐 필요가 있습니다.

본문에서 우리는 두 가지가 서로 대조되는 것을 보게 됩니다. 하나는 계속 흘러가는 것이고, 다른 하나는 영구히 그 자리에 서 있는 것입니다. 오늘 나는 그것을 강(江)과 바위의 은유로 제시하고 싶습니다. 전자는 보편적으로 믿고 잊히는 감각(感覺)의 슬픈 사실입니다. 반면 후자는 사람들의 삶 가운데 별로 중시되지 않는 믿음의 기쁜 사실입니다.

이제 이러한 두 가지 개념을 함께 살펴보도록 합시다.

1. 강 혹은 감각의 슬픈 사실.

여기에서 여러분은 일시적인 것 두 가지를 보게 되는데, 하나는 "세상"이고 다른 하나는 "거기에 속한 정욕"입니다. "이 세상도, 그 정욕도 지나가되." 하나는 우리 밖에 있는 것이고, 다른 하나는 우리 안에 있는 것입니다. 전자와 관련하여 요한이 "세상"이라는 단어로 의미하는 것은 우리가 살고 있는 물리적인 지구가 아니라, 보이는 물질적인 것들의 총체입니다. 그 모든 것은 하나님으로부터 왜곡되고 비틀어진 것으로 간주됩니다. 단순히 물리적인 창조세계가 아닙니다. 바로 이것이 요한이 "세상"이라는 단어로 의미하는 것입니다. 그러므로 그가 말하는 "지나감"(passing away)은 물리적인 것들의 썩음과 해체를 의미하는 것이 아니라, 하나님으로부터 분리된 모든 보이는 것들의 일시성을 의미하는 것입니다. 그 모든 것들 위에 이를테면 "너는 흙이니 흙으로 돌아갈 것이니라"라는 글귀가 새겨져 있는 것입니다(창 3:19). 강은 계속 흐릅니다. 우리의 흠정역 역본보다 원문(原文)에 더 강렬하게 나타나는 것처럼, "세상"은 "지나감"의 행동에 있습니다. 움직이는 파노라마를 생각해 보십시오. 거기의 장면들은 계속해서 움직이며 지나갑니다. 이와 같이 모든 것은 계속적인 움직임의 상태 가운데 있습니다. 모든 것은 조용히, 계속, 그리고 알아차리지 못하게 지나갑니다. **현재**라는 시간은 없습니다. 우리가 현재라고 이름을 붙이는 순간 그것은 사라집니다. 창가에 매달려 있는 물방울을 생각해 보십시오. 그것은 잠깐 햇빛에 반짝이다가 깊은 심연(深淵)으로 떨어집니다. 현재는 없습니다. 모든 것은 변하며, 움직이며, 사라집니다.

형제들이여, 태초 이래로 이것은 철학자들과 시인들과 설교자들에게 상식이었습니다. 내가 이러한 개념에 무엇인가를 더할 수 있다고 생각한다면, 나는 어리석은 자일 것입니다. 다만 이 시간 내가 하고자 하는 일은 이러한 사실을 다시금 마음에 새기도록 여러분을 일깨우는 것입니다. 그렇게 할 때 여러분은 큰 유익을 얻게 될 것입니다.

> "싹이나 잎이나 꽃이나 모든 생명은
> 시간의 지남과 함께 지나가도다."

이러한 외적인 일시적인 것들과 함께, 요한은 내적인 일시적인 것들을 이야기합니다. "이 세상도, **그 정욕**도 지나가되." "정욕"(lust)이라는 단어를 요한은 오늘날 우리가 사용하는 것보다 훨씬 더 넓은 의미로 사용합니다. 우리에게 그것은 한 가지 특정한 욕망, 즉 성적인 부분에서의 추악한 욕망을 의미합니다. 그러나 요한에게 그것은 모든 종류의 바라는 것들(desires) 혹은 소욕(所欲)들을 포함합니다. 거기에는 다소간 좀 더 고상한 형태의 소욕도 있고, 훨씬 더 저열(低劣)한 형태의 소욕도 있습니다. 그러한 소욕들은 이 땅의 일시적인 것들에게로 향하며 또 그러한 것들에 의해 충동됩니다. 이와 같이 어떤 사람이 스스로를 이러한 일시적인 것들에 고정시킨다면, 그는 불가불 그러한 것들과 운명을 같이 하게 될 것입니다. 그러한 것들이 사라진다면, 그도 그것들과 함께 사라질 것입니다. 여러분이 물이 새는 배를 믿고 의지한다면, 여러분은 결국 그 배와 함께 바다에 침몰하고 말 것입니다. 반면 여러분이 그리스도께서 타고 계신 배에 승선한다면, 여러분은 그와 함께 천국 항구에 도달하게 될 것입니다.

본문이 말하는 "정욕" 즉 세상의 일시적인 소욕들은 우리에게 한때 거의 보화와 같았던 것들이 세월이 흐름과 함께 별 가치 없는 것이 되는 슬픈 경험을 가리킵니다. 장난감과 사탕이 우리의 보화였던 때가 있었습니다. 그때 이래로 우리 모두는 얼마나 많은 허망한 소망들을 가졌습니까! 그러나 그런 것들은 다 지나갔으며, 더 이상 우리 자신의 일부가 아닙니다. 그것들은 우리로부터 미끄러져 나갔습니다.

> "우리 모두는 아주 조금씩 변하도다.

오직 영혼의 기초만을 제외하고.”

우리는 항상 같은 사람이지만, 계속해서 변합니다. 보이는 소욕들이 우리를 이끌며 통제한다면, 우리의 삶은 직선처럼 곧바로 나아가지 않고 갈지자(之)처럼 비틀비틀 나아갈 것입니다.

그러나 형제들이여, 여기에서 나는 이것보다 더 슬픈 개념 한 가지를 다루어야만 합니다. 설령 그것이 본문으로부터 다소 이탈하는 것이라 하더라도 말입니다. 만족시키는 것이 불가능하게 되었음에도 불구하고 계속해서 남아 있는 욕망들(desires)이 있습니다. 때로 정욕(lust)이 세상보다 더 오래 지속되기도 하고, 때로 세상이 정욕보다 더 오래 지속되기도 합니다. 둘 가운데 어느 것이 더 슬픈 일인지 우리는 모릅니다. 오랫동안 집착했던 어떤 일시적인 것을 잃어버리고 난 후 “사람들이 나의 신(神)을 빼앗겼어요. 나는 어떻게 해야 해요?”라고 말하는 지옥이 있습니다. 또 죽음의 문을 통과하고 난 후 바라는 것이 영원히 채워질 수 없게 되는 지옥이 있습니다. “아버지 아브라함이여 나를 긍휼히 여기사 나사로를 보내어 그 손가락 끝에 물을 찍어 내 혀를 서늘하게 하소서 내가 이 불꽃 가운데서 괴로워하나이다”(눅 16:24). 바라는 것이 다 거두어졌음에도 불구하고 계속해서 정욕의 불이 타오를 때, 사람은 이런 상태에 이르게 됩니다.

그럼에도 불구하고 이런 일시적인 것들은 대부분의 사람들에게 매우 이상한 대접을 받아왔습니다. 그러면서도 사람들은 대부분의 경우 그런 사실을 잘 의식하지 못합니다. 설령 의식하지 못한다 하더라도, 그러한 망각에 대해 우리는 핑계할 수 없습니다. 이러한 일시적인 것들이 지나가는 것은 마치 말들이 그 발을 짚으로 싼 채 밤중에 조용히 눈길을 지나가는 것과 같습니다. 우리는 지구가 도는 것을 의식할 수 없습니다. 그것은 모든 것이 거기에 참여하기 때문입니다. 우리는 가만히 있는 것처럼 생각하지만, 실상은 상상할 수 없는 속도로 우주를 돌고 있습니다. 마찬가지로 우리는 우리와 관련한 모든 것이 요동하고 있음에도 불구하고 고요하게 있다고 생각하며 스스로를 속입니다. 우리 가운데 많은 사람들은 그런 것에 대해 생각하고 싶어 하지 않습니다. 그렇게 해 봐야 마음만 언짢아지게 될 것이라고 생각하면서 말입니다. 여러분은 머리를 흔들며 그런 생각을 떨쳐버리려고 합니다. 마치 머리를 모래 속에 파묻으면서 자기의 존재가 더 이상 사냥꾼의 눈에 띄지 않을 것이라고 생각하는 타조처럼 말입니다. 여러분이 그것을 받아들이기만 하면 여러분의 삶을 근본적으로 바꾸어 놓을, 어떤 명백하며 확실한 사실이 있다고 상상해 보십시오. 그렇다면 여러분은 마땅히 그것을 심각하게 고려해야만 합니다. 그것은 너무나 상식적인 일입니다. 사랑하는 친구들이여, 지금 내가 여러분에게 이야기하는 것은 이러한 사실을 직면하여 바라보라는 것입니다. 수시로 지진이 일어나는 지역에 살고 있는 사람이 다음과 같이 말하는 것을 상상해 보십시오. "나는 그 사실에 별 관심이 없어. 나는 마치 지진 같은 것이 없는 것처럼 여기에다가 집을 지을 거야." 그가 지은 집은 결국 어떻게 되겠습니까? 그 집은 조만간 무너지고 말 것입니다. 알프스의 얼음 비탈 위에 서 있는 사람이 다음과 같이 말하는 것을 상상해 보십시오. "나는 미끄러운 얼음 따위는 고려하지 않을 거야." 조만간 그는 비탈 아래서 큰 부상을 입고 피를 흘리는 모습으로 발견될 것입니다. 또 어떤 사람이 다음과 같이 말하는 것을 상상해 보십시오. "나는 세상의 일시적인 것들이 조만간 지나갈 것이라는 사실을 전혀 고려하지 않을 거야. 나는 만물이 항상 있을 것처럼 그렇게 살 거야." 여러분은 그가 어떻게 될 것이라고 생각합니까? 그는 지혜로운 자입니까, 아니면 어리석은 자입니까? 여러분은 그와 같은 종류의 사람이 아닙니까? 틀림없이 여러분 가운데 어떤 사람들은 그와 같은 종류의 사람들일 것입니다. "우리에게 우리 날 계수함을 가르치사 지혜로운 마음을 얻게 하소서"(시 90:12).

간절히 당부하노니 부디 여기의 부인할 수 없는 사실로 교훈을 얻으십시오. 그러나 여기의 사실로 여러분이 절대로 배워서는 안 되는 교훈이 한 가지 있습니다. 그것은 "내일 죽을 터이니 먹고 마시자" 혹은 좀 더 일반적인 표현으로 "짧은 인생 즐겁게 지내자"라는 교훈입니다(고전 15:32). 많은 사람들이 세상의 일시성의 사실로부터 어차피 짧은 인생이니 가능한

한 육신적인 즐거움들로 많이 채우는 것이 더 낫다는 매우 저열(低劣)한 결론을 끌어냅니다.

 "할 수 있는 동안 장미꽃을 모으라"라는 격언을 생각해 보십시오. 그것은 비속(卑俗)한 부류의 시인들이 즐겨 사용하는 경구입니다. 그러한 경구는 우리 가운데 일부 사람들에게도 틀림없이 영향을 끼칠 것입니다. 그런가 하면 "해가 비칠 동안 볏짚을 말려라"라든지 혹은 "재물을 모을 시간이 그리 많지 않으니 가능한 빨리 모으라"는 등의 경구도 있습니다.

 이 모든 경구들은 참으로 무가치한 경구들입니다. 세상의 일시성의 사실로부터 우리가 끌어내야만 하는 참된 교훈은 "잠시 있다가 사라지는 것들에 네 마음을 두지 말라"입니다. 사랑하는 형제여, 당신의 뿌리는 지표면의 자갈 아래로 깊이 뻗어 내려갑니까? 당신은 그것보다 더 깊이 팝니까? 당신은 당신의 손을 영원을 향해 뻗습니까? 그리고 당신의 손을 붙잡아 주기 위해 기다리고 있는 영원의 손을 굳게 붙잡습니까?

 로마에서 새 집을 지으려고 할 때는 종종 2-3미터 정도를 파내려 가야만 한다고 합니다. 왜냐하면 거기에 옛 신전(神殿)들과 왕궁들의 쓰레기들이 시커멓게 썩은 채 쌓여 있기 때문입니다. 그것들은 한때 어떤 사람들의 일시적인 정욕을 만족시키기 위해 사용되던 것들이었습니다. 우리 역시도 반석에 도달할 때까지 쓰레기더미를 파내려 가야만 합니다. 그리고 그 위에 집을 세울 때, 그 집은 안전할 것입니다. 여러분이 바라며 좋아하며 추구하는 것을 일시적인 것으로부터 돌이켜 영원한 것에 고정시키십시오. 어떤 선장이 방향을 알려 주는 표지로 북극성 외에 다른 것을 바라본다면, 그는 곧 방향을 잃어버리고 그의 배는 조만간 암초에 부딪히고 말 것입니다. 우리가 우리의 최고의 즐거움과 소망으로 하나님 외에 다른 것을 바라본다면, 우리는 결국 멸망의 길로 가게 될 것입니다.

 나아가 우리는 세상의 일시성의 사실로부터 우리의 모든 순간들을 하늘에 대한 생각들과 하늘에 속한 일들로 채워야만 한다는 교훈을 배워야만 합니다. 세상의 일시적인 것들은 마치 고무풍선처럼 쉽게 늘어나는 성질을 가지고 있습니다. 그러므로 여러분은 세상의 모든 보화를 그 안에 담을 수 있습니다. 올해 첫 날 여러분이 계획했던 것 가운데 연말이 며칠 남지 않은 오늘까지 실제로 이루어진 것이 무엇인지 생각해 보십시오. 우리가 할 수 있었던 것은 많았지만, 우리가 실제로 한 것은 너무나 적습니다. 수많은 물결들이 지나갔지만, 강변에 금모래는 거의 쌓이지 않았습니다. 우리에게 있어 "이렇게 혹은 저렇게 할 수 있었는데"라는 말은 너무나 슬픈 말입니다. 자신의 시간을 영원에 속한 것들로 채우는지 스스로를 돌아보십시오. 그리고 영원에 속한 것들을 행하는 가운데 "하루를 천 년처럼" 만드십시오.

또 우리는 세상의 일시성의 개념으로부터 변하는 것들의 상대적인 무가치함을 배워야만 합니다. 그러한 개념은 참된 기쁨을 빼앗지도 않고, 가리지도 않을 것입니다. 도리어 그것은 참된 기쁨을 더욱 강렬하게 만들 것입니다. 뿐만 아니라 그러한 개념은 우리가 져야만 하는 짐과 우리가 수행해야만 하는 임무를 놀랍도록 가볍게 만들 것입니다. 그것이 잠깐일 뿐이라는 생각은 모든 것을 가볍게 만듭니다. "이것역시"(Thisalso)라는 별명으로 불렸던 옛 랍비가 있었습니다. 그가 그런 별명으로 불렸던 이유는 무슨 일이 생기든 "**이것 역시** 지나갈 거야"(**This also** will pass)라고 말하는 습관이 있었기 때문이었습니다. 그는 정말로 지혜로운 사람이었습니다. 우리는 그에게로 가서 그의 지혜를 배워야만 합니다.

2. 반석 혹은 믿음의 기쁜 사실.

우리는 요한이 "세상의 지나감"의 반대편에 "하나님의 영원히 거하심"을 놓을 것이라고 예상할 수 있습니다. 그러나 그는 그렇게 놓지 않습니다. 물론 그 기저(基底)에 하나님의 영원하심의 개념이 있다고 하더라도 말입니다. 도리어 그는 "세상의 지나감"의 반대편에 "하나님의 뜻을 행하는 자들의 영원히 거함"을 놓습니다.

두말할 것도 없이 여기에는 모든 사람과 — 오로지 현재만을 위해 산 사람들까지 모두 포함해서 — 그들이 행한 모든 행위가 영원히 남는다는 매우 엄중한 의미가 담겨 있습니다. 죽음 이후에 각 사람의 행위에 기초한 심판이 있습니다. 모든 사람의 생각과 행동은 부메랑처럼 결국 그 자신에게로 되돌아옵니다. 그러나 이것이 "영원히 거하느니라"라는 표현으로 요한이 여기에서 의미하는 것은 아닙니다. 그는 이것보다 훨씬 더 복되고 고상한 것을 의미합니다. 그의 생각의 흐름을 추적해 봅시다. 우주에 오직 하나의 영원한 실재(實在)가 있으며, 그것은 하나님입니다. 그가 실체이며, 나머지 모든 것은 그림자입니다. 나머지 모든 것은 존재했고 또 존재하지만, 존재하지 않습니다. 반면 하나님은 과거에도 계셨고 지금도 계시며 장차 오실 자로서, 시간을 초월하여 홀로 영원하신 존재입니다. 하나님의 뜻은 모든 물질적이며 가변적(可變的)인 것들 가운데 영원한 요소입니다. 그러므로 하나님의 뜻을 행하는 자는 스스로를 신의 영원하심과 연결시키게 됩니다. 그리고 모든 변화를 초월하는 복된 존재에 스스로를 참여시키게 됩니다.

하나님의 뜻에 순종하는 것은 인간 삶에 있어 영원한 요소입니다. 겸손함과 신뢰하는 마음으로 자신의 의지(意志)를 신의 의지에 일치시키기를 추구하는 사람은 그림자를 관통하여 실체를 붙잡은 것이며 또한 자신이 경외하며 섬기는 불멸의 존재에 참여한 것입니다. 그러므로 그는 참되며 복된 생명 가운데 영원히 살 것이며, 그가 행한 모든 행동 역시 영원히 살아 있을 것입니다. 신의 의지에 역행(逆行)한 모든 행동들이 마치 타작마당의 티끌처럼 바람에 날려 사라질 것과 정반대로 말입니다. 하나님은 그들의 모든 행동을 기억하실 것이며, 그들은 하나님의 복된 상급 가운데 영원히 거할 것입니다.

여러분은 죽을 때 어떻게 될 것입니까? 여러분은 더 이상 잡담도, 집안일도, 공장도, 사무실도, 상점도, 책도, 학교도, 배워야 할 학문도 없는 세계로 가야만 합니다. 거기에서 여러분은 무엇을 할 것입니까? "오직 하나님의 뜻을 행하는 자는 영원히 거하느니라." 여러분이 하나님을 의식(意識)하는 가운데 집안일을 하고 뜨개질을 짜고 장부를 정리하고 매매(賣買)를 하고 공부를 하고 실험을 했다면, 그것은 모두 옳은 일입니다. 그것이 그러한 행동들을 영원에 합당한 행동으로 만듭니다. 그런 사람에게 변화는 필요치 않을 것입니다. 그가 일한 재료는 변할 것입니다. 그러나 그의 삶의 내적 실체는 땅으로부터 하늘로의 하찮은 변화로 영향을 받지 않을 것입니다. 그는 영원무궁토록 이 땅에 있을 때 행하던 바로 그 일을 행할 것입니다. 이 땅에서 회계원(會計員)으로 일했던 그는 하늘에서 열 고을을 다스리는 권세를 가지고 일할 것입니다. 모든 사람들에게 세상이 그들로부터 사라지든지 혹은 그들이 세상으로부터 사라질 때 일어나는 변화는 마치 철로 밑에 판 조그만 도랑과 같을 것입니다. 급행열차가 요란한 소리를 내며 지나갈 때, 그 도랑은 아무것도 아닐 것입니다. 일상의 시간들 가운데 하나님의 뜻을 행하는 사람들에게 그러한 도랑은 곧바로 메워집니다. 그는 도랑을 건넌 후 예전과 똑같이 계속해서 앞으로 나아갈 것입니다. 동일한 목적과 동일한 욕망(desires)과 동일한 순복을 가지고, 그리고 불멸의 충만한 생명을 동일하게 마시면서 말입니다.

사랑하는 형제들이여, 요한은 하나님의 뜻에 순종하는 것이 우리의 일시적인 시간들에 영원성을 부여해 준다고 말합니다. 그러면 우리는 어떻게 하나님의 뜻에 순종할 것입니까? 요한은 오직 사랑으로 그렇게 한다고 말합니다. 그러면 우리는 어떻게 하나님을 사랑할 것입니까? 요한은 우리가 하나님을 사랑하는 유일한 방법은 하나님이 우리를 사랑하신 사랑을 알고 믿는 것이라고 말합니다. 그러면 우리는 어떻게 하나님이 우리를 사랑하신 것을 알 것입니까? 요한은 하나님의 사랑을 아는 유일한 방법은 예수 그리스도와 그의 대속(代贖)을 믿는 것이라고 말합니다. 강은 계속해서 흐릅니다. 그러나 바위 곧 만세반석은 그 자리에 영원히 있습니다. 그 안에서 그리고 그의 피를 믿는 믿음으로 우리는 우리의 확실한 피난처와 영원한 본향을 발견할 수 있습니다.

6
우리를 자녀로 부르신 사랑

"보라 아버지께서 어떠한 사랑을 우리에게 베푸사 하나님의 자녀라 일컬음을 받게 하셨는가 우리가 그러하도다"

요일 3:1

통상적으로 본문은 우리가 하나님의 자녀라 일컬음을 받는 것이 하나님의 놀라운 사랑을 실증(實證)하는 것이라고 가르치는 것으로서 이해됩니다. 이것은 본문의 의미와 관련하여 완전히 가능한 관점입니다. 그러나 우리가 본문을 좀 더 정확하게 번역하고자 한다면, 우리는 "하나님의 자녀라 일컬음을 받게"라고 번역하는 대신 "하나님의 자녀라 일컬음을 받기 **위하여**"라고 번역해야만 합니다. 그렇게 본다면 우리에게 베풀어진 사랑은 우리가 하나님의 자녀라 일컬음을 받는 목적이 성취되는 수단이 됩니다. 요한이 우리에게 놀람과 감사로 생각해 보라고 초청하는 것은 단지 이러한 놀라운 사랑의 사실뿐만 아니라 또한 그 사랑이 우리에게 베풀어진 영광스러운 목적입니다. 나에게 있어 흠정역 본문의 모호한 "that"으로 인해 이러한 의미가 간과되는 것은 부당한 일로 보입니다(Behold, what manner of love the Father hath bestowed upon us, **that** we should be called the sons of God). 하나님은 예수 그리스도 안에서 크고 놀라운 사랑을 베푸사 우리에게 그 안에 있는 모든 선물들과 능력들을 주셨습니다. 이러한 모든 사랑의 선물은 하나의 큰 목적을 가진 것으로 간주될 수 있습니다. 하나님은 사람들을 가장 깊은 의미에서 자기 자녀로 만들기 위해 그러한 대가를 치르는 것을 합당하게 여기셨습니다. 우리가 여기에서 초청받고 있는 것은 하나님의 자녀가 된 우리의 축복을 생각하라는 것이라기보다 그것을 가능하게 만든 위대한 사랑을 믿음으로 바라보라는 것입니다.

나아가 여러분은 개정역(Revised Version) 본문이 "우리가 그러하도다"라고 덧붙이는 것을 주목할 필요가 있습니다(and such we are, 한글 개역개정판도 이와 같이 되어 있음). 이러한 구절은 상당한 정도의 사본적(寫本的) 권위와 함께 내적인 증거도 가지고 있습니다. 그것은 저자의 즐거운 확신 즉 그와 그의 형제들이 하나님의 자녀라는 확신을 나타내는 일종의 "삽입어"(揷入語)입니다. 그것은 문장의 흐름 가운데 갑자기 튀어나온 ― 마치 아버지의 부르심에 대한 억누를 수 없는 즐거운 응답처럼 ― 개인적인 확신의 목소리이며 또한 아빠 아버지라 부르짖는 영의 목소리입니다. 이제 본문 가운데 나타나는 몇 가지 주제를 함께 살펴보도록 합시다.

1. 첫째로, 우리에게 베풀어진 사랑을 주목하십시오.

우리는 우리의 작은 그릇을 가지고 나와 대양(大洋)을 채우는 거대한 바닷물의 양을 재어 보라고 초청받습니다. 우리는 짧은 줄을 가지고 나와 심연의 무한한 깊이를 재어 보라고 초청받습니다. 우리는 무엇과도 비교할 수 없는 하나님의 사랑의 양(量)과 질(質)을 측량해 보라고 초청받습니다.

정직하게 말해서 우리는 둘 다 할 수 없습니다. 왜냐하면 우리에게 그 사랑의 양을 측량할 수 있을 만큼 충분히 큰 그릇도 없을 뿐만 아니라 또한 그 사랑의 질을 비교할 수 있는 표준도 없기 때문입니다. 그러나 요한은 우리에게 우리가 할 수 있는 모든 것을 하라고 말합니다. 다시 말해서 그 사랑이 행한 일을 주의하여 보라는 것입니다.

우리가 "아버지께서 어떠한 사랑을 우리에게 베푸사 하나님의 자녀라 일컬음을 받게 하셨는지"를 볼 수 없는 것은 우리가 맨눈으로 태양을 똑바로 쳐다볼 수 없는 것과 마찬가지입니다. 그러나 우리는 태양의 무한한 힘과 그 빛과 광채가 끼치는 어마어마한 영향력을 어느 정도 상상할 수 있습니다. 태양의 중심으로부터 1억 5천만 킬로미터 떨어진 곳에 있음에도 불구하고, 우리는 그 열로 따뜻함을 입으며 그 빛으로 밝음 가운데 살며 그힘으로 수만 가지 유익을 얻습니다. 태양이 얼마나 오랫동안 자기의 일을하고 있는지 아무도 알지 못합니다. 그것이 가진 힘은 얼마나 크고 강합니까! 마찬가지로 도대체 누가 무한하신 신성(神性)의 불타는 깊음을 바라볼 수 있겠습니까! 도대체 누가 측량할 수도 없고 비교할 수도 없고 상상할 수도 없는 사랑의 작열(灼熱)하는 불꽃을 바라볼 수 있겠습니까! 그러나 우리는 그 사랑이 역사(役事)하는 것을 바라볼 수 있고 측량할 수 있습니다. 우리는 그 사랑이 행하는 것을 볼 수 있으며, 그러므로 어느 정도 그것을 이해할 수 있습니다. 그리고 우리는 측량할 수 없는 것을 측량할 수 있으며, 비교할 수 없는 것을 비교할 수 있습니다. **이와 같은 방식으로** 우리는 "아버지께서 어떠한 사랑을 우리에게 베푸셨는지 볼" 수 있습니다.

그러므로 우리가 하나님의 사랑을 측량하고자 한다면, 우리는 그리스도의 사역 특별히 그의 죽음으로 돌아가야만 합니다. 요한의 일관된 가르침에 따를 때, 바로 그것이 하나님이 우리를 사랑하시는 결정적인 증거입니다. 모든 사람의 마음에 하나님의 깊은 마음이 가장 놀랍게 계시되는 것은 예수 그리스도를 주신 것에 놓여 있습니다. 요한은 나에게 "그것이 어떤 종류의 사랑인지 보라"고 명령합니다. 나는 십자가를 향해 돌이킵니다. 그리고 거기에서 나는 희생제물로 드리는 것을 마다하지 않고 "우리 모두를 위해 자신을 죽기까지 내어 주신" 사랑을 봅니다. 나는 십자가를 향해 돌이킵니다. 그리고 거기에서 나는 나에게 사랑스러운 것이 아무것도 없음에도 불구하고 나를 사랑하신 사랑을 봅니다. 그것은 그 자신의 무한한 존재의 깊음으로부터 나오는 사랑입니다. 그가 나를 사랑하는 것은 그렇게 하지 않을 수 없기 때문입니다. 그가 그렇게 하지 않을 수 없는 것은 그가 하나님이기 때문입니다. 나는 십자가를 향해 돌이킵니다. 그리고 거기에서 나는 나로부터 보잘것없는 사랑의 보답 외에는 아무것도 바라지 않는 그리고 내 안에서 그 사랑과 같은 종류의 사랑이 나타나기를 바라는 사랑을 봅니다. 그리고 거기에서 나는 나의 죄와 허물에도 불구하고 소멸되지 않고 그 보화를 자격 없는 자들에게 붓는 사랑을 봅니다. 마치 쓰레기더미 위에 내리는 햇빛처럼 말입니다. 이와 같이 십자가에서 나는 아버지께서 우리에게 베푸신 불가사의한 사랑을 보고 또 듣습니다. 그것은 죄와 죽음보다도 더 큰 사랑이며, 모든 능력으로 무장된 사랑이며, 이슬방울보다 더 부드러운 사랑이며, 끝없고 한없는 사랑이며, 그 분량에 있어 무한한 사랑이며, 그 질(質)에 있어 초월적인 사랑입니다. 바로 이것이 나의 구주 예수 그리스도 안에서 나에게 베풀어진 하나님의 사랑입니다.

마찬가지로 우리가 그 사랑이 어떤 종류의 사랑인지 생각하고자 한다면, 우리는 예수 그리스도의 희생제사를 통해 우리에게 임한 신적 생명의 선물을 생각해야만 합니다. 어쩌면 다소 지나친 해석일는지 모르지만, 어쨌든 나에게 "어떠한 사랑을 우리에게 베푸사"라는 표현은 "우리를 사랑하사"라는 표현과 상당한 차이가 나는 것으로 보입니다. 왜냐하면 전자의 표현에 훨씬 더 깊은 의미가 담겨 있는 것으로 보이기 때문입니다. 거기에 우리에게 부어진 사랑 자체의 개념이 있는 것처럼 보입니다. 단순히 그것의 결과나 혹은 그것의 증표가 아니라 말입니다. 마치 바울이 "우리에게 주신 성령으로 말미암아 하나님의 사랑이 우리 마음에 부은 바 됨이니"라고 말하는 것처럼 말입니다(롬 5:5). 어쨌든 바로 이러한 신의 생명의 전달이 사람들에 대한 하나님의 큰 선물입니다. 그리고 그 바탕에는 두말할 것도 없이 하나님의 사랑이 있습니다. 왜냐하면 하나님의 생명은 곧 하나님의 사랑이기 때문입니다.

어쨌든 우리에 대한 하나님의 사랑의 위대한 증표와 결과는 다음과 같은 두 가지입니다. 첫째로 그리스도를 주시는 것과, 둘째로 그 결과로 신자의 영 안으로 성령을 부어 주시는 것. 이것은 두 가지 선물이면서 동시에 한 가지 선물입니다. 이것은 세상이 필요로 하는 모든 것을 망라합니다. 여러분이 하나님이 우리에게 베푸신 사랑이 어떤 종류의 사랑인지 알고자 한다면, 여러분은 우리를 위한 그리스도와 우리 안에 있는 그리스도 모두를 고려해야만 합니다.

본문 가운데 특별히 "**우리**에게 베푸사"라는 구절을 주목해 보십시오. 여러분이 "우리"라는 단어에 특별한 강조점을 두면서 "우리에게 베푸신 사랑"에 대해 생각한다면, 여러분은 그 사랑의 크기에 대한 또 다른 측면을 발견하게 될 것입니다. 그것은 우리 같은 보잘것없는 피조물에게 베풀어진 사랑입니다. 깊음으로부터 우리는 그에게 부르짖습니다. 간절한 목소리뿐만 아니라 심지어 아무런 목소리조차 내지 못할 때에도, 우리의 비참함이 그의 긍휼의 마음에 탄원하며 호소합니다. 그리고 하늘의 높음으로부터 그의 사랑의 물결이 우리의 비참함과 죄 위에 임합니다. 마치 우리의 모든 죄를 씻는 그리고 우리를 기쁨과 축복으로 채우는 폭포수처럼 말입니다. 우리가 우리 자신에 대해 더 많이 알수록, 우리는 더 큰 놀람과 감사로 그 앞에 우리의 마음을 숙일 것입니다.

그가 행하신 모든 일들이 우리에게 "하나님이 어떤 종류의 사랑을 우리에게 베푸셨는지 보라"고 초청합니다. 그 모든 일들이 우리에게 자기에게 비친 하나님의 사랑을 보라고 초청합니다. 그러나 그리스도의 십자가와 성령의 선물은 모든 사람들의 귀에 더 간절한 탄원과 더 엄중한 명령으로 "하나님이 어떤 종류의 사랑을 너희에게 베푸셨는지 보라"고 소리를 지릅니다.

2. 둘째로, 그 사랑으로 말미암아 우리가 자녀가 되는 것을 주목하십시오.

그 사랑의 목적은 그것으로 말미암아 우리가 하나님의 자녀가 되는 것입니다. 요한은 "하나님의 아들"(the sons of God)이라는 표현 대신 "하나님의 자녀"(children of God)라는 표현을 즐겨 사용합니다. 반면 바울은 "자녀"라는 단어는 매우 적게 사용하고, 대부분의 경우 "아들"이라는 단어를 사용합니다. 물론 자녀나 아들이나 궁극적으로는 같은 것이지만, 거기에는 약간의 관점의 차이가 있습니다. 요한이 즐겨 사용하는 단어는 아버지와 동일 본질로서의 자녀의 성격을 강조합니다.

그러나 이러한 주제에 대해서는 더 이상 다루지 맙시다. 다만 하나님의 자녀가 되는 큰 선물과 존귀 자체에 대해 생각해 보도록 합시다.

우리를 사람으로 만드신 것으로 하나님의 목적이 완성된 것은 아닙니다. 그것에 더하여 하나님은 자신이 만든 사람들이 자신의 자녀가 될 수 있도록 이러한 큰 사랑의 선물을 보내셔야만 합니다. 여러분이 문맥을 세심하게 살핀다면, 여러분은 저자가 "하나님의 자녀들"과 그들을 알지 못하는 사람들로 구성되는 "세상" 사이를 구분하는 것을 분명하게 보게 될 것입니다. 그들은 하나님의 자녀가 아닙니다. 그러므로 하나님의 자녀들을 보면서도 그들의 그러함을 알지 못합니다. 문맥에는 더 무시무시한 단어가 있습니다. 요한은 사람들이 두 부류의 가족 즉 하나님의 자녀들과 마귀의 자녀들로 나누어진다고 생각합니다. 이와 같이 사람들 사이에 두 부류의 가족이 있습니다.

탕자를 생각해 보십시오. 돼지우리 가운데 누더기를 걸치고 돼지들이 먹는 쥐엄열매를 먹었지만, 그럼에도 불구하고 그는 아들이었습니다. 그것은 의심의 여지 없는 사실이었습니다. 그는 아들로서의 세 가지 요소와 표지를 가지고 있었으며, 아무도 그것을 없앨 수 없었습니다. 첫째로, 그는 신적 기원을 가지고 있었습니다. 둘째로, 그는 신의 형상 즉 마음과 의지(意志)와 영을 가지고 있었습니다. 그리고 마지막으로, 그는 신의 사랑의 대상이었습니다.

하나님의 아버지되심과 관련한 신약의 교훈은 다음과 같은 세 가지 큰 진리와 추호도 상충되지 않습니다. 모든 사람이 하나님의 자녀인 것은 하나님이 그들을 만드셨기 때문이라는 것, 그들이 하나님의 자녀인 것은 그들에 여전히 아버지를 닮은 어떤 것이 있기 때문이라는 것, 그들 모두가 하나님의 자녀인 것은 하나님이 그들 모두를 사랑하시고 그들에게 필요한 것을 공급하시기 때문이라는 것.

이 모든 것은 영원한 사실입니다. 그러나 이것보다 더 높은 관계 즉 "하나님의 자녀"라는 호칭이 배타적으로 부여되는 특별한 관계가 있다는 것 또한 똑같이 사실입니다. 여러분이 그러한 관계가 무엇이냐고 묻는다면, 나는 여러분에게 본 서신에 나타나는 세 구절을 제시할 것입니다. 왜냐하면 그것들이 그러한 질문에 대답해 줄 것이기 때문입니다. 첫째는 "예수께서 그리스도이심을 믿는 자마다 하나님께로부터 난 자니"라는 구절입니다(5:1). 둘째는 "의를 행하는 자마다 그에게서 난 줄을 알리라"라는 구절입니다(2:29). 그리고 셋째는 "사랑하는 자마다 하나님으로부터 나서"라는 구절입니다(4:7). 우리는 이 모든 것을 하나의 표현으로 종합할 수 있습니다. 그것은 요한복음 첫째 장에 나오는 위대한 선언입니다. "영접하는 자 곧 그 이름을 믿는 자들에게는 하나님의 자녀가 되는 권세를 주셨으니"(요 1:12). 예수 그리스도를 믿는 믿음의 결과로서 의를 행하며 형제들을 사랑하는 것이 최고의 의미로 그가 하나님의 자녀라는 사실을 증명합니다.

이와 같이 전능자는 우리에게 아들과 딸의 이름과 신분을 주셨습니다. 그러면 "자녀"라는 위대한 단어에 함축된 것은 무엇입니까? 그것은 첫째로 생명의 전달이며, 둘째로 "그의 정결하심처럼 정결해질" 동일한 본성이며, 셋째로 충분한 성숙으로의 자람입니다.

이와 같이 자녀가 되는 것이 하나님이 그의 사랑의 모든 계시를 다루는 특별히 그리스도 안에서 그의 사랑의 큰 선물을 다루는 목표와 목적입니다. 이러한 목적이 여러분에게 이루어졌습니까? 여러분은 하나님이 여러분을 자기 자녀로 만들기 위해 주신 그 큰 사랑의 선물을 바라보았습니까? 그렇다면, 그것이 여러분을 하나님의 자녀로 만들었습니까? 여러분은 하나님이 우리가 그 안에서 아들의 지위를 얻도록 하기 위해 보내신 예수 그리스도를 신뢰하며 의지(依支)합니까? 여러분은 구주의 형제이므로 하나님의 자녀입니까? 여러분은 그를 통해 신적 생명의 선물을 받았습니까? 나의 친구들이여, 여러분 앞에 냉혹한 양자택일이 있습니다. 하나님의 자녀 아니면 마귀의 자녀, 둘 중 하나입니다. 사람들은 이것이 편협하며 무자비하다고 말합니다. 그러나 나는 그것이 진리라고 굳게 믿습니다. 여러분 앞에 놓여 있는 냉혹한 양자택일을 항상 기억하십시오.

3. 셋째로, 자녀들이 스스로 하나님의 자녀라는 사실을 즐겁게 의식(意識)하는 것을 주목하십시오.

앞에서 나는 개정역(Revised Version)에 덧붙여진 "우리가 그러하도다"라는 구절에 대해 언급했습니다. 앞에서 이야기한 것처럼, 그것은 일종의 "삽입어"(揷入語)입니다. 요한은 에베소라는 이방 도시 가운데 진리를 따라 살고자 애쓰며 분투하는 자기 자신과 자신의 가련한 형제들을 위해 "아멘"을 덧붙이고 있는 것입니다. 요한과 그의 형제들은 그들이 하나님의 자녀라는 사실을 즐겁게 의식합니다. 그들은 그것이 단지 공허한 이름에 불과한 것이 아님을 분명히 압니다. 뿐만 아니라 그와 그들은 그와 같은 자녀의 신분을 현재적으로 소유합니다. 일상의 모든 분주한 일들 가운데 그들은 그것을 확실한 사실로 분명하게 인식합니다. "우리가 그러하도다"는 마치 아버지가 "아들아!"라고 부를 때 자녀가 "여기 있어요, 아빠!"라고 대답하는 것과 같습니다.

요한은 교리를 경험으로 바꿉니다. 그는 단순히 교리적인 개념을 소유하는 것으로 만족하지 않습니다. 그의 마음이 그것을 붙잡으며, 그의 본성 전체가 그 진리에 응답합니다. 여러분도 그렇게 합니까? 진리를 듣는 것으로 만족하지 마십시오. 심지어 그것에 지적으로 동의(同意)하고 받아들이는 것으로도 만족하지 마십시오. 진리는 여러분에게 아무것도 아닙니다. 여러분이 믿음으로 그것을 여러분 자신의 것으로 만들지 않는다면 말입니다. 정통적인 신앙고백으로 만족하지 마십시오. 그것이 여러분의 마음과 부딪혀 여러분의 전 영혼을 감사와 기쁨과 승리로 전율하게 만들지 않는다면, 그것은 여러분에게 아무것도 아닙니다. 39개의 신조를 단순히 믿는 것은 아무것도 아닙니다. 우리는 그러한 신조들이 가리키는 자를 참된 마음으로 신뢰해야만 합니다. 그럴 때 비로소 교리는 생명이 되고 또 영혼의 양식이 됩니다. 나의 형제여, 당신에게도 교리가 경험으로 바뀌었습니까? **당신**은 "우리가 그러하도다"라고 말할 수 있습니까?

우리는 여기에서 취할 수 있는 또 하나의 교훈은 요한이 "나는 하나님의 자녀임을 아노라"라고 말하기를 조금도 두려워하지 않았다는 사실입니다. 선한 사람들 가운데 그렇게 말하기를 머뭇거리는 사람들이 매우 많습니다. 그는 "그래요, 나도 정말 그렇게 확실하게 말할 수 있었으면 좋겠어요"

라고 말할 것입니다. 그러나 나의 공로나 나의 어떠함에 대한 생각은 모두 접어두고 하나님이 "내 아들아!"라고 말씀하실 때 "내 아버지여!"라고 대답하는 것 그리고 하나님이 우리를 그의 자녀로 부르실 때 기쁨으로 뛰며 "우리가 그러하도다!"라고 응답하는 것이 훨씬 더 건전하며 더 참되며 더 겸손한 기독교인입니다. 지나친 확신이 아닌지 두려워하지 마십시오. 그 확신이 여러분 자신이 아니라 하나님 위에 세워졌다면 말입니다. 도리어 지나치게 머뭇거리는 것을 두려워하십시오. 그리고 감히 스스로를 하나님의 자녀라고 부를 수 없노라는 식의 겸손을 가장한 자기 의를 두려워하십시오. 그것은 자격이 있고 없고의 문제가 아닙니다. 그것은 본질적으로 그리스도의 약속과 그의 십자가의 충족성의 문제입니다. 여러분의 자격 여부는 지극히 부차적인 것에 불과합니다.

4. 마지막으로, 여기에서 이러한 놀라운 사랑을 경건한 마음으로 바라보는 것을 주목하십시오.

본문 초두에 나오는 "보라"는 구약과 신약에서 종종 나타나는 것처럼 뒤이어 나오는 이야기의 중요성을 강조하기 위한 단순한 감탄사가 아닙니다. 도리어 그것은 하나님의 무한하며 놀라운 사랑을 관심을 집중하여 바라보면서 그것을 깊이 그리고 습관적으로 묵상하며 살라는 분명한 명령입니다.

우리가 이와 관련하여 주목해야 하는 것은 두 가지입니다. 첫째는 이와 같이 예수 그리스도의 희생제사와 성령의 선물에 나타난 하나님의 사랑을 감사와 경건의 마음으로 묵상하는 습관이 참된 기독교인의 삶의 기초가 된다는 사실입니다. 그러한 습관을 가진 자의 삶은 참으로 복되며 활력에 넘친 삶이 될 것입니다. 도대체 어떻게 손으로 만지고 눈으로 보는 것이 여러분에게 영향을 끼칠 수 있단 말입니까? 여러분이 그것에 대해 깊이 묵상하지 않는다면 말입니다. 도대체 어떻게 단지 감정과 생각에 영향을 끼칠 수 있을 뿐인 종교가 여러분 안에서 혹은 여러분을 위해 어떤 일을 행할 수 있단 말입니까? 여러분이 그것을 여러분 안에 깊이 내재화(內在

化)시키지 않는다면 말입니다. 그것이 가능할 것이라고 상상하는 것은 어불성설입니다. 감각으로 지각되지 않는 것이라 하더라도 우리가 그것에 대해 생각한다면 그것은 우리에게 실제적인 것이 됩니다. 오스트레일리아에 사랑하는 친구가 있다고 상상해 보십시오. 그러나 여러분이 그에 대해 생각하지 않는다면, 그는 더 이상 사랑스러운 친구가 아닐 것입니다. 그리고 그는 여러분에게 죽은 자와 같을 것입니다. 그가 여러분에게 정말로 사랑스러운 친구라면, 여러분은 그에 대해 생각할 것입니다. 여러분이 그리스도에 대해 생각하며 그 안에서 하나님의 사랑을 인식하는 분량이 곧 여러분의 기독교인의 정확한 분량입니다.

이러한 기준을 여러분의 어제까지의 삶에 적용해 보십시오. 그리고 여러분의 삶 가운데 얼마만큼의 분량이 이교적이며 얼마만큼의 분량이 기독교적이었는지 측량해 보십시오. 여러분이 하나님이 여러분에게 베푸신 사랑을 깊이 습관적으로 묵상하지 않는다면, 여러분이 고백하는 기독교로부터 아무것도 만들지 못할 것이며 조금의 행복조차도 얻지 못할 것입니다. 그리고 그럴 때 여러분이 고백하는 기독교는 여러분에게 별다른 기쁨이나 능력도 되지 못할 것입니다. 계속해서 하나님의 사랑을 생각하고 또 생각하십시오. 그것이 여러분의 마음을 뜨겁게 만들 때까지 말입니다.

두 번째 주목할 것은 우리가 그러한 하나님의 사랑을 계속 바라보기 위해서는 노력이 필요하다는 사실입니다. 여러분이 세상의 모든 현란한 것들 가운데 저 멀리서 반짝이는 천상의 사랑의 광채를 바라보고자 한다면, 여러분은 굳은 결심으로 다른 것들로부터 시선을 돌려야만 합니다. 뇌우(雷雨) 가운데 두려워 떨면서 번개를 보지 않기 위해 촛불을 켜는 소심한 사람들을 생각해 보십시오. 그와 같이 너무나 많은 그리스도인들이 자신들의 마음을 세상의 보잘것없는 깜빡거리는 촛불들로 채웁니다. 그러한 촛불들은 비록 희미하게 깜빡거리기는 하지만 하늘의 고요한 빛을 가릴 수 있을 만큼은 밝습니다. 여러분이 동전 하나를 취하여 여러분의 눈앞에 갖다 댄다면, 그것은 여러분으로 하여금 태양을 보지 못하도록 가리기에 충분할 것입니다. 여러분의 마음과 생각을 세상으로 채운다면, 여러분은 하나님의 사랑을 아주 조금밖에 보지 못할 것입니다. 여러분은 세상이 보도록 허락하는 것만을 보게 될 것입니다. 여러분은 세상이 여러분에게 허락하는 아주 적은 것만을 보게 될 것입니다. 그것은 여러분에게 아무런 유익도 가져다주지 않을 것이며, 여러분은 그것의 사슬에서 헤어 나오지 못하게 될 것입니다. 나의 형제들이여, 세상의 보화에 매몰되는 것으로부터 몸을 비틀어 빠져 나오십시오. 그리고 참된 보화를 바라보십시오. 여러분이 하나님의 놀라운 사랑을 바라보며 "아빠 아버지"라고 부르짖는다면, 부디 여러분의 마음과 생각을 여러분의 참된 기업에 속하지 않는 세상의 하찮은 것들로 채우지 마십시오. 여러분의 시선(視線)을 새롭게 하십시오. 그리고 여러분의 눈을 세상의 헛된 것들로부터 돌이키십시오. 여러분의 눈을 세상의 보이는 것들로부터 돌이켜 보이지 않는 것들을 바라보십시오. 그리고 무엇보다도 우리 주 예수 그리스도 안에 있는 하나님의 사랑을 바라보십시오.

여러분이 그러한 하나님의 사랑을 보지 못했다면, 간절히 당부하노니 지금 돌이켜 그것을 바라보십시오. 여러분의 시선을 땅에 고정시킴으로써 그 놀라운 광채가 헛되이 비취게 하지 마십시오. 마치 땅속에서 금을 채굴하는 일에 몰입된 나머지 동쪽 하늘에서 찬란한 태양이 떠오르는 것을 보지 못하는 사람들처럼 말입니다. 우리 모두를 위해 아들을 죽음에 내어 주신 하나님의 말할 수 없으며, 비교할 수 없으며, 측량할 수 없는 사랑을 바라보십시오. 그것을 바라보고 구원을 받으십시오. 그것을 바라보고 생명을 얻으십시오. "아버지께서 어떠한 사랑을 우리에게 베푸셨는지 보라." 그것을 바라봄으로써 여러분은 전능하신 주 하나님의 자녀가 될 것입니다.

7
아직 나타나지 않은 미래

"사랑하는 자들아 우리가 지금은 하나님의 자녀라 장래에 어떻게 될지는 아직 나타나지 아니하였으나 그가 나타나시면 우리가 그와 같을 줄을 아는 것은 그의 참모습 그대로 볼 것이기 때문이니"

요일 3:2

나는 여기의 말씀을 오늘의 본문으로 취할 것인지를 놓고 상당히 머뭇거렸습니다. 왜냐하면 여기의 말씀을 설명한답시고 자칫 그 의미를 망쳐놓게 되지 않을까 심히 우려했기 때문입니다. 여기의 말씀은 내가 앞 설교의 본문으로 삼았던 앞 절의 말씀과 밀접하게 연결됩니다. 그러므로 내가 앞 설교에 이어 여기의 설교를 계속하지 않는다면, 나는 내가 마땅히 해야 할 일을 제대로 감당하지 못했노라고 느낄 수밖에 없게 될 것이었습니다.

오늘 본문은 미래를 가리키는 선지자는 바로 현재라고 말합니다. "우리가 지금은 하나님의 자녀라 **그리고** — '그러나'가 아니라 — 장래에 어떻게 될지는 아직 나타나지 아니하였으나." 어떤 사람들은 "우리는 지금은 이러저러하지만 그러나 미래에는 어떻게 되는지 모릅니다"라고 말합니다. 그러나 요한은 그렇게 생각하지 않습니다. 요한은 어떤 사람이 하나님의 자녀라면 그는 항상 그럴 것이라고 생각합니다. 본문은 우리가 하나님의 자녀일 때 필연적으로 귀결되는 세 가지를 제시합니다. 첫째로 우리가 하나님의 자녀라면 그러한 사실은 우리가 미래에 대해 분명하게 확신하도록 만들 것입니다. 둘째로 우리가 하나님의 자녀라면 그러한 사실은 우리를 미래에 대해 전반적으로 알지 못하도록 남겨 둘 것입니다. 그리고 셋째로 우리가 하나님의 자녀라면 그러한 사실은 우리 앞에 미래와 관련한 한 가지 중요한 개념 즉 우리가 우리의 생명이신 자의 참모습을 그대로 볼 것이라는 개념을 강력하게 제시할 것입니다. "우리가 지금은 하나님의 자녀라." 그러므로 우리는 미래에도 그럴 것입니다. "우리가 지금은 하나님의 자녀라." 그러므로 우리는 우리가 어떻게 될지 알지 못합니다. "우리가 지금은 하나님의 자녀라." 그러므로 설령 우리의 미래와 관련하여 큰 무지(無知)가 있다 하더라도 그 안에 "그가 나타나시면 우리가 그와 같을 줄을 아는 것은 그의 참모습 그대로 볼 것이기 때문"이라는 위대한 사실이 있습니다.

1. 첫째로, 우리가 하나님의 자녀라는 사실은 우리로 하여금 미래에 대해 분명하게 확신하도록 만듭니다.

나는 미래의 삶과 관련한 교리가 사람들에게 호소하는 여러 가지 논증들과 증거들의 상대적인 가치를 평가하는 일에는 관심이 없습니다. 다만 내가 볼 때 다른 세상이 존재한다는 사실에 대한 가장 강력한 근거는 다음과 같은 두 가지입니다. 첫째는 예수 그리스도가 죽은 자 가운데 다시 살아나셔서 그곳으로 가셨다고 하는 사실이며, 둘째는 이 땅에서 사람이 하나님을 믿고 사랑하며 기도하며 자신이 그의 자녀라고 느낄 수 있다는 사실입니다. 앞 설교에서 이야기한 것처럼, 여기의 "아들들"(sons)은 "자녀"(children)로 좀 더 정확하게 번역될 수 있습니다(흠정역에는 'sons'라고 되어 있는 반면 한글개역개정판에는 '자녀'라고 되어 있음). 그렇다면 우리는 "우리는 지금 하나님의 자녀입니다. 우리가 지금 하나님의 자녀라면, 우리는 계속해서 자랄 것입니다"라고 말할 수 있습니다. 미숙함은 성숙함으로 자라며, 어린아이는 장성한 자가 됩니다.

지금 더듬거리는 입술로 "아빠 아버지!"라고 말하는 어린아이는 언젠가 그 이름을 충분하게 부르게 될 것입니다. 희미하게 믿는 자, 부분적으로 사랑하는 자, 기도나 예배 가운데 그 마음을 하나님 앞에 충분하게 올려드리지 못하는 자를 생각해 보십시오. 그럼에도 불구하고 그는 자기에 장차 온전하게 될 것에 대한 큰 증거를 가질 수 있습니다. 뿌리가 일시적인 것을 뚫고 내려가 영원한 것을 붙잡았습니다. 하늘을 올려다보며 "내 아버지여!"라고 말할 수 있는 사람이 어떤 외적인 일로 좌초될 수 있다고 믿는 것보다 더 어려운 일은 세상에 아무것도 없습니다. 하나님을 알고 열망하며 사랑할 수 있는 본성이 죽음의 손에 마치 모기나 빈대처럼 짓뭉개질 수 있다고 믿는 것보다 더 어려운 일은 세상에 아무것도 없습니다. 하나님의 자녀라는 나의 의식(意識)은 세상의 외적이며 물질적인 것과 아무런 상관도 없습니다. 내가 하나님의 자녀임을 안다면, 나는 그러한 확신 가운데 영원한 생명의 약속과 보증을 가지고 있는 것입니다. "우리가 지금은 하나님의 자녀라." 그러므로 우리는 항상 그럴 것입니다. 영혼을 싸고 있는 우리의 보잘것없는 포장지가 어떻게 되든 상관없이 말입니다.

하나님의 자녀라는 의식이 우리도 불멸의 삶을 확신하도록 만들 뿐만 아니라 우리의 종교적인 경험이 취하는 형태 역시 같은 방향을 가리킨다는 사실 주목할 필요가 있습니다.

앞에서 이야기한 것처럼, 유약함은 성숙함을 예언합니다. 아이는 어른의 아버지이며, 꽃봉오리는 꽃을 예고합니다. 마찬가지로 이 땅에서의 기독교적 삶의 불완전함은 이 땅에서 씨앗의 형태로 있는 모든 것이 완전하게 성숙하게 될 또 다른 상태가 존재함을 암시합니다. 그때 여기에서 불완전한 모든 것은 완전함을 얻을 것입니다. 보통 수준의 기독교적 성품을 생각해 보십시오. 여기에서 시작한 것이 거기에서도 여전히 시작 상태에 있지는 않을 것입니다. 일반 그리스도인의 삶 가운데 나타나는 미숙함과 일관되지 못함과 연약함과 결함을 생각해 보십시오. 복음의 거룩한 원리가 이 세상에서 성취할 수 있는 것이 그와 같이 초라하며 불완전한 것이라면, 성령의 변화시키는 능력이 완전한 결과를 만들어낼 때와 장소가 필연적으로 있어야만 합니다. 이 땅에서의 그리스도인들의 불완전함은 하늘의 완전한 삶이 있음을 나타내는 매우 강력한 근거입니다. 십자가의 능력, 순종을 낳는 사랑의 능력, 내주하시는 성령의 능력 등 강력한 원리들이 그리스도인들의 영혼에 역사(役事)하고 있습니다. 그러면 이런 강력한 능력들이 겨우 그 정도의 불완전한 열매만을 맺는 것이 전부이겠습니까? 너무나 거룩하며 고귀한 씨가 떨어집니다. 그렇다면 그 씨는 언젠가 그와 같이 절반쯤 개화한 보잘것없는 꽃보다 훨씬 더 나은 것을 산출할 것입니다. 그것은 화려한 꽃잎을 펼치며 풍성한 향기를 발하는 완전한 꽃일 것입니다. 그것은 필경 이 땅에 속하지 않는 외래종의 꽃일 것입니다. 하늘을 향해 힘차게 뻗은 그 모습이 그러한 사실을 보여주지 않습니까?

모든 사람에게 현재와 어울리지 않는 것들이 많이 있습니다. 다른 모든 피조물들은 그들의 기능과 그들이 사는 장소 사이에 밀접한 상응관계를 가지고 있습니다. 식물이나 동물이 사는 세계, 그들을 둘러싸고 있는 세계는 그들의 능력을 발휘하도록 고취합니다. "여우도 굴이 있고 공중의 새도 거처가 있으되"(마 8:20). 그들은 그들을 둘러싸고 있는 환경과 정확하게 어울리며 상응합니다. 그러면 인간의 경우는 어떻습니까? 인간이 단지 이 세상에서만 살도록 의도되었다면, 인간과 관련한 기능들에 너무나 큰 낭비가 있게 됩니다. 모든 본성에는 많은 기능들이 있습니다. 특히 기독교인의 본성에 있는 대부분의 것들은 이 땅에서는 별 필요가 없는 것들입니다. 마치 외국으로 이주하는 이주민들의 짐 꾸러미에 "항해 중에는 필요치 않은 물건임"이라는 부표가 붙어 있는 것처럼 말입니다. 그러한 것들은 화물칸으로 내려가 있다가 새로운 세상에 상륙한 이후에 비로소 사용될 것들입니다. 내가 하나님의 자녀라면, 내 안에 "항해 중에는 필요치 않은" 것들이 많이 있습니다. 그의 형상을 따라 더 많이 자랄수록, 나는 이 땅에 있는 것들과는 더 적게 조화를 이루는 반면 하늘에 있는 것들과는 더 많이 조화를 이루게 됩니다.

하나님의 자녀이기 때문에 다른 질서에 속한다는 의식(意識)은 내가 죽어도 나와 아버지를 연결하는 끈은 결코 끊어지지 않을 것이라는 사실을 확신하게 할 것입니다. 그리고 나는 죽음을 아버지가 계신 본향으로 가는 것으로 느낄 것입니다. 거기에서 나는 이 땅에서 불완전하게 시작한 것을 완전하며 충분하게 소유할 것입니다. 그리고 거기에서 나의 성품의 모든 부족한 것들은 채워질 것이며, 이 땅에서 절반밖에 성취되지 않은 것들은 완전하게 성취될 것입니다. 마치 초승달이 완전한 보름달로 바뀌는 것처럼 말입니다. "사망이나 생명이나 현재 일이나 장래 일이나 높음이나 깊음이나 다른 어떤 피조물이라도" 그 끈을 끊을 수 없을 것입니다(롬 8:38). 그 무엇도 하나님의 자녀를 아버지의 손에서 빼앗지 못할 것입니다. 사랑하는 형제들이여, 여러분은 "우리가 지금은 하나님의 자녀라!"라고 말할 수 있습니까? 그렇다면 여러분은 고요하며 평안한 마음으로 희미한 미래에 직면할 수 있을 것입니다.

2. 둘째로, 그럼에도 불구하고 우리는 미래에 대해 여전히 많이 알지 못하는 채로 남아 있습니다.

예수 그리스도를 통해 그리고 그에서 나를 자기 자녀로 삼으신 하나님의 사랑을 확신한다고 해서 미래와 관련한 모든 어둠이 즉시로 사라지는 것은 아닙니다. 우리는 하나님의 자녀입니다. **그리고** 우리가 하나님의 자녀이기 때문에 우리가 장래에 어떻게 될지는 아직 나타나지 않았습니다. 혹은 개정역(Revised Version)이 읽는 것처럼 "우리가 어떻게 될지는 아직 명백해지지" 않았습니다.

"아직 나타나지 아니하였으니"라든지 혹은 "아직 명백해지지 아니하였으니"라는 표현의 의미는 명백합니다. 요한은 우리에게 이렇게 말하는 셈입니다. "하나님의 자녀들이 다른 존재 상태에서 어떤 모습으로 나타날 것인지는 아직까지 사람들의 눈앞에 제시된 적이 없었으며, 그렇기 때문에 사람들은 그러한 다른 존재 상태에 대해 많이 알지 못하노라."

어떤 의미에서 예수 그리스도의 생애를 통한 나타남이 있었습니다. 그리스도는 죽으셨습니다. 그리스도는 다시 살아나셨습니다. 그리스도는 부활 후 사람들 가운데 다니셨습니다. 그리스도는 하나님 우편에 올라가셨으며, 아버지의 영광 안에서 거기 앉아 계십니다. 이렇게 하여 우리가 어떻게 될 것인지가 나타났습니다. 그러나 부활하신 그리스도는 영화로워진 그리스도가 아닙니다. 설령 그가 사람들 앞에 또 다른 삶의 사실을 반박할 수 없게 제시했다고 그와 관련한 어느 정도의 지식의 편린들을 주셨다 하더라도, 나는 그가 승천할 때까지 "영화로워진 몸"을 취하지 않았다고 생각합니다. 뿐만 아니라 이 세상의 물질적인 실재들 속에서 사람들 가운데 먹고 마시는 동안에는, 그는 그러한 몸을 취하실 수도 없었습니다. 물론 우리는 그리스도의 부활과 승천이 참된 생명과 불멸을 온전히 드러냈음을 기꺼이 인정합니다. 그럼에도 불구하고 우리는 그가 지금 입고 계신 "영화로워진 몸"과 그렇기 때문에 우리가 장차 그와 같이 될 때 입게 될 몸이 어떤 모습이 될 것인지는 아직 나타나지 않았음을 기억해야만 합니다.

사람의 감각이나 혹은 경험에 그러한 미래는 아직 나타나지 않았습니다. 그러므로 우리는 그러한 미래에 대해 거의 알지 못합니다. 여러분은 단지 전달된 사실들만을 알 수 있을 뿐입니다. 여러분은 자신의 생각대로 상상하며, 추측하며, 논증을 펼칠 수 있습니다. 그럼에도 불구하고 그것은 미래의 어둠을 조금도 줄이지 못합니다. 이 땅에 있는 사람이 미래의 삶에 대해 알지 못하는 것은 아직 태어나지 않은 아이가 이 땅의 삶에 대해 알지 못하는 것과 마찬가지입니다. 사람이 미래의 삶에 대해 상상할 수 있는 분량은 유충이 장차 나비가 될 때의 삶에 대해 상상할 수 있는 정도일 것입니다.

그러므로 우리는 여기에서 두 가지를 느껴야만 합니다. 첫째로, 우리가 알지 못하는 것에 대해 감사합시다. 왜냐하면 알지 못한다는 것은 그것의 상상할 수 없는 크기를 암시하는 표적이기 때문입니다. 그리고 둘째로, 미래에 대해 우리가 가지는 지식과 무지의 결합은 우리의 소망과 상상에 풍성한 자양분을 공급할 것이라는 사실을 확신합시다. 우리가 미래의 삶의 상태에 대해 더 많은 지식을 가지고 있다면, 그것이 우리를 매혹시키는 힘은 도리어 줄어들 것입니다. 무지(無知)가 어떤 주제에 대해 마음을 기울이는 것을 방해하는 것만은 아닙니다. 아무것도 알지 못하는 무지는 그렇습니다. 그러나 지식과 결합된 무지는 소망과 바람과 상상을 고취합니다. 그러므로 우리는 제한적인 지식을 감사하는 마음으로 받아들여야 합니다.

지혜로운 자들이 대답할 수도 없고 대답하지도 않을 질문들을 어리석은 자들이 던질 수 있습니다. 때로 우리 자신의 미래에 대해 생각할 때라든지 혹은 사랑하는 자들이 안개 속으로 사라지는 것을 볼 때 떠오르는 거의 고문(拷問)과 같은 질문들이 있습니다. 그렇게 질문하는 것은 쉽지만 그에 대해 대답하기는 쉽지 않습니다. 그러나 우리가 아직 알지 못하고 또 대답할 수 없는 것에 대해 하나님께 감사할 수 있습니다. 우리가 대답할 수 있다면, 그것은 땅의 경험이 하늘의 경험을 재기에 적당했기 때문일 것입니다. 그렇다면 그것은 미래를 현재의 낮은 수준으로 끌어내릴 것입니다. 우리는 단지 땅의 경험으로부터 도출된 언어로 말할 수밖에 없을 뿐입니다. 그러므로 우리는 땅의 언어로 말하는 동안 그와 함께 하늘의 언어를 배울 필요가 있습니다. 장차 우리가 어떻게 될 것인지를 아는데 가장 큰 도움이 되는 것은 지금 우리의 어떠함을 역(逆)으로 뒤집는 것입니다. 그러므로 미래와 관련한 가장 강력한 선언들은 대부분의 경우 부정문의 형태로 주어집니다. "거기에는 밤이 없을 것이라." "거기에는 저주가 없을 것이라." "거기에는 더 이상 애통하는 것이나 곡하는 것이 없을 것이니 이전 것들이 다 지나갔음이라."

저 멀리 보이는 큰 산들을 생각해 보십시오. 암벽지대를 넘어 그 꼭대기에 도달하기 전까지는 우리는 결코 그 너머에 있는 찬란한 평원을 보지 못할 것입니다. 무지에 싸인 지식으로 인해 감사합시다. 그 같은 감사의 마음으로 우리는 "우리가 지금은 하나님의 자녀라 장래에 어떻게 될지는 아직 나타나지 아니하였으나"라고 말할 수 있습니다.

3. 마지막으로, 우리가 하나님의 자녀라는 사실은 우리에게 미래와 관련하여 하나의 큰 빛을 던져 줍니다.

"그가 나타나시면 우리가 그와 같을 줄을 아는 것은 그의 참모습 그대로 볼 것이기 때문이니." 여기의 "그가 나타나시면"은 구체적으로 언제를 가리키는 것입니까? 우리는 여기의 "나타나심"을 몇 구절 앞에 언급된 "나타나심"과 동일한 것으로 취할 수 있습니다. "자녀들아 이제 그의 안에 거하라 이는 주께서 나타내신 바 되면 그가 강림하실 때에 우리로 담대함을 얻어 그 앞에서 부끄럽지 않게 하려 함이라"(2:28). 이와 같이 그리스도께서 나타나시는 때는 바로 그의 강림의 때입니다. 다시 말해서 그의 종들이 "그와 같이 되어 그의 참모습 그대로 보게" 되는 것은 그가 영광 가운데 강림하실 때입니다. 그러므로 여기의 "그"는 보이지 않는 아버지가 아니라 그리스도입니다. "**그**가 나타나시면 우리가 **그**와 같을 줄을 아는 것은 **그**의 참모습 그대로 볼 것이기 때문이니."

그리스도를 보는 것은 그와 같이 자라는 것의 조건이며 동시에 수단이 될 것입니다. 봄으로 변화되며 생각함으로 같아지는 것은 성품을 고결하게 만드는 복된 방식입니다. 심지어 이 땅과 사람들 사이의 관계에서조차 그러한 방식은 옛 악을 벗어버리고 영혼을 은혜로 옷 입히는데 큰 도움이 됩니다. 어떤 아름다운 성품을 사모하며 바라볼 때, 그 자신의 성품도 그와 같은 모습으로 변하여 갑니다. 그러므로 그런 성품을 사모하며 바라보는 것 자체가 좋은 교육이 됩니다. 같은 과정이 거룩한 영역에서도 똑같이 이루어집니다. 어떤 사람이 믿음으로 예수 그리스도를 사모하며 바라볼 때, 그는 그리스도와 같이 될 것입니다. 태양을 바라보는 사람의 눈동자 위에 불타는 태양의 둥근 형상이 찍히는 것처럼 말입니다. 그러나 이 모든 것은 영화로워진 그리스도를 바라볼 때 나타나는 에너지의 아주 작은 한 조각에 불과합니다.

우리가 장래 어떻게 될지가 아직 나타나지 않은 것은 아무런 문제도 아닙니다. 우리는 우리 마음으로부터 일어나는 모든 의문들에 대해 "우리가 그와 같이 될 것이라"는 한 마디 말로 다 대답할 수 있습니다. 이것을 백스터(Richard Baxer)는 이렇게 표현합니다.

> "미래에 대한 나의 지식은 너무나 작으며,
> 나의 믿음의 눈은 흐릿하도다.
> 그러나 그가 모든 것을 아시는 것으로 충분하도다.
> 그리고 나는 그와 같이 될 것이라."

"종이 그 상전 같으면 족하도다"(마 10:25).

우리는 그를 보는 방식과 관련한 어렵고 모호한 문제 속으로 들어갈 필요가 없습니다. 그 자신이 대제사장의 기도 가운데 이렇게 기도하셨습니다. "아버지여 내게 주신 자도 나 있는 곳에 나와 함께 있어 아버지께서 창세 전부터 나를 사랑하시므로 내게 주신 나의 영광을 그들로 보게 하시기를 원하옵나이다"(요 17:24). 이와 같이 예수 그리스도의 영화로워진 인성을 보는 것은 확실하며, 직접적이며, 분명하게 보는 것입니다. 그것이 시각(視覺)을 통해 오는 것이든 혹은 사색(思索)을 통해 오는 것이든 말입니다. 그리스도는 오랜 세대에 걸쳐 점진적으로 자신의 영광과 신성(神性)을 나타냈으며 또 계속해서 나타낼 것입니다. 그를 더 분명하게 볼수록 우리는 그와 더 많이 같아질 것입니다. 그리고 이것은 구속받은 영들에게 끝없는 과정일 것입니다.

한 조각의 유리를 생각해 보십시오. 거기에 빛이 반사되면, 그것은 찬란한 영광으로 빛납니다. 또 길가에 있는 조그만 물웅덩이를 생각해 보십시오. 그 위에 빛이 반사되면, 마치 거울처럼 그 위에 해가 비칩니다. 이와 같이 여러분과 나의 보잘것없는 마음 안으로 그리스도의 영광이 비취면, 그것은 우리를 그 자신의 아름다움으로 빚으며 변화시킬 것입니다. 주의 영광을 반사하는 맨 얼굴로 우리는 그와 같은 형상으로 변할 것입니다. "우리가 그와 같을 줄을 아는 것은 그의 참모습 그대로 볼 것이기 때문이니."

사랑하는 형제들이여, 모든 것은 이렇게 시작됩니다. 그리스도를 사랑하고 그를 믿으십시오. 그러면 여러분은 하나님의 자녀입니다. "자녀이면 또한 상속자 곧 하나님의 상속자요 그리스도와 함께한 상속자니"(롬 8:17).

8
소망의 깨끗하게 하는 능력

"주를 향하여 이 소망을 가진 자마다 그의 깨끗하심과 같이 자기를 깨끗하게 하느
니라"

요일 3:3

본 절이 시작하는 "그리고"(and)는 매우 주목할 만합니다(한글개역개
정판에는 "그리고"가 나타나지 않음). 요한은 바로 앞에서 매우 높은 수준
의 종교적인 시각 혹은 관조(觀照)에 대해 다루었습니다. "우리가 그와 같
을 줄을 아는 것은 그의 참모습 그대로 **볼** 것이기 때문이니"(2절).

계속해서 요한은 "and"라는 접속사를 사용하여 그러한 환희에 찬 봄의
상상할 수 없는 광채로부터 가장 실천적인 이야기로 이행합니다. 신비주
의는 종종 지나칠 정도로 높이 날아올라 의를 전파하는 일을 잊어버리곤
합니다. 바로 이것이 신비주의의 약점입니다. 그러나 여기에 신약에서 가
장 신비주의적인 선생이 있습니다. 그는 가장 신비주의적인 동시에 도덕
을 그의 친구 야고보 못지않게 가장 열정적으로 역설합니다.

요한에게 있어 이 같은 신비주의와 도덕의 결합은 매우 주목할 만합니
다. 그는 독수리처럼 날아오릅니다. 그리고 난 후 그는 독수리처럼 강력한
힘으로 하늘로부터 땅으로 손살 같이 내려옵니다.

이것은 단지 사도 요한의 가르침의 특징일 뿐만이 아닙니다. 나아가 그
것은 신약의 모든 도덕의 특징입니다. 신약의 가장 높은 계시는 동시에 가

장 실천적이며 실제적입니다. 신약의 빛은 단지 하늘에 높이 있을 뿐만 아니라, 땅에서도 실제로 역사(役事)하는 빛입니다. 마치 한 송이 국화꽃을 피우기 위해 1억5천만 킬로미터를 손살 같이 내려온 햇빛처럼 말입니다. 이와 같이 성경이 말하는 가장 심오한 가르침들은 여러분과 내가 단지 듣고 알도록 하기 위해서가 아니라 그것을 알고 행하도록 하기 위해 임합니다.

요한은 바로 앞에서 "우리가 그와 같을 줄을 아는 것은 그의 참모습 그대로 볼 것이기 때문이니"라고 말했습니다. 계속해서 그는 "**그리고** 주를 향하여 이 소망을 가진 자마다 그의 깨끗하심과 같이 자기를 깨끗하게 하느니라"라고 말합니다. 여기의 "그리고"는 앞의 개념과 뒤의 개념을 연결하는 단순한 연결어입니다.

여기의 개념은 매우 단순하며 분명합니다. 때로 다소간 잘못 이해되기도 하지만 말입니다. 본문을 좀 더 일반적인 형태로 바꾸면 이렇게 될 것입니다 —" 너희가 하늘에 계신 예수 그리스도와 같아지기를 소망하며 기대한다면, 너희는 이 땅에서 그와 같아지기 위해 최선을 다해 노력할 것이니라." 여기에서 이야기하는 것은 단순히 소망의 깨끗하게 하는 능력이 아닙니다. 다만 그것은 한 가지 특별한 소망 즉 "최선의 노력을 이끄는 그리스도와 같아지는 소망"의 특별한 능력입니다. 바로 이것이 오늘 내가 다루고자 하는 주제입니다.

1. 첫째로, 우리가 깨끗하여지고자 한다면, 우리는 스스로 그렇게 힘써야만 합니다.

문맥 가운데 그리스도와 같아지는 두 가지 방법이 나옵니다. 하나는 매우 복된 방법으로서 그를 봄으로 변화되고 같아지는 방법입니다. 우리가 그를 본다면, 우리는 그와 같아질 것입니다. 이것은 하늘의 복된 방법입니다. 그렇습니다. 그러나 이 땅에서도 그리스도와 같아지는 것은 어느 정도 실현될 수 있습니다. 어떤 대상을 사랑할 때, 우리는 그 대상과 같아지게 됩니다. 뜨거운 사랑과 단순한 믿음과 즐거운 열망과 간절한 바람으로 그리스도를 바라볼 때, 그것은 우리를 어느 정도 그의 형상으로 변화시킬 것입니다. 여기의 요한 자신이 그에 대한 분명한 실례(實例)입니다. 옛 화가들은 항상 요한을 주님의 모습과 비슷하게 묘사했습니다. 심지어 얼굴까지 말입니다. 그러면 요한은 도대체 무엇으로부터 주님과 비슷한 형상을 얻었습니까? 그는 그것을 그리스도의 말씀을 많이 생각하고 바라봄으로 말미암아 얻었습니다. 요한은 주님이 말씀하시는 방식을 붙잡았습니다. 그리고 주님이 보는 방식까지도 어느 정도 붙잡았습니다.

이와 같이 요한은 주님과 같아짐에 있어 이 같이 고요하면서도 거의 수동적인 과정인 동시에 가장 복되면서도 가장 거룩한 방법 즉 사랑과 열망으로 단순하게 바라보는 방법의 분명한 실례로 우리 앞에 서 있습니다.

사랑하는 형제들이여, 그러나 이것이 우리가 그리스도처럼 자라는 유일한 방법은 아닙니다. "처음에는 싹이요 다음에는 이삭이요 그 다음에는 이삭에 충실한 곡식이라"가 기독교인의 진보의 방법 전체를 모두 포괄하는 것은 아닙니다(막 4:28). 여러분과 나는 식물이 아닙니다. 씨의 비유는 단지 기독교인의 진보의 방법과 관련한 한쪽 측면만을 표현할 뿐입니다. "깨끗하게 함"(purify)이라는 단어 자체가 또 다른 상태 즉 "깨끗하지 않음"을 암시합니다. 그것은 단순히 바라보는 것 이상의 과정을 함축합니다. 그것은 현재적인 상태를 뒤집는 것을 함축합니다. 그것은 단순히 아직 도달하지 못한 상태로 자라는 것만을 함축하지 않습니다.

씨의 비유에서처럼 자연적이며 점진적으로 자라는 것이 그리스도인들이 필요로 하는 것의 전부는 아닙니다. 그들에게는 잘라내는 것이 필요합니다. 그들에게는 그들에 있는 것을 버리는 것이 필요합니다. 그들에게는 자라는 것뿐만 아니라 변화되는 것도 필요합니다. 그들에게는 "깨끗하게 하는" 것이 필요합니다. 왜냐하면 그들은 깨끗하지 않기 때문입니다. 자라는 것은 단지 기독교인의 진보의 절반일 뿐입니다.

여기에서 우리가 기억할 것이 한 가지 있습니다. 그것은 그와 같이 깨끗하게 하는 것은 다름 아닌 우리 자신이 행해야만 한다는 사실입니다. 여러분은 "내 자신이 행해야만 한다고요? 그것은 복음적인 가르침이 아니지 않습니까?"라고 항변합니다. 자, 여기를 보십시오! 본 서신에서 언뜻 보기에 이것과 모순되는 것처럼 보이는 몇몇 구절들을 살펴보도록 합시다. "그 아들 예수의 피가 우리를 모든 죄에서 깨끗하게 하실 것이요"(1:7). "우리가 우리 죄를 자백하면 그는 미쁘시고 의로우사 우리 죄를 사하시며 우리를 모든 불의에서 깨끗하게 하실 것이요"(1:9). "그 안에 거하는 자마다 범죄하지 아니하나니"(3:6). "세상을 이기는 승리는 이것이니 우리의 믿음이니라"(5:4).

이 모든 구절들을 나란히 놓고 가만히 묵상해 보십시오. 그러면 여러분은 그것들의 전체적인 요지가 "우리가 스스로를 깨끗하게 하는 최선의 방법은 예수 그리스도와 그 안에 있는 깨끗하게 하는 능력을 굳게 붙잡는 것"이라는 결론에 도달하게 될 것입니다. 단순한 예화(例話)를 하나 들어봅시다. 비누와 물이 여러분의 손을 깨끗하게 합니다. 여러분이 해야만 하는 일은 단순히 비누와 물로 여러분의 손에 묻은 더러운 것들에 문지르는 것입니다. 자, 여기를 보십시오! 여러분을 깨끗하게 한 것은 여러분 자신입니다. 그렇습니다. 왜냐하면 여러분이 비누와 물로 문지르지 않았다면 여러분의 손은 결코 깨끗해지지 않았을 것이기 때문입니다. 그러면 여러분의 손을 깨끗하게 한 것은 여러분 자신입니까, 아니면 비누입니까? 여러분의 손을 깨끗하게 한 것은 여러분 자신입니까, 아니면 물입니까? 이와 같이 하나님이 "스스로를 씻어 깨끗하게 하라. 너희의 악한 행실을 버려라. 너희 손이 피로 가득하도다"라고 말씀하실 때, 그것은 사실상 이렇게 말씀하시는 것입니다. "내가 너희에게 깨끗하게 하는 것을 주었으니, 그것을 취하라. 그것을 문지르고 적용하라. 그러면 너희 몸이 어린아이의 몸처럼 될 것이라. 너희가 깨끗하여질 것이라."

요컨대 그리스도인이 스스로를 깨끗하게 하는 노력과 관련한 가장 심오한 표현은 "예수 그리스도를 가까이 하라"입니다. 여러분은 그의 손을 붙잡고 있는 동안에는 죄를 범할 수 없습니다. 항상 그를 소유하십시오. 이러한 표현으로 내가 의미하는 것은 여러분의 생각을 그에게로 향하며, 여러분의 사랑을 그에게로 돌리며, 여러분의 의지(意志)를 그에게 순복시키며, 일상의 일 가운데 그를 의식(意識)하라는 것입니다. 예수 그리스도와 교제하는 것은 마치 여러분의 삶의 공간 속에 모든 악이 죽이는 공기를 주입(注入)시키는 것과 같습니다. 여러분이 강에서 물고기를 잡아 공기 중에 노출시킨다면, 그 물고기는 몸을 비틀며 헐떡거리다가 곧 죽을 것입니다. 우리의 악한 성향(性向)과 죄도 마찬가지입니다. 그것을 그것이 살고 있는 더러운 곳으로부터 취하여 예수 그리스도와의 교제의 맑은 공기 속으로 데려가 보십시오. 그러면 그것은 곧 쪼그라들고, 죽어, 사라질 것입니다. 우리는 주님과의 교제로 모든 악을 죽입니다. 우리의 삶 가운데 거하시는 그의 임재는 마치 여행자의 밤을 밝혀주는 횃불과 같습니다. 그 불은 모든 들짐승들로부터 여행자를 안전하게 지켜줄 것입니다.

이와 같이 예수 그리스도와의 교제가 우리를 깨끗하게 합니다. 그러므로 우리가 스스로를 깨끗하게 하기 위해 해야만 하는 가장 중요한 일은 그와의 교제를 계속 유지하는 것입니다. 왜냐하면 그 안에 사람의 영혼을 깨끗하게 하는 모든 에너지가 들어 있기 때문입니다. 옥양목을 취하여 그것을 잔디밭에 펼치십시오. 그리고 따뜻한 햇볕이 그 위에 내리게 하십시오. 그리고 그 위에 깨끗한 물을 뿌리십시오. 그러면 잔디와 물과 햇볕이 깨끗하게 하는 모든 일을 행할 것입니다. 그러면 옥양목은 곧 아름다운 흰 빛으로 반짝일 것입니다.

이와 같이 예수 그리스도를 가까이 하는 것이 사람을 깨끗하게 합니다. 그러나 여러분이 강으로부터 물줄기를 여러분의 방앗간 안으로 끌어오는 것은 아무 소용없는 일입니다. 그 물줄기를 방앗간의 수레가 돌아가도록 맞추지 않는다면 말입니다. 마찬가지로 우리는 그와 같은 방식으로 주님과의 교제를 유지해서는 안 됩니다. 분명하며 구체적인 노력이 있어야만 합니다. 개별적인 악한 행동들을 억제하며 뿌리 뽑을 수 있도록 계속적이며 반복적인 노력이 있어야만 합니다. 우리는 개별적인 죄와 악에 대항하여 싸워야만 합니다. 그것은 포괄적으로 행해질 수 없습니다. 그것은 구체적이며 세부적으로 행해져야만 합니다. 그것은 마치 전초부대 병사들의 전투와 같습니다. 보불전쟁의 마지막 전투들을 생각해 보십시오. 황제가 퇴위하고 파리가 함락되고 프랑스 전체가 사실상 정복되었음에도 불구하고, 여전히 프랑스 전역에서 수많은 전투들이 치러져야만 했습니다.

이것은 우리에게도 마찬가지입니다. 거룩함은 단순한 감정이 아닙니다. 그것은 성품입니다. 여러분은 하나님의 사죄(赦罪)의 행위로 여러분의 죄들을 벗어버릴 수 없습니다. 스스로 온전하다고 말하며 그렇게 느끼며 그렇게 생각한다고 해서 실제로 온전한 것은 아닙니다. 하나님은 어떤 사람이 잠자면서 깨끗하게 되도록 하지 않습니다. 어떤 사람이 깨끗하게 되었다고 해서 더 이상 싸울 필요가 없는 것은 아닙니다. 다만 그의 깨끗함은 그의 승리를 가능하게 만들어 줄 뿐입니다.

그러므로 사랑하는 형제들이여, 첫째 대지의 요지는 이것입니다. 무엇보다도 예수 그리스도에게 돌이키십시오. 왜냐하면 그로부터 모든 깨끗함이 오기 때문입니다. 그리고 스스로를 깨끗하게 하는 것은 다름 아닌 우리 자신의 일이라는 사실을 매순간 기억하십시오. 우리는 주님이 주신 힘과 능력으로 스스로를 깨끗하게 하는 일을 계속 행해야만 합니다.

2. 둘째로, 이와 같이 자기 자신을 깨끗하게 하는 것은 현재와 미래를 연결하는 다리입니다.

요한은 "우리가 지금은 하나님의 자녀라"라고 말합니다(2절). 이것은 강 이쪽 위에 세워진 교각입니다. 계속해서 그는 "장래에 어떻게 될지는 아직 나타나지 아니하였으나 그가 나타나시면 우리가 그와 같을 줄을 아는 것은"이라고 말합니다. 이것은 강 저쪽 위에 세워진 교각입니다. 두 교각은 어떻게 연결됩니까? 현재 하나님의 자녀인 것이 미래 그리스도와 같이 되는 것으로 꽃피며 열매 맺게 될 유일한 길이 있습니다. 그것은 하나님의 도우심으로 매일 같이 스스로를 깨끗하게 하면서 우리 주님과 같은 모습으로 자라도록 계속 노력하는 것입니다.

이것은 충분히 명백합니다. 좀 더 학술적인 용어를 사용하여 말할 때, 땅과 하늘 사이에 "계속성의 법칙"이 존재합니다. 이것을 평범한 영어로 옮기면 이렇게 될 것입니다. "사람의 성품은 일시적인 세상의 제한적인 상태로부터 미래의 장엄하며 영원한 상태로 이행하는 행동으로 바뀌지 않는다. 심지어 죽음조차도 좋은 쪽으로든 나쁜 쪽으로든 그를 예전의 그로부터 전혀 다른 존재로 만들지 않는다.”

막대기를 취하여 물에 세워 보십시오. 빛은 하나의 매질(媒質)로부터 비중이 다른 또 하나의 매질로 이행하기 때문에 굴절되며, 그렇기 때문에 막대기는 구부러진 것처럼 보입니다. 그러나 사람의 삶은 땅의 거칠고 투박한 매질로부터 하늘의 순전하며 깨끗한 공기로 옮김으로 굴절되지 않습니다. 그것은 똑바로 나아가며, 처음 방향대로 계속해서 나아갑니다. 죽을 때 나의 얼굴이 어느 쪽 방향으로 향하든, 다시 살 때 나의 얼굴은 바로 그 쪽으로 향할 것입니다.

관과 무덤과 수의(壽衣)가 어떤 사람을 예전의 그와 다른 사람으로 만드는 특별한 마술적인 힘을 가지고 있다고 상상하지 마십시오. 계속성의 법칙은 죽음을 넘어 작동됩니다. 마치 철로가 단절 없이 계속 이어지는 것처럼 말입니다. 죽음을 통과하여 다른 세상에 간다 하더라도, 그 사람은 똑같이 그 사람입니다.

이와 같이 이 땅에서 하나님의 자녀인 것과 하늘에서 그리스도와 같아지는 것의 유일한 연결고리는 매일 같이 그리스도처럼 깨끗하게 되고자 하는 계속적인 노력입니다. 우리 편에서 매일의 삶 가운데 예수 그리스도처럼 깨끗하게 되고자 하는 계속적인 노력이 없다면, 우리는 하늘에서 그를 “그의 참모습 그대로” 볼 수 없을 것입니다. 죽음은 사람의 마음에서 많은 휘장들을 제거할 것입니다. 죽음은 그들에게 그들이 알지 못했던 많은 것들을 드러낼 것입니다. 그러나 죽음은 영화로워진 그리스도를 보는 능력을 주지는 않을 것입니다. “모든 눈이 그를 볼” 것입니다. 그러나 자기사랑과 불경건에 매몰된 영(靈)이 그리스도를 보는 것은 즐거운 일이 아니라 고통스러운 일일 것입니다. 그들이 그리스도를 보는 것에 변화와 기쁨을 가져다주는 능력은 없을 것입니다. 하나님 자신을 보는 것과 마찬가지로 그리스도를 보는 것에 있어서도 그 원리는 동일합니다. 마음이 청결한 자는 그리스도에서 하나님을 볼 것입니다. 죽음이 필연적으로 사람을 하나님의 사랑하는 아들의 형상으로 변화시키지는 않을 것입니다. 여러분은 자신의 손과 마음을 깨끗하게 하고, 그리스도의 깨끗하게 하는 능력을 믿고 거룩함을 위한 계속적인 노력으로, 현재와 미래 사이에 다리를 놓습니다.

3. 마지막으로, 이와 같이 스스로를 깨끗하게 하는 것은 본문이 말하는 "소망"의 결과입니다.

"주를 향하여 **이 소망**을 가진 자마다 그의 깨끗하심과 같이 자기를 깨끗하게 하느니라." 소망은 자신을 깨끗하게 하는 것을 낳습니다. 일반적으로 소망은 적극적인 기능이 아닙니다. 시인들이 흔히 표사하는 것처럼, 그녀(소망)는 "금발머리를 휘날리며 미소를 짓지만" 세상에서 많은 일을 행하지는 않습니다. 스스로를 깨끗하게 하는 노력을 산출하는 것은 단순한 소망의 사실이 아닙니다. 그것은 특별한 종류의 소망 즉 "그의 참모습 그대로 볼" 때 그와 같아질 소망입니다.

여기의 주제와 관련하여 내가 다루고자 하는 것은 두 가지입니다. 그 가운데 하나는 스스로를 깨끗하게 하고자 하는 노력은 단순히 그와 같은 소망의 결과라는 것입니다. 왜냐하면 그러한 소망은 스스로를 깨끗하게 하고자 하는 우리의 노력을 방해하는 가장 큰 적들 가운데 하나에 대항하여 싸울 것이기 때문입니다. 스스로를 개선시키고자 노력하는 사람을 낙망시키려면 그것이 아무짝에도 쓸모없는 것처럼 보이는 계속적인 경험보다 더 강력한 것은 아무것도 없습니다.

우리는 조금씩 스스로를 개선시켜 나갑니다. 우리는 더 나은 모습으로 조금씩 자랍니다. 그런데 갑작스럽게 유혹이 찾아옵니다. 잘 고른 흙 위로 돌과 진흙탕이 마치 눈사태처럼 뒤덮습니다. 그러면 우리는 지금까지의 노력이 다 쓸모없는 것처럼 느끼면서 모든 것을 포기해 버리고 맙니다.

이런 가운데 하늘로부터 내려오는 천사처럼 거룩하며 복된 메시지가 임합니다. "힘을 내라. 그가 나타나시면 네가 그와 같을 줄을 아는 것은 그의 참모습 그대로 볼 것이기 때문이라." 이 땅에서 스스로를 개선시키면서 조금씩 앞으로 나아가는 것은 결코 쓸모없는 일이 아닙니다. 계속해서 그 일에 마음을 기울이십시오. 그 일은 정말로 복된 일이며, 결코 헛되게 끝나지 않을 일입니다.

바로 여기에 본향과 안식의 소망으로 하늘을 바라보노라고 말하는 모든 그리스도인들을 위한 하나의 시금석이 있습니다.

미래 상태와 관련한 종교적인 묵상을 생각해 보십시오. 그러한 묵상은 대부분의 경우 순전히 감상적인 상념일 뿐입니다. 그리고 다른 모든 감상적인 상념들과 마찬가지로, 그것은 비(非)도덕적이거나 혹은 탈(脫)도덕적입니다. 그러나 여기에 나란히 가는 두 가지가 있습니다 — 하늘의 밝은 소망과 이 땅에서의 열정적인 노력. 미래의 삶과 관련한 여러분의 기대 역시 이러합니까? 여러분의 삶에도 하늘의 밝은 소망과 이 땅에서의 열정적인 노력이 함께 갑니까?

본문은 요한이 그의 서신에서 소망에 대해 언급하는 유일한 구절입니다. 평생 예수 그리스도를 가까이 하며 산 요한은 현재에 조금도 부족함이 없음을 발견합니다. 그는 묵시를 본 사람이었음에도 불구하고 본 서신에서 미래에 대해 아주 조금밖에 말하지 않습니다. 그리고 그가 미래에 대해 말할 때, 그것은 철저히 실천적인 목적 즉 스스로를 깨끗하게 하는 일에 더욱 힘쓸 것을 가르치기 위한 목적 때문입니다.

나의 형제들이여, 여러분의 기독교는 어떻습니까? 여러분의 기독교 역시 이와 같은 종류의 기독교입니까? 여러분의 미래의 소망은 현재의 열정적인 노력과 함께 갑니까? 슬픔과 근심과 상실과 실망과 고된 수고가 짓누를 때, 여러분은 "이 땅에서 그것을 통과하는 것은 복된 일이라"라고 말합니까? 그런 가운데서도 여러분은 하늘의 소망 가운데 더 열심히 일합니까? 여러분의 소망은 한 순간 현란한 빛으로 춤추다가 사라져버리는 오로라 같지 않습니까? 여러분은 일상의 삶 가운데 하늘의 소망을 여러분이 매일 행하는 실제적인 일과 연결시킵니까? 하늘의 소망과 그리스도와 같아지는 것은 여러분의 매 순간을 자기순복과 스스로를 깨끗하게 하는 열정적인 노력으로 고취하며 이끕니까?

모든 것은 하나의 교훈으로 초점이 모아집니다. 무엇보다도 그 피가 모든 죄를 씻어 깨끗하게 하는 사랑하는 주님에게로 가십시오. 그리고 그에게 이렇게 말하십시오. "우슬초로 나를 정결하게 하소서 내가 정하리이다 나의 죄를 씻어 주소서 내가 눈보다 희리이다"(시 51:7). 그리고 여러분의 마음 안으로 그의 사랑과 그의 희생제사와 그의 생명에 있는 깨끗하게 하는 능력을 받으십시오. "그런즉 사랑하는 자들아 이 약속을 가진 우리는 하나님을 두려워하는 가운데서 거룩함을 온전히 이루어 육과 영의 온갖 더러운 것에서 자신을 깨끗하게 하자"(고후 7:1).

9
실천적인 의

"자녀들아 아무도 너희를 미혹하지 못하게 하라 의를 행하는 자는 그의 의로우심
과 같이 의롭고"

요일 3:7

사도 요한에 대한 일반적인 생각은 실제의 그와 많이 다릅니다.
그는 일반적으로 온유함으로 가득 찬 사랑의 사도로서 생각됩니다. 실제
로 그렇습니다. 그러나 그는 사랑의 사도가 되기 전에는 "우레의 아들"이
었습니다. 그리고 사랑의 사도가 되고 난 이후에도 여전히 그의 옛 성품은
어느 정도 남아 있었습니다. 의심의 여지 없이 그의 중심적인 사상은 "하
나님은 사랑이시라"였습니다. 또 의심의 여지 없이 그러한 사상은 그의 성
품 속으로 녹아들고 동화(同化)되었습니다. 그러나 그가 믿었던 사랑과 그
가 행했던 사랑은 유약한 것이 아니었습니다. 그것은 놀랄 정도의 정결함
과 함께 강하고 빛나는 것이었습니다. 엄격한 도덕을 전파함에 있어 신약
의 저자들 가운데 요한보다 더 강하게 전파한 사람은 아무도 없었습니다.
그는 사랑과 빛을 사랑했기 때문에 어둠을 혐오하며 미워했습니다. 그는
필요할 때 우레처럼 큰 소리로 말할 수 있었습니다. 그리고 우리에게 참된
사랑은 필연적으로 그 반대되는 것을 미워하며 그것으로부터 움츠린다는
사실을 분명하게 보여 주었습니다.

나아가 요한은 신약에서 가장 신비주의적인 사람이었습니다. 항상 그는

모든 영혼이 하나님과의 직접적인 교제를 가질 수 — 이것이 건전한 신비주의의 핵심입니다 — 있음을 역설했습니다. 이런 종류의 생각은 종종 종교적인 희열 가운데 평범한 도덕을 잊는 경향이 있습니다. 그러나 요한은 결코 그런 오류를 범하지 않습니다. 그는 너무나 높이 날아오른 나머지 땅을 보지 못하는 우(愚)를 범하지 않습니다. 그는 항상 우리에게 하나님에 거하며 그리스도 안에서 살 것을 명령합니다. 동시에 그는 똑같은 강도(强度)로 기본적인 도덕의 가장 평범한 의무들을 행할 것을 가르칩니다.

본문 가운데 요한은 참된 도덕의 중요성을 역설합니다. 그가 늘 사랑의 마음으로 염려하는 "자녀들"은 의로운 삶을 다른 어떤 것으로 대체할 위험 가운데 있었습니다. 그렇게 가르치는 선생들로부터든 혹은 그들 자신에 있는 자연적인 성향으로부터든 말입니다. 그리하여 요한은 그들에게 어떤 사람이 의로운 자임을 — 다시 말해서 그리스도의 제자임을 — 나타내는 유일한 증거는 다름 아닌 그의 일상의 삶이 그리스도의 명령과 일치되는 것이라는 사실을 사랑으로 호소합니다. 여기의 옛 소아시아 사람들의 오류는 오늘날에도 새로운 형태로 여전히 살아 있습니다. 그것은 열아홉 세기 전의 소아시아 그리스도인들에게 중요한 문제였던 것과 마찬가지로 오늘날의 영국의 비국교도들에게도 똑같이 중요합니다.

1. 첫째로, 어떤 사람이 참된 그리스도인인지 시험하는 유일한 시금석은 그가 의를 행하는지 여부입니다.

"자녀들아 아무도 너희를 미혹하지 못하게 하라 의를 행하는 자는 그의 의로우심과 같이 의롭고." 오늘날 여기의 "의"라는 단어는 너무나 진부한 단어가 되었습니다. 그 단어는 너무나 자주 사용되는 가운데 그 선명한 의미가 너무나 많이 흐려졌습니다. 마치 오랫동안 사용된 동전 위에 새겨진 형상과 글이 흐려지는 것처럼 말입니다. 그러므로 나는 여기에서 한 가지 사실을 분명하게 하고 싶습니다. 즉 신약의 의는 단순히 신학적이며 수도원적인 특별한 종류의 탁월함을 의미하는 것이 아니라는 사실 말입니다. 그것은 "무엇에든지 정결하며 무엇에든지 사랑 받을 만하며 무엇에든지 칭찬 받을 만한" 모든 것을 포함합니다(빌 4:8). 그것은 세상이 덕(德)이라고 부르는 모든 것과 세상이 칭찬과 연결시키는 모든 것을 포함합니다. 실제로 그 안에 살고 있는 주민들과 밖에 있는 외국인들에게 서로 다른 이름으로 불리는 나라들이 있습니다. 이와 같이 신약의 "의"는 실제로는 훨씬 더 많은 것을 포함하고 있음에도 불구하고 그 영역이 상당 부분 축소되고 좁아졌습니다. 의(righteousness)와 도덕(morality)과 덕(virtue) 세 단어는 동일한 터전을 망라합니다. 설령 그 가운데 하나가 다른 둘보다 더 많은 것을 망라한다고 하더라도 말입니다. 신약의 "의"는 도덕가들의 도덕이나 혹은 세상의 덕과 그 범위에 있어 다릅니다. 그것은 사람에 대한 관계뿐만 아니라 하나님에 대한 관계도 포함합니다. 또 그것은 그 관점에 있어 다른 둘과 다릅니다. 그것은 세상이 콧방귀 뀌는 어떤 것은 하늘 꼭대기까지 높이는 반면, 세상이 할렐루야를 외치며 칭송하는 어떤 것은 땅 끝까지 낮춥니다. 그것은 선의 가면을 쓴 악에서 그것의 본 모습을 가리고 있는 화려한 깃털을 뽑아냅니다. 그것은 의무와 도덕과 덕의 관념 주위에 빛을 두르며, 그것들에다가 따뜻한 감정을 불어넣습니다. 기독교는 양심을 어둠으로부터 빛으로 끌어내며, 그 얼굴을 하늘로 향하게 합니다. 그러므로 양심은 새로운 광채로 빛나며, 새로운 아름다움으로 옷 입습니다.

나는 많은 경우 도덕가의 도덕이 그리스도인의 의보다 더 화려하게 빛날 수 있음을 기꺼이 인정합니다. 그렇습니다. 나는 남태평양의 원주민들이 굴 껍질과 물고기 뼈와 같은 도구를 가지고 깎아 만든 카누의 노(櫓)가 전문적인 카누 제작자들이 훨씬 더 좋은 도구를 가지고 만든 노보다 모든 면에서 훨씬 더 훌륭한 경우를 종종 보았습니다. 그것은 도구의 문제가 아닙니다. 그것은 노를 만드는 사람들의 문제입니다. 나는 그리스도인들이 세상 가운데 예수 그리스도와 그의 사도들이 의도한 의를 충분하게 드러내지 못했음을 기꺼이 인정합니다. 그럼에도 불구하고 다시금 반복하거니와 복음의 의는 세상의 도덕보다 훨씬 낫습니다.

본문의 위대한 진리가 우리에게 흐려지는 — 혹은 어떤 측면에서 모순되는 — 몇 가지 방식을 생각해 보도록 합시다. 첫째로, 본문은 신조(信條)

가 아니라 행동이 그리스도인을 만든다고 말합니다. "의를 행하는 자는 그의 의로우심과 같이 의롭고." 여기의 옛 소아시아 신자들과 마찬가지로 오늘날의 우리들도 기독교를 어떤 근본적인 기독교적 진리들을 받아들이는 것으로 대체시키는 경향이 있습니다. 사람은 아무 거리낌 없이 39개 항목의 정통적인 신조를 믿으면서도 티끌만큼도 그리스도인이 아닐 수 있습니다. 왜냐하면 사람을 그리스도인으로 만드는 참된 믿음은 동의(同意)가 아니라 믿음이기 때문입니다. 둘 사이에는 세상 전체가 들어가고도 남을 만큼의 큰 간격이 있습니다. 그 간격의 한쪽에는 구원이 있고, 다른 한쪽에는 멸망이 있을 수 있습니다. 물론 성경의 진리에 대한 매우 불완전한 이해의 기초 위에 구원받는 믿음의 구조물을 세우는 것은 매우 어렵다는 사실을 — 그러나 나는 그것이 불가능하다고 믿지 않습니다 — 나는 압니다. 그러나 이것은 오늘의 주제와 무관합니다. 다만 내가 지금 이야기하는 것은 여러분이 단순한 지적 동의(同意)가 아니라 여러분의 의지(意志)와 본성 전체의 행동인 참된 믿음의 구조물을 세우지 않는다면 여러분의 믿음은 아무짝에도 쓸모없는 무력(無力)한 믿음이 될 것이라는 것입니다. 그것은 결국 믿음이 없는 것이나 마찬가지입니다.

그러면 우리의 행동에 대한 신조의 역할은 무엇입니까? 어떤 신조가 단순히 우리 머리에 있을 뿐이라면, 그것은 마치 양귀비 씨방에 들어 있는 마른 씨앗들처럼 아무런 역할도 하지 못할 것입니다. 고작해야 가을바람에 덜거덕거리는 소리만 낼 뿐일 것입니다. 물론 여러분은 진리를 받아들이는 것에서 시작해야만 합니다. 그러나 거기에서 멈춰서는 안 됩니다. 계속해서 여러분은 그 진리를 여러분의 삶의 능력으로 만들어야 합니다. 그럴 때 그 진리는 여러분의 행동을 빚을 것입니다. 학문의 영역에서는 단순히 아는 것으로 충분합니다. 그러나 종교나 도덕이나 의의 영역에서는 아는 것은 단지 전체 과정의 첫 걸음일 뿐입니다. 우리가 무엇인가를 아는 것은 그것을 알고 행하기 위함입니다.

그렇지만 마치 여러 개의 칸으로 구성된 거대한 증기선과 같은 그리스도인들이 있습니다. 각각의 칸은 물이 새지 않도록 완벽하게 차단되어 있습니다. 한쪽 칸에는 그들의 신조가 있으며, 다른 쪽 칸에는 그들의 행동이 있습니다. 그리고 두 칸 사이에는 어떤 종류의 교통도 없습니다. "자녀들아 아무도 너희를 미혹하지 못하게 하라 의를 행하는 자는 그의 의로우심과 같이 의롭고."

둘째로, 본문은 감정이 아니라 행동을 제시합니다.

겉으로 드러나는 것을 볼 때, 메마르고 화석화된 정통주의 신자들보다 더 매력적인 유형의 그리스도인들 즉 감정적으로 뜨거운 그리스도인들이 있습니다. 그러나 그러한 유형의 기독교적 삶 주위에는 쉽게 빠질 수 있는 위험한 함정이 있습니다. 왜냐하면 이상하게도 감정적인 기독교는 너무나 쉽게 일상 가운데 자기통제와 절제와 일관성이 결여된 삶으로 나아가는 경향이 있기 때문입니다. 이것은 역사적으로 계속해서 반복되어 온 사실입니다. 추후에 기회가 있을 때, 이와 관련한 몇 가지 이유들을 살펴보도록 합시다. 지금 내가 감정을 평가절하하고 있는 것은 아닙니다. 그것은 하나님이 금하시는 일입니다. 사실 기독교에는 분명 감정적인 요소가 있습니다. 기독교는 우리의 일상의 삶 가운데 다양한 감정을 가져다주며 또 불러일으킵니다. 그러나 그 모든 것에도 불구하고 나는 감정 위주의 기독교가 오늘날 우리 시대의 어떤 경향들로 말미암아 매우 실제적인 위험이라고 말하지 않을 수 없습니다. 여러분은 광적일 정도로 뜨거운 감정을 표출했다가 돌아가서는 이상할 정도로 육신적이며 저급한 삶을 사는 사람들을 발견할 것입니다. 감정은 신조로부터 솟아오르도록, 다시 말해서 신조와 행동 사이에 위치하도록 의도된 것입니다. 우리는 전차(電車)를 움직이며, 메시지를 전달하며, 어둠을 밝히기 위해 전기를 사용하는 방법을 배웠습니다. 우리가 감정을 다루는 것도 바로 이와 같습니다. 감정이 없는 기독교는 참으로 빈약하며 보잘것없는 기독교일 것입니다. 그것이 종이 될 때, 그것은 좋은 것이 됩니다. 그러나 그것이 주인이 될 때, 그것은 나쁜 것이 됩니다. 뜨거운 감정을 표출하는 것으로 스스로를 그리스도인으로 나타내는 것은 아닙니다. 뜨거운 말을 하며 깊은 감정을 느끼는 것으로 스스로를 그리스도인으로 나타내는 것은 아닙니다. 종교적인 희열은 매우 좋은 것입니다. 그러나 우리에게 정말로 필요한 것은 일상의 삶 가운데 의를 행하는 것입니다. 주님을 경외하며 사랑하기 때문에 어떤 일을 행할 때, 비로소 우리는 스스로를 그리스도인으로서 온전히 나타냅니다.

셋째로, 본문은 말의 예배가 아니라 행동을 제시합니다. 심지어 단순한 형태의 예배를 지향하는 비국교도들조차도 일상의 삶 가운데 의를 행하는 것을 외적인 예배 행위에 참여하는 것으로 대체하는 위험으로부터 결코 자유롭지 않습니다. 일하는 것이 곧 기도하는 것입니다. 그러나 영감에 가득 찬 찬송을 부르면서 실제의 삶은 그와 상반되는 사람들이 얼마나 많습니까! 또 우리 가운데 열심히 기도하면서도 그것이 응답될 것을 기대하지 않는 사람들이 얼마나 많습니까! 그러다 정작 기도가 응답될 때 그들은 크게 놀라면서 어찌할 바를 알지 못합니다. 형제들이여, 신조도 필요하고, 감정도 필요하고, 예배도 필요합니다. 그러나 이러한 세 가지 기초 위에서, 일상 가운데 실천적인 의를 행하는 삶이 반드시 이루어져야만 합니다.

2. 둘째로, 우리는 의로워짐으로써 의를 행할 수 있게 됩니다.

도덕에 대한 신약의 가르침의 가장 큰 특징 가운데 하나는 무게 중심을 행위(acts)로부터 존재(being)로 이동시키는 것입니다. 신약은 "이러저러하게 행하라"라고 앵무새처럼 반복하는 대신, "이러저러하게 되어라, 그러면 행위가 따를 것이라. 이러저러하게 되어라. 외적인 행동에 대해서는 지나치게 신경 쓰지 말아라. 먼저 내적 본성을 돌아보라"라고 말합니다. 성품이 행동을 만듭니다. 물론 행동이 다시금 성품에 영향을 끼친다 하더라도 말입니다. 행동을 올바르게 만드는 방법은 먼저 마음을 올바르게 만드는 것입니다.

어떤 사람들은 강을 깨끗하게 하기 위해 상류로 가서 수원(水源)을 깨끗하게 하는 대신 강에다가 소독약을 살포합니다. 세상의 모든 도덕은 사람의 내적 자아에 대해서는 무관심한 채 그의 외적인 행동만을 다룹니다. 바로 그 내적 자아로부터 모든 외적인 행동들이 나옴에도 불구하고 말입니다. 바로 이것이 세상의 모든 도덕의 약점입니다. 그러므로 세상의 모든 도덕은 피상적이며, 그렇기 때문에 무력(無力)합니다.

이와 같이 우리가 좋은 열매를 얻고자 한다면, 우리는 먼저 나무를 좋게 만들어야만 합니다. 이러한 사실로부터 우리는 우리 안에 점 혹은 티 혹은 줄무늬가 있다는 사실에 직면하게 됩니다. 마치 파로스 산(産) 대리석에 나 있는 검은 줄무늬처럼 말입니다. 이러한 점이나 줄무늬가 스스로를 의롭게 만들고자 하는 우리의 노력을 좌절시킵니다. 나는 이러한 사실을 과장하지 않을 것입니다. "전적 타락"(total depravity)이라고 불리는 기독교 교리는 사람에도 어떤 종류의 선(善)도 없다는 것이 아니라, 모든 사람에게 광범위하게 퍼진 악이 있으며 그러한 악이 다양한 정도와 다양한 방식으로 사람의 본성에 영향을 끼친다는 것입니다. 이것은 단지 신약이 가르치는 교리만이 아닙니다. 그것은 모든 사람의 경험으로부터 나온 것입니다.

그러면 도대체 나는 어떻게 해야 한단 말입니까? 내가 의를 행할 수 있기 위해 의로워져야 함에도 불구하고 내에 의가 없을 뿐만 아니라 스스로 의로워질 수도 없다면, 그러면 도대체 나는 어떻게 해야 한단 말입니까? 여러분은 나에게 이렇게 말할 수 있습니다. "당신은 결국 나를 막다른 골목으로 이끌었소. 이제 나는 도대체 어디로 가야 한단 말이오? 당신은 내게 명령을 내리고는 곧바로 그것이 불가능하다고 말하고 있소. 그러면 나더러 도대체 어떻게 하라는 말이오?" 자, 다음 주제로 갑시다!

3. 마지막으로, 우리는 예수 그리스도와의 교제로 "그의 의로우심과 같이 의롭게" 됩니다.

여기에 약속이 있습니다. 여기에 예언이 있습니다. 여기에 모범이 있습니다. 그리고 여기에 약속을 이행하는 능력과, 예언을 성취하는 능력과, 모범을 우리 모두가 본받을 수 있는 것으로 만드는 능력이 있습니다. 형제들이여, 바로 이것이 요한이 가르치는 모든 교훈의 핵심입니다. 우리가 단순한 지적 동의(同意)가 아니라 스스로를 그에게 맡기는 것으로 예수 그리스도를 믿는다면, 그와 우리 사이에 실제적이며 생명력이 넘치는 연합이 이루어집니다. 그럴 때 그의 생명과 접촉되어 우리가 생명을 얻으며, 그의 의가 우리 안에 불어넣어짐으로 우리가 의로워집니다. 거대한 수조(水槽)와 파이프로 연결된 작은 항아리를 생각해 보십시오. 그러면 작은 항아리는 거대한 수조로부터 계속 물이 흘러들어와 그 꼭대기까지 가득 찰 것입니다. 이와 같이 예수 그리스도 안에서 우리 역시도 의로워질 수 있습니다.

나의 친구들이여, 이것이 사실임을 확증하면서 기꺼이 다음과 같이 말할 수 있는 사람들이 많이 있습니다. "나 역시도 그것을 발견했어요. 믿음으로 예수 그리스도와 연합함으로 나는 새로운 취향과 새로운 성향을 받았답니다. 그러므로 나는 스스로의 힘으로는 감당할 수 없는 많은 불의(不義)들을 극복할 수 있게 되었답니다." 아, 이것은 얼마나 멋진 일입니까! 우리 자신의 양심과 의식(意識)이 그에 대한 증인입니다. 설령 너무나 불완전하다 하더라도 말입니다. 하나님이여 우리를 사하소서! 우리는 매일의 삶 가운데 그리스도와의 연합의 새롭게 하는 능력을 나타낼 수 있습니다.

"그의 의로우심과 같이." 거대한 수조에 있는 물과 작은 항아리에 있는 물은 동일한 물입니다. 그러나 항아리는 수조가 아닙니다. 빛은 태양으로부터 오지만, 빛은 태양이 아닙니다. "그의 의로우심과 같이"는 동일성을 의미하지 않습니다. 예수 그리스도는 영원히, 본질적으로, 그리고 완전하게 의로우십니다. 반면 우리는 "그의 의로우심과 같이" 이차적이며 부분적으로 의로울 수 있습니다. 우리가 그를 믿는다면, 우리는 매일의 삶을 통해 점진적으로 그러할 것입니다. "그가 나타나시면 우리가 그와 같을 줄을 아는 것은 그의 참모습 그대로 볼 것이기 때문이니"(2절).

사랑하는 형제들이여, 우리 각자는 "그 안에서 발견될" 수 있습니다. 그것은 "율법에서 난 나의 의 때문이 아니라 오직 그리스도를 믿음으로 말미암아 하나님께로부터 난 의" 때문입니다(빌 3:9).

10
하나님의 사랑의 나타남으로서의 아들을 보내심

“사랑은 여기 있으니 우리가 하나님을 사랑한 것이 아니요 하나님이 우리를 사랑하사 우리 죄를 속하기 위하여 화목 제물로 그 아들을 보내셨음이라”

요일 4:10

본문은 본질적으로 동일한 주제를 다루는 한 쌍의 쌍둥이 구절들(9, 10절) 가운데 두 번째 구절입니다. 두 구절의 공통적인 개념은 그리스도를 보내신 것이 하나님의 사랑을 나타내는 것이라는 것입니다. 그러나 앞 구절에서 강조점은 그 사랑의 나타남에 있으며, 여기에서 강조점은 그러한 사랑의 본질적인 성격에 있습니다. 앞 구절에서 우리는 “하나님의 사랑이 우리에게 이렇게 **나타난 바 되었으니**”라는 말씀을 읽습니다(9절). 그리고 다음 구절에서 우리는 “사랑은 여기 **있으니**”라는 말씀을 읽습니다. 9절에서 요한은 그러한 나타남의 위대함을 증명하는 것으로서 세 가지를 제시합니다 — 그리스도가 독생자라는 것과, 그의 나타남이 세상을 위한 것이라는 것과, 그 목적이 영원한 사랑을 주는 것이라는 것. 계속해서 10절 본문은 그 사랑의 성격이 스스로 불붙은 것이라고 말합니다. “우리가 하나님을 사랑한 것이 아니요 하나님이 우리를 사랑하사.” 그리고 그 사랑의 목적이 하나님과 우리 사이의 장벽 즉 우리의 죄를 제거하기 위한 것이라고 말합니다. "우리 죄를 속하기 위하여 화목 제물로 그 아들을 보내셨음이라."

이러한 두 절은 마치 하나의 항성(恒星)의 빛을 반사하는 두 개의 쌍둥이별처럼 요한복음 3장 16절의 위대한 말씀의 빛을 반사합니다. "하나님이 세상을 이처럼 사랑하사 독생자를 주셨으니 이는 그를 믿는 자마다 멸망하지 않고 영생을 얻게 하려 하심이라." "독생자"와 "세상"과 "살리려"라는 9절의 세 단어 속에서 요한복음 3장 16절이 메아리치는 것이 여러분의 귀에 들리지 않습니까? 우리는 여기에서 복음서와 서신서가 서로 불가분리적으로 연결되어 있는 사실에 대한 한 가지 실례(實例)를 보게 됩니다. 이와 같이 본문이 제시하는 위대한 개념은 예수 그리스도의 성육신과 희생제사에서 하나님의 큰 사랑이 나타났다는 것입니다. 오늘 우리는 본문이 제시하는 개념과 관련하여 세 가지 질문을 던지면서 그에 대해 생각해 보고자 합니다.

1. 첫째로, 그리스도를 보낸 것은 하나님의 사랑에 대해 무엇을 말합니까?

오늘 나는 예수 그리스도를 보내신 것과 무관하게 하늘의 사랑을 나타내는 다른 계시들이 있지 않느냐는 주제에 대해서는 논의하지 않을 것입니다. 나는 자연이나 혹은 인생 가운데 나타나는 흐릿한 계시들에 대해서는 다루지 않을 것입니다. 하나님의 사랑의 사실을 가장 강렬하게 붙잡는 사람들조차도 종종 인간과 자연의 사실들이 우리에게 던지는 질문들 앞에 설 때 당황하곤 합니다. 특별히 이 시간 나는 여러분에게 사람이 십자가로부터 등질 때 결국 모든 것은 안개와 어둠 가운데 싸일 뿐이라는 사실을 일깨워 주고 싶습니다. 이 세대의 사람들이 — 어떤 사람들은 피상적으로, 또 어떤 사람들은 절망적으로 — 염세주의에 빠지는 이유는 그들이 십자가로부터 흘러나오는 빛 즉 "하나님은 사랑이시라"는 사실을 보지 않기 때문입니다.

세상 전체를 돌아다녀 보십시오. 그리고 사람들이 만든 무수한 신(神)

개념을 살펴보십시오. 거기에서 여러분은 권력이나 혹은 악이나 혹은 어떤 부분적인 선이나 혹은 어떤 바라는 것이나 혹은 어떤 두려워하는 것 등을 신격화하는 것을 발견하게 됩니다. 그러나 그 어디에서도 그 본질적인 성격이 사랑인 신(神)을 발견하지는 못할 것입니다. 수많은 신들을 모셔 놓은 만신전(萬神殿)에 가 보십시오. 그 가운데 어떤 신들은 야만적이며, 어떤 신들은 탐욕스러우며, 어떤 신들은 모든 종류의 악으로 똘똘 뭉쳐 있으며, 어떤 신들은 무관심하며, 어떤 신들은 아름다우며, 어떤 신들은 광채가 납니다. 그러나 그 어디에서도 여러분은 우주의 중심이 사랑이라는 비밀을 발견하지 못할 것입니다. 이 모든 것들은 "이러하지 않을까?"라는 개연성(蓋然性)에서 만들어진 것입니다. 그러나 개연성으로부터 여러분은 모든 소망을 버려야만 합니다. 이와 관련하여 버틀러 감독(Bishop Butler)은 "개연성은 결코 인생을 이끄는 참된 인도자가 될 수 없다"라고 말합니다. 개연성은 때로 행동을 이끄는 인도자가 될 수 있습니다. 그러나 영혼의 닻을 내리기 위해 우리가 필요로 하는 것은 유동적인 모래톱이 아니라 영원히 움직이지 않는 견고한 반석입니다. 여러분은 더 이상 여러분의 영혼을 "아마도"(perhaps)로 옷 입혀서는 안 됩니다. 그것은 여러분의 영혼을 거미줄로 만든 옷으로 입히는 것과 마찬가지입니다. 신앙은 추측하는 것이 아니라 확신하는 것 위에 세워져야 합니다. "아마도"는 사람이 자신의 체중을 실어 기댈 수 있는 단어가 아닙니다. 우리에게는 "진실로! 진실로!"가 필요합니다. 바로 거기에 우리는 모든 체중을 실어 기댈 수 있습니다.

사람이 어떤지 어떻게 압니까? 그가 행하는 것을 보고 압니다. 하나님이 어떤지 어떻게 압니까? 하나님이 행하시는 것을 보고 압니다. 그러므로 요한은 논리적으로 변론하지 않습니다. 그렇게 하는 대신 그는 입을 열어 분명하게 진리를 선포합니다. 그리고 그 진리가 일하도록 내버려 둡니다. 그는 우리에게 이렇게 말합니다. "나는 너희의 이성(理性)에 호소하지 않노라. 나는 너희와 더불어 변론하지 않노라. 나는 다만 말하노라. 그를 바라보라. 하나님이 사랑이심을 보고 알라."

그러면 그리스도를 보내신 것은 하나님의 사랑에 대해 우리에게 무엇을 말합니까? 첫째로, 그것은 그 사랑은 우리의 사랑보다 앞서며 또 우리의 사랑으로부터 독립적인 것이라고 말합니다. 통상적으로 우리는 우리 마음을 끌어당기는 것, 사랑스러운 것을 사랑합니다. 그러나 그 이름이 "스스로 계신 자"인 자는 자신의 모든 행동의 이유를 그 자신에 가지고 계십니다. 그는 자신의 모든 행동의 근거를 어떤 피조물에 의존하지 않습니다. 오직 그가 그 자신의 동기(動機)이며, 그 자신의 이유입니다. 그는 자신의 무한한 본성으로부터 행동을 위한 모든 에너지를 끌어냅니다. 그리고 수정보다 더 반짝이는 맑은 샘 같은 그의 신성의 깊음으로부터 사랑이 솟아오릅니다. 그가 우리를 사랑하는 것은 우리가 그를 사랑하기 때문이 아니라 그가 하나님이기 때문입니다. 어떤 천문학자들은 태양의 찬란한 밝음과 뜨거운 열기가 주변 천체로부터 끌려 들어온 무수한 유성(遊星)들과 각종 물질들의 충돌에 기인한다고 믿습니다. 연료가 떨어지면 불이 꺼지는 것처럼, 언젠가 태양은 검은 돌덩어리로 쪼그라들 것입니다. 그러나 우주의 중심인 의의 태양은 그의 모든 빛을 그 자신 안에 가지고 계십니다. 그리고 그로부터 흘러나오는 빛은 오직 그 중심의 불 외에 다른 어느 것에도 기인하지 않습니다.

하나님의 사랑이 오직 그 자신으로부터 말미암는다면, 그것은 필연적으로 보편적일 것입니다. 그렇다면 우리는 그것을 받을 자격이 있는지 여부에 대해 염려할 필요가 없습니다. 태양은 자신의 빛을 무차별적으로 쏟아냅니다. 그것은 보석 위에도 임하고, 쓰레기더미 위에도 임합니다. 그 빛으로 인해 아름다운 꽃이 피기도 하고, 어떤 것은 썩기도 합니다. 우리 모두를 감싸는 사랑은 우리의 죄보다 크며, 우리의 죄로 좌절되지 않습니다. 이와 같이 그리스도를 보내신 것은 무엇보다도 우리에게 하나님의 사랑에 대해 말합니다.

둘째로, 그리스도를 보내신 것은 우리에게 가장 좋은 것을 주는 사랑에 대해 말합니다. 요한은 "하나님이 그 아들을 **보내셨다**"고 말합니다. 여기의 "보내셨다"는 단어는 그리스도의 다른 많은 말씀들의 기초가 됩니다.

예컨대 그가 스스로에 대해 "아버지께서 거룩하게 하사 세상에 보내신 자"로서 말하는 경우 같은 말씀들 말입니다(요 10:36). 그러나 그것보다 더 강렬한 표현이 있는데, 그것은 "주셨다"는 표현입니다. 하나님은 아들을 단순히 보내셨을 뿐만 아니라 주셨습니다. 바울은 "하나님이 우리 모두를 위해 자기 아들을 주셨다"고 말함으로써 그 단어를 더욱 강화시킵니다. 거기에서 한 걸음 더 나아가 바울은 하나님이 "자기 아들을 **아끼지** 아니하시고 우리 모든 사람을 위하여 내주셨다고" 말합니다(롬 8:32). 여기의 "아끼지"라는 단어는 아브라함이 이삭을 희생제물로 드린 이야기를 분명하게 암시하며 또 인용합니다. "네가 네 아들 네 독자까지도 내게 **아끼지** 아니하였으니 내가 이제야 네가 하나님을 경외하는 줄을 아노라"(창 22:12). 그러므로 우리는 하나님이 그 아들을 보내셨을 뿐만 아니라 주셨으며, 또한 주셨을 뿐만 아니라 아끼지 아니하시고 내주셨다고 감히 말할 수 있습니다. 하나님의 사랑은 그 대상에게 가장 좋은 것을 아끼지 않고 주기를 기뻐합니다.

여기에서 한 가지 살펴볼 것이 있습니다. 그것은 하나님이 사람들을 사랑하도록 만든 것이 바로 그리스도의 사역이었다는 개념입니다. 이러한 개념은 많은 사람들이 — 복음을 사랑하는 자들과 거스르는 자들 모두 — 제시해 왔습니다. 특별히 복음 진리를 거스르는 자들은 그런 의미로 말하는데 조금도 지치지 않습니다. 어떤 사람들은 이런 개념을 희화화(戱畵化)하기까지 합니다. 그러나 참된 기독교의 가르침은 "하나님이 이처럼 사랑하사 … 주셨으니"입니다. 이와 같이 사랑이 아버지가 아들을 보낸 원인입니다. 아들을 보낸 것이 사랑을 불러일으킨 것이 아니라 말입니다. 이와 같이 우리는 그리스도께서 죽으셨기 때문에 하나님이 우리 죄인들을 사랑하시는 것이 아니라 하나님이 우리를 사랑하시기 때문에 그리스도께서 우리를 위해 죽으셨다는 사실을 확신해야 합니다.

그리스도를 보내신 것이 우리에게 하나님의 사랑에 대해 가르치는 세 번째 사실은 그리스도를 보내신 것이 인간의 죄를 간과하지 않고 그것을 극복하며 이기는 사랑이라는 사실입니다. 앞에서 나는 그리스도의 사역이 하나님으로 하여금 사람들을 사랑하도록 만들었다는 이상한 개념을 배격했습니다. 여기에서 또 한 가지 이상한 개념을 생각해 보도록 합시다. 그것은 그 대상이 선한지 악한지 전혀 관심을 기울이지 않는 사랑의 개념입니다. 여러분은 그것을 어떤 종류의 사랑으로 부를 것입니까? 아버지가 자기 자녀에게 그런 사랑을 나타낼 때, 여러분은 그것을 무슨 이름으로 부를 것입니까? 한 마디로 그것은 도덕적인 무관심입니다. 그것은 치명적이며 악한 무관심입니다. 이런 개념을 하나님께로 옮겨 보십시오. 사람이 돼지와 같은 삶을 살든 혹은 힘을 다해 빛과 진리와 선을 따라 살든, 하나님에게 마찬가지입니까? 하나님의 사랑을 높인다는 미명으로 그의 의(義)의 사실을 간과하는 자들은 그의 속성을 자기 마음대로 난도질하는 것입니다. 그 대상의 도덕성에 대해 무관심한 사랑은 사랑이 아닙니다. 도리어 그것은 미워하는 것입니다. 그것은 너그러운 것이 아니라 잔인한 것입니다. 검은 색 배경을 제거해 보십시오. 그러면 여러분은 그 위에 그려져 있는 그림의 밝음과 빛남을 떨어뜨리게 될 것입니다. 하나님에게는 "진노"라는 무시무시한 단어로 묘사되는 속성이 있습니다. 하나님은 죄를 마치 죄가 아닌 것처럼 다루실 수 없습니다. 그러므로 우리는 본문 가운데 "그가 우리 죄를 속하기 위하여 **화목 제물**로 그 아들을 보내셨음이라"는 말씀을 보게 됩니다. 우리가 생수의 강과 우리 사이에 세운 검은 장벽은 필히 제거되어야만 합니다. 그리고 그것을 가능하게 만드는 것은 다름 아닌 예수 그리스도의 죽음입니다. 그럴 때 비로소 하나님의 사랑의 최고의 선물이 우리의 영혼 안으로 흘러 들어올 수 있게 될 것입니다. 형제들이여, 하나님은 결코 죄로 얼룩진 영혼에게 자기 자신을 주실 수 없습니다. 또 죄로 얼룩진 영혼은 그 죄가 제거되지 않는 한 하나님의 사랑의 최고의 선물인 생명을 받을 수 없습니다. 그러므로 여기의 쌍둥이 구절(9절과 10절)은 구속의 과정을 나눕니다. 9절은 "하나님이 자기의 독생자를 세상에 보내심은 그로 말미암아 우리에게 생명을 주려 하심이라"라고 말하는 반면, 10절은 그 생명이 우리 마음 안으로 흘러 들어오는 것을 가로막는 죄가 제거될 수 있는 방법을 말해 줍니다. 먼저 우리 죄를 위한 화목제물이 있어야만 합니다. 그러고 난 연후에야 비로소 하나님의 사랑은 자신의 목적에 도달하게 됩니다. 다시 말해서 그럴 때 비로소 하나님의 사랑은 우리에게 우리 영혼의 생명인 하나님의 생명을 줄 수 있게 됩니다. 이것이 첫 번째 질문에 대한 우리의 대답입니다.

2. 둘째로, 어째서 그리스도를 보내신 것이 하나님의 사랑에 대해 말하는 것이 됩니까?

이러한 질문에 대한 대답은 너무나 명백합니다. 세상 역사 가운데 위대한 시인들과 사상가들과 철학자들과 도덕가들과 자선가들의 이름을 대 보십시오. 여기와 같은 개념을 그들에게 적용하는 것이 가능하겠습니까? 그들이 사람들로 하여금 하나님이 자신을 사랑하는 것을 확신하도록 만듭니까? 그것은 얼마나 터무니없는 이야기입니까?

그리스도를 보낸 것이 하나님의 사랑을 나타내는 것은 그가 하나님의 아들이기 때문입니다. "나를 본 자는 아버지도 보았느니라"는 예수의 말이 사실이라면, 그렇다면 나는 이렇게 말할 수 있습니다. "당신의 온유하심에서, 당신의 오래 참으심에서, 당신이 세리와 창녀를 찾아가신 것에서, 당신이 슬픔과 아픔 가운데 있는 모든 사람들을 동정하신 것에서, 당신의 고뇌와 수난에서, 당신의 십자가와 죽음에서 — 나는 그 자체가 하나님의 사랑인 하나님의 영광을 보나이다." 사랑하는 형제들이여, 여러분이 사람이신 예수 그리스도와 영원히 살아 계시며 영원히 사랑하시는 하나님 사이의 연결고리를 끊는다면, 나는 도대체 어떻게 여러분이 그의 생애와 죽음의 기록으로부터 믿음을 끌어낼 수 있는지 도무지 알지 못합니다.

여기에 또 하나의 요점이 있습니다. 그것은 우리가 예수 그리스도를 우리 죄를 위한 화목제물로 간주할 때 그를 보내신 것은 필연적으로 하나님의 사랑에 대해 말하는 것이 된다는 사실입니다. 세상 죄를 위한 희생제물로서의 그의 죽음을 제거해 보십시오. 그러면 절름발이 복음 외에 아무것도 남지 않을 것입니다. 하나님의 사랑의 이름으로 그리스도의 대속적 죽음의 개념을 배척하는 사람들은 자신들이 올라온 사다리를 자기 발로 차

버리는 셈입니다. 하나님의 사랑을 나타내는 것은 십자가입니다. 사람들의 마음 안으로 복된 확신의 빛을 비추는 것은 화목제물의 방편으로서의 십자가입니다.

3. 셋째로, 그리스도를 보낸 것은 나에 대한 하나님의 사랑과 관련하여 무엇을 말합니까?

우리는 그것이 말하는 것을 압니다. 그것은 필연적으로 우리 마음 안으로 하나님의 사랑에 대한 확신을 가져다주고 거기에서 열매를 맺게 만듭니다. 또 그것은 필연적으로 우리의 죄와 악을 제거합니다. 그렇지 않습니까? 나는 우리 가운데 어떤 사람들에게 그것이 아무런 결과도 맺지 못할 것을 심히 우려합니다. 사랑하는 친구들이여, 여러분 가운데 어떤 사람들은 흐리멍덩한 눈으로 혹은 그보다도 감긴 눈으로 그 빛을 바라봅니다. 그러면 그것은 한낮의 광채 가운데서도 어둡습니다. 십자가로부터 목소리가 임합니다. 그것은 자신의 비파를 연주하는 사람의 목소리처럼 달콤하며, 많은 물소리처럼 강합니다. 그러나 그들은 아무 소리도 듣지 못합니다. 그들은 약간 감동을 받지만 그것으로 끝입니다.

형제들이여, 여러분은 세상 전체를 포괄하는 일반론을 각 개인에게 개별적으로 적용시켜야 합니다. 여러분은 "그가 **나**를 사랑하사 **나**를 위해 자신을 주셨도다"라고 말해야만 합니다. 우주적인 구주를 믿는 것은 아무 소용없습니다. 당신은 당신 자신의 특별한 구주를 믿습니까? 그리스도의 십자가와 하나님의 사랑의 나타남 사이의 관계에 대한 가장 정통적인 개념을 갖는 것은 아무 소용없습니다. 당신은 그러한 나타남을 예수 그리스도가 **당신**의 구주시며 **당신**의 죄를 위한 화목제물이시며 **당신**에게 영원한 생명을 주는 자라는 확신을 당신 자신의 개인적인 삶 안으로 데려가는 수단으로 만들었습니까? 그렇게 하는 것이 바로 믿음입니다. 요한복음 3장 16절의 위대한 구절에 두 개의 조건이 있는 사실을 주목하십시오. 우리 가운데 어떤 사람들은 "하나님이 세상을 이처럼 사랑하사 … 모든 사람이 영생을 얻게 하려 하심이라"라고 읽습니다. 그러나 예수 그리스도는 그렇게 말씀하지 않았습니다. "하나님이 세상을 이처럼 사랑하사." 이어 첫 번째 조건이 따릅니다 — "독생자를 주셨으니." 그리고 계속해서 두 번째 조건이 따릅니다 — "이는 그를 믿는 자마다 멸망하지 않고 영생을 얻게 하려 하심이라." 하나님은 자신이 하셔야만 하는 일을 하셨습니다. 하나님 편에서의 조건들은 모두 충족되었습니다. 이제 여러분 편에서의 조건을 충족시키십시오 — "그를 믿는 자마다." 여러분이 그가 "우리 죄를 위한"이 아니라 "**나**의 죄를 위한" 화목제물이라고 말할 수 있다면, 여러분은 영원한 생명과 함께 사랑의 하늘에 자신의 존재를 갖게 될 것입니다. 그리고 여러분은 그 사랑이 반사되어 다시금 그를 사랑하게 될 것입니다. 그리고 아무것도 여러분을 우리 주 예수 그리스도 안에 있는 하나님의 사랑으로부터 끊을 수 없을 것입니다.

11
주인의 그러하심과 같이 종도 그러함

"주께서 그러하심과 같이 우리도 이 세상에서 그러하니라"

요일 4:17

가장 큰 진리가 가장 짧은 말씀 속에 담겨질 수 있으며, 가장 깊은 심오함이 가장 단순한 표현 속에 담겨질 수 있습니다. 이와 같이 요한은 그의 복음서와 서신들 가운데 가장 깊은 실재(實在)들을 가장 영원한 측면에서 다룹니다. 그러나 그의 어휘는 신약에서 가장 단순합니다. 하나님과 세상, 생명과 죽음, 사랑과 미움, 빛과 어둠 — 이러한 것들이 그의 사상이 집약되고 좋아하는 단어들입니다. 여기에 일곱 개의 단어로 구성된 아주 짧막한 문장이 있습니다. "주께서 그러하심과 같이 우리도 이 세상에서 그러하니라" — 도대체 무엇이 이것보다 더 단순할 수 있겠습니까? 그러나 여기에 담겨 있는 개념은 다른 어떤 문장 속에 담겨 있는 것보다 훨씬 더 뛰어납니다. 여기에 담겨 있는 개념이 무엇입니까? 그것은 그리스도인이 예수 그리스도의 살아 있는 형상 혹은 닮은꼴이라는 것입니다.

본문의 의미 못지않게 본문의 전후관계 역시 매우 주목할 만합니다. 바로 앞에서 요한은 사랑에 거하는 것이 곧 하나님 안에 거하고 또 하나님이 우리 안에 거하시는 것임을 역설했습니다. "하나님이 우리를 사랑하시는 사랑을 우리가 알고 믿었노니 하나님은 사랑이시라 사랑에 거하는 자는 하나님 안에 거하고 하나님도 그의 안에 거하시느니라"(16절). 그러고 나서 그는 계속해서 "이로써 ─ 즉 그와 같은 사랑에서의 상호 거함에서 ─ 사랑이 우리에게 온전히 이루어졌다"고 말합니다. 그리고 그는 계속해서 그와 같이 사랑이 온전히 이루어진 것은 우리로 하여금 미래의 큰 심판의 날에 담대함을 가지게 하려 함이라고 말합니다. 그 날 우리는 우리의 얼굴을 들고 담대하게 그의 얼굴을 바라볼 수 있을 것입니다. 그의 얼굴은 우리에게 처음 보는 낯선 얼굴이 아닐 것입니다. 그 날 우리의 확신의 원천이 "사랑"과 "거함"인 것은 그것 즉 사랑과 거함이 우리의 삶이 그리스도의 삶과 같아지는 원천이기 때문입니다. 우리는 담대함을 갖습니다. 왜냐하면 "그의 그러하심과 같이 우리도 이 세상에서 그러하기" 때문입니다. 또 그의 그러하심과 같이 우리도 그러한 것은 우리가 그를 사랑하며 그 안에 거하기 때문입니다. 이와 같이 우리는 여기에서 다음과 같은 세 가지 개념을 발견합니다. 첫째로 그리스도인이 그리스도와 같아짐, 둘째로 그것이 낳는 분명한 확신, 그리고 마지막으로 그것이 이루어지는 과정.

1. 첫째로, 그리스도인은 그리스도의 살아있는 형상 혹은 닮은꼴입니다.

본문은 정말로 우리를 깜짝 놀라게 할 만한 말씀입니다. 특별히 우리가 요한이 겸비와 순종 가운데 행하셨던 그의 지상 생애를 가리키며 "그의 **그러하셨음** 같이"라고 말하지 않고 그의 하늘의 영광과 왕권을 가리키며 "그의 **그러하심** 같이"라고 말하는 것을 주목한다면, 여기의 말씀은 우리에게 한층 더 깜짝 놀랄 만한 것이 됩니다. 그리스도는 원본(原本)이며, 우리는 사본(寫本)입니다. 우리의 원본인 그리스도는 "과거 그러하셨던 그리스도"만이 아니라 "지금 그러하신 그리스도"입니다.

복음의 참된 교훈과 오로지 그리스도의 인성(人性)만을 강조하며 그의 지상 생애의 모범을 본받을 것만을 가르치는 교훈 사이에는 큰 차이가 있습니다. 십자가 위에서 죽었던 사람은 다시 살아나셔서 지금 살아 계십니다. 지금 하늘에 거하시는 그의 현재적 삶에 우리가 붙잡을 수 있는 요소들이 있습니다. 그리고 모든 그리스도인들의 삶은 그러한 요소들과 같아질 수 있으며 또 같아져야 합니다.

그러면 그의 영광에 허물투성이인 내가 나의 성품이 빚어지고 있다고 느낄 수 있는 무엇인가가 있습니까? 분명 그렇습니다. 나는 요한이 여기의 본문을 기록하는 가운데 그의 복음서 17장에 기록된 우리 주님의 대제사장의 기도를 생각하고 있었다고 믿습니다. 왜냐하면 여기에서와 같이 거기에서도 우리는 세상에 있지만 그는 더 이상 세상에 계시지 않는다는 말씀과 그와 우리 사이의 동질성과 관련한 말씀이 똑같이 나타나기 때문입니다. "아버지께서 내 안에, 내가 아버지 안에 있는 것 같이 그들도 우리 안에 있게 하사"(요 17:21).

우리가 여기의 요한과 함께 밧모 섬에서 불꽃같은 눈과 해가 힘 있게 비취는 것 같은 얼굴과 그의 머리 위의 많은 면류관들과 그의 손에 붙잡혀 있는 별들을 바라보고 있다고 상상해 보십시오. 그럴 때 우리 역시도 그의 발 앞에 엎드려 우리의 얼굴을 가릴 수밖에 없다고 느낄는지 모릅니다. 그럼에도 불구하고 그의 영광에 우리의 삶 가운데 반복되고 재현될 수 있는 무엇인가가 있는데, 그것은 아버지와의 불가분리적인 연합입니다. 그와 마찬가지로 우리 역시도 모든 사랑과 순종 가운데 아버지와 더불어 불가분리적으로 연합합니다. 바로 이것이 그리스도께서 이 땅에 계셨을 때와 그가 영광을 받으셨을 때 가지셨던 생명과 같은 생명의 핵심입니다. 이와 같이 아들의 모든 것은 아들의 영을 받은 모든 사람들에게서 반복되어야만 하며 또 필연적으로 반복됩니다.

이와 같이 우리가 그와 같아지는 것은 우리의 필연적인 운명입니다. 그와 마찬가지로 우리 역시도 고난을 당하며 눈물을 흘립니다. 또 그와 마찬가지로 우리 역시도 보좌 위에 거하며 통치합니다. 우리가 그의 소유라면, 우리는 다음과 같은 점들에서 그와 같습니다. 즉 우리가 하나님과 연합된다는 점, 우리가 하나님과 더불어 교제를 나눈다는 점, 우리의 삶이 신성으로 충만해진다는 점, 우리가 하나님의 임재로 가득 채워진다는 점, 우리가 스스로를 하나님과 그의 뜻에 순복시킨다는 점, "나의 뜻대로 마옵시고 아버지의 뜻대로 되기를 원하나이다"가 우리의 마음과 삶의 중심이 된다는 점에서 말입니다. 이와 같이 우리는 심지어 이 땅에서조차 "흙에 속한 자의 형상을 입은 것 같이 또한 하늘에 속한 자의 형상을" 입습니다(고전 15:49). 그렇기 때문에 우리의 삶 가운데 하나님과의 아들로서의 연합, 하나님께 대한 아들로서의 순종, 그로 말미암은 그리스도의 정결하심과 같은 정결함, 그리스도의 의로우심과 같은 의로움, 그리고 그리스도의 빛 가운데 행하심과 같은 행함이 충만하게 채워질 수 있습니다.

계속해서 "우리도 그러하니라"(so **are** we)라는 표현을 주목해 보십시오. 여기에 우리가 놓쳐서는 안 되는 매우 중요한 요점이 있습니다.

요한은 지금 훈계하고 있는 것이 아니라 단순하게 진술하고 있습니다. 그는 지금 그리스도인들이 마땅히 어떻게 되고자 노력해야 하는지에 대해 말하고 있지 않습니다. 다만 그는 모든 그리스도인들이 실제로 어떠한지에 대해 말하고 있습니다. 다시 말해서 그들은 필연적으로 그들의 주님과 같다는 것입니다. 그리스도와 그리스도인 사이의 관계에 그러한 사실이 필연적으로 포함됩니다. 물론 그리스도와 같아지는 정도에 있어 차이가 있을 수 있습니다. 화가들 사이에 그림을 그리는 기술과 열정 등에 있어 차이가 있을 수 있는 것처럼 말입니다. 어쨌든 우리는 초상화를 그리는 화가처럼 애써야 합니다. 완전한 그림에 도달할 때까지 전심을 기울여 천천히 그림을 그려나가야 합니다. 누룩이 반죽 전체를 변화시키는 것은 평생에 걸친 작업입니다. 그리스도와 같아지는 것은 한 순간의 도약으로 완성에 도달하는 것이 아닙니다. 금속 원판에 왕의 형상을 새기는 작업을 상상해 보십시오. 금속 원판을 한 번 때리는 것으로 왕의 형상이 새겨지지 않습니다. 그것은 오랜 수고와 노력을 통해 그리고 점진적인 깎음과 다듬음에 의해 이루어집니다. 본문은 "이 세상에서"라고 덧붙임으로써 그러한 사실을 암시합니다. "우리도 이 세상에서 그러하니라."

사랑하는 그리스도인들이여, "우리도 그러하니라"라는 말씀을 되새겨 보십시오. 요한이 "우리도 그럴 수 있느니라"라든지 혹은 "우리도 그럴 것이니라"라고 말했다면, 그것은 여러분의 마음을 그다지 불편하게 만들지 않을 것입니다. 그러나 "우리도 그러하니라"는 어떻습니까? 이러한 말씀은 스스로를 그리스도인이라고 부르는 수많은 사람들의 삶과 얼마나 기괴하게 모순됩니까? 사람들이 내게 "아, 저 사람은 꼭 그리스도와 같아!"라고 말할 수 있는 무엇인가가 있습니까? "우리도 그러하니라" — 이 말씀은 우리에게 얼마나 강렬하며 엄중하게 임합니까? 사랑하는 형제들이여, "누구든지 그리스도의 영이 없으면 그리스도의 사람이 아니라"는 말씀을 마음에 깊이 새기십시오(롬 8:9). 여러분은 기독교 신조를 고백하며, 성례에 참여하며, 교회에 출석하며, 모든 형태의 외적인 일들을 행할는지 모릅니다. 그러나 여러분의 성품 가운데 그리스도와 같아진 것이 없다면, 어쩌면 여러분은 스스로 속고 있는지도 모릅니다. 실제로는 그렇지 않음에도 불구하고 스스로 그리스도에게 속한 줄로 여기면서 말입니다.

비에 파여 만들어진 작은 도랑을 생각해 보십시오. 그것은 큰 산맥 사이에 깊게 패인 거대한 협곡을 만든 힘과 동일한 힘에 의해 만들어집니다. 이와 같이 내가 그리스도인이라면, 나의 보잘것없는 삶 가운데 예수 그리스도께서 행하셨던 힘과 동일한 힘이 어느 정도 역사(役事)할 수 있으며 또 역사할 것입니다.

계속해서 "이 세상에서"라는 짤막한 구절에서 우리는 또 하나의 메시지를 주목할 수 있습니다. 하늘에 그리스도께서 계십니다. 이 땅에 그를 대리하는 여러분이 있습니다. 오늘날 책에다가 그 내용을 설명하는 그림을 넣는 것이 큰 유행입니다. 이 시대의 사람들은 그림이 들어가지 않은 책은 잘 읽지 않으려고 합니다. 이와 같이 우리 그리스도인들은 세상 가운데 복음을 설명하는 그림입니다. 복음의 잭 속에는 많은 원리들과 사실들이 있습니다. 그리고 그 책을 읽는 독자들은 우리에게서 그 모든 것을 설명해 주는 그림을 볼 수 있어야만 합니다.

바로 이것이 여러분이 이 세상에 있는 이유입니다. "아버지께서 나를 보내신 것 같이 나도 너희를 보내노라"(요 20:21). "주께서 그러하심과 같이 우리도 이 세상에서 그러하니라." 세상은 우리를 대적할 수 있습니다. 그러나 세상은 우리의 영역이며, 우리가 그리스도와 같아지는 현장입니다. 그리고 그리스도는 그의 명예와 평판을 우리에게 맡기셨습니다. 우리 그리스도인들이 우리의 부르심에 좀 더 진실하다면 그리고 우리의 성품과 얼굴 가운데 하늘의 형상을 좀 더 풍성하게 나타낸다면, 성경에 계시된 그리스도를 바라보기를 게을리 하는 많은 사람들이 결국 우리를 통해 그를 바라보고 사랑하게 될 것입니다.

2. 둘째로, 이와 같이 예수 그리스도와 같아지는 것이 사람으로 하여금 심판 날 머리를 들 수 있도록 만들어 주는 유일한 것입니다.

요한은 "우리가 심판 날에 담대함을 갖는 것은 주께서 그러하심과 같이 우리도 이 세상에서 그러하기 때문이니라"라고 말합니다. 오늘날의 일반적인 복음주의 신학은 이러한 부분의 진리를 너무나 많이 놓친 경향이 있습니다. 사람들은 "그리스도 안에서 하나님의 자녀로 받아들여지는" 것에 대해 이야기합니다. 그것은 분명한 사실입니다. 우리가 어린 시절에 불렀던 옛 찬송가의 가사를 생각해 보십시오.

"심판 날 나는 담대하게 설 것이라네.
　나의 죄를 짊어진 주님의 피로
　나는 해방되었다네.
　죄의 무시무시한 저주와 수치로부터."

나는 이러한 진리를 분명히 믿습니다. 그리고 항상 이러한 진리를 올바로 전파하고자 노력합니다. 그러나 우리는 또 다른 측면의 진리를 잊어서는 안 됩니다. 본문은 우리 주님 자신이 가르치신 원리들과 완전하게 일치됩니다. 요컨대 모든 사람들이 심판대 앞에서 받게 될 질문은 "네가 무엇을 **믿었느냐?**"가 아니라, "네가 무엇을 **행했느냐?**" 그리고 "네가 어떤 성품의 사람이 되었느냐?"일 것입니다.

사랑하는 친구들이여, 나는 여러분이 이러한 사실을 마음에 새기기를 바랍니다. 왜냐하면 우리 가운데 너무나 많은 사람들이 이러한 사실을 너무나 쉽게 잊는 경향이 있기 때문입니다. 물론 이 땅에서의 구원의 시작과 죄 사함의 조건은 예수 그리스도를 믿음으로 신뢰하는 것입니다. 그러나 그러한 믿음은 필연적으로 그의 형상을 따라 빚어진 성품을 만드는 방향으로 작동합니다. 그러므로 "그가 어떤 성품의 사람인가?"가 "그가 어디에 있을 것인가?" 그리고 "그가 영원을 통해 무엇을 받을 것인가?"를 결정합니다. 그리스도 자신의 가르침을 생각해 보십시오. 또 다음과 같은 바울의 교훈을 되새겨 보십시오. "누구든지 금이나 은이나 보석이나 나무나 풀이나 짚으로 이 터 위에 세우면 각 사람의 공적이 나타날 터인데 그 날이 공적을 밝히리니 이는 불로 나타내고 그 불이 각 사람의 공적이 어떠한 것을 시험할 것임이라 누구든지 그 위에 세운 공적이 그대로 있으면 상을 받고 누구든지 그 공적이 불타면 해를 받으리니 그러나 자신은 구원을 받되 불 가운데서 받은 것 같으리라"(고전 3:12-15). 터 위에 세워진 나무나 풀이나 짚이 불탈 때, 그것을 세운 자는 구원을 받을 것이지만 불 가운데서 받는 것처럼 구원을 받을 것입니다. 또 우리가 하나님의 보좌 앞에 설 수 있게 되는 것은 오직 믿음이 사랑과 교제를 통해 우리 안에서 예수 그리스도의 성품과 같은 성품을 만들어낼 때뿐이라는 사실을 기억하십시오. 비록 그때조차도 우리가 하나님의 무한한 긍휼을 믿고 의지해야만 할 것이라 하더라도 말입니다. 그리고 오직 성품만이 여러분이 심판 날 심판대 앞에 당당하게 서게 할 것이라는 본문의 교훈을 마음에 깊이 새기십시오.

이러한 사실과 믿음으로 구원받는 교리 사이에는 어떤 모순도 없습니다. 자신의 복음서에서 주님 자신의 입술을 통해 "믿는 자는 심판을 받지 아니하는 것이요"라고 말한 사람과 자신의 편지에서 "우리가 심판 날에 담대함을 갖는 것은 주께서 그러하심과 같이 우리도 이 세상에서 그러하기 때문이라"라고 말한 사람은 같은 사람이었습니다.

3. 마지막으로, 이와 같이 그리스도와 같아지는 것이 이루어지는 과정을 주목하십시오.

본문을 다시 한번 주목해 보십시오. "이로써 사랑이 우리에게 온전히 이루어진 것은 우리로 심판 날에 담대함을 가지게 하려 함이니 주께서 그러하심과 같이 우리도 이 세상에서 그러하니라." 우리의 사랑은 우리가 하나님 안에 그리고 하나님이 우리 안에 거함으로 말미암아 온전해집니다. 또 우리는 그리스도와 같아짐으로 말미암아 심판 날 담대함을 갖습니다. 이와 같이 예수 그리스도와 같아짐에 있어 필요한 것은 우리가 그를 사랑하고 그와 더불어 계속 접촉을 유지하는 것입니다. 그러면 그 안에 "거하는" 것은 무엇입니까? 그것은 우리의 마음과 사랑과 의지(意志)와 실천적인 순종이 계속 그에게로 흐르도록 하며, 일상의 모든 삶 가운데 그를 항상 우리 마음의 은밀한 장소에 두는 것입니다. 항상 그를 생각하며, 항상 그를 사랑하십시오. 그의 이름이 향기처럼 여러분의 삶 전체에 퍼지게 하십시오. 여러분의 의지(意志)를 항상 순복의 태도로 유지시키십시오. 그리고 그에게 절대적으로 의존하십시오. 그리고 여러분의 외적인 행동들이 그와 여러분 사이를 나누는 장벽이 되게 하지 마십시오. 이와 같이 우리의 전 존재가 그리스도로 채워질 때, 우리는 필연적으로 그와 같아지게 될 것입니다. "내 안에 거하라 나도 너희 안에 거하리라"(요 15:4). 여러분은 자신을 그리스도와 같이 만들 수 없습니다. 그러나 여러분은 자신을 그리스도에게 고정시킬 수 있습니다. 그러면 그가 여러분에게 그와 같이 만들 능력을 줄 것입니다.

그러나 "그에 거하는" 것은 아무것도 하지 않고 막연히 기다리는 수동적인 태도가 아니라는 사실을 기억하십시오. 도리어 그것은 에너지로 충만한 태도입니다. 여러분은 필요할 때 여러분의 참된 자아와 반대되는 것을 억제해야 합니다. 여러분은 아버지의 의지(意志)와 일치되는 것을 계속 계발해야 합니다. 여러분은 "많은 형제들 가운데 장자"의 형상과 일치되는 것을 계속 계발해야 합니다.

사랑하는 친구들이여, 빛 가운데 거하십시오. 그러면 여러분은 빛이 될 것입니다. 그리스도 안에 거하십시오. 그러면 여러분은 그리스도와 같아질 것입니다. 그리고 그와 같아질 때, 여러분은 심판대 앞에서 여러분의 머리를 들고 기뻐할 수 있게 될 것입니다. 그리고 여러분이 더 이상 이 세상에 있지 않을 때, 그와 같아지는 것이 완성될 것입니다. 왜냐하면 그때 완전한 교제가 이루어질 것이기 때문입니다. "사랑하는 자들아 우리가 지금은 하나님의 자녀라 장래에 어떻게 될지는 아직 나타나지 아니하였으나 그가 나타나시면 우리가 그와 같을 줄을 아는 것은 그의 참모습 그대로 볼 것이기 때문이니"(3:2).

12
사랑과 두려움

"사랑 안에 두려움이 없고 온전한 사랑이 두려움을 내쫓나니 두려움에는 형벌이 있음이라 두려워하는 자는 사랑 안에서 온전히 이루지 못하였느니라"

요일 4:18

요한은 바로 앞에서 담대함에 대해 말했는데, 그것은 자연적으로 그 반대의 것 즉 두려움을 암시합니다. 그는 온전한 사랑이 심판 날 담대한 용기를 만들어 낸다고 말합니다. 그것은 그러한 사랑이 그리스도와 같아지는 것을 만들어 내기 때문입니다. 요한은 본문 가운데 계속해서 그러한 주제를 확대시켜 나갑니다. 사랑이 담대함을 만들어 내는 또 하나의 방법이 있는데, 그것은 두려움을 내쫓음으로 말미암는 것입니다. 사랑과 두려움은 상호 배타적입니다. 하나가 들어오면, 다른 하나는 사라집니다. 우리는 같은 사람을 사랑하면서 동시에 두려워할 수 없습니다. 사랑이 들어올 때, 두려움은 사라집니다. 또 사랑은 담대함과 함께 옵니다. 그러나 담대함이 사랑과 함께 오는 것은 오직 그 사랑이 온전한 사랑일 때입니다. 왜냐하면 초보적인 낮은 단계에서 사랑은 종종 두려움과 뒤섞이기 때문입니다.

본문 가운데 요한은 사랑과 두려움의 두 감정에 대해 말합니다. 사랑과 두려움에 대해 그가 말하는 것은 그 대상이 무엇이든 상관없이 사실입니다. 그러나 문맥은 그의 생각 속에 특별한 적용이 있음을 암시합니다. 왜냐하면 그가 말하고 있는 것은 "심판 날의 담대함"이기 때문입니다. "이로써 사랑이 우리에게 온전히 이루어진 것은 우리로 심판 날에 담대함을 가지게 하려 함이니"(17절). 그러므로 여기에서 그가 의미하는 것은 하나님에게 향하여진 사랑과 두려움입니다. 그러나 수많은 그리스도인들의 경험은 우리에게 한 사람의 마음속에 부분적인 사랑과 두려움이 함께 있을 수 있는 가능성을 보여 줍니다. 오늘 나는 여러분과 함께 다음과 같은 세 가지 주제를 살펴보고자 합니다 — 두려움의 지배와 두려움의 사명과 두려움을 내쫓음.

1. 두려움의 지배

두려움은 어떤 대상으로부터 나쁜 일이 발생할 것을 걱정하며 움츠리는 것입니다. 본문은 우리에게 우리의 가장 간절한 기쁨과 열망이 되어야 할 하나님이 우리의 가장 무서운 두려움이 되는 인간 본성의 상태가 있음을 보여 줍니다. 피조물이 자신을 사랑하는 창조주에 대해 느껴야만 하는 그러한 부자연스러운 감정의 뿌리는 하나님과 사람 사이의 불화 즉 죄의 사실로 말미암아 마음에 드리워지는 어두운 그림자를 의식(意識)하는 것에 박혀 있습니다. 하나님은 의로우십니다. 하나님은 의로 자신의 우주를 통치하십니다. 이성적(理性的)인 피조물들은 하나님과 더불어 화목의 관계를 가질 수도 있고 불화의 관계를 가질 수도 있습니다. 그러므로 하나님과 그러한 피조물들 사이에 대부분의 경우 잠재적이기는 하지만 매우 실제적인 두려움이 있습니다.

나는 하나님과의 불화에 대한 이와 같은 희미한 의식(意識)이 모든 사람들에게 잠재되어 있다고 믿습니다. 설령 그것이 종종 은폐되고. 간과되며, 또 부인된다고 하더라도 말입니다. 그것은 마치 뱀이 동면(冬眠)하고 있는 것처럼 모든 사람의 의식(意識) 속에 잠자고 있습니다. 비록 동면 가운데 있다 하더라도, 뱀은 여전히 우리 마음 가운데 똬리를 틀고 있습니다. 적당한 조건이 주어지면 뱀은 깨어날 것입니다. 그러면 뱀은 머리를 쳐들고 갈라진 혀를 날름거리며 독액(毒液)을 뿜을 것입니다. 이와 같이 하나님에 대한 두려움은 세상에서 가장 소름끼치는 것입니다. 그것은 가장 부자연스러운 것이지만, 모든 사람들에게 보편적인 — 온전한 사랑에 의해 쫓겨나지 않는 한 — 것입니다.

이와 같은 하나님과의 불화의 불편한 의식(意識)으로부터 다른 형태의 두려움들이 생깁니다. 내가 하나님과 더불어 불화한 상태에 있다면, 그가 통치하는 우주 가운데 나의 운명은 어떻게 될 것입니까? 나는 하나님과 불화한 가운데 살아가는 사람들이 인간의 삶의 사실들에 직면하여 어떻게 미치지 않을 수 있는지 종종 의아하게 생각하곤 합니다. 왜냐하면 세상에서 우리는 벌거벗은 상태로 스스로의 힘으로는 결코 빠져나올 수 없는 소용돌이 속에 던져져 있기 때문입니다. 거기에 모든 종류의 악들이 소용돌이치며 거품을 뿜어냅니다. 거기에는 필연적인 악들도 있으며, 우연적인 악들도 있습니다. 우리가 우주의 모든 힘을 마음대로 휘두르는 자와 더불어 불화하다면, 심지어 하늘의 별들조차도 우리와 싸울 것입니다. 만물은 하나님을 섬기는 자를 섬기며, 그와 그의 뜻을 대적하는 자를 대적합니다.

그러면 또 다른 형태의 두려움들이 생깁니다. 그러한 두려움들은 우리가 하나님과 더불어 불화한 사실로부터 우리를 괴롭히며 떨게 만드는 모든 세력을 끌어옵니다. 그러한 두려움들은 우리의 나아가는 모든 길 곁에 숨어 우리를 기다립니다.

하나님의 우주, 하나님의 사자(使者)의 죽음 — 이러한 것들은 우리와 직접적으로 관계된 사실들입니다. 하나님에 대한 우리의 관계가 온전하지 않다면, 하나님과 이 모든 것들은 우리에게 두려움의 대상이 됩니다.

온전한 사랑 외에 두려움을 쫓아내는 또 다른 것이 있는데, 그것은 온전한 경박함입니다. 그토록 많은 사람들이 이러한 두려움에 대해 아무것도 알지 못하는 이유가 바로 이것 때문입니다. 그들은 내가 과장하고 있다든지 혹은 잘못된 관점을 강요하고 있다고 생각합니다. 나는 우리 가운데 하나님에 대하여 두려움과 사랑을 동시에 가지고 있는 사람들이 있음을 조금도 의심하지 않습니다. 그들은 하나님이나 하나님에 대한 그들의 관계나 그로부터 흘러나오는 것들에 대해 깊이 생각하지 않습니다. 보고 싶은 것만을 보며 보고 싶지 않은 것에 대해서는 감긴 눈을 갖는 것은 우리 모두가 가진 참으로 이상한 기능입니다. 마치 코펜하겐에서의 넬슨 제독처럼 말입니다. 철군(撤軍) 신호를 따르고 싶지 않았던 그는 망원경에 눈을 대고서도 아무것도 보지 않았던 것입니다. 그러나 사람들이 자신들의 실제적인 상태를 보지 않기 위해 눈을 감아버리는 것은 참으로 저열(低劣)한 일입니다. 마치 공동묘지를 지나가면서 실제로는 너무나 무서우면서도 "나는 하나도 안 무서워"라고 말하면서 휘파람을 부는 아이들처럼 말입니다. 사랑하는 친구들이여, 실제적인 사실과 직면하여 그것을 역전시킬 수 있는 방법을 발견할 때까지 결코 쉬지 마십시오. 사람에게 있어 확실한 사실을 외면하는 것은 참으로 저열하며 치졸한 일입니다. 이 시간 여러분에게 간절히 당부합니다. 부디 나의 말을 깊이 명심하시오. 부디 나의 말로부터 돌이키지 마십시오. 부디 어깨를 으쓱 하며 "저 사람은 지금 편협하기 짝이 없는 구닥다리 교리를 전파하고 있군!"이라고 말하지 마십시오. 결코 그렇지 않습니다. 나는 지금 편협하기 짝이 없는 구닥다리 교리를 전파하고 있는 것이 아닙니다. 다만 나는 지금 하나님과 불화하고 있는 사람은 마땅히 두려워할 충분한 이유를 가지고 있다는 명백한 사실을 전파하고 있을 뿐입니다. "너희 안일한 여자들아 떨지어다 너희 염려 없는 자들아 당황할지어다"라는 옛 선지자의 훈계에 귀를 기울이십시오(사 32:11). 달갑지 않은 사실을 외면함으로 평안한 마음을 갖는 것보다 더 어리석은 것이 무엇이겠습니까? 우리는 명백한 사실 앞에 마땅히 두려워하며 떨어야 합니다. 그럴 때 그러한 두려움이 우리를 피난처로 인도할 것입니다.

2. 두려움의 사명.

"두려움에는 고통이 있음이라"라는 구절을 주목해 보십시오(fear hath torment, 한글개역개정판에는 "형벌"이라고 되어 있음). 여기의 "고통"(torment)은 매우 드물게 사용되는 단어입니다. 그것은 고통을 의미하되, 특별히 어떤 목적을 위한 고통, 무엇인가를 교정하며 바로잡는 고통, 연단으로서의 고통, 어떤 것을 그 이상의 수준으로 이끌기 위해 의도된 고통을 의미합니다. 정신적인 세계에서 두려움은 물리적인 세계에서 고통이 갖는 기능과 동일한 기능을 가집니다. 그것은 병의 징후입니다. 그것의 목적은 우리가 약과 의사를 찾도록 하는 것입니다. 경고 사이렌의 목적은 잠자고 있는 사람들을 깨워 급히 방공호로 피하도록 하기 위한 것입니다. 이와 같이 하나님과의 불화가 가져오는 확실한 결과에 대한 이러한 건전한 두려움은 우리에게 천사들이 롯을 깨워 급히 소돔 밖으로 나가도록 한 것과 동일한 목적을 갖습니다. 두려움의 목적은 결국 그것의 원인을 제거하여 그 결과가 생기지 않도록 하기 위한 것입니다.

무익한 두려움 즉 무작정 두려워하기만 할 뿐 아무 일도 하지 않는 두려움보다 더 해롭고 어리석은 것은 아무것도 없습니다. 무익한 두려움은 그것이 이루어지는 것을 막기 위해 아무 일도 하지 않습니다. 마구간에 불이 났을 때를 생각해 보십시오. 그 안에 있는 말들은 극도의 두려움에 사지(四肢)가 마비되어 꼼짝도 하지 못합니다. 말들은 결국 그곳에서 불에 타 죽고 맙니다. 이와 같이 어떤 사람이 두려워하면서도 아무 일도 하지 않는다면 예컨대 용서받지 못한 죄를 의식(意識)하는 가운데 두려워하면서도 아무 생각 없이 가만히 있다면, 그는 틀림없이 제정신이 아닌 사람일 것입니다. 그런데 우리 가운데 너무나 많은 사람들이 실제로 그렇게 합니다.

그러면 우리는 어떻게 해야 합니까? 우리는 두려움의 원인 즉 우리 자신의 죄성(罪性) 안으로 들어가야 합니다. 그리고 우리 자신의 죄성을 발견했을 때, 우리는 그것을 고칠 수 있는 예수 그리스도의 십자가로 가야만 합니다. 오직 그만이 하나님과 우리 사이에 있는 불화의 요소를 해결할 수 있습니다. 오직 그만이 우리를 우리의 원수들로부터 건져낼 수 있습니다. 사람의 죄와 그것의 모든 결과들과 맞붙어 싸워 이기며, 죄의 형벌을 제거하며, 죄책의 무거운 짐으로부터 마음을 가볍게 하며, 죄의 지배로부터 건져내는 것은 그리스도와 그의 사역, 그리스도와 그의 희생제사, 그리스도와 그의 내주하시는 영입니다. 이와 같이 우리의 두려움은 우리를 "모든 이름 위에 뛰어난 이름"으로 데려갑니다. 그것은 우리가 죄를 이기고 모든 두려움과 더불어 맞서 싸우는 예수 그리스도에게로 잡아끕니다.

형제들이여, 나는 지금 두려움의 종교(religion of Fear)를 전파하고 있는 것이 아닙니다. 다만 내가 지금 말하고자 하는 것은 두려움이 하나님에 대한 사람의 태도의 합당한 일부라는 사실을 인식하지 못한다면 우리는 불가불 사랑의 종교(religion of Love)를 거의 이해하지 못하게 될 것이라는 것입니다. 우리에게 두려움은 마치 우리를 안전한 피난처로 인도하는 흉측한 얼굴을 한 인도자와 같습니다. 두려움과 관련한 건전한 측면을 간과하지 마십시오. 기압이 떨어지고 수평선 위로 폭풍이 몰려오는 것을 보면서 두려워하는 선원들을 생각해 보십시오. 그러면서도 아무 일도 하지 않는다면 그들은 얼마나 어리석은 자들입니까! 기압이 떨어지고 수평선 위로 폭풍이 몰려오는 것을 볼 때, 우리는 준비해야 합니다. 이와 같이 두려움의 사명은 그것을 제거할 그리스도에게로 우리를 데려가는 것입니다.

3. 두려움을 내쫓음.

본문은 사랑과 두려움 사이의 상호 배타성을 지적합니다. "사랑에 두려움이 없고 온전한 사랑이 두려움을 내쫓나니." 내가 죄인으로서 예수 그리스도에게로 가서 그가 베풀어 주시는 사랑을 받는다면, 다음 절이 이야기하는 것처럼 그의 사랑에 대한 응답으로 나의 사랑이 솟아오를 것입니다. "우리가 사랑함은 그가 먼저 우리를 사랑하셨음이라"(19절). 그리고 그 사랑은 그것이 내 마음에서 솟아오르는 분량만큼 사랑의 상대방인 두려움을 제압하며 쳐부술 것입니다.

앞에서 이야기한 것처럼, 여러분은 같은 사람을 사랑하면서 동시에 두려워할 수 없습니다. 그 사랑이 매우 초보적이며 불완전한 것이 아닌 한 말입니다. 맑은 물을 마셔 보십시오. 그러면 여러분의 방광에 채워져 있는 더러운 오줌이 빠져나갈 것입니다. 이와 같이 사랑이 들어오면, 두려움은 쫓겨납니다. 마음의 더러운 마구간 안으로 돌려진 강줄기는 그 안에 있는 모든 오물들을 씻어낼 것입니다. 시커멓게 변색된 화관(花冠)을 생각해 보십시오. 그러나 그리스도의 사랑의 불에 접촉될 때, 그것은 찬란한 아름다움으로 빛날 것입니다. 이와 같이 여러분이 그리스도의 사랑을 받고 그것을 올바로 깨닫는다면, 그 사랑은 여러분의 마음에서 이제 쓸모없게 된 두려움을 태워버릴 사랑을 불붙일 것입니다.

그러나 형제들이여, 두려움을 내쫓는 것은 "온전한" 사랑이라는 사실을 기억하십시오.

사랑과 두려움의 두 감정은 상호 배타적인 것임에도 불구하고 사람의 불완전함 때문에 함께 연합될 수 있습니다. 그리고 실제로 많은 그리스도인들의 삶 속에서 두 감정은 너무나도 자주 연합됩니다. 공적으로 신앙을 고백하는 그리스도인들 가운데 평생 두려움의 무거운 짐을 지고 사는 사람들이 얼마나 많습니까! 그것은 그들이 예수 그리스도에게 충분하게 가까이 다가가지 않았다거나 그들의 마음을 그의 사랑의 능력에 충분하게 접촉시키지 않았기 때문이 아닙니다. 작은 사랑은 큰 두려움을 쫓아내기에 역부족입니다. 모든 두려움을 삼키는 하나님의 사랑에 대해 거의 알지 못하는 그리스도인들이 많이 있습니다. 그들은 아버지의 뜻을 올바로 인지(認知)하지 못하기 때문에 삶 가운데 일어날 수 있는 각종 악들에 마주치거나 혹은 그것을 상상할 때 두려워 떱니다. 그들은 움츠림과 두려움 없이는 결코 죽음의 사실을 직면하여 바라볼 수 없습니다. 그런가 하면 많은 그리스도인들의 경험 가운데 이기적인 두려움의 묵은 누룩이 있습니다. "당신은 굳은 사람이라 심지 않은 데서 거두고 헤치지 않은 데서 모으는 줄을 내가 알았으므로 두려워하여 나가서 당신의 달란트를 땅에 감추어 두었었나이다" ― 우리 가운데 얼마나 많은 사람들이 이와 똑같이 말합니까!(마 25:24). 이러한 두려움으로부터 벗어나는 유일한 길은 예수 그리스도에게 가서 그 옆에 가까이 붙어 있는 것입니다.

마지막으로 당부하고 싶은 것은 앞에서 이야기한 건전하며 이성적(理性的)인 두려움을 벗어버리는 올바른 방법을 발견하고 그것을 붙잡으라는 것입니다. 여러분은 그것을 간과할 수 있습니다. 여러분이 두려움의 근본적인 원인을 그대로 내버려두면서 단순히 그것을 외면하며 회피한다면, 그것은 참으로 어리석은 일입니다. 그것을 해결하는 유일한 길이 있습니다. 그것은 두려움의 진정한 원인인 죄의 사실을 벗어버리는 것입니다. 여러분의 모든 죄를 가지고 예수 그리스도에게로 가십시오. 그러면 그가 그 모든 죄를 해결할 것입니다. 그리고 오직 그만이 그 모든 죄를 해결할 수 있습니다. 그리고 그는 여러분에게 "내니 두려워 말라"고 말씀하시면서 여러분에게 용기를 주실 것입니다.

"하나님이 우리에게 주신 것은 두려워하는 마음이 아니요 오직 능력과 사랑과 절제하는 마음이니"(딤후 1:7). "너희는 다시 무서워하는 종의 영을 받지 아니하고 양자의 영을 받았으므로 우리가 아빠 아버지라고 부르짖느니라"(롬 8:15). 그러므로 아빠의 마음을 잘 아는 아이처럼, 모든 두려움을 내려놓고 하나님의 품에 안깁시다.

13
원래의 빛과 반사된 빛

“우리가 사랑함은 그가 먼저 우리를 사랑하셨음이라”
요일 4:19

이 얼마나 단순한 말씀입니까! 그러나 이것은 하나님의 깊음 속으로 깊이 내려가며, 사람의 마음으로부터 무거운 짐을 내려 주며, 의무를 기쁨으로 바꾸며, 모든 것의 외양(外樣)을 바꿉니다. 하나님이 자신을 사랑하는 것을 아는 사람은 참된 축복을 위한 모든 것을 아는 것입니다. 또 그 사랑에 응답하여 하나님을 사랑하는 사람은 모든 번제물과 희생제물보다 더 큰 제물을 드리는 것입니다. 그러나 우리는 본문의 올바른 독법(讀法)이 개정역(Revised Version)에 나타나는 것처럼 “그를”(him)을 빼고 즉 그 대상을 구체적으로 지적(指摘)함이 없이 그냥 “우리가 사랑함은”이라고 읽는 것이라는 사실을 기억할 필요가 있습니다(한글개역개정판은 개정역처럼 되어 있음. 한편 KJV에는 “We love **him**, because he first loved us”라고 되어 있음). 다시 말해서 이 순간 요한의 생각은 하나님의 사랑으로 말미암아 우리에서 이루어진 내적인 변화 즉 이기적인 자기사랑으로부터 참된 사랑으로의 변화에 초점이 맞추어져 있었던 것입니다. 하나님의 사랑으로 말미암아 마음이 녹습니다. 그러면 그렇게 녹은 마음의 강은 물길을 따라 흐르다가 마침내 다음 절에 나타나는 것처럼 두 개의 지류 즉 하나님에 대한 사랑과 사람에 대한 사랑으로 나누어집니다. “누구든지 하나님을 사랑하노라 하고 그 형제를 미워하면 이는 거짓말하는 자니 보는 바 그 형제를 사랑하지 아니하는 자는 보지 못하는 바 하나님을 사랑할 수 없느니라"(20절). 그러므로 하나님에 대한 사랑과 사람에 대한 사랑은 본질적으로 같은 근원을 가지고 있으며, 실제로 하나입니다.

이와 같이 본문은 첫째로 하나님에 대한 최종적인 말씀이며, 둘째로 우리의 기독교에 대한 최종적인 말씀이며, 셋째로 사람들 사이에서의 우리의 행동과 관련한 포괄적인 지침입니다. 하나님이 우리를 사랑하셨으므로 우리도 사랑합니다. 여기에 모든 신학과 모든 도덕의 핵심을 담고 있는 두 권의 작은 백과사전이 있습니다. 이제 위의 세 가지 요점을 차례대로 살펴보도록 합시다.

1. 하나님에 대한 최종적인 말씀.

"그가 먼저 우리를 사랑하셨음이라." 엄격하게 말할 때, 여기의 "먼저"(first)는 단순히 하나님에 대한 우리의 사랑보다 우리에 대한 하나님의 사랑이 더 앞서는 사실을 선언하는 것입니다. 그러나 우리는 그것의 의미를 좀 더 넓게 확장할 수 있습니다. 모든 것 가운데 처음(first)이 하나님의 사랑이었다는 의미로 말입니다. 창세 이전에, 아직 시간이 있기 이전의 영원의 때에, 영원하며 불변적인 마음의 심연(深淵)적인 깊음에 ─ 하나님의 사랑이 있었습니다. 그것이 제일 마지막에 발견되는 것은 그것이 모든 것 가운데 가장 처음의 것이기 때문입니다. 무너진 옛 건물을 파 보십시오. 여러분은 그것의 기초를 제일 마지막에 발견하게 될 것입니다. 어떤 것을 분석하는 과정을 생각해 보십시오. 여러분은 그것의 본질을 제일 마지막에 발견하게 될 것입니다.

이와 같이 옛 시편 가운데 하나도 진리의 놀라운 깊음으로 모든 것을 "그 인자하심이 영원함이로다"라는 말씀으로 귀결시킵니다. 그러므로 시간이 있었으며, 그러므로 빛이 있었습니다. "큰 빛들을 지으신 이에게 감사하라 그 인자하심이 영원함이로다"(시 136:7), 그러므로 심판이 있었습니다. "유명한 왕들을 죽이신 이에게 감사하라 그 인자하심이 영원함이로다"(18절). 이와 똑같이 우리는 신의 능력의 모든 역사(役事)들을 지나가면 서 "그가 먼저(first) 우리를 사랑하셨음이라"라고 말할 수 있습니다.

이러한 위대한 개념이 시편 기자와 선지자와 성자(聖者)와 지혜자의 글과 생각 속에서 희미하게 빛나다가, 아버지를 나타내신 자의 입술로부터 처음으로 분명하게 선포되고, 마침내 본 서신의 저자가 "하나님은 사랑이시라"라고 최종적으로 선포한 것은 결코 우연이 아닙니다. "하나님은 사랑이심이라" ─ 이것은 한쪽 측면에서 그의 존재의 기초이며, 다른 쪽 측면에서 그의 존재를 사람들에게 계시하는 과정의 최종적인 정점(頂點)에 박힌 찬란한 보석입니다. "그가 먼저 우리를 사항하셨음이라." 이러한 중심점으로부터 신의 행동과 신의 자기계시에 있는 일련의 모든 결과들이 흘러나옵니다.

이러한 무한히 단순하며 무한히 깊은 말씀을 신적 존재와 관련한 다른 모든 개념들과 ─ 유신론의 추상적인 개념들, 사람들의 막연한 두려움들, 신화(神話)에 등장하는 이야기들, 이러한 위대한 진리를 덮고 있는 구름들 ─ 비교해 보십시오. 그 모든 것들과 비교할 때, "그가 먼저 우리를 사랑하셨음이라"는 말씀은 얼마나 단순하며 얼마나 깊습니까?

계속해서 신적 본성과 관련한 다른 모든 개념들이 여기의 중심적이며 기본적인 개념에 대하여 갖는 관계를 생각해 보십시오. 거기에 "전지"(全知)라든지 혹은 "편재"(遍在) 등과 같은 모든 화려한 이름들이 있습니다. 이러한 것들은 인성의 한계 혹은 유한한 피조물의 반대쪽 개념일 뿐입니다. 또 거기에 지혜라든지 혹은 의(義) 등과 같은 좀 더 영적이며 도덕적인 개념들이 있습니다. 그러나 이런 것들은 초보적이며 주변적인 영광에 불과합니다. 감히 말하건대 하나님 안에 있는 것들 가운데 가장 신적인 것은 "사랑"입니다. 바로 여기에 중심의 광채가 있습니다. 나머지 모든 것들은 그것을 두르고 있는 주변의 광채일 뿐입니다. 이러한 무한한 사랑이 주인이라면, 다른 모든 속성들은 그것을 섬기는 종들입니다. 그 모든 것들은 사랑이 사용하는 도구들입니다. 다시 말하거니와 신적 본성 가운데 모든 것의 주인은 사랑입니다. 사랑은 그 모든 것들에게 자비를 베풀며, 그 모든 것들은 사랑에게 존귀를 돌립니다. 우리는 사랑이 "온전히 매는 허리 띠"라고 말할 수 있습니다. 모든 옷이 제 자리에 있도록 허리에 둘러 묶는 띠 말입니다. 왜냐하면 사랑이 다른 모든 신의 온전함들을 허리띠처럼 둘러 묶기 때문입니다. 하나님은 지혜를 가지고 계시며, 능력을 가지고 계시며, 영원한 존재를 가지고 계십니다. 그러나 그는 사랑입니다.

그러나 우리는 다른 모든 속성들이 그것들의 면류관인 사랑 안으로 모두 용해(溶解)되는 사실을 잊어서는 안 됩니다. 세상에 "하나님은 사랑이시라"라는 복된 소식을 알린 사도와 "우리가 그에게서 듣고 너희에게 전하는 소식은 이것이니 곧 하나님은 빛이시라 그에게는 어둠이 조금도 없으시다는 것이니라"라고 선포한 사도는 같은 사도였습니다(요일 1:5). 그러므로 사랑의 불꽃과 의의 빛은 그러한 우주의 중심적인 불 위에서 함께 타오릅니다. 우리는 자칫 하나님의 사랑을 지나치게 강조하는 나머지 그의 의의 광채를 흐리게 만드는 잘못을 범해서는 안 됩니다.

또 우리는 우리가 하나님의 사랑이라고 부르는 것에 우리의 인간적인 경험 속에서 같은 이름을 갖고 있는 것을 특징짓는 동일한 요소들이 있음을 발견합니다. 빛의 스펙트럼은 우리에게 하늘의 태양을 구성하는 구성성분이 어두운 지구를 구성하는 구성성분과 동일한 사실을 가르쳐 줍니다. 신적 스펙트럼에 있는 분광(分光)들과 우리의 스펙트럼에 있는 분광들은 같습니다. 우리가 하나님과 관련하여 "그는 사랑이시라"라고 말할 수 있다면, 그가 우리처럼 자기의 사랑하는 자들과 교제하기를 기뻐하시며, 우리처럼 자기의 사랑하는 자들에게 자신을 주시기를 기뻐하시며, 우리처럼 자신의 사랑하는 자들의 유익을 바라시며, 우리처럼 자신의 사랑에 보답하는 사랑을 찾으신다고 말하기를 결코 머뭇거려서는 안 됩니다. 우리가 "하나님은 사랑이시라"라고 확언할 수 있다면, 이 모든 것들은 자동적으로 따릅니다.

더욱이 요한의 사상은 바울의 사상과 완전하게 일치합니다. 바울은 "우리가 아직 죄인 되었을 때에 그리스도께서 우리를 위하여 죽으심으로 하나님께서 우리에 대한 자기의 사랑을 확증하셨느니라"라고 말했습니다(롬

5:8). 한편 요한은 "사랑은 여기 있으니 우리가 하나님을 사랑한 것이 아니요 하나님이 우리를 사랑하사 우리 죄를 속하기 위하여 화목 제물로 그 아들을 보내셨음이라"라고 말합니다(요일 4:10).

그러므로 그리스도의 십자가는 하나님이 우리를 사랑하셨음을 나타내는 가장 강력한 증거입니다. 그것을 바라보면서 우리는 이렇게 말할 수 있습니다.

"여기에 가장 큰 사랑이 있도다.
 천둥 속에서 한 음성이 들리도다.
'내가 만든 심장이 여기에서 뛰노라.
 내 손으로 빚은 얼굴이 내 안에서 그것을 보노라.
 너에게는 아무런 능력도 없도다.
 그러나 내가 너에게 사랑을 주었노라.
 그러므로 너는 너를 위해 죽은 나를 사랑해야만 하노라.'"

2. 우리의 기독교에 대한 최종적인 말씀.

"우리가 사랑함은 그가 먼저 우리를 사랑하셨음이라." 이러한 둘 사이에 필요한 다리가 있습니다. 그리고 그 다리와 관련한 본 서신의 가르침은 그것과 관련한 신약의 다른 가르침들과 완전하게 조화됩니다. 바울과 베드로와 야고보와 요한의 글 속에서 일반적인 기독교 교훈을 다양한 방식으로 말합니다. 나는 그러한 다양성을 감사하는 마음으로 기꺼이 받아들입니다. 그것들은 결코 상충되지 않습니다. 그것들은 서로를 보충하며, 완전하게 조화될 수 있습니다. 여기의 사랑의 사도는 중심의 불타는 사랑이 어떻게 주변의 응답하는 사랑을 불붙이는지 이야기합니다. 그 다리는 "하나님이 우리를 사랑하시는 사랑을 우리가 알고 믿었노니"입니다(16절). 요한은 그와 같이 말합니다. 한편 믿음의 사도 바울은 "사랑으로 역사(役事)하는 믿음" 즉 사랑이 불붙인 믿음을 이야기하면서 그 안에 화답합니다.

그러므로 우리는 하나님을 사랑하는 단순한 믿음이 사람의 자연적인 자기중심적 성향 즉 스스로를 자기 자신의 목적과 중심으로 삼는 성향을 처리할 수 있는 유일한 것이라는 결론에 도달하게 됩니다, 하나님이 여러분을 사랑하시는 것을 믿지 않는다면, 여러분은 결코 하나님을 사랑할 수 없습니다. 또 예수 그리스도의 십자가에서 그것을 배우지 못했다면, 여러분은 결코 그것을 절대적으로 확신하지 못할 것입니다. 그렇다면 여러분은 하나님이 바라시는 사랑으로 응답하지 않을 것입니다. 도리어 여러분의 차가운 얼음과 그것을 녹일 수 있는 불 사이에 얇은 막이 있게 될 것입니다. 그것이 하나님을 신뢰하는 단순한 믿음의 행동에 의해 소멸될 때까지 말입니다. 하나님이 예수 그리스도 안에서 나를 사랑하셨기 때문에 하나님을 사랑하는 것 ― 바로 이것이 기독교입니다.

그리고 바로 이것이 하나님이 바라시며 받으시는 유일한 것입니다. 두려움의 종교(religion of Fear) ― 그것이 무엇입니까? "당신은 굳은 사람이라 … 내가 두려워하여." 그렇습니다. 두려워하고 있었을 때, 여러분은 무엇을 했습니까? "당신의 달란트를 땅에 감추어 두었었나이다" ― 그때 여러분은 달란트를 땅에 묻어둔 채 아무 일도 하지 않았습니다. 골짜기를 사이에 두고 두 개의 산이 서 있습니다. 하나는 에발 산이고, 다른 하나는 그리심 산입니다. 한 산에서는 저주의 천둥소리가 들리며, 다른 산에서는 축복의 노래가 울려 퍼집니다. 하나는 황량한 산이며, 다른 하나는 생명으로 가득한 산입니다. 두려움의 종교는 아무 열매도 맺지 못하지만, 사랑의 종교는 모든 열매를 맺습니다. 자기중심적인 종교는 편협하며, 초라하며, 열정이 없으며, 선한 성품의 열매를 맺지 못합니다. 또 의무의 종교(religion of Duty) 즉 "나는 예배를 드려야만 해. 나는 이것이든 저것이든 하고 싶지 않지만 해야만 해. 나는 이것 혹은 저것을 하고 싶지만 해서는 안 돼"라고 말하는 종교는 노예의 종교입니다. 우리 가운데 단지 이 정도 수준에만 머물러 있는 사람들이 얼마나 많습니까! 그들에게 우리의 기독교는 무력하며 불편한 종교입니다. 거기에는 기쁨도 별로 없으며, 의지(意志)를 순복시키는 것도 별로 없으며, 즐거운 순종 가운데 기쁨으로 뛰는 것도 별로 없습니다. 얼마 전에 어떤 노인과 이야기한 적이 있습니다.

그는 선한 사람이었지만, 매우 우울한 종교를 가지고 있었습니다. 그는 나에게 "나는 사랑에 대해 아무것도 모르는 것이나 마찬가지에요!"라고 말했습니다. 아, 이 얼마나 슬픈 일입니까! 사랑하는 형제들이여, 나는 스스로를 그리스도인이라고 부르는 사람들 가운데 많은 사람들이 이와 같지 않을까 심히 두렵습니다.

한 가지만 더 이야기하겠습니다. 우리가 하나님을 사랑한다면, 그것은 우리 안에서 모든 형태의 순종과 즐거운 섬김을 산출하는 동기(動機)가 될 것입니다. 사랑은 이를테면 모색(母色)과 같습니다. 그 위에다가 여러분은 다양한 색깔을 더함으로써 무수하게 많은 색깔들을 얻을 수 있습니다. 모든 기독교 선(善)의 기초 위에 사랑이 놓여 있습니다. 그 사랑은 의지(意志)를 순복으로 이끌 것입니다. 사람을 의롭고 정결하게 만들기 위해 가장 필요한 것이 바로 이것입니다. 성 어거스틴의 "사랑하라! 그리고 당신이 뜻하는 대로 행하라!"라는 역설은 정말로 위대한 진리입니다. 왜냐하면 그럴 때 여러분은 하나님이 뜻하시는 것을 뜻할 것이기 때문입니다.

이것이 정말로 기독교 전체의 요약이라면, 그것으로부터 필연적으로 실천적인 결과가 따를 것입니다. 우리가 하나님에 대한 사랑의 불꽃에서 스스로의 결함을 느낀다면, 우리가 해야 할 일이 무엇이겠습니까? 어떤 사람이 추울 때, 그는 온도계를 입에 물고 자신의 체온을 잼으로써 스스로를 따뜻하게 하지 않을 것입니다. 그렇지 않습니까? 그가 따뜻한 햇볕으로 가게 하십시오. 그러면 그는 따뜻해질 것입니다. 얼음을 몽둥이로 쳐 보십시오. 그것은 여전히 얼음상태를 유지할 것입니다. 그러나 남쪽으로 떠내려가는 빙산을 생각해 보십시오. 결국 어떻게 되겠습니까? 빙산은 모두 따뜻한 물로 바뀌어 마침내 따뜻한 바다와 하나가 될 것입니다. 그러므로 여러분 자신이나 혹은 여러분 자신의 사랑 없음에 대해 너무 많이 생각하지 마십시오. 그렇게 하는 대신 하나님과 그 안에서 솟아오르는 무한한 사랑에 대해 훨씬 더 많이 생각하십시오. "우리가 사랑함은 그가 먼저 우리를 사랑하셨음이라." 그러므로 그를 더 많이 사랑하기 위해서는, 우리는 그가 우리를 사랑하시는 것을 더 많이 느껴야만 합니다.

3. 사람들 사이에서의 우리의 행동과 관련한 포괄적인 지침.

요한은 사랑의 대상을 구체적으로 적시(摘示)하지 않고 사랑의 감정이 결국 하나임을 — 설령 두 방향으로 펼쳐진다 하더라도 — 우리에게 보여 줍니다. 이러한 개념은 이어지는 구절들에서도 똑같이 나타납니다. "누구 든지 하나님을 사랑하노라 하고 그 형제를 미워하면 이는 거짓말하는 자 니 보는 바 그 형제를 사랑하지 아니하는 자는 보지 못하는 바 하나님을 사랑할 수 없느니라 우리가 이 계명을 주께 받았나니 하나님을 사랑하는 자는 또한 그 형제를 사랑할지니라"(20, 21절). 이로부터 다음과 같은 명 백한 사실이 드러납니다. 즉 일반 사람들의 자기중심적 성향을 정복할 수 있는 유일한 능력과 박애주의를 단순한 감정으로부터 자기를 부인하는 적 극적인 행동원리로 변화시키는 유일한 능력은 오직 예수 그리스도 안에서 하나님의 사랑을 믿는 믿음 가운데 발견된다는 사실입니다.

이것은 오늘날 많은 종류의 사람들에게 좋은 교훈이 됩니다. 예컨대 그 리스도와 무관한 이타주의를 생각해 보십시오. 나는 예수 그리스도를 믿 는 믿음과 상관없이 자기희생적인 선행과 박애정신을 실천하는 사람들이 많이 있음을 기꺼이 인정합니다. 그렇지만 십자가의 이야기가 알려지지 않았다고 가정해 봅시다. 그럼에도 불구하고 그런 사람들이 일어날 수 있 는지에 대해 나는 큰 의문을 갖습니다. 한편에서 인류에 대한 보편적인 형 제애를 증진시키며 확산시키고자 하는 비기독교적 운동의 역사(歷史)는 우리에게 그러한 감정이 예수 그리스도 안에 있는 하나님의 사랑 위에 기 초하지 않는다면 그것이 충분히 강하게 지속되지 못함을 보여 줍니다. 그 리고 다른 한편에서 기독교의 역사(歷史)는 우리에게 많은 결함과 연약함 을 가지고 있음에도 불구하고 참된 하나님 사랑이 있는 곳에 참된 이웃사 랑이 있다는 사실을 보여 줍니다.

사랑하는 그리스도인들이여, 여러분은 하나님의 사랑을 반사하는 거울 이 되어야만 합니다. "나의 종교는 하나님을 사랑하는 것이야"라고 말하는 것은 쓸모없는 일입니다. 하나님을 사랑하는 것이 사람을 사랑하는 것으 로 나타나지 않는다면 말입니다. 여러분이 하나님을 사랑한다면, 여러분은 하나님이 사랑하시고 그리스도께서 위하여 죽으신 사람들을 사랑할 것입니다. 또 여러분이 하나님을 사랑한다면, 여러분은 예전에 하나님을 알지 못했을 때의 여러분과 같은 사람들을 사랑할 것입니다. 요컨대 하나님을 섬기는 것은 곧 사람을 섬기는 것입니다.

마지막으로 한 가지만 더 이야기하겠습니다. 흠정역대로 읽어봅시다. "우리가 **그를** 사랑함은 그가 먼저 우리를 사랑하셨음이라." 이것은 여러분에게도 사실입니까? 여러분은 하나님이 여러분을 사랑하셨음에도 불구하고 하나님을 사랑하지 않는 것이 아닙니까? 며칠 전 어떤 산중턱에 아직 녹지 않은 눈덩어리가 싸늘한 냉기를 그대로 유지한 채 쌓여 있는 것을 본 적이 있습니다. 이미 초여름의 따뜻한 바람이 불고 있는데도 말입니다. 아, 우리는 이렇게 하지 않습니까? 우리는 우리 자신과 하나님의 따뜻한 햇볕 사이에 두꺼운 얼음 장벽을 세우지 않습니까? 사랑하는 형제들이여, 여러분의 마음으로부터 그 사랑을 차단하지 마십시오. 그렇게 한다면, 그와 함께 여러분의 평안과 선(善)도 함께 차단될 것입니다. 도리어 여러분의 마음으로부터 모든 종류의 악독한 짐승들과 흉측한 형상들을 차단하십시오. 그것들과 교제하는 것이 곧 불행과 죽음인 그런 짐승들과 형상들 말입니다.

14
세상을 이기는 믿음

"세상을 이기는 승리는 이것이니 우리의 믿음이니라"

요일 5:4

신약의 저자들 가운데 여기의 온유한 사도만큼 투쟁과 승리의 은유를 자주 사용한 사람은 아무도 없었습니다. 또 기독교적 삶을 여기의 사랑의 사도만큼 자주 투쟁으로 묘사한 사람은 아무도 없었습니다. 또 여기의 사랑의 사도만큼 "이기다"(overcometh)라는 단어를 사용하여 승리의 개념을 분명하게 나타낸 사도는 아무도 없었습니다. 이와 함께 요한의 글의 특징은 고요함 가운데 그리스도를 묵상하며 그에 거하는 것을 특별하게 강조하는 것입니다. 기독교적 삶과 관련한 이러한 두 가지 개념은 언뜻 볼 때 서로 상충되는 것처럼 보이지만 그러나 실제로는 완전하게 조화됩니다.

오늘의 본문과 같은 개념을 요한이 어디에서 배웠는지는 의문의 여지가 없습니다. 그는 그의 기억 속에서 영원히 잊을 수 없는 순간에 이와 비슷한 말씀을 들었습니다. "담대하라 내가 세상을 이기었노라"(요 16:33). 예수 그리스도는 겟세마네로 가기 한 시간 전에 제자들에게 그렇게 말씀하셨습니다. 이후 오랜 세월을 통해 요한은 그 말씀의 의미와 함께 어떻게 주님의 승리가 종들에게도 승리가 될 수 있는지를 배웠습니다. 이런 맥락에서 요한은 본 서신에서 "악한 자를 이기는" 것에 대해 많이 이야기합니다. 마찬가지로 계시록에서도 우리는 승리의 외침이 울려 퍼지는 것을 많이 듣습니다. "우리 형제들이 어린 양의 피와 자기들이 증언하는 말씀으로써 그를 이겼으니"(계 12:11). "이기는 자는 이것들을 상속으로 받으리라"(계 21:7).

본문으로 다시 돌아옵시다. 본문은 매우 주목할 만한 문맥 가운데 나타납니다. 3절에서 우리는 매우 특이한 말씀을 듣게 됩니다. 그는 이렇게 말합니다. "하나님을 사랑하는 것은 이것이니 우리가 그의 계명들을 지키는 것이라 그의 계명들은 무거운 것이 아니로다." 이것은 매우 무겁고 엄중한 말씀입니다. 의(義)를 행하며, 하나님의 길을 따라 행하며, 하나님을 기쁘시게 하는 것은 매우 어려운 일입니다. 하나님의 계명들은 **본질적으로** 무겁습니다. 그것을 행하는 것은 힘든 일이며, 무거운 짐입니다. 그러나 계속해서 읽어봅시다. "그의 계명들은 무거운 것이 아니로다 왜냐하면 하나님께로부터 난 자마다 — '계명들을 지키기 때문이라'가 아니라 — 세상을 이기기 때문이라." 요한은 세상을 이기는 것을 하나님의 계명들을 지키는 것과 같은 것으로 생각합니다. 그리고 계속해서 그는 "세상을 이기는 승리는 이것이니 우리의 믿음이니라"라고 말합니다. 오늘 나는 여러분과 함께 다음과 같은 두 가지 주제를 살펴보고자 합니다. 첫째로, 세상을 이기는 것의 참된 의미가 무엇인가? 둘째로, 그러한 승리는 어떻게 우리의 것이 될 수 있나?

1. 첫째로, 세상을 이기는 것의 참된 의미가 무엇인지 주목하십시오.

내가 서두에서 던진 질문으로 다시 돌아갑시다. 요한은 어디에서 이런 표현을 배웠습니까? 이런 표현을 처음 사용한 사람은 누구였습니까? 그것은 영원히 잊을 수 없는 날 밤 다락방으로부터 나왔습니다. 그때 예수 그리스도의 삶의 목적은 외면적으로 볼 때 완전히 짓뭉개지고, 세상은 그를 죽임으로써 자신의 마지막 능력을 행할 준비가 되어 있었습니다. 바로 그 순간 예수 그리스도는 이와 같은 이상한 승리의 외침을 발합니다. 외적으로 볼 때 완전히 실패한 것처럼 보이는 순간, 그는 힘차게 승리의 노래를 부릅니다. "내가 세상을 이기었노라."

일반적인 기준으로 볼 때, 예수 그리스도에게는 승리라고 할 만한 것은 거의 없었습니다. 그렇지 않습니까? 그의 생애는 보잘것없는 사람의 생애였습니다. 통상적인 관점으로 볼 때, 그는 좋은 평판을 얻지도 못했으며 권력이나 혹은 사람들이 성공이라고 부르는 어떤 것도 얻지 못했습니다. 또 그는 33세의 젊은 나이에 죽임을 당했습니다. 그럼에도 불구하고 그는 "나는 모든 것을 쳐부수었으며, 정복자로서 여기에 서 있노라!"라고 말씀하셨습니다. 이러한 말씀은 요한과 다른 모든 제자들에게 하늘로부터 쏟아지는 빛의 홍수처럼 임했습니다. 통상적으로 사람들은 세상을 이기는 것을 그렇게 생각하지 않습니다. 여러분과 나 역시도 우리 자신의 어리석음에 남겨졌을 때 그렇게 생각하지 않습니다. 인생의 승리에 대한 우리의 통상적인 개념은 사람이 세상으로부터 자신의 이상(理想)을 쟁취하는 것입니다. 사람들은 자신의 이름이 세상 가운데 드러나기를 열망합니다. 사람들은 자신이 다른 사람들 위로 올라섰을 때 승리했다고 생각합니다. 사람들은 자신의 이름이 다른 사람들의 이름 위에 기록되었을 때 승리했다고 생각합니다. 마치 아이들이 담벼락 위에 분필로 자기 이름을 다른 아이들의 이름보다 더 높은 자리에다가 기록하고는 이겼다고 좋아하는 것처럼 말입니다. 얼마 못가 다 지워져 버릴 텐데 말입니다. 그것이 사람들이 말하는 승리입니다. 극단적인 경제주의자들은 말합니다. "큰 기업을 세우고 돈을 벌어라." 이것이 승리입니다. 승리에 대한 다른 개념들도 이와 비슷합니다. 어떤 사람이 세상이나 혹은 어떤 외적인 것을 자신의 손아귀에 넣고 그것으로부터 그것의 달콤한 진액을 마지막 한 방울까지 짜서 — 마치 포도주를 짜듯이 — 자신의 목마른 입에 넣는다면, 그는 승리자입니다.

좋습니다. 여러분은 그 모든 것을 얻을 수 있습니다. 그것이 무엇이든 말입니다. 그것은 여러분에게 가장 좋은 것으로, 가장 달콤한 것으로, 가장 필요한 것으로, 가장 즐거운 것으로, 가장 만족스러운 것으로 보입니다. 여러분은 그 모든 것을 얻을 수 있습니다. 어떤 의미에서 여러분은 세상을 이겼을 수 있지만, 그러나 그로 말미암아 완전하게 패배하여 노예가 되었을 수도 있습니다. 여러분은 자신의 상관에게 다음과 같이 말한 어떤 병사의 옛 이야기를 기억합니까? "포로를 한 명 잡았습니다." "그를 데려 오라." "그는 오려고 하지 않을 것입니다." "그렇다면 네가 오라." "나는 갈 수가 없습니다." 이와 같이 여러분은, 세상이 여러분에게 여러분이 원하는 것을 내어주었을 때, 세상을 이겼다고 생각합니다. 그러나 그러는 동안 세상이 여러분을 이기며 여러분을 포로로 만듭니다.

여러분은 "이것은 내 것이야!"이라고 말합니다. 그러나 여러분이 열망했던 재물이나 사랑이나 부(富)나 지식 따위가 일어나 여러분을 바라보며 "저 사람은 내 것이야!"라고 말하는 것이 진실에 훨씬 더 가까울 것입니다. 많은 사람들이 자신이 이겨 주인이 되었노라고 헛되기 상상하는 것에 의해 도리어 패배를 당해 노예가 됩니다. 여러분이 무엇인가를 얻고자 하는 과정 속에서 많은 것을 잃어버리는 것을 생각한다면, 그리고 여러분의 눈이 은혜와 선(善)과 아름다움에 대해 소경이 되는 것을 생각한다면, 그리고 여러분이 자신이 얻은 것의 노예가 되는 것을 생각한다면, 그리고 황금이 여러분의 피 속으로 들어가 여러분의 모습을 마치 황달병 걸린 사람처럼 만드는 것을 생각한다면, 그리고 한 순간 그것이 사라질 때 여러분이 절망 가운데 몸부림치게 될 것을 생각한다면, 그리고 여러분의 모든 생각과 관심이 항상 그것에 집중되게 되는 것을 생각한다면 — 나는 여러분에게 묻습니다. 여러분이 그것의 주인입니까, 아니면 그것이 여러분의 주인입니까?

다시 본문이 가르치는 교훈으로 돌아옵시다. 여기의 가련한 요한은 예수 그리스도와 마찬가지로 수많은 깨어짐과 짓뭉겨짐에도 불구하고 "나는 세상을 이기었노라"고 말할 수 있었습니다. 이것은 무엇을 의미합니까? 이것은 외적인 것들의 총체를 의미하는 세상과 하나님이 서로 적대적인 관계에 있다는 전제 위에 세워집니다. 세상은 우리에게 자신을 사랑하며, 신뢰하라고 유혹합니다. 그리고 우리 눈앞에 자신의 현란한 것들을 흔들면서, 하늘의 더 큰 것들을 가립니다. 그러므로 세상의 유혹에 마음을 빼앗길 때, 우리는 그 이상(以上)의 것을 생각할 여유를 갖지 못합니다. 세상이 나로부터 하나님을 바라보며 사랑하며 붙잡으며 섬기며 교제하는 것을 가로막는데 성공했을 때, 세상은 나에 대하여 승리를 거두며 나를 정복한 것입니다.

반면 내가 하나님께 더 가까이 나아가며 그와 더 같아지며 그를 더 자주 생각하며 그의 뜻을 더 기쁘게 행하는 일에 도움이 되도록 세상을 사용할 때, 나는 세상에 대하여 승리를 거두며 세상을 정복한 것입니다. 세상에 대한 유일한 승리는 신적 본질을 더 풍성하게 경험하며, 하나님을 더 깊이 사랑하며, 하나님을 더 즐겁게 섬기며, 하나님 앞에 더 즐겁게 성별(聖別)되는 일에 도움이 되도록 그것을 사용하는 것입니다. 여러분이 세상을 하나님에게로 올라가는 사다리로 만들 때, 여러분은 세상을 이긴 것입니다. 세상의 모든 유혹하는 소리가 여러분으로 하여금 하나님의 계명을 지키라고 명령하는 하늘의 음성을 듣지 못하도록 가로막지 못할 때, 여러분은 세상을 올바로 사용하며 세상에 대하여 승리를 거두는 것입니다. 세상이 하나님과 여러분 사이를 가리는 차단막이 될 때, 세상이 여러분을 정복한 것입니다. 반면 세상이 하나님과 여러분 사이를 이어주는 매개체가 될 때, 여러분이 세상을 정복한 것입니다. 세상을 이기는 것은 그것을 여러분의 발밑에 놓고, 그 위에 서서, 그것을 기초로 하여 하나님에게까지 닿는 것입니다.

사랑하는 형제들이여, 바로 이것이 본문이 가르치는 명백한 교훈입니다. 우리 모두는 이러한 교훈을 마음에 깊이 새길 필요가 있습니다. 우리를 둘러싸고 있는 사람들의 헛된 평가에 속지 마십시오. 우리의 삶의 유일한 목적이 하나님을 알고 그를 사랑하며 그를 기쁘시게 하는 것이라는 사실을 잊지 마십시오. 이러한 목적에 도달하지 못한 삶은 외면적으로 볼 때 아무리 큰 성공을 거두었다 하더라도 실제로는 비참한 실패에 불과하다는 사실을 잊지 마십시오.

여러분은 자연을 지배합니다. 여러분은 바람과 번개와 불을 여러분이 원하는 방향으로 활용합니다. 세상을 지배하십시오. 세상으로 하여금 여러분이 더 지혜로워지고, 더 온유해지며, 더 고상해지며, 더 은혜로워지며, 더 그리스도와 같아지며, 더 많이 그리스도를 생각하며, 더 하나님으로 충만해지며, 그를 더 많이 닮는 일에 도움이 되도록 만듦으로써 그것을 지배하십시오. 이 세상의 포도로부터 그것의 달콤한 진액을 마지막 방울까지 짜는 포도주 틀은 오직 하나님의 사랑을 계속 인식(認識)하며 의식(意識)하는 것에서 발견될 것입니다.

두 개의 인생관이 있습니다. 하나는 세상적인 성공과 승리를 추구하는 인생관이며, 다른 하나는 기독교적 인생관입니다. 우리 주변의 가련한 나사로들, 빈민가의 영세민들과 극빈자들, 허름한 초막에 사는 가난한 사람들, 다락방에 거하는 외로운 노인들, 뒷골목의 허름한 집에 사는 빈민들 — 바로 이들이 승리자들입니다. 그들이 그리스도에 있다면 말입니다. 반면 자신의 재물과 성공의 노예가 된 많은 부자들은 세상에 의해 비참하게 패배를 당한 사람들입니다. 맑은 눈으로 제대로 볼 수 있도록 기도하십시오. 그럴 때 비로소 여러분은 무엇이 세상을 이기는 것이며 무엇이 세상에 패배를 당하는 것인지 제대로 볼 수 있게 될 것입니다.

2. 둘째로, 이러한 승리가 이루어지는 방법을 주목하십시오.

이러한 주제와 관련하여 우리는 본 문맥에서 점층적(漸層的)인 구조로 이루어진 세 가지 말씀을 발견합니다. "무릇 하나님께로부터 난 자마다 세상을 이기느니라"(4절a). "세상을 이기는 승리는 이것이니 — 혹은 좀 더 정확하게 '세상을 **이긴** 승리는 이것이니' — 우리의 믿음이니라"(4절b). "예수께서 하나님의 아들이심을 믿는 자가 아니면 세상을 이기는 자가 누구냐"(5절). 대략적으로 말해서 여기의 세 말씀은 우리 앞에 첫째로 세상을 이기는 참된 승리는 하나님으로부터 난 그리고 하나님의 생명과 동종(同種)의 생명인 새 생명으로 말미암아 얻어지며, 둘째로 그러한 생명은 사람들의 영혼 속에서 그들의 믿음을 통해 불붙으며, 셋째로 그러한 믿음은 예수를 하나님의 아들로서 명확하게 믿는 믿음이라는 사실을 제시합니다. 이러한 것들이 요한이 세상을 이기는 수단으로서 제시하는 세 가지 요점입니다.

첫째로, 세상의 모든 권세를 이기는 것은 우리 마음에 있는 새 생명입니다. 그것은 하나님으로부터 나온 생명이며, 하나님의 생명과 동종(同種)의 생명입니다.

바로 이것이 기독교의 핵심적인 표현입니다. 그러나 나는 많은 사람들이 이러한 개념을 지나치게 신비주의적이며 이해할 수 없는 것으로 여기면서 그것으로부터 떠나가는 것을 압니다. 사랑하는 형제들이여, 나는 모든 그리스도인이 믿음의 열린 문을 통해 초자연적인 생명을 받아 현재적으로 소유하고 있다는 사실을 여러분에게 분명하게 역설하고 싶습니다. 그것은 하나님으로부터 난 생명이며, 하나님과 동종(同種)의 생명입니다. 그러므로 그것은 악과는 이종(異種)의 생명이며, 그렇기 때문에 세상의 모든 유혹에 능히 직면하며 이길 수 있는 생명입니다.

하나님은 물질적인 우주보다 강하며, 하나님으로부터 난 자들은 신적 능력에 참여합니다. 그러나 이러한 개념에 모든 그리스도인이 하나님으로부터 났다고 주장할 수 있는 사실이 함축되어 있지 않다면, 그것은 사람들에게 아무런 위로도 되지 못할 뿐만 아니라 또한 요한의 목적과도 상관이 없을 것입니다. 본문 바로 앞에 나오는 말씀을 들어 보십시오. "예수께서 그리스도이심을 믿는 자마다 하나님께로부터 난 자니"(1절). 또 같은 진리를 선언하는 다른 말씀을 들어 보십시오. "영접하는 자 곧 그 이름을 믿는 자들에게는 하나님의 자녀가 되는 권세를 주셨으니 이는 혈통으로나 육정으로나 사람의 뜻으로 나지 아니하고 오직 하나님께로부터 난 자들이니라"(요 1:12, 13). 우리가 겸비한 믿음으로 주님에게 돌이킬 때, 그는 거듭나게 하는 모든 능력과 함께 우리의 본질 안으로 들어오십니다. 그리고 우리의 사망(deadness) 안으로 새로운 생명을 불어 넣으십니다. 새로운 기호(嗜好)와 새로운 열망과 새로운 동기(動機)와 새로운 능력과 함께 말입니다. 그리고 그렇게 함으로써 우리가 세상의 유혹들과 더불어 씨름하여 이길 수 있도록 만듭니다.

하나님의 본질이 그를 믿는 사람들의 영 안으로 부어진다는 이러한 개념은 참으로 신비하며 심오합니다. 여러분이 주님을 신뢰하는 가운데 그를 가까이 하며 산다면, 신적 에너지가 여러분의 약함 안으로 임할 것입니다. 그리고 여러분은 안으로부터 여러분을 강하게 하는 그리스도의 능력에서 모든 것을 행할 수 있게 될 것입니다. 강한 적군에 의해 포위된 어떤 수비대를 생각해 보십시오. 그들에게는 포위망을 뚫고 나올 만한 힘이 없습니다. 그런데 왕이 그들에게 구원군을 보냅니다. 그러면 어떻게 됩니까? 구원군의 도움으로 그들은 적의 모든 능력을 능히 물리칩니다. 여러분은 스스로의 힘으로만 싸우도록 남겨지지 않습니다. 여러분이 그리스도를 믿는다면, 여러분은 세상을 이길 수 있습니다. 하나님 자신의 능력이 임하여 여러분을 도울 것이며, 하나님 자신의 영이 여러분의 영을 강하게 할 것입니다.

둘째로, 여러분이 그리스도를 믿을 때 세상을 이길 수 있는 것은 그러한 믿음이 여러분을 위대한 승리자(the Great Conqueror)와의 계속적이며 살아있는 교제로 이끌기 때문입니다. 위의 세 구절의 언어 가운데 — 비록 흠정역에는 나타나지 않는다 할지라도 — 이러한 개념이 잘 나타납니다. 두 번째 구절은 개정역(Revised Version)에 나타난 것처럼 다음과 같이 번역될 수 있습니다. "세상을 **이긴** 승리는 이것이니 우리의 믿음이니라." 나는 여기에서 요한이 앞에서 내가 이야기한 것을 생각하고 있었을 것이라고 추측합니다. 즉 우리의 믿음은 우리를 예수 그리스도께서 얻으신 큰 승리와 연결시킨다는 개념 말입니다. 내가 예수 그리스도를 믿는다면, 나는 그의 승리를 나 자신에게 적용시킬 수 있습니다. 그의 승리의 능력과 실재가 그를 신뢰하는 분량만큼 나의 본질 안으로 흘러 들어옵니다. 그는 단번에 승리하셨습니다. 믿음으로 그의 승리를 기억할 때, 그러한 기억은 나를 강하게 만들 것이며 "내 손을 가르쳐 싸우게 하며 내 손가락을 가르쳐 전쟁하게 할" 것입니다(시 144:1). 그는 단번에 승리하셨습니다. 내가 그를 신뢰한다면, 그의 승리는 마치 전기가 흐르는 것처럼 나의 생명 안으로 흘러들어올 것입니다. 나는 그와 더불어 생명의 교제 안으로 들어갑니다. 그리고 그럴 때 나는 그의 생명으로 말미암아 그의 모범을 본받게 됩니다. 그의 생애와 죽음은 세상에 대한 승리이며, 우리를 위한 모범입니다.

그러므로 내가 믿음으로 말미암아 나 자신을 그에게 연합시킨다면 그리고 나의 일상의 모든 삶을 승리하신 그리스도에 대한 생각으로 채운다면, 그러한 깃발에서 나 역시도 승리할 것입니다. 그의 손을 붙잡고 있는 자들은 세상의 모든 거짓됨과 헛됨을 보며, 그를 믿는 자들은 그의 승리의 능력으로 말미암아 넉넉히 이깁니다.

셋째로, 여러분이 예수 그리스도를 믿음으로 말미암아 세상을 이길 수 있는 것은 그러한 믿음이 여러분의 삶 가운데로 가장 웅장하며 장엄하며 복된 실재(實在)들을 가져다주기 때문입니다. 믿음은 우리를 세상으로부터 오는 고통과 즐거움에 대해 무감각하게 만듭니다. 세상으로부터 오는 즐거움에 대해 생각해 봅시다. 최근에 어떤 사상가의 책을 읽었습니다. 그는 망원경을 통해 하늘을 별들을 보고 나서는 이렇게 말합니다. "우리가 살고 있는 세상은 정말로 작고 보잘것없는 것이로군." 여러분이 믿음의 망원경을 통해 그리스도를 바라본다면, 여러분을 둘러싸고 있는 모든 것들은 작아지게 될 것입니다. 그리고 그럴 때 여러분에게 세상과 세상의 모든 즐거움은 정말로 작고 하찮은 것으로 보일 것입니다.

영국에 있는 그림들을 보면서 찬탄을 금하지 못하는 어떤 사람을 상상해 보십시오. 그런데 그가 이탈리아로 가서 거기에 있는 그림들을 본다면, 그에게 예전에 찬탄해 마지않았던 그림들은 더 이상 훌륭한 작품으로 보이지 않을 것입니다. 도리어 그것들은 서툴기 짝이 없는 졸작(拙作)들로 보일 것입니다. 마찬가지로 어떤 사람이 예수 그리스도와 교제하는 가운데 참된 달콤함을 발견했다면, 그는 더 이상 사람들이 이 땅에서 먹는 천박한 진미(珍味)들에 의해 유혹을 당하지 않을 것입니다. 사탕 따위의 단맛에 의해 건강한 입맛을 잃어버린 아이들을 생각해 보십시오. 우리 역시도 하나님의 떡과 관련하여 너무나 자주 그렇게 합니다. 그러나 우리가 그 떡의 참 맛을 실제로 경험한다면, 우리는 세상의 천박한 진미들에 대해 더 이상 관심을 기울이지 않을 것입니다.

사랑하는 형제들이여, 여러분의 믿음을 승리하신 주님 위에 세우십시오. 그러면 세상의 즐거움들은 여러분에게 별다른 유혹이 되지 않을 것입니다. 그리고 그것은 세상의 고통들에 대해서도 마찬가지입니다.

"좋은 것도 없고 나쁜 것도 없도다.
　다만 사람들이 그렇게 생각할 뿐이라."

어떤 사람이 세상의 고통들을 대수롭지 않은 것으로 생각한다면, 그것들은 대수롭지 않은 것이 됩니다. 세상의 자욱한 연기를 가로질러 승리하신 우리 대장의 얼굴을 바라보는 사람은 감히 그의 주님과 주님의 진리를 부인하지 않을 것입니다. 세상이 여러분으로 하여금 자신을 섬기도록 위협할 수 있습니다. 그러나 세상의 위협에도 불구하고 여러분이 끄떡도 하지 않는다면, 결국 세상이 패배하고 여러분이 승리하는 것입니다. 가장 극단적인 경우에도, 세상은 몸은 죽여도 그 이상은 아무것도 하지 못합니다. 몸은 죽임에도 불구하고 그 이상은 아무것도 하지 못했다면, 결국 그들은 패배를 당한 것입니다. 그리고 그들에 의해 죽임을 당한 순교자가 그들을 이긴 것입니다. 그러므로 세상이 여러분에게 가할 수 있는 모든 것에 대해 두려워하지 마십시오. 여러분이 여러분의 마음 가운데 그리스도의 임재의 작은 불꽃을 가지고 있다면, 여러분에게 어둠은 그다지 두려운 것이 되지 않을 것입니다. 그리고 여러분은 혼자가 아닐 것입니다.

이 시간 나는 여러분에게 두 가지 질문을 던지고 싶습니다. 첫 번째 질문은 이것입니다. 여러분의 믿음은 실제로 여러분에게 그와 같은 일을 행합니까? 그렇지 않다면, 여러분은 그런 믿음이 무슨 가치가 있다고 생각합니까? 여러분의 믿음은 여러분으로부터 세상의 즐거움들을 마비시킵니까? 그것은 여러분으로 하여금 세상의 즐거움들을 뛰어 넘도록 만듭니까? 그것은 여러분을 승리자로 만듭니까? 그렇지 않다면, 여러분은 그것이 믿음이라고 불릴 만한 가치가 있다고 생각합니까?

또 하나의 질문은 이것입니다. 여러분은 공격하기를 원합니까, 아니면 공격을 당하기를 원합니까? 여러분의 참 자아에게 물어보십시오. 여러분의 양심은 여러분에게 세상에 순종하는 것보다 하나님의 계명들을 지키는 것이 더 낫다고 말하지 않습니까? 오늘날 고결하며 진실하며 정결한 삶을 열망하는 사람들이 많이 있는 것은 얼마나 감사한 일입니까! 오늘날 일시적이며 가견적(可見的)인 것들이 지배하는 세상 속에서 믿음의 눈으로 하늘의 영원하며 정결한 것들을 바라보는 사람들이 많이 있는 것은 얼마나 감사한 일입니까!

사랑하는 친구들이여, 여러분 모두에게 당부하고 싶습니다. 믿음과 사랑과 묵상으로 예수 그리스도에게 가까이 다가가십시오. 그와 그의 사랑을 신뢰하십시오. 그리고 그를 여러분의 매일의 삶 속으로 끌어들이십시오. 여러분의 삶 전체를 그와 연결시키십시오. 그리고 일상의 잡다한 일들 가운데 그를 계속 묵상하는 습관을 계발하십시오. 그리고 그의 손을 붙잡으십시오. 그러면 여러분은 그의 승리에 참여하게 될 것이며, 마침내 그와 함께 그의 보좌에 앉게 될 것입니다. "이기는 그에게는 내가 내 보좌에 함께 앉게 하여 주기를 내가 이기고 아버지 보좌에 함께 앉은 것과 같이 하리라"(계 3:21).

15
승리의 확신(1)

"하나님께로부터 난 자는 다 범죄하지 아니하는 줄을 우리가 아노라 하나님께로부터 나신 자가 그를 지키시매 악한 자가 그를 만지지도 못하느니라"

요일 5:18

요한은 자신의 첫 번째 서신을 일련의 승리의 확신들과 함께 마무리합니다. 그는 자신의 경험에 의거하여 승리를 모든 그리스도인들에게 확실한 것으로서 간주합니다. "하나님께로부터 난 자는 다 범죄하지 아니하는 줄을 우리가 **아노라**(18절) … 또 **아는** 것은 우리는 하나님께 속하고(19절) … 또 **아는** 것은 하나님의 아들이 이르러(20절)." 이와 같이 그가 세 절에 걸쳐 계속 이야기하는 "앎"은 단순한 지적 확신이 아니라, 삶의 경험적인 결과입니다. 그러나 평균적인 그리스도인들은 본문을 읽을 때 어깨를 으쓱하며 이렇게 말할 것입니다. "이건 좀 이해하기 어려운 말씀이군. 어쨌든 내가 이해하는 한 이것은 나에게 인생의 전반적인 경험과 모순되는 것처럼 보이는군." "하나님께로부터 난 자는 다 범죄하지 아니하는 줄을 우리가 아노라." 승리의 확신과 관련한 이러한 말씀을 우리 가운데 어떤 사람들은 지나친 자기확신이라고 생각하며, 또 어떤 사람들은 그것으로 말미암아 비성경적인 낙망에 빠지며, 또 어떤 사람들은 그것을 선반 위에 올려놓은 채 먼지만 쌓이도록 내버려 둡니다.

오늘 설교를 통해 나는 여러분이 여기에 놓인 진리를 즐겁게 소유하는데 이르기를 간절히 바랍니다.

1. 첫째로, 여기에서 요한이 누구에 대해 말하고 있는지 주목하십시오.

"하나님께로로부터 난 자는 ─ 혹은 개정역이 읽는 것처럼 '하나님으로부터 난 것은' ─ 다 범죄하지 아니하는 줄을 우리가 아노라." 시계(時計)를 조금 앞으로 되돌려 봅시다. 때로 주제를 조금 우회하는 것이 거기에 도달하는 가장 좋은 방법이 됩니다. 공생애 초기에 주님이 하셨던 말씀을 회상해 보십시오. 그는 니고데모에게 "사람이 거듭나지 아니하면 하나님의 나라를 볼 수 없느니라"라고 말씀하셨습니다(요 3:3). 바로 여기에 본 서신을 가득 채우고 있는 개념의 뿌리가 있습니다. 그것은 거듭남 혹은 중생의 개념입니다. 사람은 거듭남으로 말미암아 하나님의 자녀가 되며, 그러한 경험을 하기 전에 그들은 하늘 아버지의 자녀가 아니었습니다. 이와 같이 예수 그리스도는 여전히 율법의 공로로서의 의(義)의 개념 아래 머물러 있었던 사람에게 이러한 원리를 으뜸의 원리로서 제시하셨습니다. 하나님의 나라를 보며, 소유하며, 거기에 들어갈 수 있게 되기 전에, 먼저 본질적인 변화가 있어야만 합니다. 먼저 사람의 본성 안으로 새 생명이 들어와야만 합니다. 여기에서 요한은 단지 그의 주님의 말씀을 똑같이 되풀이하고 있었을 뿐입니다. 실제적인 의를 행하며 거룩한 성품을 소유하기 전에, 사람은 먼저 다시 태어나야만 합니다. 의를 행하며 거룩한 성품을 소유하는 것은 그러한 근본적인 변화의 결과일 뿐입니다. 그리고 그러한 변화는 육체적인 탄생의 사실과 매우 유사합니다. 그러한 경험을 통과한 사람은 그것의 결과로 새로운 본성을 갖게 되며, 그러한 본성은 그의 옛 자아를 지배하며 정결하게 합니다.

나아가 거듭남의 결과로서 하나님의 자녀가 되는 것은 믿음을 통해 우리의 것이 됩니다. 요한복음 서언(序言)을 생각해 보십시오. 작곡가가 서곡(序曲)에서 곡 전체의 주제를 제시하는 것처럼, 요한은 복음서를 통해 이야기하고자 하는 전체적인 주제를 그것의 서언에서 제시합니다. 거기에서 그는 "영접하는 자 곧 그 이름을 믿는 자들에게는 하나님의 자녀가 되는 권세를 주셨으니"라고 말합니다(요 1:12). 그때로부터 많은 세월이 지났고, 이제 그는 에베소의 노인이 되었습니다. 그는 본 서신의 마지막 장 첫째 절에서 오래 전 복음서 서언에서 이야기했던 것과 똑같은 진리를 다시 씁니다. "예수께서 그리스도이심을 믿는 자마다 하나님께로부터 난 자니"(5:1). 어떤 사람이 예수 그리스도를 믿을 때, 그에게 새 생명이 전달됩니다. 그것은 하나님으로부터 온 생명이며, 하나님의 생명과 동종(同種)의 생명입니다. 그 생명은 그의 믿음의 분량에 정확하게 비례하여 그에 거하며, 그에서 일합니다. 이것이 내가 세우고자 하는 첫 번째 요지입니다.

기독교적 믿음의 가장 심오한 결과와 관련한 이러한 개념 즉 기독교적 믿음이 단순히 죄를 용서해주는 것이나 혹은 심판과 관련하여 사람의 신분이 바뀌는 것이 아니라 새로운 생명이 전달되는 것이라는 개념은 단지 요한만의 전유물이 아닙니다. 그것은 또한 율법을 강조하는 야고보의 사상이기도 합니다. 그는 이렇게 말합니다. "그가 그 피조물 중에 우리로 한 첫 열매가 되게 하시려고 자기의 뜻을 따라 진리의 말씀으로 우리를 낳으셨느니라"(약 1:18). 뿐만 아니라 그것은 또한 바울이 크게 강조하는 바이기도 합니다. 그는 우리가 하나님의 아들로 말미암아 아들이 된다고 말합니다. 또 그는 하나님의 선물이 "자기를 창조하신 이의 형상을 따라" 의로 빚어진 새로운 본성이라고 말합니다(골 3:10). 뿐만 아니라 그는 이러한 새로운 본성이 그것을 받은 자의 믿음과 노력으로 말미암아 계속 계발되고 증진되어야 한다고 끊임없이 역설합니다.

이러한 사실을 기억하면서 이제 두 번째 단계로 나아갑시다. 그것은 거듭남의 결과인 새 생명은 사람에 여전히 남아 있는 옛 본성과 나란히 공존한다는 사실입니다. 그리고 그렇게 공존하는 가운데 새 생명은 옛 본성을 통제하며, 억제하며, 십자가에 못 박으려, 지배해야 합니다. 이러한 신적 생명은 육체의 생명과 마찬가지로 — 이것 또한 하나님의 선물입니다 — 계속적인 자람의 과정을 통과해야만 합니다. 하나님이 육체 가운데 나타나신 완전한 사람 예수 그리스도를 생각해 보십시오. 그는 "지혜와 키가 자라가며 하나님과 사람에게 더욱 사랑스러워" 가셨습니다(눅 2:52). 이와 같이 신적 생명은 씨앗의 형태로 영혼에 임합니다. 그리고 그것은 유아기를 거쳐, 청년의 상태로 자랐다가, 마침내 장성한 수준에 이르게 됩니다. 요한은 신적 생명이 이와 같이 자라는 개념을 크게 강조합니다. 여러분은 그가 아이들과 청년들과 아비들의 단계와 관련하여 두 번 반복하는 긴 말씀을 기억할 것입니다. 이와 같이 새 생명은 계속 자라가야 합니다. 그것은 강함과, 영향력의 범위와, 옛 본성을 정결하며 거룩하게 하는 능력에 있어 계속 자라가야 합니다. 그러나 자연적으로 자라는 것이 전부가 아닙니다. 거기에는 또한 투쟁이 있어야 합니다. 새로운 본성은 옛 본성과 더불어 싸워야 합니다. 새로운 본성이 옛 본성을 지배할 수 있기 위해서는 노력이 필요합니다. 새로운 본성이 전체적인 본성 속으로 스며들며 펼쳐질 수 있기 위해서는 계속적인 부지런함이 있어야만 합니다. 그럴 때 새로운 본성은 강화되고, 그의 적수(敵手)인 옛 본성은 약화될 것입니다. 이와 같이 우리는 처음부터 마지막까지 기독교적 삶을 세우기 위해 필요한 절대적인 기초를 가지고 있습니다. 그것이 우리에서 역사(役事)하는 가운데 영향력의 범위를 넓히며, 성품을 변화시킵니다. 우리는 옛 사람을 완전히 정복하는 자리에까지 무한히 다가갈 수 있습니다. 그러므로 하나님으로부터 난 자는 마침내 세상을 이깁니다.

지금까지 내가 이야기한 모든 것이 사실이라면, 앞에서 내가 제기한 첫 번째 질문 즉 "여기에서 요한은 누구에 대해 말하고 있는가?"라는 질문에 대한 대답은 자동적으로 나옵니다. "하나님께로부터 난 자"는 그리스도인입니다. 그는 하나님의 아들과의 교제로 말미암아 그리고 그 자신의 개인적인 믿음을 통해 하나님으로부터 신적 생명을 받았습니다. 그리고 하나님께로부터 난 것은 그에 있는 신적 생명입니다. 여기에서 요한이 의미하는 것이 '그러한 본성이 심겨진 사람'이 아니라는 것은 같은 장의 다른 절에서 그가 "whosoever"를 "whatsoever"로 대체한 사실로부터 분명하게 나타납니다(18절에는 "we know that **whosoever** is born of God sinneth not"이라고 되어 있는 반면 4절에는 "**whatsoever** is born of God overcometh the world"라고 되어 있음). 나는 요한이 세상을 이기며(4절) 범죄하지 않는다고(18절) 선언하는 것이 사람이라기보다 그 사람에 있는 능력이라고 생각합니다. 이것이 첫 번째 질문에 대한 나의 대답입니다.

2. 둘째로, 이러한 신적 생명과 관련하여 요한이 무엇이라고 확언하고 있는지 주목하십시오.

"하나님께로부터 난 자는 다 범죄하지 아니하는 줄을." 이것은 여기에만 나타나는 특별한 표현이 결코 아닙니다. 우리는 3장에서도 이와 비슷한 표현이 두 번 나타나는 것을 발견합니다. "그에 거하는 자마다 범죄하지 아니하나니"(6절). "하나님께로부터 난 자마다 죄를 짓지 아니하나니 이는 하나님의 씨가 그의 속에 거함이요 그도 범죄하지 못하는 것은 하나님께로부터 났음이라"(9절). 이것보다 더 강한 말씀이 있을 수 있겠습니까? 이것보다 더 명백한 말씀이 있을 수 있겠습니까? 물론 이러한 말씀들로 요한이 어떤 사람이 모든 행동에 있어 조금이라도 죄를 짓는다면 그에 신적 생명이 존재하지 않는다는 것을 의미하는 것은 아닙니다. 본문 바로 앞에 있는 말씀을 보십시오. "누구든지 형제가 사망에 이르지 아니하는 죄 범하는 것을 보거든 구하라 그리하면 … 그에게 생명을 주시리라"(16절). 하나님의 자녀들이 서로 형제인 것은 그들 모두가 신적 생명을 공유하기 때문입니다. 그런데 여기에서 요한은 그들 가운데 "사망에 이르지 아니하는 죄"가 존재함을 상정(想定)합니다. 그리고 그러한 죄는 형제간의 도움과 중보기도를 요구합니다. 여러분은 이와 같이 형제의 죄를 위해 기도할 것을 명령한 사람이 곧바로 본문과 같은 상충되는 말을 함으로써 스스로의 말을 모순되게 만들었을 것이라고 생각합니까? 지금 나는 영감(靈感)에 대해 이야기하고 있는 것이 아닙니다. 다만 상식에 대해 이야기하고 있는 것입니다. 그것은 얼마나 비상식적인 생각입니까! 여기에서 요한은 자신의 개념들을 논리적으로 연결시키는 일에는 별다른 관심을 기울이지 않고, 다만 자신이 말하고자 하는 사실들을 그대로 제시합니다. 그는 자신의 독자들이 바보라고 생각하지 않습니다. 그는 "누구든지 형제가 죄 범하는 것을 보거든"이라고 말하고는, 다음 순간 곧바로 "하나님께로부터 난 자는 다 범죄하지 아니하는 줄을"이라고 말합니다. 피상적으로 볼 때 두 말씀은 서로 상충되는 것처럼 보입니다. 그러나 분명 이러한 두 말씀을 조화시킬 수 있는 길이 있습니다. 우리가 18절 본문을 그리스도인이 아무런 죄도 범하지 않아야만 그리스도인이라는 이름으로 불릴 수 있는 권리를 가진다는 것을 의미하는 것이 아니라 그에 죄의 권세로부터 해방된 생명의 원리가 있으므로 하나님께로부터 난 자는 필연적으로 세상을 이기며 죄를 범하지 않음을 의미하는 것으로 취한다면, 나는 우리가 그 길을 발견한 것이라고 생각합니다.

이로부터 나는 두 가지 명백하면서도 실제적인 결론을 끌어내고 싶습니다. 하나는 옛 본성과 함께 공존하면서 그것과 더불어 계속 싸우는 신적 생명의 능력과 관련한 이러한 개념은 그리스도인이 죄를 범하는 것의 죄책(罪責)을 더욱 가중시킨다는 사실입니다. 그러나 본문의 교훈은 종종 이와 정반대쪽 방향으로 사용되곤 했습니다. 우리 모두가 잘 아는 것처럼 "내에 거하는 것은 내가 아니라 죄야. 그러니까 나에게는 책임이 없어"라고 말하는 사람들도 있었으며, 본문의 가장 고결하며 정결한 개념을 도리어 죄의 도구로 사용해온 기독교 종파들도 있었습니다. 그러나 오늘 나는 여러분 앞에 그와는 정반대의 결론을 제시하고자 합니다. 분명히 말하거니와 그와 같은 개념은 그리스도인에 내재하는 생명의 원리와 완전하게 상충됩니다. 모든 사람은 죄를 범함으로 말미암아 하나님을 모독하며 스스로를 더럽힙니다. 그렇다면 하물며 자기에 있는 하나님의 생명과 은혜의 영을 억압하면서 육신과 감각과 세상과 자아를 위해 사는 그리스도인의 죄책은 얼마나 더 크고 무겁겠습니까? 가장 무거운 죄책과 가장 엄중한 정죄는 자신의 영에 신적 생명을 가지고 있음에도 불구하고 육체를 따라 살아가는 사람에게 부과됩니다. "무릇 많이 받은 자에게는 많이 요구할 것이요 많이 맡은 자에게는 많이 달라 할 것이니라"(눅 12:48).

본문으로부터 또 하나의 중요한 교훈을 끌어낼 수 있는데, 그것은 그리스도인들의 유일한 임무는 믿음으로 말미암아 그들의 영에 있는 하나님의 생명을 강화시키며 심화시키는 것이어야만 한다는 것입니다. 하나님이 주신 새 생명에 풍성하게 젖으며 그것에 의해 절대적으로 지배되는 것은 한계가 없는 일이며, 무한히 계속되어야만 하는 일입니다.

> "여기의 생명은 부족하도다.
> 우리는 참된 생명을 갈망하도다.
> 우리는 더 나은 생명을 원하도다."

개별적인 덕(德)과 은혜를 계발하는 것은 매우 좋은 일입니다. 그러나 먼저 여러분의 영혼에 있는 신적 생명을 더 굳게 붙잡고 더 풍성하게 소유하십시오. 그러면 모든 덕들과 은혜들이 자연적으로 따를 것입니다.

3. 마지막으로, 하나님께로부터 난 자에 대한 요한의 확증의 근거가 무엇인지 주목하십시오.

본문은 계속해서 이렇게 말합니다. "하나님께로부터 난 자가 그 자신을 지키매"(but he that is begotten of God keepeth himself). 여러분이 개정역(Revised Version)을 사용한다면, 여러분은 거기에서 사소한 것처럼 보이지만 실상 큰 의미를 갖는 변이(變異)를 보게 될 것입니다. 개정역은 이렇게 읽습니다. "하나님께로부터 난 자가 그를 지키시매"(한글개역개정판은 개정역처럼 되어 있음). 설교 중에 갑자기 본문을 석의(釋義)하는 작업으로 이행하는 것은 지혜롭지 못한 일로 보입니다. 나는 다만 원문(原文)에서 본문의 상반절과 하반절 사이에 매우 주목할 만한 변이가 있음을 지적하고 싶습니다. 흠정역에 담겨 있는 개념을 채택할 때, 나는 상반절과 하반절의 인물이 동일한 인물이 된다고 생각합니다. 반면 차이는 이것입니다. 상반절의 "하나님께로부터 난 자"는 그리스도인입니다. 그리고 하반절의 "하나님께로부터 나신 자"는 구주 예수 그리스도입니다.

요한은 "하나님께로부터 난 자는 범죄하지 않는다"고 확증합니다. 그것은 그의 맏형의 강한 손이 그의 약함을 둘러싸기 때문입니다. 하나님의 아들이 모든 아들들을 지키십니다. 그들은 그를 통해 자신들의 본성 안으로 하나님의 생명을 받아들인 자들입니다. 그러므로 그들은 오직 우리 육체의 모양을 입으셨지만 그러나 죄와는 무관한 아버지의 독생자에 의해 지켜집니다. 따라서 그러한 영속적인 생명의 원리를 강화시키며 심화시키기 위해 우리가 해야만 하는 유일한 일은 우리가 그의 붙드시는 손으로부터 떨어지지 않도록 주의를 기울이는 것입니다. 형과 함께 산책을 나온 아이를 생각해 보십시오. 가게에 진열된 물건 따위에 눈이 휘둥그레진 나머지 형의 손을 놓친다면 어떻게 되겠습니까? 아이는 길을 잃은 채 결국 울음을 터뜨리고 말 것입니다. 아이가 위로를 받고 다시금 마음이 즐거워지는 것은 오직 형에게로 돌아와 형의 손을 붙잡음으로 말미암아 이루어집니다. 형의 큰 손이 아이의 작은 손을 붙잡을 때, 비로소 아이는 안전과 평안을 느낍니다.

사랑하는 형제들이여, 그리스도를 잃는 것은 마치 숲속에서 길을 잃는 것과 같습니다. 우리가 그리스도에게 가까이 붙어 있다면, 악한 자가 우리를 만지지도 못할 것입니다. 마치 전쟁의 때에 호위하는 병사들에게 둘러싸인 상인(商人)들처럼 말입니다. 또 그럴 때, 하나님께로부터 난 것이 우리에서 주도권을 쥘 것입니다. 그리고 우리는 성령으로부터 난 자가 육체로부터 난 자를 쫓아낼 것이라는 사실을 확신할 수 있습니다.

16
승리의 확신(2)

"또 아는 것은 우리는 하나님께 속하고 온 세상은 악한 자에 처한 것이며"
요일 5:19

본문은 요한이 모든 그리스도인의 분깃으로 상정(想定)하는 두 번째 승리의 확신입니다. 첫 번째 승리의 확신에 대해서는 앞 설교에서 다루었습니다. 그것은 18절입니다. "하나님께로부터 난 자는 다 범죄하지 아니하는 줄을 우리가 아노라." 18절의 첫 번째 승리의 확신에 대한 언급과 19절의 두 번째 승리의 확신에 대한 언급 사이에는 명백한 연결성과 점진성이 있습니다. 전자는 전적으로 일반적입니다. 그리고 그것은 여기에서 구체화됩니다. 18절에서는 "다"(whosoever)로 표현된 반면, 여기에서는 "우리"(we)로 특별하게 지칭됩니다. 오늘 본문의 특권을 주장할 수 있는 권리를 가진 사람들은 바로 그리스도인들입니다.

계속해서 여기에는 또 다른 연결성과 점진성이 있습니다. "하나님께로부터 난"(born of God)은 행동을 가리킵니다. 반면 "하나님께 속하고"(of God)는 상태를 가리킵니다. 점(點)이 선(線)으로 바뀐 것입니다. 나아가 또 하나의 연결성과 점진성이 있습니다. "하나님께로부터 난 자는 다 범죄하지 아니하는 줄을 우리가 아노라 … 악한 자가 그를 만지지도 못하느니라." 18절에서 어둠 가운데 있는 세상을 얼핏 본 것은 19절에서 "악한 자에 처한" 세상을 분명하게 보는 것으로 심화(深化)됩니다.

그리스도인은 하나님에게 속하는 반면 세상은 어둠의 권세 아래 예속되어 있다고 말하는 본문과 같은 말씀은 한편으로 지나친 편견으로 그리고 다른 한편으로 편협하며 가혹한 개념으로 종종 폄훼되어 왔습니다. 나는 한편으로 이런 종류의 말씀을 많은 그리스도인들이 그릇된 방식으로 오용(誤用)한 사실을 굳이 부인하지 않습니다. 그러나 다른 한편으로 나는 오늘날의 평균적인 기독교에게 있어 본문 가운데 고동치는 이러한 즐거운 확신에 참여하는 것보다 더 필요한 것은 아무것도 없다고 믿습니다. 이러한 승리의 확신이 없음으로 인해 많은 그리스도인들의 영혼이 절름발이가 되며, 기쁨이 가려지며, 영적인 힘이 약해지며, 세상에서의 사역이 위축됩니다. 이제 본문 가운데 요한이 던지는 즐거운 확신을 좀 더 상세히 살펴보도록 합시다.

1. 첫째로, 자신이 하나님에게 속한다는 기독교적 확신을 주목하십시오.

"또 아는 것은 우리는 하나님께 속하고." 요한은 도대체 어디에서 그의 서신에서 반복적으로 나타나는 이러한 표현 양식을 얻었습니까? 두말할 것도 없이 그것은 주님 자신의 입술로부터였습니다. 우리 주님은 사람이 "하나님에게 속하는" 것과 관련하여 여러 차례 말씀하셨습니다. 예를 들어 그는 이렇게 말씀하십니다. "하나님께 속한 자는 하나님의 말씀을 듣나니 너희가 듣지 아니함은 하나님께 속하지 아니하였음이로다"(요 8:47). 또 그는 정반대쪽 방향에서 이렇게 말씀하시기도 하셨습니다. "너희는 너희 아비 마귀에게서 났으니 너희 아비의 욕심대로 너희도 행하고자 하느니라"(요 8:44). 이와 같이 그리스도에게서 점(點)으로 나타났던 것이 그의 제자인 요한에게서 선(線)으로 확장된 것입니다. 요한은 그리스도인이 하나님에게 속하는 것을 영속적인 상태로 표현합니다.

우리가 하나님에게 속한다는 본문의 표현 가운데 나타나는 첫 번째 개념은 하나님 자신으로부터 전달된 생명의 개념입니다. 육체의 아버지는 자녀에게 육체의 생명을 전달하며, 그러한 생명은 독립적입니다. 그러나 우리가 하나님으로부터 받는 영의 생명은 그것이 기원한 동일한 선물의 계속적인 반복에 의해 지탱됩니다. 그러므로 본문의 표현에 담겨 있는 두 번째 개념은 그 생명이 그것이 본래 기원한 하나님에게 의존한다는 개념입니다. 그리스도인의 영혼에 있는 신적 생명은, 하늘로부터의 계속적인 공급이 끊어진다면, 확실하게 시들다가 마침내 죽을 것입니다. 더 이상 상류로부터 물이 흘러내려오지 않을 때 강바닥이 메말라 갈라지는 것처럼 말입니다. 하늘로부터의 계속적인 전달이 없다면, 사람은 더 이상 영의 생명을 가질 수 없습니다. 그러므로 본문의 표현 속에 담겨 있는 두 번째 개념은 그러한 생명이 계속 하나님에게 의존되어야만 한다는 것입니다. 그리스도인들은, 그러한 새 생명에 참여하는 한, 하나님에게 속합니다. 영의 생명은 전적으로 하나님에게 의존합니다. 어떤 의미에서 그것은 모든 피조물이 창조주로부터 계속 방출되는 신적 능력에 의존하는 것과 유사합니다. 보존은 계속적인 창조입니다. 하나님이 모든 물리적인 현상들과 변화들 속에서 일하지 않으신다면, 우주 가운데 어떤 현상도, 어떤 변화도, 어떤 보존도 없을 것입니다. 이와 같이 새로워진 영혼은 신적 생명과 신적 선물의 끊임없는 전달을 위해 계속 하나님에게 의존해야 합니다.

이러한 신적 생명이 이와 같이 하나님으로부터 유래되고 또 그에게 의존하는 것이라면, 본문의 함축적인 표현으로부터 다음과 같은 마지막 개념 즉 그 생명은 그것의 근원과 대응된다는 개념이 따르게 됩니다. "너희는 하나님께 속한 자라." 그 생명은 그것의 근원인 하나님의 생명과 동종(同種)의 생명이며, 그것과 비슷한 생명입니다. 바로 이것이 모든 그리스도인의 특권입니다.

본문 가운데 우리가 주목해야 할 것이 또 한 가지 있습니다. 그것은 우리가 하나님께 속한다는 것을 **우리가 안다**는 사실입니다. 요한은 "또 **아는** 것은 우리는 하나님께 속하고"라고 말합니다. 여기의 "안다"는 단어는 많은 사람들에 의해 너무나 자주 오용되는 가운데 어떤 특정한 형태의 지식에만 한정적으로 사용되곤 했습니다. 그러나 나의 의식(意識)의 내적 사실들은, 감각에 의해 증명되거나 혹은 추론에 의해 도달되는 다른 영역의 사실들과 마찬가지로, 나에게 타당하며 신뢰할 수 있는 확실한 것이 됩니다.

그리스도인들은 "또 아는 것은"이라는 위대한 표현을 붙잡고 그것을 자신들의 영적 경험의 사실들에 적용할 수 있는 정당한 권리를 가집니다. 어떤 과학자가 그러한 표현을 자신의 과학적인 사실들에 적용할 수 있는 권리를 갖는 것과 똑같이 말입니다. 물론 나는 위와 같은 두 종류의 지식 사이의 차이를 부인하지 않습니다. 그러나 우리는 우리 외부의 어떤 것에 대해서보다 우리 자신에 대해 더 잘 확신할 수 있습니다. 여러분은 여러분이 있는 것을 어떻게 압니까? 그에 대한 유일한 대답은 "나는 내가 있는 것을 느낀다!"입니다. 이것과 정확하게 동일한 증거가 여기의 영적 생명의 개념과 관련하여 똑같이 적용될 수 있습니다. 나는 내가 하나님에게 속하는 사실을 압니다. 그리고 나는 경험을 통해 그러한 사실을 나에게 확증하는 의식(意識)을 자각(自覺)합니다.

그러나 이것이 전부가 아닙니다. 요한은 본장에서 "하나님께로부터 나는" 조건을 제시하는데, 그것은 예수 그리스도를 믿는 단순한 행동입니다. 그러므로 어떤 사람이 자신의 믿음을 확신한다면, 그는 필연적으로 자신이 하나님께로부터 났으며 또 하나님께 속함을 알게 됩니다.

그러나 여러분은 이렇게 반문할 것입니다. "당신은 사람들이 스스로를 속이는 것을 알지 않습니까? 스스로 그리스도인이라고 고백하는 고백이 실제 사실과 다를 수도 있지 않습니까?" 그렇습니다. 나 역시 그러한 사실을 잘 압니다. 본 서신은 계속해서 우리로 하여금 우리가 하나님에게 속한다는 허황된 망상에 빠지지 않도록 지켜줍니다. 다시 말해서 우리가 어떤 명백한 사실들로써 우리가 하나님에게 속한다는 우리의 의식(意識)을 증명하지 못한다면, 우리의 그와 같은 의식은 결국 망상에 불과한 것이 되고 마는 것입니다. 여러분은 본 서신이 가장 신비주의적이면서 동시에 가장 실천적이며 도덕적이라는 사실을 기억할 것입니다. 내가 하나님에게 속한다는 의식은 다음과 같은 준엄한 시험대를 통과해야만 합니다. "아무도 너희를 미혹하지 못하게 하라 의를 행하는 자는 그의 의로우심과 같이 의롭고 … 무릇 의를 행하지 아니하는 자나 또는 그 형제를 사랑하지 아니하는 자는 하나님께 속하지 아니하니라(요일 3:7, 10). 이것은 헛된 망상을 여지 없이 깨뜨리는 준엄한 시험대입니다.

우리 주님 자신이 제시하신 또 하나의 시험대가 있습니다. 그는 이렇게 말씀하셨습니다. "하나님께 속한 자는 하나님의 말씀을 듣나니 너희가 듣지 아니함은 하나님께 속하지 아니하였음이로다"(요 8:47). 사랑하는 그리스도인들이여, 여기의 두 시험대를 기억하십시오. 첫 번째 시험대는 삶의 의(義), 일상의 실제적인 도덕, 모든 세상이 참되며 옳다고 인정하는 것들을 행하며 사랑하는 것입니다. 그리고 두 번째 시험대는 하나님의 음성의 주파수에 맞추어진 귀입니다. 자신이 하나님에게 속한다는 의식을 이러한 두 가지 시험대 아래 놓으십시오. 그러면 여러분은 잘못된 길로 가지 않을 것입니다.

둘째 대지(大旨)로 넘어가기 전에 한 가지만 더 이야기하고자 합니다. 어떤 그리스도인에게 있어 이러한 승리의 확신이 분명하지 않다면, 그의 영적 생명은 미약하며 절름발이와 같은 것입니다. "또 아는 것은 우리는 하나님께 속하고"(we know that we are of God). 다시 말해서 여기에서 요한은 "우리는 우리가 하나님에게 속하는 것을 아노라"라고 말하고 있는 것입니다. 여러분과 나 역시도 동일한 확신으로 그와 똑같이 말할 수 있습니까? "나도 그렇게 확신할 수 있기를 바랍니다." "나는 그렇게 말하기가 상당히 두렵습니다." "나는 그런지 그렇지 않은지 잘 모릅니다." "나도 그럴 수 있을 것이라고 생각합니다." 너무나 많은 그리스도인들이 이 정도 수준에 머문 채 살고 있습니다. 그러면서 그들은 여기의 요한처럼 "우리는 우리가 하나님에게 속하는 것을 아노라"라고 말하는 사람들을 이상한 눈으로 바라봅니다. 도대체 어째서 우리의 하늘은 북부지방의 겨울 하늘처럼 흐리며 우중충해야만 한단 말입니까? 우리는 얼마든지 열대의 찬란한 태양이 비취는 청명한 바다로 항해하여 나아갈 수 있습니다. 우리가 그렇게 뜻하기만 한다면 말입니다. 사랑하는 그리스도인들이여, 그러한 확신은 여러분의 삶의 능력과 직접적으로 연결됩니다. 자신이 하나님에게 속하는 것을 확신할 때, 여러분은 더 큰 평강을 소유하며 여러분의 거룩함은 더 큰 진보(進步)를 이루게 될 것입니다.

2. 둘째로, 우리는 여기에서 세상에 대한 기독교적 관점을 보게 됩니다.

두말할 필요도 없이 요한은 "세상"이라는 표현을 물질적인 것들의 총체를 의미하는 것으로서가 아니라 불경건한 사람들의 총체를 의미하는 것으로서 사용하는 것을 예수로부터 배웠습니다. 여러분이 그 단어의 현대적인 번역어를 원한다면, 그것은 오늘날 하나님에게 속하지 않은 사람들의 무리를 의미하는 "사회"(society)라고 번역되는 단어와 매우 유사합니다.

어떤 사람이 자신이 예수 그리스도를 믿는 믿음으로 말미암아 하나님의 가족 안으로 들어와 그로부터 나오는 생명을 소유하는 것을 더 많이 의식(意識)할수록, 그를 둘러싸고 있는 악에 대한 그의 감각은 더욱 예리해질 것입니다. 뿐만 아니라 그럴수록 세상을 가득 채우고 있는 관습들과 제도들과 삶의 방식들과 그리스도와 그리스도의 백성들에게 속하는 그것들 사이의 괴리(乖離)를 더욱 예리하게 느끼게 될 것입니다. 중앙아프리카에 사는 어떤 원주민이 잠깐 동안 영국에 왔다고 생각해 보십시오. 그리고 다시 자기 부족으로 돌아왔을 때, 그는 자신의 부락이 예전에는 보지 못했던 더러운 것들과 불결한 것들로 가득 차 있는 것을 보게 될 것입니다. 또 어떤 동화 이야기처럼 잠깐 동안 요정의 나라에 갔다가 다시 일상의 무미건조한 삶으로 돌아온 어떤 사람을 생각해 보십시오. 그의 눈앞에 항상 요정의 나라에서 보았던 광경들이 어른거릴 것이며, 그는 세상에서 스스로를 이방인처럼 느낄 것입니다. 이와 같이 우리가 하나님에게 속함을 의식(意識)하는 분량만큼, 우리는 우리의 삶의 방식과 우리를 둘러싸고 있는 사람들의 삶의 방식 사이의 괴리를 느낄 것입니다.

나는 "세상" 가운데 상당 부분의 사람들이 십자가에 의해 속량되었으며, 그로 말미암아 세상의 왕이 쫓겨났으며, 상당 부분의 기독교적 도덕과 기독교적 관점이 세상 속으로 퍼졌으며, 그럼으로 말미암아 요한이 에베소에서 아데미 신전의 그늘 아래 이 글을 쓰고 있었을 때보다 오늘날 세상의 적대감이 훨씬 작아졌다는 사실을 추호도 부인하지 않습니다. 부인하기는 고사하고, 나는 그것을 기꺼이 인정하고 감사함으로 받아들입니다. 그러나 세상은 여전히 세상입니다. 그리고 세상과 하나님에게 속한 것 사이의 반목(反目)은 여전히 남아 있습니다. 어떤 사람이 자기에 있는 하나님의 생명에 진실하게 살고자 한다면, 그는 이내 그러한 반목이 여전히 해소되지 않은 채 남아 있는 사실을 발견하게 될 것입니다. 그러한 반목은 결코 해소되지 않을 것입니다. 그러한 반목이 종결될 수 있는 유일한 길은 이 세상의 나라가 우리 하나님과 그리스도의 나라가 되는 것뿐입니다. "사회"(society)는 하나님에게 속하지 않습니다. 그리고 지상의 나라의 모든 제도들 속에는 여전히 많은 악이 내재해 있습니다. 그리스도인들은 이러한 것들 가운데 놓이며, 그러므로 둘 사이의 반목은 계속됩니다.

3. 마지막으로, 이런 맥락에서 그리스도인의 의무가 무엇인지 생각해 보십시오.

이 시간 여러분에게 몇 가지 훈계하고 싶습니다. 사랑하는 그리스도인들이여, 여러분이 이 세상보다 더 높은 질서에 속한다는 의식(意識)을 계속 계발하십시오. 집을 떠나 외지(外地)에 살고 있는 어떤 사람을 생각해 보십시오. 세월의 흐름과 함께 그는 자신의 집과 거기에서의 삶의 방식에 대한 감각을 잃어버릴 것입니다. 그러므로 그가 그러한 감각을 잃어버리지 않기 위해서는 계속적인 노력이 필요합니다. 앞에서 이야기한 것처럼 "우리는 하나님에게 속했다"는 의식(意識)은 자칫 온갖 형태의 비기독교적인 정신을 유발하는 원천이 될 수 있습니다. 그것은 자칫 경멸과 자기 의와 다른 수많은 악들의 원천이 될 수 있습니다. 그러나 그것의 의미를 올바로 붙잡을 때, 그것은 결코 그와 같은 잘못된 방향으로 흐르지 않습니다. 그렇지만 우리가 항상 그러한 의식(意識)을 새롭게 하기를 추구하지 않는다면, 그것은 곧 흐려질 것이며 우리는 우리의 본향을 잊어버린 채 광야에서 광야의 시민으로 살며 쥐엄열매를 먹는 것으로 만족하게 될 것입니다. 그러므로 간절히 당부하노니 하나님에게 속한다는 의식을 계속 계발하십시오.

또 세상에 물들지 않도록 조심하십시오. 사람들이 전염병이 도는 도시에서 행동하는 것처럼 그렇게 행동하십시오. 아프리카에서 복무하는 영국인 병사들이 말라리아에 걸리지 않고자 조심하는 것처럼 그렇게 행동하십시오. 어둠 가운데 역사(役事)하며 알지 못하는 사이에 은밀하게 덮치는 말라리아 말입니다. 또 그들이 나무 뒤에 숨어 있는 적군을 경계하며 행군하는 것처럼 그렇게 걸어가십시오. 그리고 유일한 안전은 오직 그리스도의 손을 붙잡고 있을 때뿐이라는 사실을 잊지 마십시오.

또 그리스도께서 세상을 바라보는 것처럼 그렇게 바라보십시오. 여러분은 세상을 경멸해서도 안 되며, 자기 의에 사로잡혀서도 안 됩니다. 여러분은 자신이 하나님에게 속한다는 특권으로 의기양양해 해서는 안 됩니다. 도리어 여러분은 예수 그리스도가 가졌던 것과 같은 슬픔과 긍휼의 마음을 가져야만 합니다. 그가 예루살렘 도성을 바라보며 눈물을 흘렸던 것처럼, 여러분도 그렇게 하십시오. 그가 목자 없는 양 같은 사람들을 바라보며 불쌍히 여기는 마음을 가졌던 것처럼, 여러분도 그렇게 하십시오.

여러분의 형제들을 악독한 폭군으로부터 건져내기 위해 힘쓰십시오. 본문의 상반절과 하반절 사이의 차이를 주목하십시오. "우리는 하나님에게 속하고" — 이것은 영속적인 관계입니다. "온 세상은 악한 자에 처한 것이며" — 이것은 필연적으로 영속적인 관계는 아닙니다. 세상은 악한 자에게 (of) 속하지 않습니다. 세상은 단지 그 "**안에**"(in) 처해 있을 뿐이며, 그러므로 그러한 상황은 바뀔 수 있습니다. 세상은 어둠의 권세가 활동하는 영역에 있습니다. 자신들의 무기를 나무 위에 걸어놓고 요정(妖精)들의 무릎을 베고 누웠던 옛 이야기에 등장하는 기사(騎士)들을 생각해 보십시오. 그와 같이 사람들은 하나님을 떠나, 이상한 능력의 마력에 사로잡혀 버리고 말았습니다. 그러나 세상은 어둠의 권세의 영역으로부터 취하여질 수 있습니다. 바로 이것이 여러분이 여기에 있는 이유입니다. "하나님의 아들이 나타나신 것은 마귀의 일을 멸하려 하심이라"(요일 3:8). 그리고 바로 그러한 목적을 위해 그가 우리를 그의 종으로 부르셨습니다. 그러므로 우리가 세상의 어둠과 우리가 소유하는 신적 생명의 축복 사이의 괴리를 더 강하게 느낄수록, 우리의 슬픔과 긍휼의 마음은 더욱 강렬해질 것입니다. 그리고 우리는 그에 사로잡혀 있는 사람들을 건져내고자 하는 더욱 간절한 마음을 갖게 될 것입니다. 형제들이여, 우리가 세상을 악독한 폭군으로부터 가장 잘 건져낼 수 있는 것은 우리가 사람들 가운데 본문과 같은 즐거운 확신을 굳게 붙잡고 행하는 것이라는 사실을 기억하십시오. 우리 모두 앞에 엄숙한 양자택일이 있습니다. 그것은 내가 하나님에게 속하든지, 아니면 악한 자에 처하는 것입니다. 사랑하는 친구들이여, 그리스도의 돌보심을 굳게 붙잡으십시오. 그러면 요한이 모든 신자들에 대하여 다음과 같이 선언하는 것이 여러분에게 사실이 될 것입니다. "자녀들아 너희는 하나님께 속하였고 또 그들을 이기었나니 이는 너희 안에 계신 이가 세상에 있는 자보다 크심이라"(요일 4:4).

17
승리의 확신(3)

"또 아는 것은 하나님의 아들이 이르러 우리에게 지각을 주사 우리로 참된 자를 알
게 하신 것과 또한 우리가 참된 자 곧 그의 아들 예수 그리스도 안에 있는 것이니"
요일 5:20

요한은 다시 한번 "우리는 아노라"(we know, 한글개역개정판에는
"또 아는 것은"이라고 되어 있음)를 반복합니다. 그의 목소리에 의심의 그
림자가 조금도 드리워있지 않은 완전한 확신이 울려 퍼집니다. 그에게는
조금의 흔들림도 없습니다. 그는 "우리는 생각하노라"라든지 혹은 심지어
"우리는 굳게 믿노라"라고 말하지 않습니다. 그는 오직 "우리는 아노라"라
고 말할 뿐입니다. 그의 이러한 목소리는 오늘날 여러 가지 풍조에 영향을
받은 우리 가운데 많은 사람들의 목소리와 얼마나 다릅니까! 과거 우리 조
상들에게 반석이었던 것이 오늘날 우리 가운데 많은 사람들에게 마치 진
구렁 같은 것이 되지 않았습니까? 그러나 요한은 그러한 굳은 확신이 모
든 그리스도인의 특징이라고 생각합니다. 나는 그가 이 시대의 그리스도
인들에 대해 어떻게 생각할는지 매우 궁금합니다.

여기의 세 번째 승리의 확신은 우리가 앞에서 다루었던 두 확신들과 밀
접하게 연결됩니다. 한 가지 측면에서 그와 같이 밀접하게 연결되는 이유
는 여기의 세 번째 확신이 앞의 두 확신들의 근거이기 때문입니다. 왜냐하
면 사람들이 하나님께로부터 나고 그에게 속하는 것은 "하나님의 아들이

오셨기" 때문입니다. 또 다른 측면에서 그와 같이 밀접하게 연결되는 이유
는 본문이 보다 정학하게 "그리고 우리는 아노라"(and we know)가 아니
라 "그러나 우리는 아노라"(but we know)라고 읽혀져야 하기 때문입니
다. 다시 말해서 19절과 20절은 다음과 같이 연결되는 것입니다. "온 세상
은 악한 자에 처해 있노라 **그러나** 우리는 하나님의 아들이 오셨음을 아노
라." 성육신과 그것의 현재적인 결과들을 굳게 붙잡을 때, 우리는 죽음을
직면하여 바라볼 수 있습니다. 그리고 그럴 때 우리는 세상과 우리 자신을
위한 소망을 가질 수 있습니다. 지금 내가 말하는 것은 성육신과 그것의
결과들의 확실함입니다. 왜냐하면 본문 가운데 요한은 그리스도께서 육체
가운데 오신 과거의 사실뿐만 아니라 현재적인 사실 즉 그러한 그리스도
께서 그리스도인들의 영혼에서 현재적으로 일하시는 사실을 가리키기 때
문입니다 — "우리에게 지각을 주사." 뿐만 아니라 그는 계속해서 그러한
과거의 나타나심의 영속적인 결과로서 우리가 하나님에 거하는 것과 하나
님이 우리에 거하시는 것을 가리킵니다. 그리스도의 오심, 성육신하신 아
들을 통해 신자의 마음 안으로 흘러들어오는 하나님을 아는 지식, 그의 최
고의 선물인 하나님에 거하는 것 — 이러한 세 가지를 요한은 그리스도인
들에게 확실한 것으로서 상정(想定)합니다. 그리고 그에게 그러한 세 가지
는 단순한 믿음의 문제가 아니라 확실한 앎의 문제였습니다.

　사랑하는 형제들이여, 우리의 기독교가 여기의 요한이 가졌던 것과 같
은 굳센 확신을 가진다면, 그것은 교리의 모든 바람에 훨씬 덜 좌우되며,
모든 새로운 사상들을 훨씬 덜 두려워하며, 우리의 영을 훨씬 더 강력하게
다스리며, 우리의 마음을 훨씬 더 평온하게 만들며, 우리로 하여금 다른
사람들을 훨씬 더 잘 설득할 수 있도록 만들 것입니다. 우리가 다른 사람
들을 믿음으로 이끌고자 한다면, 먼저 우리는 우리 스스로에 대해 알아야
만 합니다. 이제 여기의 세 가지 요점을 차례대로 살펴보도록 합시다.

1. 첫째로, 하나님의 아들이 오셨음을 아는 기독교적 지식을 주목하십시오.

　사도 요한은 지금 소아시아의 2세대 그리스도인들에게 편지를 쓰고 있

습니다. 그들 가운데 대부분의 사람들은 예수 그리스도께서 이 땅에 계셨을 때 아직 태어나지도 않았습니다. 또 그들 모두는 예수 그리스도를 앎에 있어 오늘날 우리가 가지고 있는 수단 즉 그와 함께 다녔던 사람들의 증언 외에는 다른 어떤 수단도 가지고 있지 못했습니다. 그럼에도 불구하고 그들에게 요한은 "우리는 아노라"(we know)라고 말합니다. 예수 그리스도와의 만남 혹은 복음과의 만남이 여러분과 나처럼 단지 다른 사람들로부터 들은 것의 결과일 뿐인 그들에게 말입니다. 그는 지금 단어를 잘못 사용하고 있는 것일까요? 많은 사람들은 "그렇다!"고 대답할 것입니다. 그러면서 그들은 "우리는 아노라!"를 "그가 그것을 어떻게 알 수 있단 말인가?"로 대체하고자 할 것입니다. 여러분은 언제 "안다"고 말합니까? 여러분이 어떤 사실을 아는 유일한 방법은 그것을 보는 것입니다. 또 설령 여러분이 예수 그리스도를 보았다 하더라도, 여러분이 본 모든 것은 여러분이 하나님의 아들이라고 믿은 사람의 생애일 것입니다. 하물며 단지 다른 사람들의 증언을 가지고 있을 뿐인 사람들과 관련하여 "안다"고 말하는 것은 분명 단어를 잘못 사용하는 것이 아닙니까?

좋습니다. 이것은 충분히 논쟁의 대상이 될 수 있는 주제입니다. 그러나 가장 충분하며 깊은 의미에서 "우리는 아노라"라는 그의 선언을 정당화할 수 있는 몇 가지 방법이 있습니다. 그러한 것들을 간단히 살펴보도록 합시다. 요한이 "하나님의 아들이 이르러"(the Son of God is come)라고 말할 때, 우리는 그가 단지 과거의 실재만을 말하고 있는 것이 아니라 과거에 시작되었지만 그러나 영구적이며 계속 진행되는 실재를 말하고 있는 것이라는 사실을 기억할 필요가 있습니다. 한쪽 측면에서, 분명 예수 그리스도는 이 편지를 읽는 소아시아의 그리스도인들이 태어나기 전에 오셨고 그리고 가셨습니다. 그러나 또 다른 측면에서 예수 그리스도께서 오셨을 때, 그는 "머물기 위해" 오셨습니다. 그리스도께서 사람들과 함께 영구적으로 거한다고 하는 이러한 개념은 성경 전체에 걸쳐 나타납니다. 우리가 예수 그리스도의 성육신에서 영구한 실재의 시작점을 보지 못한다면, 우리는 그것의 참된 개념을 결코 이해하지 못할 것입니다. 그는 오셨지만,

그러나 가지 않으셨습니다. "볼지어다 내가 세상 끝날까지 너희와 항상 함께 있으리라"(마 28:20). 이와 같이 우리 주님이 그의 백성들과 영구적으로 함께 계신다는 개념은 단지 요한복음에만 나타나는 특수한 개념이 아니라 신약 전체에 퍼져 있는 보편적인 개념입니다. 그러므로 여기에서 사도 요한이 "하나님의 아들이 이르러"라고 말할 때 그에 함축된 개념은 그것이 현재적인 사실이라는 것입니다. 그것은 단순히 과거의 한 사실에만 한정되는 것이 결코 아닌 것입니다. 자기 곁에 어떤 사람이 있을 때, 그는 그 사람을 소유합니다. 그리고 그는 육체뿐만 아니라 영의 여러 증표로써 자신이 혼자가 아님을 의식(意識)합니다. 이러한 의식은 훨씬 더 성숙하며 심층적인 형태로 모든 그리스도인들에게 속합니다.

나아가 우리가 "우리는 아노라"라는 표현이 정당한 것임을 알고자 한다면, 우리는 본문을 계속 읽을 필요가 있습니다. "하나님의 아들이 이르러 우리에게 지각을 주사." 이와 관련해서는 논의할 것이 많지만, 그러나 여기에서 그리스도인들이 아는 것으로 선언되는 것은 현재적인 그리스도가 그들의 본성 위에서 현재적으로 일하시는 것이라는 사실만을 간단히 지적하고자 합니다. 어떤 사람이 예수 그리스도를 믿는 믿음으로 말미암아 확실한 실재를 분별하는 새로운 능력을 지각(知覺)한다면, 여기의 요한의 선언은 정당한 것으로 입증됩니다.

한 걸음 더 나아가 기독교적 생명의 성장이 대체로 증언에 기초한 믿음이 생생한 경험에 기초한 앎(knowledge)으로 바뀌는 것에 놓여 있다는 사실 위에서 "우리는 아노라"는 확증은 정당한 것으로 입증됩니다. 처음에 사람이 예수 그리스도를 받아들이는 것은 그들이 복음에 대한 사도들의 증언과 가르침을 듣고 그것을 믿음으로 말미암아 이루어집니다. 그러나 기독교적 삶의 실재들을 점점 더 배워감에 따라 신조(信條)는 의식(意識)으로 바뀝니다. 그러면 우리는 다시금 사도들과 선지자들에게로 돌아가 우리가 그들로부터 받은 모든 것에 대해 감사와 함께 이렇게 말할 수 있습니다. "이제 우리가 믿는 것은 당신들의 말로 인함이 아니니 이는 우리가 친히 듣고 그가 참으로 세상의 구주신 줄 앎이라"(요 4:42). 바로 이것이 모든 그리스도인들이 어린아이의 상태로부터 장성한 상태로 나아가는 진보(進步)입니다. 그들은 다른 사람들의 증언의 기초 위에서 그리스도를 받아들이는 초보적인 상태로부터 자신의 경험의 깊음에서 그가 모든 것임을 발견하는 성숙한 상태로 나아갑니다. 믿음을 시험하는 참된 시금석은 삶입니다. 어떤 은신처가 은신하기에 적당한지 여부를 아는 참된 방법은 실제로 그곳에 거하면서 그곳이 능히 비바람을 가려줄 수 있는지 경험하는 것입니다. 어떤 약을 먹고 병이 치료되었을 때, 우리는 그 약이 효능이 있음을 압니다.

"우리는 하나님의 아들이 오셨음을 아노라"(we know that the Son of God is come, 한글개역개정판에는 "또 아는 것은 하나님의 아들이 이르러"라고 되어 있음). 사랑하는 그리스도인들이여, 여러분은 이와 같은 초보적인 기독교 신조(信條)를 압니까? 기독교적 진리들을 받아들이도록 이끄는 모든 지적(知的)인 이유들을 넘어, 여러분은 여러분으로 하여금 "우리가 아노라"라고 말할 수 있도록 만드는 살아있는 경험을 가지고 있습니다. 아, 스스로를 그리스도인이라고 고백하는 사람들 가운데 너무나 많은 사람들이 이런 확신을 갖지 못하는 것은 얼마나 슬픈 일입니까! 비평학이 발달하며 회의주의(懷疑主義)가 만연한 시대에 너무나 많은 사람들의 신앙의 기초가 여러 가지 이유로 흔들리며 요동합니다. 그러나 굳센 믿음을 가진 자는 결코 흔들리며 요동하지 않을 것입니다. "믿는 자는 다급하게 되지 아니하리로다"(사 28:16). 예수 그리스도께서 자신을 위해 무슨 일을 행하셨는지 아는 사람은 계속해서 밀려오는 새로운 조류(潮流)들을 고요한 마음으로 맞이할 수 있습니다. 그리고 그 어떤 것도 자신의 견고한 중심을 건드릴 수 없음을 확신할 수 있습니다. 형제들이여, 여러분은 "나는 내가 믿는 자를 아노라"라고 담대히 말할 수 있습니까?

2. 둘째로, 아들의 오심으로 말미암아 주어지는 하나님을 아는 지식의 새로운 능력을 주목하십시오.

요한은 성육신과 우리와 함께 계시는 그리스도의 영원한 임재의 한 가지 결과가 "우리에게 지각을 주사 우리로 참된 자를 알게 하신" 것이라고 말합니다. 나는 이러한 표현으로 요한이 사람들에게 절대적으로 새로운 기능이 부여되었음을 의미한다고 생각하지 않습니다. 다만 사람들에게 새로운 방향이 주어짐과 함께 잠자고 있던 능력들이 일깨워지는 것을 의미한다고 생각합니다. 소경의 눈을 뜨게 해주신 우리 주님의 기적을 생각해 보십시오. 그는 이미 눈을 가지고 있었습니다. 그러나 그의 시력이 돌아오기 전에 주님의 손이 그의 눈에 닿을 필요가 있었습니다. 그와 같이 하나님의 형상을 따라 창조된 사람에게는 하나님을 아는 능력이 억압된 채 잠자고 있습니다. 그의 감긴 눈이 볼 수 있게 되기 위해서는 — 다시 말해서 잠자고 있었던 하나님을 지각하는 능력이 일깨워지기 위해서는 — 그 위에 그리스도의 손이 닿을 필요가 있습니다. 하나님을 보는 조건인 깨끗한 본성과 청결한 마음의 선물은 성육신하신 아들을 믿는 믿음 가운데 스스로를 그의 정결케 하는 손에 순복시키는 모든 사람들에게 주어집니다.

성육신에서 예수 그리스도는 우리에게 하나님을 보여 주셨습니다. 또 우리 영혼에서의 그의 현재적인 사역으로 말미암아 그는 우리에게 하나님을 보는 능력을 주십니다. 본문이 말하는 앎은 참된 자를 아는 앎입니다. 이러한 함축적인 단어로써 요한은 예수 그리스도께서 우리 앞에 나타내신 아버지와 신적 본성에 대한 모든 사람들의 지각(知覺)을 비교합니다. 그리고 그러한 지각이 미달되거나 혹은 어그러짐에도 불구하고 예수 그리스도로 말미암아 우리에게 나타나신 하나님은 그 본성이 그 이름에 합당한 유일한 자임을 스스로 선포합니다.

그러나 내가 여기에서 특별히 강조하고자 하는 것은 성육신과 현재적인 그리스도에 의해 주어지는 이러한 선물은 단순히 지적(知的)인 선물이 아니라 그것보다 훨씬 더 심층적인 어떤 것이라는 것입니다. 요한은 이러한 앎의 대상이 하나님에 대한 진리가 아니라 하나님 자신이라고 선언합니다. 그렇다면 분명 그것은 우리가 어떤 교리에 대해서가 아니라 어떤 사람에 대해 갖는 것과 같은 앎입니다. 다시 말해서 하나님에 대해 아는 것과 하나님 자신을 아는 것은 전혀 별개입니다. 우리는 그리스도께서 계시하신 하나님에 대한 모든 것을 알면서 그러나 하나님 자신에 대해서는 전혀 알지 못할 수 있습니다. 하나님에 대해 아는 것은 신학(theology)이며, 하나님을 아는 것은 종교(religion)입니다. 설령 하나님에 대한 그리스도의 계시 전체를 이해한다 하더라도, 그것이 여러분을 더 선하게 만드는 것은 결코 아닙니다. 여러분이 이해하는 하나님이 여전히 여러분에게 외인(外人)으로 남아 있다면 말입니다. 사람이 그의 친구를 아는 것처럼 그렇게 우리는 하나님을 알 수 있습니다. 사람이 그의 친구와 더불어 친밀한 관계 속으로 들어가는 것처럼 그렇게 우리는 하나님과 더불어 친밀한 관계 속으로 들어갈 수 있습니다. 예수 그리스도께서 육체 가운데 오신 것 자체가 그가 우리에게 주는 축복입니다. 그것은 정교한 신학이 아니라 사랑으로 가득 찬 교제입니다. 나의 형제여, 그리스도께서 당신에게 그와 같이 행하셨습니까?

이러한 앎은 — 그것이 실제적이며 살아있는 앎이라면 — 필연적으로 점진적일 것입니다. 우리는 점점 더 풍성하게 알게 될 것입니다. 우리가 그와 더 같아져 가는 것처럼, 우리는 그에게 더 가까이 다가갈 것입니다. 우리가 그에게 더 가까이 다가가는 것처럼, 우리는 그와 더 같아질 것입니다. 이와 같이 그리스도인의 삶은 끝없이 진보할 운명 아래 있습니다. 마치 꼭짓점을 향해 끝없이 회전하며 나아가는 나선형(螺旋形) 소용돌이처럼 말입니다. 그것은 중앙의 꼭짓점을 향해 끝없이 회전하며 나아가지만 그러나 거기에 도달하지는 못합니다. 그러므로 우리가 참된 시각(視覺)과 빛의 매개체로서 그리스도를 소유했다면 그리고 그가 우리에게 하나님과 하나님을 볼 수 있는 능력을 주셨다면, 우리는 영원히 끝나지 않을 길을 출발한 것입니다. 우리는 거대한 신대륙에 상륙했으며, 영원히 내륙 깊은 곳으로 계속해서 전진할 것입니다. 그리고 그와 함께 우리는 그곳의 아름다움과 부요함을 더 풍성하게 배우게 될 것입니다. 우리는 우리가 참된 자를 아는 것을 압니다. 하나님의 아들이 우리에게 오셨다면, 우리는 하나님을 알며 우리가 하나님을 아는 것을 압니다. 그렇지 않습니까?

3. 마지막으로, 아들의 오심을 통해 가능해지는 기독교적 상호내주(相互內住)의 개념 즉 신성이 우리 안에 거하며 우리가 신성 안에 거하는 개념을 주목하십시오.

요한의 생각 속에서 예수 그리스도께서 그를 사랑하며 그에 거하는 사람들에게 가져다주는 것은 친숙한 교제와, 친밀한 앎과, 같은 마음과 생각을 품는 것이 전부가 아닙니다. 왜냐하면 그는 계속해서 "우리가 참된 자 안에 있다"고 덧붙이기 때문입니다. "또한 우리가 참된 자 곧 그의 아들 예수 그리스도 안에 있는 것이니." 옛 아브라함은 하나님의 벗이라 칭함을 받았습니다. 그러나 우리에게는 더 어마어마한 이름이 붙여집니다. "너희는 너희가 하나님의 성전인 것과 하나님의 성령이 너희 안에 계시는 것을 알지 못하느냐"(고전 3:16). 사랑하는 형제들이여, 신비주의에 대한 두려움으로 말미암아 이러한 복음의 최고의 면류관을 빼앗기지 않도록 조심하십시오. 도리어 여러분의 마음과 생각을 여십시오. 그리고 신적 본질이 여러분 안에 실제적으로 거하는 것을 기대하십시오. 그리고 믿으십시오. 신비주의라고요? 그렇습니다. 기독교에 신비주의가 없다면, 나는 기독교에 도대체 무슨 가치가 있는지 도무지 알지 못합니다. 왜냐하면 내가 볼 때 기독교의 핵심은 사람이 하나님 안으로 흡수되어 마침내 하나로 연합되는 것이기 때문입니다. 인격이 소멸되는 의미에서가 아니라, 예수 그리스도와 그의 모든 사도들이 가르친 건전한 의미에서 말입니다. 이러한 것을 경험한 모든 사람들은 이것이 사실임을 느낄 것입니다.

계속해서 본문이 말하는 것을 주목해 보십시오. 계속해서 요한은 어떻게 우리가 참된 자 안에 있는지를 설명합니다. 그것은 우리가 "그의 아들 예수 그리스도 인에" 있기 때문입니다. 이러한 말씀은 우리를 "내에 거하라 나도 너희에 거하리라"라는 말씀으로 데려갑니다. 요한은 다락방에서 주님이 하셨던 말씀의 전체적인 핵심 붙잡았습니다. 그리스도께서 우리에 계시는 것은 기독교의 가장 심오한 진리입니다. 그리스도께서 우리에 계실 때 하나님이 우리 안에 계신 것이라는 것은 단순히 본문이 가르치는 교훈일 뿐만 아니라 또한 "우리가 그에게 가서 거처를 그와 함께 하리라"라고 말씀하셨을 때 우리 주님 자신이 가르치신 교훈입니다(요 14:23).

사람이 그것을 "알지" 못할 것입니까? 사람이 자기 안에 계시는 그리스도의 임재를 깨닫는 것은 단순한 이성적 지각(理性的 知覺)보다 훨씬 더 심오한 어떤 것이 아닙니까? 뜻하기만 한다면, 우리 모두가 그것을 가질 수 있지 않습니까? 거기에 이르는 유일한 길이 있습니다. 그것은 예수 그리스도를 믿는 단순한 믿음입니다. 앞에서 이야기한 것처럼, 우리가 시작한 이러한 믿음은 경험으로 더 성숙하게 되며 영화로워질 것입니다. 그리고 그와 함께 믿음은 더욱 부요해질 것입니다.

형제들이여, 오늘 내가 이야기한 모든 것의 요지는 이것입니다. 여러분의 보잘것없는 인격을 그리스도의 손 위에 놓으십시오. 그럴 때 여러분의 마음 안으로 신적 능력이 임할 것입니다. 그리고 여러분의 믿음이 참되다면, 여러분은 그것이 헛되지 않음을 알 것입니다. 여러분 앞에 무시무시한 양자택일이 있습니다. 그것은 "온 세상은 악한 자 안에 처해 있다는" 것과 "우리는 참된 자 안에 있다"는 것입니다. 우리는 우리가 거할 처소를 선택해야 합니다. 우리는 악한 자의 어둠의 영역에 거할 것입니까, 아니면 하나님 안에 거하면서 하나님이 우리 안에 거하시는 것을 알 것입니까?

우리가 하나님의 약속을 굳게 붙잡는다면, 우리는 새로운 조류(潮流)의 학문이나 비평적 연구 따위가 의의 태양을 가리지 않을까 두려워하지 않게 될 것입니다. 도리어 우리는 온갖 논쟁의 시끄러운 소음 속에서 어떤 것들은 그냥 미해결의 상태로 내버려 두는 것으로 만족할 것입니다. 그러면서 우리는 고요한 마음과 분명한 확신으로 이렇게 말할 수 있을 것입니다. "우리는 하나님의 아들이 오신 것과 우리가 참된 자 안에 있는 것을 아노라."

18
마지막 사도의 마지막 말

"그는 참 하나님이시요 영생이시라 자녀들아 너희 자신을 지켜 우상에게서 멀리
하라"

요일 5:20, 21

요한은 여기의 말씀과 함께 자신의 편지를 마칩니다. 이러한 말씀은
본 서신의 마지막 말일 뿐만 아니라, 나아가 연대기적으로 성경의 마지막
말인 것 같습니다. 노(老) 사도는 마지막 숨을 몰아쉬며 자신의 평생의 일
을 한 문장으로 요약합니다. 우리는 다른 말씀들은 혹시 잊더라도 여기의
말씀은 결코 잊어서는 안 됩니다. 사람이 말한 것이든 혹은 책에 기록된
것이든, 마지막 말은 오래도록 남습니다. 어쩌면 지금 요한은 미래의 세대
들에 대해 생각하고 있었을는지도 모릅니다. 어쨌든 여기의 마지막 사도
의 마지막 말 속에 담겨 있는 모든 것은 이 시대를 살아가고 있는 우리들
의 것이 될 수 있습니다. 우리는 여기의 마지막 말 속에 승리에 찬 "우리는
아노라"(we know)가 빠져 있는 것을 발견합니다. 그러한 표현에 대해서
는 우리가 앞 설교들에서 연속적으로 살펴본 바 있습니다. 요한이 그러한
표현을 반복적으로 강조하여 사용한 것은 그의 모든 형제들이 그가 말하
고자 하는 것에 대해 기쁨으로 화답할 것을 의심했기 때문이 아닙니다. 도
리어 그의 마지막 권면이 사도적 권위와 함께 그의 개인적인 경험을 표현
하는 것이 되게 하고자 했기 때문입니다. 이제 그는 그리스도로부터 배운

모든 것 그리고 자신이 50년 동안 가르친 모든 것을 한 문장으로 요약합니다. 노 사도의 희미한 목소리가 분명하고 강하게 울립니다. 그리고 그러한 목소리는 이내 간절한 훈계와 거의 간청에 가까운 떨리는 어조로 바뀝니다. 꺼져 가던 빛이 갑자기 밝은 불꽃으로 타오릅니다. 등잔은 깨어졌지만 불꽃은 남아 있습니다. 그 불꽃이 우리 삶 가운데 비취게 한다면, 우리는 어둠 가운데 행하지 않고 생명의 빛을 소유할 것입니다.

1. 첫째로, 우리는 여기에서 우리가 하나님에 대해 알 필요가 있는 모든 것의 요약을 보게 됩니다.

"이는 참 하나님이요"(this is the true God, 한글개역개정판에는 "그는 참 하나님이시오"라고 되어 있음). "이는"(this)으로 요한은 무엇 혹은 누구를 의미합니까? 문법적으로 우리는 그 단어를 바로 앞에 나와 있는 예수 그리스도와 직접적으로 연결시킬 수 있습니다. 그러나 요한이 "참된 자"와 "그를 나타내는 그리스도" 사이를 분명하게 구별하다가 갑자기 전자를 예수 그리스도 자신을 지칭하는 것으로 바꾸었다고 보기는 매우 어렵습니다.

그렇게 생각하는 대신 여기의 "이는"(this)을 그가 지금까지 이야기한 아버지를 지칭하는 것으로 이해하는 것이 훨씬 더 자연스러울 뿐만 아니라 그의 전체적인 가르침과도 잘 어울립니다. 20절에서 "참된"(true, 혹은 "참")이 반복되는 것은 단순한 동어반복이 아닙니다. 왜냐하면 지금 그는 기독교 공동체의 일반적인 인식으로부터 자기 자신의 최종적인 선언을 분리시키고 있기 때문입니다. "이는 참 하나님이시오"라고 말할 때, 그가 의미하는 것은 이것입니다. "예수 그리스도께서 나타내신 이 하나님, 예수 그리스도를 통해 알 수 있는 이 하나님, 예수 그리스도를 통해 우리가 그 안에 거하는 이 하나님 — 이는 참 하나님이시라."

여기에서 우리가 살펴볼 두 번째 질문은 "참"(true)이라는 표현으로 요한이 무엇을 의미하느냐 하는 것입니다. 앞 설교에서 나는 그러한 표현으로서 그가 "그 본성과 성격이 그 이름과 상응하는 어떤 사람이나 혹은 사물"을 의미하는 사실을 간략하게 지적했습니다. 우리가 그것의 의미를 이와 같이 취한다면, 우리는 다음과 같은 결론에 이르게 됩니다. 즉 요한이 자신의 마지막 말로써 힘을 다해 그의 형제들과 세상에 던지는 마지막 선언은 예수 그리스도 안에 나타난 하나님 그리고 사람이 예수 그리스도를 통해 알고 또 교제를 나눌 수 있는 하나님은 사람들이 하나님이라고 말할 때 의미하는 것과 완전하게 상응한다는 것입니다.

형제들이여, 우리가 모든 사람이 자기 안에 완전한 존재와 완전한 의와 완전한 능력과 완전한 정결과 완전한 사랑을 지각(知覺)하는 능력을 가지고 있음을 생각하고 모든 세대를 통해 그러한 희미한 지각이 온전하게 실현되지 못했음을 생각하고 세상의 모든 종교들이 사람의 영의 요구에 부응하는 존재를 온전히 구상화(具象化)하는데 실패했음을 생각한다면, 우리는 옛 사도의 이 마지막 말 속에 세상의 모든 지혜보다 더 심오한 지혜와 다른 어디에서도 발견되지 않는 위로와 참된 복음의 메시지가 담겨 있음을 깨닫게 됩니다.

사람들은 하나님에 대한 자신들의 희미한 지각을 구상화(具象化)하기 위해 많은 노력을 기울여 왔습니다. 그러나 그 모든 노력들은 항상 한계 아래 있었을 뿐만 아니라 또한 대부분의 경우 잘못된 길로 나아갔습니다. 로마의 수많은 신들을 모아 놓은 판테온(萬神殿)을 생각해 보십시오. 그러나 어떤 판테온도 "그 안에서 진(眞)과 선(善)과 미(美)가 온전히 구상화되는 한 존재"를 열망하는 사람들의 영혼을 만족시킬 수 없습니다. 우주를 가득 채우고 있는 수많은 별들을 생각해 보십시오. 그러나 어떤 별도 결코 태양을 대체할 수 없습니다. "**이는** 참 하나님이라." 다른 모든 것들은 왜곡된 것이거나, 부분적인 것이거나, 한계 아래 있는 것입니다.

그렇다면 사람들은 언제까지나 "피조물의 어쩔 수 없는 모호함" 가운데 있어야만 합니까? 그렇습니다. 우리가 요한의 마지막 백조의 노래를 참된 것으로 받아들이면서 "예수 그리스도 안에 나타난 이 하나님이 그 품에 내가 나의 머리를 누일 수 있고 그의 정결한 빛을 내가 볼 수 있으며 그의 의에 내가 참여할 수 있는 참 하나님"이라고 말하지 않는다면 말입니다. 이 하나님은 실제적인 하나님입니다. 이 하나님은 나의 꿈이 형체화된 것도 아니며, 나의 본성으로부터 투사된 것도 아닙니다. 이 하나님은 실재이며, 참 하나님입니다. 인간의 모든 상상은, 설령 올바른 상상이라 하더라도, 그것의 희미한 사본(寫本)에 불과합니다.

세상이 하나님을 아는 지식에 있어 예수 그리스도에게 얼마나 큰 빚을 지고 있는지 생각해 보십시오. 그가 고아와 같은 우리에게 오셔서 "너희는 고아가 아니니라. 하늘에 아버지가 계시니라"라고 말씀하신 것을 생각해 보십시오. 세상이 신성(神性)의 찬란한 광채를 물질적인 형체로 바꾼 것을 생각해 보십시오. 그런 세상에 오셔서 예수께서 "하나님은 영이시라"라고 말씀하신 것을 생각해 보십시오(요 4:24). 또 여기의 요한이 어린아이들조차도 이해할 수 있는 단순한 표현으로 "하나님은 빛이시라 그에게는 어둠이 조금도 없으시다는 것이니라"라고 말하면서 가장 깊은 진리들을 제시한 것을 생각해 보십시오(요일 1:5). 또 그가 "하나님은 사랑이시라"라고 말하면서 진리의 건축물 위에 마지막 첨탑(尖塔)을 세운 것을 생각해 보십시오(요일 4:16). 이러한 네 가지 계시를 함께 모아 보십시오 — 아버지, 영, 빛, 사랑. 그러면 여러분은 여기의 요한 앞에 경의를 표하며 다음과 같이 말하지 않을 수 없게 될 것입니다. "노(老) 사도여, 당신은 진리를 말하였나이다. 이는 우리 하나님이시라. 우리는 그를 기다렸으며, 그는 우리를 구원하실 것이라. 이는 참 하나님이시라."

오늘날의 세상이 예수 그리스도와 그의 계시로부터 떠난다면, 나는 이 세대가 하나님과 무슨 상관이 있는지 알지 못합니다. 사람들에게 양자택일을 강요하는 것은 종종 위험한 일임을 나는 잘 압니다. 그러나 오늘날의 전체적인 상황은 — 예컨대 현대과학이라든지 혹은 다른 지식들의 발전과 더불어 — 우리를 양자택일의 길로 몰아가고 있는 것처럼 보입니다. 이런 맥락에서 나는 여러분 앞에 엄중한 양자택일을 제시합니다. 여러분은 그리스도 안에서 하나님을 소유할 것입니까, 아니면 하나님 없는 세상에서 확실한 푯대를 붙잡지 못한 채 영원히 방황할 것입니까? "이는 참 하나님이시라." 우리가 그로부터 떠난다면, 나는 우리가 어디로 갈 것인지 알지 못합니다.

2. 둘째로, 우리는 여기에서 하나님이 우리에게 주시는 선물의 핵심을 보게 됩니다.

"이는 참 하나님이시요 영생이시라." 먼저 우리는 여기에서 선포되고 있는 것이 일차적으로 하나님 자신과 관련한 것이지, 사람들에게 대한 하나님의 선물과 관련한 것이 아니라는 사실을 강조할 필요가 있습니다. 여기에서 "참 하나님"과 "영생" 둘 모두 앞의 "이는"(this)과 정확하게 동일한 관계 위에 서 있는 사실을 주목하십시오. 다시 말해서 여기에서 요한이 제시하는 것은 예수 그리스도 안에서 나타나신 하나님 그리고 그로 말미암아 우리와 더불어 생명의 교제 안으로 들어오시는 하나님은 "영생"(eternal life) 즉 "영원한 생명"이라는 것입니다. "영원한 생명"으로서 그는 "끝없이 계속되는 존재"보다 훨씬 더 큰 어떤 것을 의미합니다. 그가 의미하는 것은 시간적으로도 영원히 계속될 뿐만 아니라 시간에도 종속되지 않는 다시 말해서 시간을 초월하는 생명을 의미합니다. 영원(eternity)은 단순히 시간을 무한히 연장한 것이 아닙니다.

영원의 개념은 우리와 하나님 사이를 완전하게 나누는 개념입니다. 하나님은 "영원한 생명"입니다. 반면 보잘것없는 피조물인 우리는 이 땅에서 한정된 시간과 기간에 제한되며 가두어집니다. 그러면 영원하지 않은 우리가 어떻게 영원한 하나님과 관계를 맺을 수 있습니까? 이에 대해 요한이 대답해 줍니다. 그는 본 서신 앞 부분에서 이렇게 씁니다. "이 생명이 나타내신 바 된지라 이 영원한 생명을 우리가 보았고 증언하여 너희에게 전하노니 이는 아버지와 함께 계시다가 우리에게 나타내신 바 된 이시니라"(1:2). 그리고 그는 계속해서 이렇게 씁니다. "우리가 보고 들은 바를 너희에게도 전함은 너희로 우리와 사귐이 있게 하려 함이니 우리의 사귐은 아버지와 그의 아들 예수 그리스도와 더불어 누림이라"(3절). 이와 같이 하나님 안에 있는 그리고 예수 안에서 나타난 영원한 생명은 놀랍게도 피조물 속으로 들어올 수 있습니다. 하나님은 사랑이시기 때문에 본질적으로 스스로를 전달하는(self-communicating) 속성을 가지고 계십니다. 피조물이 받을 수 있는 것이라면 그것이 무엇이든 참 하나님이신 사랑의 아버지는 필경 주실 것입니다.

그러나 우리는 신비주의와 어둠의 흐릿한 영역에서 방황하도록 내버려지지 않습니다. 피조물이 영원한 생명을 소유한다는 것은 매우 이상하고 낯선 개념입니다. 그러나 우리는 그것을 주는 것이 예수 그리스도께서 세상에 오신 목적이라는 사실을 압니다. "나는 생명의 떡이라"(요 6:35). "내가 온 것은 양으로 생명을 얻게 하고 더 풍성히 얻게 하려는 것이라"(요 10:10). 우리는 이러한 영원한 생명이 어디에 있는지 알지 못하는 상태에서 더듬어 찾도록 내버려지지 않습니다. 왜냐하면 그가 "영생은 곧 유일하신 참 하나님과 그가 보내신 자 예수 그리스도를 아는 것이니이다"라고 분명하게 말씀하셨기 때문입니다(요 17:3). 뿐만 아니라 우리는 그러한 신적 선물의 충만이 어떻게 사람의 영 안으로 흘러 들어갈 수 있는지 알지 못하는 상태로 내버려지지 않습니다. 왜냐하면 우리 주님 자신이 "믿는 자는 영생을 가졌다"고 반복적으로 선언하셨기 때문입니다(요 6:47).

이와 같이 하나님에게 속하는 생명이 있습니다. 그것은 시간의 한계를 초월한 생명이며, 예수 그리스도에 의해 전달되는 생명이며, 하나님과 교제하는 것으로 이루어지는 생명이며, 예수 그리스도를 믿는 단순한 믿음의 조건 위에서 우리의 것이 될 수 있는 생명이며, 믿음을 가진 모든 사람이 현재적으로 소유하는 생명입니다. "내가 진실로 진실로 너희에게 이르노니 내 말을 듣고 또 나 보내신 이를 믿는 자는 영생을 얻었고"(요 5:24). 믿는 자는 먼 미래가 아니라, 바로 지금 여기에서 영원한 생명을 가집니다. 이와 같이 요한은 예수 그리스도 안에서 나타나신 하나님이 "참 하나님"이라는 사실과 그가 우리 모두를 위한 영원한 생명의 근원이라는 사실을 분명하게 제시합니다.

3. 마지막으로, 우리는 여기에서 그리스도인들이 핵심적으로 노력을 기울여야 하는 것을 보게 됩니다.

"자녀들아 너희 자신을 지켜 우상에게서 멀리하라." 그가 "참 하나님"이시며 우리의 필요에 부응하는 유일한 존재이며 우리가 바라는 것을 만족시켜 줄 유일한 존재라면, 우리는 스스로를 지켜 우상으로부터 멀리해야만 합니다. 에베소 곳곳에 가득하고 맨체스터 곳곳에 가득한 거짓 신들의 전각(殿閣)으로 달려가지 마십시오. 우상으로 요한은 무엇을 의미합니까? 그는 거대한 신전에 서 있는 아데미의 가증한 형상을 의미합니까? 아닙니다. 우상으로 그는 사람의 마음 안으로 들어와 오직 하나님이 차지하셔야만 하는 자리를 차지하는 어떤 것을 의미합니다. 여러분이 가장 소중하게 여기는 것, 여러분이 가장 믿고 의지(依支)하는 것, 그것을 잃었을 때 여러분이 가장 크게 절망하는 것, 여러분의 삶의 최고의 목표, 여러분이 가장 목말라하는 것 — 바로 그것이 여러분의 우상입니다. 우리 모두가 그것을 알지 않습니까?

나의 형제여, 당신에게 이러한 훈계가 필요치 않습니까? 에베소에서 우상숭배와 연결되지 않는 것은 어려운 일이었습니다. 고대 세계에서 종교는 일상의 삶과 불가분리적으로 뒤엉켜 있었습니다. 모든 음식은 일단 신에게 드려졌으며, 거의 모든 행동은 신에게 드리는 이런저런 의식(儀式)들과 연결되었습니다. 그러므로 그리스도인들이 모든 곳에 퍼져 있는 우상숭배의 행습과 연결되지 않기 위해서는 거의 세상 밖으로 나가야만 했습니다. 설령 오늘날 우상숭배의 모양이 많이 바뀌었을 뿐만 아니라 옛 우상숭배의 마력(魔力)도 오직 특정한 단계의 문화와 역사(歷史)에만 속한다고 하더라도, 우상숭배의 유혹은 여전히 미묘하게 남아 있으며 모든 곳에 퍼져 있습니다. 여러분과 나는 스스로를 그리스도인이라고 부르며, 우주 전체에 참된 신은 오직 한 분뿐이라고 믿습니다. 우리는 주일에 그렇게 고백합니다. 그러면 월요일에는 어떻게 합니까?

"내 백성이 두 가지 악을 행하였나니 곧 그들이 생수의 근원되는 나를 버린 것과 스스로 웅덩이를 판 것인데 그것은 그 물을 가두지 못할 터진 웅덩이들이니라"(렘 2:13). "자녀들아 너희 자신을 지켜 우상에게서 멀리하라"(요일 5:21).

그러면 "자기 자신을 지키는" 것은 어떻게 이루어집니까? 여러분은 필사적인 노력을 경주함으로써 그렇게 할 수 있습니다. 그러나 여러분이 그렇게 하지 않는다면, 부지불식간에 은밀한 유혹이 여러분의 마음 안으로 미끄러져 들어올 것입니다. 그러면 마침내 여러분은 하나님의 성전 밖으로 나가 아데미 앞에 무릎을 꿇을 것입니다. 그러나 필요한 것은 우리 자신의 노력뿐만이 아닙니다. 18절을 주목해 보십시오. "하나님께로부터 난 자는 다 범죄하지 아니하는 줄을 우리가 아노라." 다시 말해서 그리스도께서 우리를 지키신다는 말입니다. 그러므로 우리가 우리 자신을 지키는 것은 곧 그리스도가 우리를 지키도록 허락하는 것입니다. 성벽 안쪽에 머무십시오. 그러면 여러분은 성 밖에 진치고 있는 적들을 두려워할 필요가 없습니다. 성벽 밖으로 나가십시오. 그러면 여러분은 곧 포로가 되든지 아니면 죽임을 당할 것입니다. "능히 여러분을 보호하사 거침이 없게 하시고 여러분으로 그 영광 앞에 흠이 없이 기쁨으로 서게 하실" 자를 붙잡음으로 스스로를 지키십시오(유 1:24). 여러분의 마음과 생각과 의지(意志)를 만족시켜 줄 수 있는 유일하신 참 하나님과 친밀한 교제를 나누십시오. 그러면 세상의 모든 거짓 신들은 여러분을 유혹하여 자기 앞에 무릎을 꿇게 할 아무런 능력도 갖지 못하게 될 것입니다.

형제들이여, 오늘의 주제 전체를 요약해 봅시다. 여기에 우리가 전적으로 신뢰할 수 있는 한 분의 하나님이 있습니다. 그는 예수 그리스도 안에서 스스로를 나타내신 하나님입니다. 우리가 그리스도 안에서 그를 보지 못한다면, 우리는 그를 전혀 보지 못할 것입니다. 그러면 우리는 공허한 세상에서 평생 방황할 것입니다. 또 여기에 우리의 모든 필요를 만족시켜 주는 하나의 선물이 있습니다. 그것은 예수 그리스도 안에 있는 영원한 생명의 선물입니다. 또 여기에 우리가 단 한 순간도 잊어서는 안 되는 하나의 실천적인 명령이 있습니다. 그것은 모든 거짓 숭배로부터 자기 자신을 지키라는 것입니다. 본문의 이러한 황금 같은 말씀들은 얼마나 단순하며, 깊으며, 확실하며, 포괄적입니까? 이러한 말씀들은 계시의 마지막 말씀이 될 만한 충분한 가치를 가지고 있지 않습니까? 그리고 모든 세대를 통해 기독교의 절정이나 기초나 핵심으로서 세상 가운데 높이 서기에 조금도 부족함이 없지 않습니까? "이는 참 하나님이시요 영생이시라 자녀들아 너희 자신을 지켜 우상에게서 멀리하라."

19
은혜와 긍휼과 평강

"은혜와 긍휼과 평강이 하나님 아버지와 아버지의 아들 예수 그리스도께로부터
진리와 사랑 가운데서 우리와 함께 있으리라"
요이 3

우리는 여기에서 매우 특이한 형식의 인사말을 보게 됩니다. "은혜와
긍휼과 평강"을 함께 기원하는 인사말은 오직 디모데전후서와 여기의 경
우에만 나타납니다. 그리고 거기에서와 마찬가지로 여기에서도 그러한 축
복들을 가져다주는 작인(作因)으로서의 성령에 대한 언급은 없습니다.

여기의 세 단어는 매우 흥미로운 방식으로 서로 연결됩니다. 꼭대기에
있는 원천으로부터 솟아오른 물은 강을 따라 흘러내려와 마침내 고요한
호수에 자리를 잡습니다. 여기에 원천이 있으며, 강이 있으며, 강물이 흘
러들어와 모인 고요한 영혼의 호수가 있습니다. 여기에 태양이 있으며, 햇
빛이 있으며, 햇빛이 비침으로 말미암아 밝아진 마음이 있습니다. 은혜는
신의 태도와 관련되며, 긍휼은 그러한 은혜가 행동으로 나타나는 것과 관
련되며, 평강은 그러한 긍휼이 영혼 위에 임한 결과입니다. 이와 같이 은
혜와 긍휼과 평강의 세 축복이 이를테면 하늘로부터 장엄한 대리석 계단
을 따라 내려옵니다. 여기의 순서를 주목해 보십시오. 모든 것은 은혜와
함께 시작됩니다. 그리고 은혜는 긍휼의 구체적인 행동으로 펼쳐집니다.
그리고 긍휼로 펼쳐지는 은혜의 궁극적인 목적은 사람의 영혼을 고요한

평강으로 채우는 것입니다.

이제 우리는 이러한 세 가지 각각의 특징들을 간략하게나마 살펴볼 필요가 있습니다. 그렇게 함으로써 그러한 축복들의 의미와 범위를 보다 더 충분하게 이해할 수 있게 될 것입니다. 이제 세 가지 가운데 다른 두 가지의 원천이면서 동시에 기초가 되는 것으로부터 시작해 보도록 합시다. "하나님 아버지와 아버지의 아들 예수 그리스도로부터의 은혜." 여기의 두 분 즉 아버지와 아들이 똑같이 은혜의 원천입니다.

은혜에 대한 성경의 개념은 스스로를 낮추며, 용서하며, 자신을 내어 주는 사랑입니다. 이러한 개념을 잠깐 동안 생각해 보도록 합시다.

하나님의 사랑에 있어 그 자신의 의지(意志) 외에 다른 이유는 없습니다. "은혜"라는 단어의 기본적인 개념은 자격 없는 자에게 값없이, 공짜로, 그리고 다른 무엇으로부터도 강요됨이 없이 자발적으로 주는 것입니다. 그것은 그 자체가 이유인 사랑입니다. 그가 그 자신으로부터 스스로의 존재를 끌어내는 것처럼, 그의 행동의 전체적인 동기(動機)와 이유 역시 그 자신에 놓여 있습니다. 우리가 사랑하는 것은 상대방으로부터 사랑할 만한 어떤 것을 인식하기 때문입니다. 우리가 사랑하는 것은 우리의 사랑이 향하는 대상에 어떤 것이 있기 때문입니다. 우리는 어떤 사람이 나의 친족이기 때문에 사랑합니다. 우리는 어떤 사람이 좋은 성격을 가지고 있기 때문에 사랑합니다. 우리는 어떤 사람이 아름다운 용모를 가지고 있기 때문에 사랑합니다. 이와 같이 우리가 어떤 대상을 사랑하는 것은 그 대상에서 우리가 사랑할 만한 어떤 이유나 혹은 가치를 인식하기 때문입니다. 그러나 하나님이 사랑하는 것은 그렇게 하지 않을 수 없기 때문입니다. 하나님이 사랑하는 것은 그가 하나님이기 때문입니다. 우리의 사랑은 외적인 원인으로 말미암습니다. 반면 하나님의 사랑은 마치 스스로 솟아오르는 샘물과 같습니다. 그것은 스스로의 충동에 의해 솟아오릅니다. 은혜는 외적인 원인으로 말미암은 사랑이 아니라, 스스로의 원인으로부터 말미암은 사랑입니다. 그것은 그것을 받을 자격이 없는 자에게 베풀어지는 값없는 사랑입니다. "이스라엘 족속아 내가 이렇게 행함은 너희를 인함이 아니요 나의 거룩한 이름을 인함이라"(겔 36:22). 하나님의 은혜는 자발적으로 임하며, 그 자체의 충만에 의해 충동되며, 자격 없는 자에게 값없이 솟아오릅니다. 그러므로 그것은 우리의 악에 의해 무효화 되지 않으며, 우리의 무관심에 의해 되돌려지지 않으며, 우리의 등한히 여김에 의해 소멸되지 않으며, 우리의 죄에 의해 취소되지 않습니다. 그것은 신적 본성의 영원불변의 핵심입니다. 이와 같이 하나님의 사랑은 은혜입니다.

우리는 "은혜"라는 위대한 단어에 하나님의 사랑이 우리의 죄로 말미암아 아픔을 느낀다는 — 비록 취소되지는 않는다고 하더라도 — 개념이 함축되어 있음을 주목할 필요가 있습니다. 은혜는 합리적으로 생각할 때 전혀 다른 것을 예상할 수밖에 없는 사람에게 펼쳐지는 사랑입니다. "우리 아버지와 아버지의 아들의 은혜" — 바로 이것이 성자(聖者)든 죄인이든 우리 모두가 필요로 하는 진리의 핵심입니다. "우리 아버지의 은혜"는 죄를 의식(意識)하는 양심이 간절하게 호소할 수 있는 사랑이며, 죄의 폭정 아래 있는 모든 영혼이 구원과 해방을 위해 바라볼 수 있는 사랑입니다.

이제 영원히 솟아오르는 사랑의 깊은 샘으로부터 그것이 흐르는 강으로 내려가 봅시다. 그러면 거기에서 우리는 또 다른 복된 개념들을 발견하게 될 것입니다. 은혜는 긍휼로 펼쳐지며, 샘으로부터 솟아오른 물은 강으로 흐릅니다. 무한한 신적 사랑은 긍휼이라는 단어로 묘사되는 행동으로 확장됩니다. 은혜가 용서하는 사랑이라면, 긍휼은 불쌍히 여기며 도움을 베푸는 사랑입니다. 긍휼은 사람들을 슬픔과 고통으로 가득 찬 존재로 바라봅니다. 동정(同情)의 옷을 입은 긍휼은 그 손에 포도주와 기름을 들고 서 있습니다. 그리고 그것을 사람들의 상처 위에 붓고, 자신의 따뜻한 손을 그 위에 부드럽게 얹습니다. 긍휼은 슬픔 가운데 있는 사람들에게 자칫 치료 대신 고통을 혹은 위로 대신 상처를 주지 않을까 염려하며 조심합니다. 이와 같이 하나님의 은혜는 긍휼로 펼쳐지며 구체화됩니다. 그리고 긍휼은 우리가 죄인일 뿐만 아니라 또한 연약하며 허물이 많은 존재라는 기초 위에서 우리를 다룹니다. 이와 같이 하나님의 긍휼은 그의 은혜의 결과입니다.

샘으로부터 솟아오른 물은 강을 따라 흘러내리다가 마침내 거대한 호수를 이룹니다. 이와 같이 사람의 마음 가운데 평강이 임합니다. 평강은 하나님이 줄 수 있는 그리고 사람들이 필요로 하는 모든 것의 총체입니다. 세상은 사람들을 요동하게 하는 무수한 불화와 불일치들로 가득합니다. 먼저 우리에게는 하나님의 평강이 필요합니다. 또 우리에게는 우리 안에 있는 무정부적인 왕국의 평강이 필요합니다. 거기에서 양심과 의지(意志)와 소망과 두려움과 의무와 욕망과 슬픔과 기쁨과 근심과 신뢰가 항상 서로 싸웁니다. 또 서로 상충되는 목표들과 요구들로 인해 우리는 찢어지고 나누어집니다. 이와 같이 우리 안에서 벌어지는 수많은 내전(內戰)들로 인해 우리 영혼은 고통을 당하며 요동합니다. 그러나 은혜와 긍휼이 우리의 영 안으로 조용히 흘러들어와 우리가 추구하며 바라는 것들을 조화시킬 때, 그 모든 것들은 서로 조화를 이루면서 하나의 큰 목적으로 일치되며 협력합니다.

순복으로부터 오는 평강이 있습니다. 순종의 면류관이며 상급인 영의 평온이 있습니다. 믿음의 얼굴 위에 피어나는 미소인 안식이 있습니다. 이 모든 것들은 하나님의 은혜와 긍휼과 함께 우리에게 주어집니다. 이것을 소유한 사람은 하나님과의 평강과 함께 자기 자신과의 평강을 가지는 것처럼 또한 슬픔과 상실과 근심의 온갖 혼란한 것들 가운데서도 완전한 평온과 고요함의 축복을 가질 수 있습니다. "아무 것도 염려하지 말고 다만 모든 일에 기도와 간구로, 너희 구할 것을 감사함으로 하나님께 아뢰라 그리하면 모든 지각에 뛰어난 하나님의 평강이 그리스도 예수 안에서 너희 마음과 생각을 지키시리라"(빌 4:6, 7). 이와 같이 하나님과 더불어 친교를 누리며, 자기 자신과 더불어 화평을 이루며, 슬픔과 근심으로부터 안식을 누리는 사람은 어느 누구와도 원수를 맺지 않을 것이며, 평강의 아들이 될 것이며, 모든 사람들과 더불어 친구와 형제가 될 것입니다. 이와 같은 방식으로 우리 안에서 모든 불화들이 잠잠해질 것입니다. 설령 우리가 여전히 믿음의 선한 싸움을 싸워야만 한다 할지라도, 우리는 옛 기드온처럼 "여호와샬롬" 곧 평강의 하나님께 제단을 쌓을 수 있습니다.

본문을 다시 한번 주목해 보십시오. "은혜와 긍휼과 평강이 하나님 아버지와 아버지의 아들 예수 그리스도께로부터 진리와 사랑 가운데서 우리와 함께 있으리라." 여기에 "은혜와 긍휼과 평강"의 위대한 선물을 생생하며 충분하게 유지할 수 있는 조건이 나타나는데, 그것은 진리와 사랑입니다. 진리와 사랑은 이를테면 그 가운데로 강이 흐르는 강의 양쪽 제방과 같습니다. 한 마디로 진리와 사랑은 우리가 은혜와 긍휼과 사랑의 세 가지 위대한 축복을 받는 조건입니다. "진리와 사랑 가운데서."

오늘 나에게는 여기의 두 단어가 제시하는 위대한 개념을 길게 설명할 만한 충분한 시간이 없습니다. 다만 여러분에게 한 문장으로만 제시하고자 합니다. "진리 가운데" 거하는 것은 성실하며 습관적으로 스스로를 예수 그리스도의 복음의 영향력 아래 그리고 그 자신이 진리이신 예수 그리스도의 영향력 아래 지키는 것입니다. 그와 같이 계속 그리스도 안에 거하며, 그의 임재를 의식(意識)하며, 그의 말씀을 믿으며, 자신들의 모든 사고(思考)를 그리스도와 그의 계시 위에 세우는 자들은 "은혜와 긍휼과 평강"을 얻을 것입니다. 스스로를 그리스도 안에 지키십시오. 그러면 그리스도께서 본문이 말하는 "은혜와 긍휼과 평강"을 가지고 여러분에게 오실 것입니다. 아니, 그 자신이 "은혜와 긍휼과 평강"입니다. 또 우리가 이러한 축복들을 원한다면, 우리는 "사랑 가운데" 거해야만 합니다. 우리는 감사하는 마음으로 예수 그리스도 안에서 주어지는 큰 사랑, 성육신하신 사랑 가운데 스스로를 의식적(意識的)으로 지켜야만 합니다.

여기에 본문의 위대한 축복들이 움직이는 길이 있습니다. 여기의 위대한 축복들은 그러한 길을 따라 움직이는 사람들에게 임하며, 그들의 마음은 여기의 위대한 축복들로 채워질 것입니다. 그러나 여기의 위대한 축복들은 그러한 길을 벗어난 사람들을 비켜갈 것입니다. 여러분은 하나님과의 교제로 말미암아 또 여러분의 마음과 생각과 믿음을 하나님 위에 세움으로 말미암아 그의 사랑에서 스스로를 지킵니다. 그럴 때 본문은 여러분에게 단순한 기원(祈願)이 아니라 분명한 확증이 될 것입니다. 그럴 때 여러분의 마음에서 모든 축복의 근원이 열릴 것이며, 그러한 근원으로부터 온갖 축복의 강줄기들이 흘러나와 마침내 깊고 고요한 바다를 이룰 것입니다. 그 평온한 수면 위에서 어떤 폭풍도 휘몰아치지 않을 뿐만 아니라 하나님이 자신의 얼굴을 온전히 나타내며 반사하실 그런 바다 말입니다.

20
형통한 영혼

"사랑하는 자여 네 영혼이 잘됨 같이 네가 범사에 잘되고 강건하기를 내가 간구하노라"

요삼 2

여기의 짧은 서신 속에는 어떤 종류의 교리적 가르침이나 혹은 특별한 계시도 담겨 있지 않습니다. 본 서신은 어떤 형제에 대한 노(老) 사도의 기독교적 사랑의 열매입니다. 우리는 사랑의 사도 요한이 진리 안에서 그를 사랑했다는 사실만 제외하고 그에 대해 아무것도 알지 못합니다. 본문의 기도의 — 이것이 단순한 기원이라기보다 기도인 것은 요한 같은 선한 사람은 자신의 모든 기원을 기도로 바꾸기 때문입니다 — 강렬함은 원문(原文)으로 볼 때 한층 더 선명하며 아름답게 나타납니다. 개정역(Revised Version)은 "사랑하는 자여 네 영혼이 잘됨 같이 네가 범사에 잘되고 강건하기를 내가 간구하노라"(beloved, I pray that in all things thou mayest prosper and be in health, even as thy soul prospereth)라고 읽습니다(한글개역개정판은 개정역처럼 되어 있음, 한편 KJV에는 "beloved, I wish above all things that thou mayest prosper and be in health, even as thy soul prospereth"라고 되어 있음). 우리는 개정역이 흠정역을 약간 바꿈으로써 그 의미를 보다 더 향상시켰음을 보게 됩니다. 우리는 사도 요한이 "무엇보다도(above all things) 세상에서 잘 되도록" 어떤 사람을 위해 기도했다고는 거의 생각할 수 없습니다. 다만 요한이 바라며 기도했던 것은 사랑하는 형제 가이오가 영혼이 잘됨 같이 외적인 모든 일들에 있어서도(in all things) 잘 되는 것이었습니다. 그는 이러한 두 가지 유형의 잘 되는 것을 서로 교호적(交互的)으로 사용하면서 이렇게 말합니다. "내가 너를 위해 간구하는 것은 네가 영적인 일들에서 잘 되는 것과 똑같이 육체적이며 물질적인 일들에서도 잘 되는 것이니라."

1. 첫째로, 무엇이 영혼을 잘 되게 하는지 주목하십시오.

"무엇이 영혼을 잘 되게(prosperous) 혹은 형통하게 하는가?"라는 질문에 대해 우리는 매우 다양하게 대답할 수 있습니다. 그렇지만 나는 본 서신에 한정하여 본 서신의 수신자인 가이오에 대해 우리가 발견할 수 있는 것으로 대답하고자 합니다. "형제들이 와서 네 안에 있는 진리를 증언하니 내가 심히 기뻐하노라"(3절, 한글개역개정판에는 "네게 있는 진리"라고 되어 있음). 여기에 영혼의 참된 건강의 출발점이 있습니다. 그 안에 진리가 있는 영혼이 바로 잘 되는 혹은 형통하는 영혼입니다. "진리"로써 그는 물론 예수 그리스도 안에 있는 하나님의 계시 전체, 그리고 특별히 성육신한 진리인 예수 그리스도 자신을 의미합니다. 여기의 "네 안에 있는 진리"라는 표현을 우리가 그의 마음에 거하시는 예수 그리스도의 내주(內住)를 의미하는 것으로 취하든 혹은 좀 더 단순하게 진리가 그의 존재의 실체 안으로 결합되는 것을 의미하는 것으로 취하든, 결국은 마찬가지입니다. 사람의 영혼을 건강하게 만드는 유일한 것은 그 영혼 안으로 예수 그리스도를 받아들이는 것입니다. 그것은 사람의 영혼에서 마치 모든 질병과 모든 재앙을 수호천사처럼 막아줍니다. 또 그것은 마치 썩음을 방지하는 소금과 같습니다. 생선에 뿌려진 소금을 생각해 보십시오. 그것은 썩음을 방지하고 음식에 풍미를 더할 것입니다. 사람을 내적으로 형통하게(prosper) 만드는데 도움이 되는 것들은 매우 많습니다. 예컨대 지식을 습득하는 것이라든지, 좋은 취미를 갖는 것이라든지, 순수한 감정을 만족시키는 것이라든지, 정당한 소망을 이루는 것 같은 것들 말입니다. 그러나 영혼을 형통하게 만드는 유일한 것은 그 안에 그리스도를 소유하는 것입니다. 그 안에 그리스도가 깊이 심겨지고 불가분리적으로 연합된 영혼 — 바로 이런 영혼이 형통한 영혼입니다.

그러면 이러한 연합은 어떻게 이루어집니까? 아, 안타깝게도 우리에게 있어 그것을 아는 분량은 큰 반면 그것을 실천하는 분량은 작습니다. 형통한 영혼은 순종 가운데 정결케 하는 말씀이 들어올 수 있도록 스스로를 활짝 연 영혼입니다. 햇빛이 닿아 꽃봉오리가 열린 꽃을 생각해 보십시오. 그러면 그 안에 있는 꽃실(花絲)들은 햇빛을 받아 자라게 될 것입니다. 그와 마찬가지로 그리스도의 손이 닿음으로 열린 마음은 그가 오셔서 따뜻한 온기(溫氣)와 향기와 자람과 모든 축복을 가져다주는 것을 발견할 것입니다. 형통한 영혼은 그리스도께서 내주(內住)하시는 영혼입니다. 기꺼이 받아들이고 오래 참고 기다리고 하나님의 말씀을 연구하고 스스로 예수 안에 있는 진리의 영향력을 더 온전하게 받으려는 노력에 의해, 형통하게 하는 진리가 우리 안에 자리를 잡습니다.

계속해서 본 서신은 진정으로 형통하며 건강한 영혼의 또 하나의 특징을 제시합니다. "형제들이 와서 네게 있는 진리를 증언하되 네가 진리 안에서 행한다(walk) 하니 내가 심히 기뻐하노라"(3절). 요한은 용어의 혼동을 개의치 않습니다. 여기에서 진리는 먼저 사람 안에 있는 것으로 간주되다가, 곧바로 사람이 그 위로 걸어가는(walk) 길과 같은 것으로 간주됩니다. 이와 같은 불일치는 실제적인 불일치가 아닙니다. 도리어 그것은 자기 언에 진리를 가진 사람은 그로 말미암아 그 앞에 안전하게 걸어갈 수 있는 길이 준비되어 있음을 발견한다는 복음의 위대한 사실을 분명하게 나타냅니다. 형통한 영혼은 역동적으로 전진하는 영혼입니다. 형통한 영혼은 "내 영혼 안에 진리가 있도다. 내 마음속에 주의 말씀이 있으므로 내가 범죄하지 않나이다"라고 말하면서 가만히 앉아 있는 것으로 만족하지 않습니다. 도리어 형통한 영혼은 그 진리가 자신의 삶의 율법이며 자신의 행동의 규범이라는 사실을 인식합니다. 형통한 영혼은 자신의 행동을 "예수 안에 있는 진리"의 울타리에 한정시키는 영혼입니다. 그러한 영혼에게 예수는 모범이며, 동기(動機)이며, 율법이며, 능력입니다. 형통한 영혼은 그러한 울타리 안에서 주님의 모범과 더 온전하게 일치되는 방향으로 매일 같이 전진합니다. 형통한 영혼은 가만히 앉아 있지 않고 계속해서 **행하는**(walk) 영혼입니다. 왜냐하면 진리의 목적은 사람을 단순히 지혜롭게만 만드는 것이 아니라 선하게 만드는 것이기 때문입니다. 그러므로 궁극적인 것은 결국 행동입니다. 다시 말해서 형통한 영혼은 행동하며 전진하는 영혼입니다. 형통한 영혼은 복음에 도취된 나머지 그 아래 놓여 있는 원리들과 동기(動機)들을 무시하지 않습니다.

본 서신 가운데 진정으로 형통하며 건강한 영혼의 세 번째 특징이 있습니다. "형제들에게 네가 무슨 일이든지 신실하게 행하였으니"(5절, 한글개역개정판에는 "네가 무엇이든지 형제들에게 행하는 것은 신실한 일이니"라고 되어 있음). 여기의 "신실하게"는 모든 책임을 올바로 이행하며 자신의 청지기직을 온전하게 성취하는 의미로 사용된 것이 아닙니다. 여기에서 그 단어는 그것보다 훨씬 더 깊은 것을 의미합니다. 여기의 근본적인 개념은 "무슨 일을 하든 그리스도의 일을 하는 것처럼 하라"입니다. 다시 말해서 형통한 영혼은 모든 행동을 "그리스도께서 그것을 기뻐하시므로 기꺼이 그것을 행하는" 큰 원리에 기초하여 행하는 영혼입니다. 그리스도를 믿는 믿음이 모든 것의 기초이며, 그것으로부터 모든 덕(德)들이 합성되어 나옵니다. 모든 것의 뿌리는 예수 그리스도를 믿는 믿음의 행동입니다. 이와 같이 형통한 영혼은 첫째로 자기 안에 진리를 가진 영혼이며, 둘째로 자기가 가진 진리 안에서 행하는 영혼이며, 셋째로 살아 계신 하나님과 그 아들 예수 그리스도를 믿는 믿음 때문에 모든 것을 행하는 영혼입니다.

이것이 인간 본성의 이상(理想)과 관련하여 여러분이 가지고 있는 개념입니까? 이것이 영혼의 참된 형통과 관련하여 여러분이 가지고 있는 개념입니까? 그렇지 않다면, 여러분은 사람에게 가능한 최고의 아름다움과 최상의 고결함을 아직까지 배우지 못한 것입니다. 그리스도로 충만하며, 그리스도와 함께 동행하며, 그리스도로부터 율법과 동기와 모범과 능력을 끌어내는 형통한 영혼은 진정으로 자신의 이상(理想)을 성취한 영혼입니다. 그리고 그러한 영혼은 진정으로 올바른 길로 여행하고 있는 영혼입니다. 바로 이것이 여기에서 "형통"(prosper, 한글개역개정판에는 "잘됨"이라고 되어 있음)이라고 번역된 단어의 문자적인 의미입니다. 형통한 영혼은 인간 본성의 참된 목적지를 향해 올바른 길로 여행하는 영혼입니다.

2. 둘째로, 이러한 영혼의 형통과 외적인 형통 사이의 상관관계를 생각해 보도록 합시다.

요한은 "사랑하는 자여 네 영혼이 잘됨 같이 네가 범사에 잘되고 강건하기를 내가 간구하노라"라고 말합니다. 여기의 "네 영혼이 잘됨 같이"를 우리는 "네 영혼이 잘된 만큼"이라고도 읽을 수 있습니다. 여러분은 이러한 표준이 여러분의 세속적인 형통에 적용되기를 바랍니까? 여러분은 영적인 영역에서 진보하는 것보다 사업의 영역에서 진보하는 것을 더 좋아하지 않습니까? 여러분은 영혼이 건강한 것보다 육체가 건강한 것을 더 좋아하지 않습니까? 여러분은 거룩한 삶에 있어 형통한 것보다 세속적인 행복에 있어 형통한 것을 더 좋아하지 않습니까? 여러분은 영적인 형통보다 물질적인 형통을 더 좋아하지 않습니까? 여러분은 영적인 형통을 받는 분량과 동일하게 세속적인 형통을 받는 것으로 기꺼이 만족할 것입니까? "네 영혼이 잘된 만큼" — 형제들이여, 나는 이 말씀 속에 우리의 중심을 그대로 드러내는 예리한 시금석이 있다고 생각합니다. 나는 본 서신의 수신자인 가이오가 매우 비천한 환경 가운데 있었을 것으로 추측합니다. 그리고 그의 건강도 그다지 좋은 상태에 있지 않았을 것으로 생각합니다. 그러므로 영혼이 잘된 만큼 세상에서도 잘되고 건강할 것을 기원했을 때, 요한은 가이오가 지금의 상태보다 더 나은 상태가 되기를 기원한 것이었습니다. 여기에서 요한이 기원한 분량과 동일한 분량이 우리 가운데 어떤 사람들에게 적용된다면, 아마도 그들은 그 정도 분량으로는 결코 만족하지 못할 것입니다.

둘 사이의 관계와 관련하여 고찰할 것이 또 한 가지 있습니다. 그것은 그리스도인들에게 외적인 형통이 내적인 형통보다 우선되는 것은 항상 재앙이라는 사실입니다. 그것은 소위 수많은 그리스도인들을 파멸로 이끄는 길입니다. 어떤 사람이 세상에서 형통할 때, 바로 그 시점이 그가 진리로부터 멀어지기 시작하는 시점이 되는 것은 너무나 흔한 일입니다. 물이 가득 찬 잔을 흘리지 않고 옮기는 것은 어려운 일입니다. 그리스도인들에게 일어날 수 있는 가장 나쁜 일은 외적인 형통을 위해 안달하며 조바심을 내며 밤잠도 자지 못한 채 주야로 일하는 것입니다. 가장 좋은 일은 영혼이 육체보다 더 잘 되는 것입니다. 반면 가장 나쁜 일은 외적인 형통으로 인해 내적인 생명이 훼손되며 파괴되는 것입니다.

3. 마지막으로, 내적인 형통이 우선이라는 사실을 주목하십시오.

이것은 과도한 영혼제일주의가 아닙니다. 요한은 우리 앞에 우리가 따르기를 두려워할 필요가 없는 한 가지 모범을 제시합니다. 그리스도의 품에 누웠고 열두 제자 가운데 주님의 영을 가장 많이 마셨던 자가 여기에서 가이오의 세상적인 유익과 건강을 위해 기도하기를 두려워하지 않았다면, 우리 역시도 우리 자신과 우리가 사랑하는 사람들을 위해 그와 같이 기도하는 것이 지극히 정당하며 옳은 일임을 추호도 의심할 필요가 없습니다. 여기의 말씀 가운데 위선적으로 현재를 경멸하는 것은 전혀 없습니다. 요한은 둘을 나란히 놓는 가운데 그 중에 어느 하나를 경멸하는 잘못을 범하지 않습니다. 그는 "너희 하늘 아버지께서 이 모든 것이 너희에게 있어야 할 줄을 아시느니라"라고 말씀하신 자의 참된 제자입니다(마 6:32). 하늘 아버지가 "여러분에게 이 모든 것이 있어야 할 줄을" 아신다면, 그것이 필요하지 않다고 말하는 것은 실상 필요함에도 불구하고 그렇지 않은 것처럼 위선적으로 꾸미는 것입니다.

어떤 사람이 하나님의 나라와 그의 의를 먼저 구한다면, 그는 보이는 일시적인 것들을 최고로 올바르게 사용하며 그것으로부터 가장 큰 유익을 끌어낼 것입니다. 왜냐하면 경건에는 내생의 약속뿐만 아니라 금생의 약속까지 포함되어 있기 때문입니다. "경건은 범사에 유익하니 금생과 내생에 약속이 있느니라"(딤전 4:8). 시편 1편도 우리에게 이와 똑같은 진리를 가르쳐 줍니다. "복 있는 사람은 오직 여호와의 율법을 즐거워하여 그의 율법을 주야로 묵상하는도다 그는 시냇가에 심은 나무가 철을 따라 열매를 맺으며 그 잎사귀가 마르지 아니함 같으니 그가 하는 모든 일이 다 형통하리로다"(2, 3절). 그 마음에 하나님의 율법을 두고 그것을 주야로 묵상하는 사람은 모든 일에 형통할 것입니다. 경건에는 금생과 내생을 최선으로 이끄는 은밀한 힘이 있습니다. 그러나 우리가 금생을 내생에 종속시키지 않는다면 그리고 미래의 세상과 비교할 때 현재의 세상은 지극히 사소한 것에 불과함을 깊이 인식하지 못한다면, 우리에게 금생은 결코 최선의 것이 되지 못할 것입니다.

큰 슬픔과 근심에 둘러싸여 있거나 여러 가지 원인으로 일어나는 가난과 궁핍과 걱정거리에 둘러싸여 있는 영혼을 생각해 보십시오. 심지어 그런 가운데서도 그 영혼이 형통한 영혼이라면, 그 영혼은 독을 약으로 바꾸며 슬픔을 성장의 도구로 바꾸는 마술적인 능력을 가지고 있습니다. 그 영이 예수 그리스도와 연합된 사람들, 그 영혼이 항상 그와 조화를 이루며 움직이는 사람들, 즉 형통한 영혼을 가진 사람들은 이 세상 가운데 자신들에게 실제적으로 해(害)가 되는 것은 아무것도 없음을 발견하게 될 것입니다. 왜냐하면 "하나님을 사랑하는 자들에게는 모든 것이 합력하여 선을 이루기" 때문입니다(롬 8:28). 하나님을 사랑하는 사람은 아무것도 나쁜 것으로 생각하지 않습니다. 왜냐하면 그것이 그로 하여금 하나님을 더 잘 사랑하도록 만들기 때문입니다. 하나님을 사랑하는 사람은 세상의 모든 변화무쌍한 일들 속에서 하나님을 사랑하며 의지(依支)할 기회를 발견합니다.

그러므로 형제들이여, 우리가 여기에서 요한이 영혼의 형통과 관련하여 우리에게 제시하는 지침을 따른다면, 하나님은 우리에게 우리의 내적 형통의 분량만큼 외적 형통을 주실 것입니다. 우리가 하나님을 더 많이 사랑할수록, "범사"(all things)는 더 확실하게 우리의 종이 될 것입니다. 우리가 "우리는 그리스도의 것이라"라고 말할 수 있다면, 그렇다면 만물(all things)은 우리의 것입니다.

21
그 이름을 위하여

"이는 그들이 주의 이름을 위하여 나가서 이방인에게 아무 것도 받지 아니함이라"

요삼 7

개정역(Revised Version)은 "그의"(His)를 빼버리고 단순히 "그 이름을 위하여"(for the sake of the Name)라고 읽음으로써 본문의 힘을 한층 더 강렬하게 나타냅니다(흠정역에는 "for His name's sake"라고 되어 있음, 한편 한글개역개정판에는 "주의 이름을 위하여"라고 되어 있음). 굳이 누구의 이름인지 말할 필요가 없습니다. 여기에서 요한이 말하고 있는 영웅적인 자기희생을 불러일으킬 수 있는 자는 오직 한 분뿐입니다. 여기의 "그 이름"(the Name)이라는 표현은 참으로 주목할 만한 표현입니다. 그 이름은 이를테면 거의 의인화(擬人化)되고 있는 것처럼 보입니다. 흠정역(KJV)에서는 분명하게 나타나지 않지만 올바른 독법(讀法)에 따를 때 이와 비슷한 용법이 사용된 용례들이 신약에 몇 군데 있습니다.

예컨대 우리는 사도행전에서 제자들에게 첫 번째 박해가 일어났을 때 그들이 "**그 이름**을 위하여 능욕 받는 일에 합당한 자로 여기심을 기뻐했다"는 말씀을 읽습니다(행 5:41). 또 우리는 빌립보서에서 우리 주님이 죽기까지 복종하신 것에 대한 상급으로 아버지께서 아들에게 "모든 이름 위에 뛰어난 **그 이름**"을 주셨다는 말씀을 발견합니다(2:9). 또 우리는 야고보가 "우리가 부름받은 그 아름다운 이름"이라고 말하는 것을 발견합니다(약 2:7).

여기에서 "그 이름을 위하여"(for the sake of the Name)라고 번역된 표현을 다시 한번 주목해 보십시오. 여기의 보조부분의 표현 역시 주된 부분의 표현 못지않게 매우 중요합니다. 여기에서 "for the sake of"라고 번역된 단어는 단순히 "때문에"(by reason of) 뿐만 아니라 그것보다 훨씬 더 "위하여"(on behalf of)를 의미합니다. 마치 사람의 보잘것없는 섬김에 의해 그 이름이 높여지며, 진척(進陟)되며, 유익을 얻는 것처럼 말입니다. 이와 같이 성경의 단어들을 주의 깊게 연구할 때, 우리는 종종 매우 큰 결과를 얻게 됩니다. 마치 메마른 가시나무로부터 달콤한 포도열매를 얻는 것처럼 말입니다. 성경에 나타나는 단어들을 주의 깊게 연구하는 메마른 작업은 항상 우리에게 큰 보상을 줍니다. 왜냐하면 그러한 작업을 통해 우리가 큰 교훈과 격려를 얻기 때문입니다. 이런 맥락에서 오늘 나는 여러분과 함께 여기에 나타나는 단어들을 주의 깊게 살펴보고자 합니다.

1. 첫째로, "그 이름"에 내포되어 있는 특별한 의미들을 생각해 봅시다.

먼저 우리는 구약에서 뿐만 아니라 신약에서 이름이 어떤 사람이나 혹은 사물을 부르는 단순한 음절(音節) 훨씬 이상이라는 사실을 기억할 필요가 있습니다. 이름은 그가 누구인지 뿐만 아니라 그가 어떤 사람인지도 묘사합니다. 이름에는 육체적으로든 영적으로든 그의 성격과 특징이 함축되어 있습니다. 동물들이 아담에게 나아왔을 때, 아담은 그들의 이름을 지어 줄 수 있었습니다. 그것은 그의 통찰력과 그의 특별한 위치의 개념을 표현합니다. 이와 같이 우리는 우리 주님이 그의 제자들의 이름을 바꾸어 주는 것을 발견합니다. 때로 어떤 제자 안에 깊이 잠재되어 있는 어떤 특징을 나타내기 위해 그렇게 하신 경우도 있고, 또 어떤 제자에 대한 큰 목적을 나타내기 위해 그렇게 하신 경우도 있습니다.

이와 같이 여기에서도 "그 이름"은 본질적으로 사람이신 예수와 동일한 의미를 갖습니다. "그 이름"이 의미하는 것은 단순히 그를 부르는 음절(音

節)이 아니라, 그러한 음절로 부르는 그의 전체적인 본질과 성격입니다. 이름과 사람 사이의 차이는 단순히 전자가 우리에게 알려진 성격과 특징을 좀 더 강조한다는 것뿐입니다.

이와 같이 "그 이름"은 성경으로부터 우리가 아는 — 혹은 알 수 있는 — 대로의 전체적인 그리스도를 의미합니다. "그 이름"에는 그의 메시야직의 위엄, 그의 신성(神性)의 비밀, 그의 생애의 아름다움, 그의 말씀의 심오함, 그의 마음의 온유함, 그가 스스로를 희생제물로 드리심, 그의 부활의 능력, 그의 승천의 영광, 하나님 우편에서 영광 가운데 통치하심 등이 담겨 있습니다. "그 이름"이라는 표현에 복음의 중심적인 사실들인 이 모든 것들이 모두 포함됩니다. 이를테면 그 모든 것이 "그 이름"이라는 하나의 단어로 요약되는 것입니다.

그것은 예수 그리스도가 그의 본성의 깊음과 그의 사역의 넓음에서 유일하며 특별한 존재라고 — 왜냐하면 그는 사랑과 믿음과 순종의 완전한 대상이기 때문에 — 회화적(繪畫的)이며 응축된 방식으로 말하는 것입니다. 중앙에 하나의 큰 기둥이 있는 어떤 집회소를 생각해 보십시오. 그 기둥은 강력한 힘으로 전체를 떠받치면서 다른 모든 기둥들을 불필요하며 쓸모없는 것으로 만듭니다. 이와 같이 오직 하나의 이름이 있습니다. 그 놀라운 본성의 깊음과 그 강한 역사(役事)의 범위에, 사람이 평강과 고결함과 거룩함과 모든 바라는 것들의 만족과 자신의 존재의 견고함을 위해 필요로 할 수 있는 모든 것이 있습니다. 그 이름은 홀로 섭니다. 그 이름은 모든 세대들이 끝날 때 마침내 세상 역사(歷史)의 페이지 위에서 홀로 불에 탈 유일한 이름일 것입니다. 그 이름은 "모든 이름 위에 뛰어난" 이름이며, 다른 모든 이름들을 능가하는 이름입니다. 왜냐하면 그 이름은 개인이나 인류 전체가 요구하며 바라며 생각하며 도달할 수 있는 모든 것의 완전하며 백과사전적인 체현(體現, embodiment)이기 때문입니다.

그러므로 형제들이여, 그 이름의 유일성과 독특성은 우리에게 배타적인 믿음과 헌신을 요구합니다. "이스라엘아 들으라 우리 하나님 여호와는 오직 유일한 여호와이시니 너는 마음을 다하고 뜻을 다하고 힘을 다하여 네 하나님 여호와를 사랑하라"(신 6:4, 5). 마찬가지로 우리는 다음과 같이 고백할 수 있습니다. "오직 한 분의 그리스도가 계시도다. 그 외에 다른 그리스도는 없도다. 그러므로 나의 존재의 모든 것은 오직 그 위에 세워질 것이라. 나는 오직 그 안에서 안식을 누리노라. 나는 나의 모든 염려를 그에게 맡기며, 오직 그만을 의지(依支)하며 신뢰하노라." 그 외에 다른 누구에게도 기대지 마십시오. 여러분은 그의 강한 팔에 여러분의 모든 체중을 실어 기댈 수 있습니다. 그 외에 다른 누구도 사랑하지 마십시오. 왜냐하면 그의 마음은 인류 전체를 품을 수 있을 만큼 충분히 넓고 깊기 때문입니다. 그 외에 다른 누구에게도 순종하지 마십시오. 왜냐하면 오직 그의 음성만이 당당하게 명령할 수 있는 합당한 권리를 가지고 있기 때문입니다. 눈을 들어 "오직 예수 외에 아무도 없음을" 보십시오. 그 이름은 홀로 섭니다.

지금까지 이야기한 것에 포함되기는 하지만 별도로 다룰 필요가 있는 또 한 가지 개념이 있습니다. 그것은 그 이름에 대한 배타적이며 독특한 언급 가운데 그의 신성(神性)에 대한 선언이 암시되어 있다는 사실입니다. 나는 이것이 구약의 용법이 예수 그리스도에게 전용(轉用)되는 한 가지 분명한 실례(實例)라고 생각합니다. 다시 말해서 구약에서 여호와와 관련하여 사용되던 "그 이름"이라는 용법이 여기에서 예수 그리스도에게 전용되고 있는 것입니다. 아마도 요한만큼 구약의 가르침과 용법에 익숙한 사람도 없을 것입니다. 구약에서 "주의 이름"이라는 표현은 매우 장엄하며 엄숙한 의미를 가지고 있었습니다. 그러므로 요한이 예수 그리스도에서 신성을 인식하지 못했다면, 그는 결코 여기에서 "그 이름"이라는 장엄한 표현을 사용하지 않았을 것입니다. 그러므로 우리는 이것을 당시 기독교회가 이미 예수 그리스도의 신성의 개념을 일상적으로 인식하고 있었던 사실을 증언하는 또 하나의 증거입니다.

2. 둘째로, 삶을 지배하는 그 이름의 능력을 주목하십시오.

나는 서두에서 "for the sake of"의 충분한 의미를 설명했습니다. 나에게 그것은 "때문에"(by reason of)와 "위하여"(on behalf of) 모두를 망라하는 것처럼 보입니다.

그것을 전자의 의미 즉 "그 이름 때문에"로 취할 때, 본문의 표현은 그 안에 다음과 같은 원리를 담고 있는 것이 됩니다. 즉 그 이름에 삶의 인도(引導)와 자극(刺戟)을 위해 필요한 모든 능력이 담겨 있다는 원리 말입니다. 그에, 그의 존재의 전체적인 충만에, 그의 인격과 역사적(歷史的)인 나타나심의 이야기의 경이(驚異)에, 사람들의 삶을 인도하는 모든 능력이 있습니다. 그는 우리의 행동의 모범입니다. 그는 슬픔 가운데 있는 우리와 함께 하는 우리의 동반자입니다. 그는 모든 일 가운데 우리를 격려하며 자극하는 자입니다. 그를 우리의 모범으로 세우고 그가 명하시는 길을 따라 행할 때, 우리는 온전함에 도달하게 됩니다. "그 이름 때문에"를 자신의 삶의 표어로 삼는 사람은 누구든지 어둠 가운데 행하지 아니하고 생명의 빛을 얻을 것입니다.

거기에는 인도(引導)뿐만 아니라 그것보다 훨씬 더 나은 자극(刺戟)이 있습니다. 자극이 인도보다 더 낫습니다. 대부분의 사람들이 필요로 하는 것은 그들이 옳은 일을 행할 수 있도록 돕거나 만드는 능력이기 때문입니다.

예수의 이름의 역사적(歷史的)인 나타남 안에 있는 '사람을 소생시키며 고결하게 하는 능력"과 같은 것을 우리가 도대체 어디에서 찾을 수 있단 말입니까? 마음 안으로 깊이 들어가 모든 순종의 능력의 근원을 열 수 있는 것은 그 이름 외에 아무것도 없습니다. 옥에 갇힌 의지(意志)의 사슬을 끊으며, 그 안에서 날뛰는 광포한 짐승들을 묶을 수 있는 것은 예수 그리스도의 이름 외에 아무것도 없습니다. 그 이름은 모든 것을 고결하게 하며 상상조차 하지 못했던 힘을 불러일으키는 불가사의한 능력을 가지고 있습니다. 그 이름은 능히 딱딱하며 지각없는 돌을 — 혹은 경건치 않은 사람들의 강퍅한 의지(意志)를 — 아브라함의 자손이 되게 할 수 있습니다(마 3:9). 바로 이것이 우리의 타락한 본성의 무거운 쇳덩어리를 정금으로 바꾸는 비밀입니다.

그러면 이와 같이 자극하는 힘은 어디에 있습니까? 예수 그리스도의 생애와 사역의 거대한 대륙에서 모든 강이 발원하는 가장 높은 정상은 어디입니까? 그것은 두말할 것도 없이 십자가입니다. 우리를 위해 죽으신 사랑이 우리에게서 그에게 화답(和答)하는 사랑을 끌어냅니다. 그리고 그러한 화답하는 사랑은 우리 안에서 우리를 위해 자신을 내어 주신 자를 닮고자 하는 간절한 열망과, 우리를 위해 자신을 내어 주신 것에 대한 보답으로 우리 자신을 그에게 드리고자 하는 간절한 헌신의 마음을 불러일으킵니다. 형제여, 당신이 당신을 위해 십자가 위에서 죽으신 신성한 구주의 이름으로 그리스도의 이름을 알지 못한다면, 당신은 그 이름에 담겨 있는 모든 능력 즉 변화시키며, 고결하게 하며, 활기 있게 하며, 모든 자기희생으로 나아가게 만드는 능력을 아직 알지 못하는 것입니다. 그의 죽음의 사실과 그 결과로 생명이 그로부터 우리 각자에게로 전달되는 사실에 그가 우리를 위해 표시해 놓은 길로 가도록 재촉하는 강력한 자극이 놓여 있습니다. "그 이름 때문에"라고 말할 수 있는 사람들은 고요하며, 조화로우며, 고결한 삶을 살 것입니다. 그리고 그들은 하늘의 절대적인 평온과 완전한 아름다움에 어느 정도 분량만큼 일치된 삶을 살 것입니다. 삶을 위한 자극은 그 이름을 아는 것에 놓여 있습니다. 그러므로 우리는 정직하며 성실한 마음과 기도하는 마음으로 항상 예수 그리스도의 이름에 놓여 있는 달콤한 자극과 강력한 격려의 영향력 아래 스스로를 지키고자 애써야 합니다. 단순히 그리스도 안에서 주어진 모범과 동기(動機)를 본받고자 애쓰는 것은 너무나 불완전합니다. 예수 그리스도께서 오시지 않았거나 우리가 그를 믿지 않았다면, 우리의 삶은 조금도 달라지지 않았을 것입니다. 사랑하는 그리스도인들이여, 여러분의 지난날들을 돌아보십시오. 그리고 그러한 날들 가운데 그 이름의 인(印)이 얼마나 흐릿하게 찍혀 있는지 보십시오.

우리의 전체 생애는 그의 이름으로 채워야만 합니다. 여러분은 어디에든지 그 이름을 쓸 수 있습니다. 그의 이름을 새기기 위한 황금판은 필요 없습니다. 거기에 보석과 다이아몬드로 치장할 필요는 없습니다. 보잘것없는 종이 한 장, 작은 몽당연필 한 자루, 그리고 떨리는 손이면 충분합니다. 그것이면 충분히 예수 그리스도의 이름을 쓸 수 있습니다. 그러면 우리의 생애 전체는 그 거룩한 이름으로 밝게 빛날 것입니다. 이슬람교도들은 자신들의 왕궁과 사원을 어떤 그림으로도 장식하지 않습니다. 오직 아라비아풍의 금박을 입힌 알라의 이름으로 장식할 뿐입니다. 벽과 지붕과 창문과 처마와 기둥과 가구와 모든 곳에 그 이름이 새겨져 있습니다. 그러나 우리는 예수 그리스도의 이름으로 건물을 장식할 것이 아니라 우리의 삶을 장식해야 합니다.

3. 마지막으로, 우리가 그 이름을 위해 행할 수 있는 섬김을 주목하십시오.

앞에서 이야기한 것처럼, 바로 이것이 요한이 여기에서 일차적으로 생각하고 있었던 것입니다. 그는 아주 사소한 일에 대해 이야기하고 있습니다. 작은 전도여행을 "나간" 몇몇 익명의 그리스도인들이 있었습니다. 그들은 돈도 없었고, 마땅히 거처할 만한 곳도 없었습니다. 그들은 우리가 그 이름을 알지 못하는 어떤 도시에서 한 그리스도인 형제의 환대를 받았습니다. 그 형제의 이름은 바로 본 서신의 수신자인 가이오였습니다. 요한은 그들이 "그 이름을 위하여"(on behalf of the Name) — 다시 말해서 그 이름을 높이며, 진척시키며, 유익하게 하기 위하여 — "나갔다"고 말합니다. 여기의 익명의 보잘것없는 형제들의 사역에 의해, 그 이름의 주인공인 예수 그리스도가 어떤 의미에서 도움을 받으며 유익을 얻었습니다.

신약 가운데 여기와 동일한 개념 즉 예수의 이름이 그의 종들의 수고로 말미암아 유익을 얻게 된다는 개념을 언급하는 또 다른 몇몇 용례들이 있습니다. 오늘 나는 그러한 구절들을 장황하게 설명하는 대신 그냥 간단히 제시만 하고자 합니다. 앞에서도 언급한 구절로서 사도들의 특이한 기쁨을 기록한 구절이 있습니다. "사도들은 그 이름을 위하여 능욕 받는 일에 합당한 자로 여기심을 기뻐하면서 공회 앞을 떠나니라"(행 5:41). 또 바울의 회심과 관련하여 그리스도 자신이 친히 하신 말씀이 있습니다. "그가 내 이름을 위하여 얼마나 고난을 받아야 할 것을 내가 그에게 보이리라 하시니"(행 9:16). 또 교회가 바나바와 바울에 대하여 "우리 주 예수 그리스도의 이름을 위하여 생명을 아끼지 아니하는 자들"이라고 칭송한 말씀이 있습니다(행 15:25). 또 "주 예수의 이름을 위해 결박을 당할 뿐 아니라 죽을 것도 각오했다는" 바울의 고백도 있습니다(행 21:13). 또 우리는 로마서 서문 가운데 바울이 자신의 사도의 직분과 그리스도의 이름이 유익을 얻는 것을 하나로 연결시키는 것을 보게 됩니다. "그로 말미암아 우리가 은혜와 사도의 직분을 받아 그의 이름을 위하여 모든 이방인 중에서 믿어 순종하게 하나니"(롬 1:5). 이 모든 구절들을 종합할 때, 우리는 다음과 같은 놀라운 결론에 도달하게 됩니다. 즉 그 위대한 이름을 입술에 담을 자격이 없는 그의 종들의 연약함에도 불구하고, 예수 그리스도는 자기 이름이 그들의 수고와 섬김과 삶과 죽음을 통해 높여지며 진척되도록 정하셨다는 결론 말입니다.

시편 기자는 자신의 보잘것없는 혀가 하나님의 이름을 찬송할 수 있다는 환희 가운데 이렇게 외칩니다. "그가 나의 혀로 말미암아 찬송을 받으셨도다"(시 66:17, 한글개역개정판에는 "나의 혀로 높이 찬송하였도다"라고 되어 있음). 이와 같이 예수 그리스도의 이름을 존귀하게 하는 책임이 여러분 그리스도인들에게 맡겨집니다. 여러분의 삶을 통해 그렇게 할 수 있으며, 또한 여러분의 말을 통해 그렇게 할 수 있습니다. 그리고 여러분은 두 가지 모두를 위해 보냄을 받습니다. 우리는 우리 자신의 순종과 신실함의 모범을 통해 복음 진리를 아름답게 꾸미며 사람들이 우리 주님을 존귀하게 여기도록 만들 수 있습니다. 또 우리는 그의 이름을 분명하게 선포함으로써 그렇게 할 수 있습니다. 반면 공적으로 신앙을 고백하는 그리스도인들의 불일치하는 삶은 세상이 그의 이름의 영광을 믿지 못하도록 가로막는 가장 큰 장애물입니다. 교회는 세상이 교회가 되는데 도움이 되기는커녕 자칫 장애물이 될 수도 있습니다. 우리가 그 이름을 전파하며 그에 합당하게 행할 때, 사람들은 복음에 무엇인가 있는 게 틀림없다고 생각할 것입니다.

여러분이 공적으로 기독교 신앙을 고백하는 사람이라면, 여러분에게서 그리스도가 영광을 받으시든지 아니면 수치를 당하든지 둘 중 하나입니다. 여러분은 모든 일을 주 예수의 이름으로 행함으로 그의 이름을 영화롭게 할 수도 있고, 여러분의 불일치한 삶을 통해 그의 이름을 사람들 가운데 수치스럽게 만들 수도 있습니다. 여러분은 어느 쪽이 되기를 원합니까? 둘 가운데 하나를 선택하십시오!

22
진리와 더불어 함께 일하는 자

"이는 우리로 진리를 위하여 함께 일하는 자가 되게 하려 함이라"
요삼 8

"**진리에 대하여 함께 돕는 자**" — "fellow-helpers to the truth"(KJV, 한글개역개정판에는 "진리를 위하여 함께 일하는 자"로 되어 있음). 이러한 표현과 관련하여 잠깐 생각해 보도록 합시다. 신약에 이따금씩 나타나는 언급들뿐만 아니라 초창기 기독교 문헌과 초창기 교회에서 매우 흔했던 행습으로부터, 교회 가운데 오늘날의 퀘이커 교도들처럼 어떤 특별한 사역에 큰 관심을 가지고 있었던 지체들이 있었던 것으로 보입니다. 그들은 자신들의 직업을 내려놓고, 교회의 재가(裁可)와 함께 사역을 위해 보냄을 받았습니다. 이들 순회전도자들은 여러 지역을 다니면서 사역을 하였으며, 그러는 가운데 자신들이 도착한 지역의 기독교 공동체로부터 환대(歡待)와 도움을 필요로 했습니다. 여기에서 노(老) 사도는 그런 형제들을 마땅히 환대할 것을 가르칩니다. "우리가 이 같은 자들을 영접하는 것이 마땅하니." 그들은 "그 이름을 위하여 나간" 자들이었습니다(7절). 그러므로 그들은 형제로써 마땅히 환대와 도움을 받아야만 했습니다.

여기에 사용된 단어들 속에는 다소간의 모호함이 있습니다. 원어의 문법구조와 관련해서, 그것은 흠정역처럼 "진리에 대하여 함께 돕는 — 혹은 함께 일하는 ― 자"를 의미할 수도 있고, 혹은 개정역처럼 "진리와 더불어 함께 일하는 자"를 의미할 수도 있습니다. 전자와 같이 이해할 때, 협동은 두 부류의 사람들 즉 순회전도자들과 그들을 영접하는 사람들에게 한정되는 것입니다. 반면 후자와 같이 이해할 때, 협동은 하나의 공동의 목적을 위해 두 부류의 사람들과 진리 사이에서 이루어지는 것입니다. 나는 여기에서 요한이 실제로 의미한 것이 아마도 후자였을 것으로 추측합니다. 요컨대 여기에서 "진리"는 "그것을 직접 전파하는 사람들과 그들을 후원하는 사람들"과 더불어 함께 일하는 실제적인 힘으로 상정(想定)되고 있는 것입니다. 그렇다면 여기에서 또 하나의 질문이 생깁니다. 그것은 여기의 "진리"라는 표현에서 우리가 전체적인 기독교 계시체계를 보아야만 하는지, 아니면 인격화된 진리 곧 스스로 "내가 곧 길이요 진리요 생명이니라"라고 선포하신 자를 보아야만 하는지 하는 것입니다. 나는 후자가 맞다고 믿습니다. 왜냐하면 그것이 요한의 모든 글에 퍼져 있는 전체적인 개념과 더 잘 조화되기 때문입니다. 예컨대 "우리 안에 거하여 영원히 우리와 함께할 진리"라고 말할 때, 나는 그가 단순히 전체적인 기독교 계시체계를 의미했다고는 도무지 생각할 수 없습니다(요이 2). 나는 틀림없이 그가 예수 그리스도 자신을 의미했다고 생각합니다. 오늘 나는 본문의 "진리"라는 표현을 이러한 의미로 여러분과 함께 바라보고자 합니다.

1. 첫째로, 진리를 소유한 자들은 진리와 함께 일하는 일꾼이 되어야만 합니다.

나는 이러한 표현에 담겨 있는 주장 즉 그리스도인들은 신의 계시가 제시하는 모든 주제들과 관련하여 절대적인 진리를 소유한다는 주장에 대해서는 다루지 않을 것입니다. 그것은 매우 담대한 가정(假定)이지만, 여기에서 그것을 다룰 필요는 없습니다. 나는 공적으로 신앙을 고백하는 그리스도인인 여러분이 하나님과, 그리스도와, 사람들에 대한 하나님의 뜻과, 구원의 길과, 미래의 삶을 위한 전망 등과 관련하여 여러분이 받은 것이 "진리"로서 유일하며 절대적인 것이라는 믿음에 기꺼이 동의할 것이라고 생각합니다. 예컨대 비교종교학과 같은 새로운 학문의 새로운 개념들이 그리스도 안에 절대적인 진리가 있다는 여러분의 믿음을 얼룩지게 하지 마십시오. 예수 그리스도는 "아마도! 아마도!"라고 말씀하시지 않고, "진실로! 진실로!"라고 말씀하셨습니다.

계속해서 "진리"와 관련하여 본문의 표현이 나타내는 또 하나의 특징을 주목하십시오. 그것은 그 진리가 어떤 사람의 마음에 임할 때, 그는 그 진리에게 붙잡혀 마침내 그것의 사도가 된다는 것입니다. 모든 도덕과 영적 진리는 그와 같은 능력을 가지고 있습니다. 과학을 비롯한 대부분의 학문의 영역에서는 어떤 진리를 알았다고 하여 그것을 전파할 것을 강요받지는 않습니다. 어떤 사람이 "2+2=4"라는 사실을 알았다고 하여 세상에 나가 그것을 전파할 의무를 갖는 것은 아닙니다. 그러나 어떤 사람의 마음에 도덕적이며 종교적이며 영적인 개념이 자리를 잡을 때, 그것을 믿는 순간 그는 "나는 다른 사람들도 나와 똑같은 믿음을 가질 수 있도록 그것을 전파해야만 해"라는 느낌을 갖게 됩니다. 바로 이것이 "진리"를 정말로 소유했는지 여부를 시험하는 시금석입니다. 그것을 소유한 사람은 결코 그것을 수건에 싸서 땅에 묻어둘 수 없습니다.

하나님은 내가 아무 말도 하지 않는 그리스도인은 참된 그리스도인이 아니라고 말하는 것을 금하십니다. 나는 우리 모두가 이상(理想)에 크게 못 미침을 너무나 잘 압니다. 어떤 사람 앞에 "예수 안에 있는 진리"가 펼쳐지면서 그의 마음 가운데 그 진리의 아름다운 얼굴이 찬란하게 빛난다고 상상해 보십시오. 그럼에도 불구하고 그가 그 진리의 영원한 기사(騎士)와 종이 되지 않는다면, 나는 그가 그 진리의 아름다움을 극히 조금밖에 보지 못했다고 생각할 수밖에 없습니다. 형제들이여, 우리가 믿는 진리는 우리의 여왕입니다. 그것이 우리의 여왕이 될 때, 우리는 그것의 사도와 전도자가 될 수밖에 없습니다.

이와 같이 진리는 그것의 모든 위엄과 존귀와 신성에도 불구하고 자신과 함께 일하는 사람들을 필요로 합니다. 그것을 펼칠 수 있는 유일한 방법은 우리를 통하는 것입니다. 그것이 전파될 수 있는 마술적인 방법은 없습니다. 오직 그것을 이미 소유한 자들만 그렇게 할 수 있습니다. 하늘로부터 횃불이 내려와 천상의 빛처럼 비칩니다. 그러나 땅의 어둠을 밝히기 위해, 그것은 사람들의 손에서 손으로 옮겨져야 합니다. 호수에는 메마른 광야를 적셔 초목이 나게 할 수 있는 무한한 가능성이 있습니다. 그러나 사람들이 삽과 곡괭이로 수로를 파서 그 물이 메마른 광야로 흐르도록 만들지 않는다면, 호수는 그냥 거기에 있으면서 그것의 무한한 가능성은 영원히 실현되지 않을 것입니다. 이와 같이 진리는 우리를 필요로 합니다. 그러나 모든 일이 완성되었을 때, 그 일을 행한 것은 일꾼들이 아니라 그 진리입니다.

사랑하는 그리스도인들이여, 오늘 내가 여러분에게 전하고자 하는 메시지는 여러분의 영광을 인식하라는 것입니다. 여러분의 영광은 여러분이 하나님의 영광의 복음과 함께 일하는 일꾼이 되었다는 사실입니다. 또 그러한 사실로 말미암는 엄숙한 의무 즉 우리에게 생명을 가져다 준 메시지를 다른 사람들에게 나누어 주는 의무를 인식하십시오. 이와 같이 진리와 함께 일하는 일꾼이 되는 것은 우리의 최고의 영광인 동시에 우리의 가장 큰 의무입니다.

2. 둘째로, 그리스도의 친구들은 그리스도와 함께 일하는 일꾼이 되어야만 합니다.

앞에서 이야기한 것처럼, 그는 성육신한 진리입니다. 여기에서 우리는 하나의 체계로서의 기독교의 특별한 독특성을 보게 됩니다. 여러분은 플라톤의 철학으로 여러분이 원하는 대로 할 수 있습니다. 여러분은 플라톤을 하찮은 사람처럼 다룰 수 있습니다. 또 다른 모든 위대한 선생들에 대해서도 그렇게 할 수 있습니다. 심지어 자신들의 사상과 이론과 가르침을 가지고 세상에 가장 강력한 영향을 끼친 사람들에 대해서까지도 말입니다. 그러나 여러분은 기독교를 가지고 그렇게 할 수 없습니다. 여러분은 "그렇게 말한 사람이 누구인지는 신경 쓰지 마. 단지 기록된 말에 대해서는 신경 써"라고 말할 수 없습니다. 예수 그리스도와 그의 메시지는 서로 불가분리적으로 연결되어 있습니다. 그러므로 여러분은 그와 그의 메시지를 서로 분리시킬 수 없습니다. 예수 그리스도 자신이 곧 진리입니다. 그가 곧 기독교입니다. 신약의 가르침과 관련하여 그것이 누구의 입술로부터 나왔는지는 무시하고 그것을 단지 하나의 원리체계로서만 다루고자 애쓰는 사람들은 결국 아무 능력 없는 일반론의 쓰레기더미에 파묻혀 버리고 맙니다. 거기에 그리스도가 들어가게 하십시오. 그러면 그것들은 모두 살아 움직일 것이며, 능력을 가질 것입니다.

"진리와 함께 일하는 자"로써 나는 단순히 어떤 교리를 전파하는 일에 헌신한 사람을 의미하지 않습니다. 다만 내가 의미하는 것은 그러한 교리를 포함하여 모든 진리가 담겨 있는 자를 전파하는 일에 헌신한 사람입니다. 그러므로 그리스도의 친구인 모든 사람은 성육신한 진리와 함께 일하는 자가 되어야만 합니다. 그는 우리의 도움을 필요로 합니다. 그가 달란트 비유를 통해 가르친 것처럼, 진실로 우리는 이 땅에서 그와 협력하며, 그를 대표하며, 그의 일을 대행하는 자들입니다. 달란트는 그의 것이며, 그것은 우리 각자에게 주어집니다. 그러나 그것이 열매를 맺어 갑절이 될 것인지 그렇지 않을 것인지 여부는 우리 각자의 몫입니다. 십자가 위에서 그는 "다 이루었다!"고 말씀하셨습니다. 그러나 모든 세대들을 통해 그는 계속해서 일하고 계십니다. 그리고 모든 세대들을 통해 그는 사람들을 통해 일하고 계십니다. 주님은 그들과 함께 일하시며, 그들은 주님과 함께 일합니다. 그들은 그의 도구입니다. 그리고 그는 그들을 만드십니다. 그러나 그는 그들 없이는 자신의 일을 행할 수 없습니다. 십자가에도 불구하고, 복음의 메시지에 있는 사람을 거듭나게 하며 구원하는 능력에도 불구하고, 세상이 구원받기 위해서는 교회의 협력이 필요합니다. 분명 교회가 세워진 것은 그리스도의 고난 속에 감추어진 것을 채우기 위함이며, 그의 완성된 사역의 아직 완성되지 못한 전개과정을 계속해서 이루어가기 위함입니다. 그의 사역은 십자가 위에서 완전하게 이루어졌습니다. 동시에 그것은 자기 백성들을 통해 일하시는 그리스도와 그리스도와 함께 일하는 그의 백성들에 의해 세상에 적용될 때까지 이루어지지 않습니다. 전선(電線)에 결함이 있다면, 메시지는 전달되지 못할 것입니다. 여러분과 내가 전도체(傳導體)가 아니라 불연체라면, 아무리 강력한 전기가 우리에게 흐를지라도 결국 전기는 필요한 곳에 전달되지 못할 것입니다. 그리스도와 세상을 연결하는 매개체는 다름 아닌 우리 그리스도인들입니다.

"진리와 함께 일하는 자들." 이러한 표현은 "우리는 하나님의 동역자들이요"라는 바울의 담대한 선언과 병행을 이루는 표현입니다(고전 3:9).

이것은 우리에게 얼마나 큰 영광입니까? 예수 그리스도와 연합되었다는 의식(意識)을 아주 조금밖에 가지지 못해 그의 마음을 가득 채우고 있는 것을 거의 느끼지 못하는 사람들에 대해 우리는 무슨 말을 할 것입니까? 나는 "진리와 함께 일하는" 것을 좁은 의미로 해석하고 싶지 않습니다. 예수 그리스도는 인간의 모든 죄와 악과 불행을 제거하기 위해 오셨습니다. 그는 단지 영혼을 구원하며 하나님과 사람 사이의 교제를 회복시키는 말씀을 전파하기 위해 오시지 않았습니다. 나아가 그는 어둠이 덮여 있는 모든 곳에 빛과 치유와 평안과 소망을 가져다주기 위해, 그리고 모든 사슬을 끊고 압제된 자들을 자유롭게 하기 위해 오셨습니다. 그리스도의 목적을 이루는 전체적인 범주는 사회적 개량을 포함하여 매우 광범위합니다. "그와 함께 일하는 동역자들"은 그 모든 일에 참여해야 하며, 그들은 어느 날 다음과 같이 말하게 될 것입니다. "다 이루었도다! 이 세상의 나라들이 우리 주와 그의 그리스도의 나라들이 되었도다."

3. 마지막으로, 그리스도와 함께 일하는 자들은 서로 협동하여 일하는 자들이 되어야만 합니다.

여기의 순회전도자들은 하나의 기능을 가지고 있었습니다. 또 소아시아의 미지(未知)의 교회에 속한 그리스도인들은 자신의 집에 머물며 일상의 일을 영위하는 가운데 또 다른 기능을 가지고 있었습니다. 그것은 순회전도자들을 도우며 후원하는 것이었습니다. 협동은 다양한 기능들이 하나의 목적과 목표로 함께 어우러지는 것을 의미합니다. 이러한 의무는 당시의 그들에게와 마찬가지로 오늘날의 우리에게도 여전히 남아 있습니다. 우리는 다양한 방법으로 주의 일을 위해 수고하는 모든 형제들을 도우며 후원하는 일을 우리 자신의 특별한 임무로 인식해야만 합니다. 전방에서 적과 맞붙어 싸우는 군대를 후방에서 돕는 사람들은 전방의 군대와 똑같이 적과 더불어 싸우고 있는 것입니다. 하나의 목적을 위해 다양한 방법으로 협동한 모든 사람이 함께 승리의 분깃을 나누는 것은 옛 이스라엘에서 매우 중요한 규칙이었습니다. "이 일에 누가 너희에게 듣겠느냐 전장에 내려갔던 자의 분깃이나 소유물 곁에 머물렀던 자의 분깃이 동일할지니 같이 분배할 것이니라 하고"(삼상 30:24).

형제들이여, 여러분의 특별한 임무를 깨달으십시오. 여러분 각자가 다른 사람이 할 수 없는 특별한 일을 가지고 있음을 기억하십시오. 여러분의 특별한 임무를 깨달으십시오. 그리고 항상 그러한 임무에 마음을 두십시오. 주를 위해 수고하는 형제들을 도우십시오. 그럴 때 여러분은 그들과 협동하여 동역하는 것이 됩니다. "심는 이와 물 주는 이는 한가지이나"(고전 3:8). 모든 그리스도인 일꾼들에게 있어, 주를 위해 수고하는 방법은 다양하지만 그 목적은 하나입니다.

지금까지 이야기한 개념은 개인뿐만 아니라 교회도 직접적으로 적용됩니다. 물론 요한에게 여기에서 기독교회의 이를테면 헌법 같은 것을 제시하고자 하는 의도는 전혀 없었습니다. 그럼에도 불구하고 여기의 말씀 가운데 포함된 원리들은 기독교회가 마땅히 어떠해야 하는지와 관련한 개념 속으로 깊이 들어갑니다. 여기의 원리들은 모든 종류의 성직주의(聖職主義)를 단숨에 무너뜨립니다. 제단에서 떡과 포도주를 그리스도의 살과 피로 바꾸는 마술을 행하는 사제(司祭)와 그 옆에 서서 그것을 바라보며 받는 평신도들 — 바로 이것이 목사와 교인들 사이의 관계에 대한 오늘날의 만연한 개념입니다. 그러나 요한은 협력하는 모든 사람이 "진리와 함께 일하는 자들"이라고 말합니다.

오늘날 성직주의보다 더 만연한 오류가 있습니다. 그것은 사람들이 와서 설교를 듣고 약간의 보수를 지불하는 것이 바로 교회라는 개념입니다. 영국에는 모든 종류의 기독교 모임을 방해하는 무기력한 사람들의 무거운 짐이 있습니다. 기독교 신앙을 고백하는 자들이여, 여러분은 진리를 위해,

여러분의 주님을 위해, 여러분의 형제들을 위해 무엇을 행합니까? 나는 바울 사도와 함께 다음과 같이 말해야만 합니다. "우리가 너희 믿음을 주관하려는 것이 아니요 오직 너희 기쁨을 돕는 자가 되려 함이니 이는 너희가 믿음에 섰음이라"(고후 1:24). 나는 이 교회를 목회하는 나의 분깃 이상의 모든 책임은 정중히 사양합니다. 중국인들은 성벽 위에 많은 대포들을 설치해 놓는다고 합니다. 그런데 그 가운데 하나만 진짜 대포이고, 나머지는 나무로 만든 가짜 대포들이라고 합니다. 오직 하나의 대포만 요란한 소리를 내며 포를 쏘고, 나머지 모두는 벙어리처럼 잠잠히 있는 것입니다. 오늘날 너무나 많은 교회들이 이런 모습이 아닙니까? 오직 목사 한 사람만 요란하게 포를 쏘고, 나머지 모두는 그냥 구경만 하면서 말입니다.

"함께 일하는 자들" — 이러한 표현은 우리의 상호관계를 규정합니다. 여러분은 자신의 일이 단지 여기의 순회전도자와 같은 사람들을 돕는 간접적인 일이라고 생각해서는 안 됩니다. 여러분이 해야만 하는 직접적인 일이 있습니다. 여러분이 그 일을 하지 않는다면, 그것은 여러분의 영혼을 큰 축복으로부터 차단시키는 것입니다. 나는 예수 그리스도와 연합된 사람이라면 누구든지 어떤 방법으로든 그의 이름을 전파할 수 있다고 확신합니다. 나는 주님의 사랑에 접촉된 사람이라면 누구든지 진리에 대한 열정과 그것을 필요로 하는 이웃들에 대한 실제적인 사랑으로 자신의 입술을 열어 그들에게 그리스도를 알게 할 것이라고 확신합니다. 그들은 자신이 소유한 진리의 분량을 증가시키며 그리스도와의 연합을 더욱 심화시킴에 있어 다른 사람들에게 그러한 축복을 나누어 주는 것보다 더 확실한 방법은 결코 없다는 사실을 발견할 것입니다. "진리와 함께 일하는 자" — 나는 우리 모두가 시간이 지남과 함께 점점 더 이와 같은 사람이 되기를 간절한 마음으로 기원합니다.

23
그리스도인에 대한 증언

"데메드리오는 뭇 사람에게도, 진리에게서도 증거를 받았으매"
요삼 12

여기의 데메드리오는 얼마나 특이한 운명의 사람이었습니까! 그의 이름은 모든 사람들로부터 잊혀지는 것을 피했습니다. 도리어 여기에 기록됨으로써 그의 이름은 온 세상에 영원히 알려지고 기억되게 되었습니다. 그러나 단지 그의 이름 외에 우리는 그에 대해 아무것도 알지 못합니다. 그가 누구인지, 언제 어디에서 살았는지, 무슨 일로 요한으로부터 칭찬을 받고 있는지 — 우리는 알지 못합니다. 그를 둘러싸고 있는 모든 것은 어둠 가운데 삼켜졌습니다. 오직 한 줄기 빛만이 희미하게 비칠 뿐입니다. 흠정역(KJV)의 번역처럼, 그는 "모든 사람과 진리 자체로부터 좋은 평판을 받고" 있었습니다(Demetrius hath good report of all men, and of the truth itself). 혹은 개정역(Revised Version)이 더 잘 번역하는 것처럼, 그는 "모든 사람과 진리 자체로부터 증언을" 받았습니다(he hath the witness of all men, and of the truth itself, 한글개역개정판은 개정역처럼 되어 있음).

위에서 나는 우리가 그에 대해 아무것도 알지 못한다고 이야기했습니다. 그렇지만 혹시 여기의 데메드리오가 에베소에서 자신의 이익이 침해당한 것에 격분하여 많은 은장색들을 선동하여 바울의 목숨을 위험에 빠뜨린 바로 그 데메드리오 아닙니까? "데메드리오라 하는 어떤 은장색이 은으로 아데미의 신상 모형을 만들어 직공들에게 적지 않은 벌이를 하게 하더니"(행 19:24). 물론 이것은 단순한 추측일 뿐입니다. 단순히 이름이 같은 것은 어떤 사실을 보여 주는 확실한 근거가 아닙니다. 왜냐하면 당시 이름이 같은 것은 매우 흔한 일이었기 때문입니다. 그렇지만 여기에서 요한의 칭찬을 받고 있는 제자가 정말로 사도행전 19장의 은장색 데메드리오라면, 그에게 일어난 변화는 얼마나 놀라운 것입니까! 진실로 그에게 "이전 것은 지나갔으니 보라 새 것이 되었도다"라는 말씀이 온전히 이루어진 것입니다. 요한이 오랜 기간 에베소에 머물며 그곳에서 활동한 사실을 생각할 때, 그러한 추측은 상당히 합리적인 것으로 생각됩니다. 어쨌든 여기의 데메드리오가 에베소의 옛 대적자 데메드리오였다는 추측을 받아들인다고 해서 특별히 해로울 것은 아무것도 없습니다. 그렇다면 그는 "손으로 만든 것은 신이 아니라"는 바울의 말에 설득되어 예수 그리스도에게로 돌아온 것이 됩니다. 어쨌든 이 사람이 에베소의 은장색들을 선동했던 바로 그 사람이라면, 나는 그의 기술과 그가 만든 많은 신상들이 어떻게 되었을지 매우 궁금합니다. 어쨌든 오늘 나는 개정역의 번역을 취하여, 어떤 그리스도인이 받을 수 있는 증언에 대해 생각해 보고자 합니다. "데메드리오는 모든 사람과 진리 자체로부터 증언을 받았으매."

1. 첫 번째 증언은 사람들의 증언입니다.

그리스도인이 사람들로부터 호의적인 평가를 받지 못한다면, 거기에는 무언가 잘못된 것이 있는 것입니다. 물론 그런 평가를 추구하는 것은 유치한 일입니다. 그리고 어떤 의미에서 모든 사람이 우리에 대해 좋게 말하는 것은 매우 두려운 일입니다. 그러나 또 다른 측면에서 우리 그리스도인들은 우리를 바라보는 모든 종류의 사람들이 다음과 같이 말하도록 만드는 분명한 것이 있어야만 합니다. "어쨌든 저 사람은 분명 선한 사람이야. 나는 그와 같지 않을 수 있고 또 그와 같이 되기를 바라지 않을 수도 있지만, 그가 선한 사람인 것은 틀림없는 사실이야. 그에게 참된 선함이 있는 것은 누구도 부인할 수 없어." 그리스도인들은 이런 종류의 증언을 받기를 간절히 사모해야 합니다. 통상적으로 악인들은 선한 사람을 금방 알아봅니다. 그리고 그들은 많은 경우 그의 덕을 칭찬함으로써 자신들의 악을 은근슬쩍 중화(中和)시키려고 합니다. 그들은 그의 선함을 본받는 대신 칭찬하는 것으로 대체합니다. 술주정뱅이가 술을 절제하는 사람을 칭찬하는 것이라든지 혹은 악을 행하며 살아가는 사람이 자신과 반대되는 모습으로 살아가는 사람의 미덕을 칭찬하는 것은 조금도 이상한 일이 아닙니다. 심지어 세상에서 가장 악한 사람의 양심과 마음에조차 가장 선한 사람이 실제로 실현한 것보다 훨씬 더 정결하고 높은 선(善)의 이상(理想)이 있습니다.

그리스도인이 아닌 사람들이 그와 같이 극단적으로 높은 표준을 갖는 것은 정당한 일입니다. 예컨대 신문에 어떤 목사나 어떤 종교 지도자의 범죄와 관련한 기사가 날 때를 생각해 보십시오. 틀림없이 그들에게 악의적인 비난과 욕설이 퍼부어질 것입니다. 그러나 그것은 부지불식간에 기독교에 대한 높은 이상(理想)을 증언합니다. 그와 똑같은 범죄를 다른 비도덕적인 사람들이 저질렀다면, 신문은 그것을 전혀 기사화하지 않을 것입니다. 세상은 그들에 대해 높은 품성을 기대하지 않습니다. 그러나 그리스도인들에 대해서는 그렇게 기대하며, 그것은 정당한 일입니다. 세상은 우리에게 과도한 것을 요구하지 않으며, 우리 주님이 요구하신 것 이상을 요구하지 않습니다. 어쨌든 그리스도인들이 주변에 자신들을 살피는 살쾡이의 눈이 있음을 의식(意識)하는 것은 매우 유익한 일입니다. 또 그리스도인들이 자신들이 실족하며 넘어졌을 때 악의적인 기쁨으로 즐거워할 많은 사람들이 있음을 기억하는 것 역시 매우 유익한 일입니다.

나는 이에 대해 시비를 걸고 싶지 않습니다. 다만 나는 영적인 삶에 대해 많이 말하는 사람들에게 한 가지 당부하고 싶은 것이 있습니다. 그것은 이웃집에 사는 사람들과 하인들과 거래처 사람들과 우리의 기독교에 공감하지 않는 많은 사람들이 마치 엄한 재판장처럼 우리의 행동을 지켜보고 있다는 사실을 잊지 말자는 것입니다.

여기에서 우리가 살펴볼 것이 또 한 가지 있습니다. 그것은 선한 사람들 가운데 너무나 많은 사람들이 대중들로 하여금 자신들에 대해 나쁘게 말하도록 만드는 것이 기독교라고 생각한다는 사실입니다. 실제로 그것은 그들의 기독교가 아니라 그들 자신의 잘못된 행실임에도 불구하고 말입니다. 여러분의 기독교의 보화를 무뚝뚝함과 자기 의와 까다로움과 비난과 비판의 투박한 보자기로 싼다면, 여러분은 사람들이 여러분의 기독교를 좋게 생각하지 않는 것에 대해 이상하게 생각할 필요가 없습니다. 그리스도인들에게 향한 백 가지 비방의 말 가운데 아흔아홉 가지는 그들이 선함에도 불구하고 오는 것이 아니라 그들이 더 선하지 않기 때문에 오는 것입니다.

사랑하는 친구들이여, 그러므로 우리는 외인(外人)들로부터 좋은 평판을 받도록 노력할 필요가 있습니다. 그것은 단순히 비난을 피하기 위해서라든지 혹은 사람들로부터 좋은 말을 듣기 위해서가 아닙니다. 그것은 세상의 판단이 종종 우리 자신의 양심의 판단보다 더 정확하기 때문이기도 하고, 또 어떤 의미에서 종종 하나님의 판단의 전조(前兆)가 되기도 하기 때문입니다. 그러므로 우리는 모든 사람들이 읽고 그에서 그리스도의 필적(筆跡)을 인식할 수 있는 "살아 있는 편지"가 되도록 노력할 필요가 있습니다.

모든 종류의 악과 향락과 욕정과 비열한 음모가 난무하는 궁중에 있었던 다니엘을 생각해 보십시오. 그럼에도 불구하고 사람들은 그에 대해 "이 사람은 그 하나님의 율법에서 근거를 찾지 못하면 고발할 수 없으리라"라고 말하지 않을 수 없었습니다(단 6:4, 5). 우리 역시도 이와 같은 평가를 받도록 노력합시다. 그리고 우리는, 세상이 우리의 신앙고백을 인정하지 않는다면, 우리의 신앙고백이 참된지 그렇지 않은지 심각하게 되돌아볼 필요가 있다는 사실을 기꺼이 받아들일 필요가 있습니다.

2. 또 하나의 증언이 있는데, 그것은 진리 자체의 증언입니다.

예수 그리스도의 복음은 그것을 증언하며 그것으로 말미암아 사는 사람들을 위하여 증언합니다. 어떤 사람이 율법을 깨뜨렸을 때, 깨진 율법은 그를 대적하여 증언합니다. 어떤 사람이 율법을 지켰을 때, 지킨 율법은 그를 위하여 증언합니다. 우리의 삶이 하나님의 율법 가운데 제시된 위대한 이상(理想)을 향해 계속해서 가까이 다가간다면, 율법은 우리를 위하여 증언할 것입니다. 그러나 "진리"가 우리를 위해 증언할 수 있기에 앞서 먼저 우리에게 기독교가 명백하게 요구하는 것들이 ─ 그 중에서도 특별히 명백한 자기순복이 ─ 있어야만 합니다.

앞의 추측으로 되돌아가 봅시다. 여기의 데메드리오가 정말로 사도행전 19장의 데메드리오이며 그가 실제로 그리스도인이 된 것이라면, "진리"가 그에게 요구하는 첫 번째 것은 지금까지 영위해 왔던 은장색의 직업을 버리는 것이 될 것입니다. 우리 역시도 각자 자신의 분량으로 이와 같은 자기순복을 실천해야만 합니다.

얼마 전에 어떤 사람으로부터 한 통의 편지를 받았습니다. 그는 수년 동안 포도주와 독주를 파는 상점에서 일하면서 하나님을 섬기고자 애썼다고 합니다. 그러나 그는 이제 큰 양심의 가책을 받고 그 일을 버려야만 한다고 느꼈습니다. 그러면서 나에게 새로운 일자리를 소개해 줄 수 없는지 요청하는 편지를 쓴 것입니다. 그렇습니다. 그는 지금 진리 자체에 의해 증언을 받고 있는 것입니다. 그리고 그리스도인으로서 우리 모두는 그와 같이 행해야만 합니다. 우리는 크고 중요한 일들뿐만 아니라 일상의 모든 사소한 일들에 이르기까지 그가 요구하는 이상(理想)에 더 가까이 나아가고자 애써야 합니다.

자유케 하는 온전한 율법을 들여다볼 때, 우리는 그것에서 우리 자신의 성품이 반사되는 것을 보게 됩니다. 그것을 지킬 때, 우리는 우리가 옳음을 확신할 수 있습니다. 그것을 지키지 않을 때, 우리는 우리가 그름을 확신할 수 있습니다. 이와 같이 진리는 그것을 거스르며 살아가는 사람들을 **대적하고**, 그것을 따라 살아가는 사람들을 **위하여** 증언합니다. 또 예수 그리스도의 성품과 행동의 완전한 실례들과 그로부터 도출되는 원리들도 우리에 대해 증언할 수 있습니다.

3. 마지막으로 그리스도 자신의 증언이 있습니다.

나는 사도 요한의 심오한 서신들 가운데 나타나는 "진리"라는 위대한 단어가 항상 우리가 복음이라고 부르는 것에 담겨 있는 교훈체계만을 의미한다고 믿지 않습니다. 도리어 나는 그것이 종종 어떤 특정한 인물을 가리킨다고 믿습니다. 우리 주님 자신도 마치 이에 대해 확증이라도 하는 것처럼 스스로에 대해 "내가 곧 진리"라고 말씀하셨습니다(요 14:6). "진리에게서 증언을 받았다"는 본문의 표현 속에 어떤 인물이 희미하게 비취고 있다면, 우리는 용기를 내어 세 번째 증인이 바로 예수 그리스도 자신이라고 감히 말할 수 있습니다.

바울은 "너희에게나 다른 사람에게나 판단 받는 것이 내게는 매우 작은 일이라"라고 말합니다(고전 4:3). 다른 사람들의 평가에 대한 이 같은 건전한 무시는 우리가 마땅히 취해야 할 올바른 태도 가운데 하나입니다. 그리고 계속해서 그는 "다만 나를 심판하실 이는 주시니라"라고 덧붙입니다(4절).

여기에서 바울이 사용한 시제(時題)를 주목해 보십시오. 그는 "나를 심판하실"이라고 말하지 않습니다(한글개역개정판에는 "나를 심판하실"이라고 되어 있음). 다시 말해서 그것은 죽음 이후의 미래의 큰 심판을 의미하지 않는 것입니다. 그렇게 말하는 대신 그는 "나를 심판하시는"(that judgeth me)라고 말합니다. 우리는 인생 전체를 통해 매 순간 행하는 모든 행동들에 대해 그리스도의 심판이 있음을 느껴야만 합니다. 그는 우리가 행하는 각각의 행동들에 대해 그것이 도덕적으로 선한지 혹은 악한지 정확무오(正確無誤)하게 판결합니다. 그러므로 우리는 매 순간 심판대 앞에 있습니다. 그리고 매 행동마다 우리는 그를 기쁘게 하기도 하고 슬프게 하기도 합니다. 그는 매 순간의 우리의 생각과 감정과 말과 행동에 대해 "잘 하였도다!"라고 말씀하시든지, 아니면 "그것은 악한 것이로다!"라고 말씀하십니다.

이와 같이 예수 그리스도는 우리의 심판자가 되시기도 하고 또 우리를 위한 증언자가 되시기도 합니다. 그는 어떻게 증언합니까? 오늘도 그는 우리의 속사람에 자신의 음성으로 증언할 것입니다. 그리고 그럼으로써 우리의 속사람에 빛을 비추며, 악에 대해 민감하게 만들 것입니다. 사람의 양심과 관련하여, 나는 그것이 "세상에 와서 각 사람에게 비추는 빛"이 실제로 사람들에게 비추는 것이라고 믿습니다(요 1:9). 그러나 나는 예수 그리스도를 믿는 믿음으로 거듭난 사람의 양심은 좀 더 특별한 형태로 그 안에서 말씀하시는 그리스도 자신의 음성이라고 믿습니다. 사람의 마음에서 그리스도께서 옳다고 인정해주심으로 고요한 불이 타오를 때, 바로 거기에 주변의 목소리들이 — 칭찬의 목소리든 비난의 목소리든 — 전혀 영향을 끼칠 수 없는 증언이 있는 것입니다. 예수 그리스도 자신의 음성인 내적 음성이 옳다고 증언한다면, 세상이 무엇이라고 말하든 신경 쓰지 마십시오.

사랑하는 친구들이여, 그로부터 "잘 하였도다 착하고 충성된 종이여!"라는 말을 듣기를 사모하며 열망하십시오. 그리고 그것을 우리가 이 세상에서 가질 수 있는 최고로 복되며 좋은 것으로 여기십시오. 그럴 때 우리는 우리의 모든 불완전함에도 불구하고 심판장이 우리를 위해 증언하실 그 큰 날을 큰 소망과 함께 바라볼 수 있게 될 것입니다. 양과 염소의 비유에서 오른편에 있는 양들이 의아해 하며 "주여 우리가 언제 이런 일들을 행하였나이까?"라고 묻는 것을 묘사할 때, 주님은 바로 그러한 사실을 우리에게 가르치고 계셨던 것입니다. 또 주님이 "너희가 행한 일을 결코 잊지 않겠다"고 확약(確約)하신 것을 생각해 보십시오. 그러므로 우리가 하나님의 심판대 앞에 나타날 때, 그는 아버지와 그의 거룩한 천사들 앞에서 우리를 위해 증언할 것입니다. 사람의 증언을 받는 것은 좋은 일입니다. 그러나 진리이신 그리스도 자신의 증언을 받는 것은 그보다 비교할 수 없이 좋은 일입니다.

유다서

1
공통의 구원과 공통의 믿음

"우리가 일반으로 받은 구원"

유 3

"같은 믿음을 따라"

딛 1:4

여기의 유다는 아마도 그리스도의 형제 가운데 한 사람으로서 교회에서 어느 정도의 위치와 영향력을 가진 사람이었을 것입니다. 지금 그는 교회공동체 전체를 향해 편지를 쓰고 있습니다. 그는 사람들을 국적이나 인종이나 문화나 외양(外樣)으로 나누지 않고, 전체를 하나로 일괄하여 부릅니다. 그러면서 자신을 그들과 하나로 묶으면서, 자신과 그들 모두가 함께 "공통의 구원"(common faith, 한글개역개정판에는 "일반으로 받은 구원"이라고 되어 있음)을 받았노라고 말합니다.

계속해서 두 번째 본문은 늙은 지도자 바울이 젊은 신병 디도에게 쓴 편지 가운데 한 구절입니다. 두 사람 사이에 정신적인 힘이라든지 혹은 영적인 경험 등에 있어 큰 차이가 있었음에도 불구하고, 바울은 그와 자신을 하나로 묶으면서 그의 믿음과 자신의 믿음을 "공통의 믿음"(common faith, 한글개역개정판에는 "같은 믿음"이라고 되어 있음)이라고 말합니다.

이와 같이 유다와 바울 모두는 스스로를 자신의 편지를 받는 사람들과 함께 묶습니다. 구원은 유다와 그의 독자들에게 "공통적인" 구원이었으며, 믿음은 바울과 디도에게 "공통적인" 믿음이었습니다. 왜냐하면 구원과 믿음은 세상 끝 날까지 하나이기 때문입니다.

내가 여기의 두 구절을 오늘의 본문으로 함께 놓은 것은 교회 공동체의 보편성을 역설하기 위함입니다. 전자는 세상의 모든 고통을 치료하는 유일한 치료약이 있음을 선언하며, 후자는 그러한 치료약이 적용될 수 있는 유일한 방법이 있음을 선언합니다. "공통의 구원"을 소유하는 모든 사람은 참으로 복됩니다. 왜냐하면 그들 모두가 "공통의 믿음"을 가지고 있기 때문입니다.

1. 첫째로, 여기의 기저(基底)에 놓여 있는 인간의 가장 깊은 필요의 개념을 주목하십시오.

"구원"이라는 단어는 오늘날 너무나 상투적인 단어가 되어 버리고 말았습니다. 그것은 마음에 별다른 흔적을 남기지 않은 채 그냥 사람들의 입술로부터 미끄러져 나갑니다. 우리 모두가 그것을 이해한다고 생각하지만, 우리 가운데 많은 사람들은 그것이 의미하는 개념에 대해 아주 희미하게만 이해합니다. 그리고 인간의 본성과 그것의 본질적인 필요와 관련한 성경의 엄숙한 관점을 거의 깨닫지 못합니다. 오늘 나는 여러분에게 바로 이 부분을 일깨워 주고자 합니다. 성경에서 "구원"은 다음과 같은 두 가지 가운데 어느 하나를 의미합니다 — 병으로부터 고침을 받는 것과 위험으로부터 건짐을 받는 것. 여기의 기저(基底)에 있는 개념은 인간의 상태가 보편적으로 "고침을 필요로 하는 심각한 병"과 "건짐을 필요로 하는 두려운 위험" 가운데 있다는 개념입니다. 죄는 병이며, 죄의 결과는 위험입니다. 죄는 자기 자신을 자기의 중심과 자기의 율법으로 만듭니다. 그러므로 죄는 하나님과의 관계를 왜곡시키며 비틉니다.

이것이 사람에게 가장 중요한 일이라는 사실을 증명하는 데에는 많은 말이 필요하지 않습니다. 표면을 뚫고 깊이 들어가 보십시오. 그러면 여러분은 이러한 근본적인 사실 즉 사람이 하나님과 관련하여 잘못된 길로 가 버리고 말았다는 사실을 발견하게 될 것입니다. 유전(遺傳)이라든지 혹은 환경 등의 어떤 궤변으로도 사람이 고의적으로 하나님의 법 즉 우리 모두에게 스스로를 하나님에게 순복시키라고 명령하는 그리고 스스로를 자기 자신의 주인과 목적과 목표로 삼지 말라고 명령하는 법을 깨뜨렸다는 사실을 가릴 수 없습니다. 나는 바로 이것이 인류의 가장 본질적인 병이라고 단언합니다.

오늘날처럼 사회적으로 불안한 시대에, 우리 주위에 수많은 목소리들이 난무합니다. 그리고 그것들은 저마나 자기에게 귀를 기울이라고 요란하게 떠들어댑니다. 그러나 그것들은 모두 앞에서 이야기한 본질적인 필요와 비교할 때 피상적이며 표면적인 것들에 불과합니다. 병든 인류의 침상 곁에 와서 "아, 환자는 교육이 부족해서 이렇게 고통을 당하고 있군요"라든지 혹은 "아, 환자는 좋지 못한 환경으로 인해 이렇게 고통을 당하고 있군요"라고 말하는 사람은 인류의 병을 피상적으로 진단한 것입니다. 그것보다 더 깊고 심층적인 것이 있습니다. 의사가 이러한 외양적인 상처보다 더 깊은 곳을 살피지 않는다면, 그가 처방하는 약은 필경 아무 짝에도 쓸모없는 약이 될 것입니다.

사랑하는 형제들이여, 우리에게는 단순한 교육의 부족이라든지 혹은 좋지 못한 환경 이상의 문제가 있습니다. "온 머리는 병들었고 온 마음은 피곤하였으며"(사 1:5). 인간의 모든 비참함의 근본적인 뿌리는 인간이 죄를 범했다는 분명하면서도 보편적인 사실에 있습니다. 우리 가운데 다양한 차이들이 있음에도 불구하고 우리 모두가 공유하는 한 가지 공통적인 것이 있습니다. 그것은 우리의 양심과 의지(意志)가 참된 선(善)을 대적하며, 스스로를 높였다는 사실입니다. 다양한 옷의 외양(外樣)에, 동일한 사실 즉 죄의 공통적인 병이 있습니다. 왕의 화려한 예복, 빈민의 초라한 옷, 연구원의 가운, 직공의 작업복, 벌거벗은 미개인의 검은 피부 ― 이 모든 것이 그 안에 있는 악한 마음을 가리고 있습니다. 이와 같이 마음이 악하기 때문에, 마음은 병으로부터의 구원과 위험으로부터의 구원을 받을 필요가 있습니다.

사람들이 이와 같이 하나님의 법을 거스른 것이 정말로 사실이라면, 우리는 필연적으로 사람들 위에 하나님의 손이 임할 수밖에 없다는 사실을 잊어서는 안 됩니다. 그렇지 않다면, 그는 결코 사랑의 하나님일 수 없을 것입니다. 이와 같이 하나님의 법을 거스른 것의 필연적이며 불가피한 결과들로부터 오는 위험이 있습니다.

우리는 일반론 가운데 스스로를 잃지 않도록 조심해야 합니다. 우리 가운데 너무나 많은 사람들이 그와 같은 방법으로 복음의 예리한 칼을 무디게 만들었습니다. 일반론은 모든 종류의 도덕적인 진리들에 대해 우리가 늘 행하는 방식입니다. 여러분에게 모든 사람들이 반드시 죽는다는 사실을 믿지 않은 순간은 단 한 순간도 없었을 것입니다. 그러나 동시에 여러분에게 "나도 죽을 수밖에 없다"는 사실 앞에 소스라치게 놀라며 움츠렸던 때가 틀림없이 있었을 것입니다.

공통의 병이라고요? 그렇습니다. 형제여, 당신이 무엇을 가졌든 혹은 당신이 무엇을 원하든, 이것을 확신하십시오. 즉 당신의 개별적인 죄의 사실과 그러한 사실의 결과가 어떤 방법으로든 처리되고 고쳐지고 해결될 때까지, 당신의 가장 깊은 필요는 채워지지 않고 당신의 가장 심각한 병은 치료되지 않으며 당신의 가장 두려운 위험은 해결되지 않는다는 사실 말입니다. 바로 이것이 오늘 설교의 첫 번째 요지입니다.

2. 둘째로, 공통의 치료약을 주목하십시오.

첫 번째 본문이 우리에게 그 약을 제시하는데, 그것은 "공통의 구원"입니다. 아마도 여러분 모두는 지금 내가 무엇을 말하려고 하는지 알 것입니다. 그리고 어쩌면 여러분은 내가 그것을 말하는 것이 별 쓸모가 없다고 생각할는지 모릅니다. 그것이 너무나 상투적이며 뻔한 이야기라고 생각하면서 말입니다. 너무나 자주 거론하고 또 너무나 자주 무시되었던 그 이야기를 이 시간 또 다시 거론하는 것이 정말 쓸모 있는 일입니까? 그러나 내가 단 한 사람의 영혼이라도 구원할 수 있다면, 여러분이 듣든지 듣지 않든지 나는 이 메시지를 또 다시 전해야만 합니다.

"공통의 구원." 인류의 병을 치료할 수 있는 하나의 치료약이 있습니다. 인류의 위험을 해결할 수 있는 하나의 해결책이 있습니다. 그것이 **유일한** 치료약인 것은 그것이 모든 사람들을 위한 치료약이기 때문입니다. 또 그것이 모든 사람들을 위한 치료약인 것은 그것이 각각의 사람들을 위한 치료약이기 때문입니다. 예수 그리스도는 나와 여러분의 죄의 분명한 사실을 처리하십니다.

그는 자신의 죽음으로 위험으로부터 세상을 구원하셨습니다. 다시 말해서 그는 하나님과 세상의 관계를 올바른 관계로 되돌려 놓으셨습니다. 이 시간 나는 이 주제를 가지고 여러분과 토론하지 않을 것입니다. 나의 목적은 그것과는 완전히 다른 것입니다. 사랑하는 형제들이여, 나는 여러분 앞에 다음과 같은 분명한 사실을 제시합니다. 한 분 하나님이 계시기 때문에, 여러분과 내가 죄를 범하였기 때문에, 그 결과가 이 세상과 다음 세상에서 그대로 이루어질 것이기 때문에 — 우리 모두는 죽음의 위험 가운데 서 있습니다. 그것은 하나님과의 분리로부터 오는 영원한 죽음입니다.

여러분은 심판의 날을 믿습니다. 그렇지 않습니까? 그렇지만 그 날을 믿든지 믿지 않든지, 여러분은 심지어 지금 여기에서조차 모든 죄와 불순종이 그 마땅한 보응을 받는 것을 분명히 봅니다. 악을 행할 때마다, 여러분은 필연적으로 스스로를 해롭게 하며, 자신의 본성을 황폐화시키며, 악에 대항하는 능력과 선을 지향하는 열망을 약화시키며, 스스로를 저급하게 만들며, 자신의 양심의 심판대 앞에서 스스로를 부끄럽게 만들게 됩니다. 악을 행할 때마다, 여러분은 필연적으로 이 세상에서 그것의 결과를 끌어내게 됩니다. 육체의 죄를 생각해 보십시오. 그것이 필연적으로 그것을 행한 사람을 해치는 것을 여러분 모두가 잘 알지 않습니까? 세상의 눈에조차 명백한 죄들을 생각해 보십시오. 그것이 필연적으로 그것을 행한 사람의 평판을 나쁘게 하며, 건강을 망치게 하며, 기회의 문을 닫는 것을 여러분 모두가 잘 알지 않습니까? 이 모든 것은 단지 장차 하늘에서 있을 영원한 심판의 일종의 전조(前兆)와 그림자일 뿐입니다. 모든 사람은 결국 자신의 행위의 열매를 먹으며, 자신이 준비한 것을 마실 것입니다. 그러나 하나님의 아들 예수 그리스도께서 십자가 위에서 세상의 죄, 여러분과 나의 죄, 모든 사람들의 죄를 짊어지셨습니다. 인류의 위험을 해결하는 하나의 해결책이 있습니다. 그것은 바로 예수 그리스도입니다. 그는 율법의 엄중한 참소 앞에서 — 마치 겟세마네 동산에서 자신을 잡으러 온 사람들에게 말하는 것처럼 — 이렇게 말씀하십니다. "나를 찾거든 이 사람들이 가는 것은 용납하라"(요 18:8). 그들은 그의 대속의 죽음의 능력으로 위험으로부터 벗어납니다.

계속해서 예수 그리스도는 죄의 병을 치료하는 생명을 나누어 주십니다.

오늘은 세계의 모든 그리스도인들이 기념하는 성령강림절입니다. 그러면 성령강림절의 의미는 무엇입니까? 그것은 단지 열아홉 세기 전에 일어났던 일 즉 한 무리의 유대인들이 몇 분 동안 다른 언어들로 말하는 능력을 가졌으며 또한 초자연적인 빛이 그들의 머리 위에 비쳤다가 사라진 것을 기념하기 위한 날일 뿐입니까? 그것이 전부입니까? 여러분과 나는 그 일에 아무런 분깃도 가지고 있지 않습니까? 결코 그렇지 않습니다. 여러분과 나도 그 일에 분깃을 가지고 있습니다. 오순절이 어떤 것을 의미한다면, 그것은 이것입니다. 즉 모든 세대들을 통해 예수 그리스도께서 자신을 믿는 사람들에게 새 생명의 실제적인 선물을 나누어 주신다는 사실 말입니다. 그러한 새 생명은 모든 옛 병으로부터 자유로워진 생명이며, 그 자신의 완전한 무죄함과 연결된 건강하며 온전한 생명입니다. 그러므로 어떤 사람에게 행악하는 습관이 아무리 깊이 뿌리 박혀 있다 하더라도 그가 구주께 돌이켜 구주가 자기 안에서 역사(役事)하도록 만든다면, 그는 자신의 악으로부터 구원받을 것입니다. 그가 예수 그리스도를 믿기만 한다면, 그의 육체의 문둥병과 썩은 악취는 깨끗하여지고 그의 살은 어린아이의 살과 같이 될 것입니다. 인류의 본질적인 병은 치료될 수 있습니다. 사람들을 다루실 때, 그리스도는 그들의 존재의 깊음에서 그렇게 하십니다. 여러분이 원하기만 한다면, 그는 여러분에게 새로운 생명과 새로운 기호(嗜

好)와 새로운 지침과 새로운 성향과 새로운 충동과 새로운 지각과 새로운 소망과 새로운 재능을 주실 것입니다. 악은 소멸될 것이며, 여러분은 온전하여질 것입니다.

사랑하는 형제들이여, 바로 이것이 유일한 치료라는 사실을 기억하십시오. 앞에서 나는 불완전한 처방과 피상적인 치료약에 대해 이야기했습니다. 사람들은 다양한 방법으로 세상의 병들을 고치려고 노력합니다. 하나님은 내가 그런 노력을 좌절시키는 말을 하는 것을 금하십니다. 실제로 나는 세상의 병이 고쳐지기를 그들보다 열 배나 더 간절히 바랍니다. 그럼에도 불구하고 나는 상류의 원천을 깨끗하게 하지 않는다면, 우리가 결코 강을 깨끗하게 하지 못할 것이라고 굳게 믿습니다. 그러므로 우리에게는 근본적인 변화가 필요하며, 그것은 그리스도 안에서 새 생명의 선물로 옵니다. 그럴 때 비로소 사람은 자신의 죄의 병으로부터 구원받을 수 있습니다. 온 몸과 마음 전체가 병들었는데 피부에 바르는 로션이 도대체 무슨 소용이 있겠습니까? 사람들을 지배하는 죄의 통치로부터 건져낼 때까지, 여러분은 인류의 악을 치료하지 못할 것입니다.

이와 같이 예수 그리스도는 개인을 고침으로써 사회를 고칩니다. 사회를 고치는 다른 방법은 없습니다. 구성인자들이 썩어 있다면, 전체 공동체는 고쳐질 수 없습니다. 구성인자들을 정결하게 만드는 유일한 방법은 그들로 하여금 그들의 구속을 위해 십자가에 달리신 자를 소유하도록 만드는 것입니다. 그들이 깨끗하여지기 위해서는 그들의 마음 가운데 그리스도께서 계셔야만 합니다. 이와 같이 사회적인 선(善)은 그 사회를 구성하는 개인들이 새로워졌을 때 생기는 새로운 상태의 결과로서 올 것입니다. 그리스도와 무관하게 사회적인 악을 해결하고자 하는 모든 시도는 부적절하며 불충분합니다. 교육이나 문화 따위의 외적인 수단으로 세상의 악을 바로잡을 수 있다고 생각하는 사람들은 헛된 꿈에서 속히 깨어날 필요가 있습니다. 여러분은 사람들을 교육시킵니다. 그것은 좋은 일입니다. 그러나 그것의 한 가지 결과는 서점들이 각종 쓰레기로 가득 차는 것입니다. 여러분은 사람들의 경제적인 사정을 개선시킵니다. 그것은 좋은 일입니다. 그러나 그것의 한 가지 결과는 더 많은 사람들이 술집으로 향하는 것입니다. 여러분은 국가에 정치적인 권력을 부여합니다. 그것은 좋은 일입니다. 그러나 그것의 한 가지 결과는 어리석은 통치자에게 입에 발린 말을 하는 것입니다. 선한 것이라 하더라도, 그리스도와 단절될 때 그것은 악과 동류(同類)가 됩니다. 사람들의 꿈과 소망을 성취시킬 수 있는 유일한 방법은 결국 구원입니다. 그것은 먼저 개인들을 변화시키고, 마침내 사회를 변화시킵니다.

3. 마지막으로, 공통의 치유를 일으키는 공통의 수단을 주목하십시오.

두 번째 본문은 그것이 "공통의 믿음"(common faith)이라고 말합니다. "믿음"이라는 단어 역시 어린 시절 이후로 너무나 많이 들어 친숙하면서도 그 의미를 제대로 이해하지 못하는 또 하나의 단어입니다. 아마도 그 단어를 듣는 많은 사람들이 그 단어의 명확한 개념을 이해하지 못할 것입니다. 그리고 그것은 신학자들이나 설교자들에게만 속할 뿐 자신들의 삶과는 별로 상관없는 것처럼 느껴질 것입니다. 그러나 바로 여기에 지금까지 이야기한 "병으로부터의 치료"와 "위험으로부터의 안전"이 사람의 마음 안으로 들어올 수 있는 유일한 길이 있습니다. 여러분은 어린 시절부터 사람이 믿음으로 말미암아 구원받는 것을 믿을 것을 교육받았을 것입니다. 그렇지만 여러분 가운데 많은 사람들은 믿음 외에 다른 방법으로 구원받을 수 있을 것이라고 — 하나님이 그 방법을 사용하시고자 선택하신다면 — 생각할 것입니다. 그러나 그것은 명백한 오류입니다. 구원이 하나님의 선물인 것이 사실이라면, 우리에게 필요한 유일한 것이 그의 뻗은 손이라는 것은 너무나 명백합니다. 예수 그리스도의 십자가 죽음이 온 세상에 구원을 가져다 준 것이 사실이라면, 그렇다면 그의 모든 사역이 완성되었으므로 거기에다가 우리의 공로를 더할 필요가 없습니다. 그러므로 우리가 해야만 하는 일은 단지 그것을 그대로 받아들이는 것뿐이라는 것은 너무나 명백합니다. 예수 그리스도께서 사람들의 마음 안으로 들어와 거기에 새 영과 새 생명을 부어주시며 그것이 그들을 죄로부터 구원하며 그들을 죄와 사망의 법으로부터 자유케 하는 것이 사실이라면, 우리가 해야만 하는 유일한 일이 우리의 마음을 열고 "영광의 왕이시여, 들어오소서!"라고 말하는 것뿐이라는 것은 너무나 명백합니다. 구원이 선물이기 때문에, 그것이 다 이루어진 사역의 결과이기 때문에, 그것이 그리스도 자신의 생명이 나누어짐으로 말미암아 그들에게 나누어지기 때문에 — 이 모든 이유들 때문에 하나님이 사람을 구원할 수 있는 유일한 방법이 "예수 그리스도를 믿는 그들의 믿음"이라는 것은 너무나 명백합니다. 그것은 전횡적이며 임의적인 것이 아닙니다. "공통의 구원"을 소유하는 유일한 방법은 "공통의 믿음"입니다.

그러므로 우리 모두는 동일한 조건 위에 서 있습니다. 다양한 측면에서 우리는 서로 다를 수 있습니다. 우리는 천재일 수도 있고 바보일 수도 있으며, 학자일 수도 있고 일자무식일 수도 있으며, 백만장자일 수도 있고 생활보호대상자일 수도 있으며, 문명인일 수도 있고 미개인일 수도 있습니다. 그러나 그 모든 차이에도 불구하고, 우리 모두는 동일한 조건 위에 서 있습니다. 하늘로 가는 지름길은 없습니다. 우리는 모두 좁은 문으로 들어가야만 합니다. 화려한 말을 타고 오는 사람들을 위해 준비된 특별한 문은 없습니다. 어떤 사람들은 자신이 그와 같은 동일한 조건으로 낮추어지는 것을 좋아하지 않습니다. 그들은 자신이 톰과 딕과 해리와 같은 전혀 특별하지 않은 보통사람들과 함께 구원받는 것을 좋아하지 않으며, 그리하여 다른 길로 돌이킵니다.

많은 사람들은 "공통의 구원"을 마치 그것이 대중 전제에게 던져지는 모호하며 무차별적인 선물을 의미하는 것처럼 믿습니다. 예컨대 우리는 "기독교 국가"니 "국가적인 기독교"니 하는 등의 말을 듣습니다. 모든 개개인이 그리스도인인 나라 외에 어떤 기독교 국가도 없습니다. 마찬가지로 공동체를 구성하는 모든 구성단위들이 동일하게 믿는 믿음 외에 어떤 "공통의 믿음"도 없습니다.

그러므로 사랑하는 형제여, 당신 자신의 개인적인 믿음의 행동이 없다면, 당신은 결코 "공통의 구원"을 소유하지 못할 것입니다. 식탁이 차려졌습니다. 그러나 당신은 당신 자신의 손으로 떡을 집어야만 하며, 그것을 당신 자신의 이빨로 씹어야만 하며, 그것을 당신 자신의 몸 안에서 소화시켜야만 합니다. 그렇지 않으면 그것은 결코 당신을 위한 떡이 아닙니다. 구원은 마치 거대한 대초원과 같은 "공통의" 구원입니다. 그러나 각각의 정착자들은 그 위에 자신의 말뚝을 박고 울타리를 침으로써 그것을 자기 소유로 삼아야만 합니다. 그렇게 하지 않으면 그는 거기에 아무런 분깃도 갖지 못합니다. 이와 같이 "공통의 구원"은 개인들 각자의 "공통의 믿음"으로 말미암아 개인적인 구원이 되어야만 합니다. "주여, **내가** 믿나이다!"라고 부르짖으십시오. 그러면 여러분은 "주는 **나의** 힘이시라 그는 또한 **나의** 구원이 되셨도다"라고 말할 수 있는 정당한 권리를 갖게 될 것입니다.

2
하나님의 사랑 안에서
자신을 지킴

"²⁰사랑하는 자들아 너희는 너희의 지극히 거룩한 믿음 위에 자신을 세우며 성령으로 기도하며 ²¹하나님의 사랑 안에서 자신을 지키며 영생에 이르도록 우리 주 예수 그리스도의 긍휼을 기다리라"

유 20, 21

유다는 앞에서 교회 안으로 "가만히 들어와" 거기에 온갖 불경건한 것들을 뿌린 "몇몇 사람들"에 대해 맹렬한 분개와 정죄의 말을 쏟아냈습니다(4절). 그는 그들을 신앙적인 이단자들이라기보다 실천적인 행악자들로 말합니다. 그와 같이 맹렬한 분개와 정죄의 말을 쏟아낸 후, 그는 그들로부터 돌이켜 일종의 안도의 한숨과 함께 사랑하는 자들을 바라봅니다. "그러나 사랑하는 자들아 너희는"(17절, 한글개역개정판에는 "그러나"가 생략되어 있음). 폭풍이 지나가고 은혜의 비가 내립니다. 그는 신실한 형제들에게 만연한 타락 앞에서 어떻게 스스로를 지키며 올바로 행동할 것인지 그리고 어디에 그들의 안전과 평안이 있는지 이야기합니다.

여러분은 본문 중간에 "하나님의 사랑 안에서 자신을 지키라"는 중심적인 명령이 "세우며"와 "기도하며"며 "바라보며"의 세 개의 분사절에 의해 둘러싸여 있는 것을 주목할 것입니다. "자신을 **세우며** 성령으로 **기도하며** … 긍휼을 **바라보라**"(한글개역개정판에는 "긍휼을 기다리라"로 되어 있음). 마치 한가운데 큰 다이아몬드가 있고 그 둘레에 세 개의 상대적으로 저급한 보석들이 박혀 있는 반지처럼 말입니다. 어째서 유다는 두 개의 분사절은 그의 중심적인 명령의 앞에 배치하고, 나머지 하나는 뒤에 배치했을까요? 나는 아마도 그것은 앞의 둘은 중심적인 명령이 지켜질 수 있는 방법을 가리키는 것인 반면, 뒤의 하나는 그러한 명령에 순종하는 것의 결과를 가리키는 것이기 때문일 것이라고 추측합니다. 이것이 본문의 구조에 대한 올바른 설명이라면, 나는 그에 근거해서 우리가 본문의 의미를 가장 잘 이해할 수 있게 될 것이라고 생각합니다.

1. 첫째로, 우리는 기독교적 삶을 위한 중심적인 명령과 함께 시작해야만 합니다.

"하나님의 사랑 안에서 자신을 지키며," 여기의 "하나님의 사랑"은 두말할 필요도 없이 그에 대한 우리의 사랑이 아니라 우리에 대한 그의 사랑을 의미합니다. 그것은 우리가 이를테면 어떤 마법의 원(圓)에 스스로를 지켜야 한다는 것입니다. 이러한 명령은 즉시로 그리스도인들이 하나님의 사랑 밖에 있을 가능성과 관련한 문제를 제기합니다. 다시 말해서 그리스도인들이 자신들의 집으로부터 떠나 밖에서 방황할 수 있느냐 하는 것입니다. 물론 하나님의 긍휼이 그의 피조물 전체를 덮고 있는 것은 분명한 사실입니다. 하늘이 지구와 모든 별들을 그 광활한 품으로 안고 있는 것처럼, 하나님의 사랑은 모든 피조물을 두르고 있습니다. 그러므로 어떤 사람도 가장 깊은 의미에서 그 사랑의 울타리를 넘어갈 수 없습니다. 왜냐하면 어떤 사람도 하나님으로 하여금 자신을 사랑하는 것을 그치도록 만들 수 없기 때문입니다. 그러나 그것이 확실한 사실임에도 불구하고 또 다른 측면에서 강퍅한 의지(意志)와 계속적인 행악(行惡)이 하나님의 사랑에 대한 사람의 관계를 바꿀 수 있다는 것 역시 똑같이 사실입니다. 그런 사람은 그 사랑의 최고의 표현들을 결코 받을 수 없습니다. 그리고 그 사랑의 빛으로 유익이 아니라 도리어 해(害)를 받을 수 있을 뿐입니다. 태양은 많은 생명체들에게 생명을 주지만, 어떤 것들은 죽입니다. 돌 밑에서 사는 벌레들을 생각해 보십시오. 돌을 치우고, 그것들이 햇빛에 그대로 노출되도록 해 보십시오. 그러면 그것들은 꿈틀거리다가 곧 죽을 것입니다. 어떤 사람에게 있어 이와 같이 스스로를 하늘의 빛과 적대적인 관계에 놓는 것은 가능합니다. 그럴 때 하늘의 빛은 그에게 축복이 되기는 고사하고 도리어 해(害)가 될 것입니다.

이와 같이 어떤 그리스도인이, 그 빛을 전혀 의식(意識)하지 못하게 된다는 의미에서, 마법의 원(圓) 밖으로 나가는 것은 충분히 가능합니다. 그에게 있어 그 사랑을 지각하지 못하는 것과 그 사랑이 존재하지 않는 것은 같은 것입니다. 내가 나의 거처를 산의 북쪽 면에 짓기로 선택한다면, 나는 한낮에도 계속해서 추위 가운데 떨 것입니다. 이와 같이 우리 그리스도인들이 은혜의 처소로부터 떠나 밖에서 방황하는 것은 충분히 가능한 일입니다. 그리스도인들은 빛의 처소로부터 떠나 그늘진 곳으로 갈 수 있습니다. 이와 같이 아무도 의의 태양으로부터 숨을 수 없다 하더라도, 우리는 그것으로부터 아무런 빛과 열도 끌어내지 못할 수 있습니다. 우리는 "하나님의 사랑 안에서 자신을 지켜야만" 합니다.

나아가 "하나님의 사랑에서 자신을 지키라"는 본문의 중심적인 명령은 또 다른 가능성을 제시합니다. 그것은 일상의 모든 잡다한 일들과 무거운 짐과 슬픔들 가운데 우리가 하나님의 사랑을 의식적(意識的)으로 향유하면서 영구적으로 스스로를 지키는 것이 가능하다는 사실입니다. 일상의 경험 속에서 우리는 기독교인의 삶의 이러한 이상(理想)에 무한히 다가갈 수 있습니다. 물론 이러한 이상과 우리 가운데 대부분의 사람들이 살아가는 실제적인 삶 사이에 큰 차이가 있는 것은 분명한 사실입니다. 그러나 형제들이여, 우리가 일상의 모든 복잡다단한 삶 가운데 하나님의 사랑을 계속 의식할 수 있음을 좀 더 충분하게 믿는다면, 틀림없이 우리의 삶은 달라질 것입니다. 나이팅게일은 먼지가 잔뜩 묻은 길가의 가로수 위에 앉아 노래를 부릅니다. 거기에 잡다한 소음이 가득함에도 불구하고 말입니다. 우리 역시도 우리의 모든 삶 가운데 그와 같이 계속 노래할 수 있습니다. 일상의 모든 삶 가운데 항상 그와 같은 무의식적인 노래를 간직할 수 있습니다. 그것은 마치 우거진 수풀 아래 감추어진 작은 시냇물과 같습니다. 그것은 우거진 수풀 아래에서 계속 노래를 부르며 졸졸 흘러내려갑니다.

우리가 요한처럼 주님의 품에 기댈 수 있다면, 우리의 삶은 얼마나 평온과 안식으로 가득할 것입니까! 우리는 은밀한 요새를 가질 수 있습니다. 그리고 그 요새 중앙에 있는 처소로 들어갈 수 있습니다. 거기에서는 성 밖에서 싸우는 요란한 고함 소리가 전혀 들리지 않습니다. 또 우리는 산들로 둘러싸인 섬에 거하는 어떤 사람들처럼 중앙의 골짜기에 은신처를 가질 수 있습니다. 바닷가의 요란한 폭풍 소리도 거기까지 전달되지 못하며, 해안가에 부딪혀 휘날리는 물보라도 거기까지 도달하지 못합니다. "하나님의 사랑에서 자신을 지키는" 것은 충분히 가능한 일입니다. 우리가 그 요새에 머문다면, 우리는 안전합니다. 그러나 그 요새 밖으로 나간다면, 필경 우리는 적들의 화살에 맞을 것입니다. 이와 같이 "하나님의 사랑 안에서 자신을 지키라"는 것은 기독교인의 삶을 위한 중심 명령입니다.

2. 둘째로, 하나님의 사랑에서 자신을 지키는 방법에 대해 생각해 보도록 합시다.

거기에는 두 가지 방법이 있습니다. 하나는 주로 외적인 삶과 관련되며, 다른 하나는 내적인 삶과 관련됩니다. 첫 번째 방법은 "거룩한 믿음 위에 자신을 세우는" 것이며, 두 번째 방법은 "성령으로 기도하는" 것입니다. "너희는 너희의 지극히 거룩한 믿음 위에 자신을 세우며 성령으로 기도하며"(20절). 이러한 두 가지를 좀 더 자세히 살펴보도록 합시다.

"너희의 지극히 거룩한 믿음 위에 자신을 세우며." 나는 여기의 "믿음"이 통상적인 의미로 사용되었다고 생각합니다. 반면 어떤 사람들은 그것을 후대의 교회적인 의미 즉 믿음의 행동이 아니라 신앙의 항목들을 의미하는 것으로 취하기를 더 좋아합니다. 그러나 나는 그런 의미로 취할 필요가 전혀 없다고 생각합니다. 그냥 그것의 통상적인 의미로 취하는 것으로 충분하다고 생각합니다. 요컨대 유다가 말하는 것은 이것입니다. "예수 그리

스도를 믿는 너희의 믿음에 거룩함을 산출하는 능력이 내재해 있도다. 너
희는 그 기초 위에 위대한 성품을 세워야만 하느니라. 너희의 지극히 거룩
한 믿음 위에 자신을 세우라." 세상의 도덕과는 구별되는 기독교의 도덕원
리가 바로 여기에 있습니다. 즉 그 모든 것은 예수 그리스도 안에서 우리
에게 나타나신 하나님을 믿는 믿음 위에 세워져야만 한다는 것입니다. 성
품의 모든 탁월함과 고결함과 아름다움의 기초는 믿음입니다. 왜냐하면
믿음은 첫째로 자신을 보좌로부터 내려오게 하고 그곳에 하나님을 앉으시
게 하기 때문입니다. 믿음은 하나님을 우리의 목적과 우리의 율법과 최고
의 선(善)으로 만듭니다. 그리고 둘째로 우리의 믿음은 우리를 하나님과의
직접적인 연합으로 연결하기 때문입니다. 그러한 연합으로부터 우리에게
우리의 성품을 세우는 능력이 공급됩니다.

　이와 같이 믿음은 기초입니다. 아, 그러나 믿음은 단지 기초일 뿐입니
다. 그것은 실제적인 부요가 아니라 잠재적인 부요입니다. "믿는 자에게는
능히 하지 못할 일이 없느니라"(막 9:23). 이와 같이 믿는 자에게 모든 일
이 가능합니다. 그러나 모든 일은 조건적인 것일 뿐 실제적인 것은 아닙니
다. 사람은 믿음을 단지 지옥으로부터 벗어나는 수단인 일종의 비상구나
어떤 종류의 영적 축복들을 붙잡기 위해 뻗은 손처럼 여길 수 있습니다.
그러나 그러한 개념들은 믿음의 충분한 자랑도 아니고, 그것의 실제 측면
도 아닙니다. 그것은 우리에서 "모든 사랑스러운 것과 모든 칭찬할 만한
것"이 시작되는 것을 의미합니다. 여러분은 집을 짓는답시고 기초 위에다
가 건축 재료들을 그냥 쌓아놓은 채 그대로 내버려둔 사람을 어떻게 생각
합니까? 바로 이것이 너무나 많은 그리스도인들이 행하는 방식입니다. 그
들은 소위 "앞에 있는 소망"을 위해 피난처로 달려갑니다. 그러면서 고결
한 삶을 위해 자신들의 믿음을 실행하지 않습니다. 바울은 "사랑으로 역사
(work)하는 믿음"이라고 말합니다. 그와 같이 믿음은 사랑으로 말미암아
실제로 일합니다(work). 이와 같이 믿음은 기초입니다. 그러나 그것은 단
지 기초일 뿐입니다.

　믿음의 견고한 기초 위에 고결한 성품을 세우는 일은 단기간에 끝나는

일이 아닙니다. 그것은 반죽 전체가 누룩으로 부풀 때까지 평생에 걸친 작업입니다. 여기에서 "자신을 세우며"라는 표현을 다시 한번 주목해 보십시오. "세우는" 개념은 노력을 암시합니다. 그리고 그것은 천천히, 점진적으로, 그리고 계속 이루어 나가는 것을 암시합니다. 수고와 노력으로 벽돌을 계속 쌓으며 집을 세워나가는 것입니다. 우리 가운데 어떤 사람들은 오랜 세월 아무 일도 하지 않습니다. 길을 가다보면 때로 짓다가 중단된 채 내버려진 건물들을 보게 됩니다. 아마도 건축자가 파산해서 그렇게 되었을 것입니다. 거기에서 여러분은 쌓다 만 벽돌들, 벽 중간의 창문이 들어설 빈자리, 허물어져 가는 지붕, 지하실에 고인 채 썩어 있는 물 등을 볼 것입니다. 스스로를 그리스도인이라고 부르는 사람들 가운데 많은 사람들이 세운 것이 바로 이와 같습니다. "그러나 사랑하는 자들아 너희는 너희의 지극히 거룩한 믿음 위에 자신을 세우며 … 하나님의 사랑 안에서 자신을 지키며."

계속해서 "하나님 안에서 자신을 지키는" 또 하나의 방법을 주목해 보십시오. "성령으로 기도하며." 이것은 단순히 우리가 바라는 것들을 늘어놓는 기도가 아니라, 우리의 혼돈 위를 배회하는 성령에 감화된 기도입니다. 그러한 기도는 혼돈 속에 질서를 가져다주며, 어둠 속에 빛과 아름다움을 가져다 줍니다.

> "주께서 나의 기도에 성령을 부으신다면,
> 그것은 정말로 달콤한 기도가 될 것이나이다."

미켈란젤로(Michael Angelo)가 말한 것처럼, 성령에 감화되고 뜨거워진 기도는 마치 꺼져가는 벽난로 안에 불어넣은 공기처럼 자신을 세우는 데 아주 큰 도움이 됩니다. 어떤 사람이 스스로를 "하나님의 거하실 처소"로 온전하게 세우기를 원한다면, 그는 그것이 오직 "성령을 통해" 이루어져야만 한다는 사실을 깨달을 필요가 있습니다. 그럴 때 비로소 그는 자신의 약점을 극복하고 유혹에 대항하여 스스로를 무장하게 될 것입니다. 자신의 성품을 개조(改造)하고자 정직하게 노력하는 사람은 곧바로 자기 자신보다 더 높은 도움이 필요함을 절실히 느끼게 될 것입니다. 여러분 가운데 유혹에 짓눌림을 당하는 순간 도움을 간청하는 한 마디 간절한 기도로 새 힘을 얻고 그로 말미암아 원수의 공격을 이긴 경험을 한 사람들이 분명 있을 것입니다.

형제들이여, 이와 같이 자신을 세우는 최고의 자세는 무릎을 꿇는 것입니다. 우리가 크롬웰의 병사들처럼

"하나님을 깨우라.
그러면 그의 모든 원수들이 흩어지리라"

라고 노래하면서 전쟁터에 나간다면, 반드시 우리는 승리를 거둘 것입니다. "사랑하는 자들아 너희는 너희의 지극히 거룩한 믿음 위에 자신을 세우며 성령으로 기도하며 하나님의 사랑 안에서 자신을 지키며."

3. 마지막으로, 세 번째 분사절은 우리에게 우리의 집으로부터 보이는 아름다운 전망을 보여 줍니다.

"영생에 이르도록 우리 주 예수 그리스도의 긍휼을 바라보라"(한글개역개정판에는 "기다리라"로 되어 있음). 자신을 세우며 성령으로 기도하는 것과 함께, 우리에게는 긍휼이 필요합니다. 유다는 앞에서 심판장이신 그리스도께서 오실 때 악을 행하는 자들이 멸망을 당할 것에 대해 이야기했습니다. 나는 이러한 마지막 심판의 개념이 여전히 그의 마음 가운데 있었으며 그것이 본문의 언어에 영향을 끼쳤다고 추측합니다. 그렇게 추측할 때, 그가 여기에서 성경의 통상적인 어법대로 "하나님의 긍휼"이라고 말하지 않고 "우리 주 예수 그리스도의 긍휼"이라고 말한 이유가 설명됩니다. 그는 예수 그리스도께서 죄인들뿐만 아니라 성도들까지 포함하여 모든 사람의 심판장이 되시는 마지막 심판과 보응의 날에 대해 생각하고 있었습니다. 그렇기 때문에 그는 여기에서 그리스도에 의해 "하나님의 사랑 안에

서 자신을 지키는" 자들에게 주어지는 긍휼에 대해 이야기하고 있는 것입니다. 아, 우리에게 정말로 필요한 것은 바로 이것입니다! 선하면 선할수록, 우리는 우리가 세운 집 가운데 나무와 풀과 짚이 얼마나 많은지 더 잘 알게 됩니다. 그리고 우리를 두르고 있는 하나님의 사랑을 더 깊이 의식(意識)할수록, 우리는 그 사랑에 대한 우리의 보답이 얼마나 불완전하며 하찮은지 더 깊이 느끼게 됩니다. 죽음에 직면했을 때, 우리 가운데 가장 선한 사람이 우리의 모든 선이 얼마나 불완전하며 흠으로 가득 차 있는지 가장 잘 깨달을 것입니다. 죽음에 직면했을 때, 우리 가운데 가장 지혜로운 사람이 모든 수고를 마친 후 "하나님이여 죄인인 나에게 긍휼을 베푸소서"라고 부르짖을 수밖에 없음을 가장 잘 깨달을 것입니다.

그러한 긍휼을 매일 같이 바라보며 사모하는 것은 우리가 "하나님의 사랑 안에서 자신을 지키는" 것에 달려 있습니다. 광활한 평지를 멀리까지 바라보고자 한다면, 우리는 산 위로 높이 올라가야만 합니다. 낮은 곳에서 길을 잃고 방황할 때, 우리는 광활한 평지를 바라보는 시각을 잃어버립니다. "영생에 이르도록 하나님의 긍휼을 바라보는" 우리의 소망은 그의 사랑에 대한 우리의 현재적인 의식(意識)과 기대와 함께 다양하게 변합니다.

그러한 긍휼은 "영생에 이르기까지" 펼쳐집니다. 우리는 이 땅에서 그러한 긍휼의 다양한 표현들과 그것이 주는 많은 선물들을 받습니다. 그러나 그것은 단지 부스러기에 불과합니다.

우리는 하나님의 긍휼이 모든 충만과 완전한 축복으로 펼쳐질 것을 바라보아야만 합니다. 그리고 그것은 "영생"이라는 하나의 위대한 단어로 요약될 수 있습니다.

그러므로 우리의 소망은 그러한 긍휼이 영생에 이르도록 계속되는 것처럼 그렇게 계속되어야만 합니다. 이 땅에서 우리에게 주어지는 모든 선물들은 부분적이며 불완전합니다. 이 땅에서 우리는 길가에 흐르는 시냇물을 마십니다. 그러나 하늘에서는 그것이 흘러나온 원천인 꼭대기의 샘으로부터 마실 것입니다. 이 땅에서 우리는 하루 쓸 돈을 받습니다. 그러나 하늘에서는 온갖 보화로 가득 찬 곳간을 마음껏 사용하게 될 것입니다. 거기에는 금은보화가 가득합니다. 그것은 하나님이 자기를 경외하는 자들을 위해 준비해 놓으신 것입니다. 그러므로 형제들이여, 그러한 긍휼이 완전하게 나타날 때를 온전히 소망합시다. 그리고 아름다운 삶과 복된 성품을 세워나가는 일에 계속 매진합시다. 비록 천천히 세워나간다 하더라도 말입니다. 그런 삶과 성품은 마치 반석 위에 세워진 집처럼 거센 폭풍 앞에서도 무너지지 않을 것입니다. 또 우리의 연약함을 도우시는 성령께서 들어오시도록 우리의 영을 엽시다. 그리고 하나님의 사랑의 마법의 원 안에서 스스로를 지킵시다. 그럴 때 우리는 난공불락의 요새에 주둔한 군대처럼 안전하며, 엄마 품에 안긴 아기처럼 행복할 것입니다.

여기의 유다의 말 속에서 우리 주님의 말씀이 메아리치는 것을 발견합니다. "아버지께서 나를 사랑하신 것 같이 나도 너희를 사랑하였으니 나의 사랑 안에 거하라 내가 아버지의 계명을 지켜 그의 사랑에 거하는 것 같이 너희도 내 계명을 지키면 내 사랑 안에 거하리라"(요 15:9, 10).

3
거침이 없게 하심

"능히 너희를 보호하사 거침이 없게 하시고 너희로 그 영광 앞에 흠이 없이 기쁨으로 서게 하실 이 곧 우리 구주 홀로 하나이신 하나님께 우리 주 예수 그리스도로 말미암아 영광과 위엄과 권력과 권세가 영원 전부터 이제와 영원토록 있을지어다 아멘"

유 24, 25

유다는 앞에서 교회 안으로 "가만히 들어온" 사람들의 불경건한 행실에 대해 맹렬한 책망과 정죄와 말을 쏟아냈습니다. 그리고 난 연후에 그는 그들로부터 돌이켜 기독교 공동체에 "지극히 거룩한 믿음 위에 스스로를 세우며 성령으로 기도함으로" 말미암아 "하나님의 사랑 안에서 자신을 지킬" 것을 훈계합니다. 그러나 유다가 말해야만 하는 것은 그것이 전부가 아닙니다. 주위에 혹시 유혹하는 악들과 위험들이 있지 않은지 둘러보는 것은 지혜로운 일입니다. 또 유혹에 굴복할 수 있는 자신의 내적 연약함을 바라보는 것 역시 지혜로운 일입니다. 그러나 주위의 위험과 자신의 내적 연약함을 바라보는 모든 사람은 그와 함께 강한 원수들의 공격 앞에서 연약한 자들을 "능히 보호하사 거침이 없게 하시는" 자도 바라보아야만 합니다.

앞 설교에서 다룬 "하나님의 사랑 안에서 자신을 지키라"는 훈계는 우리 자신의 노력을 크게 강조합니다. 그리고 여기에 그것을 보충하는 말씀이 있습니다. "능히 너희를 보호하사 거침이 없게 하시는 이." 이와 같이 책망과 훈계와 경고 등의 모든 것은 평온하게 하나님을 바라보는 것과 그가 우리를 위해 행하실 수 있는 것을 즐겁게 인식하는 것으로 끝납니다. 우리는 힘써 노력해야 합니다. 그러면서 동시에 우리는 "우리 안에서 자기의 기쁘신 뜻을 위하여 행하시는 이는 하나님"이라는 사실을 한 순간도 잊어서는 안 됩니다(빌 2:13).

1. 첫째로, 우리의 연약함을 위한 완전한 버팀목을 주목하십시오.

"우리 구주 홀로 지혜로우신 하나님께"(To the only wise God our Saviour, 한글개역개정판에는 "홀로 하나이신 하나님께"라고 되어 있음). 여기의 "지혜로운"(wise)이라는 단어는 아마도 어떤 사본 필사자가 로마서의 영광송을 연상하면서 끼어 놓은 것으로 보입니다. 그러나 그러는 가운데 그는 그만 본문의 위대한 개념을 약간 놓쳐버리고 말았습니다. 여기의 말씀은 "우리 구주 홀로 하나이신 하나님께"라고 읽어야 합니다. 유다가 지금 생각하고 있는 것을 우리는 다음과 같이 추측할 수 있습니다. 그는 그리스도인들의 믿음과 의를 위협하는 모든 악들과 불경건한 행실들을 한 무더기로 모으고 있었습니다. 그리고 나서 그는 그러한 것들로부터 돌이켜 완전히 충족하시며 충분하신 자를 바라봅니다. "홀로 하나이신 하나님"은 우리를 위협하는 악들의 무더기와 모든 곳에서 우리를 공격하는 유혹들과 원수들로부터 피하는 피난처입니다.

여기에서 우리는 기독교 신앙의 복된 독특성을 발견합니다. 기독교 신앙은 선(善)을 위한 우리의 전망을 단순화하며, 모든 것을 한 인격을 소유하는 것으로 초점을 맞춥니다. 그를 소유할 때 우리는 더 이상 사랑을 찾기 위해 방황할 필요도 없으며, 진리를 찾기 위해 헤맬 필요도 없으며, 위대한 교훈을 찾기 위해 길을 떠날 필요도 없습니다. 왜냐하면 그 안에 모든 것이 다 들어 있기 때문입니다. 우리는 또 다른 진주를 찾을 필요가 없습니다. 기독교가 주는 선물은 찢어진 마음과 비틀어진 삶으로 고통하는 인생을 부요하게 만들며 복되게 만드는 모든 것입니다. 그리고 그 모든 선물은 "**홀로 하나이신** 하나님"이라는 무한히 값진 진주에 담겨 있습니다.

터키의 이슬람교 사원에 가 보십시오. 거기에서 여러분은 사원의 지붕을 수많은 가냘픈 기둥들이 떠받쳐지고 있는 것을 보게 될 것입니다. 반면 기독교 대성당에 가보십시오. 거기에서 여러분은 대성당의 지붕을 중앙에 있는 하나의 강한 기둥이 떠받치고 있는 것을 보게 될 것입니다. 나는 어느 것이 더 멋지고 훌륭한 솜씨인지 압니다. "하나"에서 모든 것을 발견할 수 있음에도 불구하고, 도대체 어째서 우리가 "많은" 것들을 쫓아가야 한단 말입니까? 생각은 진리에서 통일성을 발견하며, 마음은 사랑에서 하나 됨을 발견합니다. 그리고 사람은 한 인격에서 자신의 모든 보화를 가질 때까지 안식하지 못합니다.

여러분은 어떤 아이의 묘비명을 기억합니까? 그 아이의 묘비에는 다음과 같은 글이 새겨져 있습니다. "아이의 부모는 자신들의 모든 보화를 하나의 그릇에 담았도다. 이제 그 그릇이 깨져 버리고 말았도다." 오직 하나의 피난처를 의지(依支)하는 것은 미친 짓입니다. 그 피난처가 "홀로 하나이신 하나님"이 아니라면 말입니다. 우리가 변화산 위에 있었던 제자들처럼 지혜롭다면, 우리는 눈을 들어 오직 예수 외에는 아무도 없는 것을 보게 될 것입니다. 그는 우리의 유일한 버팀목과 피난처와 보화와 친구가 될 수 있습니다. 왜냐하면 그는 충족하시며 영원히 살아 계시기 때문입니다.

내가 여기에서 지적하고 싶은 또 하나의 독특한 것이 있습니다. 그것은 특이하게도 아버지이신 하나님에게 "구주"라는 호칭을 돌리는 것입니다 —"우리 **구주** 홀로 하나이신 하나님께." 설령 이것이 다소 특이한 어법이라 하더라도, 그것의 의미는 신약의 전체적인 가르침과 완전하게 조화됩니다. 복음적이며 정통적인 신자들 가운데 많은 사람들이 마치 예수 그리스도의 사역이 아버지의 뜻을 바꾼 것처럼 이야기하는 것은 명백한 오류입니다. 또 그들이 하나님이 사람들을 사랑하시는 것은 그리스도께서 그들을 위해 죽으셨기 때문이라고 생각하는 것 역시 똑같이 오류입니다. 사실은 그와 정반대입니다. 하나님이 사람들을 사랑하셨기 때문에 그리스도께서 그들을 위해 죽으셨습니다. 또 구원의 근원은 아버지의 무한하며 영원한 사랑입니다. 예수 그리스도의 사역은 그것을 사람들에게 전달하는 통로일 뿐입니다. 예수 그리스도가 하나님의 사랑하시며 기뻐하시는 아들인 것은 그가 아버지의 뜻을 행하기 때문입니다. 그가 행하는 모든 일은 아버지의 뜻에 대한 순종에서 행해집니다. 비유를 사용하여 말한다면, 하나님의 사랑은 산중에 있는 거대한 호수이며 그리스도의 사역은 그 호수로부터 흘러내려오는 강입니다. 강은 호수의 물을 세상에 전달하여 세상이 생명을 얻게 합니다. 물론 구주 예수 그리스도께 우리의 모든 감사와 찬송을 돌리는 것은 지극히 합당한 일입니다. 동시에 우리는 본문이 그것보다 한 단계 더 깊이 들어가 그러한 감사와 찬송을 "우리 구주 홀로 하나이신 하나님"에게 돌리는 것을 잊어서는 안 됩니다.

2. 둘째로, 미끄러운 세상 가운데 넘어지지 않고 견고하게 설 수 있는 가능성을 주목하십시오.

"능히 너희를 보호하사 넘어짐으로부터 지켜 주시고"(한글개역개정판에는 "거침이 없게 하시고"라고 되어 있음). 우리의 흠정역에서 "넘어짐으로부터"(from falling)라고 번역된 단어의 원어는 매우 강조적일 뿐만 아니라 또한 큰 약속을 전달합니다. 왜냐하면 그것은 문자적으로 "걸림이 없게 하시고"(without stumbling, 한글개역개정판에는 "거침이 없게 하시고"라고 되어 있음)를 의미하기 때문입니다. 걸리는 것은 넘어지는 것에 선행합니다. 우리는 넘어지는 것으로부터 보호될 뿐만 아니라, 또한 길가에 있는 걸림돌에 걸리는 것으로부터도 보호됩니다. 이러한 은유는 아마도 이사야 선지자가 사용한 표현으로부터 왔을 것입니다. 그는 하나님을 "이스라엘을 깊음으로 인도하시되 광야에 있는 말 같이 걸리지 않게 하신" 자라고 묘사합니다(사 63:13, 한글개역개정판에는 "넘어지지 않게 하신"이라고 되어 있음). 여러분은 여기의 상징이 나타내는 그림을 상상할 수 있습니까? 긴장한 말이 광야의 미끄러운 돌길을 위태롭게 지나갑니다. 그러자 주인이 고삐를 꽉 붙잡고, 어르는 말을 하면서, 말을 안전하게 이끕니다. 그렇게 하면서 주인은 자신의 말이 돌에 걸리지 않게 합니다. 이와 같이 하나님은 우리가 위험한 장소에 있으면서 "내 발이 미끄러지나이다"라고 부르짖을 때 우리를 꽉 붙잡아 주실 수 있습니다. 이와 같이 그의 긍휼은 우리를 굳게 붙잡아 주실 것입니다.

이것은 단지 수사학적 표현일 뿐입니까? 이것은 단지 화려한 강단의 언어일 뿐입니까? 형제들이여, 우리가 하나님이 자신의 말씀과 자신의 영으로 자기를 바라는 사람들의 마음을 굳게 붙잡아 주시고 그들의 약함을 강하게 하시며 그들의 강한 원수들을 약하게 만들며 낮은 것을 높이며 어두운 곳에 빛을 비춰 주실 수 있음을 믿지 않는다면, 우리는 결코 복음에 담겨 있는 선(善)과 복(福)의 전체적인 보화를 깨닫는 자리에 이르지 못할 것입니다. 오늘날의 세대는 신약계시의 전체적인 구조 속에서 성령의 역사(役事)가 차지하는 위치를 너무나 많이 잊어버렸습니다. 그것은 우리가 그것을 예수 그리스도의 역사(役事) 즉 속죄의 희생제사에 비해 상대적으로 너무나 적게 믿기 때문입니다. 우리 가운데 많은 사람들이 하나님의 영이 우리 마음속으로 들어와 우리의 영을 소생시킨다는 개념을 매우 낯설게 느낍니다. 아, 우리는 우리의 고삐를 붙잡는 그의 손을 더 충분하게 느낄 필요가 있습니다. 우리는 "넘어짐"으로부터 뿐만 아니라 "걸림"으로부터도 보호하시는 그의 강한 손을 더 강렬하게 느낄 필요가 있습니다. 그리고 우리가 성령이 우리 영 안으로 들어와 우리 마음을 붙잡는 것을 믿고 기대한다면, 그러한 믿음과 기대는 헛되지 않을 것입니다.

여러분에게 간절히 당부합니다. "능히 너희를 보호하사 걸림이 없게 하시고"라는 말씀에 담겨 있는 의미를 믿으십시오. 그리고 실제로 그것을 경험할 수 있음을 믿으십시오. 우리가 우리 영 안에서 운행하며 우리의 소욕(所欲)을 빚으며 우리의 생각을 고결하게 하며 우리의 의지(意志)를 강하게 하는 신의 영을 소유한다면, 우리에게 걸림돌이었던 것들 다시 말해서 우리의 옛 자아에게 호소하며 우리를 악으로 유혹했던 것들이 더 이상 그렇게 하기를 그칠 것입니다. 보다 더 높은 소욕이 보다 더 낮은 소욕을 내쫓을 것입니다. 우리에게 우리를 붙잡는 하나님의 손이 있다면, 걸림돌은 더 이상 걸림돌이 되지 않을 것입니다. 도리어 그것은 한 단계 더 높이 올라가도록 만드는 디딤돌이 될 것입니다. 왜냐하면 유혹을 이길 때, 우리는 그로 인해 더 강해지기 때문입니다.

여기에서 "**능히** 너희를 보호하사"란 표현을 주목해 보십시오. 능히! 그러므로 우리는 미끄러운 장소에서도 넘어지지 않고 굳게 설 수 있습니다. 이렇게 굳게 설 수 있는 가능성이 여러분에게 실제가 될 것입니까? 그것을 위해 여러분에게 필요한 것은 무엇입니까? 여러분에게 버팀목은, 여러분이 그것에 기대지 않는다면, 아무 쓸모없습니다. 여러분은 수백 마력의 힘을 내는 강력한 엔진을 가질 수 있습니다. 그러나 그러한 엔진으로부터 만들어진 힘이 굴대와 벨트에 의해 전달되지 않는다면, 기계는 조금도 움직이지 않을 것입니다. 하나님은 능히 우리를 지키사 걸림이 없게 하실 수 있습니다. 여러분이 그를 믿는다면, 그러한 가능성은 실제가 될 것이며 여러분은 넘어짐으로부터 지켜질 것입니다. 그러나 여러분이 그를 믿지 않는다면, 모든 가능성은 단지 엔진 내부에만 있을 것이며 기계는 전혀 움직이지 않을 것입니다. 이와 같이 넘어지지 않도록 모든 것이 충분하게 준비되어 있음에도 불구하고 그리스도인들이 걸리며 넘어지는 것은 다름 아닌 그들 자신의 믿음의 결핍 때문입니다.

오늘의 본문이 "지극히 거룩한 믿음 위에 자신을 세우며 … 하나님의 사랑 안에서 자신을 지키라"고 명령하는 앞 설교의 본문에 뒤이어 나오는 것을 기억하십시오(20, 21절). 여기에서 우리는 기독교적 도덕의 독특성과 기독교적 노력의 중요성을 발견하게 됩니다. 우리가 기울여야만 하는 노력은 단순한 노력이 아닙니다. 그것은 우리를 지키시는 하나님의 손을 의지하는 믿음과 동반하는 그리고 그것으로부터 나오는 노력입니다. 믿음 없이 노력하는 것과 믿기 때문에 노력하는 것 사이에는 하늘과 땅의 차이가 있습니다. 한편으로 우리는 여러분에게 여러분을 붙잡고 계시는 하나님의 손을 믿으라고 훈계해야 합니다. 그러면서 다른 한편으로 우리는 여러분에게 "악한 날에 능히 대적하기 위해 하나님의 전신 갑주를 취하라"는 말씀에 순종할 것을 촉구해야만 합니다(엡 6:13).

3. 마지막으로, 우리에게 이루어질 미래의 최종적인 온전함을 주목하십시오.

"능히 너희를 … 그 영광 앞에 흠이 없이 기쁨으로 서게 하실 이." 여기에서 "흠이 없이"라고 번역된 단어는 매우 아름다운 의미를 가지고 있습니다. 그것은 본래 희생제물은 흠이 없어야만 한다는 요구에 적용되었습니다. 또 그것은 우리 주님 자신에게 그의 완전한 무죄성을 표현하기 위해 적용되었습니다. 그리고 그것은 여기에서 걸림으로부터 보호된 자들의 미래 상태에 적용됩니다. 이와 같이 "흠이 없이"가 여기에서 하나님의 보호 아래 있는 그리스도인들의 미래 상태에 적용되는 사실은 마침내 그들이 희생제물로 드리는 어린 양처럼 하나님 앞에 흠 없이 드려지고, 그들이 "흠 없고 점 없는" 하나님의 어린 양의 형상으로 온전하게 변화될 것을 암시합니다. 절대적이며 완전한 도덕적 온전함, 그의 영광 앞에 섬, 그의 영광의 찬란한 빛을 바라봄 — 이 모든 것은 육체에 의해 가려진 눈이 바라보기에는 너무나 눈부십니다. 그러나 하늘에서 정결하게 된 영혼들은 충분히 그것을 바라볼 수 있습니다. "마음이 청결한 자는 복이 있나니 그들이 하나님을 볼 것임이요"라는 팔복의 위대한 약속처럼 말입니다(마 5:8). 또 "**기쁨으로** 서게 하실 이"라는 표현을 주목해 보십시오. 이것은 두말할 것도 없이 그것을 주는 자의 기쁨이 아니라, 그것을 받는 자들의 기쁨을 가리킵니다. 이와 같이 지금까지 이야기한 세 가지가 바로 우리와 같은 보잘것없는 피조물들에게 열려진 가능성들입니다. 모든 더러운 것들은 우리의 성품으로부터 완전히 도말되어 사라질 것입니다. 그리고 그와 같이 온전하게 되는 것은 이 땅에서 걸림으로부터 계속 보호받는 것의 자연적인 결과입니다.

여러분은 때로 화방(畫房)에서 얼굴의 절반 정도는 깨끗하게 마무리되었지만 나머지 절반은 아직 마무리되지 못한 채 지저분하게 남아 있는 초상화를 본 적이 있을 것입니다. 이 땅에서의 기독교적 성품이 이와 같습니다. 그러나 하늘에서 완전하게 회복되고 마무리될 것입니다. 그러므로 하늘의 위대한 화가(畫家)의 이상(理想)이 실현될 것입니다. 이와 같이 구속받은 영혼은 거룩함 가운데 온전하여질 것입니다.

하나님은 능히 우리를 이와 같이 만드실 수 있습니다. 그러면 가능성을 실제로 만들기 위해 필요한 것은 무엇입니까? 형제들이여, 우리가 마침내 하나님의 보좌 앞에 흠 없이 온전하게 서고자 한다면, 우리는 그가 여기에서 우리를 걸림으로부터 보호하도록 허락함으로 시작해야만 합니다. 오직 그럴 때 비로소 우리는 그러한 결과를 기대할 수 있습니다.

마지막으로 하나님께서 행하시는 이 모든 일들로부터 말미암는 거룩한 찬미에 대해 생각해보도록 합시다. "우리 구주 홀로 하나이신 하나님께 우리 주 예수 그리스도로 말미암아 영광과 위엄과 권력과 권세가 영원 전부터 이제와 영원토록 있을지어다 아멘"(25절). 그러나 우리에게는 이에 대해 자세히 살펴볼 만한 충분한 시간이 없습니다. 다만 나는 본문이 하나님에게 돌리는 모든 것을 여러분에게 간단히 일깨워 주고자 합니다. 여기에서 "영광과 위엄과 권력과 권세"가 하나님에게 돌려지는 것은 그가 우리 구주시며 우리를 걸림으로부터 보호할 수 있으시며 우리가 "자기 영광 앞에 흠이 없이 서게 하실" 자이기 때문입니다. 다시 말해서 그가 구속 역사(役事) 가운데 스스로를 나타내시는 것이 바로 그의 최고의 자기계시입니다. 사람에게 자신이 해와 달과 별보다 더 크다고 느끼는 것은 결코 망상이 아닙니다. 또 자신의 마음의 좁은 방에 우주의 광대무변한 공간보다 더 큰 공간이 있다고 느끼는 것 역시 망상이 아닙니다. 또 우주에서 유일한 악이 죄라고 말하는 것도 결코 틀린 말이 아닙니다. 그러므로 우리가 우리와 같은 연약한 피조물들을 걸림으로부터 보호할 수 있을 뿐만 아니라 우리를 하나님의 보좌 앞에 흠 없고 점 없이 서게 할 수 있는 신의 능력의 기적에 대해 말할 때, 우리는 결코 틀린 말을 하는 것이 아닙니다.

그러므로 우리의 최고의 찬미와 가장 깊은 감사는 그러한 가능성이 우리 안에서 실제가 될 때 일어날 것이며 또 일어나야 합니다. 왜냐하면 우리의 경험은 "여호와여 나의 발이 미끄러진다고 말할 때에 주의 인자하심이 나를 붙드셨사오며"라고 노래한 시편 기자의 경험과 같은 것이기 때문입니다(시 94:18). 믿음의 위로를 취합시다. "주께서 그를 서게 하심으로 그가 넘어지지 아니할 것이라." 계속해서 다른 사도가 주는 또 다른 위로를 취합시다. "너희는 ··· 구원을 얻기 위하여 믿음으로 말미암아 하나님의 능력으로 보호하심을 받았느니라"(벧전 1:5, **by** the power of God, **through** faith, **unto** salvation).

요한계시록

1
증인, 부활하심, 면류관을 쓰심

"충성된 증인으로 죽은 자들 가운데에서 먼저 나시고 땅의 임금들의 머리가 되신
예수 그리스도로 말미암아 은혜와 평강이 너희에게 있기를 원하노라"

계 1:5

말년에 이른 사도 요한은 그의 주님에 대해 매우 장엄하면서도 높은
관점을 갖기에 이릅니다. 주님과 가까이 있었던 예전의 날들은 그의 기억
으로부터 사라지지 않았습니다. 도리어 그는 지금 그 모든 것을 예전보다
더 잘 깨닫게 되었습니다. 세월과 경험 그리고 하나님의 영의 깨닫게 하심
은 그에게 주님이 "내가 떠나가는 것이 너희에게 유익이라"고 말씀하셨을
때 의미한 것을 가르쳐 주었습니다(요 16:7). 왜냐하면 그가 떠난 후 요한
은 그를 예전보다 훨씬 더 분명하게 보게 되었기 때문입니다. 요한은 지금
매우 높은 속성들로 옷 입은 그를 봅니다. 그는 지금 하나님의 보좌의 광
채에 둘러싸여 있는 그를 봅니다. 본문은 우리 주님의 성격의 세 가지 측
면을 제시하는 순서뿐만 아니라 그것이 형제들의 축복을 구하는 사도의
기원 역시 주목할 만합니다. 이와 같이 본문이 사도의 기원 가운데 나타나
는 사실은 우리가 다음과 같이 반문하게 만듭니다 — 이러한 말씀을 기록
한 사람이 예수 그리스도에 대해 신성(神性) 이하(以下)의 존재로서 생각
했다고 보는 견해는 도대체 어떻게 가능할 수 있단 말인가? 소아시아의
그리스도인들에게 요한이 신성한 아버지와 추상적인 개념과 단순한 한 사

람으로부터 "은혜와 평강"이 있기를 기원했단 말입니까? 이것은 얼마나 이상한 삼위일체입니까? 요컨대 "이제도 계시고 전에도 계셨고 장차 오실 이와 그의 보좌 앞에 있는 일곱 영과 예수 그리스도로 말미암아 은혜와 평강이 너희에게 있기를 원하노라"라고 말한 사람은 그 한 하나님의 이름이 아버지와 아들과 성령임을 믿었습니다.

그러나 오늘 우리가 관심을 기울이고자 하는 것은 이것이 아닙니다. 오늘 우리가 살피고자 하는 것은 본문의 세 표현이 서로 어떻게 관련되는지, 그리고 사람들의 마음에 은혜와 평강을 주는 우리 주님의 능력에 대해 그것들이 각각 어떻게 관련되는지 하는 것입니다. 나는 본문의 표현들을 있는 그대로 단순하게 취하면서, 여러분에게 다음과 같은 세 가지 질문을 깊이 숙고할 것을 요청합니다. 첫째는 어떻게 은혜와 평강이 "충성된 증인으로부터" 우리에게 오느냐 하는 것입니다. 둘째는 어떻게 그것이 "죽은 자들 가운데서 먼저 나신 자로부터" 우리에게 오느냐 하는 것입니다. 그리고 마지막은 어떻게 그것이 "땅의 임금들의 머리로부터" 우리에게 오느냐 하는 것입니다.

1. 첫째로, "충성된 증인"으로부터 우리에게 은혜와 평강이 임하는 것을 주목하십시오.

성경의 언어에 익숙한 사람들은 사도 요한의 저작물 즉 그의 복음서와 서신들과 계시록의 한 가지 특징이 "증인"(witness)이라는 표현을 자주 그리고 두드러지게 사용하는 것이라는 사실을 알 것입니다. "증인"이라는 단어는 그의 저작물 전체를 통해 나타납니다. 그 단어는 그의 저작물 전체를 연결하는 여러 연결고리들 가운데 하나이며, 그것들이 모두 한 사람의 저작물임을 입증하는 매우 강력한 증거들 가운데 하나로서 받아들여집니다.

그러면 요한은 어디에서 그러한 단어를 얻었습니까? 그 자신의 기록에 따를 때, 그것은 주님 자신의 입술로부터였습니다. 왜냐하면 그는 주님이 "우리는 아는 것을 말하고 본 것을 증언(witness)하노라"라는 말씀과 함께 모든 사역을 시작하고(요 3:11), "내가 왕이니라 내가 이를 위하여 태어났으며 이를 위하여 세상에 왔나니 곧 진리에 대하여 증언하려 함이로라"라는 장엄한 말씀과 함께 모든 사역을 끝마친 것으로 기록하고 있기 때문입니다(요 18:37).

그러면 예수 그리스도는 무엇을 증언하는 증인이었습니까? 다시 말해서 그의 증언의 내용은 무엇이었습니까? 그것은 주로 하나님에 대한 증언이었습니다. "충성된 증인"(faithful witness)이라는 본문의 표현은 "세상 중에서 내게 주신 사람들에게 내가 아버지의 이름을 나타내었나이다"라는 그리스도 자신의 말씀과(요 17:6), "본래 하나님을 본 사람이 없으되 아버지 품 속에 있는 독생하신 하나님이 나타내셨느니라"라는 요한 자신의 말과(요 1:18) 본질적으로 동일한 영역을 망라합니다. 또 그것은 요한복음에서 그리스도에게 돌려지는 "하나님의 말씀"이라는 위대한 이름에 담겨 있는 개념과 동일한 개념을 내포합니다.

다시 말해서 하나님에 대한 우리의 모든 최고의 최상의 최선의 지식은 예수 그리스도의 생애와 행동과 성품으로부터 옵니다. 그의 계시는 단순한 말에 의한 계시가 아닙니다. 많은 사람들이 하나님에 대해 말했습니다. 많은 사람들이 하나님에 대해 고결하며 참되며 복된 사실들을 말했습니다. 죄와 우상숭배의 어둠이 모든 사람의 마음을 덮고 있음에도 불구하고, 여전히 거기에 하나님에 대한 고결하며 정결하며 위대한 개념들이 남아 있습니다. 그러나 말과 잠언과 교훈으로 하나님에 대해 말하는 것과 삶과 행동으로 하나님을 나타내는 것은 별개입니다. 전자는 신학(神學)이고, 후자는 복음입니다. 전자는 사람의 일이고, 후자는 육체 가운데 나타나신 하나님의 배타적인 특권입니다.

그리스도를 "아멘"이시요 "충성되고 참된 증인"으로 만드는 것은 단지 그의 말이 아닙니다. 그에 더하여 그는 그의 모든 은혜와 진리와 온유함과 긍휼의 행동들로 말미암아, 죄와 슬픔과 연약함에 대한 그의 모든 동정(同情)으로 말미암아, 죄인들과 버려진 자들과 방탕한 자들을 자기에게도 이끎으로 말미암아, 그리고 그의 고독한 삶과 수치스러운 죽음으로 말미암아 증언합니다. 이 모든 것에서 그는 우리에게 인간의 완전한 성품의 달콤함뿐만 아니라 그 안에서 아버지 하나님의 더 달콤한 달콤함도 나타냅니다. 그의 증언의 핵심은 아버지의 이름 즉 하나님의 어떠하심을 나타내는 것입니다.

 "증인"이라는 단어는 우리 주님의 증언의 독특한 **태도**를 나타냅니다. 증인의 임무는 확언(確言)하는 것입니다. 그의 일은 자신의 이야기를 말하는 것입니다. 그것을 논증하는 것이 아니라 단순하게 진술하는 것입니다. 우리 주님의 말씀의 가장 두드러진 특징은 논증하거나 증명하려는 어떤 시도도 없이 그대로 진술하며 선포하는 것입니다. 그는 자신의 진실함에 근거하여 그대로 선포합니다. 어떤 사람이 그가 말하는 방식대로 말한다면, 사람들은 그 사람을 제 정신이 아닌 사람으로 취급할 것입니다. 그리스도는 다음과 같은 방식으로 말합니다. "진실로 진실로 내가 너희에게 이르노니 나의 말을 취하라. 너희는 나에게 증거를 요구하도다. 내가 바로 증거니라. 내가 말하였노라. 그것으로 충분하도다." 사람들은 이와 같은 방식으로 말하지 않습니다. 그러나 그 "충성된 증인"은 그렇게 말씀하십니다. 사람들은 그의 말을 듣고 그 앞에 엎드려 "옳소이다. 당신의 입술로부터 은혜가 흘러나오나이다!"라고 말합니다. 그는 자신이 말하는 것의 근거로서 자신의 성품과 진실함을 제시하는 "충성된 증인"입니다. 그 자신의 장엄한 "진실로! 진실로!"보다 그의 증언을 더 강력하게 뒷받침하는 표현은 아무것도 없습니다.

 "증인"이라는 단어는 또한 그의 증언의 **근거**를 나타냅니다. 충성된(faithful) 증인은 눈으로 목격한 증인입니다. 그리스도께서 하나님에 대해 증언할 때 주장한 것이 바로 이것입니다. "진실로 진실로 네게 이르노니 우리는 아는 것을 말하고 본 것을 증언하노라"(요 3:11). "나는 내 아버지에게서 본 것을 말하고"(요 8:38). 위대한 인물들의 모든 지혜로운 말은 대부분의 경우 오랜 시간의 사색(思索)과 숙고의 결과로서 옵니다. 그러나 우리는 우리 주님의 증언에서 전혀 그런 모습을 발견할 수 없습니다. 우리는 그에게서 그가 어떤 진리에 도달하는 과정을 보지 못합니다. 우리는 그에게서 그가 어떤 관점이나 견해를 형성하는 과정을 보지 못합니다. 그의 어조는 오랜 시간의 사색을 통해 어떤 진리에 도달할 사람의 어조가 아닙니다. 그는 단순히 그의 눈에 명백하며 분명한 사실을 그대로 말할 뿐입니다. 그의 어조를 보십시오. "하늘에서 내려온 자 곧 인자 외에는 하늘에 올라간 자가 없느니라"(요 3:13).

태초 이래로 사람들은 하나님 혹은 신(神)에 대해 갖가지 방식으로 생각하고 말해 왔습니다. 그에 대한 은혜로우며 위대한 말과 생각이 있었는가 하면, 악의적이며 신성모독적인 말과 생각도 있었습니다. 사람들은 은혜로운 신들과 사랑이 많은 신들과 분노한 신들과 까다로운 성격을 가진 신들과 변덕스러운 신들을 숭배했습니다. 그러나 예수 그리스도께서 말씀하신 하나님과 같은 신을 우리는 다른 어디에서도 발견하지 못합니다. 그는 절대적인 사랑의 하나님입니다. 그는 세상 즉 여러분과 나를 너무나 사랑하사 독생자를 주신 하나님입니다. 누구든지 그를 믿는 자마다 멸망치 않고 영생을 얻게 하기 위해서 말입니다(요 3:16).

그 충성된 증인과 그의 확실한 증언으로부터 우리 모두에게 은혜와 평강이 전달되지 않습니까? 분명 세상이 필요로 하는 한 가지는 실제로 나에게 관심을 가지고 계시며 내가 온전히 의지(依支)할 수 있는 하나님 그리고 나를 나의 모든 죄와 허물로부터 끌어내 정결하고 거룩하게 만드시는 하나님이 하늘에 계신가 하는 질문에 대해 답을 얻는 것입니다. 분명 이것이 모든 사람의 가장 심오하며 심층적인 필요입니다. 대부분의 사람들이 그것을 인식하지 못한다 하더라도 말입니다. 우리가 우리 주 예수 그리스도의 메시지를 신뢰하지 않는다면, 우리는 결코 그러한 아버지를 확신할 수 없을 것입니다.

특별히 오늘날은 더 더욱 그러한 증언을 필요로 합니다. 오늘날 유럽의 문명화된 사상계를 관통하여 흐르는 물결이 있습니다. 그것은 하나님을 믿는 모든 믿음과 예수 그리스도를 붙잡는 것을 그다지 중요하게 여기지 않는 경향입니다. 내가 이 세대의 표적과 오늘날의 사상적 경향을 분별할 수 있다면, 그것은 둘 중 하나입니다. 하나는 절대적인 침묵 곧 우리 위에 펼쳐진 파랗고 청명하며 차가우며 멀리 떨어져 있으며 **아무 말도 하지 않**

는 하늘이며, 다른 하나는 실제로 말씀하시는 그리스도입니다. 결국 예수 그리스도이거나 아무도 아니거나 둘 중 하나입니다. 예수 그리스도로부터 스스로를 느슨하게 만드는 유신론(有神論)은 이 시대의 불가지론과 유물론(唯物論) 앞에서 결국 허물어지고 말 것입니다. 유일한 피난처는 옛 진리를 굳게 붙잡는 것입니다. "본래 하나님을 본 사람이 없으되 아버지 품속에 있는 독생하신 하나님이 나타내셨느니라"(요 1:18).

아, 아버지를 잊어버린 고아들이여! 아버지를 떠나 방탕하며 반역한 자들이여! 아버지 외에 자신을 돌봐줄 다른 존재를 찾는 자들이여! 아버지를 부인하는 이 시대의 수많은 변론들로 인해 갈팡질팡하는 자들이여! 우리에게 확실한 음성으로 말하는 하나의 목소리로 돌아오십시오. 예수 그리스도는 우리 모두에게 "나를 본 자는 아버지를 보았느니라"라고 말씀하십니다(요 14:9). 또한 그는 "내 말을 듣고 하나님을 알라. 유일하신 참 하나님과 나를 아는 것이 곧 영생이니라"라고 말씀하십니다(요 17:3). 사랑하는 자들이여, 그의 증언을 들으십시오! 그의 증언이 없다면, 여러분은 두려움과 의심과 오류로부터 벗어나지 못할 것입니다. 여러분의 마음속에 그의 증언이 있을 때, 여러분에게 안식이 있을 것입니다. 이와 같이 충성된 증인으로부터 은혜와 평강이 임합니다.

2. 둘째로, 죽음을 이긴 자로부터 우리에게 은혜와 평강이 임하는 것을 주목하십시오.

"죽은 자들 가운데에서 먼저 나시고"(first begotten from the dead)라는 번역은 원어의 개념을 정확하게 전달하지 못합니다. 그것을 "죽은 자들 가운데에서 처음 **태어나시고**"(the first born from the dead)로 번역하는 것이 좀 더 정확한 번역이 될 것입니다. 여기에서 요한은 부활을 이를테면 더 높은 생명의 질서로 태어나는 것으로서 바라봅니다. 여기에서 "죽은 자들 가운데에서 처음 태어나신 자"라는 표현을 우리 주님에게 적용시키는 것이 과연 정확한 것인가 하는 의문이 제기될 수 있습니다. 왜냐하면 그의 부활 이전에도 죽은 자 가운데서 다시 살아난 사람들이 있었기 때문입니다. 설령 그들이 다시 죽었다 하더라도 말입니다. 나사로와 같은 사람들에게 두 번째로 죽음의 문을 통과하는 것은 얼마나 이상한 느낌이었겠습니까? 그러나 그들 모두는 결국 흙으로 돌아갔습니다. 그리고 지금까지 누워 "양자 될 것 곧 몸의 부활을 기다리고" 있습니다(롬 8:23). 그러나 이 사람(this Man)은 죽은 자 가운데에서 일어나 다시 죽지 않았습니다. 죽음은 더 이상 그를 주관하지 못합니다. 이와 같이 다시 살아나신 증인으로부터 우리에게 은혜와 평강이 임하는 것은 얼마나 당연하며 마땅한 일이겠습니까! 이에 대해 몇 마디 덧붙이고자 합니다.

첫째로, 예수 그리스도의 부활이 어떻게 그의 증언을 확증하는지 생각해 보십시오. 그의 부활에서 아버지는 그가 주장한 모든 것이 참되다는 사실과 그의 사역을 기뻐하신 사실을 증언합니다. 그는 "죽은 자들 가운데서 부활하심으로 하나님의 아들로 선포"되셨습니다(롬 1:4). 모든 기독교 세계가 믿는 바와는 달리 우리 주님이 죽은 자 가운데 다시 살아나지 않으셨다면, 그가 스스로를 하나님의 아들과 인자(人子)로서 주장한 것은 결코 유지되지 못할 것입니다. 그가 우리 모두와 똑같이 단순한 한 사람 외에 아무것도 아니라면, 그의 성품과 사역에 신의 본성과 마음과 목적과 의지(意志)와 관련한 특별계시는 결코 존재하지 않을 것입니다. 그의 성품과 사역은 여전히 아름다울 수 있습니다. 그의 성품과 사역은 여전히, 어떤 선한 사람의 행위가 그것이 흘러나오는 선(善)의 근원을 나타내는 것과 똑같은 의미에서, 하나님을 나타낼 수 있습니다. 이와 같이 우리가 그의 부활을 믿지 않는다면, 아버지에 대한 예수 그리스도의 증언으로부터 우리에게로 흘러오는 모든 진리와 평강과 은혜와 소망은 중화(中和)되며 소멸됩니다. 그의 말은 여전히 은혜로울 수 있으며, 일정 부분 참될 수 있습니다. 그러나 다시 살아날 것이라는 그 자신의 반복적인 확언에도 불구하고 그가 실제로 부활하지 않았다면, 그의 모든 말은 결국 심각한 오류가 될 것입니다. 이와 같이 단순히 그의 생애 자체는 실제적인 의미에서 세상에 하나님의 성품을 나타내는 것이 될 수 없습니다.

그러므로 기독교 전체 혹은 하나님을 증언하는 것으로서의 그리스도의 사역 전체가 그의 부활의 사실 여부에 따라 서기도 하고 무너지기도 한다고 말하는 것은 결코 과장이 아닙니다. 여러분이 모퉁이돌을 뽑아낸다면, 건물은 허물어질 것입니다. 허물어진 건물의 벽 위에 아름다운 부조(浮彫)라든지 장식 따위는 여전히 남아 있을 수 있습니다. 그러나 그것은 더 이상 사람이 살 수 있는 건물이 아닙니다. 부활을 쳐서 부수십시오. 그러면 여러분은 예수의 증언을 치명적으로 무너뜨리게 될 것입니다. 여러분은 기독교로부터 초자연적인 요소를 빼버리고 자연적인 요소만 붙잡을 수 없습니다. 둘은 마치 씨줄과 날줄로 엮어 짠 하나의 직물(織物)처럼 불가분리적으로 연결되어 있습니다. 그러므로 여러분이 어느 하나를 빼버리고자 한다면, 불가불 다른 하나도 찢어지고 피 흘려 결국 죽게 될 것입니다. 그리스도가 다시 살아나지 않았다면, 우리는 전파할 것이 아무것도 없게 될 것이며 여러분은 믿을 것이 아무것도 없게 될 것입니다. 우리의 전파하는 것과 여러분의 믿는 것이 똑같이 헛될 것이며, 여러분은 여전히 죄 가운데 있을 것입니다. 이와 같이 "죽은 자 가운데에서 처음 태어나신 자"를 믿는 믿음으로부터 은혜와 평강이 임합니다.

은혜와 평강은 또 다른 길을 통해서도 우리에게 임합니다. 부활을 믿는 믿음은 우리에게 죽은 주님이 아니라, 우리가 의지(依支)할 수 있는 살아 계신 주님을 제시합니다. 죽은 주님의 사역을 우리는 감사함으로 회고할 수 있습니다. 그러나 그것이 전부입니다. 우리에게 정말로 필요한 것은 지금 우리를 위해 일하시고 그와의 참된 교제로 말미암아 매일 같이 힘과 도움이 공급되는 살아 계신 주님입니다. 죽음의 싸늘한 냉기(冷氣)는 그가 세상에 계셨을 때 그의 마음으로부터 쏟아져 나왔던 사랑의 증기(蒸氣)를 얼게 만들지 못했습니다. 그러한 사랑의 증기는 여전히 우리 각자를 위해, 우리 모두를 위해, 세상 전체를 위해 쏟아져 나오고 있습니다.

나의 형제들이여, 우리는 우리 곁에 서 계시면서 우리를 동정하시며 도우시며 사랑하시는 살아 계신 그리스도 없이는 아무것도 할 수 없습니다. 우리가 더불어 대화하며 교제하는 그리스도 없이는 아무것도 할 수 없습니다. 그러한 복된 교제와 그것을 통해 능력과 의(義)가 전달되는 것은 오직 그의 죽음이 그와 우리 사이의 교제의 끝이 아닐 때에만 가능합니다. 그것은 오직 그의 죽음과 사역이 한 단계로부터 다른 단계로 바뀌는 것일 때에만 가능합니다. 우리는 자신의 죽음을 통해 증언한 "충성된 증인"인 그리스도를 바라보아야만 합니다. 동시에 우리는 다시 살아나셔서 하나님 우편에 앉으신 그를 바라보아야만 합니다. 단순히 주님의 과거의 증언을 묵상하는 것으로부터 뿐만 아니라 죽은 자 가운데서 부활하사 영원히 살아 계시는 그리스도의 열린 손으로부터도 은혜와 평강이 우리에게 임합니다.

은혜와 평강은 "죽은 자 가운데서 처음 태어나신 자"로부터 우리에게 임합니다. 그것은 그와 그의 부활 생명에서 우리가 그가 이긴 원수에 대하여 승리를 거둘 수 있도록 무장되기 때문입니다. 그가 "처음 태어나신 자"(first born) 혹은 "장자"라면, 그에게는 많은 형제들이 있을 것입니다. "처음"(first)은 "둘째"(second)를 함축합니다. 그는 죽은 자 가운데에서 다시 살아나셨습니다. 그러므로 죽음은 의식적(意識的)인 삶이 파괴되는 것이 아닙니다. 그는 죽은 자 가운데에서 다시 살아나셨습니다. 그러므로 다른 사람들도 그럴 수 있습니다. 삼손처럼 그는 자신의 강한 어깨에 "문짝과 문설주와 문빗장"을 짊어지고 감옥으로부터 나왔습니다(삿 16:3). 그리고 그것을 산꼭대기로 가지고 갔습니다. 그리하여 감옥문은 활짝 열린 채 남아 있으며, 아무리 약한 자라도 열린 문을 통해 감옥으로부터 나올 수 있습니다. 그리스도께서 다시 살아나셨습니다. 그러므로 우리가 그를 믿는다면, 우리는 마지막 원수를 이긴 것입니다. 확실한 죽음을 생각할 때, 우리 모두는 육체의 자연적인 움츠림으로 두려워 떱니다. 외로움과 슬픔 가운데 있을 때, 우리 모두는 고통으로 눈물을 흘리며 마음이 미어집니다. 그러나 임종의 침상에 누울 때, 은혜와 평강이 우리에게 마치 그가 물에서 나올 때 그의 머리 위에 임했던 비둘기처럼 "충성된 증인"일 뿐만 아니라 "죽은 자 가운데에서 처음 태어나신 자"인 그의 손으로부터 임할 것입니다.

3. 마지막으로, 만왕의 왕으로부터 우리에게 은혜와 평강이 임하는 것을 주목하십시오.

여기에 나타나는 그리스도와 관련한 일련의 측면들은 시간 순서로 배열되어 있습니다. 첫 번째 측면 뒤에 두 번째 측면이 따르며, 그 뒤에 세 번째 측면이 따릅니다. 물론 그가 하늘의 보좌에 앉으셨다고 해서 그의 "충성된 증인"의 사역이 끝난 것은 아닙니다. 그 자신의 말씀을 들어 보십시오. "내가 아버지의 이름을 그들에게 선포하였고 또 선포하리니"(요 17:26, 한글개역개정판에는 "알게 하였고 또 알게 하리니"라고 되어 있음). 이러한 말씀은 그의 증언이 영구적이라는 사실을 우리에게 보여 줍니다. 그의 증언은 하나님 우편에 앉으신 이후에도 계속됩니다.

또 그가 "땅의 임금들의 통치자"(Prince of the kings of the earth, 한글개역개정판에는 "땅의 임금들의 머리"로 되어 있음)인 것은 그가 "충성된 증인"이기 때문입니다. 다시 말해서 그의 통치는 진리의 통치이며, 그의 주권은 사람들의 의지(意志)와 영(靈)을 주관하는 주권입니다. 그는 무력으로 통치합니까? 아닙니다. 그는 외적인 수단으로 통치합니까? 아닙니다. 그는 두려움으로 통치합니까? 아닙니다. 그가 빌라도에게 하신 말씀을 들어 보십시오. "내가 온 것은 진리에 대하여 증언하려 함이로라"(요 18:37). 그러므로 그는 단지 유대인들만이 아니라 세상 전체의 왕입니다. 마음과 양심과 의지(意志)와 영을 다스리는 나라가 바로 그리스도께서 세우신 나라이며, 그의 통치는 그의 증언 위에 기초합니다.

그가 "땅의 임금들의 통치자"인 것은 단지 그가 자신의 죽음에 대해 증언함으로 말미암아 진리에 대해 순교자가 되었기 때문만이 아닙니다. 다시 말해서 그의 통치는 단지 진리 위에 세워지는 것만이 아닙니다. 그의 나라는 또한 사랑과 희생 위에 세워집니다. 그러므로 그의 나라는 온유하며 복된 나라입니다. 그가 우주 전체를 통치하는 면류관을 쓴 것은 그가 먼저 가시 면류관을 썼기 때문입니다. 그의 첫 번째 왕의 칭호는 그의 십자가 위에 씌었습니다. 이와 같이 십자가로부터 그의 왕권이 영원히 흘러나옵니다. 그가 왕인 것은 그가 먼저 희생제물이었기 때문입니다.

또 그가 "땅의 임금들의 통치자"인 것은 그가 증언을 하고 죽임을 당한 후 다시 살아나셨기 때문입니다. 그의 부활은 이를테면 땅에서의 그의 비하(卑下)와 하늘에서의 그의 승귀(昇貴)의 중간 단계입니다. 부활로 말미암아 그는 하나님 우편에 앉으셨습니다. 이와 같이 그는 진리와 사랑과 희생과 죽음과 부활로 말미암은 왕과 통치자입니다.

그는 왕으로서 어떤 일을 하십니까? 그는 우리에게 은혜와 평강을 보내십니다. 그 마음 가운데 자신을 사랑하며 자신을 위해 죽은 맏형이 자기 인생의 모든 복잡다단한 일들과 혼란스러운 섭리들과 세상의 온갖 슬픔들과 자기 본성의 부패한 것들을 주관하고 계신다는 생각으로 가득 찬 어떤 사람을 상상해 보십시오. 그의 마음 가운데 평강이 없겠습니까? 그의 구주가 왕이시며 십자가에 못 박힌 손에 왕의 홀이 쥐어 있으며 그를 위해 죽은 자가 우주를 통치하심을 생각할 때, 그것은 그의 마음으로부터 두려움을 쫓아내며, 괴로움을 누그러뜨리며, 엉킨 것들을 풀며, 소란한 것들을 고요하게 하기에 충분하지 않습니까? 또 그것은 겁쟁이를 용감한 자로 만들며, 연약한 자를 강하게 만들며, 어리석은 자를 지혜롭게 만들며, 불평하는 자를 감사하는 자로 만들기에 충분하지 않습니까?

사랑하는 형제들이여, 온전하며 겸비한 마음으로 이런 주님을 자신의 구주로 인식하는 것 외에 다른 어디에도 참된 평강은 없습니다. 순종과 공경으로 그에게 면류관을 씌우십시오. 계속적인 사모함으로 그에게 면류관을 씌우십시오. 사랑으로 그에게 면류관을 씌우십시오. 그러면 여러분은 그로부터 여러분에게 은혜와 평강이 임하는 것을 발견하게 될 것입니다.

이것이 밧모섬의 유배자가 그의 주님에 대해 보았던 환상이었습니다. 잠깐 하늘이 열리고 그 앞에 보좌에 앉으신 주님이 나타났습니다. 그러나 그의 내적인 눈에 잠깐 보였던 사실은 영원한 사실이었습니다. 예수 그리스도는 그때와 마찬가지로 오늘을 위한, 오늘과 마찬가지로 내일을 위한, 당시의 소아시아의 헬라인들을 위한, 오늘날의 영국인들을 위한, 과거와 현재와 미래와 영원한 세상을 위한 유일한 증인입니다. 그의 음성은 두려운 침묵을 깨고 우리에게 아버지에 대해 말합니다. 그는 사망을 이긴 유일한 승리자이며, 그의 왕권에 순종하는 것이 곧 생명인 영원한 왕입니다. 우리 모두는 그를 필요로 합니다. 여러분의 마음속에는 오직 그의 은혜만이 채울 수 있는 요구들이 있습니다. 여러분의 삶 속에는 오직 그의 평강만이 잠잠하게 할 수 있는 불화들이 있습니다. 죄와 슬픔, 변화와 시련, 분리와 죽음 — 이 모든 것은 모든 사람이 경험하는 사실들입니다. 그것들은 마치 우리를 대적하여 진(陣)을 친 군대처럼 줄지어 서 있습니다. 여러분이 여러분을 위해 죽으셨다가 다시 살아나서서 영원히 살아 계시는 자로부터 은신처와 힘을 찾을 것이라면, 여러분은 그것들 모두를 이길 수 있습니다. 그를 믿으십시오. 믿음으로 십자가의 과거의 사실을 붙잡으십시오. 십자가의 공로는 결코 소진(消盡)되지 않습니다. 또 믿음으로 보좌의 현재의 사실을 붙잡으십시오. 그곳으로부터 그가 은혜로 가득 찬 손을 펼치고 계시지 않습니까? 또 그의 입술로부터 여전히 예전의 그 따뜻한 음성이 흘러나오고 있지 않습니까? "평안을 너희에게 끼치노니 곧 나의 평안을 너희에게 주노라"(요 14:27).

2
현재의 사랑하심과 과거의 해방하심

"우리를 사랑하사 그의 피로 우리 죄에서 우리를 해방하시고"

계 1:5

개정역(Revised Version)은 흠정역 본문에 대하여 사소하지만 매우 중요한 두 가지 변이(變異)를 가합니다. 그리고 그것은 매우 정당하며 타당합니다. 그것은 흠정역의 "사랑하셨고"(loved)를 "사랑하시고"(loveth)로, 그리고 "씻으셨고"(washed)를 "풀어 주셨고"(loosed)로 읽습니다(흠정역 본문은 다음과 같음: Unto him that **loved** us, and **washed** us from our sins in his own blood). 첫 번째 변이는 본문에다가 힘과 부요함을 크게 더해 줍니다. 왜냐하면 그것은 과거의 사실을 현재적이며 시간을 초월한 무시간적인 사랑으로 대체하기 때문입니다. 두 번째 변이는 첫 번째 변이에 비해 겉으로 보기에는 더 큰 것처럼 보이지만 실제로는 상대적으로 더 작은 변이입니다. 왜냐하면 그것은 의미에 있어 아무런 변화도 야기하지 않기 때문입니다. 다만 그 의미를 표현하는 상징만 바꿀 뿐입니다. 우리가 "씻으셨고"(washed)라고 읽는다면, 그것은 죄를 더러운 얼룩으로 비유하는 것이 될 것입니다. 반면 우리가 "풀어 주셨고"(loosed)라고 읽는다면, 그것은 죄를 사람들을 결박하는 "사슬"로서 비유하는 것이 될 것입니다. 문맥으로 볼 때, 개정역의 번역이 좀 더 타당한 것으로 보입니다. 왜냐하면 문맥은 멍에를 쓴 노예의 상태와 멍에로부터 벗어난 왕과 제사장들의 존귀의 상태 사이의 두드러진 대조를 제시하고 있기 때문입니다. 이와 같은 두 가지 변이와 함께 특별히 본문이 영광송의 시작 부분이라는 사실을 주목할 때, 우리는 여기에서 다음과 같은 세 가지 주제를 발견하게 됩니다. 첫째로 그리스도의 현재적인 사랑, 둘째로 그것의 결과이며 증거인 과거의 위대한 행동, 그리고 마지막으로 그러한 큰 사랑에 화답하는 찬미.

1. 첫째로, 우리는 여기에서 그리스도의 현재적인 사랑이라는 위대한 개념을 보게 됩니다.

여기의 말씀이 예수께서 특별하게 사랑하신 제자의 입술로부터 나온 것을 생각한다면, 그것은 우리에게 한층 더 아름다운 모습으로 나타납니다. 그는 이렇게 말하는 것처럼 보입니다. "나는 나의 특권을 너희 모두와 나누노라. 나는 우리 주님에게 너희보다 더 가까이 있지 않았노라. 내가 기댔던 바로 그 품에 너희 모두가 기댈 수 있노라. 내가 이것을 너희에게 쓰노니 너희 역시도 내가 예전에 그와 더불어 가졌던 것과 같은 친밀한 교제를 가질 수 있노라. 예수께서 사랑하신 제자인 내가 예수께서 사랑하시는 제자들인 너희에게 말하노라."

여기에서 요한이 반세기 전에 죽은 자에 대해 이야기하고 있었던 것을 주목하십시오. 이 글의 수신자들은 아마도 예수께서 살아 계실 때 한 번도 그를 본 적이 없는 자들이었을 것입니다. 그리고 그들 가운데 대다수의 사람들은 그가 죽으실 때 아직 태어나지도 않았을 것입니다. 그럼에도 불구하고 그들 모두에게 요한은 너무나 심오하면서도 강한 현재형으로 "그가 우리를 사랑하사"(He loveth us)라고 말합니다. 요한은 모든 세대 모든 종족의 사람들에게 그들 각자에게 실제적으로 펼쳐지는 사랑에 대해 말하고 있습니다. 그는 자기 세대의 소아시아 헬라인들에게만 말하고 있었던 것이 아니라 이 세대의 영국인들에게도 똑같이 말하고 있습니다. "그가 우리를 **사랑하사.**"

　이러한 사실은 두 가지를 암시합니다. 하나는 그리스도의 사랑의 영속성이며, 다른 하나는 그것의 무한한 범위입니다. 영속성과 관련하여, 우리는 여기에서 완전히 독특한 생애를 살고 완전히 독특한 죽음을 겪은 자의 계시를 보게 됩니다. 우리는 어떤 사람의 사랑이 그가 알지 못하는 사람들까지 모두 포함한다고 생각할 수 없습니다. 그러나 여기에 그의 지식과 이해의 선명함, 그의 사랑의 펼쳐짐, 그리고 그의 사랑의 역동적인 기운이 삶과 죽음에 있어 아무런 차이가 없는 한 사람(a Man)이 있습니다. 인간의 모든 사랑의 물결을 가로막는 싸늘한 냉기는 그리스도의 사랑의 물결에는 아무런 영향도 끼치지 못합니다. 그리스도의 현재적인 사랑은 단지 그가 죽음으로부터 끌어올려야 하는 것만을 요구하지 않습니다. 그의 현재적인 사랑은 또한 그것을 설명하기 위해 우리가 그 안에서 참된 신성(神性)을 볼 것을 요구합니다. 왜냐하면 여기의 "사랑하사"(loveth)는 신의 본성의 무시간적인 현재이기 때문입니다. 우리는 그것을 과거형이나 혹은 미래형으로 말할 수 없습니다. 그것은 오직 영원한 현재형으로만 말할 수 있을 뿐입니다. 그의 사랑이 펼쳐지는 것도 마찬가지입니다. 그의 사랑이 펼쳐지는 것 역시 신의 기운이 펼쳐지는 것과 마찬가지로 과거형이나 미래형이 아니라 오직 영원한 현재형으로만 말할 수 있습니다. 그의 사랑은 이를테면 모든 시제(時制)와 심지어 모든 문법의 경계까지도 뛰어넘습니다. 그는 사랑하셨으며, 그는 사랑하시며, 그는 사랑하실 것입니다. 이와 같은 세 가지 형식의 말은 영원한 현재형으로 결합되어야만 합니다. 왜냐하면 성육신하신 말씀의 사랑은 영원하며 무시간적이기 때문입니다.

　계속해서 그리스도의 현재적인 사랑은 그의 승귀(昇貴)의 영광에 의해 감소되지 않는다는 사실을 기억하십시오. 우리는 사복음서에 나타난 예수 그리스도의 모습과 본장의 장엄한 환상 가운데 나타난 그의 모습 사이에 크고 분명한 차이가 있음을 발견합니다. 그러나 그러한 차이는 피상적인 것에 불과하며, 그 밑바닥에는 본질적인 동일성이 있습니다. 그러한 차이는 **본질**이 달라진 것으로 말미암은 것이 아니라, **위치**가 달라진 것으로 말미암은 것입니다. 밧모섬에서 요한에게 주어진 계시를 생각해 보십시오.

그는 "성령에 감동되어" 자기 앞에 나타난 환상을 보았습니다. 우리는 거기에 나타난 모든 영광 속으로 "그가 우리를 사랑하사"라는 위대한 개념을 가져갈 수 있습니다. 금띠를 띤 가슴은 요한의 머리가 기댔던 가슴과 똑같이 사랑으로 가득합니다(13절). 일곱 별을 붙잡고 있는 손은 아이들을 축복하시며, 문둥병자를 고쳐주시며, 중풍병자를 일으키시며, 마침내 십자가 위에서 못 박히셨던 손과 똑같이 따뜻합니다(16절). "해가 힘 있게 비치는 것 같은" 얼굴은 슬픔 가운데 방황하는 자들과 세리들과 창녀들을 긍휼히 여기는 마음으로 바라보았던 얼굴과 똑같이 은혜로 가득합니다(16절). 승귀하신 그리스도는 세상에서 비천함 가운데 계셨던 그리스도와 똑같이 사랑하십니다.

우리가 무미건조한 현재의 모든 사소한 일들과 그것의 모든 단조로운 생활과 그것의 모든 일상적인 과정과 그것의 모든 따분한 시간들 속으로 빛과 능력과 축복의 근원으로서 "그가 우리를 사랑하신다!"는 위대한 개념을 가져간다면, 우리에게 무미건조하며 근심과 염려로 가득한 현재는 얼마나 달라지겠습니까! 사랑하는 형제들이여, 우리가 십자가를 바라보며 "그가 **사랑하셨다**"는 과거의 사실에 대해서는 많이 생각하는 반면 "그가 **사랑하신다**"는 현재적인 사실에 대해서는 상대적으로 적게 생각하면서 우리 마음을 어루만지는 그의 따뜻한 손을 조금밖에 느끼지 못한다면, 우리는 우리가 가질 수 있는 것을 너무나 많이 잃어버리는 셈입니다.

뿐만 아니라 우리는 여기에서 그러한 현재적이며 무시간적인 사랑이 펼쳐지는 무한한 범위를 주목할 수 있습니다 ─"그가 우리를 사랑하사." 설령 여기에서 요한이 일차적으로 소아시아의 해변 지역에 흩어져 살고 있었던 소수의 사람들에게 말하고 있었다 하더라도, 그가 그들에게 확실하게 말할 수 있었던 원리는 필연적으로 세상 끝 날까지 모든 세대 모든 인류에게로 펼쳐지며 확장됩니다 ─"그가 우리를 사랑하사."

이러한 보편성은 반드시 우리 각자가 개별적으로 적용해야만 합니다. 다시 말해서 그의 보편적인 사랑은 각 사람의 영혼 속으로 개별적으로 흘러들어가야만 합니다. 마치 각각의 영혼 안으로 그리스도의 사랑의 충만

즉 그의 사랑 전체가 흘러들어가는 것처럼 말입니다. 우리의 관심이나 동정심을 다수의 사람들에게로 확장시킬 때, 우리는 개인을 잃어버리게 됩니다. 논리학자들이 말하는 것처럼, 우리는 일반화시키는 가운데 특별한 실례(實例)들을 간과하게 됩니다. 다시 말해서 우리는 숲을 보는 가운데 개별적인 나무들을 보지 못하게 됩니다. 그러나 예수 그리스도는 각각의 나무들과, 각각의 줄기들과, 각각의 가지들과, 각각의 잎들을 봅니다. 수많은 사람들이 서로 떠밀리며 그와 부딪히는 가운데서도, 그가 두려움 가운데 자기 옷깃을 붙잡은 비쩍 말라 쭈글쭈글해진 하나의 손을 알았던 것처럼 말입니다.

이와 같이 그리스도는 모든 사람들을 단순히 막연한 박애주의로서가 아니라 각각의 사람들을 개별적으로 아는 특별한 지식과 감정으로서 사랑하십니다. 그러므로 우리 각자는 자기 자신의 무지개를 가질 수 있습니다. 우리 각자에게 태양으로부터 직접 아름다운 햇빛이 비칠 수 있으며, 그러한 햇빛은 우리 눈 위에 직접 내릴 수 있습니다. 그리고 우리 각자에게 태양의 전체적인 열기(熱氣)가 전달될 수 있습니다. 그러므로 우리 각자는 "그가 **나를** 사랑하사 **나를** 위해 자신을 주셨도다"라고 말할 수 있습니다. 당신은 그리스도에 대한 당신, 그리고 당신에 대한 그리스도의 관계를 이와 같은 방식으로 생각합니까?

2. 둘째로, 이러한 현재적인 사랑의 큰 증거와 결과를 주목하십시오.

이와 같이 예수 그리스도의 사랑은 시간을 초월한 무시간적인 사랑이며, 과거와 현재와 미래의 구별과 무관한 사랑입니다. 그렇기 때문에 요한은 그러한 현재적인 사랑의 표현으로 과거의 행동을 제시합니다. 우리가 우리 각자에게 현재적으로 주어지는 사랑을 이해하고자 한다면, 우리는 여기에서 요한이 제시하는 과거의 행동이 의미하며 함축하는 것을 이해해야만 합니다 ―"그의 피로 우리 죄에서 우리를 해방하시고."

이러한 말씀의 밑바닥에 죄는 곧 포로로 결박되는 것이라는 슬픈 은유가 있습니다. 어쩌면 여기에서 요한은 애굽의 멍에로부터의 해방을 생각하고 있었을는지 모릅니다. 우리가 "하나님을 위하여 우리를 나라와 제사장으로 삼으신"이라는 다음 구절이 출애굽 직후에 주어진 이스라엘의 민족적 대헌장을 가리키는 것을 주목한다면, 그러한 추측은 좀 더 개연성이 높아집니다. 어쨌든 여기의 "해방" 즉 족쇄를 풀어주는 것의 밑바닥에 멍에의 개념이 있습니다. 우리가 스스로에 대해 정직하다면, 우리는 우리 자신의 내적 경험으로부터 이러한 멍에의 개념을 충분히 이해할 수 있습니다. 우리 안에 죄의 멍에 즉 죄에 대해 책임을 져야 한다는 죄책의 의식(意識)이 있습니다. 우리가 행한 모든 것에 대해 이 땅에서 뿐만 아니라 장차 그리스도의 심판대 앞에서도 해명해야만 한다는 의식 말입니다. 죄책은 우리를 묶는 사슬입니다. 또 우리 안에 습관의 멍에가 있습니다. 그것이 우리의 죄의 줄로 우리를 결박합니다. 처음에 그것은 대단치 않은 것처럼 보일는지 모릅니다.

그러나 그것은 점점 더 무거워지며, 점점 더 누르는 힘이 강해집니다. 그리하여 마침내 사람을 도무지 벗어날 수 없는 강한 힘으로 사로잡습니다. 나는 사람의 삶 가운데 습관의 무시무시한 힘보다 더 강력한 것을 도무지 알지 못합니다. 형제들이여, 여러분은 스스로의 힘으로 이러한 족쇄를 결코 끊을 수 없습니다. 그것은 토굴에 갇힌 죄수가 자신의 족쇄를 핀이나 포크 따위로 끊을 수 없는 것과 마찬가지입니다. 여러분은 많은 일들을 해결할 수 있지만, 죄책의 과거의 사실은 해결할 수 없습니다. 또 여러분은 악한 습관이 여러분에게 행사하는 폭정의 현재적인 사실을 극히 부분적으로 밖에는 해결할 수 없습니다.

"그의 피로 우리 죄에서 우리를 해방하시고." 오늘 나는 여러분과 더불어 신학적인 토론을 벌이고자 하지 않습니다. 다만 나는 예수 그리스도의 죽음이 세상의 죄를 위한 속죄의 희생제사라는 성경이 확증하는 사실을 믿습니다. 나는 우리가 이것을 이론적으로 완전하게 설명할 수 없음을 받아들입니다. 그렇다고 해서 우리가 사람의 죄가 사해지고 족쇄가 끊어지기 위해 그리스도의 죽음이 필수불가결하다는 결론을 머뭇거릴 필요는 없습니다.

그러나 이것은 진리의 한쪽 측면에 불과합니다. 진리의 다른 쪽 측면이 있는데, 그것은 그 피가 예수 그리스도를 믿는 사람들을 그들의 죄의 권능과 죄책으로부터 구원한다는 것입니다. 구약과 신약의 교훈에 따를 때, 피는 곧 생명입니다. 우리가 성경에서 예수 그리스도의 피가 모든 죄를 씻는다는 말씀을 읽을 때, 그것은 그의 생명이 우리에게 전가됨으로써 우리의 본성을 정결하게 하며 또 우리를 우리 각자의 분량과 우리 자신의 행함의 조건 위에서 점진적으로 모든 악으로부터 벗어나는 것을 의미합니다. 앞에서 이야기한 죄의 멍에의 두 가지 측면 즉 죄책과 습관의 측면에서, 예수 그리스도는 "그의 피로 우리 죄에서 우리를 해방"하셨습니다.

이것이 그의 사랑의 나타남이며 그것의 큰 증표입니다. 우리가 그의 사랑을 믿지 않는다면, 어디에서 우리가 그것의 실제적인 증거를 발견할 수 있겠으며 또 무엇으로부터 우리가 그것을 실제적으로 확신할 수 있겠습니까? 어떤 사람이 "예수 그리스도께서 나를 사랑하사 나를 위해 자신을 주셨으며, 나의 본성 안에서 매일 같이 역사(役事)하사 나를 자신의 형상으로 빚어 나가십니다"라고 고백할 수 없다면, 그는 예수 그리스도의 돌보심과 관련한 실제적인 증거를 전혀 가지고 있지 않은 것이며 사실상 그에 대해 아무것도 알지 못하는 것입니다. 그러나 그리스도와 그의 과거의 행적을 바라볼 때, 우리는 여기의 요한처럼 열린 하늘을 통해 지금 영광의 보좌에 앉아 계시면서 시간을 초월한 사랑으로 각 사람들을 사랑하시는 그를 볼 수 있게 될 것입니다.

3. 마지막으로, 이러한 현재적인 사랑과 그것의 큰 증거인 해방에 화답하는 찬미를 주목하십시오.

요한은 "그에게 영광과 통치권이 세세토록 있기를 원하노라"라고 말합니다(glory and dominion, 한글개역개정판에는 "영광과 능력"이라고 되어 있음).

먼저 그에게 "영광"이 세세토록 있을 것입니다. 이러한 현재적인 사랑과 그것의 큰 증거인 해방은 하나님의 참된 영광입니다. 왜냐하면 하나님의 영광은 예컨대 전지하심, 전능하심, 영원하심 등과 같이 그를 다른 유한한 피조물들로부터 구별하는 속성들 가운데 놓여 있지 않기 때문입니다. 이 모든 것들은 정말로 위대한 것들이지만, 가장 위대한 것은 아닙니다. 하나님 안에 있는 가장 위대하며 가장 신성한 것은 그의 사랑입니다. 참된 영광은 "은혜와 진리로 충만한" 자, 사랑으로 충만한 자, 죄인들을 위해 십자가 위에서 죽으신 자로부터 비취는 영광입니다. 십자가 위에서 우리는 인성(人性)의 최후의 연약함까지 내어 주신 연약한 자를 보는, 동시에 우리는 거기에서 하나님도 봅니다. 그의 사랑으로 인해 그에게 영광이 있습니다. 그리고 그가 우리를 "해방"시킨 것이 그 영광을 나타냅니다. 그리고 그의 사랑과 해방으로부터 그에게 창조와 보존의 일로 말미암는 찬미와는 비교할 수 없는 영광이 임합니다.

다음으로 그에게 "통치권"(dominion)이 세세토록 있을 것입니다. 왜냐하면 그의 통치는 그의 희생과 사랑 위에 기초하기 때문입니다. 가시면류관으로 인해 하늘에 "많은 면류관들"이 예비되었습니다. 또 갈대 홀(笏)은 우주 전체를 다스리는 통치자의 홀의 예언이었습니다. 또 십자가는 그의 보좌의 발등상이었습니다. 이와 같이 그가 우리의 왕인 것은 그가 우리를 완전하게 사랑하사 우리를 위해 모든 것을 주셨기 때문입니다.

그러므로 형제들이여, 스스로에게 다음의 질문들을 던져 보십시오. 예수 그리스도는 나를 해방시킨 해방자인가? 나는 그 안에서 나를 나의 죄로부터 해방시키고 참으로 나를 자유롭게 한 자를 보는가? 나는 그에게 그러한 사랑에 화답하는 사랑을 돌려 드리나? 나는 그에서 나의 영원한 연인(戀人)과 친구를 발견하나? 그의 사랑은 나에게 모든 섬김을 위한 촉진제이며, 모든 유혹을 막아 주는 호신부(護身符)이며, 모든 폭풍을 막아 주는 방파제이며, 모든 어둠 가운데 빛이며, 미래의 천국에 대한 약속이며, 이 땅에서의 천국의 시작인가? 여러분에게 간절히 당부하노니, 자신의 멍에를 직시하십시오. 그리고 "우리는 남의 종이 된 적이 없거늘"이라고 말하지 마십시오(요 8:33). 여러분의 해방자를 바라보십시오. 그를 믿으십시오. 그러면 여러분은 하늘 위에와 땅 위에와 땅 아래와 바다 위에와 또 그 가운데 모든 피조물이 부르는 거대한 찬미의 합창에 동참할 수 있게 될 것입니다. "보좌에 앉으신 이와 어린 양에게 찬송과 존귀와 영광과 권능을 세세토록 돌릴지어다"(계 5:13).

3
왕과 제사장

"우리를 왕과 제사장으로 삼으신 그에게"
계 1:6

이러한 말씀 속에서 우리는 이스라엘의 최초의 국가적 헌장(憲章)이 메아리치는 것을 듣습니다. "너희가 내 말을 잘 듣고 내 언약을 지키면 … 너희는 내게 대하여 제사장 나라가 되며"(출 19:5, 6). 우리가 개정역(Revised Version)의 독법을 따른다면, 이러한 메아리는 한층 더 분명해집니다. 왜냐하면 개정역은 본문을 "우리를 나라와 제사장으로 삼으신"이라고 읽기 때문입니다(He made us to be a kingdom, to be priests, 한글개역개정판도 이와 같이 되어 있음). 위에서 인용한 이스라엘 최초의 국가적 헌장에서 이스라엘이 하나님의 나라 즉 하나님이 왕으로서 다스리는 나라로 표현되는 것은 의문의 여지 없는 사실입니다. 그러나 요한은, "그들이 제사장이 되어 그리스도와 더불어 왕 노릇 하리라"라는 비슷한 구절에 분명하게 나타나는 것처럼, 그러한 표현에다가 약간의 의미의 수정(修訂)을 가합니다(계 20:9). 그러므로 우리는 본문의 단어를 "나라"(kingdom)로 번역하기보다 "왕권"(kingship)으로 번역해야 합니다. 왜냐하면 본문이 의미하는 것은 기독교 공동체가 하나님의 통치에 복종하는 것이라기보다 기독교 공동체의 왕의 통치이기 때문입니다.

이와 같이 여기에 왕과 제사장이라는 두 개의 존귀한 직분이 있습니다.

고대 세계에서 그들은 모두 매우 존귀한 자들이었습니다. 일반적으로 그들은 서로 나누어져 있었습니다. 왜냐하면 두 직분이 한 사람에게 합쳐질 경우 자칫 독재적인 폭정이 생길 수 있었기 때문입니다. 그런데 이러한 두 직분이 가장 비천한 그리스도인 안에서 하나로 합쳐집니다. 그것도 먼 미래에 그렇게 될 것이라는 것이 아니라 지금 여기에서 그렇다는 것입니다. 왜냐하면 본문은 "삼으실"이라고 말하지 않고 "삼으신"이라고 말하기 때문입니다. 왕으로 즉위하고 제사장으로 성별(聖別)된 것은 모두 과거의 행동입니다. 그것은 모두 이전의 행동 즉 "그가 우리를 사랑하사 그의 피로 우리 죄에서 우리를 해방하신" 행동의 필연적인 귀결입니다(5절). 우리를 그와 같이 "해방"하신 그리스도의 시간을 초월한 사랑은 단지 노예들을 해방시키는 것으로 만족하지 않습니다. 그 사랑은 그들을 왕의 보좌에 앉히며 제사장으로 성별(聖別)합니다. "그가 가난한 자를 진토에서 일으키시며 빈궁한 자를 거름더미에서 올리사 귀족들과 함께 앉게 하시며 영광의 자리를 차지하게 하시는도다"(삼상 2:8). 그는 우리를 사랑하사 그의 피로 우리 죄에서 우리를 해방하시고, 우리를 하나님의 왕과 제사장으로 삼으셨습니다.

1. 첫째로, 기독교의 왕권을 주목하십시오.

앞에서 살펴본 것처럼, 기독교적 왕권은 두 가지 측면을 가지고 있습니다. 하나는 현재적인 측면이며 다른 하나는 미래적인 측면인데, 이러한 특성은 신약의 전체적인 가르침과 일치합니다. 왜냐하면 신약은 그리스도인들의 미래 상태와 현재를 분리시키지 않기 때문입니다. 마치 현재와 미래가 전혀 다른 것처럼 말입니다. 도리어 신약은 둘 사이의 차이점보다 둘 사이의 유사점을 더 크게 강조합니다. 요컨대 신약은 미래를 현재의 기독교적 삶을 특징짓는 것들이 온전하게 완성되는 것으로 묘사합니다. 그러므로 모든 슬픔과 한계와 무거운 짐에도 불구하고 그리스도인의 삶 가운데 현재의 왕권이 있습니다. 미래의 왕권은 단지 현재의 왕권이 최고로 확대된 것일 뿐입니다. 그러면 죄로부터 해방된 사람들의 현재의 왕권은 무엇입니까?

그리스도께서 우리를 죄의 권능과 죄책으로부터 해방시키신 것의 결과로 오는 참된 왕권과 관련하여, 나는 그것을 자기 자신을 다스리는 통치권이라고 생각합니다. 바로 이것이 모든 사람이 바랄 수 있고 행사할 수 있는 참된 왕권입니다. 우리의 본성은 우리가 공화국이나 민주국이 아니라 군주국임을 보여 줍니다. 왜냐하면 우리 모두 '복종하도록 의도된 부분들'과 '권세를 가지고 명령하도록 의도된 부분들'이 있기 때문입니다. 한쪽에 우리의 육신적인 본성에 정욕이나 소욕과 같은 것들이 있습니다. 그리고 다른 쪽에 의지(意志)와 이성(理性)과 양심이 있습니다. 특별히 후자의 것들은 권위적으로 명령을 내리는 위치에 있는 것들이지만, 그것들 역시도 다른 것들의 통제 아래 있어야만 합니다. 예컨대 의지를 생각해 보십시오. 그것은 다른 모든 것들을 강제합니다. 그러나 그것이 이성에 의해 조명(照明)되지 않는다면, 그것은 단지 눈 먼 거인일 따름입니다. 마찬가지로 의지와 이성은 모든 사람 안에 있는 하나님의 대리자인 양심의 명령에 순복해야만 합니다.

그러나 그와 같은 우리의 내적 군주국에 광범위하게 퍼진 반역과 폭동이 있습니다. 자기의 피로 우리를 죄로부터 해방시킨 자의 능력 외에 나의 의지가 나의 더 저급한 부분을 다스리도록 만들어 줄 능력, 나의 이성이 나의 의지를 통제하도록 만들어 줄 능력, 양심의 공허한 음성에 권능을 부여해 줄 능력 등은 어디에도 없습니다. 오직 그에게 순복할 때에만 비로소 우리는 반역적이며 무정부적인 자아(自我)에 대한 통치권을 세울 수 있게 될 것입니다. 바로 이것이 하나님이 모든 사람으로 하여금 행사하도록 의도하시는 통치권입니다. 오직 그리스도만이 우리를 우리의 모든 본성을 통제하기에 적합하도록 만듭니다. 그는 우리 안으로 그 자신의 영을 부음으로 그렇게 합니다. 그러면 우리 안으로 부어진 영은 우리를 순종으로 이끄는 모든 동기(動機)들을 강화시키고, 우리 앞에 그의 완전한 모범을 제시하고, 우리 안에 그 자신의 생명을 전달함으로써 우리의 반역적이며 무정부적인 자아를 정복하며 억제합니다. 그는 노예였던 우리를 자유롭게 하시며, 우리를 자유롭게 하심으로써 우리를 왕의 보좌에 앉힙니다. 자기 자신에 대해 왕인 자가 진정한 왕입니다.

계속해서 그리스도인의 현재의 왕권은 세상에 대한 그의 통치권에서 발견됩니다. 그리스도인은 세상을 대수롭지 않게 여기는 가운데 세상을 호령합니다. 그는 물질의 주인입니다. 그는 물질을 최고의 용도에 사용합니다. 그는 물질을 그 자신의 본성을 계발하는 일에, 자기 안에서 하나님이 기뻐하시는 성품을 이루는 일에 사용합니다. 그는 물질의 주인으로서, 사람들이 체육관에서 도약대라든지 혹은 근육을 강화시키는 도구를 사용하는 것처럼, 그것을 사용합니다. 또 그는 세상의 왕입니다. 그에게 세상은 하나님을 보여 주는 거울이며, 그에게로 올라가는 사다리일 뿐입니다. 이와 같이 가견적(可見的)이며 물질적인 것들에 대한 통치권은 오직 우리가 믿음과 순종으로 말미암아 마지막 순간 "내가 세상을 이겼노라"라고 선언하신 자와 더불어 연합될 때에만 가능합니다. "세상을 이기는 승리는 이것이니 우리의 믿음이니라"(요일 5:4). 스스로를 예수 그리스도의 통치에 순복시킨 자는 모든 것의 주인입니다. 이와 같이 자기 자신의 본성을 통치하는 것으로부터 시작되는 왕권은 그를 둘러싸고 있는 모든 것을 통치하는 것으로 확장되며 펼쳐집니다. "만물이 다 너희의 것이요 너희는 그리스도의 것이니라"라는 말씀처럼 말입니다(고전 3:23).

우리 그리스도인들이 행사할 수 있는 현재적인 왕권의 또 다른 측면은 우리가 예수 그리스도를 믿는 믿음으로 사람들로부터 독립적이 될 수 있다는 사실입니다. 우리는 사람들로부터 아무런 명령도 취하지 않는다는 의미에서, 사람들의 찬성과 반대에 의존하지 않는다는 의미에서, 우리의 즐거움을 그들의 호의에 의존하지 않는다는 의미에서, 그들의 미움으로 말미암아 놀라거나 당황하지 않는다는 의미에서, 사람들의 종이 아닌 주인이 될 수 있습니다. 이런 차원에서 우리는 "나는 그리스도의 종이라. 그러므로 나는 모든 사람들로부터 자유롭노라"라고 말할 수 있습니다. 왕의 종은 다른 모든 사람들의 주인입니다. 스스로를 구주와 친밀하게 연합시키는 분량만큼, 우리는 우리 자신과 같은 오류투성이의 인생들의 판단으로부터 자유롭게 될 것입니다.

앞에서 내가 본문의 모호한 표현의 정확한 의미를 설명하기 위해 제시한 구절을 다시 한번 생각해 보십시오. "그들이 제사장이 되어 그리스도와 더불어 왕 노릇 하리라"(계 20:6). 이러한 말씀은 한 걸음 더 나아갑니다. 그것은 그리스도인들이 지금 여기에서 왕과 제사장이 된다고 말할 뿐만 아니라, 한 걸음 더 나아가 그들이 "그리스도와 더불어 **왕 노릇 할**" 것이라고 덧붙입니다. 그리고 그러는 가운데 이 땅에서의 불완전한 왕권이 장차 완전하게 실현될 희미한 미래를 가리킵니다. 나는 여기에서 그러한 미래에 대해 자세하게 다루지 않을 것입니다. 왜냐하면 우리는 그러한 미래를 거울로 보는 것처럼 희미하게 밖에는 보지 못하기 때문입니다. 다만 나는 여기에서 여러분에게 "열 고을 다스리는 권세" 혹은 "만국을 다스리는 권세" 혹은 "철장을 가지고 다스리는 권세"가 그리스도의 종들에게 약속되는 것을 일깨워 주는 것으로 충분합니다. 이 땅에서 만왕의 왕에게 순복하며, 그에 의해 해방되고, 부분적으로 그의 왕권에 참여한 자들은 장차 그와 함께 그의 보좌에 앉을 것입니다. 계시록 3장 21절의 놀라운 약속처럼 말입니다. "이기는 그에게는 내가 내 보좌에 함께 앉게 하여 주기를 내가 이기고 아버지 보좌에 함께 앉은 것과 같이 하리라."

모든 그리스도인들이 받는 이러한 왕권은 예수 그리스도를 믿는 믿음으로 말미암아 우리가 그와 온전히 연합됨으로써 그의 어떠하심처럼 우리도 그와 같이 될 것이라는 일반적인 원리의 한 가지 실례(實例)일 뿐입니다. 그가 우리와 같이 된 것은 우리가 그와 같이 될 수 있도록 하기 위함입니다. 그가 자녀들의 피와 살을 취하신 것은 그로 말미암아 그들이 그의 영을 취할 수 있도록 하기 위함입니다. 하나님의 아들이신 그가 사람의 아들(人子)이 된 것은 그로 말미암아 우리가 그 안에서 하나님의 아들이 될 수 있도록 하기 위함입니다. 가지들은 포도나무의 양분에 참여합니다. 아들이면서 왕인 그를 통해 우리도 아들과 왕이 됩니다.

2. 둘째로, 기독교적 제사장직을 주목하십시오.

제사장의 개념은 물론 몇 가지 매우 중요한 사실들을 제시하는 상징적인 방식입니다. 이와 관련하여 우리는 제사장의 개념을 구성하는 요소들을 생각해 볼 필요가 있습니다.

첫째로, 하나님께 직접적으로 나아가는 것은 모든 그리스도인의 특권입니다. 우리 모두는 지극히 높은 자의 은밀한 처소 안으로 들어가 아무런 두려움과 부끄러움 없이 즐거운 마음으로 쉐키나의 빛 앞에 설 수 있습니다. 우리가 그렇게 할 수 있는 것은 예수 그리스도께서 "내가 곧 길이니 나로 말미암지 않고는 아버지께로 올 자가 없느니라"라는 말씀과 함께 우리에게 오셨기 때문입니다(요 14:6). 모든 죄인이 신의 임재 안으로 들어가는 길은 그들 자신의 죄로 말미암아 거대한 장벽으로 가로막혀 있습니다. 그러나 예수 그리스도께서 그 장벽을 허물어뜨리셨으며, 그리하여 우리 앞에 길이 활짝 열렸습니다. 그의 죽음으로 말미암아 우리에게 지성소로 들어가는 길이 열린 것입니다. 그러므로 겸비한 마음으로 우리는 우리의 약함과 궁핍과 고통의 모든 무거운 짐을 가지고 그 안으로 들어가 하나님 아버지 앞에 그것들 모두를 펼쳐놓을 수 있습니다. 그리고 그 안에서 편안하게 안식할 수 있습니다. 우리는 하나님께 대하여 제사장들입니다. 우리의 특권은 그리스도 자신인 "새로운 살 길"을 통해 휘장 안으로 들어가는 것입니다. "그 길은 우리를 위하여 휘장 가운데로 열어 놓으신 새로운 살 길이요 휘장은 곧 그의 육체니라"(히 10:20).

제사장과 관련한 또 하나의 개념은 하나님께 희생제사를 드리는 개념입니다. 우리 그리스도인들은 이런 의미에서 제사장들입니다. 예수 그리스도는 "죄를 위해 한 영원한 제사"를 드리셨습니다. 여기에 더해야만 하는 것은 아무것도 없습니다. 그러나 옛 의식(儀式)은 우리에게 속죄의 희생제사를 드리고 난 후에 감사의 제물이 따라야만 한다는 사실을 가르쳐 줍니다. 바로 이것이 우리가 하나님에게 드려야만 하는 것입니다. 여러분은 "그러므로 형제들아 내가 하나님의 모든 자비하심으로 너희를 권하노니 너희 몸을 하나님이 기뻐하시는 거룩한 산 제물로 드리라"는 말씀을 기억할 것입니다(롬 12:1). 여기의 "드리라"(present)는 희생제물을 봉헌할 때 사용하는 전문적인 용어입니다. 또 여러분은 베드로가 본문과 매우 유사한 표현을 사용한 것을 기억할 것입니다. "너희는 왕 같은 제사장들이요"(벧전 2:9). 그는 그들의 기능을 영적인 "희생제사"를 드리는 것으로 묘사합니다. 또 여러분은 히브리서의 이 말씀을 기억할 것입니다. "그러므로 우리는 예수로 말미암아 항상 찬송의 제사를 하나님께 드리자 이는 그 이름을 증언하는 입술의 열매니라 오직 선을 행함과 서로 나누어 주기를 잊지 말라 하나님은 이같은 제사를 기뻐하시느니라"(히 13:15, 16). 이와 같이 하나님의 긍휼에 감동되어 자기 자신을 감사의 제물로 드리는 것, 다시 말해서 찬송의 제물과 선행의 제물과 베풂의 제물과 그에게 헌신한 삶의 제물이 바로 우리가 드려야만 하는 희생제물입니다.

제사장과 관련하여 하나님에게 직접적으로 나아가고 희생제물을 드리는 것 외에 또 하나의 개념이 있는데, 그것은 하나님과 사람 사이의 중보(仲保)의 개념입니다. 이러한 중보의 기능은 예수 그리스도 자신으로 말미암아 모든 그리스도인들에게 부여됩니다. 그들은 세상에 하나님을 나타내면서, 그리스도를 대신하여 사람들에게 하나님과 화목할 것을 촉구해야 합니다. 이와 같이 왕권과 제사장직 모두 기독교적 삶의 이상(理想)에 속합니다.

3. 마지막으로, 이러한 개념으로부터 도출되는 몇 가지 실제적인 결론들을 생각해 보도록 합시다.

첫째는 이러한 개념이 기독교 공동체의 지체들 상호간의 관계와 어떻게 관련되는가 하는 것입니다. 신약은 오직 두 종류의 제사장만을 알고 있을 뿐입니다. 제3의 제사장은 없습니다. 신약은 예수 그리스도를 대제사장으로 제시합니다. 그는 자신의 희생제사로 다른 모든 속죄의 방법들을 불필요한 것으로 만들었으며, 속죄와 관련한 모든 의식(儀式)들을 폐했습니다. 나아가 신약은 그리스도의 교회를 구성하는 모든 지체들에게 속하는 보편적인 제사장직을 제시합니다. 그리고 신약은 여기에서 멈추고 더 이상 나아가지 않습니다. 신약에 어느 한 개인이나 특별한 집단이 제사장(司祭)의 호칭을 독점하는 것을 정당화하는 구절은 단 한 구절도 나오지 않습니다. 신약은 어느 한 개인이나 특별한 집단을 다른 형제들로부터 분리시키지 않습니다. 오늘 나는 이 문제를 가지고 논쟁을 벌이지 않을 것입니다. 다만 내가 말하고 싶은 것은 이것입니다. 제사장 혹은 사제(司祭)의 호칭이 어떤 특별한 집단에 배타적으로 주어진다면, 불가불 여러분은 그 집단은 높이고 나머지 대다수의 신자들은 낮추게 될 것입니다. 그리고 여러분은 전체 공동체로부터 제사장의 호칭을 탈취하여 그것을 특별한 집단의 사람들에게 집중시킬 것입니다. 이러한 일은 역사적으로 항상 반복되어 왔던 일입니다. 제사장의 호칭이 특별한 사람들에게 배타적으로 부여될 때, 공동체 전체의 제사장직은 망각되는 경향이 있습니다.

제사장 혹은 사제의 호칭이 기독교 공동체 가운데 특별한 부류의 사람들에게만 독점적으로 적용되는 것으로 말미암는 또 하나의 큰 오류가 있습니다. 그것은 여러분이 제사장으로서 자신을 희생제물로 드려야만 하는데 스스로 제사장이라는 생각을 가질 수 없게 된다는 것입니다. 이에 대해서는 여기에서 길게 설명하지 않을 것입니다.

형제들이여, 이렇게 하여 결과적으로 제사장(司祭)의 손이 교회의 생명을 마비시킵니다. 역설적이게도 제사장의 손이 닿는 것마다 마비되고 생명력이 상실됩니다. 여러분은 예수 그리스도의 유일한 제사장직과 그의 모든 백성들의 보편적인 제사장직이라는 두 가지 사실을 단 한 순간도 놓쳐서는 안 됩니다. 그리고 오늘날 그러한 두 가지 사실을 증언하는 것은 여러분의 엄숙한 의무입니다.

본문이 가르치는 개념들을 항상 마음에 새기십시오. 그러한 개념들이 우리의 삶을 통제되도록 하는 대신 그것을 단순히 성직주의자(聖職主義者)들과 싸우기 위한 무기로만 사용한다면, 우리는 정말로 쓸모없는 일을 하는 것입니다. 당신이 어떤 존재인지 생각해 보십시오. 당신은 왕입니다. 당신이 당신 자신과 세상을 다스리고 있는지 보십시오. 당신은 제사장입니다. 당신이 매일 같이 성전으로 가는지 보십시오. 당신이 일상의 일과 자기순복의 삶 가운데 자신을 하나님께 희생제물로 드리는지 보십시오.

당신이 하나님과 사람 사이를 중보하는지 보십시오.

사랑하는 친구들이여, 무엇보다도 우리 모두 그리스도께서 시작하는 곳과 오늘 본문이 시작하는 곳에서 시작합시다. 그리고 "그의 피로 우리를 우리 죄로부터 해방시키도록" 그에게 갑시다. 그러면 우리의 복된 머리 위에 왕의 면류관과 제사장의 관모(冠帽)가 씌워질 것입니다. 다시 말해서 우리가 우리 자신과 세상을 다스리기를 원한다면, 먼저 그리스도께서 우리를 다스리셔야만 합니다. 우리가 하나님께 가까이 나아가고 그에게 희생제물을 드리고자 한다면, 먼저 우리는 예수 그리스도에게로 가서 그를 우리의 구주로 믿는 것으로부터 시작해야만 합니다. 그러면 그는 우리를, 이 땅에서 부분적으로 그리고 장차 완전하게, 그의 영원한 왕권과 제사장직에 동참하게 하실 것입니다.

4

교회들의 주님이신 영광의 왕

"⁹나 요한은 너희 형제요 예수의 환난과 나라와 참음에 동참하는 자라 하나님의 말씀과 예수를 증언하였음으로 말미암아 밧모라 하는 섬에 있었더니 ¹⁰주의 날에 내가 성령에 감동되어 내 뒤에서 나는 나팔 소리 같은 큰 음성을 들으니 ¹¹이르되 네가 보는 것을 두루마리에 써서 에베소, 서머나, 버가모, 두아디라, 사데, 빌라델비아, 라오디게아 등 일곱 교회에 보내라 하시기로 ¹²몸을 돌이켜 나에게 말한 음성을 알아 보려고 돌이킬 때에 일곱 금 촛대를 보았는데 ¹³촛대 사이에 인자 같은 이가 발에 끌리는 옷을 입고 가슴에 금띠를 띠고 ¹⁴그의 머리와 털의 희기가 흰 양털 같고 눈 같으며 그의 눈은 불꽃 같고 ¹⁵그의 발은 풀무불에 단련한 빛난 주석 같고 그의 음성은 많은 물 소리와 같으며 ¹⁶그의 오른손에 일곱 별이 있고 그의 입에서 좌우에 날선 검이 나오고 그 얼굴은 해가 힘있게 비치는 것 같더라 ¹⁷내가 볼 때에 그의 발 앞에 엎드러져 죽은 자 같이 되매 그가 오른손을 내게 얹고 이르시되 두려워하지 말라 나는 처음이요 마지막이니 ¹⁸곧 살아 있는 자라 내가 전에 죽었었노라 볼지어다 이제 세세토록 살아 있어 사망과 음부의 열쇠를 가졌노니 ¹⁹그러므로 네가 본 것과 지금 있는 일과 장차 될 일을 기록하라 ²⁰네가 본 것은 내 오른손의 일곱 별의 비밀과 또 일곱 금 촛대라 일곱 별은 일곱 교회의 사자요 일곱 촛대는 일곱 교회니라"

계 1:9-20

여기에서 우리는 첫째로 요한에게 사명이 부여되는 것(9-11절), 둘째로 영화로워진 그리스도의 환상(12-16절), 셋째로 그의 위로의 말씀과 자기 계시와 명령(17-20절)을 보게 됩니다.

1. 여기에서 저자는 스스로를 사도라고 부르지 않습니다.

도리어 그는 스스로를 "너희 형제요 예수의 환난과 나라와 참음에 동참하는 자"라고 말합니다(9절). 그는 그 역할이 주님이 이 땅에서 행하셨던 과거의 역사(歷史)를 증언한 사도로서 말하지 않습니다. 도리어 그는, 그 메시지가 미래와 관련한 선지자로서 말합니다.

여기의 세 단어 즉 "환난"과 "나라"와 "참음"을 주목해 보십시오. 이러한 세 단어는 모두 예수와 직접적으로 연결되는 것입니다. 그와 연합함으로 그의 고통에 동참하는 것은 그의 나라에 동참하는 필수적인 조건입니다. 환난은 사람들을 하나님의 나라로 인도합니다. 그들이 그것을 참고 감당했을 때 말입니다. 여기의 참음은 단순히 견디는 것이 아닙니다. 도리어 그것은 슬픔에도 불구하고 계속해서 앞으로 나아가는 것입니다.

주석가들은 요한이 도미티아누스 황제가 통치할 때 소아시아 지역의 황량한 바위섬인 밧모섬으로 유배되었다가, 주후 96년 네르바 황제가 통치할 때 에베소로 돌아왔다고 말합니다. 책 전체를 통해 바다와 관련한 이야기가 자주 등장하는 것은 조금도 이상한 일이 아닙니다. 로마인들이 죄수에게 이와 같은 방식의 형벌을 내리는 것은 통상적인 일이었습니다. 그러므로 분명 요한은 죄수로서 밧모섬에 유배되었을 것입니다. "하나님의 말씀과 예수를 증언한 것"은 그가 그곳에 유배된 직접적인 이유였습니다(9절). 여기에서 "증언"이라는 단어가 계시록을 요한의 다른 저작물들 즉 그의 복음서 및 서신들과 하나로 연결시키는 것을 주목하십시오.

외딴 바위섬이었음에도 불구하고, 요한은 "성령 안에"(in the Spirit) 있었습니다(10절, 한글개역개정판에는 "성령에 감동되어"라고 되어 있음). 이러한 상태는 물론 모든 그리스도인들이 항상 유지하고 있어야만 하는 상태는 아닙니다. 도리어 그것은 예컨대 바울이 하늘로 끌어올려졌을 때와 같이 특별하게 고양(高揚)된 의식(意識)과 교제의 상태입니다. 틀림없이 요한은 오래 전 부활의 날에 있었던 영원히 잊을 수 없는 사건들을 생각하고 있었을 것입니다. 이러한 경건한 묵상은 그로 하여금 초자연적인 교제를 한층 더 가능하도록 만들었습니다. 10절의 "주의 날"(the Lord's Day) 혹은 "주일"이라는 표현이 여기의 구절과 함께 시작되었는지 아니면 이미 일반적으로 통용되고 있었는지는 확실하지 않습니다. "주의 날에 내가 성령에 감동되어." 어쨌든 그것은 분명 기독교의 예배의 날을 가리키는 표현이었을 것입니다. 우리는 여기에서 형제들로부터 멀리 떨어져 고립되어 있는 사람들도 여전히 그리스도와 더불어 친밀하게 교제할 수 있다는 사실을 배울 수 있습니다. 그들이 계속해서 그를 생각하며 사랑한다면, 그들은 어디에 있든 세상으로부터 높이 끌어올려질 것이며 자신들에게 말하는 큰 음성을 들을 것입니다. 여기의 요한을 보십시오. 나팔소리처럼 예리하며 분명한 음성이 외딴 바다의 철썩거리는 파도 소리를 넘어 그의 내적 귀를 때렸습니다. 그리고 그와 함께 그에게 일련의 환상들이 펼쳐졌습니다.

오늘 우리는 여기에 열거된 교회들을 고찰하는 작업은 하지 않을 것입니다. 또 여기의 교회들이 선택된 이유에 대해서도 다루지 않을 것입니다. 다만 그들의 숫자가 그들의 대표성을 암시하는 사실과, 그들에게 말한 것이 단지 그들만을 위한 것이아니라 모든 세대의 모든 교회들도 위한 것임을 주목하는 것으로 충분합니다.

2. 촛대의 상징을 좀 더 충분하게 고찰하기 전에 먼저 우리는 요한이 자기에게 말하는 음성을 듣고 몸을 돌이켜 바라본 영광스러운 형상에 대해 살펴볼 필요가 있습니다.

그 형상에 대한 요한의 첫 묘사는 그것이 "인자 같은 이"라는 것이었습니다(13절). 헬라어 원어에 정관사가 없는 것을 감안할 때, 아마도 여기에서 요한이 의미한 것은 그 형상이 "사람과 같다(manlike)"는 것이었을 것으로 여겨집니다. 요컨대 예수 그리스도는 하늘의 광채 가운데 사람의 모습으로 거기에 거 계셨던 것입니다. 그 순간 요한의 머릿속에는 얼마나 많은 기억들이 떠올랐겠습니까? 또 그의 마음은 얼마나 큰 놀람과 기쁨과 두려움으로 가득 찼겠습니까? 그가 기억하고 있는 자와 여기에 나타난 형상 사이의 차이는 정말로 놀라울 정도지만, 거기에는 유사성도 있었습니다. 그가 환상 가운데 나타난 모든 모습들을 보았을 때 "엎드러져 죽은 자같이" 된 것은 조금도 이상한 일이 아니었습니다(17절). 왜냐하면 그토록 사랑하는 자가 하늘의 광채를 입고 다시 나타난 것을 보았을 때, 그는 극도의 놀람과 두려움을 느낄 수밖에 없었기 때문입니다.

그 형상을 묘사하는 요소들은 대부분 구약으로부터 취한 상징들입니다. 발에 끌리는 긴 옷과 가슴에 띤 금띠는 왕과 제사장의 존귀를 표현하는 것으로 보입니다(13절). 띠를 띤 것은 일하는 것을 의미합니다. 그리고 금띠를 띤 가슴은 왕의 침착성과 제사장의 고요함을 의미합니다. 또 흰 머리는 다니엘의 경우처럼 세월의 길이(length of days)을 가리키는 것일 수도 있지만, 그것을 "영광의 빛 가운데 변화된 구주의 모습"으로 보는 것이 좀 더 개연성이 높아 보입니다(트렌취). "내가 보니 왕좌가 놓이고 옛적부터 항상 계신 이가 좌정하셨는데 그의 옷은 희기가 눈 같고 그의 머리털은 깨끗한 양의 털 같고"(단 7:9). 또 불꽃 같은 눈은 그의 전지성(全知性)과 악에 대한 진노를 상징하며, 풀무불에 단련한 빛난 주석 같은 발은 자신의 원수들을 밟으시며 사르시는 승귀(昇貴)하신 그리스도의 능력을 상징합니다(15절). 또 그의 음성은 마치 밧모섬의 해변에서 철썩거리는 많은 물소리와 같았는데(15절), 그것은 그의 말씀의 위엄과 능력을 상징합니다.

또 그의 손에는 일곱 별이 쥐어져 있었습니다(16절). 요한은 우리에게 어떻게 그러한 별들이 그의 손에 있게 되었는지, 그리고 어떻게 한 손으로 그것을 모두 쥘 수 있었는지에 대해서는 말해 주지 않습니다. 다만 요한이 우리에게 말해 주는 것은 그가 오른 손으로 그렇게 했다는 것뿐입니다.

계속해서 그의 입에서 나오는 "좌우에 날선 검"은 그의 원수들을 멸하는 승귀(昇貴)하신 그리스도의 말씀의 가공할 만한 능력을 상징합니다. 이러한 상징을 그림으로 표현한다면, 그것은 매우 기괴한 모습의 그림이 될 것입니다. 그러나 말로 표현할 때, 그것은 너무나 장엄한 모습이 아닐 수 없습니다. 또 "해가 힘 있게 비치는 것 같은 얼굴"로부터 지금 밧모섬에 유배되어 있는 요한 주위로 강렬한 빛이 쏟아져 내려오고 있습니다. 마치 열대의 태양의 강렬한 빛이 적도지역에 쏟아져 내려오는 것처럼 말입니다.

이러한 무시무시한 형상이 예전에 그 품에 요한이 기댔던 바로 그 그리스도란 말입니까? 그렇습니다. 계시록의 한 가지 주된 목적은 승귀하신 예수가 이 땅에서 비천한 모습으로 계셨던 예수와 모든 본질에 있어 동일한 분이라는 사실을 가르치는 것입니다. 금띠 안에서 뛰고 있는 심장은 이 땅에 계실 때 긍휼과 사랑으로 넘쳤던 바로 그 심장입니다. 일곱 별을 쥐고 있는 손은 십자가 위에서 못 박혔던 바로 그 손입니다. 불꽃 같은 눈은 예루살렘을 바라보며 눈물을 흘렸던 바로 그 눈입니다. 좌우에 날선 검이 나오는 입은 "수고하고 무거운 짐 진 자들아 다 내게로 오라 내가 너희를 쉬게 하리라"라고 말씀하셨던 바로 그 입입니다. 그는 자신의 모든 사랑과 모든 온유함과 모든 긍휼을 가지고 자신의 신성(神性)의 광채 속으로 들어가셨습니다. 하늘의 영광 가운데에서도 그는 여전히 우리의 형제입니다.

3. 이어지는 그의 은혜로운 말씀들은 우리에게 그러한 사실을 한층 더 분명하게 가르쳐 줍니다.

그는 두려움 가운데 사로잡힌 요한 위에 일곱 별을 쥔 손을 얹습니다. 그리고 좌우에 날선 검이 나오는 그의 입으로부터 따뜻한 위로의 말이 나옵니다. "내가 볼 때에 그의 발 앞에 엎드러져 죽은 자 같이 되매 그가 오른손을 내게 얹고 이르시되 두려워하지 말라"(17절). 아, 이 얼마나 장엄한 장면입니까! "나는 처음이요 마지막이니." 이것은 신의 특권입니다. "만군의 여호와가 이같이 말하노라 나는 처음이요 나는 마지막이라 나 외에 다른 신이 없느니라"(사 44:6). 영화로워진 그리스도는 자신이 만물보다 먼저 계셨으며 만물의 최종적인 목적(end)임을 당당하게 선언하십니다.

이어지는 18절은 앞 구절과 연결하여 읽어야만 합니다. 다시 말해서 전체 문장은 중단됨이 없이 이어집니다. "곧 살아 있는 자라" — 이것은 자기 안에 생명이 있다는 말씀과 같은 의미를 갖는 말씀입니다. "아버지께서 자기 속에 생명이 있음 같이 아들에게도 생명을 주어 그 속에 있게 하셨고" (요 5:26). "내가 전에 죽었었노라" — 이것은 인성의 조건 안으로 들어온 그리고 스스로를 낮추사 죽음을 맛본 생명의 주님의 신비를 가리킵니다. "볼지어다 이제 세세토록 살아 있어" — 생명이 무덤에 의해 일시적으로 가려졌다가 다시금 온전하게 펼쳐집니다. "사망과 음부의 열쇠를 가졌노니" — 그는 사망과 음부의 어두운 감옥을 주관하는 권세와 그 문을 자기 마음대로 열고 닫을 수 있는 권세를 가지고 계십니다.

이러한 장엄한 말씀 가운데 영원한 말씀이신 우리 구주 예수 그리스도의 삼중적인 상태가 제시되는 것을 주목하십시오 — 그의 신적 생명의 성육신 이전의 충만에서, 죽음에 대한 그의 순복과 부활에서, 그리고 사망과 생명과 세상 전체의 주인으로서 그의 승천의 영광에서. 우리의 믿음은 이 모든 것을 붙잡습니까? 우리는 세상에서의 그의 생애와 죽음을 결코 이해하지 못할 것입니다. 우리가 그 이전에 그가 하나님과 더불어 영원히 계셨음과 그 이후에 그의 인성이 우주의 보좌로 승귀되셨음을 알지 못한다면 말입니다.

이러한 초자연적인 계시에 이어 요한에게 특별한 말씀이 주어집니다. 그 말씀은 두 부분으로 구성되는데, 하나는 그가 본 환상을 기록하라는 명령이고 다른 하나는 일곱 별과 일곱 촛대의 상징에 대한 설명입니다. 전자의 명령의 관련하여, 우리는 단지 그것이 계시록 전체로 확장되는 것을 주목하는 것으로 충분합니다. 여기에서 우리는 특별히 "네가 본 것"과 "지금 있는 일"과 "장차 될 일"의 삼 구분을 주목할 필요가 있습니다. 이것은 각각 본 장의 환상, 일곱 교회에 보내는 편지들, 이어지는 본서의 예언적 부분을 가리키는 것일 수 있습니다.

계속해서 후자의 설명과 관련하여, 우리는 별이 성경에서 항상 권세를 상징한다는 사실을 주목할 필요가 있습니다. 그리고 그것은 여기에서도 마찬가지입니다. 그러나 "사자"(angels)의 의미와 관련해서는 매우 큰 의견 차이가 있습니다. 그것은 각 교회의 수호천사들, 혹은 교회를 주관하는 사역자들로, 혹은 집합적인 측면에서 각 교회를 대표하는 이상적(理想的)인 상징들로서 다양하게 해석됩니다. 오늘 이러한 견해들에 대해 자세히 다루는 것은 불가능합니다. 다만 나의 의견으로는 여기의 사자들이 각각의 교회를 감독하는 자들이라고 보는 견해가 가장 타당하다고 여겨집니다. 이것이 사실이라면, 그들이 교회들을 대표하며 또 교회들의 영적 상태에 대해 책임이 있는 존재로서 간주되는 사실은 그와 같은 위치에 있는 모든 사람들의 중요성과 관련한 매우 엄중한 개념을 암시합니다. 목사의 영적 상태와 성도들의 영적 상태는 불가분리적으로 연결되어 있습니다.

또 일곱 촛대는 일곱 교회를 상징합니다(20절). "일곱 개의 가지를 가진 하나의 촛대"로 표현되는 옛 이스라엘의 외형적인 연합은 그리스도께서 그 가운데 계시는 것으로 나타나는 실제적인 연합으로 바뀝니다. 옛 촛대는 지중해 바다 밑에 있습니다. 교회의 연합은 하나의 조직체로 구성되는 것에 의존하지 않습니다. 도리어 그것은 교회의 모든 부분들이 예수 그리스도와 하나로 연합되는 것에 의존합니다.

촛대 혹은 등대의 상징은 교회의 역할과 관련한 교훈을 암시하는 것일 수 있습니다. 각 교회는 빛이 되어야만 합니다. 그리고 그 빛은 무엇인가로부터 파생된 빛입니다. 오직 하나의 본원적(本源的)인 빛이 있습니다. 그것은 예수 그리스도의 빛입니다. 그를 제외한 우리 모두에 대하여 "그는 이 빛이 아니요 이 빛에 대하여 증언하러 온 자라"라고 말해야만 합니다(요 1:8). 수많은 꼬마 전구들로 이루어진 하나의 큰 전등을 생각해 보십시오. 각 교회는 이를테면 그 전등을 구성하는 각각의 꼬마 전구들과 같습니다. 그것들이 서로 연합하여 하나의 거대한 광채를 만듭니다. 이와 같이 우리는 하나의 거대한 빛에 우리의 작은 빛을 합쳐야 합니다.

5
세 가지 공통적인 유산

"나 요한은 너희 형제요 예수의 환난과 나라와 참음에 동참하는 자라"
계 1:9

사도 요한은 자신의 형제들에게 스스로를 이와 같이 소개합니다. 여기에 스스로의 존귀를 내세우거나 혹은 사도의 권위를 나타내는 말은 전혀 없습니다. 그는 다만 스스로를 그들과 더불어 그들의 기독교적 유산에 동참하는 자로서 말할 뿐입니다. 이 사람은 오래 전 자신의 형 야고보와 더불어 "주의 나라에서 주의 좌우편에 앉기를" 바랐던 바로 그 사람이었습니다. 그에게 얼마나 큰 변화가 일어났는지 보십시오! 예전에 투박한 원목(原木)이었던 그는 이제 잘 다듬어진 기둥이 되었습니다. 그에게 일어난 변화는 도대체 무엇 때문이었을까요? 나는 여기에 오직 하나의 대답만이 있을 뿐이라고 생각합니다. 그것은 예수 그리스도의 부활과 그 후에 그에게 임한 성령의 선물 때문이었습니다.

어쩌면 이 글을 쓰고 있는 동안 요한은 자신의 옛 야심과 그에 대한 주님의 대답을 생각하고 있었을는지 모릅니다. 왜냐하면 본문 속에서 그때 주님이 그에게 가르치신 교훈의 요지가 축약된 형태로 다시 재생되고 있기 때문입니다. 그는 그리스도의 보좌에 동참하기 전에 먼저 그의 고난에 동참해야만 함을 배웠습니다. 그와 같이 그는 여기에서 "나라"에 앞서 "환난"을 제시합니다. 또 그는 자신의 어리석은 요구에 대한 주님의 대답 속에서 탁월함이나 능력보다 섬김이 먼저라는 사실을 배웠습니다. 하나님 나라에서의 위치를 결정하는 유일한 원리는 섬김이었습니다. 그와 같이 그는 여기에서 자신의 탁월함이나 존귀에 대해서는 단 한 마디도 언급하지 않습니다. 다만 스스로를 형제와 동료로서 부를 뿐입니다. 그는 겸비한 마음으로 사도의 권위를 뒤로 감춥니다. 그는 형제들과 동떨어진 자리에서 자신의 자리를 취하는 대신, 그들과 함께 낮은 곳에서 자신의 자리를 취합니다.

개정역(RV)은 흠정역(KJV)의 다소 미흡한 번역을 한 단계 보완하여 번역합니다. 그것은 흠정역이 "동료"(companion)라고 읽는 단어를 "너희와 더불어 동참하는 자"(partaker with you)라고 읽음으로써 동참의 개념을 강조합니다(한글개역개정판도 개정역처럼 되어 있음). 또 그것은 흠정역이 "환난과 **그** 나라와 참음"(in tribulation and **in the** kingdom and patience)이라고 읽는 것을 "**그** 환난과 나라와 참음"(**in the** tribulation and kingdom and patience)이라고 읽음으로써 세 개의 명사 모두를 괄호로 묶어 하나의 전치사와 정관사 아래 놓습니다. 그리고 그렇게 하여 그것들이 하나로 연결되어 있는 것을 보여 줍니다. 또 그것은 "예수의 환난과 나라와 참음"(in tribulation and in the kingdom and patience of Jesus)이라고 읽는 대신 "예수 안에 **있는** 환난과 나라와 참음"(in the tribulation and kingdom and patience which are in Jesus)이라고 읽음으로써 "예수 안에 있는"이 마지막 "참음"만 꾸미는 것이 아니라 "환난"과 "나라"와 "참음" 모두를 꾸미는 것을 보여 줍니다(한글개역개정판은 흠정역과 비슷하게 되어 있음). 이와 같이 우리는 여기에서 모든 그리스도인들이 세 가지 즉 "환난"과 "나라"와 "참음"에 동참하는 것을 보게 되며, 그러한 세 가지는 어떤 의미에서 "예수 안에" 있는 것입니다. 특별히 여기에서 "나라"에 동참하는 것이 중간에 위치하는 가운데 한쪽에서 "환난"에 동참하는 것과 다른 쪽에서 "참음"에 동참하는 것에 의해 지탱되는 것을 주목하십시오. 마치 중앙의 나무가 좌우 양쪽의 버팀목에 의해 지탱되는 것처럼 말입니다. 그러므로 우리는 여기에서 공통의 왕권과, 그것으로 나아가는 공통의 길과, 그 길을 걸어가는 자들의 공통적인 자세들을 보게 됩니다. 이 모든 것은 그리스도 안에 있는 것으로서, 우리가 그와 연합되는 조건 위에서 우리의 것이 될 수 있는 것들입니다.

1. 첫째로, 공통의 왕권을 주목하십시오.

"나 요한은 너희와 더불어 그 나라(the kingdom)에 동참하는 자라." 여기에서 요한이 "**동참할**"이라고 말하지 않고 "**동참하는**"이라고 말하는 것을 주목하십시오. 그는 지금 외딴 밧모섬에 유배되어 있었습니다. 그럼에도 불구하고 스스로에 대해 그는 다른 모든 형제들과 함께 지금 여기에서 그리스도 안에 있는 나라에 동참하는 자라고 말합니다.

그러면 "그 나라"는 무엇입니까? 그것은 그의 뜻에 의해 통치되는 영역이나 사회나 상태입니다. 그의 나라는 가장 깊은 의미에서 오직 그에 대한 사랑의 기초 위에서만 그의 뜻에 의식적(意識的)으로 순복하며 그에게 기꺼이 순종하는 곳에 있습니다. 나아가 그리스도의 왕권이 펼쳐지며 하나님의 권세가 인정되는 곳은 어디든 승귀(昇貴)하신 그리스도의 나라입니다.

그러므로 여러분이 "그리스도 안에" 있을 때, "그리스도 안에 있는 나라"는 여러분의 것이 됩니다. 다른 말로 이야기하면, 누구든지 그리스도에 **의해** 통치되는 자는 그리스도와 **함께** 다스리는 권세를 갖습니다. 이와 관련하여 6절의 "우리를 나라로 삼으신"이라는 구절에다가 우리는 두 가지 의미를 부여할 수 있습니다. 우리의 의지(意志)가 그의 권세에 즐겁게 순복하는 한, 우리는 그의 나라(kingdom)입니다. 또 우리가 그의 나라인 한, 우리는 왕들입니다. 우리의 의지(意志)가 그의 통치권을 인정하며 그에 순종하는 한, 우리의 의지는 우리 자신과 다른 사람들을 다스리는 능력으로 옷 입습니다. 그의 종들은 세상의 주인들입니다. 온갖 종류의 불완전함으로 가득한 지금 여기에서조차 세상에 대한 참된 통치권은 예수 그리스도의 권세에 순복하는 사람들에게 속합니다. "그리스도여, 당신은 영광의 왕이나이다!"라고 말하며 그에게 경배하는 자들은 누구든지 그로부터 "내가 너를 나라(kingdom)로 임명하노라"라는 복된 확증을 받습니다. 그의 신하들은 모두 통치자들입니다. 그는 세상의 왕들보다 더 높다는 의미에서뿐만 아니라 그가 통치하는 자들이 그의 통치에 순복하는 바로 그 사실로 왕의 존귀로 승귀(昇貴)된다는 의미에서 "만왕의 왕"입니다.

우리는 "주여, 나는 나 자신을 다스릴 수 없나이다. 주께서 나를 다스리소서!"라고 말하는 조건 위에서 우리 자신을 다스립니다. 우리의 고삐를 그의 손에 맡길 때, 우리의 양심을 그의 보호 아래 놓을 때, 그의 온유하지만 주권적인 입술로부터 우리가 마땅히 순종할 율법을 취할 때, 그가 우리의 생각을 이끌도록 맡길 때, 그의 말씀이 모든 논쟁을 종결짓는 절대적인 진리가 될 때, 그의 의지(意志)가 모든 머뭇거림과 마지못함을 종결짓는 최고의 권위가 될 때 ― 우리는 우리 자신을 다스리는 주인이 됩니다. 자신의 마음을 다스리는 사람이 참된 왕입니다. 이처럼 그리스도의 종이 된 자는 자기 자신의 주인이 됩니다. 이와 같이 우리가 스스로를 통제하며 스스로의 주인이 될 때, 우리의 양심과 의지가 그의 뜻에 순복할 때 ― 우리는 환경과 세상의 주인이 됩니다. 우리가 그리스도의 편이라면, 만물은 우리의 편입니다.

그러므로 우리는 하나님이 자기를 사랑하는 자들을 위해 예비하신 나라의 상속자가 되기 위해 하늘에 올라갈 때까지 기다릴 필요가 없습니다. 그리스도를 섬기는 모든 사람들이 **지금 여기에서** 그의 통치권에 동참할 수 있습니다. 우리가 이러한 사실을 믿는 것은 종종 어려운 일이 됩니다. 특별히 고난이 우리를 짓누른다든지 혹은 역경이 우리의 삶을 힘들게 만들 때 더욱 그러합니다. 우리는 스스로에 대해 세상의 주인이라기보다 도리어 무력한 포로처럼 느낍니다. 우리의 삶은 일상의 사소한 일들과 외적인 일들에 의해 짓눌림을 당하며, 그렇기 때문에 현재의 세상에 대한 현재의 통치권을 이야기하는 것은 터무니없는 말처럼 들립니다. 그리고 그것은 현실과 모순되는 것처럼 보입니다. 이런 가운데 우리는 우리의 왕권이 실현되는 것을 미래로 던져 버리는 유혹을 당합니다. 우리는 실제로 그 나라를 상속받은 상속자들입니다. 그렇지만 지금 우리는 뒷골목의 작은 가게를 지키는 위치에 놓여 있습니다. 그러므로 우리는 스스로에 대해 믿음 없이 말합니다. 그러나 우리는 모든 그리스도인들이 그리스도의 현재의나라에 현재의 동참하는 사실을 직시할 필요가 있습니다. 우리의 유산에 이상한 것이나 잘못된 것은 아무것도 없습니다. 외딴 밧모섬에 앉아 있는 요한을 생각해 보십시오. 그에게는 많은 걱정거리들이 있었으며, 수많은 위험들이 그를 둘러싸고 있었습니다. 그러나 그 모든 것들 가운데 그는 자신이 그 나라에 동참하는 것이 실제적인 사실임을 알았습니다. 그 나라는 예수 그리스도의(of) 나라일 뿐만 아니라 또한 그 안에(in) 있는 나라입니다. 그는 이를테면 그 나라가 실현되는 영역입니다. 우리가 우리를 그와 접붙이는 믿음으로 말미암아 "그 안에" 있다면, 우리는 그 나라를 소유하면서 동시에 우리 자신이 그 나라가 될 것입니다. 우리가 그 나라를 **소유하는** 것은 우리가 그 나라이기 때문입니다.

이처럼 그 나라는 현재의 나라이지만, 그것의 완전한 형태는 미래에 속합니다. 의의 면류관이 하나님의 백성들을 위해 준비되어 있습니다. 비록 그들이 이미 나라이며, 또 계시록 5장 10절의 참된 독법(讀法)에 따를 때 이미 "땅에서 왕 노릇" 함에도 불구하고 말입니다. "그들로 우리 하나님 앞에서 나라와 제사장들을 삼으셨으니 그들이 땅에서 왕 노릇 하리로다 하더라"(계 5:10). 그러므로 우리의 소망은 청지기의 충성된 섬김이 통치자의 권세로 바뀌고 종의 수고가 주인의 즐거움으로 바뀔 미래로 초점이 모아집니다. 예전에 요한이 주님의 우편에 있게 해 달라고 구했던 것을 생각해 보십시오. 그의 섣부른 야심은 실상 별 것도 아니었습니다. 왜냐하면 주님의 보좌 우편에 앉는 것은 이기는 모든 자들을 위해 준비된 것이기 때문입니다. 한 걸음 더 나아가 그들은 그의 보좌 자체에 동참할 것입니다. 그의 보좌에는 특별한 한두 사람만 앉을 수 있는 공간만 있는 것이 아니라, 그의 참된 종들 모두가 앉을 수 있는 충분한 공간이 있습니다.

나폴레옹 1세 시대에 모든 프랑스 병사들은 자신의 배낭에 장군의 지휘봉을 가지고 다녔다고 합니다. 다시 말해서 모든 병사들이 장군이 될 수 있는 기회를 가지고 있었다는 것입니다. 그리고 몇몇 병사들은 실제로 장군이 되었습니다. 그러나 모든 그리스도인 병사들은 자신의 배낭에 면류관을 가지고 다닙니다. 그들은 단순히 그것을 실제로 쓸 수 있는 가능성을 가지고 있는 것이 아닙니다. 전쟁이 끝난 후, 그들은 그것을 반드시 쓰게 될 것입니다. 설령 현재에는 면류관보다 투구가 그의 머리에 더 잘 어울린다 하더라도, 그는 이미 왕권을 실제적으로 소유합니다. 이러한 주제에 대해 우리가 말할 수 있는 부분은 아주 적습니다. 다만 우리는 그리스도인의 현재의 생명과 미래의 생명이 구별되는 것은 하나는 왕권을 아직 실제적으로 소유하지 못하는 반면 다른 하나는 그것을 실제적으로 소유하는 것이 아닙니다. 오히려 그것은 동일한 왕권을 하나는 부분적으로 소유하는 반면 다른 하나는 그것을 완전하게 소유하는 것임을 기억할 필요가 있습니다. 그리고 두 가지 형태의 소유 모두는 공히 우리가 예수 안에 참되게 거하는 것에 달려 있습니다. 그 나라는 그 안에 있으며, 그 안에 있는 모든 사람들의 공통적인 유산입니다. 그리고 그들은, 그들이 그리스도 안에 있으며 그리스도가 그들 안에 있는 분량만큼, 그 나라를 소유합니다.

2. 둘째로, 공통의 왕권으로 인도하는 공통의 길을 주목하십시오.

앞에서 이야기한 것처럼 여기의 중심 개념은 "나라"이며, 다른 둘은 양쪽에서 그것을 지탱해 주는 보조적인 것입니다. 한쪽에 공통적인 "환난"이 있으며, 다른 쪽에 공통적인 "참음"이 있습니다. 전자는 왕권을 받은 모든 사람들이 걸어가야만 하는 길이며, 후자는 그 길을 걸어가는 모든 사람들이 반드시 가져야만 하는 공통적인 자세입니다.

두말할 것도 없이 "환난"은 근본적으로 실제적인 박해와 관련됩니다. 지금 그러한 박해의 어두운 구름이 소아시아 교회들 위에 드리워져 있었습니다. 그러나 그 단어의 의미는 그것이 전부가 아닙니다. "하나님의 나라에 들어가려면 많은 환난을 겪어야만 하는" 것은 항상 사실입니다(행 14:22). 동일한 장소로부터 출발하여 동일한 목적지를 향해 나아가는 모든 사람들은 동일한 길로 가야만 합니다. 기독교인의 순례여행에 있어 지름길이나 샛길은 없습니다. 그리스도에 있는 나라로 가는 유일한 길은 그 자신이 걸어가셨던 길입니다. 그리스도에 평강과 승리가 있는 것과 마찬가지로 그 안에 "환난"도 있습니다. 그러므로 우리가 그리스도인이라면, 우리는 필연적으로 우리 몫의 환난을 당할 것입니다. 그리스도인들이 걸어가야만 하는 길 위에는 수많은 역경과 시련이 있습니다. 그러한 길을 온전하며 철저하게 걸어가는 사람들은 필연적으로 세상으로부터 환난과 반대에 부딪히게 될 것입니다. 우리가 그리스도께서 세상에 계셨던 것처럼 세상에 있다면, 우리는 "그리스도의 수욕"에 동참할 것을 마음으로 작정해야만 합니다. 애굽이 바로가 아닌 그리스도를 자신들의 왕으로 받아들일 때까지 말입니다. 그렇지 않을 때, 세상이 그리스도화(化) 되기보다 그리스도인들이 세상화 될 가능성이 훨씬 더 높습니다.

이 세대는 더 이상 잔혹한 박해시대는 아닙니다. 오늘날 수많은 명목적(名目的)인 그리스도인들이 그리스도 안에 있는 환난에 대해서는 거의 알지 못한 채 세상과 더불어 친화적인 관계를 맺고 살아가고 있습니다. 그러나 그것은 예수 그리스도와의 연합의 능력에 어떤 변화가 생겼기 때문이 아니라, 그들의 연합이 너무나 미미하고 피상적이기 때문입니다. 세상은 자기에게 속한 자들을 사랑합니다. 세상은 말만 요란할 뿐 삶으로 연결되지 않는 믿음을 가진 사람들에 대해 미워할 만한 아무것도 발견하지 못합니다. 세상은 지금까지 참되며 철저한 그리스도인들에 대해 적대적인 태도를 그치지 않았습니다. 우리가 참되며 철저한 그리스도인이 되고자 할 때, 세상의 많은 것들과 우리 안에 있는 많은 것들이 우리를 대적합니다. 자기를 부인하고, 습관과 기호(嗜好)와 정욕을 억제하는 것으로 인해 "환난"이 있을 것입니다. 어떤 사람들은 그런 것들을 탐닉할는지 모릅니다. 그러나 그것들이 우리가 영생으로 들어가는 것을 가로막는다면, 우리는 단호히 그것들을 버려야만 합니다. 설령 그것들이 우리에게 오른 눈처럼 소중하고 사랑스럽다 하더라도 말입니다. "주와 함께 참으면 또한 그와 함께 왕 노릇 할 것이요"라는 법칙은 폐지되지 않았습니다(딤후 2:12).

그러나 이와 같이 예수에 있는 환난에 동참하는 것에는 또 다른 측면이 있습니다. 우리가 환난을 슬픔의 사람(the Man of Sorrows)과의 연합

안에서 감당할 때, 우리의 환난은 가벼워질 것입니다. 아무리 빛으로 찬란한 인생이라 하더라도 어두운 날들이 있는 법입니다. 우리 모두는 조만간 희망을 잃고 괴로운 마음으로 몸부림칠 때를 각오해야 합니다. 우리가 그런 때를 예수 그리스도와의 연합으로 감당하지 않는다면, 우리는 다른 어디에서도 그런 때를 올바르게 감당할 수 있는 능력을 발견하지 못할 것입니다. 그러나 우리가 실제로 그렇게 한다면, 우리의 가장 무거운 슬픔은 예수 안에 있는 환난으로 바뀝니다. 그리고 그럴 때 그것으로부터 가혹한 쓰라림과 아픔은 사라질 것이며, 그것은 마침내 장엄한 기쁨으로 바뀔 것입니다. 나일강이 정기적으로 범람하지 않는다면, 애굽은 광야처럼 메마를 것입니다. 그와 같이 설령 슬픔의 차가운 물이 우리 마음을 덮는다 하더라도, 우리가 그리스도인이라면 그것은 도리어 보배로운 퇴적토를 남길 것이며 그 위에서 풍성한 곡식이 자랄 것입니다. 어떤 채소들은 서리를 맞고 난 연후에야 비로소 먹을 수 있게 된다고 합니다. 이것은 그리스도인들에게도 마찬가지입니다. 그 나라에 이르는 길은 종종 눈물 골짜기를 지나갑니다. 우리가 그 나라에 있게 되는 것은 우리의 의지(意志)를 왕에게 순복시키는 것에 달려 있습니다. 그러므로 우리에게 우리의 의지를 굽히도록 만들어 주는 것보다 더 필요하며 환영할 만한 것은 아무것도 없습니다. 단단한 쇠를 녹여 새로운 형태의 연장으로 다시 태어나게 만드는 불은 뜨거워야만 합니다. 베수비우스 화산 언덕의 포도원을 생각해 보십시오. 거기의 흙은 용암이 흘러내리면서 만들어진 것입니다. 최고로 풍성한 포도와 그것으로 만든 최고급 포도주는 거대한 화산 분출과 하늘을 어둡게 만든 화산재의 결과물입니다. 그와 같이 우리의 최고의 성품들은 상실을 통해 부요해진 마음에서 자라며, 마음을 찢는 고통으로 말미암아 비옥해집니다. 베수비우스 화산을 덮고 있는 푸르른 초목들에 앞서 끓어오르는 용암의 홍수가 거기에 있었습니다. 이와 같이 그 나라는 환난의 길을 통해 도달됩니다. 예수와 연합됨으로 말미암아 고난과 슬픔이 도리어 하늘을 향해 도약하는 디딤돌이 되는 사람들은 복이 있습니다. 그런 사람들에게 고난과 슬픔은 "예수 안에 있는 환난"으로 승화됩니다.

3. 마지막으로, 공통의 왕권으로 향하는 공통의 길을 걸어가는 자들의 공통적인 자세를 주목하십시오.

"환난"은 외적 상황과 관련되며, "참음"은 내적 자세와 관련됩니다. 우리가 그리스도인이라면, 우리는 필연적으로 환난과 마주치게 될 것입니다. 그리고 우리가 환난과 마주친다면, 우리는 그것을 참음으로 직면해야만 합니다. 이러한 두 가지 즉 환난과 참음은 그 나라를 향해 나아가는 모든 순례자들의 공통적인 특징들입니다. 참음은 그 나라와 환난을 연결하는 연결고리입니다. 슬픔 자체가 사람을 그 나라를 소유하게 하는 것은 아닙니다. 모든 것은 슬픔을 감당하는 방식에 달려 있습니다. 슬픔으로 인해 도리어 우리가 그리스도께 순복하는 것으로부터 멀어질 수 있습니다. 그럴 때 슬픔은 우리를 그 나라로부터 반대쪽 방향으로 이끄는 셈이 됩니다. 가장 나쁜 고통은 의미 없이 허비되는 고통입니다. 모든 고통은, 우리가 예수 그리스도 안에서 그것을 참음으로 직면하지 않는다면, 의미 없이 허비되고 맙니다. 많은 사람들이 여러 가지 슬픔으로 인해 심령이 삐뚤어지기도 하며, 믿음으로부터 떠나기도 하며, 자기연민과 낙망에 빠지기도 합니다. 슬픔으로부터 실제적인 유익을 얻는 유일한 길은 우리 주님과의 연합을 긴밀하게 유지하는 것입니다. 오직 그 안에서 우리는 평안뿐만 아니라 참음으로 슬픔도 감당할 수 있습니다.

우리는 여기에서 "참음"(patience)으로 번역된 단어가 단순히 수동적으로 견디는 것 훨씬 이상(以上)을 의미하는 사실을 기억할 필요가 있습니다. 그것은 적극적인 인내의 개념을 포함합니다. 그와 같이 적극적인 요소가 필연적으로 포함되는 것을 우리는 예컨대 다음과 같은 훈계의 말씀 속에서 발견할 수 있습니다. "모든 무거운 것과 얽매이기 쉬운 죄를 벗어 버리고 **참음으로** 우리 앞에 당한 경주를 하며"(히 12:1, 한글개역개정판에는 "인내로써"라고 되어 있음). 결승점을 향해 달려가는 경주자의 태도는 단순히 수동적으로 불평 없이 견디는 것이 아닙니다. 힘을 다해 달려가는 경주자에게는 그와 같이 수동적으로 견디는 것 훨씬 이상의 것이 요구됩니다. 본문의 "참음"이 보여 주는 생생한 그림은 포기하거나 혹은 짓눌려짐이 없이 무거운 것을 끝까지 지탱하는 자의 모습입니다. 이러한 확고한 태도는 수동적인 것 훨씬 이상입니다. 거기에는 모든 힘을 다해 무너지지 않도록 지탱하는 개념이 포함됩니다. 단순히 꽁무니 빼지 않고 감당하고자 애쓰는 것이 전부가 아닙니다. 참된 기독교적 참음 속에는 단순히 환난을 온유함으로 받아들이는 것 외에도 계속 선한 일을 행하는 것이 포함됩니다. 물론 그에 있는 첫 번째 요소는 우리의 길 가운데 하나님이나 혹은 사람으로부터 오는 고통을 불평 없이 받아들이는 것입니다. 그러나 두 번째 요소는 환난에도 불구하고 기독교적 진보(進步)를 위해 계속 힘쓰는 것입니다. 폭풍조차도 우리를 우리의 달려가는 길로부터 떠나게 만들 수 없습니다. 우리는 우리의 얼굴을 때리는 어떤 역풍에도 불구하고 계속 견디며 앞으로 나아가야만 합니다. 새들 가운데에는 바람을 이용하여 활강(滑降)하듯 나는 새들이 있습니다. 그와 같이 우리의 날개를 활짝 펴야 합니다. 그럴 때 거센 바람조차도 우리가 목적지를 향해 날아가는데 도움이 될 것입니다.

이 자리에 슬픔의 무거운 짐을 지고 비틀거리는 사람들이 있습니까? 여기에 그런 사람들을 위한 좋은 교훈이 있습니다. 슬픔 가운데 있다고 하여 은혜에서 그리스도의 형상을 따라 자라가야 하는 의무가 작아지는 것은 아닙니다. 어떤 상황 아래서든 우리의 첫 번째 일은 바로 그것입니다. 나에게 다가오는 여러 가지 슬픔들은 그렇게 자라가도록 돕기 위한 것들입니다. 내가 그러한 슬픔들에 함몰되어 나의 기독교의 진보의 의무를 망각한다면, 나의 인내는 "예수 안에 있는 참된 참음"이 아닙니다. 뿐만 아니라 환난 역시도 우리를 우리의 명백한 의무로부터 면제시켜 주지 않습니다. 슬픔은 절제하기 어려울 뿐만 아니라 사람을 자기중심적으로 잘못 이끄는 경향이 있습니다. 그렇기 때문에 그것은 해롭습니다. 슬픔에 빠져 있을 때, 우리는 종종 해야만 하는 명백한 일들을 내팽개쳐 버립니다. 환난의 어두운 그림자를 가로질러 빛나는 그 나라의 영광을 보십시오. 그것은 우리가 참음으로 인내하도록 돕습니다. 그리고 그러한 참음은 환난을 우리가 그 나라를 보다 더 충만하게 소유하도록 도와주는 복된 도구로 바꿀 것입니다.

시련과 역경에 맞서는 적극적인 "참음"의 성품은 다른 두 가지(즉 "환난"과 "나라")가 발견되는 곳 즉, 오직 그리스도 안에서만 발견될 것입니다. 그러한 세 개의 잎을 가진 식물은 오직 예수 그리스도 안에 뿌리를 박습니다. 그는 왕입니다. 그 안에 거함으로써, 우리는 공통의 왕권에 동참합니다. 그는 앞서 걸어가며 길을 여는 자입니다. 그 안에 거함으로써, 우리는 공통의 나라로 가는 공통의 길을 걷습니다. 그리고 그 길은 그의 피 흘린 발자국으로 인해 거룩하여집니다. 그는 믿음을 온전케 하는 자입니다. 그 안에 거함으로써, 우리는 그에 있는 생기(生氣)를 받습니다. 그는 앞에 있는 즐거움을 위해 기꺼이 십자가의 수치를 참으셨습니다. 그 안에 거함으로써, 우리는 그에 있는 모든 것을 우리 각자의 분량대로 소유할 것입니다. 그리고 우리는 수많은 무리와 함께 "예수 안에 있는 환난과 나라와 참음에 동참할" 것입니다. 그리고 우리는 마침내 다음과 같은 말씀을 들을 것을 소망할 수 있습니다. "너희는 나의 모든 시험 중에 항상 나와 함께 한 자들인즉 내 아버지께서 나라를 내게 맡기신 것 같이 나도 너희에게 맡겨 너희로 내 나라에 있어 내 상에서 먹고 마시며 또는 보좌에 앉아 이스라엘 열두 지파를 다스리게 하려 하노라"(눅 22:28-30).

6
전에 죽었었으나
지금 살아 있는 자

"곧 살아 있는 자라 내가 전에 죽었었노라 볼지어다 이제 세세토록 살아 있어 사망
과 음부의 열쇠를 가졌노니"

계 1:18

우리가 요한이 영화로워진 주님을 보고 그의 입으로부터 나오는 장엄
한 말씀을 들었을 때 그와 함께 "밧모라 하는 섬"에 있었다면, 아마도 우리
는 바닷물에 반짝이는 작열하는 태양 외에 아무것도 보지 못하고 해변에
철썩거리는 파도 소리 외에 아무 소리도 듣지 못했을 것입니다. 사도 요한
은 "성령 안에"(in the Spirit) 있었습니다(10절, 한글개역개정판에는 "성
령에 감동되어"라고 되어 있음). 다시 말해서 그는 감각이 억제된 상태에
서 그의 속사람이 초감각적 실재들에 대해 각성된 상태에 있었습니다. 설
령 외적인 눈과 귀에 아무것도 지각되지 않는다 하더라도, 의사전달은 실
제적으로 이루어졌습니다. 그것은 요한의 영 언에서 이루어진 것이 아니
었습니다. 우리는 의사전달의 객관적인 실재를 굳게 붙잡아야만 합니다.
그러나 밧모섬에서의 요한의 경우는 감각과 무관하게 온전한 의사전달이
이루어졌습니다.

한 걸음 더 나아가 여기에서 요한이 잠깐 본 것은 영원한 실재(實在)들
입니다. 그가 본 환상은 영원한 실재가 잠깐 나타난 것이었습니다. 저 멀

리 보이는 눈 덮인 하얀 산봉우리를 생각해 보십시오. 그것은 햇빛에 반짝일 때와 똑같이 구름 뒤에 가려져 있을 때에도 여전히 거기에 있습니다. 그것은 구름의 휘장에 의해 상당 시간 가려질 수 있지만, 그 뒤에 항상 그대로 있습니다. 그와 같이 요한의 의식(意識) 위에 새겨진 장엄한 상징적 이미지와 관련한 여기의 계시는 그와 그의 최초의 수신자들을 위해 의도했었던 것과 똑같이 오늘날의 우리를 위한 것으로도 의도됩니다. "귀 있는 자는 성령이 교회들에게 하시는 말씀을 들을지어다"(2:7). 본문은 그리스도 자신이 스스로에 대해 묘사하는 말씀입니다. 오늘 우리는 본문을 순서대로 한 구절씩 살필 것입니다. 왜냐하면 그렇게 할 때 우리가 그것의 힘과 웅장함에 충분히 도달하게 될 것이기 때문입니다.

1. 첫째로, 왕이신 그리스도는 자신의 절대적인 생명을 선포합니다.

우리는 본문이 앞 절과 불가분리적으로 연결되어 있는 것을 주목할 필요가 있습니다. 그러므로 우리는 앞 절과 본문을 끊지 말고 연속적으로 읽어야만 합니다. "나는 처음이요 마지막이요 살아 있는 자라."

앞 절과 본문이 이와 같이 불가분리적으로 연결된 사실은 본문의 "살아 있는 자"라는 표현이 단순히 그가 살아있다는 선언 이상(以上)의 의미를 암시합니다. 뒤 이어 나오는 "볼지어다 이제 세세토록 살아 있어"라는 구절을 주목해 보십시오. 우리가 앞의 "살아 있는 자"라는 표현에다가 그가 단순히 살아있다는 선언 이상의 훨씬 더 깊은 의미를 부여하지 않는다면, 여기의 구절은 불필요한 동어반복이 될 것입니다. 그렇다면 "나는 처음이요 마지막이니"라는 장엄한 말씀과 어깨를 나란히 할 만한 것이 무엇입니까? 이것은 신의 속성을 선포하는 말씀으로서, 옛 예언으로부터 직접 인용한 것입니다. "이스라엘의 왕인 여호와, 이스라엘의 구원자인 만군의 여호와가 이같이 말하노라 나는 처음이요 나는 마지막이라 나 외에 다른 신이 없느니라"(사 44:6). 이러한 말씀 가운데 옛 언약의 여호와는 자신과 비견(比肩)할 수 있는 존재가 아무도 없음을 선언합니다. 그런데 17절에서 그리스도는 하늘로부터 손을 뻗어 신의 본성에 속하는 것들을 자신에게 속하는 것으로 당당하게 취합니다. "나는 처음이요" ― 그는 모든 피조물보다 먼저 된 자입니다. "마지막이니" ― 그는 모든 피조물이 향하는 최종적인 목표와 목적입니다. 앞에서 이야기한 것처럼 우리는 18절 본문을 앞 절과 끊지 말고 연결해서 읽어야만 합니다. 이와 같이 본문이 앞 절과 연결된 사실은 우리가 본문의 "살아 있는 자"라는 구절을 특별한 의미 없는 표현으로 취하는 것을 금합니다. 나는 이것이 그가 세상에 계셨을 때 말씀하셨던 다음과 같은 말씀과 정확하게 동일한 것을 의미한다고 생각합니다. "아버지께서 자기 속에 생명이 있음 같이 아들에게도 생명을 주어 그 속에 있게 하셨고"(요 5:26). 아버지께로부터 아들에게로 피조물의 생명과 대조되는 생명, 다른 무엇으로부터도 말미암지 않은 본원적(本源的)인 생명, 독립적이며 자충족적인 생명이 주어집니다. 이것은 명백한 역설입니다. 왜냐하면 본원적인 것은 스스로 가지고 있는 것이지 받을 수 없기 때문입니다. 그러나 우리는 신의 속성의 모든 깊이와 높이와 넓이를 결코 측량할 수 없습니다. 그러므로 우리는 그것이 불가능하다고 말해서는 안 됩니다. 밧모섬에서 요한에게 하늘로부터 울려 퍼진 위대한 말씀이 의미한 것은 바로 이것입니다. 즉 영화로워진 그리스도가 절대적이며 본원적(本源的)인 생명을 소유하고 계시며 모든 창조의 근원이라는 것입니다. 그는 "살아 있는 자"일 뿐만 아니라, 그 자신이 "생명"입니다. 그러므로 그는 성경이 가르치는 것처럼 모든 창조의 대행자입니다.

오늘 나는 이러한 위대한 개념에 대해 길게 설명하지 않을 것입니다. 다만 내가 확신하는 바를 여러분 앞에 한 문장으로 요약하여 제시하고자 합니다. 그것은 그러한 위대한 개념이 모든 성경이 가르치는 것이며, 그리스도 자신이 세상에 계실 때 분명하게 가르치신 것이며, 그리스도 자신으로부터 계시록을 기록한 사도 요한에 이르기까지 계속 반복되는 실제적인 계시이며, 그리스도의 인격과 사역을 올바로 이해함에 있어 근본적인 것이라는 것입니다. 왜냐하면 우리가 성육신 이전에도 계셨던 그의 영원한 생명의 개념을 붙잡지 않는다면, 우리는 이 땅에서의 그의 행동들의 충분한 의미를 온전히 이해할 수 없기 때문입니다. "나는 처음이요 마지막이요 살아 있는 자라.”

2. 둘째로, 왕이신 그리스도는 죽음에 대한 자신의 순복을 선포합니다.

“내가 전에 죽었었노라.” 우리는 여기의 의미가 과거의 상태를 묘사하는 것으로서 “I was dead”가 아니라 과거의 행동을 묘사하는 것으로서 “I became dead”라는 사실을 주목할 필요가 있습니다. 둘 사이에는 매우 큰 차이가 있습니다. 그러나 아쉽게도 흠정역은 표현의 투박함을 피하기 위해 “became dead” 대신 “was dead”를 사용했습니다.

그러나 여기에서 나는 이에 대해 길게 다루고자 하지 않습니다. 다만 여러분에게 우리가 고찰할 필요가 있는 것 몇 가지만을 간단하게 제시하고자 합니다. “내가 전에 죽었었노라”(I became dead)라는 표현은 우리 주님이 육체를 취하신 사실을 함축합니다. “살이 있는 자”가 죽을 수 있게 되는 유일한 방법은 그가 스스로 죽을 수 있는 몸으로 옷 입는 것입니다. 이와 같이 절대적인 생명은 자발적으로 죽을 수 있는 몸을 취하셨습니다. 여기에서 요한이 죽음에 대한 우리 주님의 순복을 표현하기 위해 사용한 단어가 복음서에서 같은 주님의 성육신을 표현하기 위해 사용한 단어와 같습니다. 그 사실은 매우 의미심장합니다 — “말씀이 육신이 되어”(the Word became flesh). 말씀이 육신이 된 것처럼, 생명이 죽음이 되었습니다(Life became dead). “내가 전에 죽었었노라”(I became dead)라는 표현이 함축하는 또 한 가지에 대해서는 여기에서 다시금 반복할 필요가 없습니다. 왜냐하면 그것에 대해서는 앞 설교에서 충분히 다루었기 때문입니다. 그것은 그가 죽음의 법에 순복한 것이 완전히 자발적인 것이라는 것입니다. 그가 죽은 것은 그 자신의 행동이었습니다.

여기에서 우리는 세상 역사(歷史) 가운데 가장 장엄한 사실 앞에 서게 됩니다. 형제들이여, 앞에서 나는 그리스도의 본원적이며 영원한 생명의 사실을 이해하는 것이 그의 지상 생애를 이해하는데 근본적이라고 말했습니다. 마찬가지로 나는 또한 여기의 사실 즉 그가 자발적으로 죽은 사실을 이해하는 것이 그의 십자가를 이해하는데 근본적이라고 말합니다. 그러한 개념이 없을 때, 그의 죽음은 사람들의 감동과 감사를 불러일으키기에 무력한 것이 됩니다. 그러나 그것이 있을 때, 아무리 큰 감사도 결코 과한 것이 될 수 없습니다. 그는 스스로를 죽을 수 있는 육체로 옷 입혔습니다. 마치 영원한 태양이 스스로를 달이 가리는 자리에 놓는 것처럼 말입니다. 이러한 신의 사랑의 신비 즉 생명의 주님의 죽으심 앞에 머리를 숙입시다. 그를 이끈 동기(動機)와 그로 말미암은 결과들은 여기에 나타나지 않습니다. 그것은 축복과 경이(驚異)로 가득합니다. 그러나 오늘 우리는 단지 그의 죽으심이라는 단순한 사실 위에 초점을 맞추고, 그 안에서 영원한 찬미와 한없는 감사의 이유를 발견하고자 합니다.

여기에 우리가 고찰할 필요가 있는 것이 또 한 가지 있습니다. 영원한 생명이 죽었습니다. 죽음은 얼마나 쓸쓸한 것입니까! 우리 자신의 죽음에 대해 생각할 때, 죽음은 얼마나 쓸쓸한 것입니까! 어떤 사람이 죽어가는 것을 곁에서 지켜볼 때, 죽음은 얼마나 쓸쓸한 것입니까! 그러나 그리스도께서 먼저 죽으셨음을 생각할 때, 우리는 더 이상 죽음에 대해 쓸쓸함을 느낄 필요가 없습니다. 쓸쓸한 길을 걸어가는 어떤 여행자를 생각해 보십시오. 그러나 그 길을 앞서 걸어간 사랑하는 자들의 발자국을 발견할 때, 그는 새 힘을 얻을 것입니다. 이와 같이 그리스도께서 죽으셨음을 생각할 때, 죽음의 쓸쓸함은 더 이상 우리에게 쓸쓸함이 아닐 것입니다. 슬픔 가운데 엠마오로 가던 제자들에게 오셨던 것처럼, 그는 두려움 가운데 움츠린 우리들에게 오실 것입니다. 그러면 심지어 죽음의 마지막 순간에조차 그들의 마음이 뜨거워졌던 것과 마찬가지로 우리의 마음도 뜨거워질 것입니다. 우리가 그가 우리 앞서 죽음의 길을 걸어가신 것을 기억한다면 말입니다.

3. 셋째로, 왕이신 그리스도는 영광 가운데 있는 그의 영원한 생명을 선포합니다.

"볼지어다 이제 세세토록 살아 있어." 우리는 여기에서 승귀(昇貴)하신 그리스도께서 또 다시 자신의 신적 특권을 분명하게 선언하는 것을 보게 됩니다. 왜냐하면 여기에서 그가 말하는 영원한 생명은 누군가로부터 전달받은 불멸성이 아니라 신의 본성에 내재한 영원한 생명이기 때문입니다.

그러면 그렇게 말하는 자가 누구인지 주목해 보십시오. 사도 요한은 우리에게 "인자 같은 이"라고 말해 줍니다(13절). 이러한 호칭이 우리 주님이 이 땅에 계실 때 스스로에 대해 습관적으로 사용하셨던 호칭을 반복하는 것이든 아니면 단순히 영광 가운데 서 있는 자의 모습이 사람 같았음을 말하는 것이든 그것은 공히 지금의 목적과 합치됩니다. 왜냐하면 여기에서 그렇게 말하는 자는 신인(神人)이신 예수이기 때문입니다. 그의 인성과 신성은 불가분리적으로 뒤엉켜 있습니다. 신성의 절대적인 생명이 그의 인성에 흘러넘쳐 그것을 영화롭게 했습니다. 사람이신 그는 스스로 신의 특권을 취하면서 "나는 세세토록 살아 있어"라고 말합니다.

내가 이러한 개념을 설명하는 이유가 무엇입니까? 그것은 단순히 내가 진리라고 믿는 것을 정확하게 제시하기 위함이 아닙니다. 다만 그러한 개념 즉 "세세토록 살아 있는 자"가 단지 절대적인 생명의 하나님일 뿐만 아니라 또한 인자와 같다는 개념에 놓인 힘과 위로의 무한한 보화를 여러분과 나 자신에게 열어젖히기 위함입니다. 그가 살아 계시므로 우리도 살 것입니다. "내가 살았으므로 너희도 살겠음이라"(요 14:19). 예수 그리스도께서 살아 계신 한, 우리는 죽을 수 없습니다. 우리가 우리의 마음을 그에게 연결시킨다면, 그의 인성 위로 흘러넘치는 신적 영광이 마치 낙숫물 떨어지듯이 우리 위로 떨어질 것입니다. 그러면 우리 역시도 하늘에서 통치하시는 우리의 맏형이며 사람이신 예수 그리스도의 생명과 동일한 불멸의 생명을 소유할 것입니다.

그의 부활은 인성(人性)이 어떻게 될 수 있는지를 나타내는 것일 뿐만 아니라 또한 우리 모두에 대한 불멸의 생명의 실제적인 근원입니다. 그가 가장 참된 의미에서 우리에게 생명의 선물이 된 것은 오직 그가 "죽으시고 다시 살아나셔서 영원히 살아 계시기" 때문입니다. 향유 병이 깨어짐으로 말미암아 집에 향유 냄새가 가득 차게 되었습니다. 그리스도의 죽음은 세상의 생명입니다. 그리스도의 부활은 우리를 위한 영원한 생명의 약속이며 근원입니다.

4. 마지막으로, 왕이신 그리스도는 사망의 침침한 영역에 대한 자신의 권세를 선포합니다.

흠정역(KJV) 본 절의 마지막 부분에 다소 유감스러운 번역이 두 군데 있습니다. 하나는 거기에 나타나는 두 가지의 순서이며, 다른 하나는 하데스라는 단어를 "지옥"(hell)으로 오역한 것입니다(흠정역 18절은 "and have the keys of hell and of death"로 되어 있음). 원어는 "지옥과 사망"이라고 읽지 않고 "사망과 하데스"라고 읽습니다(한글개역개정판에는 "사망과 음부"라고 되어 있음). 하데스는 모든 죽은 자들이 모여 있는 보이지 않는 침침한 영역입니다. 신약의 하데스에는 회개하지 않은 자들을 위해 준비된 게헨나뿐만 아니라 회개한 강도에게 약속된 낙원까지도 포함됩니다.

여기에서 하데스는 크고 어두운 요새로서 그려집니다. 거기에는 문과 문빗장과 자물쇠가 있으며, 사람을 두렵게 하는 컴컴한 형상이 그 문을 지키고 있습니다. 그러나 그 문지기에게는 열쇠가 없습니다. 왕이신 그리스도가 그것을 가지고 있으며, 열고 닫을 수 있는 권세가 그에게 있습니다. 사망은 단순한 두려움이 아니며, 죄의 열매라든지 혹은 물리적인 법칙의 결과 등으로 완전하게 설명될 수 있는 것도 아닙니다. 왜냐하면 물리적인 법칙 뒤에는 의지(意志) 곧 그리스도의 사랑의 의지가 있기 때문입니다. 어두운 문을 여는 것은 그의 손입니다. 귀 있는 자는 그가 문을 열며 다음과 같이 말하는 것을 들을 수 있습니다. "내 백성아 갈지어다 네 밀실에 들어가서 네 문을 닫고 분노가 지나기까지 잠깐 숨을지어다"(사 26:20) "다윗의 열쇠를 가지신 이 곧 열면 닫을 사람이 없고 닫으면 열 사람이 없는 그가 이르시되"(계 3:7).

우리가 그가 열쇠를 가지고 계심을 믿는다면, 우리 자신이나 혹은 사랑하는 자들이 그 문을 지나가야만 할 때 두려워할 필요가 없을 것입니다.

하데스의 감옥에는 두 개의 문이 있습니다. 땅을 향해 서 있는 문이 열릴 때, 하늘을 향해 서 있는 다른 문도 함께 열립니다. 그러면 그 감옥은 빛이 비치는 통로가 됩니다.

그가 열쇠를 가지고 있기 때문에, 그는 결코 자기의 거룩한 자들이 차고 있는 족쇄를 그대로 내버려 두지 않을 것입니다. 우리 자신에 대해서나 혹은 우리의 사랑하는 자들에 대해 어둠은 단지 눈 깜빡할 정도로 짧을 뿐일 것입니다. 거기를 지나고 있다고 생각하는 순간 우리는 그곳을 벌써 지나 왔음을 알게 될 것입니다.

"이는 여호와의 문이라 의인들이 그리로 들어가리로다"(시 118:20). 옥에 갇혀 있는 가운데 갑자기 천사가 깨워 일어났던 베드로를 생각해 보십시오. 천사의 인도로 "저절로 열린 쇠문"을 통과한 연후에야 비로소 그는 제 정신이 들어 자신이 구원받은 것을 알게 되었습니다. 그런 가운데 그는 자신의 머리 위로 아침이 동터오는 것을 보면서 어리둥절한 채 도성에 서 있었습니다. 이와 같이 베드로에게 일어난 일이 우리에게도 똑같이 일어 날 것입니다.

7
일곱 별과 일곱 금 촛대

"오른손에 있는 일곱 별을 붙잡고 일곱 금 촛대 사이를 거니시는 이가 이르시되"
계 2:1

요한복음에 나타나는 그리스도의 모습과 계시록에 나타나는 그리스도의 모습 사이의 큰 차이를 분명하게 인식하게 된 것은 우리가 적대적인 비평학자들로부터 빚진 것들 가운데 하나입니다. 둘 사이에 명백한 대조가 나타나는 것은 의문의 여지 없는 사실입니다. 계시록이 묘사하는 정복하고 또 정복하는 만왕의 왕의 모습은 나사로의 무덤 앞에서 눈물을 흘리는 복음서의 그리스도의 모습과 너무나 다릅니다. 우리는 그러한 사실을 기꺼이 인정할 수 있습니다. 설령 그와 같이 서로 상반되는 것처럼 보이는 두 모습이 한 사람의 손으로부터 나오는 것은 결코 가능할 수 없다는 섣부른 추론에 대해서는 이의(異意)를 제기한다 하더라도 말입니다. 두 그림이 서로 모순되지 않는 한 그와 같이 추론하여 결론내리는 것은 필연적이지 않습니다. 다양성과 불일치는 다릅니다. 서로 불일치하지 않는 한, 다양성은 결코 두 책이 같은 저자가 기록했음을 의심하는 필연적인 이유를 제공하지 않습니다. 나는 두 그림 사이에 어떤 불일치도 알지 못합니다. 도리어 나는 두 그림이 서로를 보완하여 완전하게 만드는 것을 감사함으로 받아들일 수 있습니다.

계시록의 앞부분을 구성하는 위대한 환상은 우리에게 위엄의 옷을 입고 최고의 권능을 휘두르는 주 예수의 모습을 보여 주는 동시에 그의 옛 사랑과 온유도 보여 줍니다. 밧모섬에서 요한의 귀에 울린 음성은 예전에 "두려워하지 말라"고 말씀하셨던 바로 그 음성이었습니다. 여기에서 요한을 어루만지며 그에게 새 힘을 불어넣어준 손은 예전에 그가 종종 붙잡곤 했던 바로 그 손이었습니다. 그가 요한에게 말씀하신 "나는 처음이요 마지막이니 곧 살아 있는 자라 내가 전에 죽었었노라 볼지어다 이제 세세토록 살아 있어"라는 확증의 말씀은 그의 존재와 역할에 획기적인 변화가 일어난 사실과 함께 그 모든 변화에도 불구하고 그의 존재의 본질적인 동일성을 보여 줍니다(1:17, 18), 본문의 환상과 계시록 전체는 우리에게 "유다 지파의 사자(獅子)를 보라"고 초청합니다. 그러한 초청에 눈을 들어 바라보면, 우리 앞에 "보좌 가운데 일찍이 죽임을 당한 것 같은 한 어린 양"이 서 있습니다(5:6). 그는 우리를 위해 고난을 당하신 우리의 구속자, 온유하신 예수 그리스도입니다. "보라 세상 죄를 지고 가는 하나님의 어린 양이로다"(요 1:29).

오늘의 본문의 환상은 이어지는 모든 환상들의 서론(序論) 격입니다. 그리고 그것은 계시록 전체의 주된 목적을 규정합니다,. 왜냐하면 그것은 우리에게 자신의 교회들을 붙잡고 계시며, 인도하시며, 그 가운데 거하시는 그리스도를 보여 주기 때문입니다. 그렇게 볼 때 우리는 이후의 예언의 주된 주제가 그리스도의 교회와 관련한 것임을 어렵지 않게 예상할 수 있습니다.

본문의 환상은 그리스도의 교회들과 관련한, 교회들에 대한 그의 관계와 관련한, 그리고 세상에 대한 교회들의 관계와 관련한 영원한 사실들을 제시하기 위해 의도된 것입니다. 우리는 본문으로부터 다음과 같은 세 가지 주제를 관찰할 수 있습니다. 첫째로 교회들과 그들의 종들에 대해, 둘째로 교회들과 그들의 사역에 대해, 그리고 마지막으로 교회들과 그들의 주님에 대해.

1. 첫째로, 우리는 본문의 상징 속에서 교회들과 그들의 종들에 대한 매우 중요한 사실들을 발견하게 됩니다.

일곱 별은 일곱 교회의 사자들(angels)입니다. 우리는 여기의 "교회의 사자들"과 관련한 모든 신비한 해석들을 열거하느라 시간을 허비할 필요가 없습니다. 왜냐하면 그것을 사람 즉 각 공동체들의 공인된 지도자와 대표 외에 다른 무엇으로 취할 필연적인 이유가 전혀 없기 때문입니다. "사자"(angel)는 메시지를 전달하는 자를 의미합니다. 통상 천상의 초인간적인 존재들이 그와 같은 이름(angel)으로 불리는 것은 그들의 본질을 묘사하기 위함이 아니라 그들의 역할을 묘사하기 위함입니다. 그들은 하나님의 메시지를 전달하는 자들입니다. "사자"라는 그들의 이름은 단지 그것을 의미할 뿐입니다. 나아가 그 단어는 히브리어와 헬라어에서 종종 사람들에 대하여 사용됩니다. 때로 그 단어는 제사장들에게 적용됩니다. 심지어 어떤 곳에서는 회당의 관리인에게 적용되기도 합니다. 여기에 나타나는 각 교회의 사자들(angels)을 생각해 보십시오. 그들은 편지를 받기도 하며, 책망과 훈계의 말을 듣기도 하며, 죄를 지을 수도 있고 회개할 수도 있으며, 박해를 받을 수도 있고 죽을 수도 있으며, 이단에 넘어질 수도 있으며, 고난으로 말미암아 온전케 될 수도 있습니다. 이렇게 볼 때 나는 그들이 천상의 초인간적 존재일 수 있음을 상정하는 것은 전적으로 불필요한 가정이라고 생각합니다. 여기에서 그들에게 붙여지는 "사자"라는 이름은 그들의 역할을 묘사하는 것 외에 아무것도 아닙니다. 그들은 교회의 대표로서 메시지를 전달하는 자들인 것입니다.

그들과 그들이 속한 작은 공동체들 사이의 관계 속에서, 우리는 교회 공동체들과 그들이 선택한 지도자들 사이에 반드시 존재해야만 하는 근본적인 원리들을 발견할 수 있습니다. 그들이 어떤 정치 형태를 가졌든 상관없이 말입니다. 모든 기독교 조직체의 기저(基底)에는 분명한 원리들이 있어야만 합니다. 그것이 교회 정치체제에 있어서의 세세한 항목들보다 비교할 수 없을 정도로 더 중요합니다.

여기에서 먼저 교회의 사자들이 교회의 지도자들이라는 사실을 주목하십시오. 그들은 이중적인 방식으로 묘사됩니다. "사자"라는 그들의 이름은 그들의 종속적인 위치를 나타내며, 그들을 상징하는 "별"은 그들의 권세를 나타냅니다. 발람이 "야곱에게서 나오는 별과 이스라엘에게서 일어나는 규"를 바라본 때로부터 성경 전체를 통해 별은 항상 통치자를 상징했습니다. "한 별이 야곱에게서 나오며 한 규가 이스라엘에게서 일어나서 모압을 이쪽에서 저쪽까지 쳐서 무찌르고 또 셋의 자식들을 다 멸하리로다"(민 24:17). 이런 사실은 계시록에서 특별히 더 그러합니다. 설령 여기에서 별의 상징이 다른 개념들과 연결되어 사용된다 하더라도, 우리는 그것에서 권세라고 하는 가장 주된 개념을 놓쳐서는 안 됩니다.

한쪽 측면에서 종이며 다른 쪽 측면에서 통치자인 교회의 사자들에 대한 이러한 이중적인 표현은 기독교회의 모든 지도자들의 본질적인 성격을 완전하게 구체화합니다. 여기에 나타나는 원리와 "너희 중에 큰 자는 너희를 섬기는 자가 되어야 하리라"라는 위대한 말씀 속에 담겨 있는 원리는 정확하게 동일합니다(마 23:11). 어떤 사람이 높은 자리에 세움을 받는 것은 그가 낮은 자리에 있는 사람들을 섬기도록 하기 위함입니다. 어떤 사람에게 존귀와 권세가 주어지는 것은 그가 자신을 잊고 다른 사람들을 섬기도록 하기 위함입니다. 어떤 사람에게 권력이 주어지는 것은 그가 더 많이 수고하도록 하기 위함입니다. 어떤 사람에게 지혜를 주는 것은 그를 통해 어리석은 사람들에게 지혜가 흘러가도록 하기 위함입니다. 어떤 사람에게 강한 힘이 주어지는 것은 그가 연약한 손들을 붙잡아 주도록 하기 위함입니다. 바로 이것이 **노블리스 오블리제**입니다. 만왕의 왕 자신이 그러한 법칙에 순종하셨습니다. "예수는 아버지께서 모든 것을 자기 손에 맡기신 것을 아시고 수건을 가져다가 허리에 두르시고 이에 대야에 물을 떠서 제자들의 발을 씻으시고 그 두르신 수건으로 닦기를 시작하여"(요 13:3-5). 우리가 구속받은 것은 그가 섬기는 자로 오셔서 많은 사람들을 위해 자신의 목숨을 속전(贖錢)으로 드리셨기 때문입니다. 그는 섬기는 자로 우리 가운데 계십니다. 하나님도 기꺼이 이러한 법칙에 순종하셨습니다. 그는 모든 것 위에 계십니다. 그는 가장 높으심에도 불구하고 스스로를 가장 낮은 위치로 낮추셨습니다. 그의 통치권은 사랑 위에 세워지며, 그의 주권은 주는 것에서 섭니다. 이와 같이 하나님의 보좌를 모든 연약한 자들의 피난처와 모든 가난한 자들의 보화로 만드는 그와 같은 법칙이 우리가 마땅히 따라야 할 지침으로서 우리 각자의 분량대로 우리가 받습니다. 그리스도인들이 스스로를 그들의 형제들보다 더 높다고 생각하는 모든 곳에서, 그리스도인들이 하나님으로부터 받은 은사를 이기적으로 움켜쥐거나 혹은 이기적으로 허비하는 모든 곳에서, 권세를 받은 자들이 자신들의 엄숙한 책임보다 자신들의 지위를 자랑하는 모든 곳에서 — 그러한 법칙은 여지 없이 깨어집니다. 그리고 그럴 때 하나님의 교회는 이교와 마귀의 통치개념에 의해 지배되게 됩니다.

어떤 특별한 형태의 조직체를 만듦으로써 우리가 이러한 경향을 피할 수 있는 것은 아닙니다. 또 그런 조직체를 만든다고 해서 반드시 올바른 통치 개념을 붙잡게 되는 것도 아닙니다. 관료(官僚)들이 있는 곳에 필연적으로 관료주의의 위험도 있을 것입니다. 관료들이 없다고 해서 이기적인 자기중심주의가 사라지지는 않을 것입니다. 퀘이커 교회든 감독교회든 모두 동일한 근원으로부터 흘러나오는 위험 가운데 있습니다. 그리스도의 나라에서 통치하는 것은 곧 섬기는 것이라는 원리를 우리가 너무나 자주 잊는다는 사실 말입니다. 모든 교회들은 교회의 사역자들이 성도들을 주관하는 주인이 될 수 있음을 보여 주었습니다. 그리스도의 종들의 참된 정신은 예컨대 목사의 의무라든지 혹은 임직 등과 관련한 거창한 이론이 오직 그들을 도우시는 주님과 교제하는 가운데 그와 더불어 한 마음을 품는 것에 의해 확립됩니다.

그러나 모든 사람의 종이 되는 것이 곧 모든 사람의 명령에 따라 행동해야 함을 의미하는 것은 아닙니다. 그리스도를 본받는 섬김은 예속되는 것이 아니라 돕는 것입니다. 교회가 사역자들 위에 있어서도 안 되고, 사역자들이 교회 위에 있어서도 안 됩니다. 사역자들이 통치권을 주장할 때, 참된 연합은 깨어집니다. 마찬가지로 회중들이 통치권을 주장할 때에도 그것은 여지 없이 깨어집니다. 모든 사람이 모든 사람에 대하여 자유롭게

서야 합니다. 모든 사람이 모든 사람에 대하여 의지(意志)와 생각과 행동에 있어 독립적이어야 합니다. 모든 사람이 그리스도의 말씀과 그의 뜻에 따라 스스로의 삶을 형성하고 스스로의 믿음을 구성해야 합니다. 모든 사람이 모든 종류의 강제와 압제로부터 자유로워야 합니다. 모든 사람이 사랑으로 서로 섬겨야 합니다. 모든 사람이 자기에게 주어진 모든 소유와 물질과 지적인 능력과 영적인 능력이 모두의 유익을 위해 받은 것으로 여겨야 합니다. 주된 원리는 "너희 중에 누구든지 으뜸이 되고자 하는 자는 너희의 종이 되어야 하리라"입니다(마 20:27). 그리고 그것을 잘못된 이해와 남용으로부터 지켜 주는 또 하나의 원리는 "너희 선생은 하나요 너희는 다 형제니라"입니다(마 23:8).

별의 상징에서 우리가 발견하는 또 하나의 원리는 교회와 사역자가 근본적으로 동일한 일을 가지고 있다는 사실입니다.

별이 빛을 비추는 것처럼, 촛대도 빛을 비춥니다. 빛은 둘 모두로부터 서로 다른 방식으로 나옵니다. 그리고 나오는 빛의 성격도 다릅니다. 그러나 둘은 여전히 동일한 빛입니다. 별은 구주의 손에 있으며, 촛대는 그의 옆에 있습니다. 둘 모두 어둠을 밝히는 빛을 비추기 위한 것입니다. 이와 같이 모든 그리스도인들은 본질적으로 동일한 일을 가집니다. 그 일을 행하는 방식은 다양하지만, 그러나 행해야만 하는 일은 하나입니다. 하나님의 교회에서 맡은 직분은 각각 다릅니다. 그러나 거기에는 아무런 차별도 없습니다. 가장 높은 은사, 가장 두드러진 위치, 태양의 중심에 가장 가까이 있는 것 — 이 모든 것은 낮고 비천한 곳에 있는 사람들을 돕는 것 외에 다른 어떤 목적도 가지지 않습니다. 성령이 각 사람에게 자기 뜻대로 나누어 줍니다. 어떤 사람에게는 별의 은사를 줍니다. 그는 높이 솟아올라, 세상을 찬란한 광채로 비춥니다. 또 어떤 사람에게는 초라한 오두막을 밝히는 작은 등대의 은사를 줍니다. 그는 얼마 동안 그 오두막을 밝히고 이내 꺼집니다. 그리고 그것이 전부입니다. 모든 사람에게 성령의 나타남을 받는 것은 동일한 목적을 위한 것입니다. 그것은 그가 선을 행하도록 하기 위함입니다. 우리 모두는 하나의 동일한 일을 각자 다른 방식으로 행하도록 부름받습니다. 그것은 그리스도 예수의 얼굴에 있는 하나님의 영광의 빛을 세상에 나타내는 것입니다.

계속해서 우리는 영적 상태와 수준에 있어 교회와 사역자가 동일한 사실을 주목할 필요가 있습니다. 이어지는 편지들은 각 교회의 사자들의 강함이나 약함, 뜨거움이나 냉랭함, 죄나 악에 대한 이김 등을 교회 전체의 그것과 동일시합니다. 각각의 사자들은 교회 전체를 완전하게 대표합니다. 내가 볼 때 이러한 대표성은 여기의 사자들(angels)을 천상의 초인간적 존재로 보는 관점을 뒷받침할 수 있는 유일한 근거로 보입니다. 왜냐하면 여기에 나타나는 동일시는 어떤 사람과 공동체 사이의 관계로 보기에는 너무나 완전하기 때문입니다. 그러나 일상의 경험이 보여 주는 사실들을 생각할 때, 우리는 심지어 여기의 동일시 — 사자의 영적 상태와 교회의 영적 상태 사이의 동일시 — 속에서조차 우리의 해석 즉 여기의 사자들을 사역자로 이해하는 해석을 견지할 수 있는 강력한 근거를 발견할 수 있습니다.

교회의 영적 상태와 목사의 영적 상태가 대체로 동일한 경향이 있는 것은 분명한 사실 아닙니까? 서로 연결된 두 개의 컵에 물을 부을 때 두 컵의 수위(水位)가 동일한 것처럼 말입니다. 둘 사이에는 계속적인 상호작용이 있으며, 서로 영향을 주고받습니다. 그렇기 때문에 둘이 서로 비슷한 상태가 되는 것은 매우 자연스러운 결과입니다. 살아 있는 목사가 하나님의 은혜로 잠자는 교회를 깨어 일어나게 하든지, 그렇지 않으면 잠자는 교회가 마귀의 도움으로 목사의 생명력을 질식시킬 것입니다. 두 개의 쇠구슬을 취해 보십시오. 하나는 빨갛게 달구어진 구슬이며, 다른 하나는 차가운 구슬입니다. 둘을 서로 붙여 놓아 보십시오. 그리고 30분이 지났다고 생각해 보십시오. 이제 두 구슬 사이의 온도 차이는 얼마나 될까요? 정말로 감사한 것은 많은 경우 하나님의 사랑으로 불타는 한 영혼이 수많은 죽은 영혼들을 다시 일깨워 살아나게 하기에 충분했다는 사실입니다. 아, 그러나 안타까운 것은 작은 불꽃을 젖은 나무가 너무나 자주 꺼버리곤 했다는 것입니다. 젖은 나무는 너무나 완강하게 불붙기를 거부했으며, 마침내 많은 불꽃들을 꺼뜨려 버리고 말았습니다. 하나님의 교회가 높은 수준의 영적 상태 가운데 있었을 때, 교회에 훌륭한 지도자들이 많이 일어났습니다. 마치 알프스 산맥의 하얀 산봉우리들처럼 말입니다. 그러나 형식주의에 사로잡혀 자신의 냉기(冷氣)로 교회를 싸늘하게 만들고 자신의 강퍅함으로 교회를 뻣뻣하게 만든 지도자들은 화가 있을 것입니다.

그러므로 강단으로부터 회중석으로 그리고 회중석으로부터 강단으로 서로 나쁜 영향력을 주고받지 맙시다. 각 사람의 영적 상태가 전체 교회의 영적 상태에 영향을 끼치며 또 전체 교회의 영적 상태가 각 사람의 영적 상태에 영향을 끼치는 사실을 기억합시다. 교회의 전체적인 영적 상태가 얼마나 중요한지 기억합시다. 그리고 우리 각자가 거기에 기여한다는 사실을 기억합시다. 주님께 그의 교회를 각성시켜 달라고 기도합시다. 그리고 그렇게 될 수 있도록 훌륭한 사자들이 많이 일어나게 해 달라고 기도합시다.

2. 둘째로, 본문은 우리 앞에 교회들과 그들의 사역을 제시합니다.

여러분은 요한이 본 것이 오늘날 우리가 아는 것과 같은 촛대가 아니라 등대(lamp)였음을 이해할 것입니다. 계시록의 다른 모든 상징들과 마찬가지로, 이것 역시 구약과 분명하게 관련된 것입니다. 우리는 예루살렘 성전에 세상에서 이스라엘의 역할을 상징하는 일곱 개의 가지로 된 등대가 서 있었던 것을 압니다. 그것은 제단과 휘장 사이에서 항상 불타고 있었습니다. 옛 등대의 상징과 여기의 일곱 촛대의 상징 사이에는 유사점 못지않게 차이점도 있습니다. 옛 등대는 일곱 개의 가지로 된 하나의 등대였습니다. 그리고 각각의 가지 위에는 대접이 놓여 있었습니다. 그것은 형식적인 연합이었습니다. 반면 신약에서 사도 요한이 본 것은 일곱 개의 가지로 된 하나의 등대가 아니었습니다. 도리어 그가 본 것은 일곱 개의 별도의 등대들이었습니다. 이것은 형식적이 아닌 실제적인 연합을 상징하는 것이었습니다. 그것들은 그 가운데 거니시는 이로 말미암아 다양성에서 하나였습니다. 구약의 이스라엘보다 신약의 교회가 더 우월함을 나타내는 한 가지 큰 요소는 교회의 참된 영적 하나됨입니다. 교회가 하나인 것은 어떤 외적 연결 때문이 아니라 그리스도께서 그 가운데 계시기 때문입니다. 일곱 개의 가지로 된 옛 등대는 지금 티베르 강 밑에 있습니다. 그것은 그냥 거기에 있게 내버려 두십시오. 우리에게는 더 나은 것이 있습니다. 그것은 일곱 촛대입니다. 그 빛은 모두 하나로 합쳐집니다. 그것은 그것이 하나의 근원으로부터 흘러나오며, 한 영의 기름부음을 받으며, 한 주님의 보살핌을 받기 때문입니다.

우리가 일곱 촛대의 상징을 좀 더 자세히 살핀다면, 그로부터 우리는 교회의 위치 및 사역과 관련한 몇 가지 중요한 개념들을 발견하게 될 것입니다. 여기에서 교회는 빛으로서, 본원적인 빛이 아닌 파생된 빛으로서, 그리고 수많은 작은 빛들이 모여 이루어진 빛으로서 제시됩니다.

교회는 빛이 되어야 합니다. 별과 등대 모두에게 적용되는 이러한 친숙한 이미지는 우리가 어떠해야 할지에 대한 매우 중요한 교훈을 가르쳐줍니다. 예컨대 빛이 얼마나 자동적으로 비취는지 생각해 보십시오. 빛은 자동적으로 비취며 퍼져나갑니다. 빛나는 물체는 빛을 비출 수밖에 없습니다. 우리가 참으로 진리를 소유한다면, 우리는 그것을 나누어줄 수밖에 없습니다. 우리가 빛이신 주님으로부터 실제적으로 비침을 받았다면, 우리도 다시 그것을 외부로 비출 수밖에 없습니다. 세상에는 직접적이며 의식적(意識的)인 노력으로 행해지는 일들이 많이 있습니다. 그런가 하면 자연적이며 무의식적인 빛의 비춤으로 이루어지는 일들도 많습니다. 아마도 입술이나 펜보다 인품의 자연스러운 영향력에 의해 더 많은 일들이 이루어질 것입니다. 우리는 어느 하나로 다른 하나를 대체할 필요가 없습니다. 그러나 사랑하는 그리스도인들이여, 여러분에게 예수를 나타내는 거룩한 분위기가 자동적으로 흘러나와야만 한다는 사실을 잊지 마십시오. 마치 태양으로부터 빛이 자동적으로 흘러나오는 것처럼 말입니다. 우리의 삶은 마리아가 주님의 발에 아낌없이 부은 값비싼 향유와 같아야만 합니다. 그것의 달콤한 향기가 공기 중에 퍼지고 마침내 집 전체를 가득 채우지 않았습니까? 그와 같이 우리의 전 존재로부터 그의 이름과 그의 사랑과 그의 형상이 퍼져 나가야만 합니다. 의식(意識)하든 의식하지 못하든, 우리는 그리스도의 향기입니다.

계속해서 빛의 행동이 얼마나 조용하며 부드러운지 생각해 보십시오. 매일 아침마다 하나님의 일출(日出)의 은혜가 어두운 세상 위에 조용하며 천천히 임하는 가운데 스스로를 나누어 줍니다. 빛은 얼마나 강력한 힘을 가졌습니까! 광대무변한 우주를 가로질러 여기까지 달려올 정도로 말입니다. 그럼에도 불구하고 그것은 잠자는 꽃잎조차 흔들리게 하지 않을 정도로 부드럽게 내립니다. 빛은 매우 강력한 일을 합니다. 그것이 행하는 일은 "말이나 언어 없이" 행해집니다. 그것이 가진 힘은 정말로 어마어마합니다. 그러나 그것을 창조한 자처럼, 그것은 자기에게 의존하는 것들을 조용히 자라게 합니다. 우리 역시도 빛처럼 살며, 빛처럼 일해야 합니다. 우리는 우리의 모든 능력을 온유함과 부드러움으로 옷 입혀야 합니다. 우리는 우리의 모든 일을 고요함 가운데 행하는 가운데 어두운 세상을 치유의 빛으로 채워야 합니다.

계속해서 빛 자체는 보이지 않는 사실을 주목하십시오. 빛은 스스로를 나타내지 않으면서 모든 것을 드러나게 합니다. 여러분이 볼 수 있는 것은 빛이 아니라 빛이 흘러나오는 근원입니다. 이와 같이 우리는 우리 자신을 나타내기 위해서가 아니라 우리 주님을 나타내기 위해 비추어야 합니다. 우리는 명성을 탐한다든지 혹은 사람들 앞에 드러나기를 구해서는 안 됩니다. 사도 요한은 세례 요한에 대해 "그는 이 빛이 아니요 이 빛에 대하여 증언하러 온 자라"고 말했습니다(요 1:8). 이것은 세례 요한에게 사실이었던 것과 똑같이 우리에게도 사실입니다. 우리는 우리에 대해 그와 같이 말하는 것에 기꺼이 만족하며 기뻐해야 합니다. 우리 역시도 세례 요한과 마찬가지로 기꺼이 "그는 흥하여야 하겠고 나는 쇠하여야 하리라"라고 말해야만 합니다(요 3:30).

나아가 우리는 본문의 상징으로부터 교회의 빛은 본원적인 빛이 아닌 파생된 빛이라는 사실을 배울 수 있습니다. 등대에 불이 타기 위해서는 두 가지가 필요합니다. 첫째로는 불이 붙여져야 하며, 둘째로는 연료가 공급되어야 합니다. 두 가지 측면 모두에서 우리가 비추는 빛은 본원적인 빛이 아니라 파생된 빛입니다. 우리는 해가 아니라 달입니다. 우리가 비추는 모든 빛은 자체 발광한 빛이 아니라 반사된 빛입니다. 이것은 모든 의미에서 사실이며, 가장 참된 의미에서 사실입니다. 예수 그리스도는 세상에 와서 모든 사람들에게 비취는 참 빛입니다. 사람의 영에 있는 모든 지혜의 빛과 정결의 빛과 기쁨의 빛은 사람들의 빛이신 그로부터 나온 것입니다. 모든 빛은 그로부터 옵니다. 그는 우리의 눈에 적합한 형태로 우리에게 빛을 보냅니다. 오직 그럴 때만 우리는 빛을 볼 수 있습니다. 앞에서 이야기한 것처럼, 사도 요한은 세례 요한에 대해 "그는 이 빛이 아니요"라고 말하면서 그 안에 본원적인 빛이 없음을 확증했습니다. 그는 "사람들이 한때 그 안에 있기를 즐거워한 등불"이었습니다. "요한은 켜서 비추이는 등불이라 너희가 한때 그 빛에 즐거이 있기를 원하였거니와"(요 5:35). 사람은 본원적인 빛일 수 없습니다. 사람은 오직 파생된 일시적인 빛일 수 있을 뿐입니다. 우리 자체로는 어둠입니다. 오직 그와 교제를 유지할 때 비로소 우리는 빛을 비출 수 있게 됩니다. 우리가 빛을 비출 수 있는 조건은 그리스도께서 우리에게 빛을 비추는 것입니다. 그가 근원이며, 우리는 단지 통로일 뿐입니다. 그가 촛대들 가운데 거니셔야만 합니다. 그렇지 않으면 촛대들은 결코 빛을 비출 수 없습니다. 별들은 그의 손에 붙잡혀 있어야만 합니다. 그렇지 않으면 별들은 자기 자리로부터 떨어져 결국 어둠이 되고 말 것입니다. 이와 같이 일을 위한 우리의 모든 능력은 먼저 받는 것에 놓여 있습니다. 우리가 그리스도를 **위해**(for) 살고자 한다면, 우리는 그리스도 안에**서**(in) 살아야만 합니다.

빛을 비추기 위해 필요한 또 하나의 필수적인 것이 있습니다. 스가랴 선지자는 환상 가운데 거대한 등대를 보았습니다. 그 옆에는 두 그루의 감람나무가 있었으며, 그것으로부터 금 기름(golden oil)이 금관(golden pipes)을 통해 중앙의 빛으로 흘러들어가고 있었습니다(슥 4:11, 12). 그가 이것의 의미가 무엇인지 물었을 때, 이것이 천사의 해석이었습니다. "만군의 여호와께서 말씀하시되 이는 힘으로 되지 아니하며 능력으로 되지 아니하고 오직 나의 영으로 되느니라"(6절). 등대의 불이 타기 위해서는 계속 기름이 공급되어야만 합니다. 구약 전체를 통해 기름은 하나님의 영의 은혜로우며 온유한 능력을 상징합니다. 기름부음과 함께 제사장들과 선지자들과 왕들이 그들의 직분에 임직되었습니다. 그러므로 예언 속에서 메시야가 이렇게 말합니다. "주 여호와의 영이 내게 내리셨으니 이는 여호와께서 내게 기름을 부으사"(사 61:1). 이와 같이 등대에는 반드시 기름이 공급되어야만 합니다. 마찬가지로 그리스도의 빛을 비추는 영혼은 먼저 그가 불을 붙여야만 하고, 다음으로 그의 영의 은혜와 은사가 계속 채워져야만 합니다. 나의 친구들이여, 이것이 가르치는 엄숙한 교훈을 배우십시오. 기름을 준비하지 못한 처녀들은 어떻게 되었습니까? 그들의 등불은 곧 꺼졌으며, 그들의 마지막은 어둠이었습니다. 죄와 게으름으로 금관이 막히지 않도록 조심하십시오. 그것을 통해 우리의 작은 등대 안으로 거룩한 기름이 계속 흘러들어와야만 합니다. 그럴 때 비로소 우리의 등대는 계속 불타며 빛을 비추게 될 것입니다. 기름이 공급되지 않을 때 심지에 잠깐 불이 붙어 있을 수 있지만. 불은 곧 꺼지고 시커먼 연기만 날 것입니다. 그러면 그것은 하나님과 사람에게 불쾌한 냄새만을 가져다 줄 것입니다. 하나님의 성령을 거스르지 않도록 조심하십시오. 여러분의 허리를 묶고, 여러분의 등대가 불타게 하십시오. 그리고 거기에 계속 정결한 기름이 공급되도록 보살피십시오. 오직 그럴 때에만 그 불은 꺼지지 않고 계속해서 탈 것입니다.

한 걸음 더 나아가 본문은 우리 앞에 교회의 빛이 수많은 작은 빛들로 모여 이루어진 하나의 큰 빛임을 제시합니다.

각각의 공동체들은 하나의 촛대로 표현됩니다. 하나의 촛대의 빛은 그 공동체를 구성하는 모든 개인들의 작은 빛들이 합쳐져서 만들어집니다. 그들은 단순히 개인들이 아니라 하나의 공동체로서 영향력을 갖습니다. 그러므로 사역에 있어 개인들 사이에 협동이 있어야 합니다. 그들의 힘을 서로 합쳐야 합니다. 개인을 전체에 종속시켜야 합니다. 각각의 개인들의 빛은 공동체의 빛에 즐겁게 합쳐져야 합니다. 교회는 단순히 수많은 작은 빛들이 모여 있는 것이어서는 안 됩니다. 도리어 각각의 작은 빛들은 하나의 거대한 빛에 융합되어야 합니다. 우리는 많은 사람들이 모이는 광장에서 구형(球形)의 큰 발광체를 볼 수 있습니다. 거기에는 많은 구멍들이 뚫려 있고, 각각의 구멍에는 꼬마 전구가 달려 있습니다. 모든 꼬마 전구들이 켜지면 어떻게 될까요? 그것들은 각각의 개별성을 잃어버린 채 모두 합쳐져서 하나의 거대한 발광체를 만듭니다. 바로 이것이 기독교회가 마땅히 되어야만 하는 모습입니다. 우리 각자가 구주와의 개별적인 교제와 접촉으로 말미암아 주 안에서 빛이 됩니다. 그리고 우리는 형제들과 더불어 즐겁게 하나로 연합하는 가운데 하나의 거대한 빛을 만듭니다. 우리는 우리의 목소리를 그들의 목소리와 합칩니다. 우리는 교회가 증인의 사명을 수행함에 있어 모두가 필요함을 압니다. 이렇게 합쳐진 목소리는 마치 우레가 울리는 것과 같은 거대한 화음을 만듭니다.

　본문의 상징은 우리에게 우리의 마음과 노력을 하나로 합칠 것을 요구합니다. 우리가 효과적으로 일하고자 한다면, 우리는 함께 일해야 합니다. 우리가 스스로를 형제들로부터 분리시킨다면, 우리는 힘을 잃을 것입니다. 절반쯤 꺼진 장작들을 한데 모아 보십시오. 그러면 그것들은 서로 불씨를 주고받음으로 다시 불붙을 것입니다. 그러나 그것들을 서로 떼어 놓아 보십시오. 그러면 각각의 장작들에 남아 있는 불은 결국 완전히 꺼지고 말 것입니다. 그러므로 형제들과 함께 연합하십시오. 그리고 그들과 함께 일하십시오. 그러면 우리 가운데 영광스러운 불꽃이 솟아오를 것이며, 그 불꽃을 보고 방황하는 많은 영혼들이 돌아올 것입니다.

3. 마지막으로, 본문은 우리에게 교회들과 그들의 주님을 보여 줍니다.

　오른손에 일곱 별을 붙잡고 촛대들 사이를 거니시는 자는 주님입니다. 그는 강한 손으로 그의 종들을 굳게 붙잡고 그들을 보호하며 지탱합니다. 원어는 단순히 붙잡는 것 이상의 강한 의미를 함축합니다. 그것은 강한 힘으로 꽉 붙잡는 것입니다. 종들이 자신들에게 맡겨진 일을 감당하기 위해서는 특별한 은혜가 필요합니다. 왜냐하면 그들은 특별한 위험들 가운데 둘러싸여 있기 때문입니다. 그러나 그런 가운데서도 그들은 담대함을 가질 수 있습니다. 왜냐하면 아무도 그의 손으로부터 그들을 빼앗지 못할 것이기 때문입니다. 이와 같이 그는 자신의 교회들 가운데를 거닐면서 그들을 위해 일하고 계십니다. 여기의 상징은 우리에게 그가 승천할 때 한 자신의 약속을 온전히 지키고 계시는 것을 보여 줍니다. "볼지어다 내가 세상 끝날까지 너희와 항상 함께 있으리라"(마 28:20).

예수 그리스도께서 자신의 교회들 가운데 거하시는 이러한 임재는 문자적인 사실입니다. 설령 우리가 그것을 연약하게 밖에는 붙잡지 못한다 하더라도 말입니다. 우리는 이것을 단순히 그리스도의 교훈과 모범의 영속적인 영향력을 표현하는 것이라든지, 그의 사역으로부터 우리에게 흘러들어오는 계속적인 은택을 의미하는 것이라든지, 그가 사랑 가운데 우리를 계속 생각하고 계시는 것을 의미하는 것으로 평가절하해서는 안 됩니다. 물론 그러한 것들은 모두 사실이며, 우리의 큰 축복들입니다. 그러나 그 어떤 것도 여기의 위대한 약속의 높이에 도달하지 못합니다. 그는 몸(body)이 아니라 인격(person) 안에 계시며, 그의 임재는 "실제적인 임재"입니다. "내가 너희를 고아와 같이 버려두지 아니하고 너희에게로 오리라"(요 14:18). 모든 세대를 통해 그리고 모든 나라들 가운데, 두세 사람이 그의 이름으로 모인 곳에 그도 함께 계십니다. 그리스도께서 그의 교회 가운데 계시는 것은 하나님이 물리적인 우주 가운데 계시는 것과 유사합니다. 하나님이 우주 가운데 계시는 것이 모든 생명체가 생명을 유지하는 조건입니다. 하나님이 여기에 계시지 않는다면, 여기에는 아무것도 존재하지 않을 것입니다. 아니, 심지어 "여기" 자체가 없을 것입니다. 마찬가지로 그리스도께서 교회 가운데 계시는 것이 교회의 존재의 근거입니다. 그가 계시지 않는다면, 교회는 더 이상 존재하지 않을 것입니다. 성 어거스틴의 "그리스도께서 계시는 곳에 교회가 있다"는 유명한 말처럼 말입니다.

우리 주님의 참된 신성(神性)을 믿지 않는 사람들에게 이러한 말은 얼마나 터무니없는 말로 들리겠습니까! 두말할 것도 없이 그가 자기 백성들과 영원히 함께 계시는 것을 믿는 것은 그가 신의 속성들을 소유함을 믿는 것을 함축합니다. 사람들과 더불어 비천함 가운데 살다가 세상을 떠나면서 자기를 따르는 자들과 함께 영원히 있겠노라고 약속하는 여기의 신비로운 인물을 생각해 보십시오. 그러한 약속은 오만과 광기의 극치든지 아니면 자기 안에 있는 신성(神性)을 의식하는 것으로부터 온 것이든지 둘 중 하나입니다. 그는 모든 세대를 통해 모든 곳에서 자신의 이름을 부르는 모든 사람들과 함께 있을 것을 선언합니다. 그렇게 선언하는 그는 도대체 누구입니까?

그러면 그리스도는 무슨 목적으로 자기 교회들 가운데 거하십니까? 본문은 그것이 그 교회들을 붙잡으며 복되게 하기 위함이라고 확증합니다. 그는 자신의 오른손으로 계속해서 일곱 별을 붙잡고 계시며, 쉼 없이 자기 교회들 가운데 활동하고 계십니다. 그러나 그러한 목적 외에도 앞 장의 환상 가운데 나타난 그의 특징들은 그가 보호하며, 심판하며, 필요하다면 징계하기 위해 우리와 함께 계심을 보여 줍니다. 앞장에 등장하는 장엄한 인물의 대부분의 특징들이 이러한 개념들을 암시하는 것을 주목하십시오. 불꽃같은 눈과 풀무불에 단련한 빛난 주석 같은 발과 좌우에 날선 검이 나오는 입과 해가 힘 있게 비치는 것 같은 얼굴을 가진 자 ― 그가 바로 교회의 주님입니다. 그렇습니다. 그리고 그가 바로 세상에 계실 때 제자들을 그토록 사랑하셨던 바로 그 사랑의 주님입니다.

형제들이여, 그는 우리와 함께 거하십니다! 그는 세상 끝 날까지 자기 교회들을 지키시며 보호하십니다. 그렇지 않으면 그의 교회들은 허물어집니다. 그는 땅의 모든 요동(搖動)과 그의 백성들의 모든 잘못과 모든 거짓의 미혹들을 통제하십니다. 그리고 자신의 교회를 강하게 하며 정결하게 하기 위해 그 모든 것을 억제합니다. 그는 우리와 함께 거하십니다. 그러면서 불꽃같은 눈으로 우리의 모든 허물을 바라보시며, 그의 입으로부터 나오는 날선 검으로 우리의 모든 죄와 잘못을 찌릅니다. 그리스도께서 우리 가운데 계시며 우리를 징계하시는 것으로 하나님께 감사합시다. 그가 필요할 때 징계의 회초리를 드는 것은 우리를 너무도 사랑하기 때문입니다. 외면한 얼굴보다 차라리 불꽃같은 눈이 훨씬 더 낫지 않습니까? 가야

바와 헤롯의 경우처럼 악독에도 불구하고 평안한 것보다 좌우에 날선 검이 훨씬 더 낫지 않습니까? 그가 우리에게 "내가 너희를 떠나 나의 처소로 가리라"라고 말하는 것보다 차라리 심판자로서 우리 가운데 계시는 것이 훨씬 더 낫지 않습니까? 그에게 우리로부터 떠나지 말아 달라고 간구하십시오. 그리고 우리의 모든 허물에도 불구하고 그가 여전히 우리를 사랑하시며 우리를 버리지 않으셨음을 증명하는 그의 자비로운 책망과 효과적인 징계에 순복하십시오.

계속해서 일곱 교회를 통해 나타나는 그의 오래 참으심의 실례(實例)들 속에 얼마나 큰 소망과 격려가 담겨 있는지 주목하십시오. 그는 그 모든 교회들과 함께 계셨습니다. 거기에는 처음 사랑을 버린 에베소 교회도 있었으며, 이단의 가르침을 받아들인 버가모 교회와 두아디라 교회도 있었으며, 살았다 하는 이름은 가졌으나 죽은 사데 교회도 있었으며, 모든 뜨거움을 잃어버린 채 자기만족에 빠진 라오디게아 교회도 있었습니다. 주님은 충성된 서머나 교회와 인내의 말씀을 굳게 지킨 빌라델비아 교회와 마찬가지로 다른 모든 교회들 가운데에도 함께 계셨습니다. 그러므로 우리는 주님이 온전하지 못한 교회 가운데 거하실 수 없다고 함부로 말해서는 안 됩니다. 우리는 스스로에 대해서는 크게 각성하고 경계하는 반면 다른 사람들에 대해서는 최대한 관대해야 합니다.

여기의 일곱 교회는 우리에게 또 하나의 교훈을 가르쳐 주는데, 그것은 불 꺼진 등대에 다시 불이 붙여질 수 있으며 허물어진 성전이 다시 회복될 수 있다는 사실입니다. 여기의 에베소 교회와 그 이웃 공동체들을 생각해 보십시오. 그러한 공동체들은 바울이 세우고, 요한이 양육하고, 주님 자신이 사랑과 돌봄과 보호와 경고와 징계를 받았습니다. 그럼에도 불구하고 그러한 공동체들은 지금 어디에 있습니까? 지금 남아 있는 것은 오직 허물어진 기둥과 담벼락들뿐입니다. 그리스도의 이름이 찬미되던 곳에 지금 이슬람교 사원이 서 있습니다. 그리고 거기에서 매일 같이 "알라 외에 다른 신은 없으며 마호메트는 그의 예언자다"라는 메아리만 끝없이 되풀이되고 있습니다. 언젠가 마르틴 루터는 "하나님의 은혜는 마치 한 여름의 소나기와 같다"고 말했습니다. 소나기는 갑자기 한 지역에 쏟아지고는 다른 곳으로 이동합니다. 유대 땅에 은혜의 소나기가 내렸지만, 지금은 황량하며 메말라 있습니다. 은혜의 소나기는 여기의 소아시아 지역에 쏟아졌지만, 얼마 후 지나갔습니다. 그러므로 은혜가 임할 때, 우리는 그것을 굳게 붙잡아야만 합니다. 혹시라도 촛대가 옮겨지지 않을까 두려워하면서 말입니다.

여러분은 예루살렘이 함락되기 전날 밤 있었던 일과 관련한 옛 전설을 들어본 적이 있습니까? 그날 성전 문지기는 어둠 가운데 "이제 떠나자!"라고 말하는 슬픈 음성을 들었다고 합니다. 그러면서 그는 성소로부터 무엇인가가 나오며 날개를 펄럭거리는 소리를 들었다고 합니다. 그리고 다음 날 로마 병사들이 지성소의 대리석 바닥을 여지 없이 짓밟았습니다. 그리고 어떤 병사가 횃불을 던졌으며, 마침내 하나님이 자기 이름을 영원히 두겠노라고 약속하셨던 그 아름다운 전은 불바다가 되고 말았습니다. 오늘 말씀을 통해 교훈을 배웁시다. 우리 주님이 자기 피로 사시고 모든 허물에도 불구하고 계속해서 보존하시는 교회를 우리는 음부의 권세가 이기지 못하도록 굳게 지켜야만 합니다.

8

이기는 자의 생명의 양식(1)

"이기는 그에게는 내가 하나님의 낙원에 있는
생명나무의 열매를 주어 먹게 하리라"
계 2:7

소아시아의 일곱 교회에 보내는 일곱 편지들을 생각해 보십시오. 각각의 편지들 말미에 제시되는 일곱 개의 약속들은 본질적으로 하나입니다. 우리는 가장 깊은 의미에서 그 모든 약속들이 실제로 그리스도 자신을 주는 것이라고 말할 수 있습니다. 그러나 다이아몬드는 그것이 놓인 각도에 따라 붉은색, 초록색, 흰색 등 다양한 빛을 발합니다. 마찬가지로 우리는 하나의 위대한 개념을 다양한 관점으로부터 바라볼 수 있으며, 그럴 때 그것은 다양한 빛으로 반짝입니다. 실재(實在)는 하나이며 단순합니다. 그러나 그것을 이해하는 가장 좋은 방법은 다양한 관점에서 도출된 여러 개념들과 은유들을 함께 묶어 고찰하는 것입니다.

나는 오늘날의 기독교가 생각으로든 실천으로든 미래의 삶과 관련한 신약의 가르침을 상대적으로 소홀히 다루고 있다고 생각합니다. 과거와 비교할 때, 오늘날 우리는 그것에 대해 훨씬 더 적게 들으며 또 적게 생각합니다. 그러므로 우리는 그것이 주는 삶을 위한 강력한 동기(動機)와 슬픔 가운데서 얻게 되는 확실한 위로를 너무나 많이 잃어버립니다. 심지어 우리 가운데 일부 사람들은 하늘의 소망을 바라보며 살아가는 사람들을 이상한 눈으로 바라보기까지 합니다. 그러나 미래의 삶이 실제로 존재한다면 그리고 그것이 정말로 이 땅에서 행한 모든 행동의 결과를 그대로 거두는 것이라면, 분명 그것을 소홀히 여기는 것은 결코 지혜로운 일이 아닐 것입니다. 도리어 미래의 소망을 바라보며 살아가는 사람들이 그들을 이상한 눈으로 바라보는 사람들보다 훨씬 더 이성적(理性的)인 사람들일 것입니다.

이와 같이 불멸에 대한 소망은 그리스도인의 삶 가운데 매우 중요한 위치를 차지함에도 불구하고 실제로는 많은 사람들에게 매우 작은 중요성밖에는 갖지 못합니다. 이제 나는 몇 주간에 걸쳐 여러분과 함께 미래의 삶과 연결된 일련의 보배로운 약속들을 살펴보고자 합니다. 그러한 약속들을 더 굳게 붙잡을수록 우리는 우리에게 주어진 믿음의 싸움을 더 힘 있게 싸울 수 있게 될 것입니다.

1. 첫째로, 여기의 선물을 주목해 보십시오.

"하나님의 낙원에 있는 생명나무의 열매." 여기의 첫 번째 약속은 우리를 에덴동산과 관련한 창세기의 옛 이야기로 데려갑니다. 우리는 여기의 약속의 실체와 그것이 여기에서 제시되는 은유적인 형식 사이를 구별할 필요가 있습니다. 여기의 약속의 실체는 생명의 전달입니다. 그리고 그것이 여기에서 제시되는 은유적인 형식은 시적이며 상징적이며 함축적으로 창세기의 앞부분의 이야기를 가리킵니다.

먼저 본문의 약속의 실체를 생각해 보도록 합시다. 우리가 "생명"이라는 단어를 단순히 "계속적인 존재"(continuous existence)라고 하는 물리적인 의미로 이해한다면, 나는 여기의 약속이 그것을 듣는 사람들의 심장을 기쁨과 소망으로 뛰게 만드는 약속이 되지 못할 것이라고 생각합니다. 존재가 끝없이 계속되는 개념은 사람들의 마음에 축복보다는 두려움을 가져다 줄 것입니다. 그렇다면 "생명의 면류관"은 실제로 가시 면류관이 될 것입니다.

그러나 형제들이여, 결코 그렇지 않습니다. 우리의 마음이 갈망고 그리스도께서 주시는 것은 단순히 우리의 존재가 끝없이 계속되기만 하는 것이 아닙니다. 그것은 그것보다 훨씬 더 심층적인 어떤 것입니다. 물론 그것이 토대(土臺)가 되는 것은 사실입니다. 그러나 그것은 단지 토대일 뿐 그 이상은 아닙니다. 우리는 생명이라는 단어를 우리 주님이 사용하는 의미로 이해해야 합니다. 그럴 때 비로소 우리는 여기의 위대한 약속의 의미를 이해할 수 있게 될 것입니다. 오로지 세상적이며 일시적인 목표만을 추구하며 완전히 동물적인 삶을 사는 사람들을 생각해 보십시오. 그러한 삶은 "생명"(life)이라고 부를 만한 가치가 없는 삶이 아닙니까? 그와 같이 "생명"이라는 장엄한 이름으로 불릴 자격이 있는 유일한 것은 그 아들 예수 그리스도를 통해 스스로를 나타내시며 전달하시는 하나님과의 의식적(意識的)인 교제 안에서 존재하는 상태입니다. 성경은 "그 안에 생명이 있었으며, 그 생명이 나타난 바 되었다"고 말합니다. 그러면 그것이 단순히 존재하는 것입니까? 생명은 단순히 나타났을 뿐만 아니라 또한 전달되었습니다. 그러므로 그것의 본질은 예수 그리스도를 통한 하나님과의 교제입니다. "그리스도 안에 있는 생명의 성령"을 소유할 때, 그것은 사람들을 "자유롭게" 만들 것입니다. "죄와 사망의 법"으로부터는 결코 올 수 없는 자유 말입니다. "이는 그리스도 예수 안에 있는 생명의 성령의 법이 죄와 사망의 법에서 너를 해방하였음이라"(롬 8:2). 그리스도께서 "이기는 자"에게 주는 생명의 선물은 단순히 의식적(意識的)인 존재가 아니라, 하나님 자신의 생명으로부터 말미암은 존재입니다.

이러한 생명을 소유할 때, 비로소 사람은 자신의 합당한 목적과 자신의 합당한 활동 영역을 발견할 수 있게 됩니다. 그러므로 그러한 삶은 축복된 삶입니다. 왜냐하면 그 중심이 모든 축복의 근원과 연결되어 있기 때문입니다. 바로 여기에 미래의 축복과 관련한 약속의 가장 깊은 의미가 있습니다. 그것은 단순히 육체를 벗고 하늘의 빛으로 옮겨지는 변화 때문이 아니라, 거기에 있는 성도들이 하나님과 연합되고 그들의 마음 안으로 신의 생명의 충만이 영원히 부어지기 때문입니다. 바로 이것이 영광과 축복을 만듭니다.

그러나 그와 같은 미래의 완전하며 충분한 생명은 단지 우리가 이 땅에서 소유하는 것이 계속되며, 증진되며, 발전되는 것일 뿐이라는 사실을 기억하십시오. 여기에서 그것은 한 방울씩 떨어지지만, 거기에서는 소나기처럼 쏟아질 것입니다. 여기에서 그것은 조금씩 스며들지만, 거기에서는 홍수처럼 부어질 것입니다. 여기에서 그 외래종 식물은 보잘것없는 꽃을 피우며 조금밖에 자라지 못하지만, 본래의 토양과 기후와 작열하는 태양과 풍부한 강우량이 있는 거기에서는 마치 "하나님의 궁전에서 번성하듯" 자랄 것입니다. 이 땅에서의 기독교인의 영혼의 생명과 하늘에서의 그것의 생명은 연속성을 갖습니다. 이 땅에서 바라볼 때는 단절이 있는 것처럼 보일 수 있습니다. 다시 말해서 그것은 죽음에 의해 단절되는 것처럼 보일 수 있습니다. 그러나 실제로는 아무런 단절도 없습니다. 길은 한 방향으로 계속해서 뻗어 있습니다. 우리는 여기에서 하늘의 생명을 살기 시작합니다. "나는 허물과 죄로 죽었었노라. 그러나 내가 육체 가운데 사는 것은 나를 사랑하사 나를 위하여 자기 자신을 버리신 하나님의 아들을 믿는 믿음에서 사는 것이라"라고 말할 수 있는 사람들은 이미 그 마음에 하늘의 생명의 싹을 가지고 있는 것입니다.

계속해서 본문의 위대한 약속이 여기에서 취하는 형식을 생각해 보도록 합시다. 본문은 하나님의 낙원에 있는 생명나무를 매우 함축적인 방식으로 언급합니다. 에덴동산의 옛 이야기는 어떻게 화염검을 든 천사가 그 길을 가로막고 있는지 이야기해 줍니다. 이 땅의 낙원은 사라졌습니다. 그러나 그것은 다시 나타납니다. 왜냐하면 예수 그리스도는 모든 잃어버린 축복들을 다시 회복시키는 자이기 때문입니다. 신의 목적과 이상(理想)은 세상 역사(歷史)의 먹구름에 의해서도 사라지지 않았습니다. 예수 그리스도께서 에덴을 되돌리시고, 화염검의 불꽃을 끄셨습니다. 그리고 그 입구에 화염검을 든 천사 대신 그 자신이 서 계십니다. "와서 먹으라. 그리고 영원한 생명을 얻으라"라는 은혜로운 초청의 말씀과 함께 말입니다.

"잃어버린 것은 아무것도 없도다.

> 세상에서는 부분적인 것이
> 하늘에서는 완전하게 될 것이라."

에덴동산은 회복될 것입니다. 이기는 자가 모든 고난과 분투를 통해 들어가는 낙원은 아무 시험도 당하지 않은 무죄한 영혼들의 단순한 낙원보다 더 부요하며 더 풍성합니다. 바로 이것이 생명의 선물입니다.

2. 둘째로, 그것을 주는 자를 주목하십시오.

본문의 약속의 말씀은 앞장에 묘사된 장엄한 인물의 입술로부터 나오는 참으로 장엄한 말씀입니다. 여기에서 생명나무 열매를 선물로 주는 자는 두말할 것도 없이 예수 그리스도 자신입니다. 여기에는 그의 심판자로서의 역할이 함축됩니다. 그러므로 그는 인성을 가진 자로서뿐만 아니라 신의 본성을 가진 자로서 나타납니다. 나는 여기의 말씀을 실제로 신성을 가진 그의 말씀으로서 받아들입니다. 반면 여러분이 그의 신성을 받아들이지 않는다면, 여러분은 그렇게 하지 않는 근거를 분명하게 입증해야 합니다. 그러나 나는 예수 그리스도가 자신의 모든 충성된 병사들에게 영원한 생명의 선물을 줄 것이라고 말씀하셨음을 믿는 사람이 도대체 어떻게 그의 신성을 믿지 않을 수 있는지 도무지 이해할 수 없습니다.

나아가 여기의 위대한 말씀이 함축하는 또 하나의 개념은 하나님을 나타내는 자와 중보자로서 사람들에 대한 그리스도의 관계가 영원히 계속된다는 개념입니다. "내가 주리라" — 모든 세대와 모든 시간을 통해 예수 그리스도는 신의 생명이 사람들에게 전달되는 통로입니다. 어떤 의미에서 현 세대가 끝날 때 그리스도가 아버지에게 나라를 바치는 것은 분명한 사실입니다. 그러나 그는 인류의 영원한 제사장이며, 그의 나라는 영원히 계속됩니다. 모든 세대를 통해 그의 나라가 지금 이 순간처럼 사실로 남아있지 않는 순간은 단 한 순간도 없습니다. "본래 하나님을 본 사람이 없으되 아버지 품 속에 있는 독생하신 하나님이 나타내셨느니라"(요 1:18). 예수 그리스도는 땅에서와 마찬가지로 하늘에서도 영원히 생명을 주는 자입니다.

이와 관련하여 우리는 매우 중요한 한 가지 개념을 기억할 필요가 있습니다. 성경은 사람들이 "자연적인 불멸"(natural immortality)이라고 부르는 것을 전혀 알지 못합니다. 생명은 태어나는 순간 단번에 주어지고, 이후 해를 거듭해서 계속 소모되는 것이 아닙니다. 도리어 생명은 계속 주어지는 것입니다. 나는 기어 다니는 벌레로부터 하늘을 나는 천사에 이르기까지 모든 생명체는 생명의 근원으로부터의 계속적인 생명의 전달에 의해 생명을 유지한다고 믿습니다. 이것은 미래와 관련하여 한층 더 확실한 사실입니다. 거기에서 모든 축복이 우리의 것이 되는 것은 오직 구속받은 자들 안으로 그리스도 자신에 의해 전달된 생명이 계속 흐르기 때문입니다. 이러한 계속적인 전달이 끊어진다면, 천국은 마치 요정 이야기 속에 나오는 환상처럼 한 순간 사라질 것입니다. 그리고 영광이 비취었던 곳에는 아무것도 남아 있지 않을 것입니다. "내가 — 영원토록 — 주리라."

3. 마지막으로, 그것을 받는 자들을 주목하십시오.

"이기는 그에게는." 이와 관련해서는 한 마디만으로 충분합니다. 여기의 약속에 대한 올바른 해석은 싸움이 끝난 직후 상(賞)이 주어진다는 것입니다. 세상을 떠날 때, 우리는 곧바로 그리스도와 함께 있게 됩니다. 그리고 육체의 환경을 떠난 영이 그리스도와 함께 있는 것은 그의 임재를 의식(意識)하며 그의 마음의 열기(熱氣)를 느끼는 것입니다. 전쟁터에서 날아오는 화살을 맞고 쓰러진 병사를 생각해 보십시오. 나는 성경이 그의 숨이 끊어지는 바로 다음 순간 그가 면류관을 쓰고 승리자로서 서게 된다고 가르친다고 믿습니다.

그러나 이것은 우리가 여기에서 고찰하고자 하는 주된 주제가 아닙니다. 도리어 우리는 여기에서 생각해야만 하는 것은 이긴 자에게 생명의 선물이 주어지는 것은 오직 그가 그것을 받을 수 있기 때문이라는 사실입니다. 미래의 생명은 결코 주는 자 마음대로 주는 것이 아닙니다. 이 땅에서 사람들이 받는 많은 선물들을 그들에 의해 소홀히 여겨지며, 마치 땅에 버리는 물처럼 허비되고 맙니다. 그러나 여기의 생명의 묘약(妙藥)은 결코 그렇게 부어지지 않습니다. 그것은 오직 그것을 잘 담을 수 있는 그릇에만 부어집니다.

이 땅에서의 우리의 모든 싸움은 우리를 하늘의 생명에 적합하도록 만들기 위한 것입니다. 바로 이것이 삶을 살 만한 가치가 있을 뿐만 아니라 또한 위대하며 장엄하게 만드는 가장 주된 것입니다. 공장 안으로 들어가 보십시오. 그러면 여러분은 주된 작업장으로부터 벽으로 나누어진 별도의 장소에서 동력기가 가동되고 있는 것을 발견할 것입니다. 일견 그것은 상하운동 외에 아무 일도 하지 않는 것처럼 보입니다. 그러나 그것은 작업장에 있는 수많은 방직기들과 축으로 연결되어 있으며, 거기에 동력을 전달합니다. 우리는 이 땅에서 일하는 가운데 장차 하늘에서 "아, 이것은 세상에 있을 때 내가 만든 거야!"라고 말하게 될 직물(織物)을 만들고 있습니다. 미래의 우리의 운명은 오늘의 우리의 삶에 따라 결정될 것입니다. 이기는 자에게 생명이 주어지는 것은 오직 그가 그것을 소유할 수 있기 때문입니다.

그러나 이기는 자는 오직 한 가지 방법으로 이길 수 있을 뿐입니다. 요한은 밧모섬에 유배되기 전 소아시아의 교회들을 돌보고 있을 때 이렇게 말했습니다. "무릇 하나님께로부터 난 자마다 세상을 이기느니라 세상을 이기는 승리는 이것이니 우리의 믿음이니라"(요일 5:4). 우리가 예수 그리스도를 믿는다면, 우리의 마음 안으로 그의 능력이 흘러들어 올 것입니다. 우리의 마음 안으로 그의 능력이 흘러들어 온다면, 우리는 "우리를 사랑하시는 이로 말미암아 넉넉히 이길" 것입니다(롬 8:37). 예수 그리스도는 영원한 생명을 주십니다. 그는 그것을 이 땅에서는 싹으로, 그리고 하늘에서는 충만함으로 주십니다. 오직 이기는 자들만이 그것의 충만을 받을 수 있습니다. 오직 그의 도움으로 말미암아 선한 싸움을 싸우는 자들만이 이길 수 있습니다. 오직 그를 믿는 자들만이 그의 도움으로 말미암아 선한 싸움을 싸울 수 있습니다. 그는 생명나무의 열매를 주어 먹게 하십니다. 그는 그것을 믿음에게 주십니다. 그러나 믿음은 반드시 "전투하는"(militant)

믿음이어야만 합니다. 그는 그것을 이기는 자에게 주십니다. 그러나 이기
는 자는 반드시 우리를 위해 세상을 이긴 자를 믿는 믿음으로 말미암아 이
겨야만 합니다.

하나님이여, 우리를 도우소서! 간절히 간구하노니, "내 손을 가르쳐 싸
우게 하시며 내 손가락을 가르쳐 전쟁하게" 하소서(시 144:1)! 예수 그리
스도 안에 있는 생명을 굳게 붙잡을 수 있도록 우리에게 은혜를 베푸소서!
그리고 이 땅에서의 모든 슬픔과 연단으로 말미암아 우리를 "하나님의 백
성을 위해 예비된 생명과 안식"을 누리기에 합당한 자들로 만드소서!

9
이기는 자의 생명의 관(II)

"이기는 자는 둘째 사망의 해를 받지 아니하리라"

계 2:11

일곱 교회 가운데 두 교회 즉 여기의 서머나 교회와 빌라델비아 교회만이 그리스도의 정결한 눈에 책망을 받을 만한 것이 아무것도 없었습니다. 그럼에도 불구하고 주님은 두 교회에 박해가 있을 것을 경고하셨습니다. 이와 같이 영적으로 정결할수록, 교회는 세상으로부터 증오와 적대감을 불러일으킬 가능성이 높아집니다. 그러므로 서머나 교회에 보내는 편지의 주된 요지는 죽음의 위협 앞에서도 흔들리지 말고 굳게 설 것을 격려하는 것이었습니다.

본 단락의 앞머리에 나타나는 그리스도의 모습과 끝 부분에 제시되는 미래의 축복은 이러한 목적과 완전하게 부합됩니다. 여기에 나타나는 그리스도의 모습을 주목해 보십시오. "처음이며 마지막이요 죽었다가 살아나신 이가 이르시되"(8절). 그리스도를 위해 죽기까지 충성하도록 부름받은 사람들을 격려함에 있어 이러한 모습의 그리스도는 얼마나 적합합니까!

"이기는 자는 둘째 사망의 해를 받지 아니할" 것이라는 본문의 약속은 두 가지 점에서 다른 교회들에게 주어진 약속들과 분명하게 구별됩니다 (11절). 하나는 다른 약속들은 모두 긍정문 형식으로 된 것인 반면 여기의 약속은 부정문 형식으로 된 것이라는 사실입니다. 그리고 다른 하나는 다른 약속들에는 장엄한 "I will"이 있는 반면 여기의 약속에는 우리 주님의 직접적인 말씀이 없다는 사실입니다. "내가 주리라"(7절, I will give), "내가 그 위에 나의 새 이름을 기록하리라"(3:12, I will write), "내가 그를 내 하나님 성전에 기둥이 되게 할 것이라"(3:12, I will make) 등과 같이 말입니다. 첫 번째 차이는 부분적으로 두 번째 차이의 이유를 설명해 줄 수 있습니다. 왜냐하면 자연적으로 부정문의 약속보다 긍정문의 약속에서 주는 자(Giver)가 더 두드러지기 때문입니다. 그러나 본문의 약속에서 주님의 직접적인 말씀이 빠져 있는 또 다른 이유가 있습니다. 여러분이 본문 바로 앞 절을 주목한다면, 여러분은 거기에서 긍정문 형식으로 된 예수 그리스도의 직접적인 말씀을 발견하게 될 것입니다. "내가 생명의 관을 네게 주리라"(10절). 그러므로 다가오는 박해를 예상하고 있는 서머나의 그리스도인들을 격려하기 위해 제시된 소망을 살필 때, 당연히 우리는 10절과 11절의 두 말씀을 함께 연결시켜 살펴야만 합니다. 이와 관련하여 오늘 나는 여러분과 함께 다음과 같은 두 가지 주제를 살피고자 합니다. 첫째로, 11절의 "이기는 자는 둘째 사망의 해를 받지 아니하리라"와 관련하여, 이기는 자가 큰 재앙으로부터 면제받는 것에 담겨 있는 기독교적 동기. 둘째로, 10절의 "내가 생명의 관을 네게 주리라"와 관련하여, 이기는 자가 큰 유익을 소유하는 것에 담겨 있는 기독교적 동기.

1. 이기는 자가 큰 재앙으로부터 면제받는 것에 담겨 있는 기독교적 동기.

"이기는 자는 둘째 사망의 해를 받지 아니하리라"(11절). 여기의 "둘째 사망"이라는 장엄한 표현은 계시록 특유의 표현입니다. 물론 그러한 개념은 신약 전체에 걸쳐 공통적이지만, 그러한 이름은 계시록에 매우 독특하게 나타납니다. 여기에서 "둘째 사망"은 서머나 교회의 몇몇 지체들에게 가해질 것으로 예상되는 육체의 죽음과 대조되는 의미로서 제시됩니다. 그러나 그러한 표현에는 그것을 넘어 매우 장엄하며 보편적으로 적용될 수 있는 의미가 담겨 있습니다. 사랑하는 형제들이여, 나는 그것이 강단의 화려한 수사(修辭)의 주제가 되어서는 안 된다고 느낍니다. 나는 차라리 그것의 모호함을 그대로 내버려 두는 것이 더 낫다고 느낍니다.

그럼에도 불구하고 그와 관련하여 짤막하게 한 마디 하고자 합니다. 사망이라는 이름의 두려운 형상 뒤에 한층 더 두렵고 무시무시한 형상이 올라옵니다. 육체의 죽음 뒤에 무엇인가가 있습니다. 그것은 이미 육체로부터 분리된 영혼을 자기의 강한 손으로 붙잡을 수 있습니다. "둘째 사망"— 그것은 너무나 두려운 이름으로 우리 앞에 섭니다. 그러면 그것은 무엇입니까? 그것은 "의식적(意識的)인 존재의 종결"이 아닙니다. 그것은 결코 죽음의 의미가 아닙니다. 미래와 관련한 신약의 말씀들의 비밀을 여는 열쇠가 있습니다. 그것은 **죽음**의 참되며 가장 깊은 의미가 다름 아닌 "참된 생명의 근원으로부터의 분리"라는 개념입니다. 하나님으로부터의 분리 — 바로 **이것**이 죽음입니다. 육체의 껍데기를 살짝 건드리는 것은 단지 희미한 그림자와 비유에 불과합니다. 둘째 사망은 마치 산맥의 두 번째 단층(斷層)처럼 표면보다 훨씬 더 단단하며 차갑습니다. 둘째 사망에는 너무나 큰 황량함과 불안과 두려움의 개념이 함축되어 있습니다. 뿐만 아니라 그 안에는 또한 즐거움과 기회와 재능과 능력의 상실의 개념이 포함되어 있습니다. 하나님이여, 부디 우리로 하여금 그것을 영원히 알지 못하게 하옵소서! 해변에 던져진 물고기를 상상해 보십시오. 물고기는 고통 가운데 숨을 헐떡이며 퍼덕거릴 것입니다. 그와 같이 하나님으로부터 분리된 사람들은 살았으나 죽었으며, 실제로 죽음의 삶을 삽니다. 이와 같이 둘째 사망은 첫째 사망보다 훨씬 더 두렵고 끔찍한 것입니다.

계속해서 이러한 두려운 운명으로부터 면제되는 것이 승리자의 축복 가운데 결코 작은 부분이 아니라는 사실을 주목하십시오. 언뜻 생각할 때 우리는 본문의 부정문 형식의 약속이 다른 편지들에서의 긍정문 형식의 약속들보다 상대적으로 낮은 수준인 것처럼 느낄 수 있습니다. 그러나 여기의 약속은 다른 약속들과 나란히 설 만한 충분한 자격을 가지고 있습니다. 그것들을 한데 모아 보십시오. 그리고 그것들이 만드는 행복과 축복이 얼마나 다양하며 영광스러운지 생각해 보십시오. 그리고 그것들 옆에 여기의 약속을 나란히 놓아 보십시오. 생명나무의 열매를 먹는 것(2:7), 만국을 다스리는 권세를 갖는 것(2:26), 철장을 가지고 그들을 다스리는 것(2:27), 새벽 별의 광채와 함께 빛나는 것(2:28), 감추어진 만나를 먹는 것(2:17), 받은 자 밖에는 알 사람이 없는 새 이름을 받는 것(2:17), 아버지와 천사들 앞에서 자기 이름이 시인을 받는 것(3:5), 하나님의 성전의 기둥이 되는 것(3:12), 다시는 결코 나가지 않게 되는 것(3:12), 그리고 그리스도와 함께 그의 보좌에 앉는 것(3:21). 이것들은 모두 긍정문 형식의 약속들입니다. 여기에다가 본문의 부정문 형식의 약속을 연결해 보십시오. "이기는 자는 둘째 사망의 해를 받지 아니하리라." 어떻습니까? 연결할 만한 충분한 자격이 있지 않습니까?

이와 같이 둘째 사망으로부터 면제되는 것이 정말로 긍정문 형식의 다른 약속들과 더불어 나란히 설 만한 충분한 자격을 가지고 있다면, 그렇다면 우리가 그 안으로 떨어지는 것은 얼마나 두렵고 끔찍한 일이 되겠습니까? 형제들이여, 오늘날 그러한 미래에 대해 이야기하는 것은 시대에 뒤떨어진 일이 되었습니다. 특별히 그것의 두렵고 끔찍한 측면에 대해 이야기할 때 말입니다. 신약에서 가장 분명한 계시가 이와 같이 흐릿해진 것, 미래와 관련한 것들을 확실한 것으로 받아들이기를 꺼리는 경향, 신의 보응의 엄격함으로부터 뒤로 움츠리는 경향, 이러한 분명한 진리가 종종 기괴한 모습으로 과장되고 왜곡되는 경향, 오늘날의 만연된 세속주의 ― 이 모든 것들이 합력하여 우리가 미래와 관련한 엄중한 말씀들에 대해 별다른 관심을 기울이지 않도록 만듭니다. 그러나 나는 그 모든 것들을 받아들입니다. 나는 미래와 관련한 엄중한 경고의 말씀을 다른 계시들과 동등한 분량으로 여러분 앞에 제시하지 않을 수 없습니다. 여러분에게 간절히 당부하노니, 여기의 사실 즉 부정문 형식의 둘째 사망으로부터의 면제의 약속이 긍정문 형식의 나머지 다른 약속들과 나란히 선다는 사실의 기저(基底)에 있는 엄숙한 교훈을 깨달으십시오.

계속해서 둘째 사망으로부터의 면제가 여기에서 승리자의 행동과 성품의 직접적인 결과로 간주되는 것을 주목하십시오. 앞에서 나는 본문의 독특성을 지적했습니다. 앞에서 이야기한 것처럼 본문에 주님의 직접적인 말씀이 부재(不在)한 것은 바로 앞 절에 그것이 나타나는 사실로 설명됩니다. 그러나 그것은 또한 그러한 미래 상태가 보응(報應)뿐만 아니라, 이 땅에서 살았던 지상생애의 필연적인 결과 다시 말해서 우리가 이 땅에서 뿌린 것을 거두는 것으로 간주해야만 합니다.

우리는 우리가 이 땅에서 행하는 모든 행동들이 영원한 성품 안으로 흡수되는 사실을 기억할 필요가 있습니다. 수백 미터 두께의 사암층(砂巖層)은 바다가 사라지고 남은 퇴적물입니다. 우리가 아무 생각 없이 행하는 행동들은 다시금 우리에게 반작용하여 우리의 영원한 성품과 기질을 만듭니다. 도버 해협의 석회암 절벽은 무수한 작은 유기체들의 유해(遺骸)더미입니다. 마찬가지로 우리의 생애는 일시적인 행동들의 무수한 반복에 의해 만들어집니다. 그러므로 일시적인 행동들은 우리 위에 자기의 영원한 흔적을 남깁니다. 결국 그것들이 성품을 만들며, 성품은 장차 우리가 어디에 있게 될지를 결정합니다. 가룻 유다와 관련하여, 베드로가 "그는 **제 곳으로 갔나이다**"라고 말했던 것처럼 말입니다(행 1:25). 사람은 결국 자기가 있기에 합당한 곳으로 가게 될 것이며, 자기가 함께 있기에 합당한 사람들과 함께 있게 될 것입니다. 계시록에 "둘째 사망"이라는 엄숙한 표현이 사용되는 또 다른 곳이 있는데, 거기에서 우리는 다음과 같은 말씀을 읽습니다. "이 첫째 부활에 참여하는 자들은 복이 있고 거룩하도다 **둘째 사망**이 그들을 다스리는 권세가 없고"(20:6). 이와 같이 각자 자신의 분깃을 받을 것입니다. 결국 각 사람의 성품과 행동이 그가 있게 될 장소를 결정합니다. 이 땅에서의 삶이 아무리 작은 것이라 하더라도, 결국 그것이 장차 훨씬 더 큰 것을 결정합니다. 마치 기계장치에 있는 작은 톱니바퀴가 축과 벨트를 통해 멀리 떨어져 있는 훨씬 더 큰 톱니바퀴를 돌아가게 만드는 것처럼 말입니다. 여러분은 지렛대의 이쪽 끝을 몇 센티미터 움직입니다. 그러면 지렛대의 저쪽 끝은 몇 미터 움직일 것입니다. 이와 같이 이쪽에서의 작은 삶이 저쪽에서의 큰 삶을 결정합니다. 이기는 자는 자신의 과거의 행동과 성품을 이를테면 방화복(防火服)처럼 입습니다. 설령 전보다 일곱 배나 더 뜨거운 풀무불 속에 들어간다 하더라도, 그는 조금도 상하지 않을 것입니다. "이기는 자는 둘째 사망의 해를 받지 아니하리라."

2. 이기는 자가 큰 유익을 소유하는 것에 담겨 있는 기독교적 동기.

"내가 생명의 관을 네게 주리라"(10절). 이러한 "관"의 은유는 신약의 여러 곳에서 발견됩니다. 예컨대 바울은 "의의 관"과 관련한 자신의 개인적인 소망에 대해 이야기합니다. "이제 후로는 나를 위하여 **의의 면류관**이 예비되었으므로"(딤후 4:8). 또 바울은 다른 곳에서 "썩지 아니할 관"에 대해 이야기합니다. "이기기를 다투는 자마다 모든 일에 절제하나니 그들은 썩을 승리자의 관을 얻고자 하되 우리는 **썩지 아니할 것**을 얻고자 하노라"(고전 9:25). 이 모든 것들은 본질적으로 동일한 개념을 표현합니다. 본문의 "관"(crown)이 엄격한 문자적 의미로서 왕의 면류관을 의미하는 것인지 아니면 승리한 자에게 씌워지는 화관(花冠)을 의미하는 것인지를 결정하는 데에는 의문의 여지가 있습니다. 나는 그 단어가 용례(用例)에 따라 왕의 면류관을 의미할 수도 있고 승리자에게 씌워지는 화관을 의미할 수도 있다고 생각합니다. 예컨대 4장 10절에서 우리는 "이십사 장로들이 보좌에 앉으신 이 앞에 엎드려 세세토록 살아 계시는 이에게 경배하고 자기의 관을 보좌 앞에 드리며"라는 말씀을 발견합니다. 나는 이것이 왕의 면류관의 상징과 경주에서 승리한 자가 쓰는 화관의 상징을 동시에 포함할 수 있다고 생각합니다. 어쨌든 여기의 약속은 앞의 에베소 교회에 보낸 편지 가운데 주어진 약속과 본질적으로 동일합니다. "내가 하나님의 낙원에 있는 생명나무의 열매를 주어 먹게 하리라"(7절). 그것은 곧 생명의 약속입니다. 생명이라는 백과사전적인 단어의 모든 깊음과 충만과 범위에서 말입니다.

그것은 **왕의** 생명입니다. 구속받은 그리스도의 종들의 특권으로서의 왕권과 통치권의 개념은 계시록 전체를 통해 흐르는 주된 개념입니다. 우리 주님이 "잘하였다 착한 종이여 네가 지극히 작은 것에 충성하였으니 열 고을 권세를 차지하라"라고 말씀하셨을 때, 거기에 담겨 있는 개념 역시 바로 이러한 개념입니다(눅 19:17). 그러면 이러한 위대한 상징에 담겨 있는 것은 무엇입니까? 자기 자신에 대한 통치, 환경에 대한 통치, 외적인 것들의 폭정으로부터의 해방, 육체의 정욕과 욕심의 종노릇에서의 해방 — 이 모든 것이 그 안에 모두 포함됩니다. 사람이 올바르게 의지(意志)할 수 있으며 자신이 올바르게 의지한 것을 완전하게 행할 수 있을 때, 그는 왕입니다. 그러나 거기에는 그 이상의 것이 있습니다. 거기에는 만왕의 광과 만주의 주의 위엄과 왕권에 상상할 수 없는 놀라운 방식으로 참여하는 것이 있습니다. 관을 쓴 장로들이 보좌 앞에서 어린 양에게 다음과 같은 새 노래를 부른 것처럼 말입니다. "각 족속과 방언과 백성과 나라 가운데에서 사람들을 피로 사서 하나님께 드리시고 그들로 우리 하나님 앞에서 나라와 제사장들을 삼으셨으니 그들이 땅에서 왕 노릇 하리로다"(5:9, 10).

그러나 이와 같은 왕의 생명의 개념은 그리스도의 나라의 왕권이 어떻게 이루어지는지에 대한 그리스도 자신의 가르침에 따라 해석되어야만 합니다. 땅에서와 마찬가지로 하늘에서도 통치권의 목적은 섬기는 것이며, 권세를 사용하는 것은 은택을 베푸는 것입니다. "너희 중에 누구든지 으뜸이 되고자 하는 자는 모든 사람의 종이 되어야 하리라"(막 10:44). 이것은 땅에서와 마찬가지로 하늘의 왕권에서도 똑같이 적용되는 법칙입니다.

그것은 또한 **승리의** 생명입니다. 관(冠)은 경주에서 승리한 자의 머리 위에 씌워졌습니다. 자신의 고향으로 돌아온 승리자를 생각해 보십시오. 얼마나 열광적인 환호가 그에게 쏟아지겠습니까! 우리가 이 땅에서 우리의 일을 하고 우리의 싸움을 싸운다면, 우리는 만왕의 왕과 그를 따르는 수많은 성도들의 환호와 함께 하늘의 도성에 들어가게 될 것입니다. "이기는 자는 이와 같이 그 이름을 내 아버지 앞과 그의 천사들 앞에서 시인하리라"(계 3:5).

그것은 또한 **축제의** 생명입니다. 경주에서 승리한 자가 받는 화관을 생각해 보십시오. 축제의 떠들썩한 분위기와 열기 속에서 화관을 장식한 잎들은 곧 시들어 떨어집니다. 그러나 영원히 시들지 않는 꽃으로 장식한 관은 결코 떨어지지 않습니다. 축제는 큰 즐거움과 영속적인 만족과 복된 교제와 승리자의 휴식을 함축합니다. 왕권과 승리와 축제의 즐거움은 매우 유용한 상징들이며, 우리는 그것들이 성취되는 것을 경험할 수 있습니다.

형제들이여, 생명의 관(冠)은 단순히 "나는 예수 그리스도를 믿노라"라고 말하는 사람이 아니라, 자신의 믿음을 신실하게 실행한 사람 다시 말해서 행동과 성품으로 스스로를 하늘의 영원한 행복에 합당하게 만든 사람에게 약속됩니다. 그러한 불멸의 관이 다른 사람의 머리 위에 놓인다면, 그것은 가시 면류관이 될 것입니다. 왜냐하면 그러한 미래의 즐거움은 이 땅에서 믿음을 성실하게 실천하는 것으로부터 오는 합당함을 요구하기 때문입니다. 우리와 같은 복음의 설교자들은 미래의 축복이 단순한 믿음의 행동의 결과로 온다는 설교 때문에 종종 조롱을 당합니다. 그러나 그와 같은 설교가 사실이 되는 것은 오직 그러한 단순한 믿음의 행동만이 사랑과 충성 안에서 합당하게 실행될 때뿐입니다. "우리가 시작할 때에 확신한 것을 끝까지 견고히 잡고 있으면 그리스도와 함께 참여한 자가 되리라"(히 3:14).

사랑하는 친구들이여, 여러분 가운데 어떤 사람들은 이러한 두려움과 소망을 매우 저급한 동기(動機)로 간주할 것입니다. 그러나 나는 그렇게 간주할 수 없습니다. 나는 두려움에 호소하는 것이 저급한 정서를 자극하는 것임을 압니다. 그러나 그것은 정당한 동기입니다. 그것은 정당한 두려움과 위험을 제시하며 그에 대해 각성하도록 호소하는 것입니다. 우리 설교자들이 사람들의 마음과 양심 앞에 예수 그리스도 자신이 우리에게 계시하신 미래의 엄중한 사실들을 제시하기를 두려워한다면, 우리가 스스로의 본분을 망각한 채 매우 강력한 무기를 스스로 내던져 버리는 꼴이라고 믿습니다. 우리가 미래의 엄중한 사실들을 제시하는 것은 마치 철도원이 빨간색 깃발을 흔드는 것과 마찬가지입니다. 하나님과 그의 심판에 대한 두려움을 올바르게 취할 때, 우리는 하나님의 사랑에 더 가까워질 것입니다.

의심의 여지 없이 소망은 우리가 호소할 수 있는 완전히 정당한 동기입니다. 지옥을 피하고 천국을 약속받는다고 해서 우리가 선해지는 것은 아닙니다. 우리가 선해지는 것은 예수 그리스도께서 우리가 그렇게 되도록 뜻하시기 때문입니다. 그리고 우리를 위한 그의 희생제사로 우리를 얻으시고 우가 그를 사랑하도록 하시기 때문입니다. 이러한 하부구조 위에, 이제 우리는 두려움과 소망의 이끄는 힘으로 상부구조를 쌓아갈 수 있게 됩니다. 그리고 이러한 동기 위에 그것보다 좀 더 낮은 두 가지 동기가 작동하게 됩니다. 그것은 다른 길로 나아갈 때 따르게 되는 개인적인 해악을 고려하는 것과, 그를 온전히 좇을 때 따르게 되는 개인적인 유익을 고려하는 것입니다. 서머나 교회의 감독이었던 폴리캅을 생각해 보십시오. 그는 순교자로서 "죽기까지 충성"했습니다. 그는 순교의 순간 다음과 같은 말을 남겼습니다. "86년 동안 나는 그를 섬겼도다. 그동안 그는 나에게 오직 선한 일만을 행하셨도다. 그런데 어떻게 내가 나의 왕과 나의 구주를 부인할 것인가!" 주님이 약속하신 생명의 관을 바라보는 것이 저급한 동기란 말입니까? 그리스도께서 "네가 죽도록 충성하라 그리하면 내가 생명의 관을 네게 주리라"라고 말씀하신 것을 믿고 하늘의 상급을 바라보며 열심히 수고하며 기꺼이 순교의 길을 가는 것이 저급한 동기란 말입니까?

10
이기는 자의 생명의 비밀(Ⅲ)

"이기는 그에게는 내가 감추었던 만나를 주고 또 흰 돌을 줄 터인데 그 돌 위에 새 이름을 기록한 것이 있나니 받는 자밖에는 그 이름을 알 사람이 없느니라"

계 2:17

버가모 교회에는 앞의 두 교회보다 훨씬 더 치열한 영적 싸움이 있었습니다. 그 교회는 "사탄의 권좌가 있는" 곳에 세워졌습니다(13절). 버가모는 우상숭배의 특별한 중심지였으며, 이미 그곳에 충성된 순교자의 피가 흘려졌습니다. 싸움이 치열할수록 상급도 커지는 법입니다. 그러므로 여기의 전투하는 교회(militant Church)에 주어진 약속은 어떤 측면에서 앞의 두 교회에 주어진 약속을 능가합니다. 앞의 두 교회에는 실제적으로 모든 것을 포괄하는 영원한 생명이 약속되었습니다. 반면 여기에서는 영원한 생명이 몇 가지 구체적인 내용들로 확장되고 강조됩니다.

우리는 여기에서 세 가지 약속이 주어지는 것을 보게 됩니다. 그것은 "감추었던 만나"와 "흰 돌"과 "새 이름"입니다. 이 가운데 첫 번째 것과 마지막 것이 가장 중요합니다. 그것들은 비교적 분명하고 명확합니다. 반면 두 번째 "흰 돌"에 대해서는 다양한 해석이 제기되었지만, 내가 볼 때 어느 것도 만족스럽지 않습니다. 어쩌면 이것은 항아리에 흰 돌을 던지면 무죄를 의미하고 검은 돌을 던지면 유죄를 의미하는 항아리 재판의 옛 관습과 관련된 것이었을 수 있습니다. 그러나 본문의 "흰 돌"이 특별한 사람들에게 주어질 뿐 어디에 던지는 것이 아니라는 사실에서 그러한 해석에 대한 반론이 제기됩니다. 또 그것은 고대인들이 경주에서 이긴 승리자에게 그의 이름을 새긴 그리고 그에게 축제에 참여할 수 있는 자격을 부여하는 작은 돌조각을 주었던 풍습과 관련되는 것일 수도 있습니다. 그러나 이 모든 설명들은 이의(異意) 없이 받아들일 수 있을 만큼 충분히 만족스럽지 못합니다. 우리가 선택할 수 있는 또 한 가지 해석이 남아 있습니다. 내가 볼 때 본문의 언어 자체가 그것을 암시하는 것처럼 보입니다. 그것은 여기의 "흰 돌"이 단지 그의 이름을 기록하기 위한 도구일 뿐이라는 해석입니다. 오늘 나는 흰 돌에 대한 설명은 여기에서 멈추고, 나머지 시간은 다른 두 가지에 집중하고자 합니다.

1. 첫째로, 승리자의 양식인 만나를 주목하십시오.

언뜻 볼 때 이것은 다소 부적합한 상징처럼 보입니다. 왜냐하면 만나는 광야의 양식이었기 때문입니다. 그러나 여기에서 만나의 그러한 특징은 고려할 필요가 없습니다. 설령 광야에서 내렸다 하더라도, 만나는 하늘로부터 내려온 양식입니다. 그러므로 여기의 상징이 제시하는 것은 그것이 하늘의 양식이라는 것입니다. 병사가 전쟁터에서 도성으로 돌아왔을 때, 하늘로부터 내려온 양식이 그에게 풍성하게 주어질 것입니다. 싸움에 지친 병사가 평강의 땅에 들어오자마자 그를 위해 식탁이 차려지는 것은 얼마나 멋진 개념입니까! 이것은 전쟁터에서처럼 적들 앞에 차려진 식탁이 아니라, 동료들과 함께 평강 가운데 나누는 식탁입니다. 전에는 전쟁의 요란한 소음이 들렸지만, 이제는 하늘의 만나를 먹고 새 힘을 얻습니다.

만나의 상징에 대해서는 더 이상 장황하게 설명할 필요가 없습니다. 다만 나는 여러분 앞에 그러한 상징에 대한 몇 가지 사실들을 제시하고자 합니다.

만나의 상징이 우리에게 제시하는 첫 번째 사실은 마음의 모든 굶주림에 대한 절대적인 만족입니다. 승리자에게 있어 어느 날 만나를 먹는 것은 실제적인 경험이 될 것입니다. 그는 자신이 바라는 모든 것을 갖게 될 것입니다. 이 땅에서 우리는 욕구를 억제해야만 합니다. 왜냐하면 어떤 경우에는 그것이 불법적이며 잘못된 것이기 때문이기도 하며, 또 어떤 경우에는 상황이 그렇게 하는 것을 허락하지 않기 때문이기도 합니다. 그러나 하늘에서는 바라는 것을 곧바로 가지게 될 것입니다. 그것은 부분적으로 우리의 욕구가 올바르게 바뀌었기 때문이기도 하고, 또 부분적으로 우리가 바라는 것이 충만하게 공급되기 때문이기도 합니다. 하늘에서는 채워지지 않는 고통스러운 느낌이나 만족되지 않는 마음의 아픔은 없을 것입니다. 그들은 — 그리고 **우리**는 — "더 이상 주리거나 갈하지 않을" 것입니다. 사랑하는 형제들이여, 이 땅에서 우리는 무엇인가를 갈망하며 달려가지만 그 가운데 상당 부분은 채워지지 않습니다. 영혼의 바람과 욕망과 허기를 채우려고 하는 것이 무엇인지 우리는 잘 압니다. 우리는 너무나 자주 "양식이 아닌 것을 위하여 은을 달아 주며 배부르게 하지 못할 것을 위하여 수고"합니다(사 55:2). 그런 우리에게 "내가 감추었던 만나를 주어 먹게 할 것이라"는 말씀은 분명 복음입니다. 그것은 여러분에게도 그러합니까? 여러분은 그것이 가능함을 믿습니까? 여러분은 그것이 여러분 자신에게 실제로 이루어지기를 원합니까?

만나의 상징이 우리에게 제시하는 또 한 가지는 그러한 만족이 욕구나 소욕(所欲)의 예봉(銳鋒)을 무디게 하지 않는다는 사실입니다. 낮은 수준의 육체의 배고픔을 생각해 보십시오. 설령 양식을 먹음으로 채워지고 만족된다 하더라도, 시간이 지나고 소화가 되면 다시 배고파집니다. 그러나 높은 수준의 배고픔과 그에 대한 만족은 그렇지 않습니다. 심지어 이 땅에서도 높은 수준의 복된 소욕들이 있습니다. 그런 것들은 많이 가지면 가질수록 더 배가 고픕니다. 행복한 사랑이 무엇인지 아는 여러분은 "결코 물리지 않는 만족"과 "그 안에 아무런 고통도 없는 굶주림"이 무엇을 의미하는지 압니다. 가장 높고 완전한 영역에서 완전한 바람과 완전한 성취의 공존이 한층 더 놀랍고 복된 방식으로 나타날 것입니다. 매 순간 더 풍성하게 소유할수록, 우리의 마음은 그러한 소유로 더 넓게 확장될 것입니다. 그리고 우리의 마음이 더 넓게 확장될수록, 우리의 마음은 더 많이 받을 수 있게 될 것입니다. 그리고 우리의 마음이 더 많이 받을 수 있게 될수록, 생수의 강은 더 깊고 충만하며 복되게 흐를 것입니다. 이기는 자에게 물리지 않는 만족과 먹을수록 더 식욕이 왕성해지는 양식이 주어질 것입니다.

여기에서 우리가 주목할 수 있는 또 한 가지는 우리가 앞의 약속들 속에서 살펴본 "내가 그에게 주리라"(I will give him)는 형식의 말씀입니다. 여러분은 우리 주님의 다음과 같은 놀라운 말씀을 기억합니까? "주인이 와서 깨어 있는 것을 보면 그 종들은 복이 있으리로다 내가 진실로 너희에게 이르노니 주인이 띠를 띠고 그 종들을 자리에 앉히고 나아와 수종들리라"(눅 12:37). 이긴 자는 식탁에 앉고, 왕이 식탁 사이를 다니며 수종듭니다. 어쩌면 본문의 약속에 영향을 끼쳤을 수도 있는 옛 유대 전승이 있습니다. 그것은 메시야가 올 때 사람들에게 만나를 선물로 가져다 줄 것이며 사람들은 다시 한번 천사의 양식을 먹게 될 것이라는 전승입니다. 본문의 약속이 이러한 옛 전승과 관련이 있든 없든, 실제로 그것은 그러한 옛 전승을 무한히 능가합니다. 그리스도 자신이 자기 종들에게 하늘의 양식을 줍니다. 그러나 여기에는 이것보다 더 높은 의미가 있습니다. 그리스도 자신이 양식을 주는 자일 뿐만 아니라, 그 자신이 양식입니다. 나는 계시록 앞부분의 일곱 개의 보석 즉 일곱 교회에 주어진 일곱 약속 하나하나가 그리스도 자신을 의미한다고 믿습니다. 그는 생명나무입니다. 그는 생명의 관입니다. 그는 "감추어진 만나"입니다. 여러분은 "우리 조상들은 광야에서 만나를 먹었도다. 그러면 우리가 보고 당신을 믿도록 행하는 표적이 무엇이냐?"라는 유대인들의 조롱 섞인 질문에 대한 우리 주님의 대답을 기억합니까?(요 6:31). 그의 대답은 이것이었습니다. "내가 하늘로부터 내려온 하나님의 떡이니라"(41절).

여기에서 우리는 다시 한번 신약의 중요한 개념과 마주치게 됩니다. 그것은 완전한 꽃과 열매의 영광은 하늘에서 이루어지게 되지만, 그것의 뿌리와 싹은 여기에서 이미 이루어진다는 개념입니다. 이 땅에서 믿음과 사랑과 순종과 교제와 본받는 생활로 예수 그리스도를 따라 살아가는 사람은 이미 하늘의 잔치에 대한 보증을 가지고 있습니다. 우리가 이 땅에서 그리스도를 소유하며 그를 따라 살아가는 것에 대해 아무것도 알지 못한다면, 우리는 장차 하늘에서 아무것도 소유하지 못할 것입니다. 반대로 이 땅에서 "와서 먹으라. 그러면 너희 영혼이 살리라"는 사랑의 음성을 듣고 예수 그리스도를 자신의 영적 생명의 근원으로 뿐만 아니라 양식으로도 취한 사람은 장차 하늘에서 완전한 것으로 배부르게 될 것입니다.

그러므로 형제들이여, 우리가 지금 여기에서 하늘을 맛보지 못한다면, 우리가 장차 하늘에 올라갈 것처럼 자처하는 것은 아무 짝에도 쓸모없는 일이 될 것입니다. 여러분이 이 땅에서 예수 그리스도를 먹고 마시는 것을 좋아하지 않는다면 다시 말해서 그를 믿고 신뢰하며 자기 마음을 그에게 드리며 그에게 순종하며 그에 대해 묵상하며 그의 발자취를 따르는 것을 좋아하지 않는다면, 여러분은 하늘에서 그를 먹고 마시지 못할 것입니다. 여러분이 하늘의 만나보다 강렬한 냄새가 나는 마늘과 부추를 더 좋아한다면, 여러분이 죽고 난 후에 만나가 여러분의 입에 놓인다 하더라도 여러분은 결코 그것을 삼킬 수도 없고 좋아하지도 않을 것입니다. 예수 그리스도는 아무에게도 만나를 강요하지 않습니다. 그는 다만 그것을 사모하며 그것을 먹기에 합당한 모든 사람들에게 그것을 주실 뿐입니다. 사람의 입맛이 어떠한 대로, 그의 양식도 그러할 것입니다.

2. 둘째로, 승리자의 새 이름을 주목하십시오.

여러분은 성경이 이름에 매우 큰 중요성을 부여하는 사실을 잘 알 것입니다. 이름 속에는 그 사람의 성격이나 환경이나 부모가 바라는 소망 등이 담겨 있습니다. 그러므로 하나님과 사람 모두에게, 이름은 인격과 성품을 나타내는 응축된 표현이 됩니다. 그러므로 "내가 그에게 그 위에 새 이름이 기록된 돌을 주리라"라는 말씀을 읽을 때, 우리는 그러한 약속에 함축된 주된 암시가 바로 "자아(self)의 변화"와 관련된 것임을 쉽게 추측할 수 있습니다. 다시 말해서 거기에 인격과 성품이 새로워질 것이라는 암시가 담겨 있는 것입니다. 나는 이에 대해 길게 설명할 필요가 없습니다. 나는 다만 여러분에게, 이 땅에서 그리스도와 더불어 동행하기 시작한 사람들의 경우 육체를 떠남으로 얼마나 큰 변화가 일어나는지 일깨워 주는 것으로 충분하다고 생각합니다. 육체의 한계를 벗어버릴 때 사람의 새로운 용량(容量), 새 우주와의 새로운 접촉점, 외적인 세계를 지각하는 새로운 감각과 능력이 얼마나 커지고 확장되는지 우리는 상상조차 할 수 없습니다. 우리가 이 땅의 흙집에서 손으로 짓지 아니한 하늘의 영원한 집으로 옮겨진다면, 그 집의 창들은 훨씬 더 크고 투명할 것이므로 훨씬 더 많은 빛들이 그 안으로 들어와 내부를 가득 채울 것입니다.

그러나 이러한 변화들은 과거에 일어난 것에 기초한 변화들일 것입니다. 그러므로 여기의 "새 이름"이 제시하는 두 번째 개념은 이러한 변화들이 승리자가 싸워 온 과정의 직접적인 결과라는 개념입니다. 여러분은 정복자의 이름 속에 그가 정복한 지역의 이름이 덧붙여지는 것을 종종 발견할 것입니다. 로마의 스키피오 장군이 아프리카누스로 불렸던 것처럼, 승리자의 "새 이름"은 그의 정복과 승리를 기념합니다. 우리가 이 땅에서 일하고 싸웠던 것을 우리는 그대로 하늘로 가져갑니다. "그들이 수고를 그치고 쉬리니 이는 그들의 행한 일이 따름이라"(계 14:13). 승리자가 월계관을 쓰고 여호와의 산에 올라갈 때, 그가 정복한 모든 것들이 그의 뒤를 따릅니다. 우리가 여기에서 주목해야만 하는 또 한 가지 사실은 미래에 어떤 변화가 일어나든 성품의 주된 방향과 이 땅에서 행한 일시적인 행동들의 결과는 그대로 남는다는 사실입니다. 요컨대 승리자의 이름은 승리자의 생애의 요약입니다.

예수 그리스도는 새 이름을 주십니다. 그는 제자들의 이름을 바꾸어 주셨습니다. 그는 시몬을 게바라고 불렀으며, 야고보와 요한을 "우레의 아들들"이라고 불렀습니다. 이러한 행동은 그의 권세와 함께 그와의 새로운 관계를 나타냈습니다. 이러한 두 가지 개념 모두 "내가 새 이름을 주리라"는 약속에 담겨 있습니다. 형제들이여, 이러한 변화는 이 땅에서 시작된 방향으로 계속해서 진행된다는 사실과 그러한 변화의 과정은 이 땅에서 시작되어야만 한다는 사실을 기억하십시오. 하늘의 새 이름을 받은 자들에게 "누구든지 그리스도 안에 있으면 새로운 피조물이라 이전 것은 지나갔으니 보라 새 것이 되었도다"라는 그들이 세상에서 옛 이름을 가지고 있을 때 받았던 말씀은 여전히 사실입니다(고후 5:17).

3. 마지막으로, 감추었던 만나와 새 이름의 비밀을 주목하십시오.

"이기는 그에게는 내가 감추었던 만나와 … 받은 자 외에는 알 사람이 없는 새 이름을 주리라." 우리 모두는 만나가 언약궤에 있었던 것을 압니다. 그것은 지성소의 휘장 안, 쉐키나 아래 있었습니다. 언약궤와 관련한 유대 전승이 있는데, 전승에 따르면 언약궤와 그 안에 있는 물건들은 예루살렘이 함락되고 첫 번째 성전이 파괴된 직후 예레미야 선지자가 감춘 장소에 묻혀 있다가 메시야가 올 때 다시 나타날 것이라고 합니다. 어쩌면 본문의 약속은 이러한 전승과 관련된 것일 수 있지만, 그러나 필연적인 것은 아닙니다. 만나 항아리는 언약궤에 놓여 있었는데, 그에 대해 우리는 본서의 다른 곳에서 듣게 됩니다. 그리스도는 승리자에게 그 거룩한 양식에 참여하게 하십니다. 또 그는 승리자에게 "받은 자 외에는 알 사람이 없는" 이름을 주십니다. 이러한 두 상징은 공히 하나의 개념을 가리킵니다. 그것은 우리가 소유하고 경험할 때까지는 알 수 없다는 개념입니다.

이러한 불가능성, 즉 우리가 소유하고 경험할 때까지는 아는 것이 불가능하다는 개념은 세상의 가장 고결하며 정결하며 거룩한 감정들과 소유들에서도 마찬가지입니다. 창세 이후로 시인들은 사랑과 슬픔에 대해 노래하기를, 그것들의 의미를 알기 위해서는 실제로 사랑을 해 보고 슬픔에 빠져 보아야만 한다고 노래했습니다. 모든 여자들은 모성애에 대해 듣습니다. 그러나 자기 아기를 자신의 품에 안을 때까지, 그들은 결코 그것을 이해하지 못합니다. 그와 같이 우리는 만나와 새 이름의 비밀에 대해 세상 끝 날까지 이야기할 수 있지만, 그것들을 실제로 맛보고 경험하기 전까지는 그것을 이해하지 못할 것입니다.

이와 같이 우리는 오직 경험을 통해서만 하늘의 형언할 수 없는 영광을 알고 이해할 수 있습니다. 그것은 우리의 작은 머리로 이해하기에는 너무나 큽니다. 우리를 두르고 있는 산들은 우리가 그 너머에 있는 아름다운 땅을 보지 못하도록 가립니다. 미래의 삶에 대해 어떤 사람들은 진지한 마음으로 물으며, 어떤 사람들은 기괴한 호기심으로 묻습니다. 그런가 하면 오늘날 어떤 어리석은 사람들은 그것을 풀고자 잘못된 방법을 사용하기도 합니다. 그럼에도 불구하고 그것은 여전히 침묵 가운데 남아 있습니다. 우리는 "내 아버지 집에 거할 곳이 많도다 그렇지 않으면 너희에게 일렀으리라"라고 말하는 음성을 듣는 것으로 충분합니다(요 14:2). 침묵은 그것이 얼마나 큰 것인지 우리에게 웅변적으로 말해 줍니다. 그것이 말로 표현될 수 없는 것은 그것이 얼마나 큰 것인지를 보여 주는 확실한 증표입니다. 소망은 자신의 옷감을 짜기 위해 단지 약간의 실만을 필요로 할 뿐입니다. 나는 그와 같은 흐릿함이 하늘을 바라보는 능력의 일부라고 믿습니다. 그 앞에서 입을 닫읍시다. 설령 우리의 아는 것이 적고 우리의 눈이 희미하다 하더라도, 그리스도께서 모든 것을 아신다는 사실과 우리가 그와 함께 있을 것이라는 사실을 기억합시다. 그리고 당당하게 말합시다. "장래에 어떻게 될지는 아직 나타나지 아니하였으나 그가 나타나시면 우리가 그와 같을 줄을 아는 것은 그의 참모습 그대로 볼 것이기 때문이니"라고 말입니다(요일 3:2). 그러면서 우리는 이렇게 덧붙일 수 있지 않습니까? "제자가 그 선생 같고 종이 그 상전 같으면 족하도다"(마 10:25).

어떤 옛 주석가는 여기의 구절과 관련하여 다음과 같이 말합니다. "여러분은 어떤 새 이름을 갖게 될 것인지 알고자 합니까? 그에 대해 미리 알려고 하는 것은 헛된 일입니다. 여러분은 곧 흰 돌 위에 기록된 그것을 보게 될 것입니다."

주여, 당신이 우리를 영접하시고 새롭게 하시며 새 힘을 주실 것임을 확신하는 가운데 믿음의 선한 싸움을 싸울 수 있도록 우리를 도우소서! 아멘.

11
처음 행위와 나중 행위

"내가 네 사업과 사랑과 믿음과 섬김과 인내를 아노니 네 나중 행위가 처음 것보다 많도다"

계 2:19

여기의 두아디라 교회에 보낸 편지에서 우리는 예수 그리스도께서 책망의 말씀을 하시기에 앞서 먼저 칭찬의 말씀을 하시는 것을 주목할 수 있습니다. 그의 칭찬이 진짜 칭찬입니다. 그의 칭찬을 받기 위해 행동이 완전해야 할 필요는 없습니다. 중요한 것은 행동의 방향입니다. 다시 말해서 그가 칭찬하는 것은 행동으로 말미암아 성취한 결과가 아니라, 행동의 방향입니다. 현재의 행동이 과거의 행동보다 더 낫다면, 설령 그것과 절대적인 완전함 사이에 큰 간격이 있다 하더라도 본문과 같은 칭찬이 따를 것입니다. "네 나중 행위가 처음 것보다 많도다."

뒤이어 몇 가지 심각한 문제들로 인한 엄중한 책망의 말씀이 따릅니다. 그러나 그것이 여기의 칭찬의 따뜻함과 부드러움을 감소시키는 것은 아닙니다.

1. 첫째로, 여기의 말씀은 그리스도인의 삶이 어떠해야 하는지를 보여 줍니다.

계속적인 진보(進步)의 삶 즉 선하며 고결하며 참된 모든 것에 대해 어제보다 오늘이 그리고 오늘보다 내일이 더 풍성해지는 삶은 모든 그리스도인이 목표로 삼고 추구해야 할 이상(理想)입니다. 왜냐하면 우리가 믿노라고 고백하는 복음에는 우리를 모든 면에서 완전히 정결하며 고결하며 온전하게 만드는 무한한 능력이 담겨 있기 때문입니다. 모든 종류의 선(善)을 향한 계속적인 진보는 그리스도인의 삶을 특징짓는 한 가지 중요한 법칙입니다.

이와 같은 진보의 법칙은 삶의 모든 영역에 적용됩니다. 계속적인 실천이 완전함을 만들며 오늘 작은 일을 행한 사람은 내일 더 큰 일을 행하게 될 것이라는 것은 모든 사람이 알고 있는 상식이며 모든 격언이 가르치는 바입니다. 힘을 사용할 때, 사람은 더 큰 힘을 갖게 됩니다. 오늘 십 리를 걸은 사람은 내일 이십 리를 걷게 될 것입니다. 무슨 일이든 더 오랜 시간 동안 반복적으로 행할수록, 일은 더 쉬워지고 결과는 더 커집니다. 유실수(有實樹)는 한두 해만에 열매를 맺기 시작하지 않습니다. 그러나 일단 열매를 맺기 시작하면, 계속해서 더 풍성한 열매를 맺게 됩니다.

이와 같이 기독교의 삶에 있어서의 계속적인 진보와 그리스도를 위한 삶의 영역에 있어서의 지속적인 확장은 마땅히 그리스도인의 삶에 있어 한 가지 중요한 법칙이 되어야만 합니다. "뒤에 있는 것은 잊어버리고 앞에 있는 것을 잡으려고 푯대를 향하여 달려가노라"(빌 3:13, 14). 그리스도인의 삶과 관련한 모든 은유들은 같은 교훈을 전달합니다. 집의 은유를 생각해 보십시오. 집은 단계적으로 계속해서 세워집니다. 나무의 은유를 생각해 보십시오. 나무는 해를 거듭하면서 하늘에 닿기 까지 더 크고 넓게 자랍니다. 몸의 은유를 생각해 보십시오. 몸은 어린아이로부터 청년으로 그리고 청년으로부터 장성한 자로 자랍니다. 기독교의 생명은 끝없이 계속 자랍니다.

2. 둘째로, 그리스도의 칭찬은 역설적으로 매우 많은 그리스도인들의 삶이 실제로 그렇지 않음을 암시합니다.

형제들이여, 예수 그리스도께서 지금 여기에 나타난 모습처럼 "불꽃같은 눈과 빛난 주석 같은 발"과 함께 우리 가운데 오신다고 상상해 보십시오(18절). 여러분은 그가 공동체로든 개인으로든 우리에 대해 여기처럼 말씀할 것이라고 생각합니까? "네 나중 행위가 처음 것보다 많도다"라고 말입니다.

일반적인 기독교인 무리와 관련한 통상적인 역사(歷史)가 무엇입니까? 그들 가운데 소위 "회심"했다고 말하고는 한두 해 혹은 한두 달 혹은 하루 이틀 기쁨으로 스스로를 성별(聖別)하며 즐거이 순종하다가 다시금 옛 멍에와 옛 습관의 굴레 속으로 돌아가는 경우가 얼마나 많습니까! 그들의 모습은 마치 우리가 거리에서 종종 보게 되는 난쟁이들의 모습과 너무나 흡사합니다. 나이는 50세나 되었으면서도 키는 10살짜리 아이의 그것과 같습니다. 우리의 모든 교회들과 공동체들 가운데 이와 같은 모습의 소위 기독교인 무리들이 가득하지 않습니까? 나는 지금 이 자리에도 그런 사람들이 많이 앉아 있지 않은지 심히 우려합니다. 그들은 지난 일 년 동안 조금도 자라지 못했습니다. 그들의 오늘의 행동은 어제의 행동과 조금도 다르지 않습니다. 그들의 삶은 계속 진보하는 삶이 아닙니다. 그들의 삶 가운데 옛 죄가 옛 권능과 함께 계속 솟아오릅니다. 홍수 때마다 둑의 약한 부분이 반복해서 터지는 것처럼, 옛 소욕이 끓어오를 때마다 미약한 새 생명은 여지 없이 허물어지고 맙니다. 그들은 마치 나무가 기나긴 겨울 동안 잠자다가 여름에 잠깐 동안 자라는 것처럼 그렇게 자랍니다. 사실 그 정도로도 자라지 못하는 사람도 허다합니다. 지식적인 측면에서든 실천적인 측면에서든 오랜 시간 동안 전혀 자라지 않다가 간혹 한두 시간 동안 자라는 경우도 있습니다. 그들은 예수 그리스도와 닮는 측면에 있어 자람이 없습니다. 그들은 그의 사랑을 깨닫는 측면에 있어 자람이 없습니다. 그들은 보이지 않는 실재를 통찰하는 측면에 있어 자람이 없습니다. 우리 가운데 나이가 들어 머리가 희끗해졌음에도 불구하고 그리스도 안에서 어린아이인 사람들이 얼마나 많습니까! 오랜 세월에도 불구하고 여전히 도의 초보를 벗어나지 못하는 사람들이 얼마나 많습니까? "때가 오래 되었으므로 너희가 마땅히 선생이 되었을 터인데 너희가 다시 하나님의 말씀의 초보에 대하여 누구에게서 가르침을 받아야 할 처지이니 단단한 음식은 못 먹고 젖이나 먹어야 할 자가 되었도다"(히 5:12).

사랑하는 친구들이여, 내가 볼 때 오늘날의 많은 그리스도인들의 의식(意識) 속에 기독교적 삶의 핵심으로서 이러한 계속적인 자람의 개념은 더 이상 존재하지 않는 것처럼 보입니다. 오늘 나는 여러분과 더불어 이러한 주제로 토론을 벌이지 않을 것입니다. 다만 나는 예수 그리스도께서 이 시대 우리 가운데 오신다면 그는 결코 예전에 두아디라의 보잘것없는 성도들에게 하셨던 말씀을 할 수도 없고 하지도 않을 것이라고 생각합니다. "네 나중 행위가 처음 것보다 많도다"라고 말입니다.

그렇게 말할 수 없다면, 그는 불가불 정반대로 다시 말해서 "네 나중 행위가 처음 것보다 못하도다"라고 말할 수밖에 없을 것입니다. 이와 똑같은 개념을 우리는 베드로후서에서도 발견할 수 있습니다. "그러므로 사랑하는 자들아 너희가 이것을 미리 알았은즉 무법한 자들의 미혹에 이끌려 너희가 굳센 데서 떨어질까 삼가라"(3:17). 우리는 오늘이 어제보다 낫든지 그렇지 않으면 오늘이 어제보다 못하든지 둘 중 하나라는 사실을 기억해야 합니다. 자전거 위에 올라탄 사람이 제 자리에 멈추어 있다면, 그는 불가불 넘어질 것입니다. 똑바른 상태를 유지하는 조건은 계속해서 앞으로 나아가는 것입니다. 눈으로 뒤덮인 알프스의 미끄러운 경사면을 올라가는 등반가가 모든 힘을 기울여 올라가지 않는다면, 그는 위로 올라가는 대신 도리어 아래로 미끄러져 내려갈 것입니다. 그가 전력을 다해 중력을 극복하지 않는다면, 그는 조만간 경사면 아래 있게 될 것입니다. 그와 같이 그리스도인들이 매일 같이 진보하지 않는다면, 그들은 매일 같이 퇴보할 것입니다. 그러면 쫓겨나갔던 귀신이 "그 집이 청소되고 수리된" 것을 보고 다시 돌아올 것입니다. "와 보니 그 집이 비고 청소되고 수리되었거늘 이에 가서 저보다 더 악한 귀신 일곱을 데리고 들어가서 거하니 그 사람의 나중 형편이 전보다 더욱 심하게 되느니라"(마 12:44, 45). 그 집은 "비어" 있었습니다. 왜냐하면 거기에 예수 그리스도에 대한 사랑이 부재(不在)했기 때문입니다. 귀신은 그 집이 비어 있음을 발견합니다. 자연은 진공(眞空)을 싫어합니다. 그리하여 그는 일곱 친구들과 함께 돌아오고, 그리하여 그 사람의 마지막은 처음보다 더 나쁘게 됩니다.

우리 앞에 양자택일이 놓여 있습니다. 우리 모두는 둘 중 하나입니다. 우리는 계속 그리스도를 닮아가든지, 그렇지 않으면 매일 같이 더 못한 상태로 퇴보합니다.

3. 마지막으로, 본문은 어떻게 이러한 칭찬이 우리의 것이 될 수 있는지 암시합니다.

다시 한번 본문을 주목해 보십시오. 여기에서 예수 그리스도는 이렇게 말씀하십니다. "내가 네 사업과 사랑과 믿음과 섬김과 인내를 아노니 네 나중 행위가 처음 것보다 많도다." 여기에서 우리는 그리스도인의 삶 가운데 계속적인 성장을 확실하게 이루는 방법이 다름 아닌 그러한 성장을 산출하는 것 즉 믿음과 사랑 두 가지를 계속 계발하는 습관을 만드는 것이라는 사실을 발견할 수 있습니다.

이러한 두 가지 즉 믿음과 사랑이 뿌리입니다. 그것들은 계속 계발될 필요가 있습니다. 예수 그리스도에 대한 그리스도인의 믿음과 사랑은 저절로 자라지 않을 것입니다. 우리가 기도로, 성경을 읽음으로, 스스로를 그의 말씀의 영향력에 순복시킴으로 우리의 믿음을 강화시키며 우리의 사랑을 뜨겁게 만들지 않는다면, 우리의 믿음과 사랑은 점점 더 작아질 것이며 마침내 열매 맺지 못하는 무화과나무처럼 될 것입니다. 여러분은 다른 재능이나 혹은 습관을 계발하는 것처럼 믿음과 사랑을 계발할 필요가 있습니다. 그렇게 하기를 게을리할 때, 그것들은 점점 더 작아지다가 마침내 사라질 것입니다. 그것들이 계발되지 않는다면, 그것들의 "섬김"과 "인내"의 결과는 점점 더 작아지고 약화될 것입니다.

이와 같이 믿음과 사랑은 뿌리입니다. 그것들의 생명력이 그것들로부터 맺혀지는 열매의 풍성함을 결정합니다. 여러분이 그것들을 잘 보살피며 돌보지 않는다면, 그것들은 불가불 우리의 돌짝밭 같은 마음에서 질식될 것이며 마침내 세상 바람에 날아가게 될 것입니다. 우리의 일을 질과 양에서 계속 증진시키기를 원한다면, 우리는 그것을 산출하는 두 가지 원인 즉 예수 그리스도에 대한 사랑과 그를 믿는 믿음을 계속 계발하는 정직한 습관을 만들어야만 합니다.

계속해서 본문이 우리에게 제시하는 또 하나의 개념이 있습니다. 26절을 주목해 보십시오. 거기에서 우리는 "이기는 자와 끝까지 **내 일**을 지키는 그에게 내가 만국을 다스리는 권세를 주리니"라는 말씀을 보게 됩니다.

19절에서 "네 일"(thy works)로 불렀던 것이 26절에서 "내 일"(My works)로 부르는 것을 주목해 보십시오(한글개역개정판 19절에는 "네 사업"으로 되어 있음). 우리는 여기에서 승리와 보좌와 통치권의 필수적인 조건이 "그리스도의 일"을 끝까지 지키는 것이라는 사실을 발견할 수 있습니다. 다시 말해서 우리가 예수 그리스도를 향해 계속 자라기를 원한다면, 우리는 믿음과 사랑을 계발하는 습관과 함께 그를 우리가 행하는 모든 일의 근원으로 바라보는 또 하나의 습관을 계발해야만 합니다. 우리가 행한 모든 선하며 의로우며 아름다운 일들을 우리가 행했노라고 생각하는 것으로부터 그리스도께서 우리에서 행하셨노라고 생각하는 것으로 나아갈 때, 필연적으로 우리의 일은 질과 양에서 계속 성장할 것입니다. 자기 자신을 더 많이 잃고 자기 자신을 단지 그리스도의 손에 붙잡힌 도구로서 더 많이 느낄수록, 우리의 삶은 모든 고결한 섬김으로 더 많이 채워질 것입니다. 그럴 때, 우리는 우리의 삶을 그의 형상을 닮은 모든 아름다운 것들로 더 풍성하게 장식하게 될 것입니다.

여기에 우리가 기억해야 할 것이 또 한 가지 있습니다. 그것은 우리가 이러한 점진적인 경건을 소유하고자 한다면 우리는 끝까지 계속 노력을 경주해야만 한다는 사실입니다.

우리가 그리스도를 닮아가고자 하는 노력을 느슨하게 한다면, 결국 우리는 아무런 열매도 맺지 못할 것입니다. 인생의 마지막 순간까지 우리 앞에 더 큰 승리의 가능성과 그에 상응하는 패배의 가능성이 함께 놓여 있습니다. 그러므로 마지막 순간까지 우리는 계속해서 노력해야 합니다. 그리고 그것은 믿음 위에 세워진 노력, 사랑으로 기쁘게 행하는 노력, 그리고 그의 손을 붙잡아 강해진 노력이 되어야만 합니다. 이기는 자는 곧 "끝까지 그리스도의 일을 지키는" 자입니다. "이기는 자와 끝까지 내 일을 지키는 그에게 만국을 다스리는 권세를 주리니"(26절). 그가 중간에 스스로를 느슨하게 한다면, 그는 결국 "만국을 다스리는 권세"를 받지 못할 것입니다.

그러므로 우리가 마지막 순간까지 "뒤에 있는 것은 잊어버리고 앞에 있는 것을 잡으려고 푯대를 향하여 달려가자!"라는 표어를 붙잡아야만 합니다(빌 3:13, 14). 항상 우리 앞에 아직 우리가 도달하지 못한 푯대가 빛나고 있어야만 합니다. 과거의 실패들에 미래의 소망이 가려져서는 안 됩니다. 우리는 스스로를 우리 자신이나 혹은 다른 사람들과 비교해서는 안 됩니다. 또 우리는 형제들 안에 있는 낮은 평균의 기독교 삶을 그리스도의 완전한 형상의 높은 이상(理想)과 우리 사이에 놓아서는 안 됩니다. 그리스도의 완전한 형상의 높은 이상은 우리 모두 앞에 헛된 꿈이 아니라 우리를 향한 하나님의 뜻으로 항상 타오르고 있어야 합니다.

우리가 매일 같이 스스로를 그리스도의 사랑의 영향력에 정직하게 순복시키는 가운데 "푯대를 향하여 그리스도 예수 안에서 하나님이 위에서 부르신 부름의 상을 위하여" 달려간다면, 우리는 마지막까지 최고의 포도주를 지킨 집주인과 같을 것입니다.

> "모든 것이 쇠하는 노년(老年)에도
> 여전히 우리는 열매를 맺을 것이라."

그럴 때 우리에게 심지어 죽음조차도 "네 나중 행위가 처음 것보다 많아지는" 복된 과정의 계속적인 연장(延長)이 될 것이며, 죽음은 우리를 한층 더 새로운 상태로 이끌 것입니다.

12
이기는 자의 생명의 능력(IV)

"²⁶이기는 자와 끝까지 내 일을 지키는 그에게 만국을 다스리는 권세를 주리니 ²⁷그가 철장을 가지고 그들을 다스려 질그릇 깨뜨리는 것과 같이 하리라 나도 내 아버지께 받은 것이 그러하니라 ²⁸내가 또 그에게 새벽 별을 주리라"

계 2:26-28

두아디라 교회의 승리자들에 대한 이러한 약속은 몇 가지 주목할 만한 측면에서 앞의 약속들과 다릅니다. 앞의 편지들에서는 "귀 있는 자는 성령이 교회들에게 하시는 말씀을 들을지어다"라는 초청의 말씀이 승리자들에게 주는 약속보다 먼저 나오는 반면, 여기에서는 그러한 초청이 그것보다 나중에 나옵니다. 그리고 이러한 새로운 순서는 뒤이어 나오는 세 편지들 속에서도 똑같이 지켜집니다. 여기의 편지들의 구조는 이러한 변화를 우연한 것이라고 생각하기에는 너무나 정교합니다. 여기에는 필경 어떤 의미가 담겨 있음이 분명합니다. 그러나 오늘 나는 그에 대해 설명할 수 있을 만큼 충분히 준비되어 있지 않습니다. 그러므로 오늘 나는 그러한 주제에 대해서는 다루지 않고자 합니다.

여기의 편지의 또 하나의 주목할 만한 독특성은 승리자의 호칭이 부연(敷衍) 설명되는 사실입니다. "이기는 자와 끝까지 내 일을 지키는 자"(26절). 이러한 부연은 여기의 약속의 독특성과 무관하지 않은 것으로 보입니다. 앞의 모든 약속들 즉 생명나무의 열매에 참여하는 것과 생명의 관을 받는 것과 둘째 사망의 해를 받지 않는 것과 감추었던 만나와 새 이름이 기록된 흰 돌을 받는 것은 단지 승리자 개인에게만 관련되는 반면, 여기에서는 그 범위가 넓게 확장됩니다. 왜냐하면 여기의 약속에는 승리자가 자신의 영향력을 행사해야 하는 다른 사람들까지 포함되기 때문입니다. 그러므로 우리는 여기의 말씀 속에서 미래의 삶의 개념과 관련한 새로운 국면으로 들어가게 됩니다. 그것은 승리자 자신에게 속하는 축복과 영광을 강조할 뿐만 아니라 또한 그를 세상에서 그리스도의 일을 수행하는 그리스도의 도구로서 바라봅니다. 이제 본문이 제시하는 몇 가지 개념들을 살펴보도록 합시다.

1. 첫째로, 우리는 여기에서 승리자의 권세를 보게 됩니다.

"그에게 만국을 다스리는 권세를 주리니"(26절). 이러한 약속은 시편 2편의 위대한 말씀을 생각하게 합니다. 그것은 일종의 서곡(序曲)으로서 시편의 앞머리에 위치해 있습니다. 그리고 그것은 1편과 함께 히브리인들의 영적 생활의 두 가지 중요한 요소 즉 "율법을 지키는 생활의 축복"과 "메시야를 바라보는 밝은 소망"을 요약합니다. 특히 시편 2편은 세상의 정복 군주의 상징으로 메시야 소망을 다루면서, 세상 전체를 아우르는 그의 통치권을 제시합니다. 여기의 편지 즉 두아디라 교회에 전달된 편지는 온전하게 된 의인의 영들이 그리스도와 함께 그러한 정복전쟁에 동참한다는 놀라운 개념을 제시합니다.

여기의 말씀 속에는 매우 많은 내용들이 담겨 있습니다. 그러므로 우리에게 그것을 장황하게 설명하려고 시도하는 것은 쓸모없는 일입니다. 우리는 단지 희미한 광채를 바라보면서 감추어진 비밀이 열리기를 기다릴 수 있을 뿐입니다. 그러나 여기에는 또한 우리가 그리스도의 말씀을 지키는 가운데 용맹함과 부지런함으로 싸우도록 고취하는 것들이 많습니다. 나는 성경이 미래의 삶과 관련한 우리의 지식의 유일한 원천이라고 믿습니다. 또 나는 우리가 성경으로부터 끌어내는 지식이 절대적으로 신뢰할 수 있는 지식이라고 믿습니다. 그러므로 나는, 여기의 신비로운 상징의 세세한 부분들을 설명하고자 하는 모든 시도를 포기함에도 불구하고, 기꺼이 그것을 내 마음에 담습니다. 그것이 상상할 수 없는 것이라고 하여 덜 강력한 것은 아닙니다. 신비와 어두움과 흐릿함은 계시의 일부이며, 그것은 또한 빛의 일부이기도 합니다. "그의 광명이 햇빛 같고 광선이 그의 손에서 나오니 그의 권능이 그 속에 감추어졌도다"(합 3:4).

우리는 여기의 권세의 약속이 우리 주님이 세상에 계셨을 때 두 번 하셨던 말씀과 완전하게 조화되는 것을 주목할 수 있습니다. 한 번은 "보소서 우리가 모든 것을 버리고 주를 따랐사온대 그런즉 우리가 무엇을 얻으리이까?"라는 베드로의 어리석은 질문과 관련됩니다(마 19:27). 그때 주님은 이렇게 대답하셨습니다. "세상이 새롭게 되어 인자가 자기 영광의 보좌에 앉을 때에 나를 따르는 너희도 열두 보좌에 앉아 이스라엘 열두 지파를 심판하리라"(28절). 그리고 주님은 십자가에 달리시기 전 날 밤 두려워하는 제자들에게 똑같은 약속의 말씀을 주셨습니다. 거기에서 진리이신 그리스도는 그의 종들이 그와 함께 그의 왕권에 참여하게 될 것을 약속하셨습니다. 또 여기의 개념과 동일한 한 쌍의 쌍둥이 비유인 므나의 비유와 달란트 비유에서도 똑같이 나타납니다. 므나의 비유에서 우리는 "잘하였다 착한 종이여 네가 지극히 작은 것에 충성하였으니 열 고을 권세를 차지하라"라는 말씀을 듣습니다(눅 19:17). 그리고 달란트 비유에서는 "잘하였도다 착하고 충성된 종아 네가 적은 일에 충성하였으매 내가 많은 것을 네게 맡기리니 네 주인의 즐거움에 참여할지어다"라는 말씀을 듣습니다(마 25:21). 여기에서 우리는 권세의 약속과 함께 주님의 통치권에 동참할 것에 대한 확증을 보게 됩니다. 이와 같이 계시록이 그리스도께서 우리를 하나님을 위하여 나라와 제사장으로 삼으셨다고 말씀하신 것으로 보도하거나 미래를 가리키며 우리가 그와 더불어 영원히 다스릴 것이라고 말할 때, 그것은 단지 복음서에서의 그리스도 자신의 가르침의 발자취를 따르면서 거기에서 암시적으로 나타난 것들을 확장시키고 있는 것일 뿐입니다.

계속해서 본문은 정복전쟁의 이미지와 질그릇을 깨뜨리듯이 적들을 쳐부수는 철장(鐵杖)의 이미지를 덧붙입니다. "그가 철장을 가지고 그들을 다스려 질그릇 깨뜨리는 것과 같이 하리라(27절). 본문은 최후의 싸움을 통해 하나님의 안식에 들어간 사람들이 그리스도와 함께 있을 것을 이야기합니다. 그리고 그를 따르는 하늘의 군대가 희고 깨끗한 옷을 입고 그와 함께 땅의 대적자들을 굴복시킬 것을 이야기합니다. 나는 여기에서 천년 왕국과 관련한 예언에 대해서는 다루지 않을 것입니다. 다만 나는 여기에서 신약의 모든 가르침이 "세상의 죄를 위해 죽기 위해 오신 그리스도가 왕으로서 통치하기 위해 다시 오실 것이라는 가르침"과 "그가 통치할 때 그의 종들도 그와 함께 통치할 것이라는 가르침"으로 초점이 모아진다는 사실만은 꼭 지적하고 넘어가고자 합니다. 이것으로 충분하며, 이것이 전부입니다. 왜냐하면 그 외에 나머지 모든 것은 단지 추측과 상상 그리고 때로 어리석음일 뿐이기 때문입니다. 세세한 것들은 최소화하십시오. 그런 것들을 과도하게 확대하지 마십시오. 오직 핵심적인 사실에 집중하십시오.

여기에서 앞의 편지들 가운데 제시된 모든 약속들을 다시 한번 생각해 보십시오. 그 모든 약속들은 먼 미래의 것을 다루지 않습니다. 도리어 그것들은 여기에서의 싸움이 끝나는 순간 효과가 나타나기 시작하는 것을 다룹니다. 한 순간 승리자들은 싸웁니다. 그리고 다음 순간 그들은 생명나무에 참여하며, 생명의 관을 쓰며, 감추어진 만나를 먹습니다. 그러므로 여기의 권세의 약속의 주된 강조점이 우리 주님 자신이 말씀하신 것처럼 "세상이 새롭게 되어 인자가 자기 영광의 보좌에 앉을" 때를 가리킨다 하더라도, 나는 그러한 약속의 범위가 거기에 배타적으로 한정된다고 생각하지 않습니다(마 19:28). 그리스도 안에서 죽은 자들을 위해 미래뿐만 아니라 현재에도 무엇인가 있음에 틀림없습니다. 그것은 예수 그리스도의 현재적인 활동에 그들이 그와 연합한다는 사실입니다. 그들은 지금 그리스도를 통해, 그리스도 안에서, 그리고 그리스도와 함께 일하고 있습니다. 그리스도의 종들의 죽음은 즉시 열 고을 다스리는 권세를 받습니다.

이와 같이 여기의 약속의 가장 깊은 의미는 사람의 본성의 가장 깊은 필요와 완전하게 상응합니다. 왜냐하면 일하지 않는다면, 우리는 결코 안식을 알 수 없기 때문입니다. 천국이 아무 일도 하지 않는 곳이라면, 그것은 필경 지루하며 권태로운 천국일 것입니다. 사람들은 미래에 대한 기독교의 가르침에 대해 이런저런 조롱의 말을 합니다. 그러나 실제로 그것은 많은 일상의 현상들과 잘 부합합니다. 미래에 대한 신약의 가르침은 고결한 에너지와, 열매 맺는 활동과, 수고와 섬김으로 가득합니다. 본문의 약속은 앞의 세 약속을 보충하며 보완합니다. 앞의 세 약속은 안식과 충만한 만족을 위한 간절한 열망에 부응하여 전달되었습니다. 반면 여기의 약속은 더 큰 섬김을 위한 더 깊고 더 고결한 열망에 부응하여 전달됩니다. 여기의 약속은 승리자에게 있어 그가 죽을 때 그가 예전에 행했던 일보다 더 고결한 일이 그를 위해 기다리고 있음을 확증합니다.

그러나 우리는 이 모든 것이 그리스도의 왕권과 그의 승리의 통치의 결과라는 사실을 잊어서는 안 됩니다. 다시 말해서 우리가 미래에 무엇인가를 소유하는 것은 우리가 그와 연합되었기 때문입니다. 이 땅에서의 우리의 모든 축복과 마찬가지로 하늘에서의 우리의 모든 섬김도 우리가 그와 연합된 사실로부터 흘러나옵니다. 그의 종들이 각자의 보좌에 앉을 것에 대해 말씀하실 때, 그는 스스로를 중앙의 보좌에 앉은 자로 제시합니다. 열 고을을 다스리는 청지기의 권세는 종이 주인의 즐거움에 참여하는 결과 외에 아무것도 아닙니다. 하늘에 무엇이 있든 간에, 그 모든 것의 싹은 우리가 그리스도와 같아질 것이며, 그와 온전히 하나가 될 것이며, 그의 모든 소유에 참여할 것이라는 것입니다. 그는 우리 각자에게 "나의 모든 것이 다 네 것이니라!"라고 말씀하십니다. 그가 우리의 피와 살을 취하심으로 우리가 그의 영에 참여할 수 있게 되었습니다. 신부에게 신랑의 모든 것이 주어집니다. 구속받은 자들의 머리 위에 씌워지는 면류관은 그리스도 자신이 십자가의 상급으로 받은 면류관입니다. "나도 내 아버지께 받은 것이 그러하니라"(27절).

2. 둘째로, 승리자의 별과 같은 광채를 주목하십시오.

"내가 또 그에게 새벽 별을 주리라"(28절). 본문의 이와 같은 두 번째 상징은 첫 번째 상징과 마찬가지로 해석하기 쉽지 않습니다. 성경 전체를 통해 별은 왕권을 상징합니다. 많은 학자들은 여기의 경우에도 그와 같은 의미로 해석되어야 한다고 제안합니다. 그러나 나는 그러한 설명이 여기의 상징의 절반은 정당하게 다루지만 나머지 절반은 완전히 빠뜨린다고 생각합니다. 왜냐하면 여기에서 강조점은 "별"이라기보다 "새벽"에 놓이기 때문입니다. 그것은 단순히 하늘에 떠 있는 수많은 별들 가운데 하나가 아니라 "새벽 별"로 특정됩니다. 나는 이것이 여기에서의 승리자의 상태를 상징적으로 나타낸다고 생각합니다. 또 하나의 그릇된 해석은 계시록 마지막 장에서 우리 주님이 스스로를 "광명한 새벽 별"로 묘사하는 사실을 고려하여 여기의 약속을 단순히 "내가 그에게 **나 자신**을 주리라"를 의미하는 것으로 해석하는 것입니다(22:16). 물론 가장 깊은 의미에서 그리스도가 여기의 모든 일곱 약속들을 주시는 자일 뿐만 아니라 나아가 그 자신이 선물인 것도 분명한 사실입니다. 그러나 나는 여기의 표현 어법이 그렇게 해석하는 것을 금한다고 생각합니다.

그러면 여기의 약속이 의미하는 것은 무엇일까요? 나는 여기의 시적(詩的) 이미지가 여기의 약속의 의미를 암시한다고 생각합니다. 그것은 소망의 아침과 낮의 선구자를 의미하는 금성(金星)의 어둑새벽의 광채입니다. 오래 전 히브리 선지자들은 루시퍼를 "빛을 가져오는 자"와 "아침의 아들"로 말했습니다. 또 밀턴은 그 별에 대해 다음과 같이 노래합니다.

"금성, 가장 밝게 빛나는 별이여!
수많은 별들의 무리를 이끌도다."

그러므로 나는 이 상징의 의미가 다름 아닌 장차 승리자에게 비칠 별처럼 아름다운 광채라고 생각합니다. 그러한 광채는 승리자와 얼마나 잘 어울립니까! 미래는 비밀에 감추어져 있습니다. 그러나 이러한 이미지는 우리에게 사람의 본성이 최고의 높이까지 완전해진 것을 보여 줍니다. 그것은 사람이 이 땅에서 경험하며 상상할 수 있는 모든 것을 초월합니다. 우리는 단지 평온한 믿음으로 기대하며 소망할 수 있을 뿐입니다.

여기의 약속이 앞의 약속들로부터 한 걸음 더 전진한 것이라는 사실이 여기의 위대한 약속의 앞부분에 나타납니다. 거기 즉 앞의 약속들에서 그리스도인의 권세와 영향력은 왕의 통치권의 상징으로 제시되었습니다. 반면 여기의 약속에서 그것은 찬란한 광채의 상징으로 제시됩니다. 많은 존재들이 새벽별이 비추는 빛의 영광을 봅니다. 이러한 약속은 앞의 권세의 약속과 마찬가지로 미래에 온전하게 된 영들이 자신들의 빛을 비출 영역이 있을 것임을 함축합니다. 거기에서 그들은 자신들의 빛으로 많은 존재들의 눈길을 끌며 그들을 기쁘게 할 수 있습니다. 나는 새벽 별이 빛나는 하늘(sky)에 대해서는 이야기할 것이 아무것도 없습니다. 다만 나는 여기의 위대한 표현의 핵심이 기독교적 영혼들이 현재와 마찬가지로 미래에도 보이지 않는 하나님의 영광과 광채의 보이는 실체로 나타날 것이라고 생각합니다.

계속해서 여기의 이미지가 승리자의 광채를 예수 그리스도와의 연합으로 말미암는 것으로 추적하는 것을 기억하십시오. 마치 앞의 이미지가 승리자의 왕권을 그리스도와의 연합으로 말미암는 것으로 추적하는 것처럼 말입니다. 다니엘이 말한 것처럼, 우리는 "궁창의 빛과 같이 빛날" 것입니다(단 12:3). 그러나 그것은 본원적인 빛이 아니라 반사된 빛입니다. 우리는 태양이 아닙니다. 다만 의의 태양 주위를 돌며 그의 아름다움으로 빛나는 행성(行星)일 뿐입니다.

3. 마지막으로, 승리자가 받는 권세와 광채의 조건을 주목하십시오.

여기에서 나는 승리자 뒤에 붙여진 주목할 만한 부연(敷衍)에 대해 한마디 하고자 합니다. "이기는 자와 **끝까지 내 일을 지키는 자에게**"(26절). 우리는 어째서 이러한 부연이 오직 여기의 두아디라 교회와 관련해서만 나타나는지 알지 못합니다. 그러나 여러분이 여기의 편지를 전체적으로 살핀다면, 여러분은 여기에 일과 관련하여 통상적인 것 이상의 것이 있음을 보게 될 것입니다. 그것은 회개의 일입니다. 그들이 회개하지 않는다면 그들은 최후의 보응을 피할 수 없게 될 것입니다.

여기의 승리자 뒤에 붙여진 부연을 다시 한번 주목해 보십시오 ─"끝까지 내 일을 지키는 자." 그것의 의미가 무엇이든 간에, 그것이 주는 교훈은 매우 의미심장할 뿐만 아니라 또한 매우 중요합니다. 여기에서 승리자의 은유는 "끝까지 그리스도의 일을 행하는" 것과 연결됩니다. 여기에서 싸움의 수사(修辭)를 벗겨 보십시오. 그러면 그것은 그리스도의 명령에 대한 계속적이며 온전한 순종이 될 것입니다. "내 일을 지키는 자"는 "이기는 자"와 마찬가지로 이미지에 호소하지 않습니다. 다만 그것은 승리에 대해 설명할 뿐입니다, 바로 이것이 우리 모두가 마음에 새겨야만 하는 요지입니다.

"내 일"(My works) ─ 이것은 그가 명하신 일들을 의미합니다. 이것은 의심의 여지가 없습니다. 그러나 본문 앞에 나오는 한 구절을 주목해 보십시오. "내가 **너희의 일**(your works)대로 갚아 주리라"(23절, 한글개역개정판에는 "너희 각 사람의 행위대로"라고 되어 있음). 그것은 다름 아닌 여러분이 행하는 일입니다. 그리고 그리스도의 일은 그가 명하신 일일 뿐만 아니라 그 자신이 모범도 되는 일입니다. 그는 각 사람이 행한 일에 따라 권세와 새벽별을 주실 것입니다. 다시 말해서 그리스도의 모범을 따라 그리고 그리스도의 명령에 순종하여 빚어진 삶은 그의 통치권에 참여하도록 허락될 수 있는 삶입니다. 그리고 그것은 반사된 광채로 옷 입은 삶입니다. 우리가 이 땅에서 그의 일을 행한다면, 우리는 하늘에서 그 일을 더 충분하게 행할 수 있게 될 것입니다. "나를 믿는 자는 내가 하는 일을 그도 할 것이요"(요 14:12 상반절). 이것은 삶의 법칙인 동시에 천국의 약속입니다. "또한 그보다 큰 일도 하리니 이는 내가 아버지께로 감이라"(12 하반절). 우리가 이 땅에서 그와 부분적으로 같아진다면, 우리는 장차 하늘에서 그와 완전하게 같아질 것을 바랄 수 있습니다. 우리가 이 땅에서 그의 영광으로 부분적으로 변화된다면, 우리는 장차 하늘에서 그의 영광으로 완전하게 변화될 것입니다, 그리고 우리는 "깰 때에 주의 형상으로 만족할" 것입니다(시 17:15).

형제들이여, 우리는 그리스도의 통치권에 참여할 것인지 아니면 그의 철장(鐵杖)에 으스러질 것인지 선택해야 합니다. 또 우리의 삶이 그의 뜻과 모범을 따라 빚어져 장차 그와 같은 모습으로 완전하게 변화될 것인지 선택해야 합니다. 또 우리는 이 땅에서 그를 아는 가운데 장차 그가 강림하실 때 기쁨으로 가득 찰 것인지 아니면 보좌에 앉은 자의 얼굴로부터 우리를 가려달라고 산과 바위에게 애걸할 것인지 선택해야 합니다. 시간은 영원을 낳습니다. 오늘은 내일을 빚습니다. 모든 오늘들과 모든 내일들이 지나간 어제가 될 때, 그것들이 우리의 영원한 운명을 결정할 것입니다. 왜냐하면 그러한 것들로 우리의 성품이 만들어질 것이기 때문입니다. 그리스도께서 명령하신 것들을 지킵시다. 그러면 우리에게 위엄의 옷이 입혀지며, 영광의 빛이 비춰지며, 존귀한 일이 맡겨질 것입니다. 우리가 이 땅에서 상상할 수 있는 것을 훨씬 초월하여 말입니다. 그리고 그 모든 것은 이 땅에서의 수고와 싸움 가운데 미약하게 시작된 것이 완전하게 된 것 외에 아무것도 아닐 것입니다.

13

일곱 영과 일곱 별을 가지신 이

"하나님의 일곱 영과 일곱 별을 가지신 이가 이르시되"

계 3:1

우리는 일곱 교회에 보내는 편지들 속에서 우리 주님과 관련하여 일컬어지는 호칭들이 각 공동체의 영적 상태와 상응하여 선택된 사실을 기억할 필요가 있습니다. 이러한 상응관계는 비교적 어렵지 않게 관찰될 수 있습니다. 특별이 여기의 사데 교회의 경우에는 매우 명백합니다. 그리스도가 "하나님의 일곱 영과 일곱 별을 가지신" 자로서 나타나는 사데 교회에는 특별히 바로잡을 필요가 있는 이단(異端)이 없었습니다. 그 교회에는 심지어 그러한 잘못된 문제가 생겨날 수 있을 만큼의 충분한 생명력조차 없었습니다. 겨울에는 꽃도 피지 못하지만, 잡초도 자라지 못합니다. 기독교 진리에 대한 그들의 이해는 매우 낮은 수준에 머물러 있었던 것으로 보입니다. 차라리 에베소와 두아디라의 이단이 사데의 "살았다 하는 이름은 가졌으나 죽은" 상태보다 낫지 않겠습니까?

사데 교회에는 또한 특별히 부도덕한 것들도 없었습니다. 버가모 교회에 있었던 타락이 거기에는 없었습니다. 빌라델비아 교회에 부도덕한 것들이 없었던 것은 그들이 주님을 가까이 따랐기 때문이었습니다. 그러나 사데 교회는 부도덕한 것들이 없었음에도 불구하고 책망을 받았습니다. 그것은 그들의 악이 그것보다 더 깊고 슬픈 것이었기 때문입니다. 사데 교회는 특별하게 악하지는 않았습니다. 그들은 단지 영적으로 죽었을 뿐입니다.

그렇기 때문에 사데 교회에는 어떤 박해도 없었습니다. 충성된 서머나 교회를 생각해 보십시오. 그들에게는 많은 고난이 있었으며, 그들의 머리 위에는 박해의 먹구름이 드리워져 있었습니다. 또 주님으로부터 많은 사랑을 받은 빌라델비아 교회에는 시험의 때가 다가오고 있었습니다. 그러나 사데 교회는 세상으로부터 미움을 받을 만큼 충분한 생명력을 가지고 있지도 않았습니다. 도대체 무엇 때문에 세상이 죽은 교회를 미워하며 박해할 필요가 있겠습니까? 사데 교회는 세상이 원하는 모습의 교회였으며, 교회라는 이름을 가졌음에도 불구하고 사실상 세상의 일부였습니다. 이런 사데 교회에 우리 주님은 "하나님의 일곱 영과 일곱 별을 가지신" 자로 나타나십니다.

1. 첫째로, 특별히 이러한 환상을 필요로 하는 교회의 상태에 대해 생각해 보도록 합시다.

사데 교회의 참된 영적 상태는 "모든 행위를 아시는" 자의 "네가 살았다 하는 이름은 가졌으나 죽은 자로다"라는 선언으로 완전하게 요약됩니다(1절). 그러나 그들의 구체적인 행위는 — 선한 행위든 악한 행위든 — 여기에 열거되지 않습니다. 비록 2절에 "내 하나님 앞에 네 행위의 온전한 것을 찾지 못하였노니"라는 책망의 말씀이 있기는 하지만 말입니다.

우리는 여기의 "죽은"(dead)이라는 단어를 곧 보게 될 것처럼 그것의 가장 충분한 의미로 취하지 않을 것입니다. 주님이 세상에 계실 때 가르치셨던 것을 생각해 보십시오. 그는 모든 사람이 살았든지 그렇지 않으면 죽었다고 가르치셨습니다. 예컨대 그의 다음과 같은 말씀을 생각해 보십시오. "인자의 살을 먹지 아니하고 인자의 피를 마시지 아니하면 너희 속에 생명이 없느니라"(요 6:53). 다시 말해서 그로 말미암아 생명을 얻지 못한 사람들은 생명이 없다는 것입니다. 여기에서 우리는 두 부류의 사람들 즉 그로 말미암아 생명을 얻은 사람들과 죽은 사람들을 보게 됩니다. 또 다음과 같은 요한의 주된 사상 가운데 하나를 생각해 보십시오. "아들이 있는 자에게는 생명이 있고 하나님의 아들이 없는 자에게는 생명이 없느니라"(요 5:12). 이런 말씀들은 우리에게 죽음의 참된 의미를 일깨워줍니다. 죽음은 예수 그리스도로부터 분리된 상태, 다시 말해서 믿음과 교제로 말미암아 자신들의 영 안으로 더 나은 생명을 받아들이지 못한 사람들의 상태를 의미합니다.

사데 교회는 이러한 상태 속으로 떨어졌습니다. 감독과 일반 신자들은 주님을 붙잡았던 손을 놓쳐버리고 말았습니다. 그들의 심장은 그리스도에 대한 뜨거운 사랑으로 고동치지 않았습니다. 도리어 심지어 주님조차 거의 느끼지 못한 정도로 미약하게 뛰고 있었을 뿐입니다. 그들은 그리스도와 그의 사랑에 대해 분명하게 인식하지 못했으며, 그들과 주님 사이의 교제는 중단되었습니다. 그리고 그들의 삶 가운데 그리스도를 위한 자기희생의 찬란한 아름다움은 없었습니다. 요컨대 그들의 기독교는 죽어가고 있었던 것입니다.

그러나 그것은 완전한 죽음은 아니었습니다. 2절의 "그 남은 바 죽게 된 것"이라는 표현이 그들 가운데 일부 사람들에게 적용되는 사실에서 우리는 그러한 사실을 알 수 있습니다. 그들은 죽음에 거의 근접한 지점에 서 있었습니다. 그들은 빈사상태였으며, 그들의 영적 생명은 거의 꺼져 재가 되어 가고 있었습니다. 그러나 재 가운데 여기저기에 불티가 남아 있었으며, 주님은 그것을 보셨습니다. 그는 그곳에 숨을 불어넣어 다시금 불꽃이 일어나게 할 수 있었습니다. 온전치는 않았다 하더라도 몇몇 합당한 일들이 아직 남아 있었습니다. 마치 어두운 지하실에서 가냘프게 자라고 있는 식물처럼 말입니다.

어떤 벌레들 가운데 여러분은 생명이 끊어졌음에도 불구하고 꿈틀거리며 움직이는 것을 볼 수 있을 것입니다. 그와 같이 교회들과 개별적인 그리스도인들은 참된 생명력이 상실되었음에도 불구하고 어느 정도 기간 동안 기독교의 일을 계속해서 행할 수 있습니다. 기차는 증기(蒸氣)가 끊어져도 어느 정도 거리를 달릴 것입니다. 어떤 제도든지 그 생명이 다했어도 어느 정도 기간 동안은 계속해서 존속할 것입니다. 왜냐하면 지금까지 해 오던 습관이 계속해서 작동하기 때문입니다. 이와 같이 사람들은 생명력 있는 확신이 없이도 지금까지 해 오던 일을 어느 정도 기간 동안 맹목적으로 계속할 수 있습니다. 여러분의 기독교의 행동 가운데 실제로 생명을 나타내는 행동은 얼마나 됩니까? 또 여러분의 기독교의 행동 가운데 마치 전기 충격기로 시체를 움직이게 만드는 것 같은 행동은 얼마나 됩니까?

이러한 죽음의 상태(deadness)는 오직 예수 그리스도의 불꽃같은 눈 외에는 어떤 눈에도 보이지 않습니다. 여기의 사데 사람들을 생각해 보십시오. 그들은 "살았다 하는 이름"은 가지고 있었습니다(1절). 그들은 소아시아의 교회들 사이에서 좋은 평판을 가지고 있었습니다. 틀림없이 그들 자신들조차도 그들의 상태에 대한 주님의 평가의 쇠망치를 맞고 크게 놀랐을 것입니다. 우리는 그들이 다음과 같이 말하는 것을 상상할 수 있습니다. "우리가 죽었다고요? 우리가 다른 형제들보다 더 높은 수준에 있지 않나이까? 우리가 이런저런 기독교의 일을 행하지 않았나이까? 우리가 주의 이름으로 선지자 노릇하지 않았나이까?" 그렇습니다. 영적 죽음에 대한 가장 확실한 표적은 당사자가 그러한 사실을 전혀 의식(意識)하지 못하는 것입니다. 온 몸이 마비된 사람을 생각해 보십시오. 그는 아무것도 느끼지 못합니다. 그는 아무런 고통도 느끼지 못합니다. 동상(凍傷)에 걸린 발은 아무런 감각도 느끼지 못합니다. 오로지 생명이 돌아 올 때 따끔거리고 간지러울 뿐입니다. 어떤 사람이 "아, 나는 지금 잠자고 있어!"라고 말한다면, 실제로 그는 절반 이상 깨어 있는 것입니다.

사데 교회의 죽음의 한 가지 특징은 그들이 복된 상태에 있었을 때를 잊어버렸기에 훈계를 필요로 한다는 사실입니다. "그러므로 네가 어떻게 받았으며 어떻게 들었는지 생각하라"(3절). 그들은 너무나 멀리 떨어졌습니다. 지금 그들의 눈에는 자신들이 한 때 서 있었던 고지대(高地帶)가 보이지 않았습니다. 다만 지금 그들은 저지대(低地帶)의 수령에 누워 있는 것으로 만족했습니다. 그러는 가운데 그들은 아무것도 의식(意識)하지 못했으며, 아무런 고통이나 찌르는 것도 느끼지 못했습니다. 그런 가운데서도 그들은 형식적으로나마 계속해서 기독교의 일들을 행했으며, 이것이 또 다시 그들의 영적 실상(實狀)을 가렸습니다.

이것은 우리가 잠시도 소홀히 해서는 안 되는 매우 엄중한 사실입니다. 우리 가운데 총체적인 영적 침체가 계속해서 진행되고 있음에도 불구하고 우리가 그에 대해 전혀 의식(意識)하지 못할 수 있습니다. 삼손은 "여호와께서 이미 자기를 떠나신 줄을" 깨닫지 못하고 있었습니다(삿 16:20). 그는 그러한 사실을 전혀 알지 못하는 상태에서 자신의 옛 일을 행하고자 했습니다. 그러나 그 결과는 아무 일도 할 수 없는 자신을 발견한 것이었을 뿐입니다. 이와 같이 우리의 영의 생명은 우리가 전혀 의식하지 못하는 상태에서 썰물처럼 빠져나갈 수 있습니다. 무엇인가를 하고자 몸을 일으키려고 하지만 아무 일도 할 수 없이 무력하게 주저앉을 때 비로소 그 사실을 알게 됩니다. 약간 열린 상태로 장롱에 놓여 있는 진귀한 향유가 들어 있는 향유병을 생각해 보십시오. 장롱을 열고 그것을 꺼내볼 때 비로소 우리는 그것이 빈 병으로 남아 있는 사실을 발견하게 됩니다. 그 병을 가득 채우고 있던 향유의 향긋한 향기는 어느 새 모두 사라져 없어지고 만 것입니다. 기독교의 생명의 보배로운 향유를 잃어버리는 가장 확실한 방법은 그것을 우리 마음속에 감추어 놓는 것입니다. 생명은 음식과 공기와 활동이 없으면 결코 유지될 수 없습니다. 우리는 하늘로부터 내려오는 생명의 떡을 먹으며, 그의 영의 호흡으로 숨을 쉬며, 그를 위해 힘써 일해야 합니다. 그렇지 않으면 우리의 모든 "살았다 하는 이름"에도 불구하고 예수 그리스도는 불꽃같은 눈으로 우리의 슬픈 실상을 바라보며 "너는 죽었노라!"라고 말씀하실 것입니다.

2. 둘째로, 이러한 교회에 나타나신 그리스도의 모습을 주목하십시오.

"하나님의 일곱 영과 일곱 별을 가지신 이." 일곱 교회에 전달된 편지들 가운데 나타나는 그리스도의 특징들은 대부분 1장의 환상 가운데 묘사된 그리스도의 특징들로부터 끌어온 것입니다. 그러나 거기에 여기의 첫 번째 특징 즉 "일곱 영을 가진 자"의 특징은 나타나지 않습니다. 그런 의미에서 여기의 호칭은 독특한 호칭입니다. 그러나 계시록 가운데 이러한 호칭에 큰 빛을 던져 주는 곳이 세 곳 있습니다. 잠깐 그러한 곳들로 가보도록 합시다. 본서 첫머리에 나오는 인사말에서, 요한은 소아시아의 교회들에게 영원한 아버지와 "보좌 앞에 있는 일곱 영"과 충성된 증인인 예수 그리스도로부터 은혜와 평강이 있기를 기원합니다(1:4). 또 4장의 천상의 실재들에 대한 장엄한 환상 가운데, 요한은 보좌 앞에서 "하나님의 일곱 영"인 일곱 등불이 불타고 있는 것을 봅니다. "보좌 앞에 켠 등불 일곱이 있으니 이는 하나님의 일곱 영이라"(5절). 그리고 다음 장에서 그는 승리한 어린 양이 세상 역사(歷史)를 기록한 책의 인을 떼는 것을 보는데, 거기에서 어린 양은 "하나님의 일곱 영인 일곱 눈을 가진" 자로 묘사됩니다. "그에게 일곱 눈이 있으니 이 눈들은 온 땅에 보내심을 받은 하나님의 일곱 영이더라"(5:6). 여기에서 우리는 요한과 마찬가지로 "촛대"를 교회를 상징하는 것으로 사용했던 그리고 "온 세상에 두루 다니는 여호와의 눈"에 대해 이야기했던 옛 선지자의 말이 메아리치는 것을 발견합니다. "사람들이 스룹바벨의 손에 다림줄이 있음을 보고 기뻐하리라 이 일곱은 온 세상에 두루 다니는 여호와의 눈이라 하니라"(슥 4:10).

이 모든 구절들 속에서 우리가 모든 교회들의 주인인 하나님의 어린 양으로부터 일곱 수의 완전함과 다양함으로 나타나는 하나님의 성령을 받고 또 소유한다는 개념을 발견합니다. 여기에서 일곱이라는 숫자가 사용된 사실은 매우 주목할 만합니다. 그리고 여기에서 우리는 성령의 인격성과 신성(神性)이 나타나는 것을 발견합니다. 성령의 인격성은 각 편지들 가운데 나타나는 "귀 있는 자는 성령이 교회들에게 하시는 말씀을 들을지어다"라는 경계의 말씀에 의해 충분하게 제시됩니다. 또 성령의 신성은 본서 앞머리에 나타나는 삼중의 축복과 특별히 거기에서 성령이 아버지와 아들 사이에 위치하는 사실에 의해 분명하게 나타납니다. "이제도 계시고 전에도 계셨고 장차 오실 이시며 **그의 보좌 앞에 있는 일곱 영**과 또 충성된 증인으로 죽은 자들 가운데에서 먼저 나시고 땅의 임금들의 머리가 되신 예수 그리스도로 말미암아 은혜와 평강이 너희에게 있기를 원하노라"(1:4,

5). 보좌 앞에 켠 일곱 등불은 신적 본성에 "내재한" 것으로서 여겨지는 영의 완전함이 불타고 있는 것을 말합니다. 또 온 땅에 보내심을 받은 일곱 눈은 온 세상을 비추는 같은 영의 에너지의 완전함을 말합니다. 그리고 본문의 위대한 말씀은, 세상에 불을 던지기 전에 먼저 죽으셔야만 했던 주님으로 말미암아 불붙은 영이 사람들에게 부어진다고 말합니다. 그 점에서 그것은 죽임을 당한 어린 양의 눈으로서의 이러한 일곱 눈의 환상과 일치합니다.

바로 이것이 죽거나 쇠퇴하는 교회가 가장 필요로 하는 것입니다. 생명을 주는 영이 있으며, 그리스도가 그 영의 주인입니다. 신의 에너지의 전체적인 충만은 성령 안으로 초점이 모아집니다. 그리고 성령의 가장 주된 일은 우리의 죽은 상태(deadness) 속으로 생기를 불어넣는 것입니다. 그에게는 다른 많은 역할들이 부여되어 있으며, 다른 많은 이름들이 그에게 속합니다. 그는 "양자(養子)의 영"입니다. 그는 "중보(仲保)의 영"입니다. 그는 "성결의 영"입니다. 그는 "지혜의 영"입니다. 그는 "능력과 사랑과 건전한 정신의 영"입니다. 그는 "분별과 강함의 영"입니다. 그러나 이 모든 것들보다 더 높은 것은 그의 가장 강한 역사(役事)를 표현하는 "생명의 영"입니다. 켠 등불은 불타는 광채에 대해 말합니다. 일곱 눈은 그의 전지성(全知性)에 대해 말합니다. 그리고 다른 상징들은 사람들의 마음에 역사(役事)하는 그의 은혜로운 활동의 다양한 측면들을 증언합니다. 기름을 붓는 것은 사람들이 하나님의 일을 수행하는 가운데 아무런 마찰 없이 부드럽게 행하도록 만드는, 그리고 그들의 마음속에서 헌신의 불이 계속해서 타오르도록 만드는 그의 사역을 표현합니다. "물"은 씻음의 효력에 대해 말하며, "불"은 녹이며 변화시키며 정결하게 만드는 능력에 대해 말합니다. 그러나 그와 관련한 최고의 상징은 "급하고 강한 바람"입니다. 그것은 임의로 불며, 오직 결과로만 스스로를 나타냅니다. 그것은 어떨 땐 잠자는 아이의 숨소리처럼 세미하고 부드러우며, 폭풍처럼 강하고 요란합니다. "영"(Spirit)이라는 이름은 생명의 근원으로서의 그의 일의 측면을 강조합니다. 이것이 그의 일과 관련하여 그리스도인들에게 가장 큰 기쁨으로 임하는 개념입니다. 그리고 그것은 죽음의 독을 제거하는 참된 해독제입니다.

이와 같이 예수 그리스도는 일곱 영을 가지고 계십니다. 이것은 무엇보다도 그가 요단 강에서 세례를 받을 때 빈 하늘로부터 그의 온유한 머리 위로 내려온 평화의 비둘기가 그의 인성(人性) 전체를 자신의 완전한 에너지로 영원히 채우는 것을 의미합니다. "하나님이 그에게 성령을 한량 없이 주심이니라"(요 3:34). 하나님의 영의 충만이 인성에 부어질 수 있는 것은 얼마나 놀라운 일입니까! 흙으로 빚은 "토기"에 하늘의 보화가 담겨질 수 있는 것은 얼마나 놀라운 일입니까! 하나님의 아들과 같은 사람의 아들(人子)이 있는 것은 얼마나 놀라운 일입니까! 그가 하나님의 영을 소유할 뿐만 아니라 그를 사랑하는 모든 사람들에게 그 영을 나누어 줄 수 있는 것도 얼마나 놀라운 일입니까! 하나님의 일곱 영을 소유한 자는 죽임을 당한 어린 양입니다. 다시 말해서 그와 같은 영적 능력의 충만은 그리스도께서 죽으시기 전까지는 사람들에게 부어질 수 없었습니다. 그는 자신의 죽음으로 세상에 생명의 원리를 나누어 주는 자가 되셨습니다. 그의 손에 성령의 선물이 있습니다. 그는 영의 주님이십니다. 우리 모두가 그리스도의 형상의 온전한 충만에 이를 때까지, 그는 사람들에게 각자의 분량대로 자신이 받은 영을 나누어 주기 위해 하늘로 올라가셨습니다. 그리스도와 그의 제자들 사이의 관계는 다른 선생들과 그들의 제자들 사이의 관계와 얼마나 다릅니까! 그들은 자신의 제자들에게 자신의 영을 줄 수 없습니다. 그들은 가르침을 줄 수 있습니다. 그들은 방법과 원리와 지침을 줄 수 있습니다. 그들은 자신을 본받도록 훈련시킬 수 있습니다. 그러나 그들은 엘리야와 마찬가지로 자신의 영이 제자들에게 임할 것인지 알지 못합니다. 설령 실제로 임한다 하더라도, 그것은 결코 그들 자신이 준 선물이 아닙니다. 엘리야는 자신의 영을 구하는 엘리사의 간구에 "네가 어려운 일을 구하는도다"라고 말할 수밖에 없었습니다(왕하 2:10). 그러나 예수 그리스도는 하늘로 승천하는 가운데 자신의 복된 손으로부터 자신의 영의 선물이 떨어지도록 허락하셨습니다. 그러므로 그의 머리 위에 머물러 있었던 비둘기는 퍼덕거리며 내려와 계속해서 하늘을 바라보고 있던 제자들의 머리 위에 내려앉았습니다. 그리하여 그들은 충만한 기쁨과 함께 예루살렘으로 돌아왔습니다. 아직 오순절의 더 충만한 선물이 임하기 이전이었음에도 불구하고 말입니다.

오순절은 단지 영속적인 선물에 대한 일시적인 표적이었을 뿐입니다. 급하고 강한 바람은 멎어 고요해졌습니다. 그리고 불의 혀처럼 갈라지는 것들은 구경꾼들이 그 장소에 도착하기 전에 사라졌습니다. 방언을 말하는 기적 역시 지속되지 않았습니다. 그러나 이 모든 것들이 사라졌다 하더라도, 본질은 그대로 남아 있습니다. 오순절의 불은 꺼져 재가 되지 않았으며, 성육신한 진리의 입술이 약속한 "생수의 강"은 모래 속에 삼켜져 없어지지 않았습니다. 그리스도는 자신의 교회에 하나님의 영을 계속 주고 계십니다. 우리는 승천하신 주님의 현재적인 활동을 너무나 자주 잊는 경향이 있습니다. 우리는 그의 강한 사역이 십자가 위에서 끝난 것으로 여기는 가운데 지금도 그리고 영원히 보좌 위에서 행해지고 있는 그의 계속적인 사역에 대해 충분하게 생각하지 않습니다. 그의 사역은 단지 하늘에서 우리를 위해 중보하는 것만이 아닙니다. 그의 사역은 그를 따르는 모든 자들에게 그들의 삶의 생명과 그들의 모든 거룩과 지혜와 능력과 기쁨의 원천이 되도록 성령을 주는 것입니다. 그는 영원토록 우리와 함께 계시면서, 우리를 소생시키시며 복되게 하십니다. 그는 필요할 때마다 고요한 방법으로 우리에게 은혜와 능력을 부어 주실 것입니다. 그는 우리의 혈관 안으로 더 풍성한 생명력을 부어 주실 것입니다. 그는 우리의 모든 죽은 상태(deadness)를 아시며, 그 모든 것을 치료할 수 있습니다. 그 자신이 생명입니다. 그는 생명의 주님이면서 동시에 생명을 주는 자입니다. 왜냐하면 온 땅에 보냄을 받은 하나님의 일곱 영은 죽임을 당한 어린 양의 일곱 눈이기 때문입니다.

죽어가는 교회에 영적 생명이 전달되는 하나의 큰 통로가 여기에 묘사된 우리 주님의 또 다른 모습에 의해 암시됩니다 — "일곱 별을 가지신 자." 열곱 별은 일곱 교회의 사자들입니다. 우리는 그들을 각 교회의 목사와 감독들로 이해할 수 있습니다. 이것이 사실이라면, 우리는 "일곱 영"과 "일곱 별"이 나란히 배치된 사실에서 매우 중요한 개념을 발견하게 됩니다. 예수 그리스도는 이를테면 한 손에 빈 잔들을 들고 계시며, 다른 손에 아구까지 가득 찬 잔을 가지고 계십니다. 그는 아구까지 가득 찬 잔으로 빈 잔들을 채우실 것입니다.

우리는 앞에서 대부분의 경우 교회의 선생들이 교회의 죽은 상태에 동참할 뿐만 아니라 그에 대해 책임도 있음을 살펴보았습니다. 그러나 한 걸음 더 나아가 우리는 여기에서 생명력을 상실한 교회를 소생시키는 그리스도의 방법이 개별적인 사람들에게 그의 영을 가득 채우고 그들을 죽은 상태에 있는 영혼들에게 불을 붙이기 위해 보내는 것이라는 사실을 배울 수 있습니다. 이와 같이 마르틴 루터는 그 시대의 교회들에게 생명을 가져다주었습니다. 이와 같이 웨슬리는 지난 세기에 큰 부흥을 가져다주었습니다. 그러므로 많은 사람의 사랑이 식어가는 오늘날 다시금 이러한 역사(役事)가 일어나도록 기도합시다.

우리가 여기의 "사자들"(angels)을 교회의 이상적(理想的)인 대표들로 간주한다면, 우리는 본문 가운데 "일곱 영"과 "일곱 별"이 나란히 배치된 사실로부터 영원한 사실의 한 가지 교훈을 배울 수 있습니다. 그리스도의 한쪽 손에 우리의 모든 필요를 위한 완전한 채움, 우리의 무지를 위한 지혜, 우리의 약함을 옷 입히기 위한 강함, 우리의 죄를 위한 의, 우리의 침체된 영혼 등을 채우기 위한 생명이 있습니다. 그리고 그리스도는 자신의 다른 쪽 손에 우리 모두를 붙잡고 계십니다. 우리가 그의 손에 붙잡혀 있는 한, 그는 결코 우리를 빈 상태로 내버려 두지 않을 것입니다. 우리가 필요로 하는 모든 것을 위해 오직 그만을 바라봅시다. 그리고 우리 옆에 무한한 사랑의 원천인 그의 심장과 무한한 은혜와 능력의 근원인 그의 손이 있는 것을 생각하며 기뻐합시다.

3. 마지막으로 이러한 개념들이 가져다주는 실천적인 교훈을 주목하십시오.

여기의 환상은 우리의 죽은 상태(deadness)를 일깨워 줌으로써 우리를 부끄럽게 만듭니다. 우리가 소유하는 작은 생명을 우리를 위해 준비된 풍성한 생명과 비교해 보십시오. 그럴 때 우리는 부끄러움을 느끼지 않을 수 없습니다. 그것은 마치 물레방아를 돌리기 위해 끌어온 작은 물줄기와 큰 강의 거대한 물줄기의 차이와 같지 않습니까? 우리를 위해 너무나 큰 것이 준비되어 있음에도 불구하고 우리는 너무나 작은 것만을 소유합니다. 사랑의 뜨거운 에너지가 가능함에도 불구하고 실제로 우리는 미지근한 느낌 정도밖에는 갖지 못합니다. 우리 주위에 하나님의 급하고 강한 바람이 불어침에도 불구하고 우리는 작은 미풍(微風)밖에는 느끼지 못합니다. 예수 그리스도 안에는 우리가 소유할 수 있는 모든 충만이 있으며, 또한 우리가 소유해야만 하는 모범이 있습니다. 그렇다면 그것과 우리가 실제로 소유하는 것 사이의 차이는 우리를 부끄럽게 만들기에 충분하지 않습니까?

그러나 그와 같은 부끄러움에도 불구하고, 본문의 환상은 낙망에 빠지는 것으로부터 우리를 지켜 줍니다. 미래도 지난 날들과 별로 달라질 것이 없다면, 우리는 낙망하지 않을 수 없을 것입니다. 그러나 우리는 우리의 실패와 연약함에 대해 과도하게 생각할 필요가 없습니다. 자신의 실패와 연약함에 대해 과도하게 생각하는 것은 좋지 않습니다. 회개한답시고 더 깊은 낙망 속으로 빠져들지 마십시오. 부끄러워한답시고 여러분의 영혼의 힘줄을 끊어버리지 마십시오. 마치 더 이상 분투하며 노력할 수 없다는 듯이 말입니다. 회개만 생각하지 마십시오. 그와 함께 그리스도의 충만과 소망도 생각하십시오.

그리고 우리가 그리스도의 생명을 더 풍성하게 소유하지 못하는 이유를 생각해 보십시오. 빛이 우리의 눈에 도달하지 못하도록 가로막는 차단막이 무엇입니까? 며칠 전 길을 가다가 가축에게 물을 먹이는 구유를 본 적이 있습니다. 그런데 그 구유는 비어 있었습니다. 왜냐하면 그곳으로 물이 공급되는 파이프가 큰 얼음덩어리에 막혀 있었기 때문입니다. 바로 이것이 그토록 많은 그리스도인들의 마음에 그리스도의 영이 채워져 있지 않은 이유입니다. 파이프가 큰 얼음덩어리에 막혀 있는 것입니다. 예수 그리스도의 영을 소유하는 유일한 방법은 그와 더불어 가까이 교제하는 것입니다. 회개와 함께 그에게 나아갑시다. 그리고 그의 손을 굳게 붙잡읍시다. 우리가 그의 음성을 듣고 그를 의지(依支)하며 우리의 마음과 생각을 그에게 기울인다면, 그는 예전에 제자들에게 그랬던 것처럼 우리에게 숨을 내쉬며 "성령을 받으라!"고 말씀하실 것입니다. 그러면 그의 충만한 생명이 우리의 혈관 안으로 흘러 들어올 것이며, 그리스도 안에 있는 생명의 성령의 법이 죄와 사망의 법으로부터 우리를 해방시켜 줄 것입니다.

14
흰 옷을 입고
나와 함께 다니리니

"그러나 사데에 그 옷을 더럽히지 아니한 자 몇 명이 네게 있어 흰 옷을 입고 나와
함께 다니리니 그들은 합당한 자인 연고라"

계 3:4

초대교회가 오늘날의 교회보다 더 나았다는 상상은 성경에 기록된
사실들에 의해 완전히 깨어집니다. 여기의 사데 교회를 보십시오. 그때는
아직까지 사도들이 활동하던 시대였습니다. 그때는 소아시아의 해변 지역
에 기독교가 세워진 지 얼마 되지 않은 때였으며, 그 지역의 교회들은 사
랑의 사도 요한의 돌봄 아래 있었습니다. 사데 교회는 어린 교회였음에도
불구하고 노쇠함의 모든 징후들을 가지고 있었으며, 예수 그리스도는 그
교회에서 칭찬할 만한 것을 아무것도 발견하지 못했습니다. 그는 그 교회
가 "살았다 하는 이름은 가졌으나 죽었노라"라고 말할 수밖에 없었습니다
(1절). 사데 교회에는 아무런 박해도 없었습니다. 그 교회는 세상과 그다
지 다를 것이 없었으며, 그러므로 박해를 받을 이유도 없었습니다. 또 거
기에는 특별한 이단도 없었습니다. 거기에는 이단이 생겨날 정도의 종교
적인 뜨거운 열정도 없었습니다. 그 교회는 냉랭하며 죽은 상태였습니다.
그러나 그 교회에는 소금이 있었습니다. 그렇지 않았다면 그 교회는 죽었
을 뿐만 아니라 썩었을 것입니다. 거기에는 모든 더러움 가운데 자신의 옷

을 희게 지킨 "몇 명"이 있었습니다. 그들은 자신들의 옷을 더럽히지 않았습니다. 그리하여 그들에게 "흰 옷을 입고 나와 함께 다니리니 그들은 합당한 자인 연고라"라는 약속이 주어집니다. 금방 나는 단수형으로 "약속"(promise)이라고 말했습니다. 그렇지만 복수형으로 **"약속들"**(promises)이라고 말하는 것이 더 합당할 것입니다. 왜냐하면 여기의 고요한 말씀의 씨앗 속에 매우 많은 것들이 싸여 있기 때문입니다. 여기의 말씀 속에 미래의 비밀과 관련하여 우리가 알아야만 하는 모든 것이 담겨 있습니다. 오늘 나의 목적은 본문을 구성하는 각각의 구절들을 취하여 그것들의 무게를 달아 보는 것입니다. 마치 보석 상인이 자신의 저울에 지극히 값진 보석들을 달아 보는 것처럼 말입니다.

1. 첫째로, 우리는 여기에서 계속적인 활동의 약속을 보게 됩니다.

"그들이 **걸으리니**"(they shall **walk**, 한글개역개정판에는 "다니리니"라고 되어 있음). 성경에서 우리는 "걷는다는"(walk) 표현이 외적인 활동의 삶과 동의어로서 사용되는 사실을 무수히 발견합니다. 미래의 삶과 관련하여 우리는 이러한 개념을 두드러지게 강조할 필요가 있습니다. 왜냐하면 그것은 즉시로 미래에 대한 우리의 생각이 얼마나 불완전하며 편향적인지 잘 보여 주기 때문입니다. 그것은 우리 가운데 대부분의 사람들이 살고 있는 피곤하며 고단한 삶을 무의식적으로 나타냅니다. 미래에 대한 가장 달콤하며 가장 일반적인 생각은 모든 수고와 괴로움을 내려놓고 "안식할 때가 하나님의 백성에게 남아 있도다"라는 것일 것입니다(히 4:9). 물론 우리는 이러한 측면의 기독교의 소망의 깊음과 달콤함을 추호도 간과해서는 안 됩니다. 그러나 동시에 우리는 그것이 완전한 전체의 한쪽 측면에 불과하다는 사실을 잊어서는 안 됩니다. 그러므로 우리는 그와 함께 여기의 약속을 함께 취해야만 합니다 — "그들이 걸으리니." 미래에 우리는 모든 에너지와 계속적인 활동으로 걸을 것입니다. 우리는 이 땅에서 최고로 걸었을 때보다 더 강렬하게 걸을 것입니다. 그럼에도 불구하고 그것은 영속적인 안식의 평온을 한 터럭도 감소시키지 않을 것입니다. 우리는, 반쪽짜리 구체(球體) 두 개를 합쳐 하나의 완전한 구(球)를 만드는 것처럼, 두 개념을 하나로 합쳐야만 합니다. 설령 그것들이 이 땅에서의 우리의 모든 경험 속에서는 서로 상충되는 것이라 하더라도 말입니다. 우리는 하늘의 비밀의 깊은 곳까지 들어가는 여기의 계시록과 함께 "그의 종들이 그를 섬기며 그의 얼굴을 볼 터이요"라고 말해야만 합니다(22:3, 4). 이러한 말씀 속에서 우리는 세상의 경험 속에서는 서로 상반되는 두 가지 개념 즉 계속적인 섬김의 활동과 그의 얼굴을 보는 계속적인 고요함이 하나로 결합되는 것을 보게 됩니다. 이 땅에서 그러한 두 가지를 하나로 결합시키는 것은 너무나 어렵습니다. 그러나 우리 모두에게 있어 그러한 두 가지가 온전히 하나로 결합될 때가 올 것을 아는 것은 얼마나 복된 일입니까! 마리아와 마르다가 한 사람이 되며, 계속 섬기는 것과 계속 주님 앞에 고요히 앉아 있는 것이 하나가 될 때 말입니다. "그들이 걸으리니." 미래에 일과 안식이 하나가 될 것입니다. 그리고 주를 위해 열심히 수고하며 섬기는 것과 주와 함께 고요하게 교제하는 것이 하나가 될 것입니다.

여기의 "걷는다는"(walk) 단어가 함축하는 또 하나의 개념은 매 순간 우리 영혼의 참된 중심과 참된 완전함으로 더 가까이 그리고 더 높이 나아가는 계속적인 진보의 개념입니다. 우리는 하늘에서 그리스도의 종들을 위해 어떤 섬김의 사역이 기다리고 있는지 알지 못합니다. 그러나 우리는 다음과 같은 한 가지 사실을 분명하게 확신할 수 있습니다. 그것은 세상의 각종 장애물들에 의해 제한되고 어그러진 섬김을 위한 모든 기능들이 미래에 온전한 영역을 발견할 것이라는 사실입니다. 여러분은 하나님이 자신의 자원(資源)을 허비할 것이라고 생각합니까? 하나님이 구속(救贖)을 통해 거룩하게 하시고, 연단을 통해 준비시키시고, 사역을 통해 강하게 한 사람들을 생각해 보십시오. 이제 더 큰 섬김을 위해 준비된 그들을 하나님이 하늘에서 아무 일도 하지 않고 게으르게 지내도록 그냥 내버려 두시겠습니까? 여러분은 하나님이 과연 그렇게 하실 것이라고 생각합니까? 그렇게 생각하는 것보다 하늘에 이 땅에서 그렇게 훈련된 자들을 위한 더 큰 활동 영역이 있다고 생각하는 것이 훨씬 더 마땅하지 않습니까? 하늘에 무엇이 있든지 '간에, 최소한 거기에 아무 일도 하지 않는 게으름은 없을 것입니다.

2. 둘째로, 계속해서 우리는 여기에서 그리스도와의 교제의 약속을 보게 됩니다.

"**나와 함께** 걸으리니." "두 사람이 뜻이 같지 않은데 어찌 동행하겠으며"(암 3:3). 이러한 동행의 약속은 오직 그리스도와 그를 따르는 자들 사이에 마음과 성품이 같아질 때에만 비로소 가능할 수 있습니다. 그리스도와 하늘에 있는 그의 백성들 사이의 연합은 이 땅에서의 불완전한 연합이 완전하게 확장된 것에 불과합니다.

"**나와 함께**." 그리스도와의 이러한 연합이 우리가 천국에 대해 아는 것의 전부입니다. 나머지 모든 것은 상상이며, 오직 이것만이 실재입니다. 나머지 모든 것은 물질적인 상징이며, 그 모든 것이 의미하는 것은 이것입니다.

리처드 백스터(Richard Baxer)는 이렇게 노래합니다.

"하늘의 삶에 대한 나의 지식은 적으며,
　믿음의 눈은 희미하도다.
　그러나 그가 모든 것을 아시는 것으로 족하도다.
　오직 나는 그와 함께 있을 것이라."

우리는 하늘의 보이지 않는 삶에 대해 계속해서 묻습니다. 스스로에게 묻기도 하고, 서로에게 묻기도 하고, 하나님의 말씀에 묻기도 합니다. 그리고 때때로 그러한 질문에 대한 명쾌한 대답을 듣는다면 우리의 무거운 짐을 훨씬 더 쉽게 감당할 수 있을 것이라고 느끼기도 합니다. 그러나 우리가 영원히 주와 함께 있을 것이라는 것 이상의 것을 실제로 알 필요가 없습니다. 그와 영원히 함께 있을 두 사람을 생각해 보십시오. 그렇다면 두 사람은 서로 멀리 떨어져 있을 수 없습니다. 그러므로 우리는 각 사람이 그와 연합된 사실로 서로의 연합이 보증되는 것을 감사함으로 확신할 수 있습니다.

계속해서 그와 함께 걷는 것은 이 땅에서는 단지 어린아이였을 뿐인 사람들이 거기에서 장성한 자로 자랐음을 함축합니다. 이 땅에서 우리는 그의 발걸음을 따라 걸어가고자 애쓰지만, 기껏해야 뒤뚱거리는 어설픈 발걸음으로 그렇게 할 뿐입니다. 마치 어린 동생이 형의 발걸음을 따라가려고 애쓰는 것처럼 말입니다. 그러나 하늘에서 우리는 그와 함께 나란히 걸을 것입니다. 왜냐하면 땅에서의 법칙은 "우리가 따를 모범을 남기는" 것인 반면, 하늘에서의 법칙은 "우리가 그와 함께 걷는" 혹은 계시록의 다른 표현처럼 "어린 양이 어디로 인도하든 우리가 그를 따르는" 것이기 때문입니다. 그가 올라가신 곳은 매우 높은 곳입니다. 그러나 그는 우리의 발을 높은 곳을 다닐 수 있도록 사슴의 발처럼 만들 것입니다. 우리는 하늘의 모든 영광에 참여하게 될 것이며, 우리가 참여하지 못할 정도로 큰 영광은 결코 없을 것입니다. 그리고 그의 어떤 신성(神性)도 그와 우리 사이를 나누지 않을 것이며, 우리는 영원히 그와 함께 있을 것입니다. 이런 말로 서로 위로합시다.

3. 셋째로, 계속해서 본문은 완전한 정결을 약속합니다.

"**흰 옷을 입고** 나와 함께 걸으리니." 두말할 것도 없이 흰 옷은 도덕적 성품의 정결함을 나타내는 은유입니다. 여기에서 사도 요한이 천상의 색깔로 사용한 "흰색"을 주목해 보십시오. 그것은 죽은 유령을 생각나게 하는 흰색이 아니라, 마치 햇빛에 반사된 눈(雪)처럼 찬란하게 반짝이는 흰색을 의미합니다. 그것은 사람의 눈이 바라볼 수 있는 최고의 흰색입니다. 그리스도를 따르는 자들은 그가 앉은 흰 보좌와 같은 색깔의 옷을 입게 될 것입니다. 흰 옷은 정복자의 옷입니다. 흰 옷은 제사장의 옷입니다. 그 옷은 변화산에서 모세와 엘리야와 함께 서 있었던 자가 입었던 옷과 같은 옷입니다. 그 옷은 "세상에서 빨래하는 자가 그렇게 희게 할 수 없을 만큼" 흰 옷입니다(막 9:3). 그것은 햇빛이 반사되어 반짝이는 눈처럼 흰 옷입니다. 어쩌면 흰 옷은 장차 우리가 입게 될 영화로워진 몸을 의미하는 것인지도 모릅니다. 또 그러한 이미지는 단순히 완전한 도덕적 정결의 개념을 상징하는 것일 뿐인지도 모릅니다. 그러나 어떤 경우든, 그것은 그리스도를 따르는 모든 사람들에게 허락된 그를 닮은 완전한 아름다움을 의미합니다.

4. 마지막으로, 이 모든 약속들의 조건을 주목하십시오.

"그러나 사데에 그 옷을 더럽히지 아니한 자 몇 명이 네게 있어 흰 옷을 입고 나와 함께 다니리니 그들은 합당한 자인 연고라." 어떤 사람아 예수 그리스도와 더불어 완전하게 교제하는 삶과 모든 성품에 있어 완전한 아름다움을 갖는 것을 가능하게 만드는 유일한 것은 그가 이 땅에서 믿음으로 세상에서 더럽혀지지 않도록 스스로를 지키는 것입니다. 지상의 삶과 미래의 삶 사이에는 연속성이 있습니다. 하늘의 삶은 지상의 삶의 연장선 상에 있습니다. 그리고 그것은 지상의 삶에서 모든 악이 소멸되고 모든 선이 완전하게 되어 온전하게 된 삶입니다. 어떤 사람이 영광스러운 흰 옷을 입기에 합당하게 만드는 유일한 것은 이 땅에서의 정결한 성품입니다.

그러한 정결이 어떻게 얻어질 수 있거나 어떻게 유지될 수 있는지에 대한 직접적인 언급은 여기에 나타나지 않습니다. 그러한 주제는 다른 곳에서 충분하게 배울 수 있습니다. 다만 여기에서 그리스도께서 말씀하시는 것은 반드시 그러한 정결을 소유해야만 한다는 것입니다. 이 땅에서 도덕적 정결과 의와 선을 열망하며 그러한 것들을 어느 정도 분량만큼 실제적으로 소유하는 삶을 사는 사람들 외에 어느 누구에게도 죽음 이후의 축복과 거룩과 영광의 삶은 없습니다.

"그들은 **자격이 있는**(worthy) 자인 연고라"라는 말씀으로 인해 놀라지 마십시오(한글개역개정판에는 "합당한"이라고 되어 있음). 이러한 말씀은 복음과 상충되지 않습니다. 그것은 다만 지상의 삶과 하늘의 삶의 결과와 보상 사이의 연속성을 선언하는 것일 뿐입니다. 그것은 우리 앞에 이 땅에서의 정결이 하늘의 영광으로 관을 쓰게 되는 원리를 제시합니다. 흰 옷이 검은 영혼에게 입혀질 수 있다면, 그 옷은 그리스 신화에 나오는 독의(毒衣)와 같을 것입니다. 그것은 그 옷을 입은 사람의 살을 찢어발기며, 마침내 그 사람을 불태우며 미치게 만들 것입니다. 그러나 그것은 영원히 불가능합니다. 오직 이 땅에서 자신의 옷을 깨끗하게 지킨 자들만이 하늘에서 흰 옷을 입고 주와 함께 걸을 것이라는 것은 항상 사실입니다. 물론 모든 더러움으로부터 완전하게 정결해야만 하는 것은 아닙니다. 이로 인해 하나님께 감사드립시다! 그러나 무엇보다도 우리가 "어린 양의 피"로 우리의 옷을 씻어 희게 만드는 것이 필요합니다. 그리고 우리는 모든 죄로부터 깨끗하게 되고자 계속 그 피를 의지(依支)하며 그의 정결하심처럼 우리도 정결하게 되고자 끊임없이 노력하여 우리의 옷을 희게 지켜야만 합니다. 누더기를 걸친 탕자로서 돌아온 자들, 믿음으로 말미암아 자신의 누더기 옷을 벗고 정결한 그리스도의 의의 옷을 입은 자들, 허리를 묶고 옷을 깨끗하게 지키면서 그를 따르고자 힘쓰는 자들, 그리고 그의 정결한 피로 항상 새롭게 씻는 자들은 하늘에서 영화로우신 그리스도와 함께 항상 다니게 될 것입니다. 그리고 그들은 빛나는 흰 옷을 입고 그의 모든 통치권에 참여할 것입니다.

15
이기는 자의 생명의 옷(V)

"이기는 자는 이와 같이 흰 옷을 입을 것이요 내가 그 이름을 생명책에서 결코 지우지 아니하고 그 이름을 내 아버지 앞과 그의 천사들 앞에서 시인하리라"

계 3:5

신실한 믿음의 가장 분명한 실례(實例)는 일반적으로 무관심과 냉랭함이 널리 퍼져 있을 때 발견됩니다. 어떤 사람이 그와 같은 풍조에 굴복하지 않는다면, 그는 정반대의 모습으로 서 있을 가능성이 매우 높습니다. 그것은 여기의 사데 교회에서도 마찬가지였습니다. 한 마디로 요약할 때, 사데 교회는 죽은 교회였습니다. 그 교회는 "살았다 하는 이름"은 가지고 있었습니다. 그러나 그러한 이름은 그 교회의 실제적인 죽음의 상태를 한층 더 완전하게 만들 뿐이었습니다. 그러나 거기에는 몇몇 예외적인 사람들이 있었습니다. 그들의 영혼은 거룩한 사랑으로 불타고 있었습니다. 그들은 타락의 한 가운데서 자신들의 옷을 깨끗하게 지켰으며, 예수 그리스도는 그들에 대해 "흰 옷을 입고 나와 함께 다니기에 합당한" 자들이라고 선언하셨습니다(4절).

본문 바로 앞에 나오는 그러한 칭찬의 말은 그들에 대한 세 가지 약속 가운데 첫 번째 약속으로 말씀하신 것입니다. 그러한 사실은 본문의 첫 번째 구절에 의해 한층 더 분명해집니다 — "이기는 자는 **이와 같이** 흰 옷을 입을 것이요," 여기의 "이와 같이"는 앞 구절을 가리키면서, 사데 교회의 몇 명의 신실한 자들에 약속을 모든 세대의 모든 승리자들에게 대한 약속으로 확장시킵니다.

본문의 나머지 두 구절의 표현 역시 본 편지의 앞부분에 나타난 표현들과 연결됩니다. 거기에서 우리는 다음과 같은 말씀들을 읽습니다. "네가 살았다 하는 **이름**은 가졌으나"(1절). "그러나 사데에 그 옷을 더럽히지 아니한 자 몇 **이름들**(few names)이 네게 있어"(4절, 한글개역개정판에는 "몇 명"이라고 되어 있음). 본문은 앞의 "이름"이라는 단어를 취하여 자신의 두 번째 약속과 세 번째 약속을 구성합니다. 하나는 보다 더 소극적이며 다른 하나는 보다 더 적극적인 두 약속은 서로 연결되어 성경의 전체적인 개념을 형성합니다.

승리자의 축복과 관련한 여기의 모든 선언들은 물론 상징적인 표현들입니다. 그러므로 우리는 그것들을 단지 부분적으로만 번역할 수 있을 뿐입니다. 그러므로 오늘 나는 그것들을 단순히 있는 그대로 취하고자 합니다. 그것들이 부분적으로 나타내고 또 부분적으로 감추는 희미하지만 그러나 확실한 소망들을 살펴보고자 합니다. 본문은 우리 앞에 세 가지 약속을 제시합니다.

1. 첫째로, 승리자의 옷을 주목하십시오.

"이기는 자는 이와 같이 흰 옷을 입을 것이요." 흰색은 물론 축제의 즐거움을 상징하는 색입니다. 그러나 그것은 그 이상(以上)입니다. 그것은 천상의 색입니다. 계시록에서 우리는 흰 보좌, 흰 말, 눈처럼 흰 머리털, 흰 돌 등의 표현을 봅니다. 우리는 여기에 사용된 단어가 단순히 죽은 유령을 생각나게 하는 흰색이 아니라, 햇빛이 반사되어 반짝이는 눈처럼 찬란하게 빛나는 흰색이라는 사실을 주목해야 합니다. 또 여기의 흰색은 변화산에서 세 명의 제자들의 눈을 부시게 만들었던 영화로워진 그리스도의 옷 색깔과 같은 흰색입니다. "그 옷이 광채가 나며 세상에서 빨래하는 자가 그렇게 희게 할 수 없을 만큼 매우 희어졌더라"(막 9:3). 그러므로 우리는 여기의 흰색의 은유를 정결과 축제의 즐거움과 승리의 개념뿐만 아니라 찬란한 영광의 개념과도 연결시켜야만 합니다.

그러면 이러한 옷의 은유는 실제로 무엇을 의미하는 것일까요? 우리는 여기의 상징이 성경 전체를 관통하여 흐르는 것을 기억할 필요가 있습니다. 예컨대 우리는 옛 선지서 가운데 한 곳에서 한 가지 매우 특별한 환상을 보게 됩니다. 거기에서 이스라엘의 죄가 제거되는 것이 이스라엘을 대표하는 대제사장으로부터 그가 입고 있던 더러운 옷이 벗겨지고 그에게 아름다운 옷이 입혀지는 것으로 표현됩니다. 또 여러분은 예복을 입지 않고 혼인잔치에 온 사람과 관련한 우리 주님의 비유의 말씀을 기억할 것입니다. 또 여러분은 바울 사도가 옛 본성을 벗고 새로운 본성을 입는 은유를 자주 사용한 것을 기억할 것입니다. 또 여기의 계시록에서도 우리는 본 문맥 가운데 나타나는 언급들뿐만 아니라, "어린 양의 피에 그 옷을 씻어 희게" 하였다든지 혹은 "자기 두루마기를 빠는 자들은 복이 있으니 이는 그들이 성에 들어갈 권세를 받으려 함이로다" 등과 같은 언급들을 발견합니다(7:14; 22:14).

이 모든 구절들을 종합할 때, 우리는 옷의 상징이 단순히 어떤 외적인 것을 나타내는 것이라기보다 사람의 본성의 일부를 나타내는 것이라는 사실을 주목하지 않을 수 없습니다. 다시 말해서 우리는 옷의 상징이 다름 아닌 그 사람의 성품을 의미하는 것으로 이해할 수 있습니다. 그러므로 여기의 약속의 일차적인 의미는 개인적인 성품의 정결과 찬란한 영광이 그것을 바라보는 다른 존재들의 눈에 보이게 될 것이라는 것입니다. 바울이 "하늘로부터 오는 우리 처소로 옷 입기를 간절히 사모한다"고 말하면서 "이렇게 입음은 우리가 벗은 자들로 발견되지 않으려 함이라"(고후 5:2, 3)라고 덧붙일 때, 여기에 그 외에 다른 무슨 의미가 있겠습니까?

우리는 미래의 삶과 관련한 신약의 다른 모든 약속들과 마찬가지로 여기의 약속 역시 사람이 어떻게 될 것인지에 주된 강조점이 놓이는 사실을 주목할 필요가 있습니다. 천국과 관련한 주된 강조점은 우리가 어디에 있게 될 것인가, 우리가 무엇을 갖게 될 것인가, 우리가 무슨 일을 행하게 될 것인가, 우리가 무엇을 알게 될 것인가 하는 것이 아닙니다. 그것의 주된 강조점은 **우리가 어떻게 될 것인가** 하는 것입니다. 미래의 삶과 관련한 약속들은 우리의 이해를 위해 감각적인 이미지들로 옷을 입습니다. 그러나 미래와 관련하여 우리가 확실하게 **아는** 것은 단지 두 가지 사실뿐입니다. 그러한 두 가지 사실은 다음과 같은 사도 요한의 가장 영적인 말 속에서 마치 원인과 결과처럼 하나로 융합됩니다. "우리가 그와 같을 줄을 아는 것은 — 바로 이것이 우리가 장차 될 모습입니다 — 그의 참모습 그대로 볼 것이기 때문이니"(요일 3:2). 이와 같이 본문의 첫 번째 위대한 약속의 핵심은 성품의 정결입니다. 육체로 말미암아 옷에 묻은 모든 더러운 것들이 제거될 것이며, 유혹이 더 이상 우리 안에서 아무런 힘을 갖지 못함으로 더 이상 갈등이 필요치 않을 것입니다. 그리고 그것은 그리스도 자신의 정결과 같은 정결이며, 그리스도를 봄으로 오는 정결입니다. 왜냐하면 우리는 보는 대로 변하기 때문입니다. 우리가 보는 빛은 우리가 반사하는 빛입니다.

나아가 여기의 약속(즉 "이기는 자는 흰 옷을 입을" 것이라는 약속)은 완전하게 정결해진 성품을 이 땅에서 믿음에 기초한 분투와 노력에 의해 만들어진 성품의 직접적인 결과로서 선언합니다. 여기에 "내가 주리라"(I will give)라는 친숙한 표현은 나타나지 않습니다. 그리고 "이기는 자는 **이와 같이** 흰 옷을 입을 것이요"라는 말씀은 땅에서의 상태가 하늘의 찬란한 정결의 영광으로 이어진다는 개념을 한층 더 강하게 부각시킵니다. 왜냐하면 "이와 같이"는 바로 앞 절의 언급을 가리키기 때문입니다. 거기에서 우리 주님은 이 땅에서 자기 옷을 더럽히지 않은 사람들이 흰 옷을 입고 자신과 함께 다닐 것이라고 선언하셨습니다(4절). 여기에 연속성의 법칙이 나타나는 것을 주목하십시오. 이 땅에서 계발되고 다듬어진 성품은 하늘로 연결될 것입니다. 그리고 이 땅에서 분투하며 불완전하게 실현한 것은 하늘에서 완전하게 실현될 것입니다. 4절은 그러한 사실을 분명하게 선언합니다.

이러한 개념은 우리에게 이 땅에서의 우리의 가장 작은 승리나 혹은 가장 작은 패배까지도 매우 큰 중요성을 갖는 사실을 분명하게 일깨워 줍니다. 그러한 것들은 우리의 옷을 만드는 천을 구성하는 실(絲)들입니다. 요컨대 이 땅에서와 마찬가지로 하늘에서도 우리는 손으로 짠 옷을 입습니다. 우리는 우리 자신의 손으로 우리가 입을 옷을 만듭니다. 이러한 진리는 그것이 기초하는 다른 진리 즉 정결과 거룩의 새 옷을 받는 것은 전적으로 그리스도로 말미암는다는 진리와 완전하게 조화됩니다. "우리가 행한 의의 공로로 말미암지 않고"라는 복음의 가르침은 그것을 보완하는 본문의 가르침과 완전하게 조화됩니다. 그리스도께서 주신 실(絲) 외에 다른 어떤 실로도 우리는 결코 천을 짤 수 없습니다. 우리는 스스로 우리 자신의 구원을 만들 수 없습니다. 오직 그리스도께서 주셔야만 합니다. 동시에 우리는 우리 자신의 손으로 장차 우리가 입을 옷을 만듭니다. 이와 같이 둘은 함께 갑니다. 한쪽 측면에서 더러운 옷을 입은 영혼을 신랑이 아름다운 옷으로 입혀야만 합니다. 그리고 다른 쪽 측면에서 우리는 우리 자신의 노력과 우리 자신의 분투와 우리 자신의 승리로 우리가 영원히 입을 옷을 만들어야 합니다.

2. 둘째로, 승리자의 이름이 생명책에 있는 것을 주목하십시오.

"내가 그 이름을 생명책에서 결코 지우지 아니하고." 위에서 나는 앞의 첫 번째 약속 가운데 "내가 주리라"(I will give)라는 친숙한 표현이 나타나지 않는 사실과 그것이 한쪽 측면에서 미래의 상급이 스스로 만드는 것임을 강조하기 위한 것임을 지적했습니다. 그러나 그러한 개념은 여기의 말씀과 관련한 진리의 전체가 아닙니다. 이제 우리는 연속되는 두 개의 구절 속에서 우리 주님이 심판자의 옷을 입고 사람들의 운명을 결정하는 자로 나타나는 것을 보게 됩니다. "내가 그 이름을 생명책에서 결코 지우지 아니하고 그 이름을 내 아버지 앞과 그의 천사들 앞에서 시인하리라." 이것은 그리스도께서 생명책에다가 어떤 이름을 기록할 수도 있고 지울 수도 있다는 매우 엄숙하면서도 무서운 선언입니다.

앞에서 나는 본문의 세 구절이 서로 연결되어 전체적인 성경적 표현을 이룬다는 사실을 지적했습니다. 첫째 구절과 관련하여 앞에서 그것을 간략하게 다루었습니다. 이제 둘째 구절과 관련하여 생각해 보도록 합시다.

여러분은 이스라엘의 초기 역사(歷史) 가운데 모세가 하나님께 생명책으로부터 자신의 이름을 지워달라고 간구한 것을 기억할 것입니다. 그렇게 함으로써 이스라엘의 죄가 용서될 수만 있다면 말입니다. 또 여러분은 이사야가 "예루살렘에 생존한 자 중 기록된 모든 사람"에 대해 이야기한 것과, 다니엘이 종말론적 환상 가운데 "그 이름이 책에 기록된 모든 자"에 대해 이야기한 것을 기억할 것입니다(사 4:3; 단 12:1). 또 여러분은 우리 주님이 제자들에게 귀신들이 순종하는 것으로 기뻐하지 말고 "너희의 이름이 하늘에 기록된" 것으로 기뻐하라고 말씀하신 것을 기억할 것입니다. 또 여러분은 바울이 자신의 몇몇 동역자들의 이름을 기억하지 못하는 것에 대한 변명으로 그들의 이름이 생명책에 기록되어 있다고 말한 것을 기억할 것입니다. "또한 글레멘드와 그 외에 나의 동역자들을 도우라 그 이름들이 생명책에 있느니라"(빌 4:3). 또 여기의 계시록 전체에 걸쳐 우리는 비슷한 성격의 말씀들이 반복적으로 나오는 것을 발견합니다. 또 히브리서에서 우리는 "그 이름이 하늘에 기록된 장자들의 모임"이라는 표현을 읽습니다(히 12:23). 이 모든 말씀들은 두 가지 개념을 제시합니다. 하나는 시민의 명부(名簿)인데, 이에 대해서는 오늘 다루지 않을 것입니다. 그리고 다른 하나는 실제로 살아 있는 사람들의 기록부입니다. 바로 이것이 여기에서 제시되는 개념입니다. 본문의 약속은 사데 교회의 죽은 상태와 연결됩니다. 다시 말해서 본문의 약속이 말하는 것은 이기는 자가 진실로 영원히 생명을 소유할 것이라는 것입니다.

그러나 내가 여기에서 특별히 주목하고자 하는 것은 어떤 이름이 생명책에서 지워질 수 있다는 명백하면서도 준엄한 교훈입니다. 신학적인 입장은 우리 조상들이 그러한 명백한 교훈을 부인하도록 강제했습니다. 그러나 여기의 말씀은 무시되거나 오해되기에는 너무나 분명하며 명백합니다. 어떤 이름이 명부(名簿)에서 지워지는 것은 가능합니다. 마치 정직하지 않은 변호사가 변호사 명부에서 지워질 수 있는 것처럼 말입니다. 자신의 신학적 입장에 맞추고자 하는 열망으로 명백한 사실을 보지 못하는 오류를 범해서는 안 됩니다. 그것을 여러분의 매일의 삶 속으로 가져가 보십시오. 어떤 사람이 자신이 확신을 버리는 것은 가능합니다. 그에게 있어 믿음이 파선(破船)되는 것은 가능합니다. 여러분은 크롬웰의 임종과 관련한 슬픈 이야기를 들어본 적이 있습니까? 그는 자신의 임종을 지켜 보던 한 목회자에게 한 번 언약 안에 있으면 영원히 언약 안에 있는 것이 사실이냐고 물었습니다. "그렇습니다!"라는 대답을 듣고 나서, 그는 "나도 내가 한 때 그랬던 것을 알아!"라고 말하고는 죽었습니다. 형제들이여, 한 번 언약 안에 있으면 영원히 언약 안에 있는 것은 그 이름이 생명책에 있는 승리자들의 경우입니다. 사데 교회에 속한 사람들은 살았다 하는 이름을 가지고 있었으며, 그들은 자신들의 이름이 생명책에 있다고 생각했습니다. 그러나 그 책이 열렸을 때, 그들의 이름은 지워져 있었습니다. 여러분은 이집트 신전의 화강암 위에 새겨진 부조(浮彫)들이 정복자들의 끌에 훼손된 것을 본 적이 있습니까? 많은 이름들이 기록된 생명의 화강암은 주님으로부터 떨어진 사람이 자신의 죄의 끌로 자신의 이름을 파낼 수 없을 정도로 그렇게 단단하지 않습니다. 한 학생이 시험을 봅니다. 그는 자신이 시험을 무난히 통과했다고 생각합니다. 마침내 합격자 명단이 발표되고, 그의 이름은 거기에 없습니다. 여러분은 과거의 믿음 위에 집을 세우지 않는다는 사실을 기억하십시오. 그리고 생명책에서 지워지지 않는 것은 승리자의 이름이라는 사실을 기억하십시오.

3. 마지막으로, 승리자의 이름이 주님에 의해 시인되는 것을 주목하십시오.

"그 이름을 내 아버지 앞과 그의 천사들 앞에서 시인하리라." 우리 주님은 복음서에서 두 번 이와 비슷한 말씀을 하셨습니다. 그는 자신의 이름을 시인하는 자들의 이름과 관련하여 한 번은 "아버지 앞에서" 시인할 것에 대해 말씀하시고, 또 한 번은 "거룩한 천사들 앞에서" 시인할 것에 대해 말씀하셨습니다. 우리는 여기에서 승리자에 대한 예수 그리스도의 시인과 관련하여 "아버지" 앞에서의 시인과 "천사들" 앞에서의 두 가지 시인이 하나로 융합되는 것을 보게 됩니다.

앞의 두 번째 구절과 마찬가지로 여기의 세 번째 구절에서도 사람들의 운명을 결정하는 그의 심판자로서의 역할이 강조되는 것은 두말할 필요 없는 사실입니다.

그러나 나는 여기의 약속 속에 승리자에 대한 그리스도의 심판자로서의 법정적 시인의 개념뿐만 아니라 그와 승리자 사이의 사랑의 관계와 친밀한 교제와 계속적인 관심의 개념이 담겨 있는 사실을 지적하고자 합니다. 우리 주님이 어떤 사람의 이름을 시인하는 것은 그를 마음으로 받아들이며, 사랑하며, 돌보는 것을 의미합니다.

어떤 병사에게 있어 장군의 시인과 인정과 칭찬을 받는 것은 그가 받을 수 있는 최고의 영예가 아닙니까? 우리가 죽자마자 우리의 이름이 세상에서 속히 망각되는 것은 아무런 문제도 아닙니다. 그것은 우리 가운데 대부분의 사람들의 운명입니다. 그런 가운데서도 예수 그리스도께서 우리의 이름을 시인하신다면, 우리는 가장 크게 기뻐하고 또 기뻐합니다. 그가 우리를 기억하신다면, 누가 우리를 잊어버리든 그것은 아무런 문제도 아닙니다. 예수 그리스도께서 "이 사람은 내 것이라. 내가 그를 시인하노라"라고 말씀하신다면, 우리의 부고(訃告) 기사를 보고 사람들이 무엇이라고 말하든 그것은 아무런 문제도 아닙니다. 사랑하는 형제들이여, 어느 날 세상의 판단이 완전하게 반전(反轉)될 날이 올 것입니다. 세상으로부터 환호와 찬미와 갈채를 받은 사람들의 이름은 영원한 망각 속으로 사라질 것입니다. 반면 예수 그리스도와 함께, 그를 위해, 그로 말미암아 산 무명(無名)의 사람들의 이름은 영원히 빛날 것입니다. 그의 칭찬이 참된 칭찬입니다.

형제들이여, 오늘 말씀의 요지는 이 땅의 삶과 미래의 삶이 서로 연결되어 있다는 것입니다. 스스로에게 다음과 같은 질문들을 던져 보십시오. 여러분은 장차 여러분이 입게 될 옷을 매일 같이 짜고 있음을 항상 인식하고 있습니까? 그것은 여러분의 살을 파먹을 독의(毒衣)입니까, 아니면 깨끗한 흰 옷입니까? 여러분은 일상의 사소한 일들이 영원한 결과를 가져오는 사실을 인식하면서 그러한 일들에 최선을 다합니까? 여러분은 그가 알아주시는 것을 생각하며 이 땅에서 무명으로 살아가는 것으로 만족합니까?

여러분은 그에 의해 시인되는 것이 최고의 영광과 축복을 의미하며 그에 의해 부인되는 것이 절망과 파멸을 의미하는 것임을 인식하며 그렇게 살고 있습니까? 여러분은 승리를 위한 조건들을 알고 있습니다. 그러한 조건들을 마음에 새기십시오. 그리고 마음과 생각과 의지(意志)로 여러분을 넉넉히 이기는 자로 만들 수 있는 자를 붙잡으십시오. 그는 여기저기 패이고 찌그러진 여러분의 갑옷을 희고 깨끗한 세마포 옷으로 바꾸어 주실 것입니다. 그리고 여러분을 가리키며 아버지와 천사들 앞에서 "이 사람은 아버지의 충성된 병사들 가운데 한 사람이었나이다"라고 말씀하실 것입니다. 바로 이것이 참된 영광일 것입니다. 그것을 여러분의 것으로 삼으십시오.

16
"네가 지켰은즉"과
"내가 지켜"

"네가 나의 인내의 말씀을 지켰은즉
내가 또한 너를 지켜 시험의 때를 면하게 하리니"
계 3:10

예수 그리스도로부터 아무런 책망도 받지 않은 교회는 일곱 교회 가운데 오직 두 교회뿐입니다. 그것은 서머나 교회와 빌라델비아 교회인데, 전자는 상대적으로 작은 칭찬을 받은 반면 후자는 비교적 큰 칭찬을 받았습니다. 그는 관대함으로 칭찬을 베푸시며, 비록 불완전한 것으로나마 칭찬할 수 있을 때 가장 기뻐하십니다. 칭찬을 위해 그는 우리가 행하는 일이 절대적이며 완전무결할 때까지 기다리지 않습니다. 아이가 부모를 기쁘게 하기 위해 작은 선물을 했을 때, 여러분은 부모가 "네 선물은 너무나 싸구려구나. 그런 하찮은 물건을 도대체 어디에다 쓰겠니?"라고 말할 것이라고 생각합니까? 여러분은 자기 자녀들의 섬김에 대한 예수 그리스도의 사랑과 기쁨이 우리의 그것보다 못할 것이라고 생각합니까? 결코 그럴 수 없습니다.

여기의 빌라델비아의 선한 영혼들의 경우도 마찬가지입니다. 설령 우리 주님으로부터 아무런 책망도 받지 않았다 하더라도, 우리는 그들이 천사와 같은 완전한 성결의 삶을 살았을 것이라고 추측해서는 안 됩니다. 도리어 여기에서 우리는 그가 우리의 보잘것없는 흠투성이의 섬김 속에서 우리의 중심과 주된 동기(動機)를 보신다고 하는 위대한 개념을 배워야만 합니다. 그러한 것들을 받으면서 칭찬할 수 있을 때, 그는 가장 기뻐하십니다. "네가 나의 인내의 말씀을 지켰은즉." 그들이 그의 인내의 말씀을 지켰을 때, 그는 그들에게 이렇게 응답하십니다. "내가 또한 너를 지켜 시험의 때를 면하게 하리니."

1. 첫째로, 그들이 무엇을 지켰는지 주목하십시오.

그들이 지킨 것은 "인내의 말씀"이었습니다. 이것은 참으로 주목할 만한 구절입니다. 바로 앞에서 우리 주님은 그들에게 "네가 작은 능력을 가지고서도 내 말을 지키며"라고 말씀하셨습니다(8절). 그렇게 볼 때 본문의 "인내의 말씀"이라는 표현은 앞의 "내 말"과 같은 것을 가리키는 동시에 그것을 부연(敷衍)해서 설명하는 것으로 보입니다. 그것은 인내와 관련한 개별적인 명령들이 아니라, 복음의 전체적인 메시지 즉 사람들에게 전달된 "예수 그리스도의 말씀의 총체"를 가리킵니다. 우리는 여기에서 그리스도 안에서의 하나님의 계시의 총체를 "그의 인내의 말씀"으로 특징짓는 것을 보게 됩니다.

전체적인 복음이 여기에서 "그리스도의 인내의 말씀"이라는 이름으로 불리는 것은 그것 전체가 그리스도께서 행하신 인내를 기록하고 있기 때문입니다.

신약은 "인내"(patience)로써 무엇을 의미합니까? 그것은 단순한 견딤(endurance)이 아닙니다. 물론 그것이 포함되기는 하지만 말입니다. 그것은 어떤 일을 하는 도중에 부딪힐 수 있는 모든 반대와 고통에도 불구하고 끈덕지게 그 일에 매진(邁進)하는 것입니다. 세상의 인내는 단순히 "얼마든지 오라지. 나는 견딜 거야!"를 의미합니다. 반면 신약의 인내에는 견딤(endurance)뿐만 아니라 참음(perseverance)의 개념이 들어 있습니다. 신약의 인내는 단순히 우리가 고통이나 슬픔에 굴복하는 것이 아니라, 슬픔과 시련과 유혹과 반대에 있는 어떤 것도 우리의 발걸음을 옳은 길로부터 돌이킬 수 있는 아무런 힘도 갖지 못하는 것을 의미합니다. 환난의 비바람 속에서도 묵묵히 자신의 길을 계속해서 걸어가는 사람이 신약이 말하는 참된 인내의 사람입니다. "보름스(Worms)에 기왓장처럼 많은 마귀들이 있다 하더라도, 나는 기꺼이 거기에 갈 것입니다." 루터의 이러한 말은 기독교의 인내의 참된 개념을 잘 나타냅니다. 이런 측면에서 예수 그리스도의 "인내"와 그의 지상 생애의 전체 이야기는 모든 고난과 반대 앞에서 아버지의 뜻에 흔들림 없이 계속 순종한 것의 기록으로 간주될 수 있습니다. 세속적인 표현을 사용할 때, 그의 삶은 지금까지 살았던 모든 사람들의 삶 가운데 가장 "영웅적인" 삶이었습니다. 그 앞에 그가 해야만 하는 일이 있었습니다. 그리고 그와 그 일 사이에 다른 사람과는 비견할 수 없을 정도로 많은 반대와 훼방이 있었습니다. 그는 자신이 세상에 온 목적을 이루기 위해 그 모든 것을 "부싯돌 같은 얼굴"과 결연한 의지로 인내하며 지나갔습니다(사 50:7).

그러나 모든 반대와 훼방에도 불구하고 예수 그리스도의 참음은 온유한 참음이었으며, 그의 영웅성(heroism)은 부드러운 영웅성이었습니다. 좀 더 높은 의미에서 모든 반대에 대한 영웅적인 경멸로서 뿐만 아니라 좀 더 낮은 의미에서 고요한 참음으로서의 인내가 그의 생애 위에 선명하게 새겨져 있었습니다. 우리는 그리스도의 성품 안에 있는 온유하심과 온순하심과 겸손하심 등과 같은 사람들이 통상적으로 여성적인 미덕이라고 부르는 것들에 대해 많이 생각합니다. 그러나 나는 우리가 그의 성품 속에서 사람들이 통상적으로 남성적인 미덕이라고 부르는 것 예컨대 결연한 의지(意志)와 굳은 결심으로 자신의 푯대를 향해 — 설령 그것이 십자가라 하더라도 — 추호의 흔들림 없이 나아가는 모습 같은 것에 대해서도 똑같은 분량으로 생각하는지 의문입니다.

바로 이것을 복음서와 여기의 계시록은 우리에게 분명하게 보여 줍니다. 그의 온유하심은 결연하며 강한 온유하심이었습니다. 우리가 항상 마음에 새겨야 하는 것은 "그의 인내의 말씀" 혹은 "그의 인내의 이야기"입니다. 왜냐하면 그러한 이름은 정당하게 복음에 적용될 수 있기 때문입니다.

복음이 모든 사람들에게 각자의 분량대로 그리스도의 인내를 자신의 삶을 위한 모범으로 삼을 것을 명령한다는 차원에서 말입니다. 그러므로 기독교의 도덕의 총체는 여기의 하나의 표현 즉 "각자의 분량대로 그리스도의 인내를 자신의 삶을 위한 모범으로 삼는" 것으로 요약될 수 있습니다. 우리가 예수께서 "나의 인내의 기록이 너희의 모범이며 너희의 능력이니라. 나와 같이 되어라. 그러면 너희는 온전하게 될 것이요 아무것도 부족한 것이 없을 것이라"라고 말씀하시는 것을 듣는다면, 심지어 괴롭고 달갑지 않은 일이라 할지라도 우리에게 쉽고 즐거운 일이 될 것입니다.

2. 둘째로, 이러한 말씀을 지킨 자들을 주목하십시오.

여기의 "말씀을 지키는" 은유는 우리 앞에 어떤 값진 보화를 소유한 사람의 행동을 표현합니다. 그는 그것을 안전한 장소에 보관하며, 극진히 보살피며, 한 순간도 눈을 떼지 않고 주의 깊게 지킵니다. "네가 나의 인내의 말씀을 지켰은즉."

그리스도인들이 말씀을 지키는 데에는 두 가지 방법이 있습니다. 한 가지 방법은 내적으로 말씀을 소중히 여기는 것이며, 또 한 가지 방법은 외적으로 말씀에 순종하는 것입니다. 이와 같이 두 가지가 모두 필요합니다. 그리스도인들은 시편 기자의 다음과 같은 말씀처럼 내적으로 말씀을 사랑하며, 귀히 여기며, 그것을 마음과 생각 속에 소중하게 지켜야 합니다. "내가 주께 범죄하지 아니하려 하여 주의 말씀을 내 마음에 두었나이다"(시 119:11). 그와 함께 그들은 또한 계명을 지킴으로써 자신들의 행동을 통제해야 합니다.

이러한 두 가지에 대해 간략하게 이야기하고 넘어가고자 합니다. 오늘날 공적으로 신앙을 고백하는 그리스도인들 사이에 성경을 읽는 실천적인 의무를 점점 더 소홀히 여기는 것에 대해 나는 심히 우려하지 않을 수 없습니다. 여러분이 성경을 읽지 않는다면, 나는 여러분이 도대체 어떻게 그리스도의 인내의 말씀을 여러분의 마음과 생각 속에 지킬 수 있는지 도무지 알지 못합니다. 나는 오늘날 대부분의 그리스도인들이 스스로 성경을 읽고 연구하지 않으면서 오로지 목사들로부터 설교를 듣고 성경공부를 하는 것으로 만족하는 것에 대해 심히 우려합니다. 아이가 먹을 음식을 자신의 입으로 씹어 아이의 입에 넣어주는 엄마를 생각해 보십시오. 도대체 언제까지 이런 수준에 머물러 있어야만 한단 말입니까? 신문과 잡지와 순회 도서관과 경건서적들은 그 자체로는 매우 좋은 것들입니다. 그러나 그것들은 단지 이차적이며 부수적인 것들일 뿐입니다. 나는 그런 것들이 스스로 하나님의 말씀을 부지런히 읽고 연구하는 것을 대체하는 것에 대해 심히 우려하지 않을 수 없습니다. 바로 이것이 오늘날 그토록 많은 그리스도인들이 실제로 성경을 읽지 않는 한 가지 이유입니다. 나는 실제로 이것이 매우 큰 이유라고 생각합니다. "자기 앞에 놓인 경주를 인내로써 달려가는" 대신, 그들은 한가한 마음으로 어슬렁거리며 걸어갑니다. 그런 가운데 때때로 길가에 주저앉아 오랫동안 쉬면서 단 한 발자국도 앞으로 나아가지 않습니다. 하나님의 말씀을 계속 읽고 연구하는 것이 없다면, 생명력 넘치는 기독교인의 삶은 전에도 없었고 앞으로도 없을 것입니다. 그리스도인들이 결승점에 도달할 수 있는 지름길은 없습니다. 눈이 비췸을 받고 마음이 즐거움을 얻는 첫 번째 방법은 그들의 이해(理解)의 눈에다 그리스도의 인내의 말씀의 안약(眼藥)을 바르고, 그들의 마음속에다 하나님의 계시의 즐거운 샘을 감추는 것입니다. 그러한 샘가에 뿌리를 박은 나무는 그 잎사귀가 마르지 아니하며 철을 따라 열매를 맺을 것입니다.

나아가 말씀은 내적으로 마음에 소중하게 품는 것뿐만 아니라 계속적인 순종의 행동에 의해 지켜집니다. 두말할 필요 없이 내적인 것이 외적인 것보다 선행되어야만 합니다. 우리가 시편 기자와 함께 "주의 말씀을 내 마음에 두었나이다"라고 말할 수 없다면, 우리는 또한 그와 함께 "내가 주의 공의를 내 심중에 숨기지 아니하고"라고 말할 수 없게 될 것입니다(시 119:11, 40:10). 여러분이 주의 말씀으로 하여금 여러분의 삶 가운데 기상나팔처럼 울려 퍼지게 하고자 한다면, 여러분은 먼저 그것을 여러분의 마음속에 소중하게 간직하고 있어야만 합니다.

이와 같이 우리는 매일의 삶 가운데 인내의 말씀을 굳게 지켜야만 합니다. 그럴 때 우리는 완전히 실족하지 않을 것입니다. 이런 측면에서 성경은 많은 곳에서 "인내"를 다양한 기독교의 축복들과 연결시킵니다.

예컨대 누가복음에서 우리는 "너희의 인내로 너희 영혼을 얻으리라"라는 말씀을 보게 됩니다(21:19). 자신의 나아갈 길을 방해할 수 있는 모든 외적인 것들에도 불구하고 계속해서 앞으로 나아가는 자만이 자기 자신의 주인입니다. 그 외에 다른 모든 사람들은 다른 것이나 다른 사람의 종입니다. 우리 주위나 우리 안에서 무엇이 일어나 우리를 방해하든 간에, 기독교의 섬김의 길을 중단 없이 나아감으로 우리는 우리 자신의 주인이 됩니다. 하나님이 예비하신 장소에 도달하기 위해, 우리는 뜨겁게 달구어진 길을 걸어가야만 합니다. 우리가 뜨거움에도 불구하고 움츠리지 않고 계속해서 전진한다면, 우리는 고요한 마음으로 목적지에 도달하게 될 것이며 스스로의 주인이 될 것입니다.

또 주님은 우리에게 "인내로써 결실하는" 것에 대해 말씀하셨습니다(눅 8:15). 모든 반대에도 불구하고 그리스도의 명령과 양심의 지시에 계속 착념하지 않고는 결코 기독교의 성품이 자라는 것도 없고, 기독교의 행동이 꽃피는 것도 없으며, 작은 덕행의 씨앗들이 좋은 습관의 성숙한 열매로 결실하는 것도 없습니다. 바로 그것이 삼십 배 육십 배 백 배로 결실하는 조건입니다.

또 성경은 불굴의 의지와 거룩한 강경함을 요구하면서 "인내로써 우리 앞에 당한 경주를 하며"라고 말합니다(히 12:1). 기독교인의 경주에 있어, 다리가 후들거리며 심신의 기력이 모두 소진되었음에도 불구하고 포기하지 않고 계속해서 앞으로 나아감이 없이는, 어떤 진보(進步)도 없습니다.

3. 마지막으로, 우리는 여기에서 그리스도께서 인내의 말씀을 지킨 자들을 지키시는 것을 발견합니다.

"네가 나의 인내의 말씀을 지켰은즉 내가 또한 너를 지켜 시험의 때를 면하게 하리니." 이것은 얼마나 아름다운 상호관계입니까! 우리가 그리스도의 말씀을 지킬 때, 그리스도께서 또한 우리를 지키실 것입니다. 예수 그리스도는 자신이 이 땅에서 행하셨던 것을 여전히 하늘에서 행하고 계십니다. 요한복음 17장에 기록된 대제사장의 기도에서, 예수 그리스도는 "내가 아버지의 이름으로 그들을 보전하고 지키었나이다"라고 말씀하셨습니다(12절). 지금도 그는 하늘에서 자기 백성들을 지키는 일을 계속하고 계십니다. 그러면서 그는 우리에게 자신을 신뢰할 것을 명령하십니다. 예전에 제자들에게 그렇게 명령하셨던 것처럼 말입니다. 그는 마치 암탉이 병아리를 품듯이 그들을 품으셨으며, 그들을 자신의 날개 그늘 아래 감추셨습니다. 그러므로 우리가 그의 인내의 말씀을 지킨다면 다시 말해서 우리 마음 가운데 그의 생애의 이야기를 소중하게 품고 겸손한 마음으로 우리의 삶을 그것에 맞추어 빚어나가기를 추구한다면, 그는 시험의 때에 우리를 지키실 것입니다. 하늘에 계신 그리스도는 세상에 계셨던 그리스도와 마찬가지로 자기 백성들을 능히 보호하며 붙잡아 줄 수 있을 만큼 그들과 가까이 계십니다.

그는 우리가 시험으로부터 멀리 떨어져 있도록 그래서 시험에 직면하지 않도록 지켜줄 것이라고 약속하지 않습니다. 다만 그는 우리를 "시험의 때**로부터**"(from) 지켜 줄 것이라고 약속합니다(한글개역개정판에는 "내가 또한 너를 지켜 시험의 때를 면하게 하리니"라고 되어 있는 반면, 흠정역에는 "I also will keep thee from the hour of temptation" 즉 "내가 또한 너를 시험의 때로부터 지키리니"라고 되어 있음). 여기의 "from"은 우리가 한때 그 안에 있었음을 암시합니다. 그러므로 "시험의 때"는 "넘어짐의 때"가 아닐 것입니다. 그렇습니다. 그 마음이 그리스도의 인내의 이야기로 가득 차 있는 사람 그리고 그 말씀을 지키기를 추구하는 사람은 우리가 살고 있는 이 세상의 어둠 가운데서도 마치 손에 안전한 등을 들고 있는 것처럼 걸어갈 것이며, 그렇기 때문에 넘어지지 않을 것입니다. 우리가 우리의 마음을 하나님의 사랑과 그리스도의 인내의 말씀 안에 지킨다면, 우리 본성 안에 있는 화약(火藥)은 하늘의 습기로 축축하게 될 것이며 그러므로 그 위에 불똥이 떨어진다 하더라도 불이 붙지 않을 것입니다. 외적인 환경들은 여전히 시험하는 힘을 잃지 않을 것입니다. 그러나 우리가 그리스도의 인내의 말씀을 지키는 분량만큼 우리 안에 있는 폭발력은 무력해질 것입니다. 세상의 광채는 그것을 무한히 능가하는 영광으로 말미암아 더 이상 영광이 아닐 것입니다. 세상의 광채는 하늘의 광채 앞에 설 때 그 빛을 잃을 것입니다. 마치 전기불이 태양 앞에서 그 빛을 잃는 것처럼 말입니다.

시험과 더불어 씨름하며 그것을 쓰러뜨려 이기는 것은 위대한 일입니다. 그러나 우리가 강해짐으로 시험이 더 이상 우리를 붙잡지 못하게 되는 것은 더욱 위대한 일입니다. 정욕과 욕심을 이기며 그것을 밟아 억제하는 것은 위대한 일입니다. 그러나 주님과 가까이 있음으로 말미암아 그러한 것들이 그 앞에서 힘을 잃고 "사자가 소처럼 풀을 먹게" 되는 것은 더욱 위대한 일입니다.

우리는 이러한 놀라운 상태에 도달할 수 있습니다. 우리가 그리스도를 가까이 하며 매일 같이 그와 더불어 교제하는 가운데 그의 인내의 비밀이 우리 안에서 계속 일하도록 만든다면 말입니다. 그럴 때 우리는 시험을 극복할 것이며, 그리스도의 인내의 말씀과 그 말씀과 함께 가는 영(靈)이 우리의 편이 될 것입니다. 화학자들이 시험관 안으로 미생물이 들어오지 못하도록 그 입구를 막은 솜마개를 생각해 보십시오. 그것은 공기는 통하게 하지만, 작은 미생물들은 들어오지 못하도록 막을 것입니다. 이와 같이 그리스도의 인내의 말씀은 오염된 공기를 거를 것이며, 그렇게 걸러진 깨끗한 공기를 우리의 폐로 보낼 것입니다. "네가 나의 인내의 말씀을 지켰은즉 내가 또한 너를 시험의 때로부터 지키리니."

17
네 면류관

"네가 가진 것을 굳게 잡아 아무도 네 면류관을 빼앗지 못하게 하라"
계 3:11

이와 같은 격려의 말씀이 전달된 빌라델비아 교회는 예수 그리스도로부터 아무런 책망도 받지 않은 두 교회 가운데 한 교회였습니다. 그 교회는 도덕적으로나 교리적으로나 허물이 없었습니다. 또 거기에는 박해의 광풍도 없었습니다. 이와 같이 설령 책망할 것이 아무것도 없었다 하더라도, 그 교회에 격려와 훈계조차 그리고 장차 임할 수 있는 위험에 대한 건전한 경고조차 필요치 않았던 것은 아닙니다. "아무도 네 면류관을 빼앗지 못하게 하라." 여기에 있는 그리스도인들에게 말합니다. 여러분이 받은 진리가 익숙함으로 인해 무력(無力)한 것이 되고, 그리하여 여러분의 손가락 사이로 빠져나가 결국 무의식 중에 여러분의 머리에서 면류관이 떨어지지 않도록 조심하십시오. 오늘 우리는 다음과 같은 세 가지 주제를 다룰 것입니다. 첫째로 "네 면류관," 둘째로 그것을 잃을 가능성, 그리고 셋째로 그것을 굳게 지키는 방법.

1. 첫째로, "네 면류관"이라는 표현을 주목하십시오.

우리는 먼저 여기에 언급된 면류관이 왕이나 혹은 황제가 썼던 왕권을 상징하는 왕관(王冠)이 아니라, 고대 사회에서 흔히 볼 수 있는 화관(花冠)

이라는 사실을 기억할 필요가 있습니다. 그것은 경기에서 이긴 승자의 머리 위에 씌어졌으며, 전쟁에서 이긴 장군의 머리 위에 씌어졌으며, 신부와 혼인잔치에 참석한 손님들의 머리 위에 씌어졌습니다. 그것은 승리와 기쁨과 축제의 상징이었습니다. 계시록의 환상이 그리스도인들 앞에 제시하는 것은 이와 같이 통치권의 상징이 아니라, 전쟁이나 혹은 경주에서 승리하고 기쁨으로 축제를 벌이는 것에 대한 상징입니다.

면류관은 신약 전체를 통해 흐르는 공통적인 상징입니다. 우리가 그러한 은유의 실제적인 용례(用例)들을 살핀다면, 우리는 그것의 의미를 좀 더 풍성하게 이해할 수 있을 것입니다. 그것은 통상적으로 "생명"의 면류관, "의"의 면류관, "영광"의 면류관 등 세 가지 이름으로 언급됩니다. 첫 번째와 세 번째 이름의 생명과 영광은 면류관을 구성하는 재료들로서 나타납니다. 그리고 두 번째 "의의 면류관"이라는 이름은 의의 상급으로서의 면류관이라는 의미를 함축합니다. 이 땅에서의 의(義)는 미래의 더 풍성한 생명과 더 찬란한 영광으로 엮어진 면류관을 쓰게 됩니다. 포도주의 진한 냄새로 가득한 연회장의 더운 열기로, 연회에 참석한 사람들의 화관을 장식한 장미는 시들고 그 꽃잎은 쭈그러듭니다. 경기에서 승리한 젊은 선수의 머리 위에 씌워진 월계관은 내일이면 시들어 쓰레기통에 던져질 것입니다. 그러나 신약의 저자들은 "시들지 아니하는 영광의 면류관"에 대해 이야기합니다(벧전 5:4). 단순히 승리와 영광을 상징하는 것일 뿐인 다른 화관들은 본질적으로 무가치합니다. 그러나 우리의 면류관은 무한한 가치로 충만합니다.

이와 같이 면류관은 의의 상급으로서, 영원한 생명과 영원한 영광으로 구성됩니다. 본문은 각각의 그리스도인들에게 경주에서 혹독한 수고와 성실한 노력의 상급으로서 생명과 영광의 축제에 영원히 참여하는 것이 "네 면류관"이라고 말합니다. 그리고, 그것을 굳게 붙잡아 아무도 그것을 빼앗지 못하게 하라고 훈계합니다. 그것은 신의 계획에서 이미 그의 것입니다. 그것은 하나님의 나라의 소유권과 관련한 변할 수 없는 법칙에 의해 그의 것입니다. 그것은 그가 그리스도인으로서 계속 존재하는 단순한 조건 위에서 그의 것입니다. 베드로가 말한 "너희를 위하여 하늘에 간직하신 유업"이라는 표현을 생각해 보십시오(벧전 1:4). 그것은 우리를 위한 미래의 완전한 축복을 경기장의 흙먼지와 전쟁터의 격렬함을 초월하여 이미 존재하면서 우리를 위해 기다리고 있는 것으로서 다룹니다. 물론 그것은 전적으로 문자적으로 취하여지도록 의도된 것은 아닙니다. 왜냐하면 그러한 축복이 실현될 "장소"가 실제로 "예비될" 수 있지만 축복 자체는 그것을 소유하는 자들과 분리되어서는 결코 존재할 수 없기 때문입니다. 그러한 표현의 목적은 지금은 투구에 눌린 머리가 그때 면류관을 쓰게 될 것과 사방에 흩어진 외인(外人)들이 그들의 목적지인 약속의 땅에 도달하여 영원히 안식할 절대적인 확실함을 가장 강한 방식으로 제시하는 것입니다. 상급은 각 사람의 면류관이 하나님의 곳간에 안전하게 보관되는 것만큼이나 확실합니다.

 겉만 번드르르한 세상의 거짓된 빛들에 지친 우리의 피곤한 눈은 항상 이런 확실한 빛을 바라보아야만 합니다. 또 이러한 말할 수 없는 확실한 즐거움이 이 땅에서의 우리의 가장 큰 즐거움이 됩니다. 우리가 믿음의 손으로 미래의 축복을 붙잡을 때, 그것은 또한 우리에게 현재의 축복을 가져다 줍니다. 기독교적 삶의 기쁨과 능력은 대부분 "저 멀리 반짝이는 나라와 그 나라의 왕의 아름다움"을 소망 가운데 습관적으로 바라보는 것에 달려 있습니다. 사랑하는 그리스도인들이여, 여러분은 이 땅의 모든 안개와 어둠 너머에 있는 것을 바라보는 습관을 계발하기 위해 기꺼이 시간과 고통을 지불해야만 합니다. 그럴 때 여러분의 기독교는 생명력으로 넘치는 기독교가 될 것입니다. 그리고 여러분은 그러한 미래를 세상의 일시적이며 그림자와 같은 것들보다 더 확실한 것으로 생각해야만 합니다. 세상의 일시적인 것들은 손에서 손으로 지나갑니다. 그런 것들은 오늘 내 것이었다가, 내일 다른 사람의 것이 됩니다. 어떤 것을 "내 것"이라고 부름에도 불구하고, 우리는 그것을 실제로 소유하지는 않습니다. 우리가 실제로 소유하는 것은 오직 하나님과 우리 자신 두 가지뿐입니다. 그러한 두 가지를 우리는 사랑과 순종으로 우리 자신을 하나님께 드리는 같은 방법으로 소유합니다. "네 면류관"은 여러분 자신의 머리 외에는 다른 어느 머리에도 맞지 않을 것입니다. 그것은 여러분의 완전해진 자아(自我)의 일부이며, 여러분은 그것을 확실하게 소유할 것입니다. 여러분이 시작할 때 확신한 것을 끝까지 붙잡기만 한다면 말입니다. "우리가 시작할 때 확신한 것을 끝까지 견고히 잡고 있으면 그리스도와 함께 참여한 자가 되리라"(히 3:14).

2. 둘째로, 그러한 면류관을 잃을 두려운 가능성을 주목하십시오.

"아무도 네 면류관을 빼앗지 못하게 하라." 물론 이 말씀은 마치 어떤 사람이 한때 우리가 받을 면류관을 훔쳐 자기 머리 위에 쓸 수 있음을 의미하는 것으로 오해해서는 안 됩니다. 그러한 개념은 불가능할 뿐만 아니라 터무니없는 개념입니다. 아무도 다른 사람의 천국을 훔쳐 자신의 소유로 삼을 수 없습니다. 어떤 사람이 맺은 성품의 결과들은 그로부터 다른 사람으로 이전될 수 없습니다. 또 우리는 어떤 사람이 다른 사람의 신앙과 그가 장차 받을 상급을 훔쳐 그것을 자신의 소유로 삼을 수 있다고 상상할 수 없습니다. 다만 여러분을 둘러싸고 있는 것들이 — 그것이 사람이든 마귀는 재물이든 — 여러분이 생각해 온 확실성을 뒤집어엎어 버림으로써 "네 면류관"이라고 불리던 것이 미래에 실제로 여러분의 소유가 되지 못할 수 있습니다.

이것은 기독교의 삶에 있어 매우 엄중한 측면입니다. 왜냐하면 우리 주위에는 항상 우리가 의의 면류관을 받기에 합당하지 못하게 하는 것들이 있기 때문입니다. 그것이 사람이든, 마귀든. 재물이든 말입니다. 그러한 것들은 직접적으로 그렇게 할 수는 없습니다. 왜냐하면 하나님의 도우심으로 우리의 성품이 완전하게 되는 것 외에 의의 면류관은 어디에도 존재하지 않기 때문입니다. 실제로 그것은 물질적이며 보이는 것이 아니라, 관념적이며 추상적인 것입니다. 그러나 그러한 것들은 예컨대 우리의 머리를 더러운 것들로 얼룩지게 만들어 결국 면류관을 쓰지 못하게 될 수도 있습니다. 사랑하는 그리스도인들이여, 이 세상은 우리로부터 우리의 면류관을 빼앗으려고 하는 것들로 가득 차 있습니다. 우리는 우리를 공격하는 유혹들에 대해 통상적으로 이와 같이 생각하지 않습니다. 예를 들어 어떤 것이 — 사람이든 마귀든 재물이든 — 교활하게 속삭이며 다가와 우리의 믿음을 조금만 양보하고 즐거운 시간을 살 것을 유혹합니다. 그것은 감각적인 즐거움이나 야심을 만족시키는 것이나 우리 본성의 이런저런 욕정을 만족시키는 것으로 우리를 유혹합니다. 모든 것은 별로 문제될 것이 없어 보입니다. 그리고 그로 말미암아 발생할 수 있는 해악은 아주 작아 보입니다. 아, 그러나 조금만 더 깊이 바라보십시오. 큰 것을 약속하는 반면 위험은 상대적으로 작은 것처럼 보이는 그러한 유혹은 실제로 우리에게서 면류관을 탈취하고자 노립니다. 우리가 항상 이러한 사실을 마음에 새기며 걸어간다면, 우리 주위를 돌면서 우리를 넘어뜨리고자 애쓰는 모든 유혹들의 가면은 여지 없이 벗겨질 것입니다. 우리가 그러한 것들이 속삭이는 거짓말의 참된 목적을 꿰뚫어 본다면, 그것들은 우리를 속이는 모든 능력을 잃을 것입니다. 호리는 말과 음녀의 입맞춤으로 다가오는 그러한 것들의 참된 목적은 다름 아닌 우리로부터 면류관을 빼앗는 것이라는 사실을 확신하십시오. 그러므로 유혹이 다가올 때마다 우리는 그것에게 이렇게 말해야만 합니다. "달콤한 유혹이여, 너는 친구처럼 오도다. 그러나 나는 너의 목적을 아노라." 우리는 사전(事前)에 경고를 받고, 사전에 무장할 필요가 있습니다.

3. 마지막으로, 우리의 면류관을 굳게 지키는 방법을 주목하십시오.

"네가 가진 것을 굳게 잡아." 여러분이 가진 것을 굳게 붙잡아야만 합니다. 왜냐하면 그렇게 하지 않는다면 그것은 여러분의 손가락으로부터 미끄러져 나갈 것이기 때문입니다. 여기의 은유는 명백합니다. 어떤 사람이 매우 값비싼 보석을 가지고 있다면, 그는 그것을 꽉 쥐고 있을 것입니다. 그것을 느슨하게 쥐고 있다면, 그의 손은 곧 빈손이 되고 말 것입니다. 금덩어리가 든 가방을 들고 도둑들 사이를 지나가는 어떤 사람을 상상해 보십시오. 그는 그 가방을 손가락에 걸고 빙글빙글 돌리며 걸어가지 않을 것입니다. 오히려 가방 줄을 손목에 걸고 손 전체로 굳게 붙잡은 채 정신을 집중하고 걸어갈 것입니다.

이와 같이 우리는 우리가 "가진" 것 즉 하나님이 그의 복음에서 우리에게 주신 것을 굳게 붙잡아야 합니다. 우리는 그의 아들을 굳게 붙잡아야 하며, 그의 진리를 굳게 붙잡아야 하며, 그의 은혜를 굳게 붙잡아야 합니다. 복음의 위대한 원리들을 깊이 통찰하고 굳게 지키기 위해 여러분의 지적인 능력을 부지런히 사용하십시오. 여러분의 흔들리는 마음과 의지(意志)를 견고하게 지키기 위해 여러분의 노력을 최대로 사용하십시오. 그리스도 안에서 여러분에게 주어진 사랑에 진실하기 위해 여러분의 노력을 최대로 사용하십시오. 그에게 순종하기 위해 여러분의 노력을 최대로 사용하십시오. 여러분은 그리스도를 받았으며, 그것은 정말로 지킬 만한 가치가 있는 것입니다. 여러분이 그를 굳게 지키고 있는지 스스로를 살피십시오. 그리고 그가 여러분의 손가락 사이로 미끄러져 나가지 않게 하십시오. 폭풍이 다가올 때, 현명한 선장(船長)은 갑판 위에 있는 가벼운 물건들을 밧줄로 맵니다. 그러면 그것들은 안전해집니다. 우리는 폭풍과 마주하여 싸워야 합니다. 폭풍이 몰아칠 때, 갑판 위에 있는 가벼운 물건들은 물에 쓸려 나가든지 아니면 바람에 날아갈 것입니다. 그러므로 그러한 것들을 묵상하며, 계속적인 교제로 매십시오. 그리고 기독교 복음을 굳게 붙잡으십시오. 그리고 그리스도 안에서 여러분이 소유하는 영적 생명을 굳게 붙잡으십시오.

그러나 "네가 가진 것"을 굳게 붙잡으라는 여기의 명령에는 또 다른 측면이 있습니다. 여기의 "네가 가진 것"은 그리스도 안에서의 하나님의 객관적인 계시에서 우리에게 주어진 것에 적용되기보다, 그리스도를 전유(專有)하는 우리 자신의 주관적인 진보(進步)의 분량, 다시 말해서 우리가 그리스도와 같아진 분량에 적용됩니다. 나는 본문이 보다 더 특별하게 이것을 의미한다고 생각합니다. 왜냐하면 바로 앞에서 주님이 그 교회에 "네가 작은 능력을 가지고서도 내 말을 지키며 내 이름을 배반하지 아니하였도다"라고 말씀하셨기 때문입니다(8절). "네가 작은 능력을 가졌도다 …

네가 가진 것을 굳게 붙잡으라." 여러분의 기독교의 삶 가운데 현재 성취한 것을 — 비록 그것이 초보적이며 불완전한 것이라 하더라도 — 굳게 지키십시오. 여러분이 믿고 확신한 것을 내팽개쳐 버리지 마십시오. 여러분이 처음에 확신한 것을 끝까지 굳센 손으로 단단히 붙잡으십시오. 여러분이 가진 것을 굳게 지키십시오. 그러면 그것은 자랄 것입니다. 참고 인내하기만 한다면, 자라는 것은 필연적입니다. 우리가 그것이 사라지도록 내버려 두지 않는다면, 우리의 소유 안에서 그것은 자라며 증가되며 증식될 것입니다. 지적인 활동을 포함한 삶의 모든 영역에서, 우리가 가진 것을 굳게 붙잡고 참되게 소유하는 것이야말로 그것을 더 크고 풍성하게 만드는 확실한 방법입니다. 그것은 기독교의 삶에 있어서도 마찬가지입니다. 현재의 지식에 진실하십시오. 그리고 그것을 부지런히 사용하십시오. 그러면 그것은 매일같이 증가될 것입니다. "네가 작은 능력을 가지고서도." 여러분은 "능력"을 가지고 있습니다. 그러나 면류관은 아직 가지고 있지 않습니다. 하나님이 여러분에게 맡기신 것을 지키십시오. 그러면 하나님이 여러분을 위해 예비한 것을 지키실 것입니다.

그러므로 면류관을 얻는 확실한 방법은 믿음을 지키는 것입니다. 그러면 생명과 영광은 마치 해가 동쪽에서 뜨는 것처럼 확실할 것입니다. 왜냐하면 생명과 영광은 단지 이 땅에서의 믿음의 삶의 결과와 열매일 뿐이기 때문입니다. 여러분은 둘러싸고 있는 많은 것들이 — 그것이 사람이든 재물이든 마귀든 — 여러분으로부터 여러분의 면류관을 빼앗으려고 애쓸 수 있습니다. 그러나 여러분 자신을 제외하고는 그 어떤 것도 여러분으로부터 여러분의 면류관을 빼앗을 수 없습니다. 지금 가지고 있는 것을 굳게 붙잡으십시오. 그리고 그것을 여러분 자신의 실제적인 소유로 만드십시오. 그러면 때가 되면 하나님이 자기를 사랑하는 모든 자들에게 약속하신 미래의 면류관이 여러분의 머리 위에 씌워질 것입니다. 이 땅에서 그리스도를 소유하며 그를 굳게 붙잡는 자는 절대로 하늘에서 면류관을 잃을 수 없습니다.

18
이기는 자의 생명의 이름(VI)

"이기는 자는 내 하나님 성전에 기둥이 되게 하리니 그가 결코 다시 나가지 아니하리라 내가 하나님의 이름과 하나님의 성 곧 하늘에서 내 하나님께로부터 내려오는 새 예루살렘의 이름과 나의 새 이름을 그이 위에 기록하리라"

계 3:12

모든 중심을 통찰하는 불꽃같은 눈은 빌라델비아 교회로부터 책망할 만한 아무것도 발견하지 못했습니다. 또 마음의 생각과 의도를 드러내기 위해 모든 외식(外飾)을 찔러 쪼개는 좌우에 날선 검이 나오는 입은 그들을 향해 오직 칭찬의 말만을 하셨을 뿐입니다. "네가 작은 능력을 가지고서도 내 말을 지키며 내 이름을 배반하지 아니하였도다"(8절). 그러나 아무리 큰 성숙과 진보(進步)를 이루었다 하더라도, 그리스도인에게 더 이상 시험의 가능성조차 없어지는 것은 결코 아닙니다. 그러므로 주님은 그들에게 칭찬의 말씀과 함께 장차 임할 시험의 때와 관련한 경고의 말씀을 주십니다. 충성된 백성들을 위한 그리스도의 보상은 그들을 시련과 투쟁으로부터 면제시켜 주는 것이 아니라, 그 가운데서 그들을 강하게 하는 것입니다. 이 세상에 있는 한, 우리를 대적하는 세력들이 있을 것입니다. 또 우리는 우리 자신의 악한 자아(自我)와 더불어, 우리가 보이지 않는 것보다 보이는 것을 그리고 미래보다 현재를 더 좋아하도록 유혹하는 우리 자신의 내적 성향들과 더불어 싸워야만 할 것입니다. 그러므로 책망할 것이 없었던 빌라델비아 교회에게조차 "네가 가진 것을 굳게 잡아 아무도 네 면류관을 빼앗지 못하게 하라"는 엄중한 경고의 말씀할 필요가 있었습니다(11절). "네가 가진 것"을 굳게 붙잡고자 한다면, 심지어 가장 성숙한 사람이라 하더라도 항상 싸우며 투쟁할 필요가 있을 것입니다. 어떤 사람이 느슨한 손으로 값비싼 보석을 쥐고 있다면, 그는 결국 그것을 도둑질 당하게 될 것입니다. 또 어떤 사람이 면류관을 쓴 채 졸고 있다면, 그것은 결국 그의 머리로부터 떨어지게 될 것입니다. 이런 측면에서 여기의 약속이 "**이기는 자는**"이라는 통상적인 어법으로 표현된 것은 조금도 이상한 일이 아닙니다. 왜냐하면 마지막 순간까지 모든 그리스도인의 삶은 결국 싸움일 수밖에 없기 때문입니다.

본문 가운데 포함된 약속은 미래의 축복의 두 가지 측면을 제시합니다. 하나는 "내가 그를 … 기둥이 되게 하리니"라는 구절에 표현되어 있고, 다른 하나는 "그 위에 … 이름을 기록하리라"라는 구절에 표현되어 있습니다. 이제 그와 같은 두 가지 약속을 차례대로 살펴보도록 합시다.

1. 흔들림이 없는 견고한 기둥.

우리는 여기에서 두 개의 절(節)이 서로 밀접하게 연결되어 있는 것을 발견합니다. "내 하나님 성전에 기둥이 되게 하리니 … 그가 결코 다시 나가지 아니하리라." 두 번째 절에서 상징이 벗겨지며, 은유의 요지가 분명하게 드러납니다. 그리스 건축물의 위용 가운데 살고 있는 빌라델비아의 그리스도인들에게 신전(神殿)의 위풍당당한 기둥들은 매우 친숙한 것이었습니다. 그것은 여러 가지를 상징하는 것으로서 사용될 수 있었습니다. 여기에서 그것은 건물을 떠받치는 역할이나 다른 것보다 더 뛰어난 탁월함을 의미할 수 없습니다. 예컨대 바울은 예루살렘의 세 명의 주요 사도들을 "기둥 같이 여김을 받는" 자들이라고 부릅니다(갈 2:9). 이러한 표현은 두말할 것도 없이 그들의 탁월함과 교회를 떠받치는 역할을 함축합니다. 그러나 본문의 상징은 이와 같은 의미를 함축하는 것으로 적용될 수 없습니다. 왜냐하면 여기의 약속은 "이기는 자" 즉 구속받은 모든 사람들에게 주어지는 것인데, 우리는 구속받은 자들이 하늘의 성전을 떠받친다고는 도무지 생각할 수 없기 때문입니다. 그러므로 우리는 다른 방향을 바라보아야만 합니다. 나는 두 번째 절이 우리가 바라보아야 하는 방향을 가리키고 있다고 생각합니다. "그가 결코 다시 나가지 아니하리라." 많은 시인들이 노래한 것처럼, 기둥은 견고함과 영구함의 상징입니다. 어떤 옛 시인은 "굳센 믿음의 기초 위에 세워지고, 빛나는 삶의 기둥을 소유하며, 하나님의 약속의 화관을 쓴" 사람들에 대해 노래했습니다. 이와 같이 여기의 은유 가운데 두드러지게 나타나는 것은 견고함과 영구함의 개념입니다.

그러나 우리는 그것이 분명한 방향을 가진 견고함과 영구함이라는 사실을 기억해야만 합니다. 왜냐하면 여기의 기둥은 "내 하나님의 성전의" 기둥이기 때문입니다. 성경의 다른 곳에서, 우리는 하나님에 대한 그리스도인들의 현재적인 관계가 동일한 은유 아래 제시되는 것을 발견합니다. 예를 들어 "너희는 살아 계신 하나님의 성전이라"라는 말씀이라든지(고후 6:16), 혹은 "너희도 성령 안에서 하나님이 거하실 처소가 되기 위하여 그리스도 예수 안에서 함께 지어져 가느니라"라는 말씀이라든지(엡 2:22), 혹은 이 모든 상징들의 기초가 되는 것으로서 "우리가 그에게 가서 거처를 그와 함께 하리라"라는 말씀 같은 것들 말입니다(요 14:23). 이와 같이 개별적인 신자들과 공동체로서의 교회들은 심지어 지금 여기에서 하나님이 거하시는 처소입니다. 기둥의 은유에는 물론 존귀와 은혜의 개념도 담겨 있습니다. 그러나 그것의 기초가 되는 의미는 본질적으로 구속받은 영혼들이 집합적으로 하늘에서 하나님의 성전을 구성할 것이라는 것입니다.

계시록은 기둥의 위대한 상징과 관련하여 세 가지 관점을 가지고 있습니다. 예컨대 우리는 21장에서 "성에서 내가 성전을 보지 못하였으니"라는 말씀을 읽습니다(21:22 상반절). 이것은 땅에 속하는 모든 물질적이며 외적인 예배가 종결되는 것을 의미합니다. 계시록은 계속해서 "하나님과 어린 양이 그 성전이심이라"라고 말합니다(21:22 하반절). 우리는 여기에서 앞에 이야기한 것과 정반대의 개념을 보게 됩니다. 다시 말해서 우리는 구속받은 공동체를 하나님과 그리스도께서 거하시는 처소로 생각할 수 있을 뿐만 아니라, 또한 하나님과 그리스도를 구속받은 공동체가 거하는 처소로도 생각할 수 있습니다. 그러므로 우리는 그러한 약속에 장차 우리가 하나님이 우리에 계시는 것을 더 풍성하게 의식(意識)하게 될 것이라는 것과 그의 임재가 더 풍성하게 이루어질 것이라는 것과 그의 은혜가 더 충분하게 전달될 것이라는 것과 그와의 접촉이 더 가까워지게 될 것이라는 개념과 함께 그것이 이 땅에서의 경험의 계속이며 완성이라는 개념이 함축되어 있는 것을 발견할 수 있습니다. 구속받은 영혼들이 장차 하나님을 의식(意識)하는 새로운 능력을 갖게 되는 것에 대해 우리는 말할 것이 아무것도 없습니다. 우리는 그에 대해 아무것도 말할 수 없습니다. 왜냐하면 그러한 새로운 능력과 상응하는 새로운 임재와 더 친밀한 접촉에 대해 우리는 아무것도 알지 못하기 때문입니다. 너무나 빠르거나 혹은 너무나 느려서 우리의 귀가 듣지 못하는 소리의 파장들이 있습니다. 우리의 귀가 좀 더 민감하다면, 우리는 그러한 소리들을 들을 수 있을 것입니다. 이와 같이 새로운 기관(器官)과 새로운 능력과 더불어, 장차 하늘에서 하나님의 임재에 대한 더 깊고 새로운 지각(知覺)이 있을 것입니다. 요컨대 그의 입술로부터 나오는 소리를 생각해 보십시오. 어떤 경우에는 너무나 심오하고 또 어떤 경우에는 너무나 높고 분명해서 우리의 제한된 감각이 이해하지 못하는 것도 있습니다. 그러나 그러한 소리는 장차 하늘에서 선명한 음정과 아름다운 가락으로 울려 퍼질 것입니다. 마찬가지로 빛의 스펙트럼을 생각해 보십시오. 이것 역시도 양쪽 끝은 사람들의 눈에 보이지 않습니다. 오직 중간 부분의 가시광선(可視光線)만 볼 수 있을 뿐입니다. 그러나 그때 우리는 "주의 빛 가운데" 지금은 볼 수 없는 찬란한 빛을 볼 것입니다. 우리가 그리스도 안에 거한다면, 우리는 지금 하나님 안에 거합니다. 그리스도가 우리 안에 거한다면, 우리는 믿음과 사랑으로 말미암아 그리스도 안에 거합니다. 그러나 그러한 거함은 장차 하늘에서 더 완전해질 것입니다. 그것은 우리가 지금 아는 모든 것을 훨씬 초월할 것입니다.

여기의 기둥의 상징의 주된 의미가 두 번째 절에 나타나는 사실을 다시 한번 주목해 보십시오. "그가 결코 다시 나가지 아니하리라." 내주하시는 하나님을 의식(意識)하며 그와 교제하는 것이 끊어짐이 없이 영속적으로 이루어질 것이라는 것이 미래의 삶의 영광과 축복의 주된 요소입니다. 흔들림 없는 견고함은 요동치는 인생의 바다에서 계속 흔들리는 것의 고통을 잘 아는 우리에게 복된 희망으로 임합니다. 모든 기쁨 위에 영구함의 인(印)이 찍히는 것을 생각해 보십시오. 그것은 얼마나 복된 일입니까? 최고의 축복은 하나님이 우리 안에 내주하시는 것을 계속 의식(意識)하면서 그와 더불어 단절됨이 없는 영속적인 교제를 나누는 것입니다. 변함없는 한결같은 교제와 대부분의 사람들에게 나타나는 변덕스러운 교제를 비교해 보십시오. 오늘은 하나님에 대한 생각으로 가득하지만, 내일이 되면 싸늘하게 식어 무관심해집니다. 밀물 때의 바닷가를 생각해 보십시오. 해변은 햇빛에 반사되어 반짝이는 물들로 가득합니다. 그러나 썰물 때가 되면 어떻습니까? 해변에는 오직 시커멓고 끈적끈적한 진흙만 가득할 뿐입니다. 반면 적도 지방을 생각해 보십시오. 거기에는 한여름과 한겨울 사이에 거의 차이가 없습니다. 낮의 길이에도 거의 차이가 없고, 기온에도 거의 차이가 없습니다. 이와 같이 미래는 단조롭지 않은 한결같음과 진보를 배제하지 않는 견고함으로 가득 찰 것입니다.

"그가 결코 다시 나가지 아니하리라"는 여기의 위대한 약속을 복음서에 나오는 한 사건과 비교해 보십시오. 다락방에 그리스도와 열두 사도가 모여 있었습니다. 그리스도는 자신의 마음을 그들에게 부으셨으며, 그로 인해 그들의 마음은 뜨겁게 타올랐습니다. 그리고 그들은 그곳에서 나갔습니다. 그리스도는 겟세마네와 갈보리로 갔습니다. 유다는 그리스도를 배반하고 떠났으며, 베드로는 그리스도를 부인했습니다. 모든 사도들은 뿔뿔이 흩어졌으며, 그들의 믿음은 요동쳤습니다. "그가 결코 다시 나가지 아니하리라." 예수 그리스도는 이기는 자에게 "내 하나님 성전에 기둥이 되게 할" 것이라고 약속하셨는데, 이것은 영원한 영광과 중단됨이 없는 교제의 약속입니다.

2. 세 가지 이름을 기록함.

"내가 하나님의 이름과 새 예루살렘의 이름과 나의 새 이름을 그이 위에 기록하리라." 여기에서 예수 그리스도는 "이기는 자" 자신 위에 세 가지 이름을 기록하실 것을 약속하시는데, 이름을 기록하는 것은 소유권과 가견성(可見性)을 함축합니다.

세 이름 가운데 첫 번째 이름 즉 하나님의 이름은 "이기는 자"가 눈에 보이는 방식으로 하나님의 소유임을 선포합니다. "내가 하나님의 이름을 그이 위에 기록하리라." 어쩌면 이것은 대제사장의 관모(冠帽) 앞에 붙어 있는 여호와의 이름이 기록된 금판(金版)과 관련되는 것일 수 있습니다. 그러나 여기의 기저(基底)에 있는 개념은 앞에서 이야기한 것처럼 완전한 소유권의 개념과 그것이 그의 성품 전면에 눈에 보이는 방식으로 드러난다는 개념입니다.

우리는 어떻게 서로를 소유합니까? 우리는 어떻게 하나님에게 속합니까? 하나님은 어떻게 우리에게 속합니까? 영이 영을 소유하는 유일한 방법은 사랑입니다. 영은, 스스로를 내어주며 실제적으로 순종하도록 이끄는 사랑에 의해, 다른 영을 소유합니다. 구속받은 사람 위에 — 마치 어떤 사람이 자신의 책 위에 자신의 이름을 기록하는 것이나 혹은 농부가 자신의 소와 양의 엉덩이 위에 자신의 소유권을 나타내는 화인(火印)을 찍는 것처럼 — 하나님의 이름이 기록되어 있다면, 그것은 완전한 사랑과 완전한 내어줌과 완전한 순종을 의미합니다. 그리고 그것은 그의 본성 전체가 하나님에 의해 소유될 것을 의미하는 것과 더불어 그가 그 사실을 알고 기뻐하는 것을 의미합니다. 이것은 이 땅에서 시작된 기독교의 관계가 완성되는 것입니다. 우리가 여기에서 스스로를 하나님께 순복시키면서 스스로 자신의 주인이 되고자 하는 모든 어리석은 시도를 버리고 하나님의 자녀의 자유 안으로 들어간다면, 우리는 더 이상 불평하는 것도 없고 거스르는 것도 없는 온전한 내적 순복과 순종의 복된 상태에 도달하게 될 것입니다. 그럴 때 우리는 완전히 하나님의 소유가 될 것입니다. 그럴 때 우리는 완전히 우리 자신을 소유하게 될 것입니다. 바로 이것이 진정으로 복된 상태입니다. "자기의 생명을 사랑하는 자는 잃어버릴 것이요 이 세상에서 자기의 생명을 미워하는 자는 영생하도록 보전하리라"(요 12:25). 이와 같이 하나님의 이름이 우리 위에 기록될 것이며, 그러므로 모든 사람이 그것을 보고 "우리가 누구의 소유이며 누구를 섬기는지" 알게 될 것입니다.

두 번째 이름은 "이기는 자"가 눈에 보이는 방식으로 새 예루살렘에 속하는 사실을 선포합니다. 오늘 우리에게는 "하늘로부터 내려오는 새 예루살렘"이라는 표현과 관련한 많은 문제들을 다룰 만큼의 충분한 시간이 없습니다. 다만 우리는 앞의 사데 교회에 전달된 편지 가운데 제시된 약속을 되돌아보는 것으로 만족해야만 합니다. 거기에는 우리는 "이기는 자의 이름이 생명책에서 결코 지워지지 않을" 것이라는 말씀을 듣습니다(5절). 생명책은 실제로 살아 있는 사람들의 기록부 일뿐만 아니라 시민 명부도 가리킵니다. 여기에서 우리는 동일한 개념이 정반대의 은유로 제시되는 것을 보게 됩니다. 앞에서는 승리자의 이름이 그 도성의 명부에 기록되는 반면, 여기에서는 그 도성의 이름이 승리자의 이마 위에 기록됩니다. 이와 같이 새 예루살렘의 이름이 승리자 위에 기록될 것입니다.

세 가지 이름 가운데 마지막 이름은 "이기는 자"가 눈에 보이는 방식으로 그리스도의 소유가 될 것이라는 사실을 선포합니다. "내가 나의 새 이름을 그이 위에 기록하리라." 계시록 후반부에서 우리는 그리스도 자신 외에는 아무도 알지 못하는 그의 새 이름에 대해 듣게 됩니다. "또 이름 쓴 것 하나가 있으니 자기밖에 아는 자가 없고"(19:12). 그의 새 이름은 무엇을 의미합니까? 그것은 그가 누구인지에 대한 새로운 계시의 총체를 표현하는 것입니다. 그것은 구속받은 자들이 세상을 떠날 때 그들의 영혼을 가득 채울 이름입니다. 그러한 새 이름은 옛 이름을 지우지 않을 것입니다. 하나님은 그렇게 하는 것은 금하십니다! 또 그것은 이 땅에서 시작된 믿음과 순종과 의존의 관계를 폐하지 않을 것입니다. "예수 그리스도는 어제나 오늘이나 영원토록 동일하시니라"(히 13:8). 이 땅에서와 마찬가지로 하늘에서도 그의 이름은 구주 예수입니다. 그러나 그 안에는 이 땅의 모든 불완전함 가운데 살아가는 사람들은 결코 깨달을 수 없는 거대한 심연(深淵)이 있습니다. 우리는 그리스도 안에 담겨 있는 지혜와 지식과 다른 모든 보화들의 깊음을 알 수 없습니다. 그것을 실제로 소유하기 전까지는 말입니다. 이 땅에서 우리는 그의 거대한 영광의 한쪽 가장자리를 살짝 건드릴 뿐입니다. 그러나 하늘에서 우리는 그 영광의 중심을 꿰뚫게 될 것입니다.

그리스도의 새 이름에 대해 아무도 충분히 알지 못합니다. 심지어 그것을 실제로 소유하며 이마 위에 가지고 다닐 때조차 말입니다. 왜냐하면 무한한 하나님이 분명하게 드러난 무한한 그리스도는 심지어 구속받은 우주 전체도 완전하게 이해될 수 없기 때문입니다. 그의 이름은 해처럼 오랫동안 지속될 것이며, 심지어 해가 사라지고 난 후에도 계속해서 빛날 것입니다.

빌라델비아 교회가 작은 능력을 가지고도 자신의 이름을 배반하지 않았을 때, 우리 주님은 그 교회를 향해 "내가 네 위에 나의 새 이름을 기록하리라"라고 말씀하셨습니다. 우리가 하늘의 영광의 중심을 꿰뚫고자 한다면, 우리는 여기에서 그 가장자리로부터 시작해야만 합니다. 그의 새 이름이 우리 이마에 기록되게 하고자 한다면, 우리는 우리의 몸에 주 예수의 흔적을 가져야만 합니다. 마치 소유권의 표시로서 노예의 몸에 찍힌 화인(火印)처럼 말입니다. 그 이름의 능력으로 우리는 이길 수 있습니다. 그리고 우리가 이긴다면, 장차 우리의 이마 위에 그의 이름이 빛날 것입니다. 그것은 우리가 영원히 그의 소유임을 나타내는 표지이면서, 동시에 우리가 계속 그와 같아지게 될 것을 보증하는 증표입니다.

19
라오디게아

"내가 네 행위를 아노니 네가 차지도 아니하고 뜨겁지도 아니하도다 … 그러므로
네가 열심을 내라 회개하라"

계 3:15, 19

바울의 골로새서로부터 우리는 그 교회와 여기의 라오디게아 교회 사이에 매우 밀접한 관계가 있었다는 사실을 배웁니다. 골로새서에 언급되는 아킵보가 라오디게아 교회의 목사 혹은 감독이었다는 추측은 상당한 개연성을 갖습니다. "아킵보에게 이르기를 주 안에서 받은 직분을 삼가 이루라고 하라"(골 4:17). 계시록의 "교회의 사자들"이 정말로 교회를 주관하는 사역자들을 의미하는 것이라면, 여기의 편지의 수신자인 "라오디게아 교회의 사자"가 아킵보였다는 것은 충분히 가능한 추측입니다(14절).

바울이 아킵보에게 보낸 메시지는 "주에서 받은 직분을 삼가 이루라"는 것이었습니다(골 4:17). 그때로부터 30년이 지난 지금 아킵보가 그리스도 자신으로부터 "네가 차지도 않고 뜨겁지도 않도다"라는 메시지를 받았다면, 이것은 한 사람의 그리스도인의 작은 나태함이 점차적 자라 마침내 치명적인 암으로 퍼진 것에 대한 한 가지 명백한 실례(實例)가 될 것입니다. 이것은 우리 모두를 위한 엄중한 교훈입니다.

그것이 아킵보였든 그렇지 않든, "라오디게아 교회의 사자"는 그 교회를

대표하는 대표자로서 언급됩니다. 요컨대 라오디게아 공동체는 아무 일도 행하지 않았습니다. 그 교회는 계속해서 내리막길로 미끄러져 내려갔으며, 예수 그리스도는 그들 가운데 영적인 원리가 작동되는 아무런 표적도 볼 수 없었습니다. 그가 그 교회에 대해 말할 수 있었던 것은 "네가 차지도 아니하고 뜨겁지도 아니하도다"가 전부였습니다(15절).

소아시아 교회들에 보내는 일곱 편지 가운데 첫 번째 편지와 마지막 편지가 공히 교회의 영적 쇠퇴에 대해 이야기하는 것은 매우 주목할 만합니다. 다만 영적 쇠퇴가 첫 번째 교회에서는 싹의 형태였다면, 마지막 교회에서는 그것이 충분하게 펼쳐졌다는 점이 다를 뿐입니다. 에베소 교회는 그래도 많은 일을 행했으므로 주님에게서 따뜻한 칭찬을 받았습니다. 다만 처음 사랑을 버린 것이 문제였습니다(2:4). 반면 라오디게아 교회는 아무 일도 행하지 않았습니다. 슬프게도 영적 쇠퇴가 교회 전체를 뒤덮어 버렸던 것입니다.

사랑하는 친구들이여, 우리는 본문의 엄중한 말씀에서 몇 가지 중요한 교훈을 배워야만 합니다. 오늘 나는 책망의 방식이 아니라 호소의 방식으로 여러분에게 말하고자 합니다.

1. 첫째로, 충성된 증인의 사랑의 책망을 들어 보십시오.

"네가 차지도 아니하고 뜨겁지도 아니하도다"(15절). 감정의 영역에 있어 우리는 명백히 이와 같은 상태에 있습니다. 차거나 뜨겁다는 은유는 느낌(feeling)에 적용됩니다. 예컨대 우리는 뜨거운 느낌, 열정적인 감정, 열렬한 사랑 등과 같은 말을 합니다. 그리고 그 반대쪽에 있는 차가움은 뜨겁게 타오르는 감정의 부재(不在)를 표현합니다.

이와 같이 "차지도 않고 뜨겁지도 않다"는 기독교의 사랑과 거룩함의 열정을 아주 조금밖에 가지고 있지 않은 그리스도인들을 묘사하는 표현입니다.

나아가 이와 같은 형태의 감정은 상당량의 자기만족을 수반합니다. "네가 말하기를 나는 부자라 부요하여 부족한 것이 없다 하나 네 곤고한 것과 가련한 것과 가난한 것과 눈 먼 것과 벌거벗은 것을 알지 못하는도다"(17절). 이것은 정말로 사실입니다. 마비된 팔다리는 고통을 느끼지 못합니다. 차가움의 정도가 강해지면, 차가움을 느끼는 감각이 사라집니다. 신앙적인 감정에 결함이 있음을 나타내는 확실한 표적은 자신에게 무엇인가 문제가 있음을 전혀 의식하지 못하는 것입니다. 여러분이 여기의 말씀이 여러분 자신에게 적용되는 것을 전혀 느끼지 못한다면, 그러한 사실은 여러분이 여기의 경우에 가장 특별하게 적용되는 것을 분명하게 보여 주는 표적입니다. 어떤 사람이 자기만족에 빠져 있다면, 그것은 그가 영적 냉랭함 가운데 있음을 나타내는 명백한 표적입니다. 이와 같이 자기만족은 영적 쇠퇴에 필연적으로 수반되는 증상입니다.

계속해서 이와 같은 뜨거움의 부재는 차라리 차가운 것보다도 더 나쁜 것이라는 사실을 주목하십시오. "네가 차든지 뜨겁든지 하기를 원하노라"(15절). 이것은 "참된 증인"이 홧김에 내뱉은 말이 아닙니다. 그들을 위해 차라리 차가운 것이 더 낫습니다. 왜 그럴까요? 왜냐하면 기독교의 능력이 전달되었음에도 불구하고 아무런 반응도 보이지 않는 사람보다 더 소망 없는 사람은 아무도 없기 때문입니다. 여러분이 차갑다면, 뜨거운 것과 접촉했을 때 불붙을 가능성이 최소한 약간은 있습니다. 그러나 뜨거움과 접촉했음에도 불구하고 아무런 변화도 없다면, 하나님의 병기고에 더 이상 사용할 수 있는 무기가 아무것도 남지 않은 것입니다. 하나님은 마지막 무기를 사용하셨으며, 이제 아무것도 남지 않았습니다. "네가 차든지 뜨겁든지 하기를 원하노라."

사랑하는 친구들이여, 이것이 우리의 상태입니까? 나는 슬픈 마음으로 이것이 오늘날 공적으로 신앙을 고백하는 그리스도인들 가운데 상당 부분의 사람들의 실제적인 상태라고 말하지 않을 수 없습니다. "네가 차지도 아니하고 뜨겁지도 아니하도다." 우리 주위의 기독교적 삶의 표준을 보십시오. 여러분 자신의 마음속을 들여다보십시오. 교회와 세상 사이의 구분선이 얼마나 희미한지 보십시오. 우리 가운데 세속에 물들지 않은 거룩함이 얼마나 조금 나타나는지 생각해 보십시오. 공적으로 신앙을 고백하는 그리스도인들 가운데 너무나 많은 사람들에게 세상의 기준이 곧 그들의 기준이며 세상이 추구하는 삶의 모습이 곧 그들이 추구하는 삶의 모습인 것을 보십시오. 옛 선지자 가운데 한 사람은 이렇게 외쳤습니다. "너희 야곱의 족속아 어찌 이르기를 여호와의 영이 성급하시다 하겠느냐 그의 행위가 이러하시다 하겠느냐"(미 2:7). 오늘날의 교회들을 보십시오. 그것들이 얼마나 미약한지 보십시오. 교회들 가운데 복음이 너무나 느리게 진보(進步)하는 것을 보십시오. 오늘날 대다수 그리스도인들의 낮은 수준의 삶을 보십시오. 그리고 대답해 보십시오. 이것은 모든 것을 변화시키고 소생시키기 위해 오신 성령의 역사(役事)의 결과입니까, 아니면 우리 자신의 이기주의와 세속주의의 결과입니까? 형제들이여, 이 말을 하는 것은 여러분을 정죄하고자 함이 아닙니다. 나는 다만 여러분이 스스로에 대해 이렇게 묻기를 바랄 뿐입니다 — 우리에게 "내가 네 행위를 아노니 네가 차지도 아니하고 뜨겁지도 아니하도다"라고 말씀하시는 "충성되고 참된 증인"의 음성을 우리가 귀를 막고 듣지 않을 것인가?

2. 둘째로, 영적 생명의 미지근함의 몇 가지 원인을 생각해 보도록 합시다.

두말할 필요도 없이 이러한 경향은 우리 모두 안에 있습니다. 한겨울에 난로에서 쇳덩이를 꺼내 그것을 공기 중에 그대로 노출시켜 보십시오. 더 이상 필요한 것은 아무것도 없습니다. 그냥 가만히 내버려 두십시오. 그러면 뜨거운 열기는 급속히 식을 것입니다. 시뻘겋게 달구어졌던 쇳덩이는 금방 시커멓게 변할 것이며, 그 위에 비늘 같은 딱지들이 생길 것입니다. 그리고 머지않아 쇳덩이는 한겨울의 차가운 온도와 똑같이 될 것입니다. 이와 같이 항상 우리의 뜨거움을 식게 만드는 과정이 있습니다. 그러므로 우리의 영적 뜨거움을 계속해서 유지하기 위해서는 뜨거운 난로와 지속적으로 접촉하는 것이 반드시 필요합니다. 그렇지 않으면 우리는 머지않아 우리 주위의 온도와 똑같은 온도로 식게 될 것입니다. 그러나 이것 외에도 우리에게 영향을 끼치는 다른 많은 원인들이 있습니다.

라오디게아는 거대한 상업도시로서 교역의 중심지였습니다. 이러한 사실은 문맥 가운데 나타나는 주님의 훈계의 말씀을 이해하는데 좋은 실마리가 됩니다. "내가 너를 권하노니 내게서 불로 연단한 금을 사서 부요하게 하고"(18절). 오늘날 맨체스터의 삶을 생각해 보십시오. 맨체스터의 수많은 근심거리들과 복잡한 일들과 경제적인 어려움들은 여러분의 기독교인의 생명의 뜨거움을 식게 만드는 두려운 적입니다. 이 세상의 염려와 이 세상의 부요는 모두 "말씀을 막아 결실하지 못하게" 만드는 가시떨기들입니다(마 13:22). 나는 열심히 장사하는 사람들을 비난하지 않습니다. 나는 다만 대부분의 사람들이 장사하는 일에는 마음과 생각과 시간과 힘을 다해 전력하는 반면 영적인 삶에는 아주 조금밖에 그렇게 하지 않는 것을 지적할 뿐입니다. 여러분은 이 시대 맨체스터를 구성하는 대부분의 사람들의 삶 가운데 보이는 것과 보이지 않는 것 사이의 상대적인 중요성이 올바르게 나타난다고 생각합니까?

또 우리 가운데 혹은 우리 주위의 사람들 가운데 널리 퍼진 기독교 진리에 대한 의심은 충분히 비논리적인 것임에도 불구하고 그것을 의심하지 않는 사람들의 뜨거움을 식게 만드는 또 하나의 원인이 됩니다. 이것은 참으로 어리석고 이상한 일이지만, 사실입니다. 주위의 많은 사람들이 우리가 배운 것의 진실성을 부인하거나 최소한 의심할 때, 그것에 대한 우리의 믿음의 생명력과 뜨거움을 유지하는 것은 매우 어려운 일이 됩니다. 그것은 쌀쌀한 안개 속에서 사람이 자신의 체온을 따뜻하게 유지하는 것이 매우 어려운 것과 마찬가지입니다. 이와 같이 오늘날 널리 퍼진 의심의 분위기는 기독교회의 생명력과 활기를 떨어뜨립니다. 이런 분위기 속에서 교회는 자신의 믿음을 굳건히 하는 대신 도리어 의심되는 주제들에 더욱 필사적으로 매달립니다. 그러므로 우리는 오늘날의 이러한 불신앙의 풍조에 굴복하지 않도록 스스로 깨어 경계할 필요가 있습니다.

오늘날 영적 생명의 뜨거움을 식게 만드는 또 하나의 원인은 그리스도인들이 소위 세속적인 일들에 점점 더 많이 착념하는 경향입니다. 오늘날 영국에서 정치계의 지도자들은 대부분 그리스도인입니다. 나는 어떤 그리스도인이 정치계에 투신하는 것을 잘못된 일로 생각하지 않습니다. 그가 자신의 기독교 신앙을 굳게 견지하는 가운데, 선거라든지 혹은 정당을 뒤에서 조종하는 일이라든지 혹은 주님을 위해 일하기보다 "명분"을 위해 일하는 것에 더 많은 관심을 기울이지 않는다면 말입니다. 나는 여러분이 정치계에 많은 관심을 갖는 것에 대해 문제의식을 갖지 않습니다. 그러나 나는 그리스도인들이 과도하게 정치적이 되어 더 중요한 것을 간과하게 되는 것에 대해 큰 문제의식을 갖습니다. 나의 훈계의 말을 잘 새겨들으십시오.

또 문학과 예술과 불신자들이 통상적으로 관심을 갖는 대상들이 우리의 에너지와 열정의 상당 부분을 빼앗아갑니다. 나는 문화를 추호도 헐뜯고 깍아내릴 마음이 없습니다. 다만 내가 말하고자 하는 모든 것은 "너희는 세상의 소금이라"는 것입니다. 여러분이 좋아하는 곳으로 가십시오. 스스로를 모든 종류의 관심 영역과 직업에 던지십시오. 다만 거기에 여러분의 주님을 모시고 가십시오. 그리고 여러분이 세상에 소금이 되지 못한다면, 여러분은 "밖에 버려져 밟힐" 것이라는 사실을 기억하십시오(마 5:13).

지금까지 우리는 오늘날 일반적인 교회들과, 우리 교회와, 교회의 지체로서 여러분 개개인의 영적 생명의 뜨거움을 식게 만드는 몇 가지 원인들을 살펴보았습니다.

3. 셋째로, 열심을 촉구하는 사랑의 부르심을 주목하십시오.

"그러므로 네가 열심을 내라"(19절). 여기에서 "**열심**"이라고 번역된 단어는 문자적으로 "**열기로 끓어오르는**" 것을 의미합니다. 그러므로 여기의 말씀은 뜨거운 열정을 촉구하는 것입니다. 이 세상에서 사람이 감정에 따라 일하는 것보다 더 나쁜 것은 아무것도 없습니다. 조만간 그는 확실하게 재앙에 도달하게 되거나, 그렇지 않으면 위선(僞善)을 비롯한 모든 형태의 악이 은연중 자라게 될 것입니다. 감정을 따라 일하는 것보다 더 나쁜 것이 있다면, 그것은 그렇게 꾸미려고 애쓰는 것입니다. 우리 주님이 여기에서 "그러므로 열심을 내라"라고 말씀하실 때, 우리는 그러한 "열심"이 지식의 결과여야만 한다는 사실을 기억할 필요가 있습니다. 우리가 이성(理性)

에 의해 인도되도록 의도된 이성적인 피조물이라는 사실을 생각할 때, 마음이 머리로부터 독립적으로 움직이는 것은 사람의 전체적인 본질을 망가뜨리는 것입니다. 우리의 "열심"을 안전하고 건전하게 증가시키는 유일한 방법은 진리를 붙잡은 힘을 더욱 증가시키는 것입니다.

그러므로 "열심을 내라"는 훈계의 기초는 우리의 마음을 뜨겁게 만드는 위대한 진리들을 굳게 붙잡고 그것을 계속 묵상하라는 것입니다. 여기의 "그러므로 열심을 내라"는 훈계는 하나의 결과임을 주목하십시오. "**그러므로**" 앞에 무엇이 있는지 보십시오. 거기에 다음과 같은 일련의 권면들이 있습니다. "내가 너를 권하노니 내게서 불로 연단한 금을 사서 부요하게 하고 흰 옷을 사서 입어 벌거벗은 수치를 보이지 않게 하고 안약을 사서 눈에 발라 보게 하라"(18절). 다시 말해서 그리스도 안에 있는 모든 풍성한 진리들 가운데 여러분에게 결핍된 것을 붙잡으라는 것입니다. 진리를 붙잡으십시오. 그러면 그것이 여러분의 마음속에서 열망과 열심의 불을 일으킬 것입니다. "**그러므로** 열심을 내라." 본문을 다시 한번 읽어 보도록 합시다. "무릇 내가 사랑하는 자를 책망하여 징계하노니 그러므로 네가 열심을 내라 회개하라"(19절). 그리스도의 사랑의 마음을 깨달으십시오. 그가 하시는 모든 일은 그의 사랑의 결과이며, 그의 사랑의 나타남입니다. 설령 그의 목소리가 엄중한 어조(語調)를 취하고, 그의 손이 회초리를 들고 임한다 하더라도 말입니다. 그리고 그의 사랑 안으로 깊이 들어가십시오. 그러면 여러분의 마음은 뜨거워질 것입니다. "볼지어다 내가 문 밖에 서서 두드리노니" … "그러므로 열심을 내라." 여기에 나타나는 우리 주님의 오래 참으시는 간절한 호소를 생각해 보십시오. 그토록 오랫동안 문이 잠겨 있었음에도 불구하고, 그는 그 앞을 떠나지 않고 계속해서 문을 두드립니다. 이와 같이 모든 것을 주시는 그리스도, 그의 모든 다루심이 사랑인 그리스도, 잠긴 문 앞에서 호소하고 계시는 그리스도를 생각하십시오. 그리고 그러한 생각이 여러분을 그에게로 이끌게 하십시오. 그러면 여러분의 마음속에서 그에 대한 헌신의 불이 뜨겁게 타오르게 될 것입니다. "**열심을 내라.**" 열심에 불을 붙이는 복음의 위대한 진리들을 깊이 묵상하십시오.

형제들이여, 신앙의 영역에서는 최고의 뜨거움조차도 결코 비이성적인 것이 아닙니다. 어떤 사람이 참된 기독교 신앙을 가지고 있다면, 그의 성결과 열심의 분량에 있어 이성의 요구를 넘어서는 부분은 결코 있을 수 없습니다. 우리는 "종교에 너무 심취해서는 안 돼. 종교의 영역에서는 온건한(sober) 표준을 가져야만 해"라는 말을 종종 듣습니다. 그러나 나는 "온건함"(sobriety)에 대한 정의에 있어 그렇게 말하는 사람들과 생각이 다릅니다. 온건한 표준은 감정(feeling)이 그것의 기초인 사실들(facts)보다 앞서지 않는 표준입니다. 광신(狂信)은 불균형하거나 무지한 감정이며, 빛이 결여된 뜨거움입니다. 온건하며 합리적인 감정은 그것을 불러일으키는 진리들과 상응하는 감정입니다. 어느 정도로 뜨거운 열심과 열정이 그리스도께서 나를 사랑하사 나를 위해 자신을 주신 위대한 진리보다 앞서는지 누가 좀 나에게 말해 줄 수 있겠습니까?

4. 마지막으로, "회개하라"는 새로운 시작으로의 부르심을 주목하십시오.

회개하기 위해서는 먼저 죄를 겸비하게 의식(意識)하고, 자신의 결함을 분명하게 직시하며, 그것을 미워하는 것과 함께, 새롭게 시작하고자 하는 마음과 생각의 결연한 행동과 나의 존재의 경향과 목적의 변화가 있어야만 합니다.

회개는 "지나간 것에 대한 슬픔"과 "옛 페이지를 지우고 새 페이지 위에 새롭게 쓰기 시작하고자 하는 결심"이 혼합된 것입니다. 그리스도인들에게는 이러한 새로운 시작과 새로운 회개가 필요합니다. 애굽에서 돌아온 아브라함이 **"처음에** 제단을 쌓았던" 곳으로 가서 거기에서 다시 희생제사를 드렸던 것처럼 말입니다(창 13:4). 사랑하는 그리스도인들이여, 잘못된 과거의 삶으로 인해 부끄러워하지 마십시오. 과거를 깨뜨려 버리고 새롭게 시작하십시오. 기독교회의 위대한 부흥에 있어 회개가 선행되지 않은 적은 단 한번도 없었습니다. 그리고 회개 이후에는 반드시 그리스도의 무한한 사랑에 대한 기쁨의 확신이 따랐습니다.

오늘날 우리에게 가장 필요한 것이 있다면, 그것은 불같은 성령이 임하여 모든 교회들과 거기에 속한 지체들로서 우리에게 세례를 베푸는 것입니다. 지난 세기의 불신앙을 종식시킨 사람들은 누구였습니까? 그렇게 한 것은 화려한 논증을 펼친 페일리(Paley)였습니까? 그렇지 않으면 뛰어난 책을 저술한 버틀러(Butler)였습니까? 아닙니다. 그렇게 한 것은 존 웨슬리와 휫필드였습니다. 여기에 미생물로 가득한 용액(溶液)이 있습니다. 그것을 열(熱)에 노출시켜 보십시오. 그리고 온도를 높여 보십시오. 그러면 그 안에 있는 모든 미생물들이 죽을 것입니다. 그러면 여러분은 그 용액을 썩지 않는 상태로 100년 이상을 보관할 수 있습니다. 교회의 온도를 높이십시오. 그러면 교회의 생명을 좀먹는 모든 악들이 죽어 바닥에 쌓일 것입니다. 그것들은 뜨거운 곳에서 살 수 없습니다. 그것들이 사는 곳은 차가운 곳입니다.

그러므로 사랑하는 형제들이여, 그리스도의 사랑으로 가까이 다가가십시오. 그 사랑의 빛이 여러분의 얼굴을 비출 때까지 말입니다. 불 위에 놓인 석탄을 생각해 보십시오. 시커먼 석탄이 빨갛게 달구어지면서 그 열기가 우리의 몸속으로 파고 들어오지 않습니까? 그렇게 될 때까지 그리스도의 사랑으로 가까이 다가가십시오. 그의 사랑으로 더 가까이 다가가십시오. 어떤 사람들은 우리를 조롱하며 "저가 귀신이 들려 미쳤도다"라고 말할는지 모릅니다. 그러나 좀 더 나은 분별력을 가진 사람들은 우리를 바라보며 "주의 전을 사모하는 열심이 저를 삼켰도다"라고 말할 것입니다. 그리고 하늘 아버지는 심지어 우리에게도 "이는 나의 사랑하는 아들이라 내가 저를 기뻐하노라"라고 말씀하실 것입니다.

20
미지근한 교회를 향한 그리스도의 권면

"내가 너를 권하노니 내게서 불로 연단한 금을 사서 부요하게 하고 흰 옷을 사서
입어 벌거벗은 수치를 보이지 않게 하고 안약을 사서 눈에 발라 보게 하라"

계 3:18

예수 그리스도는 라오디게아 교회의 영적 상태에 대하여 "네가 차지도
아니하고 뜨겁지도 아니하도다"라는 매우 냉혹한 평가를 내리셨습니다(15
절). 이런 평가를 받은 라오디게아 교회의 지체들은 "권면"보다는 좀 더 엄
중한 것을 예상할 수 있었습니다. 그러나 본문에 사용된 부드러운 권면의
표현에서 우리는 사랑과 긍휼의 세계를 발견합니다. 그는 위협하거나 꾸
짖지 않으셨습니다. 그는 대신 사람들의 마음과 이성(理性)에 말씀하시면
서, 그들에게 두려움을 일으키기보다 친구로서 다가오셨습니다.

일곱 교회에 보내는 편지들이 초대교회로부터 우리 주님이 재림하실 때
까지의 교회의 일련의 상태를 나타내는 것이라는 옛 개념이 있습니다. 그
것이 사실이든 아니든, 최소한 마지막 교회가 가장 저급한 영적 상태 아래
있는 것은 매우 주목할 만한 사실입니다. 그 교회는 "차지도 아니하고 뜨
겁지도 아니한" 채 미지근했습니다. 왜냐하면 그리스도의 영의 뜨거움에
전혀 접촉되지 못했기 때문입니다.

이것은 가장 나쁜 영적 상태입니다. 나아가 라오디게아가 수많은 교회

들 가운데 반복되며 모든 교회에 라오디게아인들이 많이 있다고 말하는 것은 결코 지나친 말이 아닙니다. 우리의 모든 기독교 공동체들은 헌신과 감정과 열정의 뜨거움이 없는 수많은 미지근한 신자들로 인해 힘을 잃습니다. 그들은 교회 전체의 온도를 떨어뜨립니다. 마치 설산(雪山)에서 불어오는 차가운 바람이 평지의 온도를 떨어뜨리는 것처럼 말입니다. 개인들의 상태를 진단하는 것은 나의 몫이 아닙니다. 그러나 오늘날의 만연한 풍조를 주목하는 것은 나의 몫입니다. 그리고 그러한 풍조에 휩쓸릴 것인지 거부할 것인지를 결정하는 것은 여러분의 몫입니다.

오늘 나는 미지근한 교회를 향한 그리스도의 충고를 다루고자 합니다. 그리고 그렇게 함에 있어 나는 우리 주님과 마찬가지로 위협하거나 꾸짖는 대신 권면하고자 합니다.

1. 미지근한 교회에 첫 번째로 필요한 것은 눈을 뜨고 사실을 바라보는 것입니다.

오늘 나는 본문에 나타나는 절(節)들을 순서대로 살피지 않을 것입니다. 왜냐하면 그것들에는 어떤 연속의 개념이 없기 때문입니다. 그렇게 하는 대신 마지막에 나타나는 절을 먼저 살피고자 합니다. 왜냐하면 마지막 것이 먼저 이루어져야 다른 것들도 이루어질 수 있기 때문입니다.

본문이 두 부분으로 나누어지는 것을 주목하십시오. 여기의 "사라"(buy)는 권면은 본문의 마지막 절까지 확장되지 않습니다. 설령 통상적으로 그와 같이 읽힌다 하더라도 말입니다(한글개역개정판에도 마지막 절까지 확장되는 것처럼 되어 있음). 우리 주님은 "금"과 "흰 옷"에 대하여는 "사라"(buy)고 말씀하시는 반면, "안약"에 대하여는 볼 수 있도록 눈에 "바르라"고 말씀하십니다(한글개역개정판에는 "안약을 사서 눈에 발라 보게 하라"라고 되어 있음). 여기의 "안약"이 의미하는 것 역시 다른 것들과 마찬가지로 그리스도로부터 오는 것입니다. 다만 내가 말하고자 하는 요지는 여기의 라오디게아인들이 이미 그 안약을 가지고 있는 것으로서 생각하고 있다는 것입니다. 그들은 그것을 이미 가지고 있으므로 또 다시 살

필요가 없습니다. 다만 그것을 "바르라"고 명령받고 있을 뿐입니다. 나는 이러한 관점을 취할 때 비로소 우리가 여기의 의미를 올바로 이해할 수 있게 될 것이라고 생각합니다.

두말할 필요 없이 "안약을 눈에 발라 보게 하라"는 권면은 그리스도의 눈을 뜨게 하여 보게 하는 역사(役事)와는 별개로 영적 소경의 일반적인 상태를 언급하는 것으로 확장될 수 있습니다. "세상에 와서 각 사람에게 비추는 참 빛"은 우리의 어두워진 눈을 뜨게 하기 위해 세 가지 일을 하십니다(요 1:9). 첫째로 그는 우리에게 바라볼 대상을 나타내시며, 둘째로 우리가 그것을 볼 수 있도록 빛을 주시며, 셋째로 우리에게 그것을 보는 눈을 주십니다. 그는 우리에게 하나님, 불멸, 사람의 본분, 사람들의 참된 상태, 사람들의 참된 소망 등을 보여 주십니다. 그는 우리로부터 우리의 시야를 흐리게 하는 백내장, 멀리 있는 것을 보지 못하게 하는 근시안, 똑바로 바라볼 수 없도록 만드는 사시(斜視) 등을 제거하십니다. 그는 "내가 심판하러 이 세상에 왔으니 보지 못하는 자들을 보게 하려 함이라"라고 말씀하셨습니다(요 9:39). 우리가 눈에 발라야만 하는 안약의 개념에 이와 같이 그리스도의 사역의 빛을 비추는 능력과 특별히 사람들의 영에 거하는 그의 영의 빛을 비추는 능력이 포함될 수 있습니다.

그러나 문맥은 "안약을 바르라"는 권면이 갖는 의미의 범위를 훨씬 더 좁히는 것처럼 보입니다. 왜냐하면 여기의 라오디게아인들은 자신들이 부요하여 부족함이 없다거나 자신들의 영적 상태에 아무 문제가 없다는 자기만족에 도취되어 있었기 때문입니다. 그들은 마치 박쥐들처럼 자신들의 "곤고한 것과 가련한 것과 벌거벗은 것"에 대해 소경이었습니다(17절). 그러므로 우리 주님은 그들에게 이렇게 말씀하십니다. "안약을 눈에 발라 보게 하라. 너희의 참된 상태를 깨달으라. 너희가 나와 온전히 연합되어 있다는 헛된 망상을 품지 말라. 너희와 나를 연결하는 끈은 너무나 약하여 금방이라도 끊어질 것 같도다. 나를 있는 그대로 보라. 그리고 내가 너희에게 나타내는 것들을 있는 그대로 보라. 그러면 너희는 스스로를 있는 그대로 보게 될 것이다."

이로부터 우리는 미지근한 상태에 필연적으로 수반되는 증상이 그러한 사실을 전혀 의식(意識)하지 못하는 것이라는 사실을 발견하게 됩니다. 모든 영역에서 사람이 상태가 더 나빠질수록 그는 그것을 더 모르는 상태가 됩니다. 선한 사람은 자신의 악함을 압니다. 그러나 악한 사람은 자신이 선하다고 생각하며 스스로를 속입니다. 오직 행렬의 선두에 선 사람들만이 주도적으로 앞을 향해 나아갑니다. 느림보들은 항상 행렬 뒤에서 꾸물거리는 것으로 만족합니다. 학문의 영역에서나 덕(德)을 실천하는 영역에서, 사람은 더 높이 올라갈수록 앞에 있는 정상을 더 분명하게 봅니다. 동상(凍傷)에 걸린 사지(四肢)는 아무런 고통도 느끼지 못합니다. 생명이 다시 돌아올 때 비로소 사지는 통증과 따끔거림을 느끼게 됩니다.

여기의 라오디게아인들은 자신의 모든 힘을 음녀에게 팔아버린 옛 삼손과 같았습니다. 그는 음녀의 무릎을 베고 누워 있는 동안 자신의 머리털이 잘리도록 그냥 내버려 두었습니다. 그는 예전처럼 "자기 몸을 떨치기 위해" 나갔지만, 하나님의 영이 이미 자기로부터 떠난 것을 알지 못했습니다(삿 16:20). 그러므로 형제들이여, 자신의 미지근한 영적 상태를 가장 절실하게 느끼며 가장 크게 놀라야 할 필요가 있는 사람은 다름 아닌 그러한 필요성을 가장 적게 인식하는 사람이라는 사실을 기억하십시오. 그에게 "**당신**이 바로 그 사람이라"라는 음성이 임할 때, 틀림없이 그는 가장 크게 놀랄 것입니다. 안약을 눈에 발라 보게 하십시오. 그리고 그리스도께서 보이지 않는 것들 위에 부으신 빛이 여러분의 마음 안으로 들어오게 하십시오. 그러므로 더 이상 "나는 부자라 부요하여 부족함이 없다"고 생각하지 말고, 도리어 자신의 "가난한 것과 눈 먼 것과 벌거벗은 것"을 깨달으십시오.

여기의 권면이 암시하는 또 하나의 개념은 눈 먼 자 스스로 안약을 발라야만 한다는 것입니다. 아무도 그를 대신하여 안약을 발라줄 수 없습니다. 물론 다른 모든 좋은 것들과 마찬가지로 안약 역시 하늘에 계신 그리스도로부터 옵니다. 앞에서 이야기한 것처럼 우리가 여기의 은유의 모든 부분에 특별한 의미를 부여한다면, "안약"은 사람들이 자신의 죄를 깨닫게 하는 성령의 능력일 수 있습니다. 그러나 그것이 무엇이든 간에, 여러분은 그것을 여러분 자신의 손으로 발라야만 합니다. 그것을 오늘날의 평범한 언어로 바꾸면, 그것은 하나님과 인간의 본성과 인간의 본분을 아는 지식의 빛으로 말미암아 스스로를 시험해 보라는 것이 될 것입니다. 우리 조상들은 스스로를 시험하는 것을 그리스도인의 본분 가운데 하나로서 매우 중요하게 여겼습니다.

그러나 오늘날의 세대는 그것을 너무나 **가볍게** 여깁니다. 나는 어떤 사람에게 "당신이 그리스도인인지 아닌지 알기 위해 당신의 마음의 어두운 곳들을 살펴보라"라고 말하지 않을 것입니다. 왜냐하면 그것은 단지 그를 절망으로 이끌 뿐일 것이기 때문입니다. 그렇게 하는 대신 나는 "당신 자신에 대해 외인(外人)이 되지 말라. 하나님의 말씀과 그리스도의 모범의 표준으로 당신 자신을 엄격하게 판단하라.

그리고 '주의 촛불'을 달라고 그분께 간구하라"라고 말할 것입니다. 그러면 그것이 우리 마음의 가장 어둡고 지저분한 곳들을 비추고 거기에 있는 모든 거미줄과 지저분한 쓰레기들을 우리 앞에 나타낼 것입니다. 안약을 바르십시오. 그것은 여러분의 눈을 쓰라리게 할 것입니다. 그렇지만 그러한 쓰라림을 기쁘게 받아들이십시오. 그리고 여러분의 참된 상태를 가리고 있는 헛된 자기만족의 비늘을 벗겨 버리는 것이 여러분에게 유익이라는 사실을 확신하십시오. 그리고 하나님의 빛이 여러분의 영혼의 어둡고 음침한 곳을 비추게 하십시오.

2. 미지근한 교회에 두 번째로 필요한 것은 그리스도께서 주시는 참된 보화입니다.

"내가 너를 권하노니 내게서 불로 연단한 금을 사서." 이러한 말씀이 전달하는 개념은 다양한 방식으로 제시될 수 있습니다. 어쨌든 인간을 위한 유일한 보화는 다름 아닌 하나님을 소유하는 것입니다. 그리스도께서 여기에서 우리에게 사라고 권면하는 금의 의미를 발견하기 위해, 나는 이에 대한 여러 주석가들의 해석을 제시하는 대신 문제의 뿌리 속으로 들어가는 것이 좋다고 생각합니다.

오직 여기의 "금"만이 우리와 같은 가난한 인생들을 참으로 부요하게 만듭니다. 왜냐하면 그것 이외에는 그 어떤 것도 사람의 갈망을 만족시키며 사람의 필요를 충족시키지 못하기 때문입니다. "은을 사랑하는 자는 은으로 만족하지 못하고 풍요를 사랑하는 자는 소득으로 만족하지 아니하나니 이것도 헛되도다"(전 5:10). 그러나 우리가 하나님의 금을 가진다면, 우리는 모든 면에서 부요할 것입니다. 반면 우리가 그것을 갖지 못한다면, 설령 은행에 많은 돈을 쌓아놓고 금고에 금은보화를 감추어 두며 은금으로 가득한 집에서 산다 하더라도, 우리는 가난할 것입니다.

그러한 보화는 어떤 사고(事故)에도 잃어버리지 않습니다. 외적인 사고나 환경에 의해 잃을 수 있는 것은 참으로 나의 소유가 아닙니다. 그러나 하나님을 소유함으로 부요해진 마음의 보화는 그것을 소유한 사람의 존재 자체와 결합되며 그의 본질 안으로 들어옵니다. 그러므로 아무것도 그로부터 그것을 빼앗을 수 없습니다. 좀이나 동록이 해할 수 있는 것, 도둑이 뚫고 들어와 훔쳐갈 수 있는 것, 상거래에서 일어나는 수많은 사고들에 좌우되는 것 — 이런 것들은 사람에게 있어 참된 보화가 아닙니다. 오직 내 안으로 들어와 나의 존재와 하나로 결합되는 것이 — 마치 염료가 옷감과 하나로 결합되는 것처럼 — 나의 참된 보화입니다. 하나님이 바로 그런 보화입니다.

우리의 마른 손이 힘없이 떨어질 때 우리가 가지고 갈 수 있는 유일한 것은 오직 이러한 영구한 보화들뿐입니다. "수의(壽衣)에는 주머니가 없다"는 속담처럼 말입니다. 그러나 하나님을 자기 소유로 삼은 사람은 자기의 모든 보화를 가지고 어둠 속으로 들어갑니다. 반면 피조물을 자기 보화로 삼은 사람에게는 시편 49편 17절 말씀이 그대로 이루어집니다. "그가 죽으매 가져가는 것이 없고 그의 영광이 그를 따라 내려가지 못함이로다." 그러므로 사랑하는 형제들이여, 마음을 열고 여기의 권면에 귀를 기울이십시오. 그리고 예수 그리스도로부터 "불로 연단한 금"을 사십시오.

3. 미지근한 교회에 세 번째로 필요한 것은 그리스도께서 주시는 옷입니다.

"흰 옷을 사서 입어 벌거벗은 수치를 보이지 않게 하고." 그가 사라고 말씀하는 "금"은 대체로 우리의 내적 삶에 적용되는 것인 반면, 그가 입으라고 내미는 "옷"은 대체로 우리의 외적 삶에 적용됩니다. 그것은 우리의 영의 옷을 의미합니다.

구약으로부터 신약에 이르기까지 성경 전체에 걸쳐 "옷의 은유"가 얼마나 자주 사용되는지 생각해 보십시오. 더러운 옷을 입고 하나님 앞에 서 있다가 천사에 의해 그 옷이 벗겨지고 정결한 새 옷으로 갈아입혀진 대제사장과 관련한 스가랴의 환상으로부터, 혼인잔치에 예복을 입지 않고 참석한 사람과 관련한 우리 주님의 비유에 이르기까지 말입니다. 또 바울은 옛 사람을 벗고 새 사람을 입는 은유를 종종 사용합니다. 뿐만 아니라 우리는 여기의 계시록에서도 옷과 관련한 상징이 자주 나타나는 것을 주목할 수 있습니다. 이 모든 것이 이야기하는 것은 우리가 예수 그리스도로부터 그의 완전한 의의 아름다움과 함께 정결하며 빛나는 성품을 받을 수 있다는 것입니다. 여기에서 우리가 옷을 입으라고 명령받고 있는 것이 아니라 그의 손으로부터 옷을 취하라고 명령받고 있는 것을 주목하십시오(한글개역개정판에는 "흰 옷을 사서 입어"라고 되어 있음). 물론 그것을 취하고 난 후에, 우리는 그것을 입어야만 합니다. 이것은 매일의 노력을 함축합니다. 그러므로 여기의 권면에서 우리는 그리스도가 주는 옷을 취하는 "믿음"과 그것을 입는 "노력"이 결합되는 것을 발견할 수 있습니다. 우리는 우리 자신의 베틀로 옷을 만들지 않습니다. 우리는 단지 그 옷을 입을 뿐입니다.

세상에 믿음에 기초하지 않고 의를 찾고자 애쓰는 것보다 더 헛된 것은 아무것도 없습니다. 또 매일의 노력이 수반되지 않는 믿음보다 신약의 참된 정신으로부터 더 멀리 떨어진 것은 아무것도 없습니다. 한편으로 우리는 받는 것으로 만족해야 합니다. 그리고 다른 한편으로 우리는 그것을 독차지하고자 진지하게 힘써야 합니다. 예수 그리스도로부터 흰 옷을 사십시오. 그리고 "구습을 따르는 옛 사람을 벗어 버리고 의와 진리의 거룩함으로 지으심을 받은 새 사람을" 입으십시오(엡 4:22, 24).

4. 마지막으로, 우리가 이 모든 것을 사야만 한다는 사실을 주목하십시오.

"내게서 **사서**." 여기의 "사라"(buy)는 명령은 영원한 생명이 하나님의 **선물**이라는 위대한 진리와 추호도 모순되지 않습니다. "사는" 것과 관련하여 한 선지자는 이렇게 외쳤습니다. "오호라 너희 모든 목마른 자들아 물로 나아오라 돈 없는 자도 오라 너희는 와서 사 먹되 돈 없이, 값 없이 와서 포도주와 젖을 사라"(사 55:1). 또 우리 주님은 보화와 관련한 한 쌍의 비유 속에서 "사는" 것에 대해 말씀하셨습니다. 보화를 발견했을 때, 농부는 가서 자신이 가진 모든 것을 팔아 그 밭을 샀습니다. 또 지극히 값진 진주를 발견했을 때, 진주 장사는 가서 자신이 가진 모든 것을 팔아 그 진주를 샀습니다.

그러면 "우리가 가진 모든 것"은 무엇입니까? 그것은 **자기 자신**입니다. 금과 흰 옷을 사기 위해, 우리는 자기 자신을 포기해야만 합니다. 필요한 유일한 것은 우리가 값으로 지불할 수 있는 무엇인가를 가지고 있다는 자만심을 영원히 버리는 것입니다. 눈이 열린 사람은 자신의 가난하며 벌거 벗은 것을 봅니다. 그와 같이 자신에 대한 모든 신뢰를 버린 사람이 그리스도로부터 금과 흰 옷을 산 사람입니다. 이와 같이 우리가 스스로를 올바르게 평가하면서 믿음의 소극적인 측면인 "자기불신"과 그것의 적극적인 측면인 "그에 대한 절대적인 의존"을 가진다면, 우리가 구하는 모든 것은 결코 헛되지 않을 것입니다. 그는 우리에게 "사라"고 권면하십니다. 우리가 그의 권면을 듣고 그에게로 나아온다면, 그는 우리의 구하는 모든 것을 결코 거절하지 않을 것입니다. "무엇이든지 내게 유익하던 것을 내가 그리스도를 위하여 다 해로 여김은 내 주 그리스도 예수를 아는 지식이 가장 고상하기 때문이라"(빌 3:7, 8). 우리가 열린 눈과 함께 그에게로 간다면, 그는 우리를 그의 "금"으로 부요하게 하고 그의 "흰 옷"으로 옷 입힐 것입니다. "내가 여호와로 말미암아 크게 기뻐하며 내 영혼이 나의 하나님으로 말미암아 즐거워하리니 이는 그가 구원의 옷을 내게 입히시며 공의의 겉

옷을 내게 더하심이 신랑이 사모를 쓰며 신부가 자기 보석으로 단장함 같
게 하셨음이라"(사 61:10).

21
문 밖에 계신 그리스도

"볼지어다 내가 문 밖에 서서 두드리노니 누구든지 내 음성을 듣고 문을 열면 내가 그에게로 들어가 그와 더불어 먹고 그는 나와 더불어 먹으리라"

계 3:20

아마도 여러분의 머릿속에는 여기의 말씀과 관련한 한 화가의 익숙한 그림이 떠오를 것입니다. 그 그림 속에서 우리는 굳게 닫힌 문과, 녹슨 경첩과, 무성하게 자란 잡초들을 봅니다. 그 모든 것들은 우리에게 그 문이 얼마나 오랫동안 닫혀 있었는지 말해 줍니다. 거기에서 어둠과 밤이슬 가운데 인자가 한 손으로 등을 든 채 다른 손으로 문을 두드리고 계십니다. 그의 얼굴에는 사랑과 긍휼이 가득하지만, 그는 사람들에게 거절당한 채 집 밖에 서 계십니다.

그러나 그 그림은 본문 앞부분에서 멈춥니다. 뒷부분의 말씀은 앞부분의 말씀만큼이나 놀랍습니다. "내가 그에게로 들어가 그와 더불어 먹고 그는 나와 더불어 먹으리라." 세상에 이러한 말씀보다 더 놀라운 말씀이 무엇이겠습니까? 오늘 나는 여러분과 함께 여기의 말씀과 관련한 세 가지 주제를 살피고자 합니다. 그것은 첫째로 문을 열라는 간청과, 둘째로 문을 여는 것과, 셋째로 들어가 함께 만찬을 나누는 것입니다.

1. 첫째로, 문을 열라는 간절한 호소를 생각해 보십시오.

본문의 의미에 대해서는 가장 짤막한 설명만으로도 충분할 것입니다. 문을 두드리는 자는 누구입니까? 승귀(昇貴)되신 그리스도입니다. 문은 무엇입니까? 사람의 닫힌 마음입니다. 그리스도가 원하는 것은 무엇입니까? 들어가는 것입니다. 그가 문을 두드리는 것과 그의 음성은 무엇입니까? 우리의 마음을 그에게 순복시키도록 이끄는 모든 섭리이며, 그의 영의 모든 역사(役事)이며, 기록된 혹은 말하여진 말씀의 직접적인 초청입니다. 이것이 본문의 의미에 대한 가장 짤막한 설명입니다.

여기에 세상의 모든 사람들에게 적용되지만, 그리스도의 복음의 메시지와 그의 은혜의 계시 안에 사는 우리들에게 보다 더 특별하게 적용되는, 보편적인 진리의 계시가 있습니다. 물론 본문은 일차적으로 라오디게아 교회의 미지근한 신자들에게 말한 것입니다. 그러나 본문은 그러한 경계를 훨씬 더 뛰어넘습니다. 본문 가운데 나타나는 "누구든지"는 여기의 초청의 말씀이 인류 전체까지 확장되는 것을 분명하게 보여 줍니다. 그러므로 우리는 닫힌 마음이 있는 곳마다 문을 두드리는 그리스도가 계시며 모든 사람이 그의 빛의 비침을 받는 것을 믿을 수 있습니다.

나는 이에 대해 길게 설명하고자 하지 않습니다. 다만 나는 이러한 보편적인 사실이 우리 각자에게 다음과 같은 메시지와 함께 임하는 것을 강조하고 싶습니다. "이 말씀은 그대에게 사실이로다. 그대의 마음의 문 앞에 예수 그리스도께서 서 계시며, 그의 따뜻한 손이 그 문을 두드리고 계시도다. 그대의 닫힌 마음의 틈 사이로 그의 빛이 비취지 않으며, 그대의 귀에 '문을 열라'는 그의 간절한 음성이 들리지 않는가?" 여기에서 큰 자와 작은 자, 높은 자와 낮은 자, 주는 자와 받는 자, 신의 존귀를 가진 자와 보잘것 없는 피조물에 불과한 자 사이의 태도가 뒤바뀌어 있는 것을 주목해 보십시오. 이 땅에 계실 때 예수 그리스도는 "문을 두드리라 그리하면 너희에게 열릴 것이라"라고 말씀하셨습니다. 그러나 여기에서 그는 기꺼이 구하는 자의 자리를 취하십니다. 그는 우리 앞에 서서 우리에게 간청하고 계시며, 우리는 그가 우리를 축복하고 우리에 들어와 우리에게 안식을 주도록 허락합니다.

그러므로 여기에서 우리는 보편적인 사실의 계시뿐만 아니라 우리 각자에 대한 그리스도의 간절한 사랑의 가장 따뜻하며 감동적인 계시를 발견합니다. 자신이 들어갈 수 있도록 마음을 열기를 간절히 바라는 이런 마음을 여러분은 무엇이라고 부릅니까? 사람들 사이에서 그런 마음을 발견할 때, 우리는 그것을 사랑이라고 부릅니다. 그것이 예수 그리스도 안에서 발견되는 것처럼 무한으로 승화될 때에도, 그것은 같은 이름으로 불립니다. 그것은 보편적이면서 동시에 각 사람들에게 개별적으로 향합니다. 그가 우리를 필요로 하는 것이 정말로 사실이라면, 그의 마음 가운데 나에 대한 그의 관계 그리고 그에 대한 나의 관계와 관련한 간절한 바람이 있는 것이 정말로 사실이라면, 우리 각자는 그 사랑에 의해 붙잡힙니다. 그 사랑은 우리의 인간적인 사랑과 같은 종류의 사랑입니다. 다만 그 모든 약함이 완전하게 되고 정결하게 된 사랑입니다.

우리는 종종 우리 각자에 대한 예수 그리스도의 사랑을 별 감동 없이 무미건조하게 말하곤 합니다. 믿노라고 고백함에도 불구하고 실제로 그 안에 믿음이 담겨 있지 않은 경우가 종종 있습니다. 그리스도가 우리를 사랑한다는 설교를 들을 때, 여러분 모두는 그것이 사실임을 기꺼이 받아들일 준비가 되어 있을 것입니다. 그렇지만 여러분은 그것을 깨닫고자 노력해 본 적이 있습니까? 여러분은 그것의 놀라움과 달콤함이 여러분 안으로 침투해 들어와 여러분의 존재 전체를 변화시키도록 그것을 여러분의 마음에 깊이 새깁니까? 나의 보잘것없는 말에 귀 기울이지 말고, 그의 무한히 달콤하며 온유한 음성에 귀 기울이십시오. 그가 말씀하실 때, 마치 여러분의 눈이 그것을 알아보기 위해 뜨일 필요가 있는 것처럼 그렇게 귀 기울이십시오. "**볼지어다** 내가 문 밖에 서서 두드리노니." 사랑하는 친구들이여, 여기의 말씀 가운데 무한한 인내와 오래 참으심이 나타나는 것을 주목하십시오. 그 문은 오랫동안 닫혀 있었습니다. 여러분과 나는, 마치 일어나 손님을 맞이하기를 귀찮아하는 어떤 게으른 종처럼, 우리가 문 두드리는 소리에 응답하지 않으면 두드리는 자는 결국 제풀에 지쳐 가버릴 것이라고 생각했습니다. 그러나 우리는 그리스도의 사랑의 무한한 인내를 오산(誤

算)했습니다. 거절당함에도 불구하고 그는 그대로 머물러 계십니다. 쫓겨
남에도 불구하고 그는 다시 돌아오십니다. 그리스도께서 이와 같이 자신
들의 마음 가운데 들어오기를 간절히 바라는 것을 뻔히 알면서도 스스로
마음을 모질게 먹으면서 죄와 정욕과 세속주의에 빠져 그것을 외면하는
사람들이 얼마나 많습니까! 그러나 오래 참으시는 주님은 그러한 거절과
외면에도 불구하고 또 다시 그들에게 나타나십니다. 마치 그들이 잃어버
리기에는 너무나 소중한 존재들인 양. 그는 그들의 영혼을 간절히 사모하
며 찾으십니다. 그들에게 여전히 그의 음성을 들을 수 있는 기회가 있는
한 말입니다. 그리스도의 이 같은 놀랄 만한 인내와 오래 참으심 앞에 우
리 모두는 감사와 회개로 머리를 숙이지 않을 수 없습니다. 사랑하는 친구
들이여, 그가 얼마나 자주 여러분의 마음의 문을 두드렸습니까? 여러분은
얼마나 자주 그러한 부르심을 무시하며 외면했습니까? 그러한 무시와 외
면에도 불구하고 그의 사랑이 또 다시 여러분에게 나타나는 것은 얼마나
큰 긍휼입니까? 욕심을 좇는 삶과, 세상일에 분주함과, 자아의 속삭임 등
으로 너무나 오랫동안 여러분은 그의 음성을 외면해 왔습니다. 그럼에도
불구하고 그는 심지어 나의 보잘것없는 설교를 통해서조차 또 다시 여러
분에게 호소합니다.

이같은 그리스도의 문 두드리심이 실제로 우리의 삶 가운데 나타날 때,
우리는 그것의 의미를 종종 오해하곤 합니다. 여러분의 인생길을 어둡게
하고 여러분의 마음을 피 흘리게 만들었던 슬픈 일들을 생각해 보십시오.
그것이 문을 두드리는 그리스도의 손이 아니면 무엇이겠습니까? 매일 같
이 여러분의 삶 가운데 부어지는 축복들을 생각해 보십시오. 그러한 축복
들이 여러분에게 "하나님의 모든 자비하심으로 권하노니 너희 몸을 하나
님이 기뻐하시는 거룩한 산 제물로 드리라"라고 말하지 않습니까?(롬
12:1). 그리스도에서 안식을 발견하지 못한 모든 사람들의 발걸음을 따라
다니는 불안을 생각해 보십시오. 그것이 그리스도께서 굳게 닫힌 문을 두
드리는 것이 아니면 무엇이겠습니까? 양심을 찌르는 고통, 영의 움직임,
사역자들의 입술을 통한 그의 말씀의 분명한 선포 — 이 모든 것이 그가

우리에게 호소하는 것이 아니면 무엇이겠습니까? 이것이 기쁨과 슬픔, 얻는 것과 잃은 것, 성취된 소망과 좌절된 소망의 가장 깊은 의미입니다. 또 이것이 우리 모두에게 임하는 양심의 찌르는 고통의 의미입니다. "볼지어다 내가 문 밖에 서서 두드리노니." 우리가 모든 삶이 그리스도에 의해 인도되는 것과 그러한 그리스도의 인도하심이 그가 우리 마음 안으로 들어오고자 하는 간절한 열망에 의해 인도되는 것을 더 잘 이해한다면, 우리는 우리의 축복들을 더 잘 이해하며 우리의 슬픔들에 대해 덜 놀라게 될 것입니다.

성소(聖所) 앞에서 잠자고 있던 소년 사무엘은 자신을 부르는 하나님의 음성을 들었습니다. 그러나 그는 그것이 단지 연로한 엘리 제사장의 음성일 뿐이라고 생각했습니다. 우리 역시도 종종 비슷한 실수를 합니다. 왜냐하면 우리 역시도 종종 그리스도 자신의 말씀과 사람들의 말을 혼동하기 때문입니다. 여러분에게 호소하는 자가 누구인지 깨달으십시오. 그리스도께서 말씀하실 때 엘리 제사장이 부르고 있다고 착각하지 말고 "주여 말씀하옵소서 종이 듣겠나이다!"라고 말하십시오. "문들아 너희 머리를 들지어다 영원한 문들아 들릴지어다 영광의 왕이 들어가시리로다"(시 24:7).

2. 둘째로, 문을 여는 것에 대해 생각해 보도록 합시다.

앞에서 이야기한 것처럼, 여기의 "누구든지 문을 열면"이라는 구절 속에 보편적이며 광범위한 약속이 있음은 길게 설명할 필요조차 없는 명백한 사실입니다. 다만 여기에서 우리는 여기의 표현을 따를 때 "그 문"의 외부에는 손잡이가 없다는 사실을 주목할 필요가 있습니다. 그 문은 오직 내부로부터만 열 수 있을 뿐입니다. 이러한 은유가 의미하는 것은 그리스도께서 들어오시도록 문을 열 수 있는 것은 오직 당신 자신뿐이라는 사실입니다. 사랑하는 형제여, 하나님의 은혜의 말씀을 받아들이거나 배척하는 모든 책임은 당신 자신에게 있습니다.

나는 이것을 가지고 신학적인 논쟁을 벌이지 않을 것입니다. 나는 다만 양심에 호소하고자 합니다. 매 순간 우리의 마음이 예수 그리스도를 믿는 믿음을 통한 구원의 초청과 접촉할 때, 그가 들어올 수 있도록 문을 열 수 있는 것은 **우리 자신**뿐이라는 사실을 우리 모두가 알지 않습니까? 우리 자신 외에는 아무도 그 문을 걸어 잠글 수 없습니다. 그리스도는 "너희가 영생을 얻기 위하여 내게 오기를 원하지 아니하는도다"라고 말씀하셨습니다(요 5:40). 실제로 사람들은 그 문이 열리지 않도록 문 앞에 산더미 같은 쓰레기를 쌓습니다. 쓰레기를 쌓은 것은 그들이었습니다. 문이 녹슬어 움직이지 않는다면, 그것은 전적으로 그들 자신의 책임입니다. 문 앞에 쓰레기가 잔뜩 쌓여 문이 열릴 수 있을 만한 공간이 없다면, 그것은 전적으로 그들 자신의 책임입니다. 예수 그리스도는 문을 두드릴 뿐, 부술 수는 없습니다. 그가 가져오는 것을 받기로 결정하거나 혹은 거절하기로 결정하는 것은 전적으로 당신 자신에게 달려 있습니다.

그 문은 닫혀 있습니다. 당신 편에서의 문을 여는 분명한 행동이 없다면, 그 문은 열리지 않을 것입니다. 그러므로 아무 일도 행하지 않는 채 가만히 있는 것은 당신의 구주께서 밖에 있도록 내버려 두는 것입니다. 바로 이것이 그를 놓치는 대부분의 사람들이 그를 놓치는 방법입니다.

나는 문이 열리지 않도록 안에서 문고리를 힘껏 잡아당기는 분명한 행동을 실제로 행하는 사람은 그리 많지 않을 것이라고 생각합니다. 도리어 실내에 앉아 문 두드리는 소리를 들으면서도 팔짱을 낀 채 아무 일도 하지 않는 사람들이 대부분일 것입니다. 아! 형제들이여, 아무 일도 하지 않는 것이 가장 두려운 일입니다. 왜냐하면 그것은 그리스도의 면전(面前)에서 문이 계속 닫혀 있도록 지키는 것이기 때문입니다. 열렬한 적의(敵意)와 반감은 필요치 않습니다. 격렬한 배척이나 그의 진리와 그의 약속들을 지적(知的)으로 부인하는 것 따위도 필요치 않습니다. 여러분이 스스로를 멸망시키기를 원한다면, 여러분은 단순히 아무 일도 하지 않으면 됩니다. 그러면 모든 끔찍한 결과들이 필연적으로 따를 것입니다.

여러분은 "그렇지만 그것은 단순한 은유에 불과하지 않습니까?"라고 반문합니다. 그러면 명백한 사실들을 생각해 보도록 합시다. 여러분은 내가 무엇을 하기를 원합니까? 나는 여러분이 여러분과 나를 포함한 온 세상의 죄를 담당하기 위해 십자가 위에서 죽으신 무한한 사랑의 주님의 메시지에 귀를 기울이기를 원합니다. 오직 그만이, 단순한 믿음으로 얻고 거룩한 순종으로 지키는, 영원한 생명의 선물을 주실 수 있습니다. 그가 들어오는 조건은 그를 여러분의 영혼의 구주로서 믿는 단순한 믿음입니다. 그것이 문을 여는 것입니다. 여러분이 그렇게 한다면, 그는 여러분 안으로 들어올 것입니다. 마치 창문을 열면 따뜻한 햇살이 들어오는 것처럼, 그리고 수문을 열면 수정 같은 강물이 흘러들어오는 것처럼 말입니다. 이제 그는 더 이상 불신앙과 강퍅한 의지(意志)에 의해 차단되어 있지 않습니다.

3. 마지막으로, 그가 들어와 우리와 함께 만찬을 나누는 것을 생각해 보도록 합시다.

본문은 은유입니다. 그러나 "누구든지 내 음성을 듣고 문을 열면 내가 그에게로 들어가 그와 더불어 먹고 그는 나와 더불어 먹으리라"는 은유가 아니라 복음의 심장이며 핵심입니다. 내가 그에게로 들어갈 것이라. 내가 그 안에 거할 것이라. 내가 그의 존재와 실제적으로 연합할 것이라. 나의 영과 그의 영이 하나가 될 것이라. 아마도 여러분은 이것이 보통사람들이 이해하기에는 너무나 난해하며 심오한 개념이라고 생각할 것입니다. 그러나 나는 하늘에 계신 하나님의 아들 예수 그리스도가 자기를 사랑하며 신뢰하는 백성들의 영 안에 실제적으로 내주하는 것보다 더 확실하며 단순한 사실은 세상 전체에 아무것도 없다고 믿습니다. 그가 자신의 충만과 함께 우리 안으로 들어오실 것이라는 것, 그가 자신의 의와 함께 우리의 죄성(罪性) 안으로 들어오실 것이라는 것, 그가 자신의 영원한 생명과 함께 우리의 사망 안으로 들어오실 것이라는 것, 그가 우리에 계시며 우리가 그 안에 있는 것으로 우리가 영원한 생명과 충만과 정결함을 얻을 것이라는 것 — 이러한 것들은 내가 여러분에게 전파해야만 하는 복음의 핵심들입니다. 이와 같이 본문의 놀라운 은유 속에 복음의 핵심이 담겨 있는 사실을 기억하십시오. 그것은 예수 그리스도가 여러분과 나와 같은 보잘것없는 죄인들의 마음속에 내주하신다는 사실입니다.

그리스도는 그러한 사실을 "내가 그에게로 들어가 그와 더불어 먹고 그는 나와 더불어 먹으리라"라는 놀라운 약속의 말씀으로 제시합니다. 주님은 자신과 우리 사이의 가장 친밀하며 복된 교제의 사실을 너무나 감동적이며 사랑으로 가득 찬 언어로 말씀하십니다. 그와의 교제는 우리의 모든 삶을 그와 더불어 나누는 만찬으로 만듭니다. 우리는 지금 이 말을 하는 사람이 누구인지 압니다. 그는 주님의 품에 기대어 만찬을 함께 나누는 것의 고요함과 복됨과 평온함을 가장 잘 아는 제자였습니다. "내가 그에게로 들어가 그와 더불어 먹고 그는 나와 더불어 먹으리라"라고 쓸 때, 아마도 요한은 쓴 나물에도 불구하고 이상한 기쁨과 평화가 가득했던 그 다락방을 생각했을 것입니다. 그것의 사실 여부와 상관없이 어쨌든 우리는 여기에서, 우리가 믿음으로 마음의 문을 열고 예수 그리스도가 들어오시게 한다면 우리의 것이 될, 사랑의 교제와 고요한 안식과 절대적인 만족의 가능성을 제시하는 그림을 볼 수 있지 않습니까?

특별히 여기에서 그가 손님으로서 오시는 것을 주목하십시오. "내가 그에게로 들어가 그와 더불어 먹고." 이 땅에 계실 때 그는 사마리아 여자가 주는 물을 기쁘게 받으셨습니다. 또 베다니의 한 마을에서 죽음으로부터 다시 살아난 나사로와 함께 마르다가 공궤하는 음식과 마리아가 향유를 붓는 것을 기쁘게 받으셨습니다. 그와 같이 우리가 그의 식탁에 놓는 보잘것없는 음식들은 그를 기쁘게 하기에 너무나 작고 초라한 것이 결코 아닙니다. 만왕의 왕은 양치기들의 허름한 움막에서 만찬을 벌입니다. "내가 그에게로 들어가 그와 더불어 먹고." 우리가 드리는 음식에 작으나마 사랑이 담겨 있다면, 그것은 결코 그에게 드리기에 합당치 못한 음식이 될 수 없습니다. 도리어 그것은 그를 기쁘게 하는 것이 될 것이며, 그는 즐겁게 그 식탁에 참여할 것입니다. "뭇 사람이 보고 수군거려 이르되 저가 죄인의 집에 유하러 들어갔도다 하더라"(눅 19:7).

나아가 예수 그리스도는 자신을 손님으로 영접하는 곳에서 주인의 자리를 취합니다. "내가 그와 더불어 먹고 **그는 나와 더불어 먹으리라.**" 여러분은 부활 후 엠마오로 가던 두 제자가 미지의 동행자에게 자신들과 함께 들어가 유하자고 간청하면서 음식을 대접하고자 했던 것을 기억할 것입니다. 그때 부활하신 주님은 그들의 간청을 들으시고 그들과 함께 들어가, 식탁의 상석에 앉으시고, 떡을 축사하시고 그들에게 떼어 주셨습니다. 또 여러분은 그의 사역 초기에 그가 혼인 잔치에 보통 손님으로 초청받았을 때 포도주가 떨어진 것을 보고 물로 포도주를 만드는 기적을 행하셨던 것을 기억할 것입니다. 보잘것없는 인생이 마음 문을 열고 "주여, 들어오소서. 나의 최고의 것을 드리나이다"라고 말할 때, 예수 그리스도는 그 사람에게 들어오셔서 자신의 최고의 것을 주십니다. 그는 아무에게도 빚지지 않습니다. 그는 각 사람에게서 가장 보잘것없는 것을 받으시고, 각 사람에게 가장 부요한 것을 주십니다. 그는 손님이면서 동시에 주인입니다. 그리고 그가 우리로부터 받는 것은 그가 먼저 우리에게 주신 것입니다.

본문의 약속은 마음의 문이 열릴 때 즉시로 성취됩니다. 비록 그것이 하늘에서의 완전한 성취의 그림자와 예언에 불과할 뿐이라고 하더라도 말입니다. 지금 여기에서 그리스도와 우리는 함께 앉을 수 있습니다. 그러나 만찬은, 허리에 띠를 띠고 손에 지팡이를 잡고 먹었고 그 앞에 홍해와 광야가 기다리고 있었던, 유월절과 같을 것입니다. 그러나 더 완전한 형태의 만찬이 있을 것입니다. 우리는 그러한 만찬과 아주 유사한 것을 밤새 고기를 잡느라 피곤에 지친 어부들이 주님과 더불어 나누었던 만찬에서 발견할 수 있습니다. 그때 주님은 바닷가에 서서 그들을 부르셨고, 그들은 새벽 미명의 어슴푸레함 속에서 그를 알아보았습니다. 그들은 허둥대며 그가 계신 곳으로 달려갔습니다. 거기에 숯불이 준비되어 있었으며, 주님은 떡과 함께 그들이 잡은 생선을 그 위에 올려놓았습니다. 그 식사는 부분적으로 주님 자신의 손에 의해 준비되었으며, 또 부분적으로 그들의 손에 의해 준비되었습니다. 그리고 주님은 그들에게 "와서 먹으라"고 말씀하셨습니다(요 21:12). 이와 같이 예수 그리스도는 그의 나라에서 그의 종들을 위해 식탁을 차리실 것입니다. 거기에 그들이 행한 일들이 그들을 따를 것이며, 주님과 그들은 영원히 함께 앉아 하늘의 살진 것을 즐길 것입니다. "그들이 주의 집에 있는 살진 것으로 풍족할 것이라"(시 36:8).

여러분에게 간절히 당부하노니, 부디 나의 보잘것없는 목소리에 귀 기울이지 말고 나를 통해 말씀하시는 그의 목소리에 귀 기울이십시오. 그가 문을 두드릴 때, 문을 여십시오. 그러면 그가 들어오실 것입니다. "사람이 나를 사랑하면 내 말을 지키리니 내 아버지께서 그를 사랑하실 것이요 우리가 그에게 가서 거처를 그와 함께 하리라"(요 14:23).

22
이기는 자의 왕권(Ⅶ)

"이기는 그에게는 내가 내 보좌에 함께 앉게 하여 주기를 내가 이기고 아버지 보좌
에 함께 앉은 것과 같이 하리라"

계 3:21

라오디게아 교회는 기독교의 성품 가운데 가장 저급한 부분을 다룹니다. 거기에는 이단이 없었습니다. 그렇지만 그것은 그 교회가 진리를 굳게 붙잡고 있었기 때문이 아니라, 이단이 생겨날 수 있을 정도의 충분한 뜨거움조차 없었기 때문입니다. 또 그 교회에는 특별히 눈에 두드러지는 악도 없었습니다. 그러나 라오디게아 교회에는 많은 악들보다도 더 치명적인 것이 있었습니다. 그것은 영적 생명의 뜨거움이 없었음에도 불구하고 부요하여 부족함이 없다는 스스로에 대한 과대평가였습니다. 둘은 일반적으로 함께 가는 경향이 있으며, 그럴 때 교회는 가장 치명적인 상태가 됩니다. 바로 이것이 오늘날 상당수 교회들의 현실입니다.

주님은 이러한 라오디게아 교회를 가장 통렬하게 책망하셨습니다. 심각한 질병일수록 철저한 치료가 필요한 법입니다. 그러나 주님은 가장 통렬한 책망과 함께 가장 큰 약속을 주십니다. 라오디게아 교회의 상태가 그토록 나쁘다면, 그러한 상태를 극복하고자 하는 노력은 그 만큼 더 클 것이기 때문에 결과적으로 상급은 더 클 것입니다. 가장 합당치 못한 자가 가장 존귀한 자리로 높여질 수 있습니다. 일곱 개의 약속들 가운데 여기의

절정의 약속이 주어진 것은 박해를 이긴 서머나 교회의 승리자들도 아니었고, 이단을 극복한 두아디라 교회의 승리자들도 아니었으며, 심지어 아무 흠도 없었던 빌라델비아 교회도 아니었습니다. 여기의 절정의 약속은 미지근한 영적 분위기 가운데 헌신의 뜨거움을 굳게 지켰던 라오디게아 교회의 충성된 자들에게 주어졌습니다.

다른 모든 교회들에서 예수 그리스도는 선물을 주는 자로서 나타납니다. 반면 여기에서 그는 주는 자일 뿐만 아니라 그 자신이 그것에 참여하는 자로도 나타납니다. 본문에 대해서는 굳이 긴 설명이 필요치 않습니다. 여기의 말씀 속에서 인자(人子)처럼 보이는 어떤 빛나는 형상이 광채 가운데 움직이고 있는 것 같습니다. 어쩌면 나의 말은 여기의 위대한 약속을 단지 희석시키며 약화시킬 뿐일는지 모릅니다. 그렇지만 그것은 여기의 약속에 대한 여러분의 생각을 잠깐 동안이라도 새롭게 환기시키는데 도움이 될 것입니다. 오늘 나는 여러분과 함께 본문 속에 하나로 묶여 있는 두 가지 큰 개념을 순서를 바꾸어 살펴보고자 합니다.

1. 첫째로, 대장(大將)의 승리와 왕의 안식을 생각해 봅시다.

"내가 이기고 아버지 보좌에 함께 앉은 것과 같이 하리라." 본문 가운데 가장 두드러진 구절은 전반절과 후반절을 연결하는 "같이 하리라"(even as I also)라는 구절입니다. 대장은 병사들 가운데 자신의 자리를 취하시며, 이를테면 가장 계급이 낮은 병사처럼 소총을 어깨에 메십니다. 예수 그리스도는 스스로를 우리 앞에 전쟁의 모범으로서, 그리고 승리와 성급의 보증으로서 나타내십니다. 이제 여기에 나타나는 두 가지 위대한 개념 즉 우리 주님이 우리의 싸움에서 스스로를 우리와 동일시하는 개념과 우리가 그의 승리에서 그와 동일시되는 개념을 잠깐 살펴보도록 합시다.

전자와 관련하여, 우리는 예수 그리스도 자신이 일곱 교회를 향한 말씀 가운데 여기의 마지막 말씀에서 자신의 지상 생애를 되돌아보며 그것을 참된 싸움으로 간주하는 것을 주목할 필요가 있습니다. 여러분은 십자가 수난 전날 겟세마네 동산으로 가기 직전에 다락방의 엄숙한 분위기 속에서 우리 주님이 "내가 세상을 이겼노라"라고 말씀하신 것을 기억할 것입니다. 그러므로 본문의 "내가 이기고"는 다락방에서의 그와 같은 승리의 선언의 반향(反響)입니다. 여기에서 우리 주님은 그러한 승리를 되돌아보는 가운데 그 모든 것을 하나의 과거의 사실로서 "내가 이기고"라고 말씀하십니다.

형제들이여, 정통적인 그리스도인들은 종종 이 땅에서의 그리스도의 싸움을 마치 그것이 모조품(sham)과 같은 싸움인 양 생각하는 경향이 있습니다. 그러나 어떤 신학 이론도 결코 예수 그리스도께서 실제적으로 싸우시고 또 승리를 거두셨다는 개념을 약화시켜서는 안 됩니다. 광야의 유혹을 생각해 보십시오. 거기에서 마귀는 육체가 필요로 하는 것과 마음이 바라는 것을 우리 주님의 순종과 순복의 확고한 의지(意志)를 공격하는 무기로 활용했습니다. 그리고 그와 같은 종류의 유혹은 그의 공생애 전체를 통해 계속 반복되었습니다. 우리는 예수 그리스도가 본성적으로 무죄하셨음을 믿습니다. 또 우리는 유혹이 그리스도 안에서 자신의 불을 붙일 수 있는 어떤 가연물(可燃物)도 발견할 수 없었음을 믿습니다. 그러나 우리는 그가 피와 살을 취하시고 인성(人性)의 한계 안으로 들어오신 사실을 고려할 필요가 있습니다. 그러므로 그는 무죄함에도 불구하고 여전히 유혹당할 수 있었습니다. 그의 의는 여전히 공격을 당할 수 있었으며, 그의 순복은 때때로 시험의 대상이 될 수 있었습니다. 우리는 그가 "죄를 범하지 아니하시고 그 입에 거짓이 없으셨음을" 믿습니다(벧전 2:22). 그럼에도 불구하고 그는 선한 싸움을 싸우셨습니다. 그는 자신이 대장인 군대의 한 병사였던 것입니다. 그는 믿음의 영웅들의 긴 행렬의 대장이며 지도자입니다. 또 그는 그 자신의 믿음이 추호의 흔들림 없이 완전했다는 측면에서 믿음을 "온전케 하는 자"입니다.

나아가 이러한 자기비하(自己卑下)의 동일시로부터, 우리는 그의 생애가 얼마나 위대한 승리의 생애였는지 배울 수 있습니다. "내가 이기고." 그는 승리하셨습니다. 그러나 세상의 관점에서 볼 때, 그는 완전한 패자였습니다. 그의 말에 마음을 열고 귀 기울여 듣는 사람은 그렇게 많지 않았습니다. 그는 오해를 당하며, 배척을 당했습니다. 그는 궁핍한 삶을 살았습니다. 그는 젊은 나이에 폭력적인 죽임을 당해 죽었습니다. 그는 그 세대의 모든 교회 지도자들에 의해 신성모독자로서 정죄를 당했으며, 군병들로부터 침 뱉음을 당했으며, 죽음 이후에도 대부분의 사람들에게 저주받은 이름이 되었습니다. 이것이 승리입니까? 정말로 그렇습니까? 정말로 그렇다면, 우리는 승리에 대한 우리의 개념을 정반대로 바꾸어야만 할 것입니다. 머리 둘 곳조차 없을 정도로 궁핍한 삶을 살고 폭력적인 죽음을 당하고 미친 사람으로 오해받았던 그가 정말로 승리자라면, 승리에 대한 우리의 개념은 아주 많이 어그러져 있는 셈이 될 것입니다.

나는 그리스도의 승리의 실제성뿐만 아니라 그것의 완전성에 대해서도 굳이 길게 이야기할 필요가 없다고 생각합니다. 여기의 위대한 말씀 가운데 나타나는 것처럼, 하늘로부터 그는 자신이 세상에 계셨을 때 선포하셨던 것을 반복적으로 선포하십니다. 예컨대 자신을 대적하는 자들과 직면하셨을 때 말씀하셨던 "너희 중에 누가 나를 죄로 책잡겠느냐?"라는 말씀이라든지, 혹은 자신을 따르는 자들에게 "나는 항상 그가 기뻐하시는 일을 행하노라"라는 말씀 같은 것들 말입니다(요 8:46, 29). 우리 모두는 부분적으로 승리하고, 부분적으로 패배합니다. 오직 그만이 완전하게 승리하십니다. 하나님의 뜻을 행하는 것, 아버지와 더불어 계속적인 교제 가운데 거하는 것, 세상이나 자신의 죄가 던지는 어떤 것에 의해서도 마음으로 아버지의 뜻을 행하는 것이 방해받지 않는 것 — 이것이 승리이며, 나머지 모든 것은 패배입니다. 바로 이것이 우리의 구원의 대장이 행하신 일입니다.

우리 주님이 스스로를 우리와 동일시한 것의 또 다른 측면을 생각해 보도록 합시다. "내가 아버지 보좌에 함께 앉은 것과 같이 하리라." 헬라어 원어가 좀 더 분명하게 보여 주는 것처럼, 이러한 말씀은 명백히 승천의 역사적(歷史的) 사실을 가리킵니다. 그 말씀은 예수 그리스도께서 산헤드린 앞에서 하셨던 "이 후에 인자가 권능의 우편에 앉아 있는 것을 너희가 보리라"라는 위대한 말씀을 회상시킵니다(마 26:62). 또 그것은 우리 주님 자신이 인용하심으로써 서기관과 바리새인들의 입을 다물게 만들었던 "여호와께서 내 주에게 말씀하시기를 내가 네 원수들로 네 발판이 되게 하기까지 너는 내 오른쪽에 앉아 있으라 하셨도다"라는 시편 구절로 우리를 데려갑니다(시 110:1). 예수 그리스도는 그 위대한 약속 위에 자신의 손을 얹으면서, 그것이 자신에게서 이루어졌노라고 주장하신 것이었습니다. 여기에서 그리스도는 자신이 전에 말했던 모든 것을 확증하면서 자신이 아버지와 더불어 보좌를 공유하노라고 선언하십니다. "내가 아버지 보좌에 함께 앉은 것과 같이 하리라."

물론 이것은 고도의 상징적인 표현으로서 좀 덜 유형적이며 덜 감각적인 형태로 해석될 필요가 있습니다. 어쨌든 여기의 위대한 말씀 가운데 다음과 같은 세 가지가 있음을 우리는 분명히 알 수 있습니다 ─ 안식과 왕권과 아버지와의 가장 친밀한 교제.

여기에 안식이 있습니다. 여러분은 첫 순교자 스데반이 어떻게 열린 하늘과 승천하신 그리스도를 보았는지 기억할 것입니다. 어쩌면 그곳은 그리스도께서 "이후에 인자가 권능의 우편에 앉아 있는 것과 하늘 구름을 타고 오는 것을 너희가 보리라"라고 말씀하셨던 바로 그 장소였을는지도 모릅니다(마 26:64). 어쨌든 스데반은 천사 같은 얼굴로 그리스도께서 권능의 우편에 서 계신 것을 보았습니다. 우리가 그리스도의 왕적 안식의 본질적인 특성을 이해하고자 한다면, 우리는 문자적으로는 서로 양립되지 않는 이러한 두 가지 이미지를 하나로 결합시켜야만 합니다. 그는 서 계시면서 동시에 앉아 계십니다. 그러므로 그의 안식은 한 마디로 "활동으로 가득 찬 안식"입니다. 이 땅에 계실 때, 그는 "아버지께서 일하시니 나도 일한다"고 말씀하셨습니다(요 5:17). 이것은 그의 하늘에서의 보이지 않는 삶과 관련해서도 사실입니다. 마가복음의 마지막 부분에서 우리는 한 가지 특이한 그림을 발견합니다. 그 그림 속에서 예수 그리스도는 하나님 우편에 앉아계신 반면 제자들은 두루 말씀을 전파합니다. "주 예수께서 하늘로 올려지사 하나님 우편에 앉으시니라 제자들이 나가 두루 전파할새"(막 16:19, 20). 둘은 서로 나누어져 있습니다. 대장은 안식 가운데 계시며, 병사들은 밖에 나가 싸웁니다. 그렇습니다. 그러나 뒤이어 둘을 함께 연결시키는 말씀이 나옵니다. "제자들이 나가 두루 전파할새 **주께서 함께 역사하사.**"

그리스도의 안식은 단순히 십자가 위에서 정점에 이른 세상에서의 그의 사역을 마치는 것을 나타낼 뿐만 아니라, 그보다 훨씬 더 그것을 완성하는 것을 나타냅니다. 세상에서의 그의 사역은 그가 하늘에서 행하고 계시는 훨씬 더 큰 사역의 기초입니다. "죽으실 뿐 아니라 다시 살아나신 이는 그리스도 예수시니 그는 하나님 우편에 계신 자요 우리를 위하여 간구하시는 자시니라"라는 바울의 말을 주목해 보십시오(롬 8:34). 여기에서 바울은 우리의 믿음이 차례대로 밟아 올라가는 거대한 사다리를 세웁니다. 이와 같이 그의 안식은 그를 사랑하는 모든 사람들을 위한 은혜의 행동들로 가득 차 있습니다.

또 여기에 왕권이 있습니다. 그는 신의 통치권에 참여합니다. 본문과 이와 병행되는 다른 구절들의 고도의 은유적인 언어는 그의 왕권의 사실을 두 가지 형태로 제시합니다. 때로 우리는 그가 "하나님 우편"에 앉아 계신다는 말씀을 읽습니다. 또 여기의 경우처럼, 때로 우리는 그가 "보좌"에 앉아 계신다는 말씀을 읽습니다. "하나님 우편"(right hand of God, 문자적으로 "하나님의 오른손")은 모든 곳입니다. 그것은 어떤 특정한 장소를 지칭하는 것이 아닙니다. 또 "하나님의 오른손"은 그의 전능한 능력의 도구입니다. 그러므로 그리스도를 하나님 우편에 앉으신 자로서 말하는 것은 단순히 그가 신성(神性)의 권능을 휘두른다는 위대한 개념을 상징적인 언어로 표현하는 것입니다. 또 그가 하나님의 보좌에 앉으셨다는 것은 사람이신 그리스도 예수가 우주적인 극상(極上)의 통치권으로 승귀(昇貴)되셨음을 의미합니다. 여전히 못자국의 흔적을 가지고 있는 손에 전능한 신성(神性)의 모든 능력이 놓인 것입니다.

계속해서 그리스도가 아버지의 보좌에 함께 앉은 것은 그와 아버지 사이의 우리의 상상을 초월하는 깊고 친밀하며 단절됨이 없는 교제의 개념을 제시합니다. 그리스도는 이 땅에 계실 때 "아버지여 창세 전에 내가 아버지와 함께 가졌던 영화로써 지금도 아버지와 함께 나를 영화롭게 하옵소서"라고 기도하셨습니다(요 17:5). 이러한 기도 속에서 그가 구한 것은 우리와 같은 한 인성(人性)이 — 즉 예수의 인성이 — 하나님의 영광과 불가분리적으로 연합되는 것이었습니다. 그러면서 그는 본문 가운데 이기는 자들에게 자신이 아버지 보좌에 함께 앉은 것처럼 그들 역시도 자신의 보좌에 함께 앉게 해 주겠노라고 약속하고 계십니다. "이기는 그에게는 내가 내 보좌에 함께 앉게 하여 주기를 내가 이기고 아버지 보좌에 함께 앉은 것과 같이 하리라."

2. 둘째로, 병사들이 대장의 승리와 안식에 참여하는 것을 주목하십시오.

"이기는 그에게는 내가 내 보좌에 함께 앉게 하여 주기를." 그리스도의 승리에 참여하는 것과 관련하여, 나는 한 가지만 이야기하고자 합니다. 그것은 이것입니다. 우리 가운데 그리스도가 단순한 모범 훨씬 이상(以上)임을 믿지 않는 사람들이 있습니다. 그들은 그리스도를 사람이 어떻게 살아야 하는지를 보여 주는 살아있는 모범과 실현된 이상(理想)으로 믿습니다. 나는 이런 종류의 믿음을 불충분한 믿음이라고 부르는데, 어쨌든 나는 이런 종류의 믿음이 고결하고 정결한 삶을 위한 큰 능력을 부여해 준다는 것을 기꺼이 인정합니다. 그러나 형제들이여, 나는 우리에게 단순한 모범 훨씬 이상(以上)의 것이 필요하다고 굳게 믿습니다. 그의 승리에 참여할 수 있기 전에, 나는 먼저 그와의 더욱 친밀하며 밀접한 연합이 필요하다고 믿습니다. 나는 단순히 그 안에서 실현된 완전한 삶의 가능성을 제시하는 것만으로는 결코 충분하지 않다고 생각합니다. 단순히 예수 그리스도가 이러저러한 삶을 살았다는 것이 나에게 무슨 의미가 있단 말입니까? 그것이 나의 삶을 자극하며, 고취하며, 격려하며, 책망하는 것이 되지 않는다면 말입니다. 아무 의미 없습니다. 그러나 "내가 이겼노라"는 다락방에서의 말씀과 여기의 "내가 이기고"라는 말씀을 "세상을 이기는 승리는 이것이니 우리의 믿음이니라"라는 요한일서의 말씀과 연결시킬 수 있을 때, 비로소 우리는 그리스도에서 단지 우리가 따를 모범만을 발견할 뿐인 사람들과는 전혀 다른 방식으로 대장의 승리에 참여합니다. 우리가 예수 그리스도를 믿는다면, 그 안에 있는 그리고 그 안에서 세상을 이긴 생명이 우리 안으로 흘러들어올 것입니다. 그리고 그리스도 안에 있는 생명의 성령의 법이 우리를 사랑하는 자로 말미암아 우리를 넉넉히 이기는 자로 만들 것입니다.

우리가 이기는 것은 오직 그리스도가 우리 안에 계시면서 우리가 이기도록 만들기 때문입니다. 우리가 그의 보좌에 함께 앉는 것 역시 마찬가지입니다.

거기에 모든 수고를 그치고 쉬는 안식이 있을 것입니다. 거기에 더 이상 머리를 아프게 하고, 근육을 긴장시키고, 뇌가 고갈되고, 마음이 곤비하고, 발을 질질 끄는 것이 없을 것입니다. 투구가 씌어져 있었던 자리에 월계관이 씌어질 것입니다. 갑옷이 벗겨지고 발에 끌리는 긴 예복이 입혀질 것입니다. 그 옷은 황금 길을 걷는 가운데 아무런 더러운 것도 묻지 않을 것입니다. 바로 그 옷이 구속받은 자들의 예복일 것입니다. 우리는 감사함으로 보좌에 **앉을** 만큼 충분히 일했으며, 충분히 수고했으며, 충분히 싸웠습니다.

그러나 그것이 그리스도의 안식과 같은 안식이라면 그리고 그것이 왕의 안식이 되고자 한다면, 거기에는 필연적으로 많은 일이 있을 것입니다. 그것은 우리에게 적합한 일일 것이며, 우리를 복되게 하는 일일 것입니다. 나는 주님으로부터 열 고을 다스리는 권세를 받은 종에게 주어질 통치권이 어떤 종류의 통치권인지 알지 못합니다. 나는 그것이 어떤 종류의 새로운 존귀일는지 알지 못합니다. 그에 대해 아무것도 알지 못하지만, 나는 개의치 않습니다. 왜냐하면 우리가 그의 보좌에 앉을 것임을 아는 것으로 충분하기 때문입니다.

마지막으로 "**나와 함께**"(with me)라는 표현을 주목해 보십시오. "내 보좌에 **나와 함께** 앉게 하여 주기를." 아, 바로 이것이 핵심입니다! "세상을 떠나서 그리스도와 함께 있는 것이 훨씬 더 좋은 일이라"(빌 1:23). "우리가 담대하여 원하는 바는 차라리 몸을 떠나 주와 함께 있는 그것이라"(고후 5:8). 어떻게 주와 함께 그의 보좌에 앉는지 우리는 알지 못합니다. 우리는 아무것도 말할 수 없습니다. 다만 한 가지 우리가 아는 것은 우리가 그리스도와 연합되는 것은 한 방울의 물이 바다로 흡수되어 그 개별성을 잃어버리는 것과 같은 방식으로 연합되는 것이 아니라는 사실입니다. 항상 그리스도가 있고 또 내가 있을 것입니다. 나의 개별성은 그리스도와 연합되어 사라지거나 소멸되지 않을 것입니다. 어느 하나의 개별성이 사라진다면, 둘이 하나로 연합되는 것은 결코 복된 일이 되지 못할 것입니다. 그와 우리 사이의 교제는 그의 존재를 의식(意識)하면서 동시에 나의 존재를 의식하는 토대 위에 세워질 것입니다. "주와 합하는 자는 한 영이니라"(고전 6:17).

형제들이여, 나는 이 세대가 미래와 관련한 성경의 약속들과 경고들을 더 많이 묵상할 필요가 있다고 생각합니다. 나는 오늘날의 라오디게아적인 미지근함의 상당 부분이 미래와 관련한 교훈을 상대적으로 소홀히 한 것에 기인한다고 믿습니다. 일곱 교회에 주어진 일곱 약속과 관련한 일련의 설교를 통해, 나는 바로 이것을 여러분 앞에 제시하고자 애썼습니다. 여러분에게 간절히 당부하노니, "상 주심"을 더 많이 바라보며 더 많이 소망하십시오(히 11:26). 그리고 그와 같은 미래의 축복으로 여러분의 기독교인의 삶의 중요한 동기(動機)가 되게 하십시오.

일곱 교회에 주어진 모든 약속들을 빠짐없이 모은다 하더라도, 우리는 "아직까지 절반도 말하여지지 않았노라"라고 말해야만 합니다. "장래에 우리가 어떻게 될지는 아직 나타나지" 않았습니다(요일 3:2). 우리는 미래에 대해 각종 상징들과 부정적인 표현들(negations)을 통해 조금 알 수 있을 뿐입니다. 우리가 그런 것들을 서로 연결하여 미래의 모습을 상상해 보고자 애쓰는 것은 마치 유충이 장차 나비가 될 때의 모습을 상상하는 것과 마찬가지일 것입니다. 확실함과 명확함은 필연적으로 함께 가는 것은 아닙니다. 미래는 확실하지만 명확하지는 않습니다. "장래에 어떻게 될지는 아직 나타나지 아니하였으나 그가 나타나시면 우리가 그와 같을 줄을 **아는 것은**"(요일 3:2). 여기의 "그와 같을"이라는 표현을 주목해 보십시오.

바로 이것이 영광스러운 미래의 모든 비밀을 푸는 열쇠입니다. "종이 그 상전 같으면 족하도다"(마 10:25).

23
죽임 당한 어린 양의 일곱 눈

"내가 또 보니 보좌와 네 생물과 장로들 사이에 한 어린 양이 서 있는데 일찍이 죽임을 당한 것 같더라 그에게 일곱 뿔과 일곱 눈이 있으니 이 눈들은 온 땅에 보내심을 받은 하나님의 일곱 영이더라"

계 5:6

요한은 두 가지 사명을 받았습니다. 그것은 "지금 있는 것"(things which are)과 "장차 있을 것"(things which shall be)에 대해 기록하라는 것이었습니다. "지금 있는 것"은 하늘 문이 열렸을 때 잠깐 그의 내적 눈에 비춰졌던 보이지 않는 실재들을 가리키는 것으로 보입니다. 세상의 보이는 모든 것은 환영(幻影)일 뿐입니다. 확실한 실재들은 휘장으로 가려져 있습니다. 이와 같이 "지금 있는" 모든 것들 가운데 핵심은 여기의 "일찍이 죽임을 당한 것 같은" 어린 양의 환상입니다.

큰 백보좌와 그것을 둘러싸고 있는 예배자들 사이에 죽임 당한 어린 양이 서 있습니다. 여기에서 보좌를 둘러싸고 있는 예배자들은 "네 생물과 장로들"로서 표현되는데, "생물들"(living creatures)은 피조된 생명의 영광과 면류관을 나타내며 "장로들"은 구속받은 인성(人性)의 영광과 면류관을 나타냅니다. 어쨌든 이것은 영원무궁히 그리스도를 통해 그리고 그의 희생제사로 말미암아 우주에 모든 신의 선물이 전달되며 우주로부터 모든 감사와 찬미가 터져나오는 것을 선포하는 상징적인 방식입니다. 그의 인성은 영구하며, 신의 통치 가운데 그의 희생제사의 능력은 결코 끊어지지 않습니다.

본문이 묘사하는 죽임 당한 어린 양의 속성들은 매우 괴상합니다. 그러나 바로 그러한 괴상함으로 인해 그러한 속성들은 한층 더 중요한 의미를 갖습니다. "일곱 뿔"은 완전한 능력을 표현하는 친숙한 상징입니다. 그리고 "일곱 눈"은 요한 자신에 의해 하나님의 영의 충만을 표현하는 것으로 해석됩니다.

눈은 영(靈)을 표현하는 독특한 상징입니다. 이러한 상징을 선택한 이유가 무엇이든 간에, 어쨌든 그것의 해석은 본문 자체의 어법에 놓여 있습니다. 여기의 상징이 가르치는 것은 "하나님 우편에 승귀(昇貴)되고 아버지의 약속을 받은 그로부터 이 모든 것이 흘러나온다는" 것입니다. 영적 능력의 모든 충만이 그리스도의 손에서 세상에 전달됩니다.

1. 첫째로, 영(靈)의 주인으로서 우리에게 영을 주는 자는 "죽임 당한 어린 양"입니다.

그는 "하나님의 일곱 영"을 가지고 있습니다. 우리를 위해 십자가 위에서 죽으시고 하나님 우편에 승귀(昇貴)되신 우리 맏형의 인성(人性)은 거기에서 하나님의 영의 모든 충만과 하나님의 생명의 모든 신비들로 옷 입혀지고 영화로워집니다. 신성(神性)에 있는 영(靈)과 능력과 에너지와 온유함과 은혜와 거룩함과 광채가 모두 사람이신 그리스도 예수 안에 내재합니다. 심지에 이 땅에서 낮고 비천함 가운데 계셨을 때조차 하나님의 영은 그에게 한량없이 주어졌습니다. 그러나 하늘의 영광과 존귀함 가운데 계신 그에게 성령은 한층 더 놀라운 방식으로 주어집니다. 왜냐하면 그리스도가 승귀되신 것은 단순히 장소가 바뀐 것이 아니라 어떤 의미에서 그의 인성이 진보(進步)된 것이기 때문입니다. 지금 하늘에서 그는 내주하는 성령의 한층 더 풍성한 충만 가운데 계십니다.

그러나 본문의 위대한 말씀 가운데 그가 우리 앞에 나타나는 것은 영(靈)을 받는 자로서가 아니라 주는 자로서입니다. 그는 우리에게 자신이 가지고 있는 모든 것을 줄 수 있습니다. 그의 것은 무엇이든 우리의 것입니다. 우리는 그의 충만에 참여합니다. 우리는 그의 은혜를 소유합니다. 그는 **그 자신의** 생명을 주시며, 바로 이것이 기독교의 핵심 개념입니다.

그리스도의 사역과 관련한 수많은 불완전한 관점들이 세상에 떠다니고 있습니다. 그 가운데 기독교라고 부를 가치조차 없을 정도로 가장 불완전하며 저급한 것은 그를 단순한 모범과 인도자와 선생으로 인식하는 관점입니다. 그런가 하면, 예수 그리스도의 전체 사역을 십자가 위에서 종결된 것으로 간주하는, 정통주의 그리스도인들 사이에 널리 퍼져 있는 관점이 있습니다. 이러한 관점은 그를 모범과 인도자와 선생 훨씬 이상(以上)의 존재로서 생각합니다. 그러나 그것은 그의 속죄의 죽음으로 그의 사역이 완성되는 것으로 생각합니다. 그것은 "다 이루었다"는 십자가 위에서의 외침이 단순히 그의 전체 사역의 한 단락이 종결되었음을 선포하는 것일 뿐이라는 사실을 미처 깨닫지 못합니다. 그의 죽음은 단지 그의 사역의 형태가 이전과는 다른 형태로 바뀌는 것일 뿐이었습니다. 그의 지상 생애는 모범과 아들로서의 그의 완전한 순종을 종결시켰습니다. 그의 십자가 죽음은 세상 전체의 죄를 위한 속죄로서의 그의 자기순복과 희생의 위대한 사역을 종결시켰습니다. 그의 지상 생애와 십자가 죽음은 아버지를 계시하는 그의 위대한 사역을 종결시켰습니다. 그 계시가 외적이며 객관적인 사실들에 의존한 것인 한 말입니다. 그러나 자기 안에 있는 생명을 사람들에게 전달하는 사역에 있어서는, 그의 지상 생애와 십자가 죽음은 심지어 그것을 시작조차 시키지 못했습니다. 그의 지상 생애와 십자가 죽음은 단지 그것을 위한 기초를 놓았을 뿐입니다. 자신의 생애를 통해 그는 순종을 완성하며 아버지를 나타냈습니다. 또 십자가 죽음을 통해 그는 죄를 제거하고 아버지를 한층 더 충분하게 나타냈습니다. 그리고 그는 지금 하나님 우편에 승귀되셔서 모든 세대를 통해 자신의 십자가의 열매와 자신의 희생제사의 면류관인 "매 순간 사람들에게 자신의 완전한 생명을 전달하는 사역"을 계속 행하고 계십니다. 그들 역시도 그와 같이 되고 또 그와 같이 살 수 있도록 하기 위해서 말입니다.

그가 죽으신 것은 우리가 죽지 않도록 하기 위함이었습니다. 그가 사신 것은 우리가 육체 가운데 사는 삶이 그의 삶과 같은 삶이 되도록 하기 위함이었습니다. 나아가 그의 지상생애와 십자가 죽음은 그가 지금 행하고 계시는 사역의 기초가 되었습니다. 이와 같이 설령 "다 이루었다"(It is finished)는 열아홉 세기 전의 그의 승리의 외침이 죄의 통치에 조종(弔鐘)을 울리는 동시에 세상의 해방을 위한 새로운 소망의 즐거운 종소리를 울렸습니다. 그럼에도 여전히 우리 앞에 또 다른 외침이 기다리고 있습니다. 그것은 "다 끝났도다"(It is done)라는 외침인데, 세상이 그의 십자가의 영광과 그의 생명의 능력으로 가득 찰 때까지 그 외침은 발하여지지 않을 것입니다.

이러한 두 외침 사이의 공간은 죽음으로 말미암아 영(靈)의 주인(Lord of the Spirit)이 된 "죽임 당한 어린 양"의 활동으로 채워집니다. 그의 피로 말미암아 그의 생명이 모든 사람들에게 전달되는 것이 가능해집니다. 요컨대 영의 주인은 죽임 당한 어린 양입니다.

2. 둘째로, 그리스도가 주는 선물들의 무한한 다양성을 주목하십시오.

여기의 계시록에서 우리는 하나님의 영이 인격적인 통일체로서가 아니라 칠 중의 다양성(sevenfold variety)으로서 표현되는 것을 종종 발견합니다. 본서 앞머리에서 우리는 "이제도 계시고 전에도 계셨고 장차 오실 이와 그의 보좌 앞에 있는 일곱 영으로부터 은혜와 평강이 너희에게 있기를 원하노라"라는 인사말을 읽습니다(1:4, 5). 또 일곱 교회 가운데 한 교회에 보내는 편지에서 우리는 "하나님의 일곱 영과 일곱 별을 가지신 이가 이르시되"라는 표현을 발견합니다(3:1). 또 4장에서도 우리는 "보좌 앞에 켠 일곱 등불이 하나님의 일곱 영"이라는 말씀을 발견합니다(5절). 그리고 본문에서 우리는 "온 땅에 보내심을 받은 하나님의 일곱 영"이라는 표현을 보게 됩니다.

계시록에 하나님의 영의 인격성과 통일성과 관련한 어떤 문제도 없음은 명백합니다. 그러한 사실은 다른 곳에 나타나는 예컨대 "성령과 신부가 말씀하시기를 오라 하시는도다”와 같은 말씀들에 의해 충분하게 입증됩니다 (22:17). 다만 지금 요한의 마음속에 있는 것은 그러한 영의 다양한 활동과 작용입니다.

두말할 것도 없이 “일곱”이라는 숫자는 완전의 개념을 제시합니다. 그러므로 여기에서 우리가 발견하는 것은 예수 그리스도로부터 흘러나오는 생명의 영이 무한히 다양하게 활동하며 작용한다는 개념입니다.

하나님의 영에 붙여지는 성경의 다양한 호칭들을 생각해 보십시오. 지적(知的)인 삶에 속하는 모든 것과 관련하여 그는 “지혜의 영”이며, 그리스도를 아는 “지식의 영”이며, “진리의 영”입니다. 영적인 삶에 속하는 모든 것과 관련하여 그는 “거룩의 영”이며, “자유의 영”이며, “절제의 영”이며, “사랑의 영”입니다. 실천적인 삶에 속하는 모든 것과 관련하여 그는 “권면의 영”이며, “강함의 영”이며, “능력의 영”입니다. 영적인 삶에 속하는 모든 것과 관련하여 그는 그 안에서 우리가 아빠 아버지라 부르짖는 “양자(養子)의 영”이며, “은혜와 간구의 영”이며, “생명의 영”입니다. 이와 같이 인간의 기능과 본성의 전 영역에 걸쳐 그리고 인간의 모든 지적, 도덕적, 실천적, 영적 존재의 모든 영역에 걸쳐, 각각의 부분과 측면에 적합한 선물이 있습니다.

또 하나님의 영을 표현하는 성경의 다양한 상징들을 생각해 보십시오. 그는 부드럽고 유연하게 흐르는 “기름”으로 상징되며, 정결하게 하며 변화시키는 에너지를 가진 “불”로 상징되며, 씻으며 신선하게 하며 기름지게 하는 “물”로 상징되며, 생기를 주며 소생시키며 피를 맑게 하는 “숨”으로 상징됩니다. 그런가 하면 그는 “바람”으로 상징되기도 합니다. 때로는 아기의 숨소리처럼 부드러운 바람으로 상징되기도 하며, 때로는 폭풍처럼 강하고 요란한 바람으로 상징되기도 하며, 때로는 풀잎을 흔드는 따뜻한 봄바람으로 상징되기도 합니다. 그의 나타남은 매우 다양합니다. 그는 인간 본성의 모든 측면들에 적용되며, 우리의 약함이 요구하는 모든 기능들을 수행하며, 우리의 연약함을 도우며, 우리를 위해 그리고 우리에서 말할 수 없는 탄식으로 간구하며, 우리가 그의 은혜를 소유하는 것을 확증하며 인치며, 하나님의 깊은 것을 통찰하며, 그것을 우리에게 나타내며, 우리를 모든 진리로 인도하며, 우리를 죄와 사망의 법으로부터 해방시킵니다. 이와 같이 영의 활동과 작용은 다양하지만, 같은 영입니다. 그것은 변화무쌍하며, 우리의 필요가 요구하는 모든 측면들에 적용됩니다.

모든 사람의 다양한 약함과 고통과 죄와 바람을 생각해 보십시오. 그 모든 것은 그것을 통해 하나님의 은혜가 들어오는 열린 문과 같습니다. 또 그 모든 것은 그 안으로 하나님의 영의 금광석(金鑛石)으로부터 녹은 황금이 흐르는 주형(鑄型)과 같습니다. 자신의 필요가 무엇이든, 사람은 영에서 죽임 당한 어린 양이 기꺼이 주고자 준비하고 계시는 무한히 다양한 영적 도움과 강함을 발견할 것입니다. 그것은 마치 각 사람의 입맛에 정확하게 맞는 만나와 관련한 옛 우화와 같습니다. 여기의 하늘로부터 내려온 양식은 모든 사람의 필요에 정확하게 부합합니다. 물을 다양한 그릇에 부어 보십시오. 그러면 물은 각각의 그릇의 형태를 똑같이 취할 것입니다. 영은 각 사람의 약함과 필요에 정확하게 부합하는 모양을 취합니다. 이와 같이 어린 양이 주는 일곱 영의 무한한 다양성을 생각해 보십시오. 또 인간의 필요와 약함과 슬픔과 죄의 다양함과 깊음을 생각해 보십시오. 그러한 것들을 생각할 때, 여러분은 하나님의 영이 무한히 많은 것을 줄 수 있다는 사실과 그럼에도 불구하고 전혀 소진(消盡)되지 않고 여전히 충만한 채로 남아 있는 것을 발견하게 될 것입니다.

3. 셋째로, 본문은 죽임당한 어린 양이 주는 선물들의 부단(不斷)한 연속성을 제시합니다.

원어(原語)를 읽을 수 있는 사람들은 "보내심을 받은"(sent)이라고 번역된 단어가 계속적인 보내심을 표현하는 "being sent"로 번역될 수 있다는 사실을 알 것입니다.

하나님의 영은 단지 한번 주어지고 나서 멈추는 것이 결코 아닙니다. 그것은 이따금씩 간헐적으로 주어지지 않습니다. 사람들은 "부흥"과 관련하여 마치 하나님의 영이 세상이나 혹은 교회나 혹은 개인들에게 다른 때보다 더 풍성하게 내려오는 때가 있는 것처럼 말합니다. 그렇지 않습니다. 다만 우리의 수용성(受容性)에 차이가 있을 뿐입니다. 하나님의 영이 임하는 것 자체에는 아무런 차이도 없습니다. 하늘의 태양을 생각해 보십시오. 햇빛이 다른 비율로 비춥니까? 어떤 때는 끊어지기도 하고, 어떤 때는 전보다 작은 에너지와 함께 비취기도 합니까? 그렇지 않습니다. 여름과 겨울의 차이를 만드는 것이나 낮과 밤의 차이를 만드는 것은 단지 지구의 위치일 뿐입니다. 혹한의 겨울이든 캄캄한 밤중이든 태양은 항상 같은 비율로 비춥니다. 예수 그리스도의 선물도 이와 마찬가지입니다. 그의 모든 선물들은 그로부터 동일하며 계속적인 비율로 부어집니다. 거기에는 끊어지는 것이나 멈추는 것이 없습니다. 오순절은 오래 전에 지나갔습니다. 그러나 그때 붙은 불은 꺼져 재가 되지 않았습니다. 그 거대한 물결이 흐르기 시작한 이래로 오랜 세월이 지났습니다. 그러나 그 물결은 아직까지 줄어들지 않았습니다. 사람이 받아들이든 거부하든, 그는 단절됨이 없이 계속 비취면서 스스로를 전달하며 은혜의 영을 부어 주십니다. 햇빛은 너무나 많이 낭비되는 것처럼 보입니다. 마찬가지로 하나님의 영의 영향력 역시 너무나 많이 낭비되는 것처럼 보이지만, 그것은 여전히 계속 영구히 부어집니다.

사람들은 기독교에 대해 마치 그것이 기력을 다한 것처럼 말합니다. 오늘날 사람들은 이전 세대를 회상하며 "엘리야의 하나님이 어디 있느냐?"고 묻습니다. 지금 여러분과 내가 가지고 있지 않은 것 가운데 이전 세대가 가지고 있었던 것은 아무것도 없습니다. 태양이 비취는 한, 기독교와 하나님의 교회는 결코 죽지 않을 것입니다. 일곱 영은 처음과 마찬가지로 계속해서 흐르고 있으며, 마지막까지 그럴 것입니다.

4. 마지막으로, 본문은 이러한 선물들의 우주적인 확산을 제시합니다.

"온 땅에 보내심을 받은 하나님의 일곱 영이더라." 이것은 "하나님의 일곱 눈"에 대해 말하는 스가랴의 주목할 만한 예언에서 인용한 것입니다.

　"이 일곱은 온 세상에 두루 다니는 여호와의 눈이라"(4:10).

　이러한 선물은 구약시대와는 달리 어느 나라나 혹은 민족에 국한되지 않습니다. 또 특별한 부류의 사람들에게만 제한되지도 않습니다. "내가 내 영을 내 남종과 여종들에게 부어 주리니"(행 2:18). 옛 시대에는 산봉우리에만 빛이 비취고 낮은 골짜기는 짙고 어두운 그늘 가운데 있었습니다. 그러나 지금은 의의 태양이 가장 깊은 골짜기까지 빛을 비춥니다. 이제 영의 풍성한 햇빛을 받을 수 없을 만큼 무지하며 무가치한 마음은 없습니다.

　물론 가장 넓은 의미에서 영의 선물의 우주적인 확산은 그리스도로부터 말미암는 것입니다. 왜냐하면 사람들이 보는 모든 빛은 그의 빛이기 때문입니다. 사람들이 진선미(眞善美)를 보는 모든 눈은 참 빛이신 그로부터 옵니다. 신의 완전함의 한 편린(片鱗)을 보았던 시인과 예술가와 사상가와 철학자와 박애주의자와 같은 사람들이 그것을 보았던 것은 다름 아닌 그 빛으로부터 말미암은 것이었습니다. 다시 말해서 그들에게 어느 정도 분량만큼 그리스도의 빛이 허락된 것이었으며, 전능자의 영감(靈感)이 그들에게 명철을 준 것이었습니다.

　그러나 본문이 의미하는 것은 이러한 종류의 영의 선물의 우주적인 확산이 아닙니다. 본문은 더 높은 종교적 성격의 선물을 의미합니다. 요한이 밧모 섬에서 이러한 환상을 보았을 때를 생각해 보십시오. 그때 이방 땅에 그리스도의 영광과 그의 이름을 아는 지식이 밝아 오고 있었습니다. 여기의 계시록이 기록된 이후 라틴 지역과 아프리카 지역과 게르만 지역에서 기록된 기독교 문학의 모든 보화들을 생각해 보십시오. 예전에 브리튼이 어땠었는지 그리고 지금 어떠한지 생각해 보십시오. 당시 야만인의 땅이었던 지역들이 이후 어떻게 바뀌었는지 생각해 보십시오. 그 모든 것이 어떻게 오게 되었는지 생각해 보십시오. 그 모든 것은 어린 양으로부터 말미암은 것이 아닙니까? 그 모든 것은 "온 땅에 보내심을 받은" 지혜와 거룩과 생명의 일곱 영으로부터 말미암은 것이 아닙니까?

　교회가 세워질 당시 버려진 자들로 간주되었던 계층의 사람들에게로 그리스도의 은혜와 그를 아는 지식이 계속 흘러내려 온 것을 생각해 보십시오. 또 가난하며 비천하며 버려진 자들 가운데 그리고 죄인들과 부랑자들 가운데 전에는 상상하지 못했던 거룩함과 아름다움의 꽃이 어떻게 피게 되었는지 생각해 보십시오. 이 모든 것을 생각할 때, 나라와 민족을 불문하고 모든 계층의 사람들이 일곱 영의 분깃을 받은 것을 우리가 깨달을 수 있지 않습니까?

모든 그리스도인들이 영의 감동을 받습니다. 그들이 정확무오(正確無誤)한 진리를 가르치는 선생이 된다는 의미에서가 아니라, 예수 그리스도의 영이 그들 안에 내주한다는 의미에서 말입니다. "누구든지 그리스도의 영이 없으면 그리스도의 사람이 아니라"(롬 8:9). 설령 연약하며 무지하며 죄로 얼룩진 인생이라 하더라도, 우리 모두는 우리 마음 가운데 거하는 신의 생명을 소유할 수 있습니다.

사랑하는 형제들이여, 영을 주는 것은 오직 죽임 당한 어린 양이라는 사실을 기억하십시오. 우리가 죽임 당한 어린 양을 믿음과 소망으로 바라보지 않는다면, 우리는 그 영을 받지 못할 것입니다. 그리스도는 가지고 있지만 죽임 당한 어린 양은 가지지 못한 불구자와 같은 기독교인은 그의 영을 거의 갖지 못합니다. 그러나 여러분이 그의 희생제사를 신뢰하며 그의 십자가를 온전한 소망으로 바라보며 의지(依支)한다면, 여러분의 마음 안으로 그의 강한 은혜가 임할 것입니다. 그럴 때, 그리스도 예수 안에 있는 영의 법이 죄와 사망의 법으로부터 여러분을 해방시킬 것입니다. "이는 그리스도 예수 안에 있는 생명의 성령의 법이 죄와 사망의 법에서 너를 해방하였음이라"(롬 8:2).

24
종려 가지를 든 큰 무리

"이 일 후에 내가 보니 각 나라와 족속과 백성과 방언에서 아무도 능히 셀 수 없는
큰 무리가 나와 흰 옷을 입고 손에 종려 가지를 들고 보좌 앞과 어린 양 앞에 서서"
계 7:9

사도 요한은 일곱 나팔과 함께 다가올 재앙들에 대해 이야기할 것이었
습니다. 그러나 그러한 재앙들이 다가오기에 앞서 잠시 동안의 고요함이
임합니다. 그는 바람을 붙잡고 있는 천사들을 봅니다(7:1). 바람이 불지 못
하게 함으로써 모든 파괴적인 일들이 잠시 보류되도록 하기 위해서 말입
니다. 폭풍전야의 고요함 가운데 그는 두 가지 환상을 봅니다. 하나는 범
세계적인 재앙 속에서 안전하도록 천사들이 하나님의 종들의 이마에 인을
치는 환상이며(3절), 다른 하나는 재앙의 바람 너머에 생명과 영광의 고요
한 영역이 기다리고 있음을 확증하는 본문의 환상입니다. 특별히 본문의
환상의 목적은 시련과 시험 가운데 있는 모든 세대를 붙잡아 주며, 그들이
믿음과 사랑 가운데 위를 바라보도록 격려하며, 그럼으로 말미암아 그들
의 슬픔을 위무(慰撫)하며, 죽음의 두려움과 이별의 고통을 경감시키며,
우리의 때가 올 때 우리 역시도 그 큰 무리와 기쁘게 연합하도록 하기 위
한 것입니다.

오늘 나는 본문을 가능한 가장 단순한 방식으로 취하면서, 본문을 구성
하는 절(節)들을 있는 그대로 다루고자 합니다. 이제 본문에 나타나는 몇

가지 주목할 만한 것들을 살펴보도록 합시다.

1. 첫째로, 손에 종려 가지를 든 큰 무리를 주목하십시오.

그리스인들과 로마인들 사이에서 종려나무는 승리의 증표였습니다. 본문의 상징 역시 통상적으로 그와 같은 의미로 받아들여집니다. 그러나 우리는 유대 전통 속에서 종려나무가 그와 같은 의미로 사용된 흔적이 없다는 사실과 여기의 계시록의 모든 상징들이 유대적 개념의 틀에서 움직이고 있다는 사실을 주목할 필요가 있습니다. 물론 여기에 승리의 개념이 어느 정도 담겨 있을 수 있지만, 우리는 그것을 여기의 주된 개념으로 취해서는 안 됩니다. 그렇다면 우리는 어디에서 여기의 상징의 의미를 찾을 것입니까?

유대 전통 가운데 종려나무 가지가 매우 중요한 의미로 사용되는 곳이 있습니다. 이스라엘 백성들은 장막절에 "종려나무 가지를 취하여 여호와 앞에서 이레 동안 즐거워하도록" 명령받았습니다(레 23:40). 본문의 "종려 가지" 용례(用例) 속에 담겨 있는 일차적인 개념은 의심의 여지 없이 그리스와 로마의 승리의 개념이 아니라 유대적인 개념입니다.

그러므로 우리가 여기의 "손에 종려 가지를 든 큰 무리"의 상징의 전체적인 의미를 올바로 이해하고자 한다면, 우리는 먼저 장막절 절기의 의미가 무엇이었는지 물을 필요가 있습니다. 다른 모든 유대 절기들과 마찬가지로, 장막절은 본래 계절과 연결된 "자연 절기"(Nature-festival)였습니다. 그러다가 나중에 그것은 이스라엘의 역사(歷史) 가운데 있었던 어떤 사건을 기념하는 것과 연결되게 되었습니다. 그러므로 우리는 이와 같은 두 가지 측면 즉 자연적인 측면과 역사적인 측면을 모두 고려할 필요가 있습니다. 먼저 가장 오래된 것을 생각해 보도록 합시다. 손에 종려 가지를 들고 보좌 앞에 서 있는 무리는 우리 앞에 추수를 하며 즐거워하는 추수꾼들의 개념을 제시합니다. 한 해의 농사가 끝났습니다. 씨 뿌리는 날이 지나고, 추수하는 날이 왔습니다. "오직 추수한 자가 그것을 먹고 나 여호와를 찬송할 것이요 거둔 자가 그것을 나의 성소 뜰에서 마시리라"(사

62:9). 이와 같이 본문의 은유는 현재와 미래가 밀접하게 연속되며 미래는 개인의 경험 속에서 우리가 이 땅에서 산 삶의 결과를 거두는 때라는 중요한 개념을 제시합니다. 지금은 씨 뿌리는 때며, 종려 가지를 든 무리는 추수하는 사람들입니다. 형제여, 당신은 씨를 뿌리고 있습니까? 당신에게 있어 뿌린 것을 거둘 때는 즐거운 축제의 날일 것입니까? 당신은 썩은 씨를 뿌리지 않습니까? 당신은 가라지를 뿌립니까, 아니면 훗날 칭찬과 존귀와 영광으로 발견될 좋은 열매를 뿌립니까? 이 땅에서의 당신의 삶을 보십시오. 당신이 이 땅에서 행하는 모든 일은 장차 하늘에서 그것에 정확하게 상응하는 열매를 맺을 것입니다. 여기의 큰 무리를 보십시오. 그들은 자신들이 뿌린 것을 거두며 즐거워합니다. 당신도 그럴 것입니까? 우리 모두는 마치 전보(電報) 치는 일을 담당하는 전신국 직원들과 같습니다. 우리는 여기에서 전신기의 글쇠를 두드립니다. 그러면 바다 건너 먼 곳에 있는 전신기의 리본 위에 우리가 여기에서 찍은 글자가 찍힙니다. 우리가 그곳에 간다면, 우리가 여기에서 찍은 글자들을 그대로 읽게 될 것입니다. 전신기로부터 리본을 취해 당신 앞에 펼칠 때, 당신은 어떨 것입니까? 당신에게 그 날은 축제의 날일 것입니까, 아니면 애곡(哀哭)의 날일 것입니까? 축제의 날이든 애곡의 날이든, "사람이 무엇으로 심든지 그대로 거두리라"는 영원히 흔들리지 않는 진리입니다. 사람은 자기가 뿌린 것을 거둘 뿐만 아니라, 그것을 먹어야만 합니다. 그는 자신이 행한 것의 열매로 배부를 것입니다. 바로 이것이 본문의 은유가 제시하는 첫 번째 개념입니다.

이제 다른 것을 살펴보도록 합시다. 손에 종려 가지를 들고 장막절을 지키는 큰 무리는 우리에게 장막절 절기의 또 다른 측면을 일깨워 줍니다. 장막절 절기는 이스라엘 백성들이 광야를 지나가는 동안 하나님이 그들을 위해 행하신 모든 것을 기념하기 위한 것이었습니다. 요컨대 장막절은 그들의 하나님 여호와가 그들을 인도하신 것과 그들에게 안식을 주신 것을 기념하며 기뻐하는 절기였습니다. 바로 여기에서 또 하나의 개념이 나오는데, 그것은 광야의 모든 어둠과 곤고함과 분투와 목마름과 원수들과 두려움을 되돌아보며 그 모든 것들로부터 즐거움과 감사의 이유를 발견하는 것입니다. 기억(記憶)하는 것이 없다면, 인격의 동일성도 없습니다. 슬픔의 총체적인 이유와 결과를 알게 될 때, 슬픔의 기억은 기쁨으로 바뀝니다. 그들이 광야를 지나가는 동안, 광야는 황량하며, 쓸쓸하며, 메마르며, 뜨거웠습니다. 험준한 산악지대를 생각해 보십시오. 그러나 멀리서 바라볼 때, 모든 험준함은 아름다움으로 바뀝니다. 마찬가지로 멀리서 바라볼 때, 광야의 긴 여정은 마치 "하나님의 사랑과 임재의 긴 사슬"처럼 보입니다. 가까이 가서 보면 험준한 바위와 차가운 얼음인 것이 멀리서 보면 햇빛에 반짝이는 아름다운 광경으로 보입니다. 이와 같이 장막절은 과거를 회상하며 기념하는 절기입니다.

여기의 은유에는 또 하나의 측면이 있는데, 이에 대해서는 간략하게만 이야기하고자 합니다. 훗날 유대교는 장막절의 본래 의식(儀式)에다가 다른 의식들을 덧붙였습니다. 그러한 것들 가운데 하나를 우리 주님은 자신의 사역의 한 가지 측면을 제시하는 도구로서 사용하셨습니다. "명절 끝날 곧 큰 날에" 제사장들은 실로암 우물에 가서 물을 떠서 그것을 성전 마당에 부었습니다(요 7:37). "너희가 기쁨으로 구원의 우물들에서 물을 길으리로다"라는 이사야 선지자의 옛 노래를 부르면서 말입니다(사 12:3). 우리 주님은 장막절 끝날 행해졌던 그와 같은 의식(儀式)을 자신이 어떤 존재인지를 나타내는 도구로서, 다시 말해서 자신이 사람들에게 참된 생수를 주는 자임을 나타내는 도구로 사용하셨습니다. 본문에 이어 나오는 구절들은 장막절 절기를 우리 주님이 사용하신 것처럼 사용하는 것으로 보입니다. "보좌 가운데에 계신 어린 양이 그들의 목자가 되사 생명수 샘으로 인도하시고"(17절).

이와 같이 장막절의 상징은 이 땅에서 씨를 뿌린 것을 추수하는 개념과 하나님이 안식을 주신 것을 기억하며 기념하는 개념과 함께 영혼의 모든 갈증과 바람이 풍성하게 채워지는 개념을 제시합니다. 사람은 자신의 본성이 필요로 하는 모든 것을 예수 그리스도로부터 풍성하게 받습니다. 랍비들은 장막절의 즐거움을 알지 못하는 자들은 즐거움의 의미를 알지 못한다고 말하곤 합니다. 나도 그와 비슷하게 말하고자 합니다. 즉 손에 종려 가지를 들고 보좌 앞에 설 때까지, 우리는 사람의 마음이 가질 수 있는 기쁨이 얼마나 깊고 뜨거우며 고요하며 영속적인지 결코 알지 못할 것이라고 말입니다,

2. 둘째로, 그들이 어디에 있는지 그리고 어떤 자세를 취하고 있는지 주목해 보십시오.

그들은 "보좌와 어린 양 앞에" "서" 있습니다. 여기에서 "보좌"와 "어린 양"이 나란히 놓이는 것을 주목하십시오. 사도 요한은 신의 위엄의 "보좌"와 그리스도이신 죽임 당한 "어린 양"을 함께 묶음으로써 그리스도를 모든 무리로부터 단절시키는 동시에 그를 홀로 계신 하나님과 연합시킵니다.

여기에서 우리는 두 개의 구절에 초점을 맞추고자 합니다. 그것은 "보좌와 어린 양 앞"이라는 구절과 "서서"라는 구절입니다. 이러한 두 구절은 우리 앞에 용기와 소망의 빛을 비추기에 충분한 두 가지 개념 즉 가까움의 개념과 섬김의 개념을 제시합니다. "보좌와 어린 양 앞"은 단지 "차라리 세상을 떠나서 그리스도와 함께 있는 것이 훨씬 더 좋은 일이라"라고 말하는 생생한 방식에 불과합니다(빌 1:23).

오늘 나는 이와 같은 가까움의 방식을 설명하는 데까지는 나아가지 않고자 합니다. 다만 내가 말하고자 하는 모든 것은 우리가 "가까움"과 "멀음"의 의미를 육체적이며 감각적으로 해석해서는 안 된다는 것입니다. 심지어 육체를 입고 시간과 공간의 한계에 있는 여기에서조차, 우리는 공간적으로 멀리 떨어져 있음에도 불구하고 마음으로 가까이 있을 수 있는 것을 압니다. 우리는 보물이 있는 곳에 마음이 있으며 마음이 있는 곳에 사람이 있음을 압니다. 멀리 떨어져 있음에도 불구하고 우리를 하나로 연합시키는 바로 그것이 최고의 형태로 예수 그리스도를 사랑하는 영혼들을 그와 연결시킵니다. 설령 공간적으로는 그와 그들이 서로 떨어져 있다 하더라도 말입니다. 우리는 오감(五感) 즉 다섯 가지 감각을 가지고 있습니다. 그것은 다섯 개의 문이며, 다섯 개의 창입니다. 우리의 귀가 다르다면,

우리는 지금 우리가 듣지 못하는 소리들을 들을 것입니다. 우리의 눈이 다르다면, 우리는 지금 우리가 보지 못하는 스펙트럼의 양쪽 끝에 있는 빛을 볼 것입니다. 육체는 나타나는 만큼 가립니다. 완전한 영이 영적인 몸 즉 영의 모든 필요에 부응하며 영의 적합한 도구인 몸으로 옷 입을 때, 지금 우리가 듣지 못하는 많은 곡조들이 우리의 청각을 달콤함으로 채울 것이며 지금 우리가 보지 못하는 많은 광채들이 완전한 빛으로 우리 앞에 빛날 것입니다. 우리는 그리스도와 가까이 있을 것입니다. 이와 같이 그리스도와 함께 있는 것이 평강과 고결함과 축복과 불멸을 위해 여러분이 필요로 하는 모든 것입니다. 형제들이여, 이 땅에서 그리스도를 소유하는 것이 우리의 강함이며, 하늘에서 그리스도와 함께 있는 것이 우리의 축복입니다. 그들은 "하나님의 보좌와 어린 양 앞에" 있습니다. 나는 우리가 이 이상(以上) 많은 것을 안다고 믿지 않습니다. 또 우리가 이것이 의미하는 모든 것을 올바로 이해하기만 한다면, 나는 우리가 이 이상 아무것도 필요로 하지 않음을 확신합니다.

계속해서 "**서서**"라는 표현을 생각해 보도록 합시다. "보좌 앞과 어린 양 앞에 **서서**." 이러한 말씀은 이어지는 다음과 같은 말씀으로 확장되며 부연됩니다. "그러므로 그들이 하나님의 보좌 앞에 있고 또 그의 성전에서 밤낮 하나님을 **섬기매**"(15절). 여기에서 섬김의 성격이 무엇인지 묻는 것은 무의미한 일입니다. 다만 하늘나라와 관련한 통상적인 그림 즉 아무 일도 하지 않고 찬송가나 부르는 영원한 세상의 그림은 아무런 성경적 기초도 가지고 있지 않다는 사실을 기억합시다. 왜냐하면 신약은 "그리스도와 함께 있는 개념"과 "그리스도를 위해 섬기며 일하는 개념"을 하나로 결합시키기 때문입니다.

예컨대 므나의 비유와 달란트 비유를 생각해 보십시오. 거기에 매우 중요한 법칙이 나타납니다. "네가 적은 일에 충성하였으매 내가 많은 것을 네게 맡기리니"(마 25:21). 14절의 "큰 환난으로부터 나오는 자들"을 주목해 보십시오. 그들은 "하나님의 보좌 앞에 **있을**" 뿐만 아니라 또한 "밤낮 하나님을 **섬기고**" 있습니다(15절). 우리는 계시록 마지막 장에서 이러한 사실이 한층 더 분명하게 나타나는 것을 보게 됩니다. 거기에서 우리는 "그의 종들이 그를 섬기며 그의 얼굴을 볼 터이요"라는 말씀을 읽습니다 (22:3). 여기에 그의 얼굴을 바라보는 삶의 개념과 그를 위해 활발하게 섬기며 일하는 개념이 하나로 결합됩니다. 두 개념은 서로 상충되지 않을 뿐만 아니라, 피차의 완성을 위해 서로를 절대적으로 필요로 합니다.

하늘에 섬기는 일이 있다면, 세상은 분명 연습장(演習場)일 것입니다. 여기에서 우리는 능력을 계발하며 습관을 만들어야 합니다. 그러면 하늘에서 더 넓고 광활한 일터를 발견하게 될 것입니다. 이 세상이 우리에게 하늘을 위한 훈련장이 아니라면, 나는 우리가 이 세상에 있는 이유를 도무지 알지 못합니다. 또 사람이 이생에서 행하는 일이 하늘에서의 일을 위한 훈련이 아니라면, 나는 그 일에 도대체 무슨 가치가 있는지 도무지 알지 못합니다. 사랑하는 친구들이여, 여러분은 어떤 종류의 일을 행하고 있습니까? 그것은 여러분이 이생의 모든 사소한 일들을 떠난 이후에도 계속해서 행할 수 있는 종류의 일입니까? 사랑하는 형제들이여, 무덤 너머에 우리가 이 땅에서 훈련한 일을 더 온전하게 행할 광활한 일터가 없다면, 이 땅의 삶은 해답 없는 불가해한 수수께끼가 될 수밖에 없다는 사실을 기억하십시오. 이 땅에서의 여러분의 삶이 정말로 여러분이 하늘에서의 섬김을 위한 준비인지 생각해 보십시오. 내가 어떻게 여러분의 마음과 양심을 움직일 수 있겠습니까? 나는 할 수 없습니다. 여러분 스스로 그렇게 해야만 합니다.

3. 마지막으로 그들이 입은 옷을 주목하십시오.

"흰 옷을 입고." "옷"은 모든 언어에서 사람이 자신의 행동의 결과로서 스스로를 나타내는 그의 성품을 함축합니다. 그것은 자신을 세상에 가견적(可見的)으로 나타내는 것이며, 자신의 영(靈)의 "습관"입니다. 여러분이 잘 아는 것처럼 영어에서 "습관"(habit)은 관습(custom)과 의복(costume) 모두를 의미합니다. 또 "흰색"은 하늘의 색깔입니다. 계시록에 나타나는 "흰 보좌"라든지 혹은 "흰 말" 등을 생각해 보십시오. 또 흰색은 변화산에서의 우리 주님의 옷이 그랬던 것처럼 광채로 빛나는 색입니다. 하얀 설산(雪山)이 햇빛에 반사되어 반짝이는 것을 상상해 보십시오. 그와 같이 흰 옷은 한 마디로 말해서 찬란한 광채로 빛나는 정결 혹은 영광입니다. 그러나 그것보다 더 중요한 것은 "어떻게 그들이 그와 같은 옷을 입고 나왔느냐?"하는 것입니다. 이어지는 말씀이 그러한 질문에 대답해 줍니다. "이들은 어린 양의 피에 그 옷을 씻어 희게 하였느니라"(14절). "이들은 … 씻어." 그들은 무엇인가로 씻었습니다. 그러면 그것은 무엇이었습니까? 그것은 "어린 양의 피"였습니다. "어린 양의 피"가 씻는 도구였습니다. 그러므로 씻음은 그들 자신의 노력의 결과가 아니었습니다. 씻음은 단순한 용서가 아닙니다. 그것은 또한 성품을 희고, 정결하며, 빛나게 만드는 것을 포함합니다. 바로 어린 양의 피가 그렇게 합니다.

왜냐하면 그리스도께서 자신의 죽음으로 우리에게 죄 사함을 가져다주셨기 때문입니다. 또 그리스도는 그의 생명으로 우리 각자에게 우리를 정결케 할 씻음을 가져다주십니다. 진실로 우리는 스스로를 씻을 수 없습니다. 세상에 여러분의 성품으로부터 더러운 것들을 제거하거나 여러분으로부터 과거의 죄책을 제거할 수 있는 세제(洗劑)는 없습니다. 그러나 예수 그리스도는 자신의 죽음으로 죄 사함을 가져다주십니다.

그리고 그는 자신의 생명으로 우리의 성품을 변화시키며 우리를 점진적으로 정결하게 만들 것입니다. 그는 자신의 피로 우리를 우리의 죄로부터 씻으셨습니다. 우리의 옷을 "어린 양의 피로 씻어 희게" 만들어야 합니다. 그는 그렇게 할 수 있는 수단을 가져다주셨습니다. 우리는 그러한 수단을 사용해야만 합니다. 우리가 그렇게 한다면 다시 말해서 우리가 죄 사함을 위해 그를 믿을 뿐만 아니라 정결함을 위해 그를 영접하고 우리의 옷을 더 희게 하고자 매일 같이 정직하게 애쓴다면, 우리의 수고는 헛되지 않을 것입니다. 또 우리가 그렇게 함으로써 우리의 옷으로부터 더러운 것들이 점진적으로 씻겨나가는 것을 본다면, 우리 역시도 장차 "흰 옷을 입고 손에 종려 가지를 들고 보좌 앞과 어린 양 앞에 서 있는" 무리 가운데 있게 될 것을 겸손한 마음으로 바랄 수 있습니다. "자기 두루마기를 빠는 자들은

복이 있으니 이는 그들이 생명나무에 나아가며 문들을 통하여 성에 들어
갈 권세를 받으려 함이로다"(계 22:14).

25
모세와 어린 양의 노래

"또 내가 보니 불이 섞인 유리 바다 같은 것이 있고 짐승과 그의 우상과 그의 이름의 수를 이기고 벗어난 자들이 유리 바다 가에 서서 하나님의 거문고를 가지고 하나님의 종 모세의 노래, 어린 양의 노래를 불러 이르되"

계 15:2, 3

여기의 환상의 형태는 부분적으로 사도 요한 자신의 환경과, 또 부분적으로 구약 역사(歷史)의 회상으로 구성됩니다. 전자와 관련하여, 계시록에 바다와 관련한 언급이 많은 것은 결코 우연일 수 없습니다. 우리의 귀에 종종 바다의 파도치는 소리가 들리는 것은 이 책이 외딴 밧모섬에서 기록되었기 때문입니다. 또 "불이 섞인 유리 바다"는 틀림없이 그가 고요한 아침에 종종 보았던 그림이었을 것입니다. 고요한 수면 위로 불타는 해가 떠오르는 광경을 상상해 보십시오. 혹은 일몰(日沒)의 저녁시간에 본 그림일 수도 있습니다. 붉게 물든 석양의 바다를 상상해 보십시오. 뿐만 아니라 여기의 환상에는 구약의 역사(歷史)도 상당 부분 채색되어 있습니다. 모세와 이스라엘 백성들이 애굽의 병사들을 삼킨 홍해 바다를 바라보며 즐거운 감사로 기뻐 뛰는 장면을 상상해 보십시오. 여기의 그림에 그 장면이 겹쳐지는 것이 느껴지지 않습니까? 심판이 임하기 직전의 장엄한 고요 가운데, 짐승과 그의 우상을 이기고 벗어난 영들이 고요한 바닷가에 모여 승리와 감사의 옛 노래를 부릅니다. 그들은 모세의 노래와 어린 양의 노래를 섞어 부르는 것으로 하나님의 성품과 행하시는 일이 처음부터 마지막까지 항상 동일함을 증언합니다. 그의 심판은 항상 의롭습니다. 그가 행하시는 가장 두려운 일들의 목적은 항상 사람들이 그를 알고 사랑하도록 하기 위함입니다. 가장 깊은 신비를 보고 우주의 실재를 참되게 깨달은 자들의 입술에는 항상 하나님이 행하신 모든 일에 대한 찬미가 있을 것입니다.

1. 첫째로, 승리의 합창대를 주목하십시오.

"또 내가 보니 짐승과 그의 우상과 그의 이름의 수를 이기고 벗어난 자들이." 오늘 나는 여기의 묵시와 관련한 논의 속으로는 들어가지 않을 것입니다. 계시록의 짐승이 사람인지 혹은 어떤 세상풍조인지에 대해 논의하는 것은 오늘의 주제와 무관합니다. 그것이 사람이든 어떤 세상풍조든, 과거나 미래의 어떤 사람이든, 네로 황제를 가리키는 은밀한 호칭이든, 아직 태어나지 않은 어떤 악의 화신에 대한 예언이든 — 이 모든 것은 오늘의 주제와 무관합니다. 도리어 내가 묻고자 하는 질문은 "짐승이 누구든 간에 도대체 무엇이 그를 짐승으로 만들었느냐?" 하는 것입니다. 우리가 이러한 질문에 대해 깊이 생각하다면, 우리는 그로부터 매우 큰 유익을 얻게 될 것입니다. 사람 안에 있는 짐승적인 요소는 무엇입니까? 그것은 다름 아닌 "하나님 없는 이기심"(Godless selfishness)입니다. 바로 이것이 "짐승의 표"입니다. 사람의 본성이 하나님을 잊고 이기심으로 향할 때, 그러한 본성은 참된 인성(人性)으로부터 이탈하여 짐승의 수준으로 떨어집니다. 사람은 신적 수준으로 올라가야지, 그렇지 않으면 불가불 짐승의 수준으로 떨어지게 됩니다. 하나님과의 관계는 대수롭지 않게 여기면서 오로지 자신이 바라는 대로, 자신의 쾌락을 위해 사는 사람들을 생각해 보십시오. 그들에게서 여러분은 "짐승의 형상과 그의 이름의 수"를 봅니다.

그러나 이 같은 "하나님 없는 이기심" 외에도, 우리는 짐승의 표로 단순한 동물적인 삶을 지적할 수 있습니다. 양심과 믿음을 따라 살지 않고 육신적인 기호(嗜好)와 감각을 따라 사는 사람들을 생각해 보십시오. 그들은 스스로를 본능을 따라 사는 짐승의 수준으로 떨어뜨립니다. 오늘날 많은 상류층 사람들을 특징짓는 뻔뻔스러운 호색(好色)을 보십시오. 오늘날 대중문화를 가득 채우고 있는 추악한 육신주의를 보십시오. 순전한 동물적 욕구, 육신의 정욕, 안목의 정욕, 먹고 마시기를 탐하는 것 ─ 이런 것들이 우리 주위의 수많은 사람들을 지배하며 파멸시키고 있는 것을 보십시오. 대도시의 모든 거리를 채우고 있는 무수한 유혹들을 보십시오. 문화라는 미명 하에 자행되는 추악한 욕정들을 보십시오. 겉모습은 그럴듯한 신사면서 실제로는 호색한(好色漢)인 사람들이 얼마나 우글거립니까? 이 시대의 영국의 모습을 보면서 오늘날 세상 전체가 짐승을 따르며 짐승에게 경배하고 있다고 말하는 것은 지나친 과장입니까?

계속해서 여기의 승리자들의 싸움은 짐승의 권세로부터 벗어나기 위한 것이었음을 주목하십시오. 본문의 언어는 매우 주목할 만합니다. 계시록의 저자는 자신의 생각을 표현함에 있어 문법이라든지 혹은 문장을 부드럽게 하는 것 따위는 전혀 신경 쓰지 않습니다. 여기에서 그는 철저한 문법주의자의 머리털을 곤두서게 만드는 어법을 사용합니다. 그는 여기의 승리의 합창을 부르는 자들을 "짐승**으로부터** 이긴 자들"이라고 부릅니다(conquerors **out of** the beast, 한글개역개정판에는 "짐승을 이기고 벗어난 자들"라고 되어 있음). 이러한 표현은 짐승에 대한 승리가 그의 통치로부터 벗어난 것이었음을 함축합니다. 그들은 이를테면 멍에의 땅으로부터 싸워 벗어났습니다. 마치 폭동을 통해 자유를 얻은 노예들처럼, 그들은 그렇게 자유를 얻고 승리의 행진을 했습니다. 우리는 이것을 이스라엘의 출애굽과 비교할 수 있습니다. 그들은 하나님의 도움으로 마침내 바로를 이기고 멍에의 땅에서 벗어났습니다. 그와 같이 여기의 새로운 바로의 멍에에 묶여 있는 자들은 싸움을 통해 자유를 회복합니다. 그리고 그들의 승리의 열매는 폭군으로부터 완전히 벗어나는 것입니다.

그러한 승리는 어린 양으로 말미암아 가능합니다. 계시록은 우리 앞에 서로 싸우는 두 힘이 있음을 보여 줍니다. 한쪽에 "짐승"이 있고, 다른 한쪽에 "어린 양"이 있습니다. 둘이 서로 싸우지만, 결국 이기는 것은 어린 양입니다. 이와 같이 예수 그리스도는 우리 본성의 짐승적인 성향인 하나님 없는 이기심을 정복합니다. 어린 양은 전사(戰士)이며, 승리자입니다. 그는 희생의 어린 양이기 때문에 이깁니다. 그는 무죄한 어린 양이기 때문에 이깁니다. 그는 온유한 어린 양이기 때문에 이깁니다. 그리스도로 말미암아 우리는 이깁니다. 그의 능력과 승리를 붙잡는 믿음으로 우리도 이길 수 있습니다. "세상을 이기는 승리는 이것이니 우리의 믿음이니라"(요일 5:4).

이 자리에 앉아 있는 젊은이들에게 특별히 호소합니다. 일시적이며 보잘것없는 현재의 유혹으로 말미암아 스스로를 포로로 내어 주지 마십시오. 마치 도살장에 끌려가는 소처럼 말입니다. 여러분 안에 있는 짐승의 목에 멍에를 씌우십시오. 하나님 없는 이기심을 조심하십시오. 우리 모두가 그것의 유혹에 넘어질 위험이 있음을 기억하십시오. 어린 양의 피로 말미암아 여러분을 자유와 승리로 부르는 나팔소리를 들으십시오. 그리고 마음을 새롭게 하십시오. 그를 여러분의 희생제물, 여러분의 인도자, 여러분의 능력으로 붙잡으십시오. 그러므로 스스로를 짐승과 그의 우상으로부터 이기고 벗어난 자들 가운데 포함시키십시오.

2. 둘째로, 여기의 합창대가 서 있는 장소를 주목하십시오.

"또 내가 보니 불이 섞인 유리 바다 같은 것이 있고 … 그들이 유리 바다 가에 서서." 흠정역(KJV)의 "유리 바다 **위에**"(on the sea of glass)라는 표현은 물론 바다 가의 단단한 해변으로 이해해야만 합니다(한글개역개정판에는 "유리 바다 **가에**"라고 되어 있음). 모세와 이스라엘 백성들이 홍해 가의 해변 위에 섰던 것처럼, 여기의 승리자들은 안전한 해변 위에 서서 불이 섞인 유리 바다를 바라보고 있는 것으로 표현됩니다. 불이 섞인 유리 바다는 고요하며 수정같이 맑고 깨끗하며 평온하지만, 보응과 심판의 붉은 색들로 가득합니다.

이와 같이 환경적인 의미와 역사적(歷史的)인 의미 외에도, 여기의 유리 바다는 명백히 상징적인 의미도 가지고 있습니다. 우리는 유리 바다가 4장의 위대한 환상 가운데에도 나타나는 것을 발견합니다. "보좌 앞에 수정과 같은 유리 바다가 있고 보좌 가운데와 보좌 주위에 네 생물이 있는데 앞뒤에 눈들이 가득하더라"(6절). 여기에서 사도 요한은 우주의 정상적이며 이상적(理想的)인 질서를 봅니다. 중앙에 보좌가 있고, 보좌와 피조물 사이에 중보자로서 "죽임 당한 어린 양"이 있습니다. 그리고 보좌 주위에 네 생물이 있는데, 이것은 창조의 충만을 나타냅니다. 그리고 24명의 장로들은 구약과 신약 전체의 교회를 나타냅니다. "또 보좌에 둘려 이십사 보좌들이 있고 그 보좌들 위에 이십사 장로들이 흰 옷을 입고 머리에 금관을 쓰고 앉았더라"(4절). 이어 "보좌 앞에 수정과 같은 유리 바다가 있고"라는 말씀이 따르는데, 이것은 물리적인 창조세계의 일부일 수 없습니다(6절). 이에 대해서는 오직 하나의 설명만이 가능한 것으로 보이는데, 그것은 이것이 신의 처리(Divine dealings)의 총체를 의미한다는 것입니다. "주의 심판은 큰 바다와 같으니이다"(시 36:6). "깊도다 하나님의 지혜와 지식의 풍성함이여, 그의 판단은 헤아리지 못할 것이며 그의 길은 찾지 못할 것이로다"(롬 11:33). 이러한 의미는 본문과 잘 어울립니다. 왜냐하면 본문에서 불이 섞인 유리 바다 밑에 폭군이 영원히 수장되었음이 함축적으로 나타나기 때문입니다.

하나님의 심판의 거대한 바다는 마치 수정(水晶) 같습니다. 그것은 깊지만 맑고 깨끗합니다. 아, 우리는 하나님의 처리의 신비 앞에 서서 종종 어찌할 바를 알지 못한 채 당황하기도 하며 때때로 그에게 순복하기를 머뭇거리기도 합니다! 그것의 모호함은 종종 우리에게 큰 고통으로 다가오며, 그로 인해 사람들은 때로 무신론(無神論) 같은 것에 떨어지기도 합니다. 그러나 여기에 그 바다가 수정 같이 맑다는 분명한 확증이 있습니다. 우리가 그것의 가장 깊은 곳을 볼 수 없다면, 그것은 거기에 진흙이나 더러운 오물이 있기 때문이 아닙니다. 그것은 부분적으로 위로부터의 빛이 그 깊은 심연까지 도달하지 못하기 때문이며, 또 부분적으로 우리의 시력이 그 깊은 곳까지 볼 수 있을 만큼 충분히 강하지 못하기 때문입니다. 그것은 맑고 투명합니다. 거기에는 진흙이나 더러운 오물이 없습니다. 그러므로 우리는 우리의 눈이 보지 못하는 곳까지도 똑같이 맑고 투명하다는 사실을 믿을 수 있고 또 믿어야만 합니다.

그것은 또한 수정 같이 고요한 바다입니다. 거기에 서 있는 자들은 이긴 자들로서 주님의 형상을 간직하고 있습니다. 승리로 말미암고 주님과 같은 마음을 품은 것으로 말미암아, 우리의 눈에 폭풍으로 요동치는 바다로 보이는 것이 그들의 눈에는 고요하며 잔잔한 것으로 보입니다. 어느 정도 높은 곳에서 내려다볼 때, 바다는 잔잔하게 보일 것입니다. 실제로는 거센 파도로 요동하고 있다고 하더라도 말입니다. 그와 같이 하늘로부터 내려다보는 자들에게, 여기의 바다는 고요하며 잔잔합니다. 그리고 우리의 시각이 아니라 그들의 시각이 올바른 시각입니다.

또 그것은 "**불이 섞인 유리 바다**"입니다. 그 위에 마치 베네치아 유리 위에 나타나는 붉은 빛과 같은 신의 보응의 행동이 불타오릅니다. 이와 같이 신의 처리의 큰 깊음 가운데 보응의 불이 타오릅니다. 짐승, 하나님 없는 이기심을 이긴 자들은 세상에 대한 하나님의 처리의 의미와 긍휼을 봅니다. 이 땅에서 우리는 하나님이 행하시는 모든 일이 의로우며 긍휼로 가득 찬 것이라는 사실을 분명하게 이해하고 흔들림 없는 믿음으로 붙잡을 수 있습니다. 우리가 짐승과 교활한 이기심을 이기고 예수 그리스도의 형상을 닮아 그래서 그의 마음과 같은 마음을 갖는 분량만큼 말입니다.

3. 마지막으로, 모세의 노래와 어린 양의 노래를 주목하십시오.

"모세의 노래, 어린 양의 노래를 불러 이르되." 모세의 노래는 멸망의 심판을 이긴 승리의 노래였습니다. 나아가 본문은 어린 양의 노래 역시 같은 음조(音調)를 갖는다고 말합니다. 이로부터 도출되는 한 가지 교훈은 구약의 율법과 기적과 보응의 행동 속에서의 하나님의 계시와 신약의 십자가와 예수 그리스도의 수난 속에서의 하나님의 계시가 본질적으로 동일하다는 것입니다. 사람들은 구약과 신약 사이에 그리고 구약의 하나님과 신약의 하나님 사이에 서로 싸움을 붙입니다. 때로 그들은 양자(兩者)가 서로 상충되며 반대된다고 말합니다. 오늘날의 어떤 학자들은 구약이 신약의 그림자이며 신약이 구약의 성취임을 부인합니다. 그러나 본문은 그들의 생각과는 정반대로 양자의 본질적인 동일성을 확증합니다. 본문은 구약으로부터는 꽃을 보고 신약으로부터는 열매를 볼 것을 가르치면서, 애굽 병사들을 홍해 아래 수장시킨 하나님과 그 아들 예수 그리스도 안에서 우리 모두에게 긍휼을 베푸시는 하나님이 동일한 하나님임을 선포합니다.

여기에 나타나는 원리는 이 세상에서 하나님의 파괴적인 처리로 나타나는 그의 보응의 행동과 복음이 우리에게 제시하는 그의 사랑과 긍휼 사이의 완전한 조화입니다. 옛 잠언 가운데 한 구절은 "악인이 패망하면 기뻐 외치느니라"라고 말합니다(잠 11:10). 그렇습니다. 오랜 세월 동안 인성(人性)을 속여 왔던 오랜 압제가 사라질 때, 사람들은 예수 그리스도의 사명과 사역의 의미를 더 깊이 깨닫게 됩니다. 사람들이 악에 대한 분개를 더 많이 느낄수록, 그들은 더 크게 기뻐할 것입니다. 하나님의 모든 처리는 그의 성품을 나타내며 모든 사람들이 그를 알고 사랑하도록 하기 위한 것입니다. 그러므로 우리는 하나님이 행하시는 모든 일이 — 설령 그 방법은 다양할 수 있다 하더라도 — 하나의 확실하며 변할 수 없는 동기(動機)로부터 오며 하나의 확실하며 변할 수 없는 목적지로 귀착됨을 굳게 확신할 수 있습니다. 그 동기는 그 자신의 사랑이며, 그 목적지는 그의 이름의 영광입니다. 사람의 생명과 축복은 그가 하나님을 알고 사랑하는 것에 의존합니다.

그러므로 사랑하는 친구들이여, 이러저러한 일은 신의 성품의 최고의 개념들과 모순된다느니 불일치한다느니 하는 식으로 너무 성급하게 말하지 맙시다. 나는 하나님이 우리의 양심과 마음속에 자신의 증언을 두셨다고 믿습니다. 또 나는 그의 모든 처리가 사람의 이성(理性)과 사람의 양심과 사람의 마음에 부과하는 어떤 시험도 능히 통과할 것임을 믿습니다. 다만 우리가 모든 자료를 다 가지고 있지 못할 뿐입니다. 우리는 다만 아직 진행 중인 일을 볼 뿐입니다. 우리의 눈은 원(圓)의 한 작은 조각을 보면서 그것 전체의 크기와 모양을 정확하게 말할 수 있을 만큼 충분히 밝지 못합니다.

"나는 이러저러한 것을 결코 받아들일 수 없어요. 왜냐하면 그것은 신의 본성에 대한 나의 개념과 맞지 않기 때문이에요"라고 말하는 어떤 사람을 상상해 보십시오. 항상 이런 식으로 말하면서 하나님의 계시에 의문을 제기하는 사람에 대해 나는 의아하게 생각하지 않을 수 없습니다. 여러분이 자신의 개념이 절대적으로 정확함을 확신할 수 없다면 또 여러분이 그것이 지금까지 계속해서 발전되고 수정(修訂)되고 다듬어져 왔음을 부인할 수 없다면, 여러분은 그것과 부합되는 것이 절대적인 법칙은 아니라는 사실을 기꺼이 받아들여야만 합니다. 도리어 나는 하나님이 이렇게 행하셔야 한다느니 저렇게 행하면 안 된다느니 하는 식으로 조심스레 말하는 것이 훨씬 더 지혜로우며 겸손한 태도라고 생각합니다. 우리가 좀 더 높이 올라간다면, 우리는 좀 더 넓은 시야를 가지고 "온 세상의 심판자는 의로우시도다. 그가 어떤 일을 행하신다면, 그것은 의로운 일이로다"라고 말하게 될 것입니다. 어쨌든 "여호와여 주는 사람과 짐승을 보전하시나이다"라는 명백한 진리를 굳게 붙잡읍시다(시 36:6 하반절, 한글개역개정판에는 "사람과 짐승을 구하여 주시나이다"라고 되어 있음). 그러면 우리는 "주의 심판은 큰 바다와 같으니이다"라고 말할 수 있게 될 것입니다(시 36:6 중반절).

　여기에서 내가 제시하고자 하는 마지막 개념은 본문의 교훈에 따를 때 우리가 속량된 노예들과 좌절된 압제자와 신의 개입과 애굽 병사들을 삼킨 홍해의 옛 이야기를 세상을 위한 빛나는 소망으로 가득 찬 예언으로 취할 수 있다는 것입니다. 바로 이것이 여기에서 사용된 방법입니다. "짐승"은 바로입니다. "불이 섞인 유리 바다"는 홍해입니다. "짐승을 이기고 벗어난 자들"은 속량된 이스라엘 백성들입니다. 그리고 모세와 어린 양의 노래는 홍해를 지나고 난 후 이스라엘 백성들이 불렀던 승리의 합창입니다. 이스라엘 백성들이 홍해 바다 가에 서서 애굽 병사들의 시체를 바라보았던 것을 생각해 보십시오. 그와 같이 우리는 인성(人性)이 언젠가 자기 안에 있는 짐승과 이기심에서 벗어나 모든 원수들을 자신의 의로운 심판의 깊음 속에 수장시킨 만왕의 왕에게 감사의 노래를 부를 것을 믿을 수 있습니다.

세상에 대하여 그러한 것 같이, 개인들에 대하여도 그러합니다. 여러분이 짐승을 여러분의 바로와 노역감독으로 받아들인다면, 여러분은 물에 던져진 납덩어리처럼 그와 함께 "가라앉을" 것입니다. 반면 여러분이 어린 양을 여러분의 왕과 희생제물로 받아들인다면, 그는 여러분의 손에서 결박을 풀고 여러분의 목에서 멍에를 벗길 것입니다. 그리고 그는 여러분의 모든 발걸음을 인도하실 것이며, 여러분은 마침내 영원한 아침이 동터올 때 바다 가에 서서 찬란한 태양의 광채가 바다 전체를 덮는 것을 보게 될 것입니다. 그리고 압제자들은 바다 밑에 영원히 수장될 것이며, 여러분은 자신의 피로 여러분의 모든 죄를 씻어 주시고 여러분을 "짐승과 그의 우상과 그의 이름의 수를 이기고 벗어난" 승리자가 되게 하신 자에게 즐거운 감사의 노래를 부르게 될 것입니다.

26
새 예루살렘

"¹또 내가 새 하늘과 새 땅을 보니 처음 하늘과 처음 땅이 없어졌고 바다도 다시 있지 않더라 ²또 내가 보매 거룩한 성 새 예루살렘이 하나님께로부터 하늘에서 내려오니 그 준비한 것이 신부가 남편을 위하여 단장한 것 같더라 ³내가 들으니 보좌에서 큰 음성이 나서 이르되 보라 하나님의 장막이 사람들과 함께 있으매 하나님이 그들과 함께 계시리니 그들은 하나님의 백성이 되고 하나님은 친히 그들과 함께 계셔서 ⁴모든 눈물을 그 눈에서 닦아 주시니 다시는 사망이 없고 애통하는 것이나 곡하는 것이나 아픈 것이 다시 있지 아니하리니 처음 것들이 다 지나갔음이러라 ⁵보좌에 앉으신 이가 이르시되 보라 내가 만물을 새롭게 하노라 하시고 또 이르시되 이 말은 신실하고 참되니 기록하라 하시고 ⁶또 내게 말씀하시되 이루었도다 나는 알파와 오메가요 처음과 마지막이라 내가 생명수 샘물을 목마른 자에게 값없이 주리니 ⁷이기는 자는 이것들을 상속으로 받으리라 나는 그의 하나님이 되고 그는 내 아들이 되리라 … ²²성에서 내가 성전을 보지 못하였으니 이는 주 하나님 곧 전능하신 이와 및 어린 양이 그 성전이심이라 ²³그 성은 해나 달의 비침이 쓸 데 없으니 이는 하나님의 영광이 비치고 어린 양이 그 등불이 되심이라 ²⁴만국이 그 빛 가운데로 다니고 땅의 왕들이 자기 영광을 가지고 그리로 들어가리라 ²⁵낮에 성문들을 도무지 닫지 아니하리니 거기에는 밤이 없음이라 ²⁶사람들이 만국의 영광과 존귀를 가지고 그리로 들어가겠고 ²⁷무엇이든지 속된 것이나 가증한 일 또는 거짓말하는 자는 결코 그리로 들어가지 못하되 오직 어린 양의 생명책에 기록된 자들만 들어가리라"

계 21:1-7, 22-27

1. "새 예루살렘"은 오직 "새 하늘" 아래와 "새 땅" 위에만 세워질 수 있습니다.

　자연스럽게 요한은 새 예루살렘을 묘사하기에 앞서 먼저 새 하늘과 새 땅을 언급합니다. 새 하늘과 새 땅이 여기에서 새 예루살렘을 위한 터전을 제공하는 것으로 나타나는 사실은 새 하늘과 새 땅의 의미에 대한 문자적인 해석을 한층 더 타당한 것으로 만듭니다. "새 하늘과 새 땅"이 인성(人性)의 새로워진 상태를 의미하는 것이라면, 그것과 그 위에 세워지는 새 예루살렘 사이에 도대체 무슨 차이가 있단 말입니까? 우리는 구약과 신약의 전체적인 흐름을 기억할 필요가 있습니다.

　구약과 신약의 전체적인 흐름에 따를 때, 물질적인 전체 창조세계는 "헛됨" 아래 종속되어 있으며 구원을 필요로 합니다. 현대 천문학은 우리에게 천체가 불타고 있는 것을 보여 줍니다. 천체는 격렬한 변화에 의해 새로운 형태로 바뀌어 가고 있습니다. 그러므로 하늘이 풀어지고 그 원소(元素)들이 뜨거운 불에 녹아 새 하늘과 새 땅이 생기게 된다는 것은 결코 논박될 수 없는 사실입니다. 어떤 의미에서 그것은 "새" 하늘이며 "새" 땅입니까? 여기의 "새"는 존재가 바뀌는 것을 의미하는 것이 아니라 새로워지는 것을 의미합니다. 그것은 예전의 존재의 실재를 배제하기보다 포함합니다. 이와 같이 성경 전체는 물질적인 세계가 썩음의 올무에서 벗어나 "하나님의 자녀의 영광의 자유"로 나아감으로써 다시 구성되는 것을 가르칩니다. 그리고 하나님의 도성 새 예루살렘은 우주에 있는 미지의 먼 천체에 존재하는 어떤 것이 아니라, 옛 세상이 새로워진 새 세상으로 제시됩니다.

　1절의 "바다도 다시 있지 않더라"라는 말씀은 주목해 보십시오. 그러한 말씀은 불법적인 권세, 은밀하며 적대적인 세력, 나눔과 분리의 심연이 더 이상 없는 것을 나타내는 상징적인 의미로 받아들여야 합니다. 이러한 새로워진 세상 위에 하나님으로부터 새로워진 도성이 세워집니다. 새로워진 도성은 그것이 나타나기 전에 이미 하나님과 함께 있었습니다. 시공간 속에 나타나는 모든 것이 이미 하나님의 마음속에 영원히 있었던 것처럼 말입니다. 그리고 새로워진 도성은 승천하신 그리스도의 인격 안에서 실현되었습니다. 그가 하늘로부터 다시 오실 때, 그 도성도 그와 함께 옵니다.

바로 이것이 "새 예루살렘"입니다. 옛 예루살렘에서 부분적으로 성취되었던 이상(理想)들은 새 예루살렘에서 그 완전한 표현을 발견합니다. 완전해진 인간들의 완전한 상태가 하나님의 종들의 공동체로서 표현됩니다. 그리고 그 안에서 땅과 하늘이 하나가 되는 — 즉 완전해진 인간들이 완전한 왕과 온전히 하나가 되는 것을 다루는 — 모든 예언이 이루어집니다.

2. 이러한 환상은 요한이 본 것에 대한 설명의 말씀으로 보충됩니다(3, 4절).

여기에 두 가지 위대한 개념이 나타납니다. 하나는 하나님과 사람 사이의 복된 연합이 영원히 완전하게 되는 개념이며, 다른 하나는 그로 말미암아 인간의 모든 악이 제거되는 날이 밝아 오는 개념입니다. 전자의 약속은, 계시록의 거의 모든 상징들과 예언들이 그런 것처럼, 옛 언약의 구조 틀에서 제시됩니다. 외적인 형태로 성막은 광야의 진(陣) 중앙에 서 있었으며, 하나님은 쉐키나의 상징에서 이스라엘 가운데 거하셨으며, 그들은 외적인 분리와 성별(聖別)에 의해 그의 백성이었습니다. 그들이 이방나라들과 더불어 전쟁을 벌일 때, 하나님은 실제로 그들과 함께 계셨습니다. 그러나 그들이 성전을 더럽혀 그와 그들 사이의 교제에는 많은 균열이 생겼습니다.

그러나 미래에는 모든 것이 완전한 실재가 될 것입니다. 사람들 가운데 장막을 치신 하나님과 하나님이 거하시는 사람들 사이에 어떤 분리나 균열도 없을 것이며, 하나님과 사람들 사이의 상호 소유는 완전하며 영원할 것입니다. 이것이 우리를 위한 최고의 소망이며, 이로부터 다른 모든 축복들이 흘러나옵니다. 그의 임재는 모든 악을 쫓아냅니다. 마치 떠오르는 해가 모든 어둠을 쫓아내는 것처럼 말입니다. 그가 계신 곳에 어떻게 사망이나 애통하는 것이나 곡하는 것이나 아픈 것이 있을 수 있겠습니까? "다시는 사망이 없고 애통하는 것이나 곡하는 것이나 아픈 것이 다시 있지 아니하리니"(4절). 형언할 수 없는 미래를 가장 잘 형언하는 방법은 이와 같이 부정의 표현들(negations)을 사용하는 것입니다. 세상을 가득 채우고 있는 이러한 악들을 뒤집어 보십시오. 그러면 여러분은 하늘의 기쁨에 대해 어느 정도 알게 될 것입니다. 그러나 하나님의 임재와 함께 시작하십시오. 그렇지 않으면 여러분은 그것의 가장 큰 기쁨에 대해 아무것도 알지 못하게 될 것입니다.

3. 큰 음성이 다시금 그러한 환상을 확증하면서 그 열매를 소유하는 조건을 선포합니다(5-7절).

이러한 찬란한 소망들이 미지의 미래와 관련하여 우리의 상상력이 만들어낸 헛된 망상이 아닌 것을 우리가 어떻게 확신할 수 있겠습니까? 그것은 오직 "보좌에 앉아" 만물을 주관하시는 이가 "내가 만물을 새롭게 하노라"라고 선포하셨기 때문입니다(5절). 그것을 확증하는 유일한 것은 그의 권능과 신실한 말씀입니다. 그러므로 천지는 사라져도 그의 말씀은 사라지지 않을 것이라는 말씀을 여러 선지자들이 확신하며 기록할 수 있었고, 우리도 확신하며 읽을 수 있습니다. 그러므로 "처음 것들이 다 지나갈" 것이라는 것도 확실하게 성취될 것입니다(4절). 우리는 믿음으로 "없는 것을 있는 것처럼 보는" 그리고 "미래를 현재로 만드는" 신적 특권에 참여할 수 있습니다. 알파 즉 그로부터 만물이 시작되는 자는 오메가 즉 그에게로 만물이 귀결되는 자입니다. 우주를 구성하는 모든 것은 결국 그것의 근원인 하나님에게로 향합니다. 그리고 하나님으로부터 온 사람은 마침내 하나님에게로 돌아갈 것이며, 새 예루살렘은 에덴동산을 능가할 것입니다.

계속해서 여기에서 새 예루살렘에 들어가는 조건들 언급을 주목해 보십시오. "내가 생명수 샘물을 목마른 자에게 값없이 주리니 이기는 자는 이것들을 상속으로 받으리라 나는 그의 하나님이 되고 그는 내 아들이 되리라"(6, 7절). 목마름은, 예수께서 사마리아 우물가와 성전 마당에서 말씀하셨던 것처럼, 생명수를 마시는 조건입니다. 또 싸움에서 이기는 것은, 그리스도께서 성령으로 교회들에게 말씀하셨던 것처럼, 그의 자녀들을 "이것들을 상속받는" 상속자들로 만듭니다. 그리고 기독교의 승리는 하나님과 우리 사이의 부자 관계를 완성시킵니다. 이러한 세 가지 약속들은 "내가 어떻게 새 예루살렘의 시민이 될 수 있습니까?"라는 물음에 대한 다양한 답변들입니다.

4. 계속해서 새 예루살렘에 대한 보다 더 충분한 묘사가 이어집니다(22-27절).

여기의 묘사들은 매우 상징적인 표현들로 채색되어 있습니다. 먼저 우리는 새 예루살렘의 영광이 거기에 두 가지가 부재(不在)한 것으로서 묘사되는 것을 주목할 수 있습니다. 첫째로, 거기에는 성전이 없습니다. "성에서 내가 성전을 보지 못하였으니 이는 주 하나님 곧 전능하신 이와 및 어린 양이 그 성전이심이라"(22절). 거기에는 외적인 성소도 없으며, 특별한 교제의 장소도 없으며, 외적인 것에 의존하는 것도 없습니다. 왜냐하면 하나님과의 교제나 어린 양과의 교제는 완전하며, 연속적이며, 영적이기 때문입니다. 둘째로, 거기에는 해도 없고, 달도 없고, 어떤 인위적인 빛도 없습니다. "그 성은 해나 달의 비침이 쓸 데 없으니 이는 하나님의 영광이 비치고 어린 양이 그 등불이 되심이라"(23절). 그것은 그 도성의 시민들이 그것보다 훨씬 더 밝은 빛을 보기 때문입니다. 그 빛은 영속적인 빛이며, 어떤 밤도 하늘을 어둡게 하지 못합니다. 그 빛은 모든 사람을 자기에게로 이끕니다. 계속해서 "만국이 그 빛 가운데로 다니고 땅의 왕들이 자기 영광을 가지고 그리로 들어가리라"라는 말씀을 주목해 보십시오(24절). 사도 요한은 왕들과 나라들이 계속해서 존속할 것으로 생각했을 수 있습니다.

그러나 좀 더 개연성이 높은 것은 그가 옛 땅의 특징들을 새 땅으로 가져가는 것은 모든 것이 하나님의 영광의 빛으로 이끌리고 왕들과 나라들이 시민들과 더불어 하나로 융합되는 큰 소망을 표현하기 위한 것입니다. 마지막으로 "무엇이든지 속된 것이나 가증한 일 또는 거짓말하는 자는 결코 그리로 들어가지 못하되"라는 말씀을 주목해 보십시오(27절). 여기에서 우리는 환상의 보편성이 제한되는 것을 발견합니다. 아무것도 배제되지 않지만, 부정한 것은 배제됩니다. 그리고 시민 명부는 어린 양의 생명책입니다. "오직 어린 양의 생명책에 기록된 자들만 들어가리라." 우리는 우리의 이름이 거기에 기록된 것을 보게 될 것입니다. 오직 우리는 정결해

야 하며, 생명수에 목말라야 하며, 예수 그리스도를 통해 싸워 이겨야 합
니다.

27

바다도 다시 있지 않더라

"내가 새 하늘과 새 땅을 보니 … 바다도 다시 있지 않더라"

계 21:1

계시록 앞부분에서 우리는 "나 요한은 예수를 증언하였음으로 말미암아 밧모라 하는 섬에 있었더니"라는 말씀을 읽습니다(1:9). 옛 선지자들의 예언에서 우리는 종종 그들이 처해 있는 상황이나 환경이 그들이 말하고자 하는 영적인 진리를 표현하는 매개체가 되는 것을 보게 되는데, 그것은 여기의 계시록에서도 마찬가지입니다. 계시록 전체를 통해 우리는 바다의 파도치는 소리를 듣습니다. 거기에 "불이 섞인 유리 바다" 같은 것이 있었습니다(15:2). 쑥이라는 이름의 별이 "바다 위에" 떨어졌습니다(8:11). "바다로부터" 한 짐승이 나왔습니다(13:1). 큰 천사가 바벨론의 멸망을 선포할 때, 그는 큰 돌을 바다에 던지며 "이 같이 바벨론이 속히 망할 것"이라고 말합니다. 또 요한이 구속받은 자들이 찬양하는 소리를 들었을 때, 그것은 마치 "많은 물소리"와도 같았습니다(19:6). 그리고 환상 말미에 그 앞에 "새 하늘과 새 땅"이 나타나는데, 거기에 그를 고립시킨 슬픈 바다는 더 이상 없습니다. 이것이 상징적인 표현인 것은 두말할 필요조차 없습니다. 그것은 문자적인 바다를 전혀 의미하지 않습니다. 그것은 우리에게 미래 세상의 지형(地形)에 대해 말하지 않습니다. 다만 그것은 큰 영적 진리를 보여 주는 물리적인 상징일 뿐입니다.

그러면 바다의 상징이 의미하는 바는 무엇일까요? 우리는 그러한 상징의 의미를 바다가 구약에서 어떻게 나타나는지를 생각함으로써 가장 잘 확인할 수 있습니다. 유대인들은 바다에 대해 잘 아는 사람들이 아니었습니다. 구약에서 — 특별히 선지서에서 — 바다와 관련한 대부분의 글들은 마치 바다에 대해 거의 알지 못하는 사람들이 쓴 글처럼 보입니다. 구약에서 바다는 대체로 다음과 같은 세 가지 상징 즉 신비(神秘)에 대한, 반역적인 권세에 대한, 그리고 계속적인 요동(搖動)에 대한 상징이었습니다. 그러므로 "바다도 다시 있지 않더라"라는 말씀 가운데 제시되는 것은 이러한 것들이 그칠 것에 대한 약속입니다. 거기에 더 이상 신비한 것이나 두려운 것이 없을 것입니다. 거기에 더 이상 하나님의 보좌에 대항하여 해일이 일어나는 것이나 파도가 몰아치는 것 같은 것이 없을 것입니다. 그리고 거기에 더 이상 변화무쌍한 상황들로 말미암아 흔들리며 요동하는 것이 없을 것입니다. 또 거기에 더 이상 범죄한 마음의 불안과 두려움이 없을 것입니다. 오직 거기에 "새 하늘과 새 땅"이 있을 것입니다. 하나님에 대한 관계와 옛 인성(人性)은 심화(深化)되고, 영화로워지며, 정결해진 채 남아 있을 것입니다. 그러나 우리를 슬프게 하는 모든 것, 반역적인 모든 것, 신비한 모든 것, 요동하는 모든 것은 영원히 사라질 것입니다.

1. 첫째로, "바다가 다시 있지 않을" 것이라는 약속은 미래에 더 이상 고통스러운 신비가 없을 것이라는 복된 약속입니다.

"주의 길이 바다에 있었고 주의 곧은 길이 큰 물에 있었으나 주의 발자취를 알 수 없었나이다"(시 77:19). "주의 심판은 큰 바다와 같으니이다"(시 36:6). "깊도다 하나님의 지혜와 지식의 풍성함이여, 그의 판단은 헤아리지 못할 것이며 그의 길은 찾지 못할 것이로다"(롬 11:33). 이러한 것들이 구약과 신약에서 바다와 관련한 상징이 주로 나타내는 대체적인 사실들입니다.

그것은 지극히 자연스럽습니다. 그러나 동시에 거기에는 모호함의 근원도 있습니다. 우리는 넓은 바다를 바라봅니다. 멀리서 하늘과 바다가 서로 맞닿아 있는 것처럼 보입니다. 바다의 수면 위로 안개가 올라옵니다. 갑자기 수평선 끝에서 하얀 돛대가 나타납니다. 높은 산꼭대기에서 바라볼 때, 우리는 그러한 신비한 바다 너머에 무엇이 있을까 의아해합니다. 여기의 옛 사람들에게는 거기에 우리가 느끼지 못하는 신비들이 있었습니다. 그들이 미지의 바다를 향해 나아간다면, 그들은 어디에 도달하게 될까요? 아무도 가본 적이 없는 미지의 동굴 속에 무엇이 있을까요? 바다는 모든 종류의 생명과 아름다움과 보화를 삼키며, 그 모든 것을 자신의 절대적인 침묵 안으로 잡아넣습니다. 그것들은 깊은 물속으로 내려가면서 사라집니다. 물을 모두 배수시킨다면, 거기에 무엇이 있을까요? 바다의 계곡들과 협곡들이 나타나지 않겠습니까? 그 안에 있는 죽은 것들, 한때 강한 힘을 가졌었지만 이제는 아무런 힘도 가지고 있지 못한 것들, 그에서 잃어버린 보화들 등등이 있지 않겠습니까? 바다 너머와 그 깊음 아래에서 우리는 무엇을 보게 될 것입니까? 우리는 그 너머에 있는 것과 그 깊음 아래 있는 것을 보게 될까요?

형제들이여, 우리의 삶은 이와 같은 신비들로 가득하지 않습니까? 인간의 마음에 신비가 있는 곳마다, **거기에** 두려움이 있을 것입니다. 미지(未知)의 것에 대해 우리는 항상 두려움을 느낍니다. 확실하게 알지 못할 때, 사람들은 두려운 것을 상상합니다. 우리의 지식에는 두 가지 한계가 있습니다. 우리의 지능의 필연적인 한계로부터 오는 신비들이 있으며, 또 하나님이 불완전하게 계시하기를 기뻐하신 것으로부터 오는 신비들이 있습니다. 눈은 약하며, 빛은 흐립니다. 우리의 눈이 도달할 수 없는 수평선 너머에 많은 것들이 있습니다. 심연(深淵)의 감추어진 곳에 많은 것들이 있습니다. 우리는 큰 질문들과 씨름하며 삽니다. 마치 아침이 될 때까지 어둠 가운데 천사와 씨름했던 야곱처럼 말입니다. 우리는 우리 자신의 무지(無知)를 배우며, 우리가 아무것도 알지 못한다는 사실을 알게 됩니다. 결코 풀리지 않을 단단한 매듭들이 있습니다. 우리는 우리의 모든 힘을 그것들을 푸는데 쏟습니다. 우리는 그것들이 어느 정도 풀릴 것이라고 생각하지만, 그결코 풀리지 않습니다. 우리는 그것들을 이빨로 물어뜯지만, 풀리는 것은 아무것도 없습니다. 다만 우리 이빨만 아프게 만들 뿐입니다.

여기에 앉아 있는 사람들 가운데 많은 사람들에게 미래의 삶과 관련하여 "바다도 다시 있지 않더라"라는 개념은 틀림없이 매우 소중한 개념으로 다가올 것입니다. 그리고 우리의 환상에 대한 하나님의 자비로운 제한으로부터 오는 신비들과 우리의 시야를 가리는 하나님의 지혜로운 개입으로부터 오는 신비들은 사라질 것입니다. 나의 형제들이여, 이것은 결코 꿈이 아닙니다. 죽음의 사실이 어떻게 많은 수수께끼들을 푸는지 생각해 보십시오. 죽음으로 우리가 얼마나 많은 것을 알게 될 것인지 생각해 보십시오. 불과 몇 분 전까지만 해도 우리 곁에 있었던 사람을 상상해 보십시오. 그는 자신의 무지에 대해 거의 의식하지 못했을 뿐만 아니라 하나님의 길에 대해서도 아주 조금밖에 알지 못했습니다. 그는 우리처럼 생각하고, 우리처럼 말하며, 우리처럼 종종 오류에 빠졌습니다. 그랬던 그가 죽음을 통과하는 순간 새로운 지식과 신의 진리의 충만함으로 자랐습니다. 그들이 우리에게 말을 한다면, 아마도 우리는 그들의 새로운 말을 이해하지 못할 것입니다. 그들은 죽음과 함께 매우 지혜로워진 것입니다.

그들에게 어떤 신비들이 빛으로 나타났습니까? 나는 모릅니다. 우리의 영혼의 기능이 얼마만큼 확대될 수 있는지 누가 말할 수 있습니까? 우리의 무지함 가운데 얼마나 많은 부분이 우리를 훼방하는 육체로부터 오는지 그리고 우리 안에서 강력하게 작동하는 동물적인 본성으로부터 오는지 누가 말할 수 있습니까? 쓰레기더미 위에 앉아 있는 거지에게 얼마만큼의 잠재된 새로운 능력의 가능성이 있는지 누가 말할 수 있습니까? 최소한 우리는 장차 "주께서 우리를 아신 것 같이 우리가 온전히 알" 것이라는 사실을 확신할 수 있습니다(고전 13:12). 우리는 하나님을 측량할 수 없지만, 우리는 하나님을 알게 될 것입니다. 우리는 하나님을 온전히 이해할 수 없을 것입니다. 그러나 하나님 안에 그의 본성의 충만이 여전히 우리의 이해력을 능가한다는 가장 복된 신비 외에 어떤 신비도 없을 것입니다. 지금 우리의 마음을 가득 채우고 있는 수많은 의문들은 죽음으로 말미암아 소멸되거나 풀릴 것입니다. 세상의 지식들 가운데 얼마나 많은 것들이 죽음과 함께 쓸모없는 것이 되어 버립니까! 우리가 신비로 생각하는 많은 의문들을 생각해 보십시오. 예컨대 "어째서 하나님이 나에게 혹은 세에 이런 일을 행하시나?" 라든지 혹은 "이러한 괴로움의 의미가 도대체 무엇인가?" 등과 같은 의문들 말입니다. 그러한 의문들은 어떻게 될 것입니까? 우리는 그동안 굽었던 것처럼 보였던 선(線)이 마치 화살이 날아가는 것처럼 되듯이 우리의 모든 발걸음을 궁극적인 목적지로 정확하게 이끄는 것이었다는 사실을 되돌아 알게 될 것입니다. 하나님의 신비들이 풀릴 것이며, 우리는 "그의 계신 그대로" 그를 볼 것입니다. 그리고 사람의 신비 가운데 많은 것들이 더 이상 신비이기를 그칠 것입니다. 왜냐하면 하나님의 참된 성소에 들어갈 때, 우리는 모든 것을 깨닫게 될 것이기 때문입니다.

우리를 위한 최고의 진리로서 나는 여러분 앞에 예수 그리스도가 세상의 모든 지혜의 근본이라는 사실을 제시하고자 합니다. 여기에서부터 시작할 때, 우리는 나머지 신비들을 풀 수 있는 소망을 가질 수 있습니다.

우리가 모든 것을 다 알게 되지는 않을 것입니다. 에덴동산에서 아담이 받았던 "너희가 하나님과 같이 되어 선악을 알게 될 것이라"는 유혹을 생각해 보십시오(창 3:5). 그와 같은 신성모독의 자랑이 사실이 된다면, 모든 지식으로 채워진 영혼에게 남는 것은 가만히 누워 자신의 최후를 기다리는 것 외에 아무것도 없을 것입니다. 영혼에게는 아직 알지 못하는 것이 많이 남아 있어야만 합니다. 그것이 우리의 본성에 부합하며, 우리 자신에게 복이 됩니다. 우리는 계속해서 앞으로 나아갈 필요가 있습니다. 다만 여전히 남아 있는 신비들에는 어떤 두려움이나 고통도 담겨 있지 않을 것입니다. "바다도 다시 있지 않더라." 더 이상 바다가 없을 것입니다. 그러나 우리는 항상 하나님의 산으로 계속해서 더 높이 올라갈 것입니다. 더 높이 올라갈수록, 우리는 저 너머에 있는 복된 골짜기까지 더 멀리 보게 될 것입니다. 그리고 우리는 "주께서 우리를 아신 것 같이 온전히 알게" 될 것입니다.

2. 둘째로, 본문은 우리에게 더 이상 반역적인 권세가 없는 미래의 상태를 말해 줍니다.

구약에서 "큰 물"은 종종 백성들의 격노(激怒)라든지 혹은 사람들이 하나님의 뜻에 반역하는 것과 비교됩니다. "여호와여 큰 물이 소리를 높였고 큰 물이 그 소리를 높였으니 큰 물이 그 물결을 높이나이다 높이 계신 여호와의 능력은 많은 물 소리와 바다의 큰 파도보다 크니이다"(시 93:3, 4). "주는 바다의 설렘과 물결의 흔들림과 만민의 소요까지 진정하시나이다"(시 65:7). 이러한 상징은 또한 우리에게 폭풍을 잠잠케 하신 우리 주님의 기적의 한 가지 주된 의미를 말해 주는 것처럼 보입니다. 평안을 가져다 주는 자는 평안을 가져다 줌으로써 사람들의 소요(騷擾)를 잠잠케 합니다. 이와 같이 본문 가운데 바다는 길들여지지 않은 권세를 상징합니다. 바다는 거대한 소용돌이 가운데 큰 배들을 내동댕이치며, 육지를 서서히 침식하면서 해변을 거칠고 메마르게 만듭니다.

"바다도 다시 있지 않더라." 거기에 더 이상 바다가 없을 것입니다. 이 땅에서 하나님은 사람들이 자신의 나라에 맞서는 것을 내버려 두십니다. 그러나 본문은 항상 그런 것은 아니라고 말합니다. 하나님의 나라는 이 땅에서 반대와 훼방을 허용합니다. 이 얼마나 이상한 일입니까! 그러나 심지어 이 땅에서조차 모든 반대와 훼방은 결국 무위(無爲)로 돌아갑니다. "여호와여 큰 물이 소리를 높였으나 … 여호와의 능력은 많은 물 소리와 바다의 큰 파도보다 크니이다"(시 93:3, 4). 그렇습니다. 이것은 개인의 역사(歷史)와 세상의 역사 속에서 계속 반복되는 경험입니다. 사람들은 스스로 자유롭다고 여기면서 함께 반역을 모의하며 "우리가 그의 맨 것을 끊고 그의 결박을 벗어 버리자"라고 말합니다(시 2:3). 하나님은 하늘에서 가만히 앉아 계시며, 그들은 활발하게 움직입니다. 그들의 일은 형통한 것처럼 보이며, 어떤 사람들은 그로 인해 낙망합니다. 무적함대가 바다를 가로질러 오만하게 나아옵니다. 그러나 하나님의 나라에 맞서는 모든 반대와 훼방은 마치 좌절된 무적함대처럼 무위로 돌아갑니다. "주께서 그들을 입김으로 부시니 그들이 흩어지도다." 하나님의 의지(意志)와 목적에 맞서 격노

하는 요동치는 바다를 상상해 보십시오. 바다는 거품을 내며 격노합니다. 그러나 여기를 보십시오. 하나님의 배가 수면 위에서 움직입니다. 설령 거센 폭풍이 포효하며 그 배의 나아가는 길을 가로막는다 하더라도, 수면의 요동과 요란함 아래로 고요한 조류(潮流)가 조용하면서도 강하게 흐르고 있습니다. 그리고 그러한 조류가 그 배를 항구까지 안전하게 데려갑니다. 사람들이 하나님의 나라에 대항하여 일할는지 모르지만, 그 아래에 강한 조류의 흐름이 있습니다. 하나님의 목적은 계속 작동되며, 결국 하나님의 배는 "바라던 항구"에 도착합니다. 그리하여 모든 반대와 훼방은 결국 아무 짝에도 쓸모없는 것이 되고 맙니다.

이와 같이 반역의 의지(意志)가 하나님을 대항하여 스스로를 높이는 것이 더 이상 없을 때가 올 것입니다. 본문은 그와 같이 하나님의 의지에 맞서는 모든 훼방과 **그의 멍에**를 메는 것에 대한 모든 거리낌이 그치는 때가 올 것에 대한 복된 약속입니다. 우리 모두의 마음에 잠재되어 있는 반역적인 의지는 어느 날 정복될 것입니다. 우리의 전 존재는 기꺼이 스스로를 아들의 순종과 사랑의 섬김에 내어 줄 것입니다. 그리고 우리 안에 있는 반역의 힘은 화평으로 부드러워질 것이며, 기꺼이 그의 율법을 즐겁게 받아들일 것입니다. 이와 같은 천상의 상태의 모든 영역 속에 불화의 의지(意志)와 마지못한 순복은 더 이상 없을 것입니다. 하늘의 모든 백성들은 조화로운 동의(同意)와 일치된 마음으로 움직일 것이며, 자발적인 충성과 신실함으로 그의 보좌를 둘러쌀 것입니다. 하늘에는 하나로 일치된 의지가 있을 것입니다. 거기에는 더 이상 바다가 없을 것입니다. 왜냐하면 그의 종들이 그를 섬기는 가운데 파도치는 소리가 영원히 잠잠케 되었기 때문입니다.

다음 대지(大旨)로 넘어가기에 앞서 한 가지만 더 이야기하고자 합니다. 그것은 하나님에 대한 모든 대적은 결국 완전하게 헛되며 쓸모없는 일로 드러나게 된다는 것입니다. 주님을 대적하는 모든 삶은 결국 무익하며 쓸모없는 삶입니다. 그것은 결국 헛되고 헛된 삶입니다. 하나님에 대항하여 스스로를 강퍅하게 하는 자는 결코 형통하지 못합니다. 그것은 가장 넓은 의미에서도 사실이며, 가장 좁은 의미에서도 사실입니다. 그것은 하나님의 교회와 그리스도의 복음에 대항하여 일어난 모든 폭풍들에 대하여서도 사실입니다. 그것은 마치 그 자신의 수치를 드러낼 뿐 반석은 조금도 움직이지 못한 채 거품만 내며 흩어지는 파도와 같습니다. 또 그것은 모든 불경건한 삶에 대하여도 사실입니다. 그것은 하나님에 대한 사랑과 순종이 없이 행하는 모든 사람들에 대하여 사실입니다. 세상에는 오직 하나의 힘만이 있을 뿐입니다. 아무리 강한 것처럼 보이는 힘이라 하더라도 그것이 하나님을 대항하여 선다면, 그것은 실제로 아무 일도 행하지 못하는 약한 힘입니다. 결국 그것은 아무것도 아닙니다. 부디 소망 없는 일로 여러분의 삶을 허비하지 마십시오. 그렇게 하지 말고 하나님과 한 편이 되십시오. 영원히 계속될 일을 행하십시오. 영원히 남을 열매를 맺을 소망이 있는 삶을 사십시오. 스스로를 하나님에게 순복시키십시오. 그리스도를 사랑하십시오. 그의 뜻을 행하십시오. 자신의 죄로부터 구원받기 위해 구주를 믿으십시오. 불경건한 능력과 반역의 의지(意志)의 요동치는 바다가 고요한 침묵으로 잠잠해질 때, 여러분과 여러분이 행한 일은 하나님의 견고한 보좌로 말미암아 계속해서 남아 있을 것입니다.

3. 마지막으로, 본문은 더 이상 불안과 요동이 없는 상태를 예언합니다.

본문의 충만한 의미 속에서 우리는 인생과 관련한 친숙한 옛 상징을 끌어낼 수 있습니다. 인생은 사나운 바다를 항해하는 것과 같습니다. 변화무쌍한 상황들이 파도처럼 계속해서 밀려옵니다. 바람이 불며 폭풍이 일어납니다. 바다를 항해하는 것은 피곤한 일이며, 평안이 없습니다. 항해자들은 요동치는 물결 따라 계속 오르내려야 합니다. **이것이 인생입니다.** 그러나 친구들이여, 그 모든 것에도 불구하고 어느 날 그것이 끝나는 때가 올 것입니다. 우리에게 있어 바다 너머에 있는 본향에 대해 생각하는 것은 매우 가치 있는 일입니다. 틀림없이 우리 가운데 어떤 사람들은 이러한 변화무쌍한 상태와 이 세상을 항해하는 일의 피곤함을 배웠을 것입니다. 틀림없이 우리 가운데 어떤 사람들은 폭풍이 몰아치는 동안 정박지를 발견하기를 간절히 사모했을 것입니다. 여기에 정박지가 있습니다. 여러분이 그 것을 믿기만 한다면, 여러분은 거기에 머물 수 있습니다. 거기에서 노를 젓는 모든 수고는 끝납니다. 거기에서 거품으로 뒤엉킨 바다에서의 모든 피곤한 방랑은 끝납니다. 거기에 안식이 있습니다. **거기에** 더 이상 바다가 없을 것입니다. 도리어 아버지의 집에 단절됨이 없는 안식과, 변함이 없는 축복과, 영속적인 기쁨과 사랑이 있을 것입니다. 우리는 지금 그곳으로 가고 있습니까? 우리는 주 예수 그리스도를 믿음으로 신뢰합니까? 그러면 그는 우리를 "바라던 항구로 데려갈" 것입니다.

한 가지만 더 이야기하고자 합니다. 불안은 단지 변화무쌍한 환경의 혼돈으로부터만 오는 것이 아닙니다. 그 외에도 불안의 또 다른 근원이 있는데, 여기의 상징이 그것을 보여 줍니다. "악인은 평온함을 얻지 못하고 그물이 진흙과 더러운 것을 늘 솟구쳐 내는 요동하는 바다와 같으니라"(사 57:20). 계속 요동치며 신음하는 바다의 무익하며 무의미한 활동을 생각해 보십시오. 그것은 그리스도도 없고, 하나님도 없고, 죄 사함의 평안도 없는 사람의 마음을 보여 주는 그림이 아닙니까? 끓어오르는 욕정으로 항상 요동치는 영혼, 유혹의 돌풍들에 노출되어 있는 영혼, 거품과 진흙 외에는 아무것도 내지 못하는 영혼! 계속적인 불안은 하나님의 자녀가 아닌 모든 사람의 분깃입니다. 다음의 그림을 상상해 보십시오. 풍랑 가운데 요동치는 배가 있습니다. 그때 한 사람이 고물에서 조용히 일어납니다. 그가 손을 뻗으며 말합니다. "고요하라. 잠잠하라." 그러자 바다는 폭풍으로 요동치는 가운데 그 음성을 들었으며, 파도는 즉시로 그의 발앞에 웅크립니다. 마치 주인 앞에 웅크린 개처럼 말입니다. 형제들이여, 이것은 상상이 아닙니다. 이것은 사실입니다. 그리스도가 여러분의 마음에 말하게 하십시오. 그러면 거기에 고요함과 잠잠함이 임할 것입니다. 그가 그렇게 하다면, 여러분의 경험은 다음과 같은 옛 시편의 위대한 구절에 묘사된 것처럼 될 것입니다. "바닷물이 솟아나고 뛰놀든지 그것이 넘침으로 산이 흔들릴지라도 우리는 두려워하지 아니하리로다"(시 46:3). 죽음은 단지 폭풍의 마지막 숨에 불과할 것입니다. 그 너머에 아버지 나라의 푸른 골짜기의 고요함이 있을 것입니다. 거기에는 더 이상 폭풍이 없을 것이며, 요란한 바람 소리가 더 이상 들리지 않을 것이며, 더 이상 바다도 보이지 않을 것입니다. 다만 영속적인 고요함과 축복만이 있을 것입니다. 모든 신비는 사라지고, 모든 반역은 잠잠해지며, 모든 불안은 영원히 종식될 것입니다. "바다도 다시 있지 않더라." 거기에 더 이상 바다가 없을 것입니다. 요동치는 바다의 거친 혼돈 대신, 거기에 "하나님의 성을 기쁘게 하는 강"이 있을 것입니다(시 46:4). 그것은 "하나님과 어린 양의 보좌로부터 흘러나오는" 생명수의 강입니다(계 22:1).

28
새 예루살렘과
그곳의 시민들과 왕

"¹또 저가 수정 같이 맑은 생명수의 강을 내게 보이니 하나님과 및 어린 양의 보좌로부터 나서 ²길 가운데로 흐르더라 강 좌우에 생명 나무가 있어 열 두가지 실과를 맺히되 달마다 그 실과를 맺히고 그 나무 잎사귀들은 만국을 소성하기 위하여 있더라 ³다시 저주가 없으며 하나님과 그 어린 양의 보좌가 그 가운데 있으리니 그의 종들이 그를 섬기며 ⁴그의 얼굴을 볼터이요 그의 이름도 저희 이마에 있으리라 ⁵다시 밤이 없겠고 등불과 햇빛이 쓸데 없으니 이는 주 하나님이 저희에게 비취심이라 저희가 세세토록 왕노릇하리로다 ⁶또 그가 내게 말하기를 이 말은 신실하고 참된지라 주 곧 선지자들의 영의 하나님이 그의 종들에게 결코 속히 될 일을 보이시려고 그의 천사를 보내셨도다 ⁷보라 내가 속히 오리니 이 책의 예언의 말씀을 지키는 자가 복이 있으리라 하더라 ⁸이것들을 보고 들은 자는 나 요한이니 내가 듣고 볼 때에 이 일을 내게 보이던 천사의 발앞에 경배하려고 엎드렸더니 ⁹저가 내게 말하기를 나는 너와 네 형제 선지자들과 또 이 책의 말을 지키는 자들과 함께 된 종이니 그리하지 말고 오직 하나님께 경배하라 하더라 ¹⁰또 내게 말하되 이 책의 예언의 말씀을 인봉하지 말라 때가 가까우니라 ¹¹불의를 하는 자는 그대로 불의를 하고 더러운 자는 그대로 더럽고 의로운 자는 그대로 의를 행하고 거룩한 자는 그대로 거룩되게 하라"

계 22:1-11

새 예루살렘의 환상은 현재에 실현되는 것입니까 아니면 미래에

실현되는 것입니까? "만국"과 "땅의 왕들"이 존재하는 것이라든지(21:24) 생명나무 잎사귀가 "만국을 치료하기 위한" 것이라든지(22:2) 하는 등의 특징들은 전자를 선호하는 것처럼 보입니다. 반면 새 예루살렘이 첫째 부활과 둘째 부활과 심판 이후에 그리고 계시록의 제일 마지막 부분에 등장하는 사실은 우리가 후자를 취하도록 강요하는 것처럼 보입니다. 그러나 위의 질문은 기독교의 삶이 두 세상에서 본질적으로 하나라는 사실과 이 땅의 구속받은 공동체의 상태와 하늘의 구속받은 공동체의 상태 사이의 차이는 단지 정도의 차이에 불과하다는 사실에 비추어 대답되어야만 합니다. 새 예루살렘은 이미 하늘로부터 내려왔지만, 그것의 완전한 형태는 아직 나타나지 않았습니다.

본문의 전반부는 새 예루살렘의 환상의 마지막 종결 부분이며(1-5절), 후반부는 계시록 전체의 맺음말이 시작되는 부분입니다(6-11절). 본문 전반부에 나타나는 새 예루살렘에 대한 마지막 묘사는 구약의 예언들의 빛으로 가득 차 있습니다. 그것은 마치 어떤 위대한 협주곡의 마지막 악장처럼 보입니다. 여기에서 협주곡 전체에 걸쳐 울려 퍼졌던 주제들이 절정의 화음으로 한데 모입니다. 특별히 여기에 "생명나무"가 등장하는 것을 주목하십시오. "강 좌우에 생명나무가 있어"(2절). 성경 첫 부분에 나타났었던 것이 마지막 부분에 다시 나타납니다. 그러나 여기에 그것을 따먹지 말라는 금령(禁令)은 더 이상 없습니다. 그리고 여기에서 그것은 동산에서가 아니라, 완전해진 인간들의 공동체인 도성(city)에서 자랍니다.

성경의 마지막 장(章)인 여기에서, "하나님의 성을 기쁘게 하는" 강 그리고 그 흐르는 소리가 그것을 듣는 모든 것에 생명을 가져다주는 강이 더 넓고 더 풍성하게 흐릅니다. "한 시내가 있어 나뉘어 흘러 하나님의 성 곧 지존하신 이의 성소를 기쁘게 하도다"(시 46:4). 그 강은 "수정처럼 맑으며," 어떤 더러운 것에 의해서도 오염되지 않습니다. 강과 나무 모두에 같은 수식어가 붙습니다. 양자(兩者) 모두 그 도성의 시민들에게 같은 선물을 가져다주는데, 그것은 "생명"의 선물입니다. 예수께서 주시는 모든 축복들은 요한복음과 요한계시록 모두에서 "생명"으로 요약됩니다. 유일한 참 생명은 구속받은 하나님의 종으로 사는 것입니다. 우리가 그의 소유라면, 그러한 생명은 지금 여기에서 우리의 것입니다. 여기에서 우리를 기쁘게 하는 것은 단지 그 강의 "한 작은 지류"일 뿐입니다. 그것의 열매는 아직 충분하게 익지 않았습니다. 우리는 생명을 간절히 바랍니다. 그러한 바람은 그 강이 항상 풍성하게 흐르는 거기에서 완전하게 만족될 것입니다. 거기에서 그 나무는 달마다 열매를 맺으며, 아무라도 그것을 기쁘게 따먹을 수 있습니다.

3절과 4절을 보십시오. 우리는 새 예루살렘 도성으로부터 그곳의 시민들로 옮겨지게 됩니다. 그들 모두는 완전한 정결로 옷 입습니다. "다시 저주가 없으며." 거기에 더 이상 저주가 없을 것입니다. 다시 말해서, 거기에 더 이상 반드시 신의 "저주"를 부르는 부정한 것이 없을 것입니다. 그러므로 거기에 왕과 백성들 사이에 어떤 분리도 없을 것입니다. 도리어 "하나님과 어린 양의 보좌가 그 가운데 있을" 것입니다. 요한은 이미 하나님의 보좌 옆에 있는 어린 양을 보았습니다. 그러나 그는 지금 어린 양이 하나님의 보좌를 불가분리적인 연합으로 공유하는 것을 봅니다. 완전한 정결은 우리를 그리스도 안에서의 하나님과의 완전한 연합과 그의 왕의 통치에 대한 즐거운 순복으로 이끕니다. 이러한 완전한 순복이 모든 시민들의 즐거움이며 일입니다. 그들은 그의 종이며, 그들의 족쇄는 존귀와 영예의 황금사슬입니다. "그의 종들이 그를 섬기며." 그들은 그를 섬깁니다. 그들은 제사장으로서 섬기며, 그들의 모든 일은 "그 안에서" 시작되며 "그 안에서" 계속되며 "그 안에서" 끝납니다. 작은 일에 충성한 그들에게 큰 일이 맡겨집니다. 그들은 열 고을을 다스리는 권세를 받습니다. 그러나 열 고을을 다스리는 통치자임에도 불구하고, 그들은 여전히 종이며 노예입니다.

하늘의 섬김 속에, "적극적으로 일하는 삶"과 "고요한 교제의 삶" 사이의 분열은 더 이상 없습니다. 마리아와 마르다 사이의 불화는 종결됩니다. 그리스도의 얼굴을 바라보는 것은 적극적인 순종을 방해하지 않습니다. 마찬가지로 그를 위해 수고하는 것은 그의 아름다움을 바라보는 것을 방해하지 않습니다. "그의 이름이 그들의 이마에 있으리라"(4절). 그의 이름이 그들의 이마 위에서 선명하게 빛날 것입니다. 그들의 성품이 그의 성품과 일치되었기 때문에, 그들이 그의 소유임을 모든 사람이 알 것입니다. 그들은 그와 완전하게 동화(同化)된 가운데 "예수의 흔적"을 지닙니다.

환상은 이사야의 옛 예언의 메아리와 함께 끝납니다. "다시는 낮에 해가 네 빛이 되지 아니하며 달도 네게 빛을 비추지 않을 것이요 오직 여호와가 네게 영원한 빛이 되며 네 하나님이 네 영광이 되리니"(사 60:19). "다시 밤이 없겠고"(5절). 거기에 밤이 없을 것입니다. 아마도 이것이 미래와 관련한 요한의 모든 부정적 표현들(negations) 가운데 가장 복된 표현일 것입니다. 이것은 어둠으로 상징되는 모든 악과 고통이 영원히 제거될 것을 가리킵니다. 또 이것은 우리의 어둠을 사람이 만든 보잘것없는 양초나 인위적인 조명으로 밝힐 필요가 없는 상태를 가리킵니다. 설령 그것이 해처럼 밝고 눈부신 빛이라 하더라도 말입니다. 심지어 한낮의 눈부신 햇빛조차도 보좌에서 흘러나오는 불멸의 광채 앞에서 흐려져 보이지 않게 될 것입니다. 그리하여 그들은 세세토록 왕 노릇 할 것입니다.

6절과 함께 계시록 전체의 맺음말이 시작됩니다. "그가 내게 말하기를 이 말은 신실하고 참된지라 주 곧 선지자들의 영의 하나님이 그의 종들에게 반드시 속히 되어질 일을 보이시려고 그의 천사를 보내셨도다"(6절). 여기에서 천사가 하는 말은 1장 1절에서 한 말과 매우 유사합니다. 그는 지금 이를테면 자신의 완성된 예언 두루마리 위에 자신의 인(印)을 찍고 있는 것입니다. 천사의 말과 예수의 말을 구분하는 것은 불가능합니다. 예수는 천사를 통해 말합니다. "보라 내가 속히 오리니"(7절). 이것은 단순한 천사의 말일 수 없습니다. 12절에서와 마찬가지로, 이것은 예수가 천사의 입술을 통해 말하는 것입니다. 이러한 장엄한 선포의 목적은 소아시아의 교회들과 그들을 통해 모든 세대의 전체 교회에 "이 두루마리의 예언의 말씀"을 지키는 것의 중요성을 각인시키기 위함입니다. 7절을 다시 한번 주목해 보십시오. "보라 내가 속히 오리니 이 두루마리의 예언의 말씀을 지키는 자는 복이 있으리라 하더라." 여기에서 특별히 "속히"를 주목하십시오. 그가 **속히** 오신다고요? 그런데 그 이후로 1,900년이 지나지 않았습니까? 그렇습니다. 그 모든 기간 동안 예수는 오고 계셨습니다. 그리고 이 두루마리의 말씀은 점진적으로 성취되어 가는 과정 중에 있었습니다.

그의 속히 오심은 또한 예언을 인봉하지 말아야 할 한 가지 중요한 이유입니다. "이 두루마리의 예언의 말씀을 인봉하지 말라 때가 가까우니라"(10절). 여기에서 우리는 한 가지 매우 중요한 교훈을 배워야 합니다. 그것은 우리의 마음을 돌이킬 수 있는 더 이상의 기회가 없는 최후의 순간 즉 "주의 큰 날"이 올 것이라는 교훈입니다. "너무 늦었도다. 너무 늦었도다. 이제는 들어올 수 없도다." 세월을 아낍시다(엡 5:16). 아직 우리 손에 있을 때, 기회를 삽시다.

29
천상의 흰 빛을 만드는 세 줄기 빛

"그의 종들이 그를 섬기며 그의 얼굴을 볼 터이요
그의 이름도 그들의 이마에 있으리라"

계 22:3, 4

아마도 많은 사람들이 이와 같은 종류의 말씀을 본문으로 취하기를 움츠릴 것입니다. 여기의 천상의 언어는 불가불 우리의 모든 말을 초라하며 보잘것없는 것으로 만들 것입니다. 그러므로 이와 같은 종류의 말은 가능한 가장 적게 말하는 것이 가장 지혜롭게 말하는 것이 됩니다. 그렇지만 우리가 정직한 마음으로 이러한 말씀으로부터 위대한 진리들을 끌어내고자 애쓰는 것은 결코 잘못된 일일 수 없습니다. 미래의 삶에 대해 말하는 것은 많은 경우 자칫 가장 감상적이며 모호하며 비현실적인 종교적 사변(思辨)으로 변질될 수 있음을 나는 잘 압니다. 그러나 꼭 그래야만 하는 법은 어디에도 없습니다. 오늘 나는 방금 우리가 읽은 말씀의 놀라운 의미와 강력한 힘을 가장 단순하게 제시하고자 합니다. 본문은 우리에게 사람의 완전한 상태의 세 가지 요소를 제시합니다. 그것은 섬김과 바라봄과 같아짐입니다.

1. 사람의 완전한 상태의 첫 번째 요소는 하나님을 섬기는 완전한 행동입니다.

"그의 종들이 그를 섬기며." 이것은 매우 주목할 만한 표현입니다. 왜냐하면 영어에서와는 달리, 헬라어에서 "종"(servant)과 "섬기다"(serve)는 서로 무관한 단어이기 때문입니다. 둘은 완전히 독립적인 단어입니다. 전자는 문자적으로 "노예"(slave)를 의미하며, 후자는 성경에서 오직 한 종류의 섬김에만 배타적으로 제한됩니다. 그 단어는 어떤 사람이 다른 사람을 위해 행하는 섬김을 위해서는 사용되지 않습니다. 그것은 전적으로 종교적인 단어로서, 오로지 사람이 하나님을 위해 행하는 섬김만을 의미합니다. 소위 예배의 특정한 행동을 의미하는 것이든, 보다 넓은 의미에서 일상의 삶의 예배를 의미하는 것이든 말입니다. 그러므로 여기의 섬김은 제사장과 관련한 개념을 말하는 것이거나, 그렇지 않다 하더라도 그것과 매우 가까운 개념을 말하는 것입니다. 요컨대 본문의 첫 번째 표현이 이야기하는 것은 이것입니다. 즉 구속받아 완전하게 된 사람의 행동은 인성(人性)의 최고의 이상적(理想的)인 상태에서 모두가 예배인 행동이며, 그리스도 안에서 나타난 하나님에게로 향하는 행동이라는 것입니다.

바로 이것이 우리가 주목해야 하는 첫 번째 개념입니다. 고단한 삶에 지친 대부분의 사람들에게 미래의 가장 매혹적인 꿈은 의심의 여지 없이 안식일 것입니다. 세상에서 가장 많은 신봉자를 가지고 있는 종교인 불교는 존재하는 것을 악한 것으로 공식적으로 선언하면서, 사람이 도달할 수 있는 최고의 선(善)을 완전한 멸절(滅絶)과 거의 유사한 어떤 것으로서 가르칩니다. 설령 우리가 여기까지는 나아가지 않는다 하더라도, 그것은 무거운 짐을 지고 괴로워하는 인생들의 삶을 훌륭하게 증언하면서 복된 미래에 대한 가장 자연스러운 개념이 안식임을 잘 보여 줍니다. 설령 빛과 화려함으로 가득 찬 인생이라 하더라도, 그 깊은 곳에는 모든 수고와 고통을 벗어버리고 안식을 갈구하는 간절한 열망이 있는 것을 우리는 놓쳐서는 안 됩니다.

이러한 두 개념 즉 섬김의 개념과 안식의 개념은 서로 모순되지 않고 도리어 보충됩니다. 가장 깊은 안식과 가장 활발한 행동이 동시에 일어납니다. 양자(兩者)는 완전한 평온 가운데 "이제까지 일하시는" 하나님 안에서 동시에 일어납니다. 또 양자는 우리 안에서 동시에 일어날 수 있습니다. 빠른 속도로 돌아가는 바퀴는 제 자리에 가만히 있는 것처럼 보입니다. 자기가 좋아하며 잘 할 수 있는 일을 열심히 행하는 것은 그에게 최고의 안식이 될 수 있습니다. 아무 일도 하지 않는 것이 도리어 고통과 괴로움입니다. 사람의 참된 안식이 발견되는 곳은 오직 강요가 없고 원치 않는 수고가 요구되지 않는 즐거운 행동에서입니다. 이와 같이 섬김과 안식의 두 개념은 언뜻 보기에 서로 모순되는 것 같지만 동전의 양면과 같습니다. 둘이 서로 합하여 완전한 전체를 이룹니다. "그들이 수고를 그치고 쉬리니"(계 14:13). "그들이 밤낮 쉬지 **않고**"(계 4:8).

그들은 수고를 그칩니다. 그렇습니다. 그들은 감당할 수 있는 능력 이상의 과도한 수고를 그칩니다. 그렇습니다. 그들은 원치 않는 일을 그칩니다. 그렇습니다. 그들은 괴로움과 슬픔을 그칩니다. 그러나 즐거운 찬미와 왕성한 섬김으로부터는 밤낮 쉬지 않습니다. 우리는 평온한 하늘의 복됨과 달콤함을 충만하게 의식(意識)하면서 "그것은 오직 그의 종들이 그를 섬기는 곳에서만 발견되노라"라고 말합니다. 이와 같이 본문이 제시하는 첫 번째 개념은 "이 땅에서 수고를 괴롭고 원치 않는 것으로 만드는 모든 것으로부터 벗어난, 그리고 가장 깊고 가장 완전한 안식과 동시에 일어나는 활동"의 개념입니다.

"그 안에 노력이 담겨 있지 않은 복된 삶"의 개념은 나에게 매우 이상하게 보입니다. 왜냐하면 노력은 이 땅에서의 삶의 소금과 향신료이기 때문입니다. 최선의 노력을 기울여 역경을 극복하는 뜨거운 열정을 경험하지 못한 사람에게 완전한 행복은 거의 상상할 수 없는 일입니다. 그러나 노력과 반대와 긴장과 시련이 우리의 성품을 빚었을 때, 그것은 자신의 일을 다 한 것입니다. 학교를 마칠 때, 우리는 회초리를 불태웁니다. 우리의 성품을 더 온전한 모습으로 진보(進步)시킴에 있어, 슬픔의 연단보다 즐거움의 연단이 더 큰 역할을 할 수 있습니다. 어쨌든 우리는 일하는 동시에 안식하는 것에 대해 생각해야만 합니다. 그것은 그 안에 완전한 평온이 있는 섬김입니다.

이러한 첫 번째 개념에 또 다른 개념들이 함축됩니다. 그 가운데 우리는 영이 일하며 활동하기 위해서는 몸이 부활해야만 한다는 개념을 살펴볼 필요가 있습니다.

우리는 예수 안에서 잠자는 자들이 영화로워진 몸으로 부활할 때까지는 외적 영역에서 활동할 수 없다고 생각할 수 있습니다. 아마도 그것은 아직까지 영화로워진 부활의 몸을 가지고 있지 않기 때문일 것입니다. 그들은 부활의 날이 올 때까지 우리 안에서 목자의 발 앞에 웅크리고 있다는 의미에서 예수 안에서 잠자고 있습니다. 부활의 날이 오면 목자는 그들을 새로운 풀밭으로 인도할 것입니다. 나는 그렇게 생각합니다. 어쨌든 그것이 사실이라면, 우리는 그들이 자신들의 재능과 능력에 있어서의 진보를 기대하지 않을 것을 확신할 수 있습니다. 뿐만 아니라 우리는 그들이 외적인 우주와 접촉할 수 있든 그렇지 않든 그리스도가 그들을 위해 어느 정도 분량만큼 이 땅에서의 몸과 미래의 영화로워진 몸의 역할을 할 것임을 확신할 수 있습니다. 그들은 몸을 떠난 가운데 그리스도와 함께 있습니다. 그런 차원에서 나는 그가 이를테면 그들이 외적인 세계와 접촉하는 감각기관과 같다고 생각합니다. 그들은 해야 할 아무 일도 가지고 있지 않은 채 안식하며 기다립니다. 그들에게는 특별히 수고와 노력을 기울여야 할 것이 아무것도 없습니다. 그러나 나는 그들이 이 땅에 있는 사랑하는 사람들에게 일어나는 모든 일을 의식(意識)하며, 그들이 흘리는 눈물에 영향을 받는다고 확신합니다.

그러나 이 모든 것은 우리가 확실하게 알지 못하는 흐릿한 영역입니다. 어쨌든 내가 강조하고 싶은 것은 하늘의 섬김은 곧 안식을 의미한다는 것입니다. 하늘의 섬김은 즐거운 일이며 그 자체가 안식입니다.

다음 요점은 그러한 섬김이 이 땅의 섬김보다 훨씬 더 높은 영역에서 그리고 훨씬 더 고결한 방식으로 이루어져야만 한다는 것입니다. 그것은 신의 섭리와도 일치합니다. 하나님은 일에 대해 더 많은 일로 보상해 주십니다. 좁은 영역에서 훈련되고 연습되고 증명된 능력은 넓은 영역으로 옮겨집니다. 예컨대 풍부한 목소리를 가진 어떤 시골뜨기 소녀를 생각해 보십시오. 그녀는 한적한 시골 마을에서 고작 자기 자신과 몇 사람의 즐거움을 위해 노래를 부를 뿐입니다. 그런데 어떤 사람이 그녀의 재능을 알아봅니다. 그로 말미암아 그녀는 큰 도시로 옮겨지고, 거기에서 왕을 비롯한 많은 사람들을 황홀하게 합니다. 그와 같이 이 땅의 한 작은 모퉁이에서 행해진 섬김은 하나님의 인정을 받아 더 넓고 고귀한 영역으로 옮겨지는 보상을 받을 것입니다. "네가 적은 일에 충성하였으매 내가 많은 것을 네게 맡기리니"(마 25:21). 하나님은 자기 자녀들에게 일을 시키십니다. 마치 도제(徒弟)들에게 일을 시키는 것처럼 말입니다. 마침내 도제의 훈련이 끝나고 장인(匠人)이 될 때, 하나님은 그들을 집으로 부르십니다. 모든 기술을 더 이상 사용하지 말고 쉬도록 하기 위함이 아니라, 이 땅에서 배운 것을 더 넓은 영역에서 더 크게 사용하도록 말입니다.

우리가 주목해야만 하는 것이 한 가지 더 있습니다. 그것은 하늘의 섬김의 최고의 형태는 다른 사람들을 위한 섬김이라는 것입니다. 하늘을 위한 법칙은 분명 땅을 위한 법칙보다 더 이기적일 수 없습니다. 그것은 "너희 중에 누구든지 으뜸이 되고자 하는 자는 모든 사람의 종이 되어야 하리라"입니다(막 10:44). 완전한 사람을 위한 법칙은 분명 그리스도를 위한 법칙과 다를 수 없습니다. 그를 위한 법칙이 무엇입니까? 그것은 "그리스도는 자기를 기쁘게 하지 아니하셨나니"입니다(롬 15:3). 자녀의 완전함은 분명 아버지의 완전함과 다를 수 없습니다. 아버지의 완전함이 무엇입니까? 그것은 "하나님은 그 해를 악인과 선인에게 비추시며 비를 의로운 자와 불의한 자에게 내려주심이라"입니다(마 5:45).

이와 같이 사람에게 있어 최고의 섬김은 곧 다른 사람들을 위한 섬김입니다. 우리 역시도 "섬기라고 보내심을 받은 섬기는 영"일 수 있습니다(히 1:14). 그렇지만 어쨌든 우리의 섬김은 우리 자신에게 초점이 맞추어져서는 안 됩니다. 오로지 자신만을 계발하는 것은 결코 최고 형태의 섬김이 될 수 없습니다.

본문의 첫 번째 표현과 관련한 마지막 요점은 이러한 최고 형태의 인간 행동은 모두 예배가 된다는 것입니다. 모든 것은 하나님에게 대하여, 그리고 하나님에 대한 순복에서 행해진 것입니다. 하나님의 일을 행함에 있어 사람의 의지(意志)는 하나님의 의지와 일치해야 합니다. 작은 나침판의 바늘이 가리키는 방향은 큰 나침판의 바늘이 가리키는 방향과 같아야만 합니다. 순종으로 행하는 일은 즐거운 안식입니다. 하나님의 뜻을 알고 행하는 것은 천국입니다. 우리가 부분적으로 하나님의 뜻을 행할 때, 우리는 이 땅에서 천국을 경험합니다. 그것이 확대되고 모든 불완전한 것들이 제거되며 우리가 그의 말씀을 듣고 온전히 그의 계명을 행할 때, 완전한 상태가 올 것입니다. 우리가 그의 노예로서 온전히 그를 섬길 때, 우리는 하나님의 자녀의 영광의 자유에 들어갈 것입니다. 그리고 그것이 하늘의 예배를 만듭니다.

2. 본문의 두 번째 요소를 보십시오.

"그들이 그의 얼굴을 볼 터이요." 성경에서 하나님의 얼굴을 본다는 표현은 두 가지 상이한 방식으로 사용됩니다. 하나는 하나님의 얼굴을 보는 가능성을 부인하는 것이고, 다른 하나는 그것을 확증하는 것입니다.

전자는 모세에게 하신 다음과 같은 하나님의 말씀에 의해 예증될 수 있습니다. "네가 내 얼굴을 보지 못하리니 나를 보고 살 자가 없음이니라"(출 33:20). 그리고 후자는 다음과 같은 시편 구절의 열망과 확신에 의해 예증될 수 있습니다. "나는 의로운 중에 주의 얼굴을 뵈오리니 깰 때에 주의 형상으로 만족하리이다"(시 17:15).

언뜻 볼 때 모순처럼 보이는 이러한 표현 방식은 우리 주님의 말씀 가운데서도 똑같이 나타납니다. "마음이 청결한 자는 복이 있나니 그들이 하나님을 볼 것임이요"(마 5:8). "본래 하나님을 본 사람이 없으되"(요 1:18). 내가 볼 때 이것을 현재의 보는 것과 미래에 볼 것 사이의 차이로 설명하는 것은 적절하지 않아 보입니다. 나는 성경이 가르치는 것을 이성(理性)도 가르친다고 생각합니다. 육체적으로 하나님을 보는 것은 영원히 가능하지 않습니다. 하물며 하나님에 대한 완전한 이해와 지식은 더 더욱 가능하지 않습니다. 뿐만 아니라 나는 이 땅에서든 하늘에서든 하나님에 대한 직접적인 지식과 그와의 직접적인 접촉 역시 유한한 인간에게 가능하지 않다고 생각합니다. 그러나 우리는 또 다른 측면을 놓쳐서는 안 됩니다. 앞에서 내가 인용한 말씀을 다시 한번 보십시오. "마음이 청결한 자는 복이 있나니 그들이 하나님을 볼 것임이요"(마 5:8). 또 "우리가 지금은 거울로 보는 것 같이 희미하나 그 때에는 얼굴과 얼굴을 대하여 볼 것이요"라는 말씀을 주목해 보십시오(고전 13:12). 이러한 명백한 모순을 해결할 수 있는 열쇠는 어디에 있습니까? 나는 하나님이 예수 그리스도 안에서 나타나셨다고 하는 바로 여기에 있다고 생각합니다. 오직 예수 그리스도 안에서 사람들은 보이지 않는 하나님에게 다가갑니다.

이 땅에서 우리는 믿음으로 봅니다. 그리고 하늘에서 다른 종류의 보는 것이 있을 것입니다. 그것은 가장 실제적이며, 가장 즉각적이며, 직접적으로 예수 그리스도 안에서 나타나신 하나님을 보는 것일 것입니다. 그리스도 안에서 우리는 우리의 영화로워진 몸의 기관들로서 지각(知覺)할 것입니다. 그리고 그의 신의 아름다움에서 우리는 이 땅에서 믿음으로 아는 것과는 전혀 다른 종류의 직접적이며 즉각적인 지식 안에서 마음과 생각으로 알고 사랑할 것입니다. 그러나 신성(神性)의 모든 나타남 너머에 있는 무한한 하나님은 여전히 남아 있을 것입니다. 그는 여전히 아무도 보지 못했고 또 볼 수 없는 보이지 않는 왕입니다. 사람은, 영화로워진 몸을 통해 그리스도에 대한 직접적인 지식을 갖고 그와 교제한다는 의미에서, 그의 얼굴을 볼 것입니다.

그 이상(以上)에 대해서는 나는 모릅니다. 나는 그 이상은 없다고 생각합니다. 다만 내가 한 가지 확신하는 것은 하늘을 위한 법칙과 땅을 위한 법칙이 똑같이 "나를 본 자는 아버지를 보았느니라"라는 것이라는 것입니다.

본문의 두 번째 표현과 관련하여 내가 다루고자 하는 또 하나의 요점은 그것과 첫째 표현과의 관계입니다. "그의 종들이 그를 섬기며" — 이것은 외적 영역에서 일하는 것입니다. "그의 얼굴을 볼 터이요" — 이것은 내적인 관조(觀照)입니다. 이러한 두 가지 삶 즉 일하는 삶과 경건한 교제의 삶

예컨대 기독교의 경험에 있어서의 마리아와 마르다는 이 땅에서 서로 갈등관계에 있습니다. 둘 사이의 갈등을 화해시키는 것은 어려운 일입니다. 그리고 어느 정도의 에너지를 그리스도를 바라보는 내적 관조의 삶에 할당하고 또 어느 정도의 에너지를 그를 섬기는 외적 삶에 할당할 것인지를 아는 것 역시 어려운 일입니다. "그의 종들이 그를 섬길" 것입니다. 그러나 그 모든 섬김의 행동으로 인해 그의 얼굴을 바라보는 것을 잃어버리지는 않을 것입니다. 그들이 "그의 얼굴을 볼" 것입니다. 그러나 그를 바라보는 고요한 관조의 삶으로 인해 손과 발을 계속 사용하는 부지런함이 약화되지는 않을 것입니다. 랍비들은 섬기는 천사들이 있고, 찬송하는 천사들이 있다고 가르칩니다. 그러나 두 무리는 완전해진 사람들 안에서 만납니다. 그들의 섬김은 찬송이 될 것이며, 그들의 찬송은 섬김이 될 것입니다. 그들은 하나님의 뜻을 행하기 위해 나가지만, 항상 하나님의 집에 있습니다. 그들은 섬기면서 바라보며, 바라보면서 섬깁니다. 그들은 일하면서 바라보며, 바라보면서 일합니다. 그들은 안식하면서 섬기며, 섬기면서 안식합니다. 그들은 계속 행동하는 동시에 계속 바라봅니다. "그의 종들이 그를 섬기며 그의 얼굴을 볼 터이요."

3. 마지막 요소는 "그의 이름이 그들의 이마에 있으리라"입니다.

이와 같이 주님을 섬기는 자들이 주님과 **같아지는** 것이 구속받은 사람들의 완전한 상태의 최고의 요소입니다. 우리는 계시록에서 얼굴과 이마 위에 이름과 숫자를 기록하는 것과 관련한 이야기를 많이 듣습니다. 예컨대 여러분은 짐승을 경배하며 따르는 사람들 위에 기록된 "짐승의 숫자"를 기억할 것입니다. 또 여러분은 "새 예루살렘의 이름과 내 하나님의 이름"이 이기는 자에게 특별한 상급으로서 기록되는 것을 기억할 것입니다. 이러한 은유는 노예에게 주인의 이름이 새겨진 불도장을 찍는 옛 행습에서 취해진 것입니다. 그러므로 "그의 이름이 그의 노예들의 이마에 있으리라"라는 여기의 표현의 일차적인 개념은 그들의 소유권이 모든 사람들의 눈에 띄게 될 것이라는 것입니다.

그러나 여기에는 그 이상(以上)의 것이 있습니다. 그의 소유권은 어떻게 눈에 띄게 됩니까? 그것은 그의 이름이 그들의 이마에 있음으로 말미암습니다. "그의 이름"은 무엇입니까? 성경 전체를 통해 "그의 이름"은 그의 계시된 성품입니다. 그러므로 우리는 완전해진 사람들이 그리스도 안에서 하나님에게 속하는 것이 알려지는 것은 그들이 그리스도와 같기 때문이라는 결론에 도달하게 됩니다. 소유권은 주인과 같아진 것으로 증명될 것이며, 그러한 같아짐은 더 이상 그들의 마음속에 감추어지지 않을 것입니다. 그리고 그의 이름은 그들의 불완전한 삶과 죄에 의해 더 이상 흐려지거나 지워지지 않을 것입니다. 도리어 그의 이름은 그들의 이마 위에서 빛날 것입니다. 마치 대제사장의 관 위에 새겨진 이름처럼 말입니다.

도덕적인 성품에 있어 우리가 그리스도와 온전하게 같아질 것이라는 개념은 얼마나 놀라운 개념입니까! 뿐만 아니라 인간 본성의 다른 요소들에 있어서도 우리는 우리 주 예수 그리스도의 영화로워진 인성과 놀랍도록 가까워지며 같아질 것입니다. 바로 이것이 우리가 그의 소유임을 나타내는 증표가 될 것입니다.

이것은 이 땅에서 부분적으로 같아짐으로 부분적으로 증명되는 부분적인 소유권과 얼마나 대조됩니까! 그리스도인으로서 우리는 그의 이름을 소유합니다. 그 이름은 사람들이 읽을 수 있도록 선명하게 기록되었습니까? 그렇지 않으면 바람에 날려 굴러다니는 휴지 위에 아무렇게나 기록된 이름과 같습니까? 이것이 그의 이름이 여러분의 마음과 성품 위에 기록된 방식입니까? 형제들이여, 우리 앞에 그와의 더 고결한 연합의 복된 가능성이 열려 있습니다. 또 우리 앞에 그에게 더 가까이 나아가며, 그를 더 분명하게 보며, 그와 더 완전하게 같아지는 가능성이 열려 있습니다. "우리가 그와 같을 줄을 아는 것은 그의 참모습 그대로 볼 것이기 때문이니"(요일 3:2).

마지막으로 한 가지만 더 이야기하고자 합니다. 여기의 세 가지 요소 즉 섬김과 바라봄과 같아짐은 이 땅에서의 그리스도인의 삶의 요소들과 본질적으로 다르지 않습니다. 여러분은 이 땅에서 그것들 모두를 즐길 수 있습니다. 일상의 삶의 복잡다단함 속에서, 여러분은 그 모든 것을 가질 수 있습니다. 여러분이 이 땅에서 그것들을 즐기지 못한다면, 여러분은 장차 하늘에서도 그것들을 즐기지 못할 것입니다. 여러분이 여러분 자신 외에는 어느 누구도 섬기지 않았다면, 어떻게 죽음이 여러분을 그의 종으로 만들 것입니까? 여러분이 평생 동안 "너는 나의 얼굴을 찾으라"는 그의 부르심에 귀를 막고 듣지 않았다면, 죽음의 쇠몽둥이가 여러분이 그동안 희미하게 보아 왔던 거울을 깨뜨릴 것입니다. 그때 도대체 무슨 근거로 그가 여러분을 반가운 얼굴로 맞아줄 것이라고 기대할 수 있겠습니까? 여러분이 평생 동안 여러분의 이마 위에 짐승의 이름을 기록하고자 계속해서 노력해 왔다면, 여러분이 이생의 강을 통과할 때 도대체 무슨 근거로 여러분의 이마 위에 그 추악한 표적이 한 순간 사라지고 그 대신에 갑자기 "주 예수의 흔적"이 생길 것이라고 기대할 수 있겠습니까? 결코 그럴 수 없습니다. 그런 일은 결코 일어나지 않습니다. 여러분은 이 땅에서 시작한 일을 하늘에서 끝마치게 됩니다. 이 땅에서 그를 믿으십시오. 그러면 하늘에서 그를 보게 될 것입니다. 이 땅에서 그를 섬기십시오. 그러면 하늘에서 그를 섬기게 될 것입니다. 지금 여러분의 마음 위에 그의 새 이름을 기록하십시오. 그러면 장차 여러분의 이마 위에 그의 이름이 있을 것입니다.

그러나 여러분이 그렇게 하지 않는다면, 설령 그리스도를 보게 된다 하더라도 여러분은 그를 보는 것을 좋아하지 않을 것입니다. 그리고 여러분은 생명인 하늘의 형상이 아니라, 사망과 지옥인 땅의 형상을 갖게 될 것입니다.

30
승천하신 그리스도의
마지막 복

“자기 두루마기를 빠는 자들은 복이 있으니 이는 그들이 생명나무에 나아가며 문
들을 통하여 성에 들어갈 권세를 받으려 함이로다”

계 22:14

개정역(Revised Version)은 “자기 두루마기를 빠는 자
들은 복이 있으니”라고 읽습니다(한글개역개정판은 개정역처럼 되어 있
음. 한편 흠정역에는 “blessed are they that do His commandments”
즉 “그의 계명을 행하는 자들은 복이 있으니”라고 되어 있음).

“그의 계명을 행하는”이 “자기 두루마기를 빠는”으로 바뀐 것은 매우 큰
변화처럼 보입니다. 그러나 헬라어에서 그것은 하나의 단어에 있는 철자
세 개가 바뀐 것에 불과합니다. 아마도 어떤 사본 필사자가 잠깐 부주의한
가운데 실수를 한 것으로 보입니다. 개정역의 독법(讀法)이 맞는 것은 의
심의 여지가 없습니다. 왜냐하면 그것이 수많은 고대 사본들에 의해 뒷받
침될 뿐만 아니라 또한 신약의 전체적인 가르침과도 훨씬 더 잘 어울리기
때문입니다.

“그의 계명을 행하는 자들은 복이 있으니 이는 그들이 생명나무에 나아
갈 권세를 받으려 함이로다”라는 흠정역의 표현을 주목해 보십시오. 그것
은 우리를 옛 율법으로 되돌아가도록 만듭니다. 그것은 시내 산에서 울려

퍼졌던 두려운 우렛소리보다 더 나을 것이 없습니다. 왜냐하면 그 안에 특별히 소망스러운 것이 없기 때문입니다. 이것이 정말로 우리에게 대한 그리스도의 마지막 말씀의 일부라면, 그는 여기에서 자신이 허문 것을 다시 쌓는 셈입니다. 그것은 우리가 선행으로 천국을 얻고자 하는 옛 행습으로 다시 되돌아가도록 만듭니다. 그러므로 우리는 그것을 "그리스도의 십자가를 헛되게 만드는" 것이라고 감히 말할 수 있습니다. 이와 같은 잘못된 독법이 그토록 일찍 교회 안으로 들어와 그토록 오랜 세월 동안 뿌리를 내리고 있었습니다. 사실은 나에게 사람이 복음의 핵심적인 진리를 계속해서 붙잡고 있는 것이 얼마나 어려운 일인지를 보여 주는 한 가지 특이한 증거로 보입니다. "우리를 구원하시되 우리가 행한 바 의로운 행위로 말미암지 아니하고 오직 그의 긍휼하심을 따라 중생의 씻음과 성령의 새롭게 하심으로 하셨나니"(딛 3:5).

한편 "자기 두루마기를 빠는 자들은 복이 있으니 이는 그들이 생명나무에 나아갈 권세를 받으려 함이로다"라는 개정역의 표현을 주목해 보십시오. 그 안에 신약의 멜로디가 분명하게 울리지 않습니까? 또 그것은 여기의 계시록 전반에 흐르는 전체적인 교리체계와도 잘 조화됩니다. 뿐만 아니라 그것은 성육신하신 지혜의 입술에서 나옴직한 하늘의 마지막 말씀의 일부로도 전혀 손색이 없습니다.

그러므로 나는 기꺼이 개정역의 독법을 취하면서, 그로부터 도출되는 다음과 같은 세 가지 원리를 여러분과 함께 살펴보고자 합니다. 첫째는 우리가 깨끗하다면 그것은 우리가 깨끗하여졌기 때문이라는 원리입니다. "자기 두루마기를 빠는 자들은 복이 있으니." 둘째는 이렇게 씻음을 받은 자들은 생명의 근원으로 거리낌 없이 나아갈 수 있다는 원리입니다. 그리고 셋째는 이렇게 씻음을 받은 자들은 새 예루살렘 도성의 공동체 안으로 들어간다는 원리입니다. 이제 이러한 세 가지 원리를 차례대로 살펴보도록 합시다.

1. 첫째로, 우리가 깨끗하다면, 그것은 우리가 깨끗해졌기 때문입니다.

예수 그리스도께서 산에서 말씀하신 첫 번째 복은 "심령이 가난한 자는 복이 있나니"였습니다. 그리고 그가 하늘로부터 말씀하시는 마지막 복은 "자기 두루마기를 빠는 자들은 복이 있나니"입니다. 여기의 마지막 복이 가리키는 행동은 첫 번째 복이 이야기하는 가난한 심령의 결과입니다. 왜냐하면 심령이 가난한 자는 자신이 죄인이라는 사실을 알 것이며, 자신이 죄인임을 아는 자는 기꺼이 자신의 두루마기를 예수 그리스도의 피로 씻을 것이기 때문입니다.

성경에서 두루마기 혹은 옷의 상징은 도덕적인 성품을 표현하는 것으로서 사용됩니다. 여기의 계시록은 처음부터 끝까지 유대적인 개념들과 상징들로 가득 차 있습니다. 그러므로 두루마기를 빨아 깨끗하게 하는 은유 속에 스가랴 선지자가 보았던 환상이 암시되어 있는 것은 의심의 여지 없는 사실입니다. 그는 대제사장이 더러운 옷을 입고 제단 앞에 서 있는 것을 보았습니다. 그때 하나님은 옆에 서 있는 자들에게 "그의 더러운 옷을 벗기라"라고 말씀하셨습니다(슥 3:4). 뿐만 아니라 우리 주님도 이와 비슷한 은유를 종종 말씀하셨습니다. 예컨대 혼인 잔치에 예복을 입지 않고 온 사람의 이야기라든지, 혹은 탕자의 비유에서 아버지가 돌아온 아들에게 누더기를 벗기고 좋은 옷을 입히는 것과 같은 이야기들 말입니다. 나아가 바울 사도 역시도 이와 유사한 은유로 옛 사람을 벗고 새 사람을 입는 은유를 종종 사용합니다. 또 여기의 계시록에서 우리는 정결해진 영혼에게 주어지는 흰 옷을 봅니다. "그들이 흰 옷을 입고 나와 함께 다니리니 그들은 합당한 자인 연고라"(계 3:4). "이는 큰 환난에서 나오는 자들인데 어린 양의 피에 그 옷을 씻어 희게 하였느니라"(계 7:14).

그러므로 그리스도께서 하늘로부터 "자기 두루마기를 빠는 자들은 복이 있나니"라고 말씀하셨을 때, 우리는 그러한 말씀 속에 이와 같은 모든 개념들이 담겨 있는 것을 기억할 필요가 있습니다.

이와 같이 성경에서 옷은 우리가 "성품"(character)이라고 부르는 것과 대체적으로 상응합니다. 옷은 정확하게 사람이 아니지만, 그러면서도 사람입니다. 그것은 자기 자신이며, 자기 자신이 보이는 모습으로 투사된 것이며, "마음의 숨은 사람"을 두른 가리개입니다.

우리가 "성품"이라고 부르는 것과 대체로 상응하는 이러한 옷은 그것을 입고 있는 사람에 의해 만들어집니다.

이것은 매우 장엄한 개념입니다. 우리 모두는 각자 자신의 신비한 베틀을 가지고 다닙니다. 우리는 우리가 입는 옷을 항상 짜고, 짜고, 또 짭니다. 모든 생각이 씨실이 되고, 모든 행동이 날실이 됩니다. 마치 거미가 자신의 몸의 진액으로 거미줄을 짜듯이, 우리는 옷을 짭니다. 우리는 그것을 짭니다. 우리는 그것을 염색합니다. 우리는 그것을 자릅니다. 우리는 그것을 꿰맵니다. 그리고 우리는 그것을 입으며, 그것은 우리에게 달라 붙습니다. 정원에서 기어 다니는 달팽이를 생각해 보십시오. 그것은 자신의 몸의 분비물로 자신의 껍데기를 만듭니다. 그와 같이 여러분과 나는 매 순간 우리가 "성품"이라고 부르는 신비하며 장엄한 것을 만들고 있습니다. 그것은 우리 자신의 자아(self)이며, 우리의 행동에 의해 형성되고 바뀌며 다듬어집니다. 성품은 행동의 강(江)으로부터 퇴적물이 쌓여 만들어진 것입니다. 마치 나일 강으로부터 만들어진 나일 삼각주처럼 말입니다.

다음으로 우리가 주목해야만 하는 사실은 모든 옷이 더러워졌다는 사실입니다. 나는 모든 옷이 똑같은 분량으로 흙탕물이 튀었다고 말하지 않습니다. 나는 모든 옷이 똑같은 분량으로 얼룩이 졌다고 말하지 않습니다. 나는 교리를 말하고자 하지 않습니다. 나는 경험을 말하고자 합니다. 나는 다음과 같은 질문으로 여러분 자신의 양심에 호소하고자 합니다. 그것은 여러분 모두가 능히 대답할 수 있는 질문입니다. 질문은 이것입니다. "우리의 옷이 추잡한 삶의 방식의 모든 흙탕물과 술 취함과 방탕함과 향락의 얼룩과 온갖 종류의 육체의 죄로 더렵혀져 있는 것이 사실입니까, 사실이 아닙니까? 보좌 위에 앉으신 그의 흰 옷과 비교할 때 우리 모두의 옷이 시커먼 것이 사실입니까, 사실이 아닙니까?"

우리의 성품 속에 부패한 것과 부정한 것이 얼마나 많은지 생각해 보십시오. 그에 대해 우리 자신의 양심이 더 잘 알지 않습니까? 나는 어떤 특별한 죄로 여러분을 참소하지 않습니다. 나는 세상적인 시각에서의 죄의 논리로 여러분을 정죄하지 않습니다. 그러나 우리가 지나온 과거를 심각하게 되돌아본다면, 우리는 너무나 자주 하나님이 없는 것처럼 살거나 하나님과 아무 상관없는 것처럼 살지 않았습니까? 그러한 불경건한 삶이 바로 실제적 무신론(practical Atheism)이 아닙니까? 그리고 바로 그것이 우리의 삶에 흘러들어와 우리의 옷을 더럽히는 모든 더러운 물의 근원이 아닙니까?

다음 단계는 더러운 옷이 깨끗해질 수 있다는 사실입니다. 본문은 그렇게 되는 방법까지는 나아가지 않지만, 그것은 이미 계시록 전체를 통해 충분하게 언급되었습니다. 예컨대 내가 앞에서 인용한 구절을 다시 한번 보십시오. "이는 큰 환난에서 나오는 자들인데 어린 양의 피에 그 옷을 씻어 희게 하였느니라"(7:14). 이 글을 기록한 요한은 또한 그의 편지에서 "그 아들 예수의 피가 우리를 모든 죄에서 깨끗하게 하실 것이요"라고 기록합니다(요일 1:7). 요한에게 이것은 분명한 역설(paradox)이었습니다. 왜냐하면 피는 깨끗하게 하는 것이 아니라 도리어 더럽게 하는 것이기 때문입니다. 그러나 그는 복음의 핵심적인 진리를 제시하기 위해 기꺼이 역설을 사용합니다. 도리어 붉은 피가 검은 옷을 희게 만든다는 역설은 그가 선포하고자 애쓰던 위대한 진리를 예증(例症)하는데 도움이 되었습니다. 그리스도의 십자가로부터 붉은 피가 흘러내립니다. 동시에 그의 십자가로부터 수정같이 맑은 생수의 강이 흘러나옵니다.

죄는 용서될 수 있으며, 성품은 거룩하여질 수 있습니다. 죄는 용서될 수 있습니다. 사람들은 말합니다. "아닙니다! 우리는 '사람이 무엇으로 심든지 그대로 거두리라'라는 움직일 수 없는 법칙이 지배하는 우주에서 살고 있습니다. 어떤 사람이 잘못을 범한다면, 그는 그 결과를 담당해야만 합니다."

그러나 죄가 용서될 수 있느냐 하는 문제와 그것의 결과와 관련한 문제는 별개의 문제입니다. 문제는 우리가 움직일 수 없는 법칙이 지배하는 우주에서 살고 있느냐 하는 것이 아니라, 우주에 오직 그러한 법칙만 있느냐

하는 것입니다. 용서는 인격적인 행동이기 때문에, 사람이 행한 일의 결과와는 별개로 다루어야 합니다. 그러므로 우리가 인격적인 하나님을 믿는다면 그리고 그가 사람들과 더불어 어떤 종류의 살아 있는 관계를 맺는 것을 믿는다면, 우리는 앞의 움직일 수 없는 법칙을 그대로 두면서도 얼마든지 용서의 교리를 믿을 수 있습니다. 하나님의 지혜와 하나님의 긍휼은 얼마든지 그렇게 할 수 있습니다. "용서"의 기독교 교리는 "사람이 무엇으로 심든지 그대로 거두리라"라는 움직일 수 없는 법칙을 건드리지 않습니다. 다만 그러한 교리의 핵심은 이것입니다. "여호와여 주께서 전에는 내게 노하셨사오나 이제는 주의 진노가 돌아섰고 또 주께서 나를 안위하시나이다"(사 12:1). 이와 같이 죄는 용서될 수 있습니다.

또 성품은 거룩하여지고 고결해질 수 있습니다. 왜 그럴 수 없겠습니까? 그렇게 될 수 있는 충분한 새 힘을 가질 수만 있다면 말입니다. 여러분은 그리스도의 죽으심과 그의 사랑의 선물에서 그런 힘을 가질 수 있습니다. 그가 우리 죄를 위해 자신을 주셨다는 위대한 개념에 그러한 힘이 있습니다. 그의 죽으심을 통해 우리가 받은 거룩한 영에 그러한 힘이 있습니다. 이와 같이 예수 그리스도의 피와 그의 십자가와 희생제사의 능력이 나를 모든 죄로부터 깨끗하게 합니다. 나의 모든 죄를 제거한다는 의미에서, 그리고 나의 성품이 더 높고 더 고결하며 더 정결하게 변화되었다는 의미에서 말입니다.

사랑하는 자들이여, 여러분은 그것을 믿습니까? 믿지 않는다면, 어째서 여러분은 믿지 않는 것입니까? 믿는다면, 여러분은 자신이 믿는 것을 신뢰하며 그러한 믿음에 부합하는 삶을 살고 있습니까?

마지막으로 한 가지만 더 이야기하겠습니다. 그것은 여러분의 옷을 씻는 것은 여러분 자신이 행해야만 한다는 것입니다. "자기 두루마기를 빠는 자들은 복이 있으니." 한 손에는 씻는 것들이 있으며, 다른 손에는 더러운 누더기들이 있습니다. 여러분은 둘을 서로 합쳐야만 합니다. 어떻게 그렇게 합니까? 그것은 강한 것과 약한 것, 정결한 것과 더러운 것, 구주와 참회자를 연결하는 마법의 띠로 말미암습니다. 스스로를 그의 삶과 죽음의 정결케 하는 능력에 순복시키면서 그것을 신뢰하며 의지(依支)하는 것, 바로 그것이 마법의 띠입니다.

헬라어에 분명하게 나타나는 것처럼, "**계속 씻는**(washing) 자들이 복이 있다"는 사실을 기억하십시오. 그것은 한 번 씻고 마는 것이 아니라, 계속적인 과정입니다. 그것은 인생 전체에 걸쳐 계속되는 복된 과정입니다.

이것은 그리스도 자신의 입으로부터 나온 거의 마지막 말씀이며, 그 자신이 친히 말씀하신 조건입니다. 무슨 조건이냐고요? 사람들에게 고결한 삶과 그로 말미암아 마침내 천국이 가능해지는 조건 말입니다. 요컨대 사람들은 예수 그리스도의 죽음과 희생제사에서 열린 샘으로부터 매일 같이 씻으며 그것을 계속 의지(依支)함으로써 정결하게 됩니다.

어쩌면 여러분은 기독교의 아름다움과 고결함에 대해 많이 알지 모릅니다. 또 여러분은 그리스도의 정결하심과 온유하심에 대해 많이 알지 모릅니다. 그러나 여러분이 그리스도의 이러한 특성을 이해하지 못했다면, 여러분은 실상 그에 대해 아주 조금밖에는 알지 못하는 것입니다. 그리고 아직까지 여러분은 가장 달콤한 것을 맛보지 못한 것입니다. 왜냐하면 그의 마음을 가장 잘 나타내는 것은 그의 용서하는 사랑이며, 그와 우리를 연결하는 것은 그의 정결케 하는 능력이기 때문입니다.

2. 둘째로, 이렇게 씻음을 받은 자들은 생명의 근원으로 거리낌 없이 나아갑니다.

"자기 두루마기를 빠는 자들은 복이 있으니 이는 그들이 생명나무에 나아갈 권세를 받으려 함이로다." 두말할 것도 없이 이러한 말씀은 우리를 창세기 앞부분의 신비한 옛 이야기로 데려갑니다.

설령 오늘의 주제와 직접적으로 연관되지는 않는다 하더라도, 나는 여기에서 한 가지를 이야기하지 않을 수 없습니다. 그것은 계시록의 마지막 부분이 창세기의 처음 부분과 서로 맞물린다는 사실입니다. 이것은 얼마나 멋지며 주목할 만한 사실입니까! 인간의 역사(歷史)는 천사들의 찌푸린 얼굴과 생명나무의 길을 가로막는 화염검과 함께 시작되었습니다. 그런데 여기에서 인간의 역사는 그 모든 것이 제거되는 것과 함께 끝납니다. 천사들은 검을 칼집에 꽂고, 더 이상 생명나무로 나아가는 길을 가로막지 않습니다. 이것은 사이에 있는 모든 것 즉 죄와 고통과 죽음이 일시적인 것임을 말하는 성경의 상징적인 방식입니다. 인간 역사를 관통하는 하나님의 섭리의 목적 즉 사람들을 다시금 생명나무로 나아오게 하는 것은 무엇에 의해서도 방해받지 않을 것입니다. 생명나무로 나아오는 것은 그들의 죄로 말미암아 오랜 세대 동안 금지되었지만, 영원으로 볼 때 그것은 한 순간에 불과합니다.

그러나 오늘 내가 말하고자 하는 요지는 그것이 아닙니다. 오늘의 요지는 생명나무가 생명의 외적 근원의 상징으로서 거기에 서 있다는 것입니다. 나는 여기의 "생명"을 신약에서 통상적으로 사용하는 의미대로 취합니다. 그것은 단순히 존재가 계속되는 것이 아니라, 사람의 모든 기능과 가능성이 충분하며 완전하게 되는 것입니다. 여기의 사도 자신은 그것을 하나님과 예수 그리스도를 아는 것과 동일시합니다. 요한은 그러한 생명이 이 땅에서처럼 하늘에서 외적인 근원을 갖는다고 말합니다.

그리스도께서 달린 십자가가 생명나무로 만들어졌다는 옛 기독교 전설이 있습니다. 그것은 터무니없는 전설이기는 하지만, 그것에 매우 아름다운 비유가 담겨 있습니다. 그것은 개념적으로는 진리입니다. 왜냐하면 그와 그가 한 일이 땅과 하늘을 위한 모든 생명의 근원이 될 것이기 때문입니다. 자기 두루마기를 빠는 자들은 아무 거리낌 없이 하나님에게 나아갈 권세를 갖습니다.

여기에 함축된 한 가지 개념은 이 땅에서는 생명이 의의 기초인 반면 하늘에서는 의가 훨씬 더 충만한 생명의 조건이라는 개념입니다. 그러나 이에 대해서는 오늘 다루지 않을 것입니다.

옛 전설에 따를 때, 생명나무는 부정한 손이 닿을 수 없도록 그 가지가 높은 곳에 있었다고 합니다. 그리고 우리의 손이 예수 그리스도를 믿는 믿음으로 깨끗해질 때까지, 그것의 풍성한 열매는 우리의 손이 닿을 수 없도록 높은 곳에 매달려 있었다고 합니다. 형제여, 하늘의 충만한 생명은 오직 이 땅에서 믿음으로 예수 그리스도를 가까이 따를 때 영과 육의 모든 더러운 것으로부터 스스로를 깨끗하게 한 자들에게만 허락됩니다.

3. 마지막으로, 이렇게 씻음을 받은 자들은 새 예루살렘 도성의 공동체 안으로 들어갑니다.

여기에서 또 다시 우리는 구약과 신약의 일련의 은유들이 함께 모이는 것을 보게 됩니다. 옛 세상에서 나라들의 전체적인 권력과 화려함은 그들의 수도(首都)에 모여 있었습니다. 과거의 바벨론과 니느웨가 그랬고, 지금의 로마가 그렇습니다. 사도 요한에게 악의 세력들은 모두 일곱 언덕으로 된 도시에 모여 있었습니다. 마찬가지로 그에게 세상의 희망이었던 정반대의 세력들은 모두 하늘로부터 내려올 것으로 기대했던 이상적(理想的)인 도시 — 새 예루살렘 — 에 모여 있었습니다. 사도 요한과 히브리서를 기록한 그의 형제는 — 그가 누구든 간에 — 우리에게 동일한 교훈 즉 미래의 하늘은 각자 개별적으로 행동하는 하늘이 아니라 공동체의 "터가 있는 도성"이라는 교훈을 가르쳐 줍니다.

창세기는 동산과 함께 시작했습니다. 불행하게도 사람들은 죄로 말미암아 동산에서 쫓겨났습니다. 그러나 하나님은 악으로부터 선을 끌어내십니다. 그러므로 동산을 잃은 대신 더 좋은 것이 옵니다. 그것은 모든 설비가 갖추어진 도시입니다. "나중에 사람에게 더 좋은 에덴이 회복되도다." 동산의 달콤함과 한적함 가운데 사는 것보다 도시에서 다양한 활동을 하며 사는 것이 분명 더 낫습니다. 물론 큰 도시들에 많은 죄와 슬픔이 있습니다. 또 오늘날의 소위 문화 가운데 저급하며 수치스러운 것들이 많이 있습니다. 그럼에도 불구하고 도시를 구성하는 다수의 군중들을 통해 다른 종류의 삶은 산출할 수 없는 에너지와 활동이 분출됩니다.

장차 우리가 하나님의 도성에 모이는 것을 생각해 보십시오. 분명 거기에서 우리는 오랫동안 사랑했던 사람들과 오랫동안 잃어버렸던 사람들을 다시 찾게 될 것입니다. 나는 우리가 마리아와 요셉처럼 사랑하는 사람들을 찾기 위해 예루살렘 거리를 헤매야 할 것이라고는 생각할 수 없습니다.

"내가 내 아버지 집에 있어야 될 줄을 알지 못하셨나이까"(눅 2:49). 우리는 그들을 어디에서 발견할지 알 것입니다.

> "우리는 그들을 다시금 안을 것이라.
> 그리고 하나님과 함께 안식할 것이라."

도시는 안전함과 영구함의 상징입니다. 그곳에서의 삶은 더 이상 광야에서 방랑하는 것과 같은 삶이 아닐 것입니다. 그곳에서의 삶은 더 이상 황량하며, 단조로우며, 요동(搖動)하는 삶이 아닐 것입니다. 우리는 영속적인 실재들 가운데 거할 것입니다. 우리는 요동치 않는 가운데 완전한 평강으로 계속 자랄 것입니다. 우리는 더 이상 장막에 거하지 않을 것입니다. 우리는 "터가 있는 성"의 견고한 집에서 거주할 것입니다. 우리는 그곳의 건물들의 위용에 놀라며 이렇게 외칠 것입니다. "보라 이 돌들이 어떠하며 이 건물들이 어떠한가!"(막 13:1).

사랑하는 친구들이여, 여러분에게 간절히 당부합니다. 여러분의 모든 더러운 것들을 그리스도께 가져가십시오. 오직 그만이 여러분을 깨끗하게 하실 수 있습니다. "주 여호와의 말씀이니라 네가 잿물로 스스로 씻으며 네가 많은 비누를 쓸지라도 네 죄악이 내 앞에 그대로 있으리니"(렘 2:22). "그 아들 예수의 피가 우리를 모든 죄에서 깨끗하게 하실 것이요"(요일 1:7). 여러분에게 간절히 당부하노니, 겸비한 믿음으로 스스로를 그 피의 정결케 하는 능력에 순복시키십시오. 그러면 여러분은 오늘 참된 생명을 소유하게 될 것입니다. 그리고 이 땅에 있음에도 불구하고 여러분은 하나님의 도성의 시민이 될 것입니다. 그러다가 이 땅의 감옥을 떠나는 순간이 올 때, 천사가 여러분에게 올 것입니다. 예전에 옥에 갇혀 잠자고 있던 베드로에게 온 것처럼 말입니다. 그의 손이 여러분을 깨울 것이며, 여러분을 인도할 것입니다. 여러분은 비몽사몽간에 자신이 어디에 있는지 그리고 무슨 일이 벌어지고 있는지 거의 알지 못할 것입니다. 여러분은 첫 번째와 두 번째 파수를 지나, 쇠문을 통과하여, 마침내 시내(市內)로 들어

올 것입니다(행 12:10). 그제야 비로소 여러분은 제 정신이 돌아와 주님이 천사를 보내 여러분을 여러분의 마음의 본향인 하나님의 도성으로 인도하셨음을 확실히 알게 될 것입니다.

31

보좌로부터의
그리스도의 마지막 초청

"목마른 자도 올 것이요 또 원하는 자는 값없이 생명수를 받으라 하시더라"
계 22:17

성경의 마지막 책의 마지막 부분은 마치 어떤 위대한 협주곡의 마지막 악장과 같습니다. 여기에서 우리는 오케스트라의 모든 악기들이 환희로 가득 찬 마지막 절정의 연주를 하는 것을 듣습니다. 또 우리는 여기에서 여러 목소리들이 교차하여 나타나는 것을 봅니다. 어떤 때는 그것이 사도 요한 자신의 목소리이며, 어떤 때는 천사의 목소리이며, 또 어떤 때는 보좌로부터 흘러나오는 그리스도 자신의 목소리입니다. 이와 같이 이야기가 마지막으로 급속하게 전개될 때, 종종 화자(話者)가 누구인지를 결정하는 것은 매우 어렵습니다. 여기에서 문맥의 전체적인 흐름을 간략하게 살펴보도록 합시다. 앞에서 우리 주님은 보좌로부터 "각 사람의 행한 대로 갚아 주기 위해" 속히 올 것을 선포하셨습니다. "보라 내가 속히 오리니 내가 줄 상이 내게 있어 각 사람에게 그가 행한 대로 갚아 주리라"(12절).

이러한 장엄한 말씀을 하신 후에 그는 잠깐 아무 말도 하지 않으셨습니다. 거기에 잠시 큰 침묵이 있습니다. 그러고 나서 "오시옵소서!"라고 말하는 목소리가 들립니다(한글개역개정판에는 "오라"라고 되어 있음). "성령과 신부가 말하기를 **오라** 하시는도다"(17절). 이것은 그에서 성령이 말하는 신부의 음성입니다. 신랑의 약속에 대한 응답으로서, 신부는 그 약속이 이루어지기를 탄원하는 것 외에 무슨 말을 할 것입니까? 어떻게 신부가 신랑을 그리워하지 않을 것입니까? 그러고 나서 갑자기 환상을 보고 있는 사도 요한 자신이 끼어들면서, 그리스도의 약속을 듣는 모든 사람들을 부릅니다. "듣는 자도 '오시옵소서!'라고 할 것이요"(한글개역개정판에는 "듣는 자도 **오라** 할 것이요"라고 되어 있음). 그의 오심은 진실로 창조세계 전체가 진동(震動)시키는 신의 사건입니다. 그리고 그 안에서 황금시대와 관련한 세상의 모든 꿈이 이루어지며, 세상의 모든 상처가 치료됩니다.

그러면 이어지는 본문은 누가 말하는 것입니까? "목마른 자도 올 것이요 또 원하는 자는 값없이 생명수를 받으라." 이것은 분명 그리스도 자신의 음성입니다. 다시 말해서 그것은 교회의 부르짖음에 대한 그의 응답입니다. 그는 모든 세상이 그의 은혜로운 초청을 들을 수 있도록 그의 오심을 연기하십니다. 여기에 두 가지가 나타납니다. 하나는 그리스도께서 세상에 마지막으로 오는 것이며, 다른 하나는 세상이 그리스도께 오는 것입니다.

본문을 이와 같이 읽을 때, 나는 우리가 그것의 의미를 훨씬 더 풍성하게 이해할 수 있다고 생각합니다. 그러면 본문이 묘사하는 보좌로부터의 음성에 귀를 기울여 보도록 합시다. 여기에서 우리는 사람들을 위한 그의 모든 사랑과 그들을 축복하고자 하는 그의 간절한 열망을 발견합니다.

1. 첫째로, 보좌로부터 그리스도는 어떤 사람들을 부르고 있습니까?

여기에서 그의 부르심을 받는 자들은 두 가지 호칭으로 나타납니다. 그것은 "목마른 자"와 "원하는 자"입니다. 전자의 호칭을 주목해 보십시오. 그것은 어떤 측면에서는 보편적이지만, 다른 측면에서는 그렇지 않습니다. 반면 후자는 안타깝게도 결코 보편적이지 않습니다. 왜냐하면 많은 사람들이 목마름에도 불구하고 이상하게도 그것을 만족시키려고 하지 않기 때문입니다. 그러나 우리는 둘을 서로 분리시킨 채 각각 별도로 살펴보고자 합니다.

첫 번째 자격은 필요와 필요에 대한 의식(意識)입니다. 안타깝게도 둘은 함께 가지 않습니다. "필요"는 보편적이지만, 그러나 "필요에 대한 의식"은 보편적이지 않습니다. 어떤 사람이 목마를 때, 그는 자신이 목마르다는 사실을 압니다. 그러나 여러분의 영혼의 입술은 목마름에 둔감해져 그것을 전혀 의식하지 못하게 되는 것이 충분히 가능합니다. 사람들 위에 새겨진 보편적인 필요가 있습니다. 그러한 필요는 사람들에게 외적인 무엇인가가 혹은 누군가가 있어야만 함을 선언합니다. 그들은 그 위에서 안식할 수 있으며, 그것으로부터 만족될 수 있습니다. 마음은 다른 사람의 사랑을 열망합니다. 지성(知性)은 실체와 진리를 붙잡을 때까지는 결코 쉬지 못합니다. 의지(意志)는 통제되기를 열망합니다. 비록 그 주인에 대하여 반항함에도 불구하고 말입니다. 사람의 전체적인 본성은 "내 영혼이 하나님 곧 살아 계시는 하나님을 갈망하나이다"라고 말합니다(시 42:2). 어떤 사람이 아버지의 마음과 능력을 소유하며 그에 대한 호의적인 의식(意識)을 갖고 살지 않는다면, 그에게 결코 안식은 없습니다.

그러나 형제들이여, 여러분 가운데 상당수의 사람들은 무엇이 여러분을 괴롭히는지 알지 못합니다. 여러분은 무엇인가가 여러분을 갉아먹으며, 불안하게 하며, 불만족하게 하는 것을 의식합니다. 여러분은 자신이 가진 것 이상의 무엇인가를 계속 구하는 것을 느끼며, 그것이 종종 여러분을 잘못된 길로 몰아갑니다. 또 영의 부르짖음을 잘못 해석하는 것과 같은 일도 있습니다. 바로 이것이 오늘날 무수한 사람들의 불행이며 죄악입니다. 세속적인 것들의 무더기 속에서 자신들의 참된 필요를 질식시키며 자신들의 열망을 결코 만족될 수 없는 방향으로 이끄는 것이 우리 가운데 많은 사람들의 실제적인 상태이며 불행입니다.

왜곡된 입맛은 결코 어떤 특정한 형태의 육체적 질병에만 한정되지 않습니다. 더 높은 영역과 관련한 왜곡된 입맛이 있습니다. 여러분과 나는 하나님을 양식으로 삼도록 창조되었습니다. 그런데 우리는 우리 자신을 양식으로 삼으며, 서로를 양식으로 삼으며, 세상을 양식으로 삼으며, 우리가 주위에서 발견하는 모든 쓰레기들을 양식으로 삼습니다. 우리가 사는 바쁜 삶과 월요일부터 토요일 밤까지 사람들이 달려가는 분주한 삶을 바라볼 때, 나는 우리 모두가 제 정신이 아니거나 아니면 꿈을 좇고 있는 것처럼 느껴집니다. 우리는 마치 무대 위에서 연기하는 연극배우들 같습니다. 화려한 황금 잔처럼 보이지만 실상은 종이로 만든 잔에 불과한 것으로 아무것도 마시지 않고 단지 마시는 흉내만 내며 "아, 좋다!" 하면서 호들갑을 떠는 연극배우들 말입니다. 형제여, 당신은 당신의 영혼의 불멸의 목마름을 제대로 해석합니까? 당신은 목마름이 만족되어야만 할 필요를 의식(意識)합니까? 의식하다면, 당신은 당신의 목마름을 만족시켜 줄 샘물이 어디에서 솟아나는지 압니까? 그러나 자신의 마음을 정직하게 살피고 위의 질문에 직면했음에도 불구하고 우리 가운데 "목마른 자가 꿈에 마셨을지라도 깨면 곤비하며 그 속에 갈증이 있는 것 같은" 사람들이 너무나 많은 것은 얼마나 슬픈 일입니까!(사 29:8).

한 걸음 더 나아가 나는 심지어 이러한 영혼의 목마름조차 전혀 의식하지 못하는 사람들도 많다고 감히 말합니다. 그렇습니다. 그들은 그러한 목마름을 짓뭉개 버렸습니다. 그들은 잠시 동안 세속적인 성공이나 혹은 자신들이 바라던 여러 가지 대상들로 만족했습니다. 그러나 그것은 오래 가지 못할 것입니다. 그것은 계속되지 않을 것입니다. 그것은 여러분이 살아 있는 동안만큼도 계속되지 않을 것입니다. 그것은 결코 오랜 시간 계속되지 않을 것입니다. 우리 가운데 어떤 사람들은 동방지역의 뜨겁고 얇은 흙 속에서 자라는 선인장과 같습니다. 그것은 자신의 잎에 놀랄 만큼의 수분을 품고 있어 상당 기간의 목마름을 견딜 수 있습니다. 그러나 수분은 계속해서 고갈되며, 결국엔 말라 죽습니다. 예수 그리스도에게 갈 때까지는 결국 "물 없는 메마른 땅"에 살고 있는 것이라는 사실을 기억하십시오. 본문은 여러분을 목마름을 만족시킬 필요를 일깨워 주는 데까지는 데려가지 않을는지 모르지만, 그러한 필요의 사실까지는 확실하게 데려갑니다.

계속해서 그리스도께서 부르시는 또 하나의 호칭을 살펴보도록 합시다. "**원하는 자**는 값없이 생명수를 받으라"(whosoever will let him take). 여기에서 "원하는 자"는 "뜻하는 자" 혹은 "의지(意志)하는 자"를 의미합니다. 앞에서 나는 전자의 호칭은 어떤 측면에서 인류 전체를 망라한다고 말했습니다. 그러나 여기의 둘째 호칭은 그렇지 않습니다. 왜냐하면 우리는 많은 사람들이 자신들의 의지(意志)를 하나님의 은혜의 부르심으로부터 돌이키는 참으로 이상하면서도 불가해한 사실에 직면하지 않을 수 없기 때문입니다. 어떤 사람들은 극도의 목마름의 고통 가운데 있으면서도 그리스도께서 값없이 주시는 생수의 잔을 내팽개쳐 버립니다. 우리와 같은 보잘것없는 피조물이 신의 긍휼에 맞서 우리에 대한 하나님의 계획을 방해할 수 있다는 사실보다 더 슬프며 더 확실한 사실은 아무것도 없습니다. 그리스도는 수차례 좌절을 겪으셨음에도 오래 참으심 가운데 이렇게 말씀하셨습니다. "내가 네 자녀를 모으려 한 일이 몇 번이더냐 그러나 너희가 원하지 아니하였도다"(마 23:37), 형제들이여, 모두가 그렇게 해야만 함에도 오직 소수의 사람들만 스스로의 의지를 그에게 순복시키는 것은 얼마나 슬픈 일입니까!

오늘 나는 사람들이 신의 긍휼을 받아들이기를 싫어하는 다양한 이유나 핑계들에 대해서는 다루지 않을 것입니다. 다만 나는 여기에서 복음에 대한 사람들의 지적인 어려움의 기밑바닥에 그리스도의 조건 위에서 구원받는 것을 꺼리는 마음이 있다는 사실을 감히 지적하고자 합니다. 매우 많은 영역에서 사람들은 의지적(意志的)으로 이해합니다. 지식과 사상의 영역에서 사람이 어떤 선입관이나 편견 아래서 믿거나 혹은 믿지 않는 것은 매우 일반적인 일입니다.

이와 같이 예수 그리스도로부터 멀리 떨어져 있는 자들이 그에 대해 소극적인 태도를 취하는 것은 분명한 사실입니다. 사람들이 그를 소유하지 않는 것이 아니라, 그를 소유하고자 뜻하지 않는 것입니다. 그러나 이러한 소극적인 태도 즉 대체적으로 그리스도께서 부과하는 조건에 순복하기를 좋아하지 않는 마음의 수동적인 무관심은 생수가 여러분의 입으로 흘러들어오는 것을 가로막는 장애물을 만듭니다. 여러분은 "말을 물가로 데려갈 수는 있어도 물을 마시게 할 수는 없다"는 옛 속담을 알 것입니다. 우리는 여러분을 물로 데려갈 수 있습니다. 혹은 물을 여러분에게 가져다줄 수 있습니다. 그러나 어느 누구도 여러분의 입 안으로 생명을 주는 상쾌한 생수를 부어 줄 수 없습니다. 여러분이 여러분의 입술을 굳게 닫는다면 말입니다. 그리스도도 그렇게 할 수 없고, 그의 종들도 그렇게 할 수 없습니다. 여러분은 그리스도를 방해할 수 있습니다. 그가 "이것을 받아 마시라"라고 말씀하실 때, 여러분은 머리를 가로저으며 "아니야, 나는 마시지 않을 거야"라고 중얼거릴 수 있습니다. 그러므로 사랑하는 친구들이여, 그리스도인이 아닌 사람들 가운데 대부분의 사람들이 그리스도인이 아닌 이유가 단순히 그렇게 되기를 싫어하는 마음 때문이라는 사실을 깊이 생각해 보십시오. 바라는 것과 의지(意志)하는 것은 별개입니다. 굶주린 마음의 곤고함으로부터 구원받기를 바라는 것과 그리스도께서 제시하는 조건 위에서 그가 주는 만족을 받아들이기로 의지하는 것은 전혀 다른 것입니다.

이와 같이 우리의 필요를 알고 그가 그 자신의 방식으로 그것을 채우도록 뜻하는 것이 유일한 자격임을 생각할 때, 우리는 여기에 묘사된 보좌로부터의 그리스도의 마지막 말씀으로부터 그의 복음의 보편성이 선포되는 것을 보게 됩니다. "**누구든지 뜻하는** 자는"(whosoever will, 한글개역개정판에는 단순히 "원하는 자는"이라고 되어 있음) — 이것이 전부입니다. 여러분이 갖기로 선택한다면, 여러분은 가질 수 있습니다. 다른 조건은 제시되지 않습니다. 여기에 사람의 능력을 넘어서는 어떤 조건이 제시되었다면, 기독교는 보편적인 것이 아니라 협소하며 지엽적이며 지역적인 것이 되었을 것입니다. 그러나 기독교는 단지 보편적인 필요와 모든 사람들이 느끼는 필요의 의식(意識), 그리고 모든 사람이 발휘할 수 있으며 발휘해야만 하는 의지만을 요구할 뿐입니다. 이런 차원에서 복음은 세상을 위한 것입니다. 그것은 나를 위한 복음이며, 여러분 각자를 위한 복음입니다. 부디 여러분 앞에 놓인 생수의 잔을 거절하지 마십시오.

2. 둘째로, 하늘로부터 그리스도는 우리 모두에게 무엇을 제시하십니까?

여기의 계시록은 하나님의 위대한 계시의 종결입니다. 그리고 그것은 그의 이전의 말씀들의 메아리들로 가득 차 있습니다. 생명수의 강은 창세기 첫째 장으로부터 계시록 마지막 장까지 물결치며 흐릅니다. 그것은 에 덴동산을 관통하여 흘렀던 강입니다. 그것은 그 물결로 하나님의 도성을 기쁘게 만드는 강입니다. 그것은 하나님이 자기 자녀들에게 마시게 하시는 신의 즐거움의 강입니다. 그것은 성전의 문으로부터 흘러나와 그것이 흐르는 모든 곳에 생명을 가져다주는 강입니다. 그것은 그리스도를 믿는 모든 사람들로부터 마땅히 흘러나와야만 하는 — 왜냐하면 그 강이 이미 그들 안으로 흘러들어갔기 때문에 — 강입니다. 그것은 하나님과 어린 양의 보좌로부터 흘러나오는 "수정같이 맑은 생수의 강"입니다. 우리 주님은 사마리아 여인에게 그리고 장막절 마지막 날 "누구든지 목마르거든 내게로 와서 마시라"라고 말씀하셨습니다(요 7:37). 그리고 그의 다른 많은 은혜의 말씀들은 이를테면 여기의 보좌로부터의 마지막 음성 안으로 모두 모입니다.

생명수는 단순히 맑은 상태로 반짝이며 흐른다는 의미에서 살아 있는 물이 아닙니다. 그것은 생명을 전달하는 물입니다. 여기의 "생명"은 사도 요한이 그의 모든 글에서 사용하는 대로 포괄적이며 함축적인 의미로 취해져야 합니다. 그것은 예수 그리스도를 통해 사람들에게 임하는 모든 축복들의 총체입니다.

이와 같이 여기의 "생명수"를 그리스도께서 전달하는 모든 것의 총체로서 간주할 때, 이로부터 나오는 첫 번째 개념은 그것이 흐르지 않거나 혹은 그것을 받지 못하는 것이 곧 죽음이라는 개념입니다. 참된 죽음은 곧 하나님으로부터의 분리입니다. 그리고 하나님으로부터의 분리는 그는 하늘에 계시는 반면 우리는 땅에 있다는 사실로부터 오는 것이 아닙니다. 또 그는 무한하시고 불가해한 존재인 반면 우리는 보잘것없는 일시적인 피조물이라는 사실로부터 오는 것도 아닙니다. 하나님으로부터의 분리는 우리가 마음과 생각으로 그를 떠나기 때문에, 혹은 에베소서의 표현처럼 우리가 "허물과 죄로 죽었기" 때문에 오는 것입니다(엡 2:1). "살았으나 죽은" 혹은 "죽음을 사는" 것은 가련한 몸이 침상에 누이고 영혼이 육체를 떠나는 것보다 훨씬 더 두려운 것입니다. 그러한 죽음이 생명수로 말미암아 우리로부터 제거되지 않는다면, 우리는 그러한 죽음 아래 있습니다. 사랑하는 형제들이여, 이것은 단순히 강단의 화려한 수사(修辭)가 아닙니다. 이것은 인간 본성과 관련한 가장 깊은 사실입니다. 이것은 단순한 은유가 아닙니다. 도리어 나는 몸의 죽음을 은유로서 취합니다. 왜냐하면 우리는 물질적인 몸의 죽음을 영의 영역에서 벌어지는 훨씬 더 두려운 죽음을 보여주는 하나의 비유로서 취할 수 있기 때문입니다. 여러분에게 간절히 당부하노니, 죽음이 다름 아닌 죄로 말미암아 하나님과 분리되는 것이라는 사실을 잊지 마십시오. 이것은 성경의 전체적인 가르침, 그리고 각성된 양심의 정직한 판단과 온전히 부합합니다. 또 죽음으로부터 소생시키는 약은 다름 아닌 그리스도께서 주시는 생명수라는 사실을 기억하십시오. 그 자신이 "내 피를 마시는 자는 영생을 가졌고"라고 말씀하신 것처럼 말입니다 (요 6:54).

생명을 주는 물의 상징에는 이러한 개념들 외에 또 다른 개념들이 담겨 있습니다. 거기에는 모든 바람이 만족되고, 모든 기대가 충족되며 응답되고, 인간의 전체적인 내적 본성과 마음에 있는 모든 빈자리가 채워지고, 참된 기쁨과 고결함과 존귀를 구성하는 모든 축복들이 넘치게 주어지는 것 등의 개념들이 포함됩니다. 영원한 생명은 육체의 죽음에도 불구하고 중단되지 않습니다. 그 강은 미국의 대협곡들 가운데 하나와 같은 좁고 어두운 협곡을 통과하여 흐르며, 햇빛이 도달하지 못하는 가장 깊은 곳까지 내려갑니다. 그러나 좁은 협곡에 제한됨에도 불구하고, 그 수량(水量)은 줄지 않습니다. 또 큰 바위들에 흐름이 막히지도 않습니다. 도리어 그 강은 협곡의 다른 끝에서 햇빛에 반짝이며 흐릅니다. 그리고 협곡 곳곳으로부터 지류(支流)들이 흘러들어옵니다. 그러므로 그 강은 더 넓어지고 더 깊어집니다. 그리하여 그 강은 자신이 본래 나온 거대한 바다를 향해 한층 더 장엄한 모습으로 흐릅니다.

형제여, 본문 가운데 주님이 제시하는 것은 영원한 생명 즉 죄의 결과인 사망으로부터 구원받는 것입니다. 그리고 그것은 우리에게 우리의 목마른 영이 바랄 수 있는 모든 축복들을 붓는 것입니다. 그리고 그러한 축복 가운데 거하고 끝없는 만족이 무한한 세대들을 통해 영원히 계속되는 것입니다. 바로 이것이 그리스도께서 우리 각자에게 제시하는 것입니다.

3. 마지막으로, 하늘로부터 그리스도는 우리에게 무엇을 행하라고 부르십니까?

"목마른 자도 **올** 것이요 또 원하는 자는 값없이 생명수를 **받으라**." 여기의 두 가지 즉 "오는" 것과 "받는" 것은 내가 볼 때 본질적으로 동일한 영역을 망라하는 것처럼 보입니다. 여러분은 종종 복음주의 설교자들이 "예수께 오십시오! 예수께 오십시오!"라고 반복적으로 부르는 것을 들을 것입니다. 뜨거운 열정은 있지만 자신들이 의미하는 것에 대한 분명한 설명은 없이 말입니다. 그러므로 나는 예수 그리스도 자신이 그와 같이 말씀하셨을 때 의미하셨던 것을 간단히 설명하고자 합니다. 이 땅에 계셨을 때, 그는 서서 "누구든지 목마르거든 내게로 와서 마시라"라고 말씀하셨습니다(요 7:37). 이러한 말씀과 관련하여 그는 친히 "내게 오는 자는 결코 주리지 아니할 터이요 나를 믿는 자는 영원히 목마르지 아니하리라"라고 설명하셨습니다(6:35). 이런 관점에서 본문의 "오는" 것과 "받는" 것의 은유를 제거하고, 그와 관련하여 그리스도께서 직접 주신 해석을 생각해 보도록 합시다. 그럴 때 우리는 그리스도께서 우리에게 요구하시는 한 가지를 붙잡을 수 있습니다. 그것은 우리의 보잘것없는 자아를 그에게 순복시키며 그를 온전히 믿고 신뢰하라는 것입니다. 그것이 전부입니다.

그렇습니다. 그것이 전부입니다. 그러나 바로 여기가 신경의 말단 기관 압점(壓點)입니다. 나아만이 "요단 강에 가서 씻으라"는 선지자의 말을 듣고 분개하였을 때, 그의 종들이 그에게 했던 말을 생각해 보십시오. "내 아버지여 선지자가 당신에게 큰 일을 행하라 말하였더면 행하지 아니하였으리이까 하물며 당신에게 이르기를 씻어 깨끗하게 하라 함이리이까"(왕하 5:13). 여기에 나타난 나아만의 이상한 거리낌을 생각해 보십시오. 평소 작은 결과를 산출하기 위해 기꺼이 큰 고통을 감수하곤 했습니다. 그리고 그는 여기에서 큰 결과를 산출하기 위해 작은 고통을 감수하기를 싫어합니다. 나아만의 이러한 이상한 거리낌은 우리들에게 계속 반복됩니다. 사람들은 기꺼이 비싼 값을 치르고 저주를 사면서도, 정작 구원은 값없이 받는 은혜의 선물이라는 이유로 받기를 꺼립니다. 너무나 많은 사람들이 아무 공로 없이 오직 그리스도의 은혜를 힘입어 값없이 천국을 얻는 것으로 만족하기보다 힌두교도들처럼 자신의 등에 갈고리를 꿰고 줄에 매달리기를 더 좋아합니다.

오늘날 우리 가운데 복음의 핵심적인 진리의 찬란한 영광 대신 성례의 효력에 집착하는 성례주의가 새롭게 일어나는 이유가 무엇입니까? 형제들이여, 여러분이 붙잡아야만 하는 것은 그리스도의 희생제사와 관련한 신학이 아니라 그의 희생제사와 관련한 신학이 설명하는 그리스도입니다. 여러분이 그를 믿는다면, 여러분은 매우 실제적인 의미에서 그에게 온 것이며 그와 함께 있는 것입니다. 여러분은 과거 이 땅에서 그와 함께 다녔던 사람들보다 훨씬 더 실제적으로 그와 함께 있습니다. 왜냐하면 여러분은 믿음으로 그에게 "왔기" 때문입니다. "목마른 자도 **올** 것이요."

"또 원하는 자는 … **받으라**." 실제적으로 여기의 "받는" 것이 의미하는 것 역시 겸비한 믿음으로 그를 의지(依支)하는 것 외에 아무것도 아닙니다. 믿음은 기꺼이 선물을 받기 위해 내민 손입니다. 여러분은 보편적인 축복을 여러분 자신의 것으로 만들어야만 합니다. 여러분의 문 앞으로 거대한 강이 흐르고 있습니다. 그러나 여러분이 여러분 자신의 작은 물동이에 그 물을 채워 집으로 가져오지 않는다면, 그 모든 것은 여러분에게 아무것도 아닙니다. "그가 **나를** 사랑하사 **나를** 위해 자신을 주셨으니." 여러분은 이렇게 말합니까?

사랑하는 형제여, 당신은 목마릅니까? 나는 당신이 그러함을 압니다. 당신은 그것을 압니까? 당신은 기꺼이 그리스도의 조건 위에서 그의 구원을 받을 것입니까? 당신은 기꺼이 그를 믿음으로 살며, 그와 교제하며 순종하는 가운데 살 것입니까? 당신이 그렇게 한다면, 설령 땅이 당신에게 물을 주지 않는다 하더라도 당신은 그 물에 의존하지 않을 것입니다. 모든 땅이 마치 불에 구워진 것처럼 뜨거워지고 완전히 마른다 하더라도, 당신은 끊어지지 않는 샘을 가질 것입니다. 그리스도께서 당신에게 주는 물은 당신 안에서 "영생하도록 솟아나는 샘물"이 될 것입니다(요 4:14). 죽음이 땅의 저수지로부터 흐르는 모든 물을 끊을 때조차, 당신의 물 공급은 결코 끊어지지 않을 것입니다. 왜냐하면 이 땅에서 생명수의 강물을 마신 자들은 장차 그 강의 근원인 하늘의 생명수 샘물을 마실 것이기 때문입니다. "그들이 다시는 주리지도 아니하며 목마르지도 아니하리니 이는 보좌 가운데에 계신 어린 양이 그들의 목자가 되사 생명수 샘으로 인도하시고 하나님께서 그들의 눈에서 모든 눈물을 씻어 주실 것임이라"(계 7:16, 17).

맥클라렌 강해설교
베드로전서 – 요한계시록

초판 인쇄 2014년 8월 15일
초판 발행 2014년 8월 25일

발행처 **크리스챤
다이제스트**
발행인 박명곤
주소 경기도 고양시 일산동구 일산로 413번길 46
전화 031-911-9864, 070-7538-9864
팩스 031-911-9824
등록 제 396-1999-000038호
판권 ⓒ 크리스챤다이제스트 2014
총판 (주) 기독교출판유통
　　　 전화 031-906-9191~4
　　　 팩스 0505-365-9191